미디어
법과
윤리

미디어 법과 윤리

강준만 지음

인물과
사상사

'불신 사회'를 넘어서

한국은 '불신 사회'다. 어느 조사에서건 국민의 80퍼센트 이상이 법과 사회 지도층을 신뢰하지 않는 것으로 나타나고 있다. 지난 2000년 6월 형사정책연구원이 실시한 서울 지역 성인 493명에 대한 설문조사 결과 399명(80.9퍼센트)과 415명(84.2퍼센트)이 각각 "유전무죄有錢無罪·무전유죄無錢有罪라는 말에 공감한다", "동일 범죄에 대해서도 가난하고 힘없는 사람이 더 큰 처벌을 받는다"고 답한 것으로 나타났다.[1]

2007년 10월 서울대학교 사회발전연구소가 『동아일보』와 함께 실시한 '한국 사회 기관 및 단체에 대한 신뢰도' 조사 결과를 보면, 주요 기관에 대한 신뢰도는 사법부 10.1퍼센트, 행정부 8.0퍼센트, 국회 3.2퍼센트, 정당 2.9퍼센트였다.[2]

지속가능사회를 위한 경제연구소의 2009년 조사 결과를 보면, 정치인을 신뢰한다는 응답률은 고교생 3.3퍼센트, 대학생 1.6퍼센트였다. 기업에 대한 신뢰도는 고교생 7.4퍼센트, 대학생 9퍼센트였다. 전통적으로 도덕적 집단으로 인식·신뢰받는 그룹이었던 시민단체와 종교단체의 신뢰도 역시 굉장히 낮은 수준이었다. 시민단체를 신뢰한다는 고교생은 22.6퍼센트였으며 대학생은 16.7퍼센트였다. 종교단체에 대한 불신은 더 컸다. 종교단체를 신뢰한다는 고교생과 대학생은 10명 가운데 1명꼴이었다. 전쟁이 나도 총을 들고 나가 싸우지 않겠다는 응답률은 고교생 55.8퍼센트, 대학생 58.4퍼센트였으며, 고교생 61.4퍼센트, 대학생 50.6퍼센트가 이민 의사를 갖고 있었다. 그러나 가족에 대한 신뢰도는 거의 절대적이었다. 고교생 87.4퍼센트, 대학생 91.6퍼센트가 가족을 신뢰한다고 말했다. 친구 집단에 대해서도 신뢰도가 높았다. 고교생 72.7퍼센트, 대학생 83.5퍼센트가 친구를 신뢰한다고 응답했다.[3]

통계청의 '한국의 사회 동향 2013'을 보면, 다른 사람을 믿을 수 있다고 여기는 한국인은 10명 중 2명에 불과한 것으로 나타났다. '당신은 일반적으로 사람들을 신뢰할 수 있다고 생각하느냐'는 질문에 22퍼센트만 대체로 또는 항상 신뢰한다고 답했다는 것이다. 반면 다른 사람이 자신을 이용하거나 해칠 것으로 생각하는 사람이 압도적으로 많았다.[4]

사정이 이와 같으니, 한국을 '불신 사회'로 규정하는 것도 무리는 아니다.[5] 이렇게까지 불신이 심한 사회가 어떻게 유지될 수 있을까? 그 답은 한국 사회 특유의 이중 구조에 있다. '공적 신뢰'는 약한 반면 '사적 신뢰'는 강하다. 2006년 한국개발연구원KDI의 '사회적 자본 실태 종합 조사' 보고서를 보면, 우리나라 국민들의 사회적 관계망 가입 비율은 동창회가 50.4퍼센트로 가장 높고, 종교단체 24.7퍼센트, 종친회 22.0퍼센트, 향우회 16.8퍼센트 등이 뒤를 이었다. 반면 공익성이 짙은 단체들의 가입률은 2퍼센트대에 머물렀다.[6]

그래서 사회 전반이 겉보기와는 달리 의외로 안정되어 있지만, 공사公私 이중 구조로 인한 사회적 부작용은 매우 심각하다. 불신의 영역이 된 공공

영역을 통해 할 수 있는 일이 많지 않다. 정치는 불신을 넘어서 저주의 대상으로 전락한다. 한국인은 사적 영역에서 각개약진各個躍進을 통해 문제를 해결하려고 든다. 각개약진이란 적진을 향해 병사 각 개인이 지형지물을 이용해 개별적으로 돌진하는 걸 뜻하는 군사 용어인데, 사회적 문제조차 혼자 또는 가족 단위로 돌파하려는 경향이 매우 강하다는 뜻이다. 그런 전투적 삶의 자세가 한국의 경쟁력 강화에 기여한 점이 있지만, 바로 그런 이유 때문에 한국인의 행복도는 매우 낮다.

'법과 윤리'가 존중받지 못하는 이유도 바로 여기에 있다. 각자 개인적 네트워크로 동원할 수 있는 힘에 의한 정치적 해결이 선호된다. 이는 언론을 포함한 미디어 분야도 마찬가지다. 미디어 분야로 진출하려는 학생들에게 가장 중요하게 여겨져야 할 미디어 법·윤리 과목이 그런 대접을 받지 못하고 있는 게 우리의 현실이다.[7]

그러나 그럴수록 미디어 법·윤리 교육을 강화하고 저변을 확대하는 것이 '불신 사회'를 바꿀 수 있는 하나의 작은 시작일 수 있다는 점에 주목할 필요가 있다. 이는 정치경제적 구조와 의식·문화가 일방적인 관계가 아니라 상호 영향을 주고받는 관계라는 점에 착안해보자는 뜻이기도 하다.

그런 변화에 일조하기 위해 쓴 이 책은 지난 2001년 2월에 출간한 『대중매체 법과 윤리』의 개정3판이다(개정2판은 2009년 9월에 출간되었다). 이 책은 이전에 비해 분량을 크게 줄이는 압축을 하면서도 주제의 포괄성과 학생들의 이해를 용이하게 해주기 위한 '서비스'에 주력했다. 가급적 법 이면의 이야기를 많이 다루면서 '미디어 법·윤리의 사회학'이 되게끔 애쓴 것도 그런 이유 때문이다.

2016년 2월

강준만

第3장 명예훼손 _____

第4장 프라이버시 _____

제8장 취재 · 보도 윤리 _____

제9장 언론사와 언론인 윤리 _____

제13장 저작권 _____

제1장

표현의 자유

이론

왜 표현의 자유가 필요한가?

토머스 에머슨의 이론

'표현의 자유'는 인간으로서의 기본권이기 때문에 어느 나라를 막론하고 헌법에 규정되어 있다. 우리 헌법에서 표현의 자유를 보장한 조항들은 제10조, 제17조, 제18조, 제21조, 제22조, 제37조 등이다.

제10조 모든 국민은 인간으로서의 존엄과 가치를 가지며 행복을 추구할 권리를 가진다. 국가는 개인이 가지는 불가침의 기본적 인권을 확인하고 이를 보장할 의무를 진다.

제17조 모든 국민은 사생활의 비밀과 자유를 침해받지 아니한다.

제18조 모든 국민은 통신의 비밀을 침해받지 아니한다.

제21조 ① 모든 국민은 언론·출판의 자유와 집회·결사의 자유를 가진다. ②언론·출판에 대한 허가나 검열과 집회·결사에 대한 허가는 인정

되지 아니한다. ③ 통신·방송의 시설기준과 신문의 기능을 보장하기 위하여 필요한 사항을 법률로 정한다. ④ 언론·출판은 타인의 명예나 권리 또는 공중도덕이나 사회윤리를 침해하여서는 아니된다. 언론·출판이 타인의 명예나 권리를 침해한 때에는 피해자는 이에 대한 피해의 보상을 청구할 수 있다.

제22조 ① 모든 국민은 학문과 예술의 자유를 가진다. ② 저작자·발명가·과학기술자와 예술가의 권리는 법률로써 보호한다.

제37조 ① 국민의 자유와 권리는 헌법에 열거되지 아니한 이유로 경시되지 아니한다. ② 국민의 모든 자유와 권리는 국가안전보장·질서유지 또는 공공복리를 위하여 필요한 경우에 한하여 법률로써 제한할 수 있으며, 제한하는 경우에도 자유와 권리의 본질적인 내용을 침해할 수 없다.(1987.10.29.개정)

표현의 자유는 언론·출판의 자유와는 어떤 관계이며 그 범위는 어디까지인가? 권영성은 "표현의 자유는 사상이나 의견을 외부에 표현하는 자유로서 개인적 표현의 자유인 언론·출판의 자유와 집단적 표현의 자유인 집회·결사의 자유를 총칭하는 개념이다. 그러므로 표현의 자유는 언론·출판의 자유보다 넓은 개념이다"며 다음과 같이 말한다.

"비언어적 매체나 행동 등에 의한 상징적 표현(흑색 리본의 패용·연좌데모·피켓팅 등)도 표현의 자유 중에 포함되는가가 문제된다. 비언어적 행동이 사상·의견을 전달하기 위한 동기에서 나온 것이고, 제3자가 그것을 사상·의견의 전달이라고 인식하는 한 상징적 표현권도 표현의 자유의 하나로서 법의 보호를 받는다."[1]

헌법재판소는 1999년 6월 24일 판결에서 "언론의 자유는 개인이 언론 활동을 통하여 자기의 인격을 형성하는 개인적 가치인 자기실현의 수단임과 동시에 사회구성원으로서 평등한 배려와 존중을 기본 원리로 공생·공존관계를 유지하고 정치적 의사결정에 참여하는 사회적 가치인 자기통치를 실현하는 수단이다"고 했다.[2]

표현의 자유에 대한 그런 인식은 하루아침에 이루어진 건 아니다.

프랑스 사상가 볼테르Voltaire, 1694~1778는 "나는 당신이 말하는 것에 동의하지 않지만 그걸 말할 수 있는 당신의 권리는 목숨을 걸고 옹호하련다"고 했고, 영국의 자유주의적 정치운동가 찰스 브래들로Charles Bradlaugh, 1833~1891는 "표현의 자유를 부정하는 것보다는 표현의 자유를 무수히 남용하는 것이 더 낫다. 남용은 곧 사라지지만, 부정은 사람들의 전 인생에 걸쳐 머무르며, 인류의 희망을 매장한다"고 했다.

이 두 명언 외에도 표현의 자유에 관한 명언들은 무수히 많다. 표현의 자유는 인간이 집단생활을 한 이래로 늘 갈등의 대상이 되어왔다. 힘이 강한 쪽은 표현의 자유를 억누르려고 했지만, 인류 역사는 표현의 자유가 확대되는 진보적 방향으로 전개되어왔다. 왜 표현의 자유가 필요한가? 이에 대한 철학적 인식의 토대를 확실히 해야 표현의 자유에 대한 포용력을 키울 수 있을 것이다.

미국 예일대학 법대 교수였던 토머스 에머슨Thomas I. Emerson, 1907~1991은 『수정헌법 제1조의 일반이론Toward a General Theory of the First Amendment』(1963)과 『표현의 자유의 구조The System of Freedom of Expression』(1970)에서 표현의 자유가 필요한 이유를 4가지로 제시했다.

첫째, 개인의 자아실현 또는 자기완성을 보장하기 위한 수단이다. 인간이 자기 의사를 표현하고자 하는 것은 인간으로서 가장 자연스럽고 필수적인 욕구인 바, 이 욕구를 억제하는 것은 "인간의 존엄성에 대한 모욕이고 인간본성을 부인하는 것"이다. 하지만 자아실현 논리에 의하면 음란물도 헌법에 의해 보호될 수 있지 않느냐는 반론도 있다.

둘째, 지식을 발전시키고 진리를 발견하기 위한 필수적인 과정이다. 에머슨은 "지식과 진리를 추구하는 사람은 문제의 모든 면, 특히 반대의견을 강하게 느끼는 사람이 제시하는 주장들을 들어봐야 한다"며 다음과 같이 말한다.

"그는 모든 대안을 고려하고 그의 판단을 반대의견과 비교함으로써 시험해보고 진실과 오류를 구별하기 위해서 다양한 사람의 정보를 최대한 이용해야 한다. 바꿔 말해서 정보를 억압하고 토론이나 의견의 충돌을 막게 되면 가장 합리적인 판단을 도출할 수 없으며 새로운 아이디어가 나올 수 없고 오류가 영원히 남게 되는 결과를 낳게 된다."

셋째, 사회의 모든 구성원이 결정행위에 참여할 수 있게 하는 데에 필수적이다. 이것은 표현의 자유가 갖는 정치적인 기능에 착안한 것으로서, 에머슨은 이를 다음과 같이 설명하고 있다.

"표현의 자유 이론이 특별한 의미를 갖는 곳이 있다면, 그것은 정치에 관한 것이다. 한 사회의 존재, 복지, 그리고 발전에 대한 대부분의 결정이 이뤄지는 것은 정치적인 절차를 통해서이다. 바로 이것 때문에 정부는 반대하는 사람들을 탄압하고 싶은 강한 욕망을 갖게 되고, 흔히 보다 효과적인 탄압의 권력을 행사하곤 한다. 정치적인 영역에서 표현의 자유는 사회의 다른 분야에서 자유를 획득할 수 있는 필요조건이다. 따라서 표현의 자유에 대한 핵심적인 논란이 가장 빈번하게 벌어지는 곳이 바로 정치적인 문제와 관련되는 장소이다."

넷째, 안정과 변화의 균형balance between stability and change을 위해서다. 이는 표현의 자유가 보다 적합하고 안정된 사회를 성취하고 건전한 분열과 합의 사이의 균형을 유지하기 위한 수단이라는 걸 의미하는 것이다. 이에 대해 에머슨은 다음과 같이 말한다.

"자유로운 토론을 억제하게 되면 이성을 폭력이 억누르게 되어 합리적인 판단을 불가능하게 하고 사회의 경직과 정체를 초래해서 변화하는 환경과 새로운 사상에의 적응을 어렵게 하고 또 사회가 직면하고 있는 문제들을 은폐함으로써 위급한 문제들로부터 공중의 관심을 돌리게 하여 그 결과 사회를 불가피하게 분열과 대립, 그리고 파괴의 방향으로 몰고 가게 될 것이다."[3]

에머슨이 열거한 이 네 가지 이유는 오늘날 표현의 자유의 이론적 근거로 널리 수용되고 있다. 팽원순은 "에머슨이 말한 네 가지의 가치는 사로 상충하는 가치conflicting values일 수 있다는 점에서 그 나름대로 약점이 있다고 주장하는 논자도 있으나 표현의 자유 이론의 체계화에 있어 에머슨의 이론은 특출하다"고 평가했다.[4]

표현의 자유가 필요한 다른 이유들을 제시한 학자들도 많지만, 에머슨의 네 가지 이유에서 크게 벗어나지 않는다. 예컨대, 윌리엄메리대학 교수 로드니 스몰라Rodney A. Smolla는 표현의 자유가 갖는 세 가지 가치로 ① 자아실현self-fulfillment, ② 정치적 자치political self-governance, ③ 폭넓은 계몽 broader enlightenment 등을 제시했다.[5] 이런 이유들에 더하여 '카타르시스 효과catharsis effect'와 '도미노 효과domino effect'도 생각해볼 필요가 있겠다.

정신분석학적 관점에서 보자면, 표현의 자유는 지그문트 프로이트 Sigmund Freud, 1856~1939가 말하는 카타르시스 효과를 가져와 공격적 욕구를 해소하는 데에 기여함으로써 물리적 충돌을 예방한다고 볼 수 있다. 실제로 프로이트는 개인이나 집단이 표현의 자유를 통해 현명한 결정을 내릴 수 있다고 믿기보다는 표현의 자유가 심리학적으로 유익하다는 걸 높이 평

가했다.[6]

　표현의 자유는 사상의 도미노 효과를 방지하기 위해서도 필요하다. 우리 인간의 창의성이란 총체적인 성격이 강하다. 즉, 어느 한 가지만 건드리지 말고 나머지 분야에서만 창의성을 발휘하라는 주문은 성립되기 어렵다는 것이다. 이른바 '위축 효과chilling effect'는 언론뿐만 아니라 지식인에게도 작용하는 법이다. 한국에서 유통되는 진보적 사상의 대부분이 서양에서 수입된 이유도 바로 여기에 있다. 서양 좌파 이론가의 사상 수입은 허용되지만, 그런 사상을 스스로 만들어내는 건 이념 공세의 표적이 되기 십상이다. 이는 한국에서 국가보안법이 한국의 인문사회과학 발전에 장애가 되고 있다는 걸 의미하는 것이기도 하다.

　표현의 자유를 역설하더라도 논리학에서 말하는 이른바 '미끄러운 경사면의 오류fallacy of slippery slope'는 조심할 필요가 있다. 미끄럼틀을 한번 타기 시작하면 끝까지 미끄러져 내려간다는 점에서 '연쇄반응 효과의 오류'라고도 부른다.[7] 예컨대, 인터넷 실명제에 대한 반대 주장들 중엔 인터넷 실명제가 이 나라의 창의성과 상상력을 말살시킬 것처럼 호들갑을 떠는 주장이 있는데, 그게 바로 이런 오류일 것이다. 과유불급過猶不及이다. 과도한 비약은 자제하는 게 좋다.

존 밀턴은 정녕 언론 자유의 수호자였는가?
『아레오파지티카』

　토머스 에머슨이 제시한 '표현의 자유가 필요한 네 가지 이유' 중 가장 많이 거론되는 건 두 번째 이유, 즉 지식을 발전시키고 진리를 발견하기 위한 필수적인 과정이다. 이는 '사상의 자유 시장free marketplace of ideas' 이론인 셈인데, 그 기본 정신은 존 밀턴John Milton, 1608~1674이 영국에서 청교도혁명의 와중인 1644년 11월에 출간한 『아레오파지티카Areopagitica』에 잘 나타나 있다.

『아레오파지티카』는 오늘날까지도 '표현·언론 자유의 바이블'로 통한다.[8] 미국의 저명한 진보 저널리스트인 I. F. 스톤I. F. Stone, 1907~1989은 이렇게 평했다. "언론 자유를 웅변한 걸작 중의 걸작이다. 학생들에게 그런 걸 읽히지 않는 저널리즘 스쿨들에게는 저주다!"[9]

'아레오파지티카'는 아레오파구스Areopagus라고 부르는 아테네의 한 언덕에서 따온 말인데, 그리스 시대 아테네인들은 이 언덕에 최고 재판소를 두고 있었기 때문에 대법관이란 뜻으로 통했다. 기원전 5세기경 아테네의 웅변가 이소크라테스Isocrates, B.C.436~B.C.338가 쓴 연설문 제목인 Areopagitikos를 본떠 지은 아레오파지티카는 아레오파고스에 론論이란 의미의 '카ca'를 덧붙인 말이다.

당시 혁명의회의 다수파였던 장로파는 청교도혁명으로 폐기했던 출판검열제를 부활시키기 위해 모든 출판에 정부의 허가를 요구하는 '출판허가법' 제정을 주도하고 있었다. 왕당파와 국교파에 대항해 함께 싸웠던 장로파가 혁명 정신을 배반하고 새로운 지배 세력이 되고자 했던 것이다. 밀턴은 이들에 맞서 싸우기 위해 쓴 이 팸플릿에서 '나의 양심에 따라, 자유롭게 알고 말하고 주장할 수 있는 자유를, 다른 어떤 자유보다도 그런 자유를 나에게 달라'며 다음과 같이 주장했다.

"진리와 허위가 대결하게 하라. 자유롭고 공개된 대결에서 진리가 불리한 편에 놓이는 것을 본 사람이 있느냐. 모든 사람으로 하여금 자유롭게 말할 수 있게 하라. 그러면 진리의 편이 반드시 승리하고 생존한다. 허위와 불건전은 '공개된 자유 시장'에서 다투다가 마침내는 패배하리라. 권력은 이러한 선악의 싸움에 일체 개입하지 말라. 설혹 허위가 일시적으로 득세하는 일이 있더라도 선악과 진위가 자유롭게 싸워간다면 마침내 선과 진이 '자가교정self-righting 과정'을 거쳐 궁극적인 승리를 얻게 되리라."[10]

1919년 미국 대법원 판사 올리버 웬들 홈스Oliver Wendell Holmes, 1841~1935는 밀턴의 주장을 '사상의 자유 시장free marketplace of ideas'이라는 개념으로 표현했지만,[11] 밀턴이 처음부터 표현의 자유를 위해 싸우고자 했던 건 아니다. 골치 아픈 가정생활로 인해 우연히 표현의 자유에 관심을 갖게 되었을 뿐이다.

밀턴은 1642년 34세의 늦은 나이에 메리 파월Mary Powell, 1625~1652이라는 여자와 결혼했지만, 결혼생활은 몇 주 만에 끝나고 말았다. 당시 영국 사회는 교회의 강력한 영향력 속에서 이혼을 금지했기에 그는 다음 해에 이혼의 자유를 역설하는 책을 썼다. 당시 이혼을 옹호하는 저서는 방탕한 난봉꾼이나 하는 것으로 여겨졌기 때문에, 이 책은 곧 폐기처분되었다. 이후 어떠한 책이나 팸플릿, 신문도 당국의 사전 승인 없이 발행될 수 없다는 내용의 '출판허가법'이 공포되었다. 밀턴이 『아레오파지티카』를 쓰게 된 건 바로 이 법규 때문이었다. 밀턴은 3년 뒤 메리와 화해하고 재결합해 아들 하나와 딸 셋을 낳았다.[12]

밀턴은 언론 자유 보호에 충실한 인물도 아니었다. 올리버 크롬웰Oliver Cromwell, 1599~1658의 라틴어 비서였던 밀턴은 1649년 3월 15일 크롬웰 내각에 참여한 이후론 구교舊敎 사상에 대한 충실한 검열관으로 일했다. 그는 격렬한 논쟁과 독설 등을 통해 크롬웰의 전제정치를 옹호함으로써 '크롬웰의 이데올로그'라는 별명을 얻었다. 이런 노력에 대한 보답이었을까? 1651년 밀턴이 시력을 완전히 잃었음에도 크롬웰은 그의 공직을 계속 유

지시켜 주었고 1655년에는 종신연금까지 지급받게 해주었다.[13]

『아레오파지티카』는 밀턴의 사후 20년인 1694년 영국 의회로 하여금 인쇄·출판의 통제를 포기케 하는 데 기여했지만, 밀턴의 생존 시엔 아무런 영향을 미치지 못했다. 그는 출판허가법으로 박해받지도 않았다. 그의 주장은 당대의 기준으로 너무도 고상하다 못해 허황돼 '논설문이 아니라 시詩'로 여겨졌기 때문이다. 다른 사람들을 무자비하게 공격했던 장로파도 밀턴을 '무해한 몽상가' 정도로 간주했다.

그러나 『아레오파지티카』는 세월이 더 흐른 뒤에 화려하게 부활해 자유언론, 특히 미국 언론의 경전처럼 여겨지는 지위를 누리게 된다. 찬양이 지나쳐 그 한계와 기원을 지적하는 주장이 많아 쏟아져 나올 정도다. 예컨대, 로버트 하그리브스Robert Hargreaves는 『표현자유의 역사The First Freedom: A History of Free Speech』(2002)에서 밀턴이 주장하는 언론의 자유라는 개념은 비록 철학, 종교 등에서 서로 다른 견해를 견지하면서도 전체적으로는 심오한 이성을 가진 진중한 저술가들을 위한 것이었다"며 다음과 같이 말한다.

"그는 모든 형태의 문학을 포괄하거나, 자신이 속했던 고학력 프로테스탄트 학자들 이외 사람들의 언론 자유에 대해서는 숙고의 대상으로 삼지 않았다. 그가 공들여 상술한 언론 자유의 원칙이 나중에 그가 뿌리 뽑아야 할 생각을 가진 사람들이라고 여겼던 가톨릭교도나 이신론자理神論者 혹은 무신론자들에게까지 허용될 정도로 확대될 것이라는 상상을 했다면, 그는 아마 까무러치고 말았을 것이다."[14]

『아레오파지티카』는 자유방임주의 이론을 지지하는 사람들 사이에서 경전의 위치를 차지하고 있지만, 이는 오류라는 지적이 나오는 것도 당연하다 하겠다. 존 네론John Nerone 등은 "우리는 밀턴이 열렬하게 자유를 옹호했다는 것을 잘 알고 있다. 그런데 그것은 누구를 위한 자유였던가? 분명히 그것은 소수, 특히 높은 덕성을 지닌 교육 받은 소수를 위한 자유였다"며 다음과 같이 말한다.

"밀턴은 무제한의 표현 자유를 주장한 것이 아니라, 제한된 종교적 관용을 요구했으며……언론에 대한 국가 통제의 종결을 주창하지도 않았다.…… '자유방임주의'는 밀턴과 아무 상관없는 용어이다. 그는 포괄적 자유를 요구하지 않았다.……밀턴을 고전적 자유주의자로 잘못 규정함으로써, 이중적인 오해가 발생하게 된다. 우리가 밀턴의 목적을 무엇이라고 생각하든지 간에, 첫째로 그가 모든 형태의 의견들이 공표되기를 원했다거나, 둘째로 이것이 우리 매체의 특징인 양 내세우는 것은 바보 같은 짓이다. 오늘날 밀턴을 선택적으로 읽는 학자들은 그에게 엄청나게 부당한 일을 하고 있을 뿐 아니라, 그가 특별히 혐오했던 이윤추구에 기초한 현대의 커뮤니케이션 체계의 성격을 신비화하고 있다." [15]

'사상의 자유 시장' 이론은 아름다운 말씀으로 가득 차 있지만, 현실은 꼭 그렇진 못하다. 많은 학자들이 이 이론의 한계를 지적해왔다. 상업적인 시장처럼 사상의 시장도 구조적으로 권력이 있고 경제적으로 힘이 있는 사람들에게 유리하게 되어 있다는 것이다.

왜 미국의 연방수정헌법 제1조가 나오게 되었는가?
수정헌법 제1조

세계에서 표현의 자유를 가장 잘 보장한 것으로 평가받고 있는 법은 미국의 수정헌법 제1조First Amendment다. '표현의 자유' 이야기만 나오면 한국에서도 미국의 수정헌법 제1조 운운해대는 데에 질린 사람들도 없진 않을 것이다. 그러나 지나친 건 피해야겠지만, 인정할 건 인정해야 하지 않을까. 로드니 스몰라Rodney Smolla의 다음과 같은 주장에 공감한다 해도 무리는 아니라는 생각이 든다.

"언론 자유에 대한 문제들과 커뮤니케이션과 관련된 제반 정책을 다루면서 겪은 미국인의 경험이 보기 드물게 풍부하기 때문이다. 미국이 최선의 정답을 갖고 있지는 않다. 하지만 미국 사회는 언론 자유에 대한 문제들에 대해 어느 사회보다 고민어린 생각을 했던 것이다. 수정헌법 제1조에 의거해서 미국은 세계의 어느 문화보다 더 자주 억압보다는 공개적인 정치를 하는 실수가 더욱 훌륭하다는 극단적인 가정을 실험했었다."[16]

도대체 어떤 내용이기에 그런 평가를 받는 걸까? 수정헌법 제1조의 내용은 다음과 같다.

"Congress shall make no law respecting an establishment of religion, or prohibiting the free exercise thereon; or abridging the freedom of speech, or of the press; or the right of the people peaceably to assemble, and to petition the Government for a redress of grievance(연방의회는 국교를 정하거나 신앙의 자유를 금지하는 법률을 제정할 수 없으며 언론·출판의 자유를 제한하거나 국민들이 평화적으로 집회할 권리와 불만의 구제를 정부에 청원할 권리를 제한하는 법률을 제정할 수 없다)."[17]

"언론·출판의 자유를 제한해선 안 된다"는 수준을 넘어서 아예 그런 법을 만들어선 안 된다고 못 박은 점이 수정헌법 제1조의 가장 큰 장점으로 거론되고 있지만, 수정헌법 제1조는 1791년에 비준되었다는 걸 상기할 필요가 있다(미국에선 1971년까지 모두 26개 조항이 수정헌법으로 채택되었는데, 헌법은 상하원의원 3분의 2 지지와 50개 주 가운데 38개 주가 승인하면 개정할 수 있다). 즉, 약 220여 년 전에 만든 원리가 과연 오늘날에도 유효하겠는가 하는 의문이 제기될 수밖에 없다는 뜻이다.

모두 45개의 단어로 이루어진 이 수정헌법 제1조의 해석을 둘러싸고 오늘날까지도 학자들 사이에선 수많은 논쟁이 일어나고 있다. 제정 당시에도 무엇을 의미하는지 모르는 사람들이 많았다. 헌법을 만든 제헌의회 의장을 맡은 벤저민 프랭클린Benjamin Franklin, 1706~1790은 "우리 중에 언론 자유의 본질과 한계에 대해 명확한 생각을 갖고 있는 사람은 거의 없다"고 썼다.[18]

정태철은 "문제는 수정1조가 제정된 18세기에 거의 아무도 언론이 상업적으로 거대한 기업이 되고 정치적으로도 막강한 영향력을 갖게 될 것이라는 것을 예상하지 못했다는 것이다"며 "당시 절대적 약자였던 언론이 수정1조 제정 이후 상업성, 정파성 문제를 갖게 되고, 언론 자유가 언론 발행인 내지는 언론인의 이기적인 이익을 위해 남용되는 상황이 전개된 20세기 초 미국 언론의 문제는 그래서 심각했던 것이다"고 말한다.[19]

진보적 관점에서 수정헌법 제1조를 허구적이라고 보는 이들도 있다. 로버트 맥체스니Robert W. McChesney는 수정헌법 제1조는 정치적 광고를 허용하고 있어 절반의 진실, 왜곡한 사실, 또는 명백한 거짓말까지도 정치적 의견이라는 명분 아래 보호하고 있는바, 정치 광고의 비용을 댈 수 있는 부유층에게 유리하다고 주장했다.[20]

사실 수정헌법 제1조의 제정 동기가 오늘날 흔히 이야기되는 것처럼 순수했던 것만은 아니다. 진정한 동기는 '언론 자유'에 있다기보다는 버지니아주州 등 각 주정부가 연방정부의 권력 강화에 대해 갖고 있던 두려움이었다.[21] 그런 역사적 배경과 더불어 이념적 관점도 수정헌법 제1조의 해석에 영향을 미쳤다. 예컨대, 엄기열은 "후기 고전적 자유주의 이념은 사회보장

제도와 의무교육 그리고 정부가 주도하거나 지원하는 여러 가지 사업 등을 통해 거의 모든 나라에서 반영되어왔으나 미국에서는 유독 수정헌법 제1조의 해석에 있어서 만큼은 아직도 고전적 자유주의 이념을 따르고 있다"며 다음과 같이 주장한다.

"이러한 수정헌법 제1조의 해석에 대한 이론적 난맥상은 미국의 주류 언론법 학자를 대표하는 미시건대학교의 볼링어Lee C. Bollinger 총장이 쓴 『The Tolerant Society』라는 책에서 쉽게 감지된다. 볼링어에 의하면 흔히 '똘레랑스'라 부르는 '관용'이라는 개념이 사회 내의 다수가 소수에게 혐오를 주는 말hate speech을 하는 행위까지도 수정헌법 제1조의 보호 대상에 당연히 포함시켜야 한다고 주장하는 점에서 미국식 언론 이론의 모순점이 희극적으로 드러난다. 그래서 아유슈비츠에서 살아남은 유대인이 사는 스코키라는 마을에서 히틀러를 떠받드는 네오나치neo-Nazi들이 모여서 시위·행진하는 것도 허락되어야 하고, 흑인이 사는 집 정원에 십자가를 태운 청년들의 방화죄는 인정하되 표현의 내용에 대한 제약을 금하는 원칙에 의거하여 이 청년들이 세인트 마틴시市의 혐오를 주는 표현에 대한 제재를 가중으로 받게 해서는 안 된다는 연방대법원의 판결이 나와도 전혀 이상할 것이 없게 되는 것이다."[22]

이런 문제 제기가 시사하듯, 수정헌법 제1조의 해석을 둘러싸고 학자들 사이에선 수많은 논쟁이 이루어지고 있다. 수정헌법 제1조 관련 이론으론 절대주의 이론absolutist theory, 마이클존 이론Meiklejohnian theory, 명백하고 현존하는 위험의 이론clear and present danger test, 위험한 경향의 이론bad tendency test, 이익 형량의 이론ad hoc balancing theory, 접근 이론access theory 등을 들 수 있다. 이 이론들을 하나씩 살펴보기로 하자.

왜 촘스키는 유대인 학살을 부정한 포리송을 옹호했는가?
절대주의 이론

'절대주의 이론absolutist theory'은 표현의 자유는 말 그대로 절대적으로 보장되어야 한다는 이론이다. 그러나 이 이론가들은 소수에 지나지 않으며, 다수는 이 법이 만들어진 1791년의 상황에 주목해야 한다고 주장한다. 당시엔 표현의 자유에 대한 어느 정도의 제한이 존재했는데, 수정헌법 제1조는 당시의 그 상황을 기준으로 하여 더 이상의 제한이 있어서는 안 된다는 뜻으로 보아야지 오늘날의 기준으로 해석해선 안 된다는 것이다.[23]

절대주의 이론은 이 이론의 열렬한 주창자였던 연방대법원의 휴고 블랙Hugo L. Black, 1886~1971 대법관과 윌리엄 더글러스William O. Douglas, 1898~1980 대법관이 1970년대 초에 은퇴한 뒤로는 적어도 연방대법원에선 인정받지 못하게 되었다.[24] 블랙 대법관은 1969년에 출간한 자신의 저서 『헌법적 신념A Constitutional Faith』에서 이 이론의 핵심을 다음과 같이 갈파했다.

"언론의 자유란 아무 에누리나 예외도 없이 그리고 만약if이라든가 그러나but라든가 반면whereas이라든가 하는 것도 보탬이 없이 정부가 사람들이 갖고 있거나 표시한 의견이나 그들이 말하거나 쓴 말에 대해서 아무 일도 해서는 안 되며, 마그나 카르타의 표현처럼 어떤 행동도 해서는 안 된다는 것을 의미한다는 것이 나의 의견이다. 어떤 사람은 그것이 극단론이라고 할지 모른다. 그럴 수도 있을 것이다. 그러나 내가 의도하는 것은 '의회는……언론·출판의 자유를 제한하는 법을 만들어서는 아니 된다'고 한 헌법 개정 제1조의 명확한 문신文信을 그대로 따르려는 것뿐이다."[25]

표현의 자유에 관한 절대주의 이론을 실천으로 옮기는 대표적인 인물을 들라면 단연 놈 촘스키Noam Chomsky, 1928~다. 절대주의 이론에 관한 일종의 사례 연구로 촘스키의 생각을 알아보기로 하자. 1979년 촘스키가 아우슈비츠의 허구성을 주장한 프랑스의 로베르 포리송Robert Faurisson, 1929~ 교수를 옹호한 사건은 절대주의에 대한 그의 완고한 신념을 잘 보여준다. 포리송은 나치가 유대인을 학살하는 데에 사용했던 가스실의 존재마저 부정해 유럽은 물론 전 세계 유대인들의 분노를 촉발시킨 이상한 인물이다.

포리송은 자신이 몸담고 있는 대학에서 강의를 금지 당했다. 대학 당국이 그의 신변 보호 상 그런 조치를 취한 것이다. 프랑스는 물론 전 유럽의 양식 있는 사람들이 포리송의 무모한 역사 왜곡을 규탄하고 나섰다. 그런데 바로 이때에 촘스키는 프랑스 정부와 대학에 포리송의 안전과 그의 법적 권리의 자유로운 행사를 요구하는 청원서에 서명을 한 것이다. 촘스키는 그 서명으로 비난에 직면하자 '표현 자유의 권리에 관하여'라는 짧은 성명을 발표했다. 이 성명은 그의 허락도 없이 포리송의 책에 그대로 게재되었다. 그 이후 촘스키는 '신나치주의'를 지지했다는 비난 공세에 시달려야 했다.[26]

바로 여기에서 촘스키의 독특한 면이 잘 드러난다. 그는 포리송의 주장을 한 번도 지지한 적이 없다. 그는 단지 표현의 자유를 옹호한 것이다. 포리송의 주장이 아무리 터무니없어도 그를 침묵시켜서 그의 주장이 터무니없다는 걸 증명하려들지 말고 움직일 수 없는 증거를 제시해 증명해야 한다는 게 촘스키의 생각이었다. 인종차별주의자가 인종차별을 선동하고 전쟁광이 전쟁을 하자고 선동하더라도 그들에겐 그렇게 말할 수 있는 자유를 보장해야 한다는 게 바로 촘스키의 생각인 것이다.

팔레스타인 문제도 마찬가지다. 그는 중동 분쟁이 있을 때마다 이스라

엘과 미국 언론을 비판하곤 했는데, 이것 때문에 그는 유대인을 증오하는 유대인들 가운데 으뜸이라는 말까지 듣기도 했다. 그 자신이 유대인이면서도 이스라엘이 자신의 신념에 어긋나는 행동을 취할 때 그는 가차 없이 비판을 했던 것이다.

물론 표현의 자유에 관한 촘스키의 절대주의적 입장에 무조건 동의하기는 어렵다. 표현의 '자유 시장'에서 누구나 다 똑같은 무게의 발언권을 갖는 건 아니기 때문이다. 그러나 촘스키의 입장을 최대한 이해하는 쪽으로 생각한다면 그는 그런 문제와 한계에도 불구하고 표현의 자유는 존중되어야 한다는 대원칙을 말하고 싶었던 게 아닐까?

더블린대학의 철학 교수 리처드 커니Richard Kearney, 1954~가 1993년 촘스키와 나눈 대담은 촘스키의 '표현의 자유'에 관한 생각을 좀더 정교하게 밝혀주고 있다. 커니는 촘스키에게 집요하게 따져 묻는다. 그는 촘스키가 '자신의 사상을 남들에게 표명할 자유'에 대해 이야기하자 "그것에 따라 행동할 자유가 있는가?"라고 묻는다. 촘스키는 이렇게 답한다.

"글쎄, 그것에 따라 행동하는 것은 다른 문제다. 행동할 때는 언제나 다른 사람들의 권리들을 침해하기 때문이다. 그러나 생각하기는 무제한적이어야 한다. 자, 사람들에게 생각하기를 허용하는 것은 정당화할 수 있으면서, 그들이 생각하는 바를 남에게 표현하는 것은 허락하지 않을 수 있는 방법을 알기란 매우 어렵다. 그렇게 하는 것은 엄청난 권리침해다."

커니는 "폭력과 증오를 선동하는 것은 어떻게 되는가?"라고 묻는다. 촘스키는 "선동은 또 다른 얘기다"라고 말하면서, 구체적인 상황을 가정해 답한다. 그는 "당신과 내가 한 가게에 들어간다고 가정해보자. 당신은 총을 들었고 우리는 거기를 털려 하고 있다. 내가 당신에게 쏘라고 말하고, 당신이 주인을 쐈다. 자, 그건 발언이지만, 아무도 그 발언이 보호받는다고 생각하지 않는다. 그것은 내 목소리를 포함한 하나의 행동일 수 있지만, 이는 범죄 행위에 참여하는 것이다"며 다음과 같이 말한다.

"내가 보기에 썩 좋은 입장 하나가 있는데, 이는 영국인 사상가 제러미 벤덤Jeremy Bentham이 표명한 것으로, 즉 긴박한 범죄 행위에 참여하기 직전까지는 발언이 자유로워야 한다는 것, 사상 표명이 자유로워야 한다는 것이다.……이는 사람들이 그로 인해 모욕감을 느끼고 해를 입게 될 그런 많은 것들이 표명되리라는 사실을 의미한다. 그러나 그것은 자유를 허용하는 데 당연히 따르는 일이다. 그 어떤 종류의 자유도, 다른 사람들로서는 일어나길 바라지 않는 그런 행동을 포함하게 마련이다. 만일 그것을 제한하려 한다면 이는 진정 사람들을 기계로 바꿔버리려 하는 것이다. 사람들이 인간이기를 바란다면, 딴사람들에게 상처를 줄지도 모르는 그런 발언의 자유를 허락해야만 한다. 적어도 긴박한 범죄 행위 직전까지는 말이다."

커니는 이 답에 만족하지 않고 좀더 복잡한 경우를 예로 들며 촘스키의 답을 요구한다. 커니가 예로 든 건 범죄 행위 또는 테러 행위에 관계된 조직의 멤버들이 대중매체에 접근하는 것을 제한하는 법규에 관한 것이다. 그는 영국령 북아일랜드와 아일랜드 공화국의 통일을 요구하는 무장단체인 IRAIrish Republican Army를 예로 들면서, "대중매체에서 그들이 자신들의 동기를 정당화할 수도 있고, 또는 남들이 폭탄을 던지거나 총을 쏘도록 암시적으로 선동하고 부추길 수도 있으니" 과연 어디에 선을 그어야 하느냐고 묻는다. 촘스키는 다음과 같이 답한다.

"나는 '행동'들은 방지되어야 한다고 생각한다. 예를 들어, 누군가가 텔레비전 방송에 나와서 폭파범에게 폭탄을 터뜨리라는 정보를 담은 암호 메시지를 말하도록 허락해서는 안 된다는 거다. 하지만 만일 IRA가 '왜 우리가 그곳에 폭탄을 던졌는가 하는 이유가 여기 있소. 이것이 우리들의 이유요'라고 말하는데 당신이 이를 막으려 한다면, 그건 단지 당신이 그 이유들이 설득력 있을까 봐 두려워하기 때문이다."

커니는 "하지만 그건 너무나 이론적인 토론·설득·논쟁이다. 텔레비전 방송에서 누군가 일어나 '영국을 폭격해라!'라고 말한다면 어쩌겠는가?"라고 묻는다. 이에 촘스키는 "그와 같은 비합리적이고 폭력적인 감정이 사람들에게 설득력이 있다면, 거기엔 이유가 있을 테고, 그러면 당신은 그 이유들을 추적해야만 한다"고 답한다.

"사람들이 분명히 마음속에 믿고 있는 것이 있는데, 단순히 그 표현을 막기만 해서는 아무것도 성취할 수 없다. 그런 종류의 권위주의는 비효과적일 뿐 아니라 부당하다. 어떤 사람이 '영국을 폭격해라!'라고 말하는 것, 자신이 전달하고자 하는 바를 전달하도록 만들어 줄 그런 배경적 이해에 호소하면서 그렇게 말하는 것은 허락되어야 한다. 공인들이 텔레비전에 나와 '이라크(또는 베트남, 또는 세르비아)를 폭격해라'라고 말하도록 허락해주는 것과 똑같은 원칙인 것이다."[27]

원칙은 모든 구체적인 경우를 다 설명해줄 수 있는 건 아니다. 절대주의 이론이 지지를 받지 못한 이유는 다른 중요한 인권 문제들과 충돌했기 때문이다.[28] 그래서 여전히 촘스키의 '표현의 자유'에 관한 절대주의엔 의심이 가는 게 많긴 하지만, 그걸 우리 모두의 숙제로 삼아 토론해보기로 하자.

왜 '성공적인 자치'가 표현의 자유의 기준이 되어야 하는가?
마이클존 이론

'마이클존 이론Meiklejohnian theory'은 미국의 철학자이자 교육자인 알렉산더 마이클존Alexander Meiklejohn, 1872~1964이 1948년에 출간한 『자유 언론과 자치와의 관계Free Speech and Its Relation to Self-Government』라는 책에서 한 주장에서 연유된 것이다.

앞서 토마스 에머슨은 표현의 자유는 사회의 모든 구성원이 결정 행위에 참여할 수 있게 하는 데에 필수적이라고 했는데, 이처럼 정치적인 의미로서의 표현의 자유를 가장 열렬하게 주장한 사람이 바로 마이클존이다. 존 밀턴John Milton, 1608~1674의 '사상의 자유 시장free marketplace of ideas' 이론의 지지자인 마이클존은 다음과 같이 주장했다.

"주권자로서의 국민은 스스로가 통치 과정에 참여해서 자신의 손으로 자기를 통치할 헌법상의 권한을 갖고 있다. 다른 어느 누구도 아닌 국민 자신이 통치 과정에서 국가가 취해야 할 행동이 현명하고 공평한가, 또 사회에 대해 위험이 있는가 등의 여러 문제를 판단하고 결정하지 않으면 안 된다. 그러한 지위에 있는 국민이 문제되는 쟁점의 판단에 적합한 자료, 즉 정보, 의견, 의문, 애매한 점, 반대론 등 일체의 소재에 충분히 접근하지 못한다면 그 불충분함에 비례해서 국민에 의한 결정의 결과는 사회 전체의 이익을 위해 불완전하고 불균형한 것이 될 것이다."[29]

마이클존은 수정헌법 제1조는 추상적인 개념으로는 별 의미가 없으며 성공적인 자치self-government라고 하는 목적에 이르는 수단으로서 의미가 있다고 주장했다. 따라서 자치 과정과 관련된 표현은 절대적으로 보호되어야 하지만 관련이 없는 표현은 규제될 수 있다는 것이다. 이는 표현 자유의 보장을 받을 수 있는 대상을 위계화한 접근hierarchical approach to First Amendment theory으로 볼 수 있겠다.

자신이 강조하는 '정치적 표현political expression'이 너무 편협하다는 비판이 제기되자, 마이클존은 '정치적 표현'에 교육, 철학, 과학, 문학, 예술,

공적 이슈 등에 관한 표현도 포함시켰다. 이런 표현들도 궁극적으로 '정치적 표현'을 하는 데에 도움이 된다는 이유에서였다. 정치적 표현 자유의 절대성을 강조했다는 점에서 마이클존은 '절대주의자absolutist', 그의 이론은 '마이클존 절대주의Meiklejohnian absolutism'로 불리기도 한다.

미국시민자유연맹American Civil Liberties Union의 회원이기도 했던 마이클존은 광고와 같은 상업적 표현commercial speech의 자유는 수정헌법 제1조가 아니라 수정헌법 제5조의 계약 자유 조항에 의해 보호받아야 하며, 만약 상업적 표현이 정치적 표현과 동등한 지위를 누리게 되면 수정헌법 제1조는 상업적 이해관계의 도구로 전락할 것이라고 경고했다. 광고의 경우엔 구분이 쉽지만, 어떤 표현이 자치 또는 공적 목적에 관련된 것인지 아니면 사적 이익을 추구하기 위한 것인지 판단하는 것이 쉽지 않다는 것이 마이클존 이론의 한계라고 볼 수 있다.[30]

마이클존은 1955년 11월 14일 미 의회 청문회에서 '명백하고 현존하는 위험의 이론'에 대해 비판을 하면서 표현의 자유에 대한 규제는 표현이 오직 직접적으로 행동을 유발하는 선동incitement의 경우에만 허용될 수 있을 것이라고 주장했다.[31]

염규호는 "마이클존의 이론은 본질적인 모호성 때문에 비판을 받았다. Zechariah Chafee 교수는 어떻게 정치적인 표현과 비정치적인 표현을 현실적으로 구별할 수 있는지를 물었고 또한 Meiklejohn 박사가 주장한 정치적인 표현의 절대적인 헌법상 보호는 역사적인 증거가 없으며 미 헌법의 권리장전과는 전혀 거리가 먼 상상속의 얘기라고 일축했던 것이다"며 다음과 같이 말한다.

"Chafee 교수 등의 비판에도 불구하고 Meiklejohn 이론은 미국의 표현 자유의 헌법적인 해석에 지대한 영향을 끼쳤다.……정부를 비판할 수 있는 것은 시민의 의무라는 연방대법원 판결문의 구절은 '거의 문자 그대로 Meiklejohn 박사의 주장인 민주사회의 통치자로서의 시민이 가장 중요한 정부 관리라는 이론을 그대로 받아들인 것이었다.'"[32]

그렇긴 하지만, 날이 갈수록 세상은 마이클존이 우려했던 시나리오가 작동하는 방향으로 나아가고 있다. 공사公私 경계의 함몰이 바로 그것이다. 공사의 구분이 쉽지 않다는 것이 그의 이론의 한계이긴 했지만, 이젠 그런 구분 자체가 무의미할 정도로 사적 영역이 공적 영역을 집어삼키는 수준에 까지 이른 게 아니냐는 이야기다.

왜 똑같은 행위라도 상황에 따라 다른 의미를 갖는가?
명백하고 현존하는 위험의 이론

명백하고 현존하는 위험의 이론clear and present danger test은 1919년 '셍크 대 미국 정부Schenck v. U.S.' 사건에 대한 판결에서 비롯된 것이다. 당시 미국 사회당의 서기장이었던 찰스 셍크Charles T. Schenck는 미국이 제1차 세계대전의 발발로 유럽에 군대를 파견하기 위해 징병법을 제정한 데 대해 제1차 세계대전이 독점자본주의 국가들 간의 싸움이므로 참전을 거부해야 한다는 선동적인 내용의 전단 1만 5,000매를 징병 대상자들에게 배부했다.

셍크는 군의 불복종을 선동한 죄로 1917년에 제정된 방첩법Espionage Act에 따라 유죄판결을 받았다. 연방대법원은 만장일치로 유죄를 인정했는데, 판결문을 쓴 홈스Oliver W. Holmes, Jr., 1841~1935 판사는 수정헌법 제1조가 언론의 자유를 충분히 인정하는 것이나 다른 헌법상의 기본권과 충돌할 때에는 부득이 제한하지 않을 수 없다고 말하면서 그 근거를 다음과 같이 설명했다.

"모든 행위의 성격은 그 행위가 행해진 상황 여하에 의존하는 것이다.……자유언론의 보호를 가장 엄격히 내세우는 사람일지라도 거짓말로 극장에서 불이 났다고 소리 질러서 공포상태를 야기하는 것과 같은 그런 행위를 보호하라고 주장하지는 않을 것이다.……모든 경우에 문제가 되는 것은 결국 사용된 언어가 의회가 방지할 권한이 있는 실질적인 해악을 초래할 만한 '명백하고 현존하는 위험'을 조성할 만한 상황에서, 또 그러한 성격으로 행해진 것인지 여하에 있는 것이다. 그것은 근접성proximity과 정도degree의 문제인 것이다."[33]

이는 똑같은 행위라도 상황에 따라 다른 의미를 가질 수 있다는 걸 뜻하는 것이었다. 예컨대, 똑같은 거짓말이더라도 사람이 가득 찬 극장에서 불이 났다고 외치는 건 해변가에서 불이 났다고 외치는 것과는 다르다는 것이다. 이 판결문에서 비롯된 "shouting fire in a crowded theater"라는 표현은 불필요한 공포를 유발할 목적으로 이루어진 표현이나 행위를 가리키는 은유로 널리 사용되고 있다.[34] 그러나 이 이론은 1925년 위험한 경향의 이론bad tendency test이 대두된 후 빛을 상실하다가 1940년대에 다시 활기를 띠게 되었다. 휴고 블랙Hugo L. Black, 1886~1971 대법관은 이 이론을 1941년에 다음과 같이 재정의했다.

"명백하고도 현존하는 위험의 경우로부터 야기되는 궁극적인 하나의 살아 있는 원칙은 다음과 같은 원칙이다. 즉 언론이 빚은 실제적인 해악이 극도로 심각해야만 하며, 발언 전의 상황이 극히 절박한 정도로 위급한 것이어야만 언론에 대해 처벌할 수 있다. 이 원칙은 자유를 사랑하는 사회라는 전체적 맥락에서 읽을 때 명시된 바의 언어가 허용하는 광의의 명령이라고 보아야 한다."[35]

블랙 대법관의 재정의가 시사하듯이, 이 이론은 연방대법원 내에서도 제법 뜨거운 논란을 불러일으켰다. 즉, 수정헌법 제1조를 해석하는 데 있어서 그것을 넓게 보려는 쪽과 좁게 보려는 쪽 사이의 갈등이 이 이론에 대한 해석을 둘러싸고 표출된 것이다. 이와 관련, 이시엘 디 솔라 풀Ithiel de Sola Pool, 1917~1984은 다음과 같이 말한다.

"프랑크퍼터는 1946년에 주장하기를 홈스 판사가 '명백하고도 현존하는 위험'이라는 표현을 사용한 것은 단지 기술적이며 법률적인 표현에 불과하였지 판결을 위한 공식을 시사하기 위한 것은 아니었다고 하였다. 그것은 문학적인 구절이므로 그 문맥으로부터 왜곡되어서는 안 된다는 것이다. 반면에 블랙과 더글러스는 1969년에 다음과 같은 결론에 도달함으로써 홈스의 명백하고도 현존하는 위험의 원칙을 거부하였다. '만약에 의회가 언론·출판을 축소시키는 어떠한 법률도 제정할 수 없다면 이는 의회가 명백하고도 현존하는 위험에 직면했을 때에도 그러한 법률을 만들 수 없다'는 것이다. 법원은 이 같은 절대주의적 견해나 프랑크퍼터의 견해를 다 같이 받아들이지 않았다. 그러나 '명백하고도 현존하는 위험'이라는 문구는 법원에 의해 계속 사용되어 오긴 했지만 점차로 덜 사용되는 추세에 있다. 최근에는 과거 같으면 이 원칙이 적용되었을 만한 상황에서도 이 '명백하고도 현존하는 위험'이라는 용어 대신에 불법적인 행위에 관계된 발언이라는 표현을 사용하는 경향이 있다."[36]

1949년 펜실베이니아주 법정에서는 최초로 이제까지 정치적 사상의 표현에 한하여 적용되어 온 '명백하고 현존하는 위험의 원칙'이 음란출판물에 적용되었지만, 이러한 적용은 후일 연방대법원에 의해 거부되었다.[37]

임지봉에 따르면, 명백하고 현존하는 위험의 원칙에 대한 현대적 해석은 그 '표현 행위의 성격the nature of the speech'과 그 표현 행위가 보여주는 '위험danger'에 초점을 맞춘다. 따라서 첫째, 추상적 원칙에 대한 옹호가 아니라 불법적 행위에 대한 선동만이 처벌받을 수 있고 둘째, 그러한 불법적 행위를 선동하거나 그것을 낳을 개연성이 있는 '급박한 불법적 행위에 대한 선동incitement to imminent lawless action'만이 정부의 규제를 받을 수 있게 되었다.

'급박한 불법적 행위에 대한 선동'이라는 기준은 1969년 연방대법원의 '브랜든버그 대 오하이오Brandenburg vs Ohio' 판결에서 비롯되었다. 당시 백인우월주의자 집단인 KKK단의 리더 브랜든버그는 TV에 방영된 연설을 통해 "우리는 보복을 목적으로 하는 단체는 아니다. 그러나 우리의 대통령이, 연방의회가, 연방대법원이 계속 백인들을 탄압한다면 어떤 보복 조치가 취해져야만 할 수도 있다"고 발언했다. 오하이오주 법원은 '과격단체운동 처벌법'으로 그에게 유죄를 선고했지만, 연방대법원은 그의 발언이 '단순 주창mere advocacy'으로 수정헌법 제1조와 제14조에 의해 보장되는 표현의 자유의 보호 범위 내에 속한다고 결정했다. 표현의 자유가 제한되려면 '위험의 급박성'이 인정돼야 한다는 것이다.[38]

명백하고 현존하는 위험의 원칙은 법령의 합헌성 판단 기준으로 발전되어 오늘날 여러 나라의 학설·판례에 큰 영향을 끼치고 있다. 김철수는 "우리나라 헌법재판소도 반국가단체의 활동을 찬양·고무하는 자에 대해 처벌하는 규정인 국가보안법 제7조 1항·5항에 대해서 그 규정들이 국가의 존립·안전을 위태롭게 하거나 자유민주적 기본 질서에 실질적 해악을 미칠 명백한 위험성이 있는 행위에 대해서만 적용된다고 선언하여 한정합헌 결정을 내리면서 이 법리를 적용한 바 있다"며 다음과 같이 말한다.

"그러나 이 원칙에는 몇 가지 문제점이 있다. 먼저 위험의 명백성·현존성을 따지는 것이어서 결국 '위험의 접근성과 정도'가 위헌성 판단의 중심 문제로 되는데, 그러한 '위험의 근접성과 정도'를 판단하는 것은 주관적인 것일 수 있고, 따라서 그러한 주관적 기준에서 오는 불확정성을 숨길 수는 없을 것이다. 또한 '명백하고 현존하는 위험'의 원칙은 사후적으로 사법절차에 의하여 판단하는 기준으로서는 적합하나, 행정청이 사전에 표현의 자유를 규제함에 있어서 이를 판단의 기준으로 삼기에는 부적합하다고 한다. 그리하여 오늘날에는 법원에서 서로 대립하는 이익의 비교형량을 정확하게 하는 이론이 고려되고 있다."[39]

공산주의에 대한 공포는 어떤 결과를 낳았는가?
위험한 경향의 이론

위험한 경향의 이론bad tendency test은 1925년 '기틀로 대 뉴욕주Gitlow v. New York' 사건에 대한 판결에서 비롯되었지만, 사실상 이 이론은 솅크 판결 이후, 같은 해에 공산주의 신봉자들의 전단 살포와 관련해 내려진 1919년의 '에이브럼스 대 미국 정부Abrams v. U.S.' 사건에서부터 적용되었다. '해로운 경향의 이론'이라고도 한다.

러시아 태생인 야코브 에이브럼스Jacob Abrams는 미국 군대가 소련을 침공하는 것에 대해 항의하고 그리고 군수품 공장에 종사하는 노동자들에게 군수품 제조를 금지하도록 파업을 종용하는 내용의 전단 9,000매를 배포해 기소되었다. 연방대법원의 다수 의견은 이 사건에서의 표현의 자유의 문제에 별로 주의를 기울이지 않았으며, 솅크 판결을 원용하면서도, 문제 된 전단이 전쟁 수행의 노력에 대한 거부를 고무시키고 군수품 생산의 감소를 가져올 '해로운 경향'이 있다고 보고 유죄판결을 내렸다. 다수 의견에 의한 이른바 '해로운 경향'의 원칙에 따르면, 어떠한 표현 행위가 해로운 결과를 가져올 수 있다면 금지될 수 있다고 본 것이다.[40]

하버드 법과대학의 제체리아 차페Zechariah Chafee, 1885~1957 교수는 에이브럼스 판결에 대한 비판적 논평을 했다는 이유로 동창회 및 법무부에서 퇴직의 압력을 받기까지 했다.[41] 에이브럼스 사건 전후에서부터 기틀로 사건에 이르기까지의 6년간 미국 사회에 어떤 일이 벌어졌는지 그걸 아는 것이 이런 '히스테리'를 이해하는 데에 도움이 될 것이다.

제1차 세계대전은 1918년 11월 3일 독일의 항복으로 끝났지만, 미국에서의 '적색 공포Red Scare'는 이미 1917년부터 시작되었다. 바로 그해에 일어난 러시아혁명 때문이었다. 1917년 12월 『뉴욕타임스』는 볼셰비키가 '미국의 사악하고도 위험한 적'이라고 선언했다.[42]

1919년 말 일리노이대학 교수 고든 와킨스Gordon S. Watkins, 1889~1970는 미국 내에 사회당원이 3만 9,000명, 공산주의 노동당원 1만~3만 명, 공산당원 3~6만 명이 있다고 추산했다. 이 계산에 의하면 공산주의자는 미국 성인 총인구의 약 1퍼센트에 불과했지만, 그것이 히스테리를 약화시키진 못했다.[43]

1919~1920년 공산주의에 대한 공포가 미국을 휩쓸었다. 미국 정부는 두 해 동안 4,000명이 넘는 외국인들을 검거해 추방했다. 2년이 넘는 기간 동안 『뉴욕타임스』는 볼셰비키 혁명이 실패할 것이라는 예측을 91번이나 내놓았으며, 레닌과 트로츠키가 도망가거나 죽거나 은퇴하거나 투옥되었다는 기사를 13번이나 내보냈다.[44]

우드로 윌슨Woodrow Wilson, 1856~1924 대통령은 자신이 공들여 만든 베르사유조약이 1919년 9월 24일 상원에서 인준을 거부당하자 곧 앓아눕고 말았다. 그는 뇌혈전으로 좌반신 일부가 마비되는 등 남은 임기 17개월 동안 사실상 식물 대통령으로 지냈다. 이 틈을 타 미첼 파머Mitchell Palmer, 1872~1936 법무 장관 같은 공격적인 각료는 과격분자들을 뒤져 체포하고 추방하고 파업 금지령을 내리기에 바빴다. 이 같은 사회 분위기는 1920년대 전반 내내 지속되었다.[45] 이에 대해 F. L. 알렌Frederick Lewis Allen, 1890~1954 은 다음과 같이 말한다.

"당시의 '불관용주의intolerance'는 여러 가지 형태를 띠었다. 그리고 거의 필연적으로 흑인과 유대인, 로마 가톨릭교도에 대한 추악한 반감의 불꽃으로 번졌다. 전쟁 중에 확산된 집단에 대한 충성심과 증오의 감정은 휴전으로 갑자기 표현할 길을 잃었으나, 급진주의 혐의자들뿐 아니라 미국의 지배집단(백인 개신교도)은 외국적 혹은 '비미국적'으로 보이는 모든 다른 것들을 처단하는 것에서 변태적인 배출구를 발견했다."[46]

바로 그런 상황에서 공산당의 전신인 사회당 좌파의 지도자 벤저민 기틀로Benjamin Gitlow, 1891~1965는 공산주의 혁명을 달성하기 위해 폭력을 수단으로 대규모의 '혁명적 대중 행동'을 일으킬 것을 선동하는 '좌파 선언'을 발표했던 것이다. 연방대법원은 '좌파 선언'의 발표자를 처벌한 뉴욕주 형법이 수정헌법 제1조에 어긋나는 것이 아니라면서 다음과 같이 설명했다.

"일정한 발언의 효과가 정확하게 예견될 수 없다고 해서, 당장의 위험이 덜 현실적이고 덜 실질적인 것이라고는 할 수 없다. 주는 이치로 봐서 온갖 언론이 갖는 위험을 보석상의 정밀한 저울로 달듯이 측정하도록 요구될 수는 없는 것이다. 단 한 번의 혁명의 불꽃도 얼마간 내연하다가는 대규모의 파괴적인 대화재로 폭발할 수 있는 불을 일으킬 수도 있는 것이다."[47]

이는 실질적인 해악을 초래할 경향이 있는 표현 또는 입법부가 그런 경향이 있다고 합리적으로 믿을 수 있는 표현은 금지할 수 있다는 것으로 선동의 규제 · 예방권을 비교적 폭넓게 인정한 것이었다. 이 판결에 대해 『뉴욕타임스』는 사설을 통해 미국의 전통적인 민주주의 원칙을 재확인한 판결이라고 지지했다. 이 이론은 1919년의 '명백하고 현존하는 위험의 원칙'으로부터 후퇴를 한 것으로 이후 20여 년간 적용되었다.

왜 언론 자유의 보호 이익과 제한 이익을 따지는가?
이익 형량의 이론

이익 형량의 이론ad hoc balancing test은 1950년 '아메리칸 커뮤니케이션스 어소우시에이션 대 다우스American Communications Association v. Douds' 사건에 대한 판결에서 비롯된 것이다. 이 이론의 핵심은 언론의 자유를 제한함에 있어서 언론의 자유를 보호하는 이익과 그것을 제약하는 데서 얻어지는 이익을 개개의 사건에 따라 구체적인 상황을 고려해서 결정해야 한다는 것이다.

이익 형량의 이론은 1937년 '팔코 대 코네티컷Palko v. Connecticut' 사건에 대한 판결에서 비롯된 '우월한 지위의 이론preferred position balancing test'에서 후퇴한 것이다. 우월한 지위의 이론은 경제적 자유와 정신적 자유를 구별하여 후자에게 우월적 지위를 인정하는 2중 기준을 제시했다는 데에 주된 의미가 있다. 즉 언론의 자유는 민주주의의 필수적인 전제로서 그 불가결의 기반을 구성하는 것이기 때문에 언론의 자유를 규제하는 입법의 합헌성은 경제적 지위를 규정하는 입법의 경우보다 엄격한 기준에 의해 판단되어야 한다는 것이다.[48]

돈 펨버Don R. Pember는 우월한 지위의 이론이 '이익 형량의 이론'의 냄새를 풍기기는 하지만, 표현의 자유에 대한 정의를 비교적 더 구체화하는 장점이 있어 오늘날 법원에서 가장 많이 사용되고 있다고 평가한다.[49]

이익 형량의 이론이 본격적으로 적용된 것은 1950년대 냉전 시대라는 걸 감안할 필요가 있다. 이 시대엔 연방대법원마저 자유와 권리에 대한 확신을 잃어, 개인의 자유보다는 안보가 중요하다는 논리가 다시 힘을 얻었다. 1951년 프레드 빈슨Fred Vinson, 1890~1953 대법원장은 '데니스 사건Dennis v. United States' 판결에서 공산당 간부를 국가보안법 위반으로 처벌하는 것이 수정헌법 제1조에 저촉되는 것이 아니라고 선언할 정도였다. 공산당은 국가 안보에 심각한 위험을 초래하고 있으며, 이들에게 적용될 기준은 '명백히 현존하는 위험'이 아니라 '명백히 가능한 위험Clear and Probable Danger'으로 바뀌어야 한다는 것이었다.[50]

『뉴욕타임스』와 『워싱턴포스트』 등 수많은 신문들이 데니스 사건에 대한 연방대법원의 판결을 극찬했다. 똑같은 표현의 자유라도 자기들의 기업 이익과 무관한 경우엔 등을 돌리는 미국 신문들의 '두 얼굴'이 여기에서도 유감없이 드러난 것이다. 그러나 이 신문에 비해 지명도는 떨어지지만 일부 신문들이 연방대법원의 판결을 비판했다는 건 짚고 넘어갈 필요가 있겠다.

『루이빌쿠리어저널』은 폭력 혁명을 실현할 힘도 전혀 없고 미국 사회에서 철저히 외면 받는 정치적 광신자 집단인 공산당을 핍박하는 것은 국민들에게 국가 안보에 대한 그릇된 안도감만을 줄 뿐이라고 주장했고, 『세인트루이스포스트디스패치』는 대법원 판결이 미국 헌법사에 지울 수 없는 오점을 남기는 동시에 전 세계에서 억압된 인류들을 구하기 위해 공산주의와 싸워야 할 미국이 더 이상 자유민주주의 나라라고 스스로 내세울 수 없게 되었다고 개탄했으며, 『뉴욕포스트』는 비록 공산주의의 위협이 세계 도처에 도사리고 있는 것은 사실이지만 공산당원의 지루한 연설이나 선전 책자가 미국의 국가 안보에 위협이라고 생각할 만큼 미국인들이 국가 안보에 자신감을 상실했다는 점을 지적했다.[51]

1950년대 초는 오늘날 '매카시즘McCarthyism'이라는 단어를 탄생시킨 장본인인 조지프 매카시Joseph R. McCarthy, 1908~1957 상원의원의 '공산당 사냥'이 극성을 부리면서 불안과 공포의 그림자가 미국 전역을 뒤덮었던 시절이다.[52] '이익 형량의 이론'은 이익의 기준이 그런 상황의 지배에서 자유로울 수 없다는 데에 문제가 있다.

팽원순은 "이익 형량의 이론은 미국적인 프래그머티즘의 이점을 지닌 것이라고 지적되기도 하지만 언론의 자유의 절대성을 부정하고 그것을 다른 자유와 같은 상대적인 가치의 것으로만 인정하려는 것이 특징으로서 그런 점에서는 '우월한 지위' 이론에서도 크게 후퇴한 것이라고 해야 할 것이다"며 다음과 같이 말한다.

"또 그것은 국가 안보와 같은 것을 우선하는 이익으로 내세워 언론의 자유를 제약하는 근거로서 쉽게 이용될 수도 있을 것이다. 그리고 국민의 입장에서는 최고 재판소가 최종적인 판단을 내릴 때까지는 과연 어느 이익이 우선할 것인지 확신할 수 없기 때문에 자기의 표현 행위가 보호 받을 범위를 미리 예측할 수 없는 불이익을 감당해야 하며 그 결과 자기억제·자기검열을 강제당하는 결과가 될 수 있다는 것이다."[53]

돈 펨버는 이익 형량의 이론은 '이론'이라기보다는 '전략'이라고 말한다. 그 어떤 구체적인 사안이 나타나기 전까지는 수정헌법 제1조는 사실상 의미하는 게 없는바, 따라서 사람들은 안전한 쪽으로 행동하려 들 것이고, 이는 결국 모든 사람들의 표현의 자유를 제약하게 된다는 것이다. 이 전략

은 오늘날엔 수정헌법 제1조를 잘 모르는 판사들에 의해서나 사용될 뿐이라는 게 그의 주장이다.[54]

한국의 국가보안법 판결은 거의 대부분 이 이론에 의존하고 있는 것으로 보인다. 헌법재판소는 1990년 4월 2일에 내린 판결에서 다음과 같이 말한 바 있다.

"(국가보안법) 제7조 1항의 그 다의성 때문에 위헌 문제가 생길 수 있다고 해서 전면 위헌으로 완전 폐기되어야 할 규정으로는 보지 않으며 완전 폐기에서 오는 법의 공백과 혼란도 문제지만, 남북 간에 일찍이 전쟁도 있었고 아직도 휴전 상태에서 남북이 막강한 군사력으로 대치하며 긴장 상태가 계속되고 있는 마당에서는 완전 폐기함에서 오는 국가적 불이익이 폐기함으로써 오는 이익보다는 이익 형량상 더 클 것이다."[55]

왜 미국에서 '형평의 원칙'은 폐지되었는가?
접근 이론

언론윤리법제에서 '접근access'은 두 가지 의미로 사용된다. 미디어에의 접근과 정보에의 접근이 바로 그것이다. 미디어 접근권을 가리켜 보통 '액세스권access rights'이라고 한다. 액세스권을 중심으로 한 '접근 이론access theory'은 1960년대 중반 일부 법학자들이 수정헌법 제1조는 사람들이 매스미디어에 접근할 수 있는, 즉 미디어를 이용해 자신의 주장을 전파시킬 수 있는, 권리까지 포함하는 개념이라고 주장한 데에서 비롯되었다.

정치적 표현의 절대적 보장을 외치는 마이클존주의자Meiklejohnian라고 볼 수 있는 제롬 배런Jerome A. Barron은 1967년 5월 『하버드로리뷰Harvard

Law Review』에 발표한 논문에서 접근권을 주장한 이후 1973년에 출간한 『누구를 위한 언론 자유인가Freedom of the Press for Whom: The Right of Access to Mass Media』라는 책을 통해 이 개념을 정립하는 데에 크게 기여했다.[56]

배런이 보기에 수정헌법 제1조는 정부 권력만 있고 기업 권력이 존재하지 않았을 때에 만들어진 것인데 오늘날 기업 권력은 정부 권력 못지않거나 그 이상으로 억압적인 것이다. 배런은 대부분의 도시들에 1개의 신문과 3개의 TV 네트워크만 존재하는 현실을 지적하면서 수정헌법 제1조를 적극적으로 해석할 것을 요청했다.[57] 배런은 1967년에 발표한 논문에서 다음과 같이 주장했다.

"종래 언론 자유에 관한 헌법 이론이 이미 신문 등 미디어에 발표되거나 표현된 것을 보호하는 데는 항상 열의를 표시해왔으나 미디어를 통해 의견이나 발상을 발표하고자 하지만 그 기회를 얻지 못하고 있는 그런 사람들에게는 실질적으로 표현의 자유를 보장해주는 데는 관심을 두지 않고 있었다. 여러 가지 사상을 실제로 표현하기 위한 효과적인 미디어의 액세스가 현실적으로 보장되어 있는가에 관해서는 법적인 관심이 결여되어 있다. 미국 언론 자유론의 기초가 되어 온 이른바 '사상의 자유 시장' 이론이 자유방임의 경제 이론만큼이나 낡은 것이며 특히 오늘날과 같이 대다수의 국민이 사상의 시장에 사실상 자유로이 접근할 수 없게 된 상황에서는 하나의 낭만적이고 비현실적인 개념으로 전락해버렸다."[58]

배런의 접근권 개념이 모든 법학자들에게서 환영을 받은 건 아니다. 배런의 언론에 대한 불신이 리처드 닉슨Richard M. Nixon, 1913~1994 대통령이나 스피로 애그뉴Spiro Agnew, 1918~1996 부통령의 그것만큼이나 심한 것 같다고 비아냥대면서 배런의 주장에 반론을 제기한 사람들도 적지 않았다.[59]

미국 방송에서 접근권이 법적으로 인정된 기념비적 판결은 1969년 '레드라이언 대 FCCRed Lion Broadcasting Co. v. FCC' 사건에서 나왔다. 이 사건은 방송 규제 기관인 FCCFederal Communications Commission가 1959년부터 시행해온 '형평의 원칙Fairness Doctrine'이 합헌이라는 판결을 내린 것이다. '형평의 원칙'은 방송이 보도 및 공공 프로그램에서 논쟁적인 사안을 다뤘을 때 비교적 불공정하게 다뤄진 한쪽의 이해 당사자에게 반론의 기회를 보장하는 원칙인데, 바로 이 원칙이 연방대법원의 심판을 받게 된 것이었다. 연방대법원은 전원일치 판결을 통해 다음과 같이 말했다.

"라디오의 주파수가 희소성을 띠고 있으므로 정부는, 그 견해가 그 독특한 매체로 표현되어야 할 타인들을 위해, 방송 사업자에 대해 여러 가지 제약을 부과할 수 있다. 그러나 전체로서의 국민은 라디오에 의한 언론 자유의 권리를 갖는 것이며, 이 매체를 통해 수정헌법 제1조의 목표와 목적에 적합한 기능을 수행할 공동의 권리를 갖는다. 가장 중요한 것은 시청자의 권리인 것이지 방송 사업자의 권리는 아니다."[60]

그러나 '형평의 원칙'은 기술 발전과 함께 '희소성의 원칙'이 약화되고 이를 성가시게 생각하는 방송 사업자들의 집요한 요구로 1987년에 폐지되었다. 이 폐지를 주도한 레이건 행정부의 FCC 위원장 마크 파울러Mark S. Fowler, 1941~는 과거엔 뉴스 등 보도 프로그램을 강조하는 것이 FCC의 주요 업무였지만, 이젠 시장 기능에 의해 스스로 뉴스를 전문으로 하는 방송사가 생겨나는 걸 보더라도 시장 이론의 우위가 입증된다고 주장했다. 파울러의 목표는 오직 시장 통제 메커니즘을 구축하는 것이었다. 그는 심지어 "공익은 바로 자유 시장이 공급하는 것"이라고 단언했다.[61]

파울러는 심지어 "방송은 가전제품의 하나로, 스크린이 달린 토스터에 불과하다"고 주장했다. 이에 대해 "이 토스터에서 구워내는 것이 빵이 아니라 이 나라의 미래라고 한다면 그냥 시장에 맡기겠는가?"라고 반박하는 이들도 있었는데, 이런 접근권 옹호론자들이 그걸 되살리려는 노력을 여러 차례 시도했으나 번번이 실패로 돌아가고 말았다.[62]

이에 대해 윤석민은 '다른 곳도 아닌 사업자의 자유에 최우선의 가치를 두는 미국에서 이처럼 강력한 국가 주도적 공정성 정책이 적극 도입되고 상당 기간 집행되었으며, 폐기된 이후에도 부활의 움직임이 지속되었다는 사실은 특별한 주목을 요한다'며 다음과 같이 말한다.

"미디어의 자유를 제1의 헌법적 가치로 주장하는 미국 사회에서조차 공정성은 그만큼 중요한 가치로 강조되었던 것이다. FCC에 의한 방송 공정성 원칙Fairness Doctrine의 집행은 폐지되었지만 공정성 구현을 위한 한 방법론으로서의 국가주도적 내용규제의 타당성이 부정된 것일 뿐 미디어 공정성 원칙은 여전히 그 중요성을 인정받고 있다 할 것이다."[63]

접근권은 방송의 경우엔 크게 흔들리고 있을망정 그간 어느 정도 받아들여져 온 반면, 신문의 경우엔 1974년 연방대법원의 '마이애미헤럴드 대 토닐로Miami Herald v. Tornillo' 판결에서 부정되었다. 1974년 연방대법원의 '마이애미헤럴드 대 토닐로' 판결은 신문에 대한 시민의 반론권을 입법화한 플로리다주 법을 위헌으로 규정함으로써 신문에 대한 '접근'을 매우 어렵게 만들었다.

이 사건은 플로리다주 의회 선거에 출마한 교원 노조 간부 페트 토닐로Pat Tornillo가 자신을 비판한 『마이애미헤럴드』의 사설 때문에 선거에서 불이익을 입었다는 이유로 반론권 법에 따라 이 신문에 반론 게재를 요청한 데에서 비롯된 것이다. 당시 실정법 상 반론권을 인정한 주는 플로리다, 미시시피, 네바다, 위스콘신 등 4개 주뿐이었다. 1913년에 제정된 플로리다주 법의 반론권 조항은 다음과 같은 내용이었다.

"어떠한 신문이라도 그 지면에서 지명 후보자나 선거 후보자의 인격을 공격하거나 또는 공직에서의 부정행위나 실책을 갖고 해당 후보자를 규탄하거나 그렇지 않으면 후보자의 공직상의 경력을 공격하거나, 또는 그러한 목적을 위해 타인에게 무료로 지면을 제공했을 경우에는 해당 신문은 그 후보자의 청구에 따라 후보자가 작성한 반론을 반론의 원인이 된 기사가 실린 곳과 마찬가지로 눈에 띄는 자리에 같은 종류의 활자로 즉시 무료로 공표하지 않으면 안 된다. 다만 그 반론은 원인이 된 기사의 길이를 넘을 수가 없다. 본 조항을 위반한 개인이나 단체는 주 법의 규정에 따라 처벌된다."[64]

이에 대해 '『마이애미헤럴드』 대 토닐로' 판결은 "우리가 승인한 법리에 의하면 미국 수정헌법 제1조는 발행 전의 뉴스와 그 편집 내용에 관한 한, 정부와 인쇄 매체 사이에 사실상 넘기 어려운 장벽을 구축해 놓은 것이라고 할 수 있다. 무엇을 인쇄할 것인가 하는 '저널리스틱'한 판단의 행사를 요하는 사항에 관해서는 신문이든 잡지이든 그것은 '합리적' 규제에 따르는 공공물이 아니다. 물론 신문이 항상 정확한 것이 아니며 무책임한 경우도 있다. 또 중요한 공공문제에 관하여 충분하고 공평한 논평을 제공하지 못할지도 모른다"며 다음과 같이 말했다.

"그러나 수정 제1조가 언론의 자유에 관해서 상정한 판단은 중요한 문제에 관한 논의가 때로는 불완전할 수 있고, 또 모든 견해가 완전하게 표명되지 못할 수 있는 위험을 사회 자신이 부담해야 한다는 것이다.……비록 신문이 플로리다주 법에 따라 새로운 부담을 지는 것이 아무것도 없고 또 반론을 게재하는 것으로써 어떤 뉴스나 의견의 발표를 미루어야 하는 일이 없더라도 동법은 신문이 게재할 재료의 선택과 기사의 내용, 크기……등에 관한 결정에서 편집자의 기능에 개입하는 것이기 때문에 수정헌법 제1조에 위반되는 것이다."[65]

액세스권 옹호론자들은 이 판결에 대해 크게 실망했지만, 오늘날 '신문의 죽음'이 거론되고 누구나 마음만 먹으면 자신의 견해를 표명할 수 있는 디지털 시대에 이르러선 접근 이론과 액세스권 개념 자체가 크게 흔들리고 있는 게 현실이다.

표현의 자유

실제

표현의 자유를 규제할 때에 지켜야 할 원칙은 무엇인가?
명확성의 원칙 · 과잉금지의 원칙

한국에서 표현의 자유에 대한 규제의 원칙으로 자주 거론되는 것은 '명확성의 원칙' 또는 '막연성으로 인한 무효void for vagueness의 원칙'이다. 1926년 미국 연방대법원 판결에서 정립된 이 원칙은 다음과 같은 경우에 법률은 막연하기 때문에 무효라고 판단한다. ①어떤 사람이 그 적용 범위에 들어가는지 불분명하다. ②어떤 행동이 금지되는지 불분명하다. ③어떤 처벌이 강제되는지 불분명하다.

우리 헌법재판소는 '명확성의 원칙' 혹은 '법률 명확성의 원칙'이란 이름으로 이 기준을 다수의 사건에 적용해왔다. 특히 표현의 자유를 제약하는 법률의 규정이 불명확하면 그 적용에 있어 본래의 규제 목적에서 벗어나 표현행위를 억제하는 데 악용될 수 있기 때문에 더욱 큰 문제가 될 수 있다.[1] 이와 관련, 출판사 및 인쇄소의 등록에 관한 법률 제5조의 2 제5호에서 규정한 '저속'이라는 개념에 대해 헌법재판소가 1998년 4월 30일에 내린 판결의 주요 내용은 다음과 같다.

" '음란' 개념과는 달리 '저속' 개념은 그 적용 범위가 매우 광범위할 뿐만 아니라 법관의 보충적인 해석에 의한다 하더라도 그 의미 내용을 확정하기 어려울 정도로 매우 추상적이다. 이 '저속'의 개념에는 출판사 등록이 취소되는 성적 표현의 하한이 열려 있을 뿐만 아니라 폭력성이나 잔인성 및 천한 정도도 그 하한이 모두 열려 있기 때문에 출판을 하고자 하는 자는 어느 정도로 자신의 표현 내용을 조절해야 되는지를 도저히 알 수 없도록 되어 있어 명확성의 원칙 및 과도한 광범성의 원칙에 반한다."[2]

2015년 12월 15일 아동 음란물 유포 방치 혐의(아동·청소년의 성보호에 관한 법률 위반)로 기소된 이석우 전 카카오 공동대표의 변호인은 수원지법 성남지원 형사 6단독 신원일 판사 심리로 열린 첫 공판에서 "음란물 유통을 막기 위해 온라인 서비스 제공자가 취할 사전적 기술 조치에 대한 정부의 명확한 가이드라인이 없어 형법상 명확성의 원칙에 어긋난다"고 주장했다.

이석우 전 대표는 다음과 합병하기 전 카카오 대표로 재직했던 2014년 6월 14일부터 8월 12일까지 미성년자들이 모인 카카오그룹 서비스에서 음란물이 공유되는데도 음란물 전송 제한·삭제 조치를 제대로 하지 않은 혐의로 불구속 기소되었다. 검찰은 이석우 전 대표가 아동·청소년의 성보호에 관한 법률 제17조 제1항과 시행령 제3조에 의거 '온라인 서비스 제공자'로서 아동·청소년 이용 음란물을 발견하기 위한 적절한 조치나 필터링 기능 미도입 등 적절한 유포 방지 조치를 취하지 않은 것으로 보고 있다.[3]

표현의 자유를 규제함에 있어서 과잉금지의 원칙過剩禁止의 原則도 중요하다. '비례의 원칙'이라고도 하는 과잉금지의 원칙은 국민의 기본권을 제한함에 있어서 국가 작용의 한계를 명시한 것으로 크게 목적의 정당성, 수단의 적합성, 침해의 최소성, 법익의 균형성 등을 들 수 있다. 대한민국 헌법 제37조 제2항은 과잉금지의 원칙을 '필요한 경우에 한하여' 법률로써 기본권을 제한할 수 있다고 표현하고 있다.[4] 이 원칙에 대해 권영성은 다음과 같이 말한다.

"위법한 표현 행위를 규제하기에 충분한, 보다 완곡한 제재 방법이 따로 있음에도 불구하고 과중한 제재를 과하는 입법은 자유로운 표현을 질식시키는 사회적 효과를 가져오기 때문에 위헌이다. 이것은 자유의 제한은 필요 최소한이어야 한다는 과잉금지의 원칙('덜 제한적인 대체 조치Less Restrictive Alternative: LRA')을 표현의 자유에 적용한 것이다."[5]

이 원칙을 '필요 최소한도의 규제 수단의 선택에 관한 원칙'이라고 부른 김철수는 "표현의 자유에 대한 제한에 있어서는 표현의 자유가 다른 자유권들보다 우월한 지위를 가진다는 점을 고려하여 보다 덜 제한적인 선택 가능한 수단less restrictive alternative, LRA을 채택해야 한다는 이론이 바로 이 원칙이다"며 다음과 같이 말한다.

"법원이 어떤 대체 수단이 개인의 이익에 관해서 보다 덜 제한적이라고 판단하기 위해 형량衡量되어져야 할 요소로서는 i) 개인의 이익의 중요성 및 그 이익의 보호에 법원이 해왔거나 앞으로 할 정도, ii) 문제의 법률이 취하는 수단과 대체 수단의 유효성의 차이, iii) 양 수단의 비용 상의 차이, iv) 대체 수단이 보다 제한적이지 않을 정도 등이 고려되어진다.……이 법리의 의의는 그것이 사법적극주의司法積極主義에 연결되어 법원의 보다 적극적인 통제를 가능하게 하는 법리이면서도 명확성의 원칙과 마찬가지로 대체적인 규제권 그 자체의 문제와는 직접적으로는 관련되지 않는 기술적인 차원에서의 수단이라는 데 있다. 이 원칙은 규제 수단을 최소화시키는 노력의 결과로 나온 기법이므로 단순히 목적과 수단과의 관계를 묻는 합리성의 기준이나 통상적인 비교 형량의 방법에 비하면 표현의 자유와 같은 개인의 권리의 가치를 더 중시하는 것이 될 것이다."[6]

학자에 따라서는 과잉금지의 원칙을 법익 형량의 원칙과 구별해서 보기도 하나, 양재규는 "과잉금지의 원칙은 사실상 법률에 의한 기본권 제한의 가장 핵심적인 한계이고, 다시 과잉금지의 원칙의 핵심은 '법익 형량의 원칙'이라고 할 수 있다"고 했다. 즉, "언론의 자유를 제한하기 위해서는 언론의 자유보다 더 큰 공익을 유지하기 위해 필요한 경우라야 한다"는 것이다.[7]

2015년 12월 28일 언론개혁시민연대, 정의당 언론개혁기획단, 한국인터넷기자협회 등은 '사이비' 언론 행위를 막아야 한다는 이유를 들어 5인미만 인터넷신문을 강제로 퇴출하는 내용을 담은 '신문법 시행령'의 문제점을 지적하고, 헌법 소원을 제출했다. 이 헌법 소원을 맡은 이강혁 민주화를위한변호사모임 변호사는 해당 시행령은 헌법이 규정한 평등 원칙, 과잉금지 원칙, 피해의 최소성 원칙 등에 위배된다고 주장했다. 즉, 4명까지는 안 되고 5명부터는 된다는 기준의 근거가 매우 불분명하기에 평등 원칙에 위배되며, 권리가 제한될 수 있지만 필요 이상으로 지나치면 안 된다는 과잉금지의 원칙에도 위배되며, 4명 이하 인터넷신문의 경우 다른 방식으로 활동할 수 있는 대안이 전혀 존재하지 않는다는 면에서 피해의 최소성 원칙에도 어긋난다는 것이다.[8]

왜 '국익'의 정의를 둘러싸고 치열한 투쟁이 벌어지는가?
국가보안법

어느 나라를 막론하고 표현의 자유와 언론 자유를 통제하는 데에 사용되는 가장 강력한 명분은 국가 안보다. 국가 안보는 곧 국익國益을 말한다. 그런데 과연 무엇이 국익인가? 국익은 워낙 상대적인 개념이기 때문에 그 개념 정의를 둘러싼 치열한 투쟁이 벌어진다.

1970년 『국익National Interest』이라는 제목의 책을 낸 조지프 프랑켈 Joseph Frankel은 "국가적 이익의 정의는 이기적과 이타적, 단기적 관심과 장기적 관심, 적극파와 소극파, 전통과 혁신, 집단주의와 개인주의 등과 같은 여러 가지의 양극 사이에서 개인이 취할 입장에 달려 있다"고 전제한 뒤 "결국 그 모든 경우에 이분법에 의하지 않고 양극 간에 산재하는 점들을 보아 어떤 경험적인 지표에 따라 측정함으로써 그 위치를 찾아낼 수 있는 것으로 생각하는 것이 유익할 것"이라고 말한다.[9]

프랑켈의 견해는 어찌 생각하면 하나마나한 원론적인 입장 표명에 불과한 것이긴 하지만, 이는 '국익'에 대한 정의가 그만큼 각자 처한 입장과 상황의 지배를 받을 수밖에 없는 것이라는 점을 말해주는 것으로 볼 수 있을 것이다. 미국 『워싱턴포스트』의 '보도 기준 및 윤리'에 있는 '국익'에 관한 다음과 같은 규정도 마찬가지다.

"『워싱턴포스트』는 국가 이익과 지역사회 이익에 중대한 관심을 갖고 있다. 우리는 그들 이익이 정보의 최대 광범위한 전파로서 가장 잘 보장될 수 있다고 믿는다. 연방 공무원이 국가 이익이라고 주장한다고 해서 그것이 자동적으로 진정한 국가 이익과 일치하는 것은 아니다."[10]

한국에서 '국익'의 정의를 둘러싸고 벌어지는 치열한 투쟁의 대표적 사레이자 표현의 자유를 규제하는 최대의 법은 바로 국가보안법이다. 국가 안보와 언론 보도에 관한 우리나라의 법규로는 국가보안법 이외에도 ① 형법의 간첩죄(제98조), 일반이적죄(제99조), 외교상의 비밀누설죄(제113조) 등, ② 군형법, ③ 국가보위에 관한 특별조치법, ④ 국가기밀보호법, ⑤ 군사시설보호법, ⑥ 국가정보원법, ⑦ 보안업무규정 등과 같은 국방상, 외교상, 군사상의 비밀을 보호하는 각종 법령이 있으며, 그 밖에 국가공무원법 · 지방공무원법 등에 비밀 엄수의 의무 규정 등이 있다.[11]

국가보안법은 1948년 12월 1일 제정 · 공포된 이후 여러 차례에 걸쳐 개정되었으며, 현 국가보안법은 1991년 5월 31일 법률 제3318호로 공포된 개정 법률이다. 1958년 제3차 개정 시엔 '이적단체 찬양 · 고무죄'가 추가되었으며, 민주당 정권이 들어선 1960년 제4차 개정을 통해 '불고지죄'가 신설되었다. 1980년 제6차 개정 시엔 반공법 조항을 대부분 흡수한 새 국가보안법이 제정되었고, 1991년 제7차 개정을 통해 "국가의 존립, 안정과 자유민주주의 기본 질서를 위태롭게 할 것을 알고도"라는 주관적 요건을 삽입하고 통신, 회합, 편의 제공 등 처벌 조항을 대폭 강화했다. 주요 조항들의 내용을 살펴보면 다음과 같다.

> 제1조(목적 등) 제1항 이 법은 국가의 안전을 위태롭게 하는 반국가 활동을 규제함으로써 국가의 안전과 국민의 생존 및 자유를 확보함을 목적으로 한다.
> 제2조(정의) 이 법에서 '반국가단체'라 함은 정부를 참칭하거나 국가를 변란할 것을 목적으로 하는 국내외의 결사 또는 집단으로서 지휘 통솔 체제를 갖춘 단체를 말한다(법원은 이 조항을 근거로 일관되게 북한을 '반국가 단체'로 판단하고 있으나, 남북교류협력법은 북한을 '협력의 대상'으로 규정해 국

가보안법과 정면으로 배치된다. 국가보안법은 이 개념을 기초로 반국가단체를 '이 롭게' 하거나 '찬양 고무' 또는 '회합 통신'한 행위 등을 처벌토록 하고 있으나, 애 매하고 추상적인 표현이라 문제의 소지가 크다).

제3조(반국가단체의 구성 등)

제4조(목적 수행) 제1항 2호 형법 제98조에 규정된 행위를 하거나 국가 기밀을 탐지 · 수집 · 누설 · 전달하거나 중개한 때에는 다음의 구별에 따 라 처벌한다. 제1항 6호 (국가 기밀 누설 등 반국가적) 행위를 선동 · 선전 하거나 사회질서의 혼란을 조성할 우려가 있는 사항에 관하여 허위 사실 을 유포한 때에는 2년 이상의 유기징역에 처한다(형법 제98조 1항은 적국 을 위하여 간첩 행위를 하거나 적국의 간첩에 동조한 자에 대한 처벌, 동조 2항은 군사상의 기밀을 적국에 누설한 자에 대한 처벌을 규정하고 있다).

제5조(자진 지원 · 금품 수수)

제6조(잠입 · 탈출)

제7조(찬양 · 고무 등) 제1항 국가의 존립 · 안전이나 자유민주적 기본 질 서를 위태롭게 한다는 점을 알면서도 반국가단체나 그 구성원 또는 그 지령을 받은 자의 활동을 찬양 · 고무 · 선전 또는 이에 동조하거나 국가 변란을 선전 선동한 자는 7년 이하의 징역에 처한다. 제5항 (반국가적 행 위를 할 목적으로) 문서 · 도화 기타의 표현물을 제작 · 수입 · 복사 · 소 지 · 운반 · 배포 · 판매 또는 취득한 자는 그 각 항에 정한 형에 처한다.

제8조(회합 · 통신 등)

제9조(편의 제공)

제10조(불고지) 제3조, 제4조, 제5조 제1항 · 제3항(제1항의 미수범에 한 한다) 제4항의 죄를 범한 자라는 점을 알면서 수사기관 또는 정보기관에 고지하지 아니한 자는 5년 이하의 징역 또는 200만 원 이하의 벌금에

처한다. 다만, 본범과 친족 관계가 있는 때에는 그 형을 감경 또는 면제
할 수 있다.

국가보안법 가운데 가장 문제가 되는 조항이 바로 제7조로서 김대중 정
부 출범 이후 1년간 국보법 관련 구속자 413명 가운데 92.3퍼센트인 381명
이 7조 위반으로 구속되었다. 집권 2년 차인 1999년에도 국가보안법 관련
구속자 286명 가운데 91.3퍼센트인 261명이 제7조의 적용을 받았다. 일반
형사사건의 실형 선고율이 30퍼센트를 웃도는데 비해 국보법 제7조 위반
사건의 경우, 겨우 10퍼센트 안팎에 머물고 있다는 점은 당국이 무리하게
법을 적용하고 있다는 증거로 볼 수 있을 것이다. 1999년 구속자 가운데
실형을 선고받은 사람은 2퍼센트에 불과한 것으로 조사되었다.[12]

2004년 8월 26일 헌법재판소는 국가인권위원회로부터 폐지 권고를 받
은 국가보안법에 대해 합헌 결정을 내렸다. 그간 독소 조항으로 꼽혀온 제
7조 제1항(찬양·고무죄)과 제5항(이적표현물 소지 등)에 대해 소수 의견조차 없이
재판관 9명의 '전원일치'로 합헌 결정을 내린 것이다. 또 9월 2일 대법원은
국가보안법 위반 등 혐의로 기소된 전 한총련 대의원 두 사람의 상고심에
서 이들의 상고를 기각하면서 국가보안법 폐지 논의를 반박하는 이례적인
판결문을 내놓았다. 재판부는 판결문에서 "북한이 직·간접 등 온갖 방법
으로 우리 체제를 전복시키고자 시도할 가능성이 항상 열려 있는 이상, 스
스로 일방적인 무장해제를 가져오는 조처에는 여간 신중을 기하지 않으면
안 된다"고 지적했다. 국가보안법 폐지론을 겨냥해 "나라의 체제는 한번
무너지면 다시 회복할 수 없는 것이므로, 국가의 안보에는 한 치의 허술함
이나 안이한 판단을 허용할 수 없다"고 강조한 것이다.

국가보안법 폐지 국민연대와 민변, 참여연대 등 시민단체들은 "대법원

이 시대에 뒤떨어진 냉전적 사고방식을 가진 이들로 구성돼 있다는 점이 다시 한 번 증명된 셈"이라고 비판했다. 대법원이 사건과 직접 관련이 없는 국가보안법 폐지 논리를 반박한 것은 사법부가 입법부의 입법 활동에 개입한 것이라는 비판도 제기되었다. 대법원의 판결문 중 "오늘날 북한에 동조하는 세력이 늘어가고, 통일전선의 형성이 우려되는 상황임을 직시할 때 체제 수호를 위해 관용에는 한계가 있어야 한다"는 부분은 지나친 표현이라는 것이다. 민주사회를위한변호사모임은 "대법원이 입법 정책에 대한 호·불호를 표현한 것은 정치적 영역을 침범, 3권 분립의 원칙을 스스로 어긴 것"이라고 비판했다.

대통령 노무현은 2004년 9월 5일 밤 MBC TV 〈시사매거진 2580〉 500회 기념으로 가진 '대통령에게 듣는다' 프로그램에 출연해 "국가를 보위하기 위해서 필요한 조항이 있으면 형법 몇 조항 고쳐서라도 형법으로 하고 국가보안법을 없애야 대한민국이 드디어 야만의 국가에서 문명국가로 간다고 말할 수 있는 것"이라며 국가보안법 폐지 입장을 밝혔다. 그는 국가보안법은 "칼집에 넣어 박물관으로 보내는 것이 좋을 것"이라고 말했다. 일부 언론은 '야만의 국가' 등 현재의 시각으로 과거를 철저히 부인하는 것은 대통령으로서 바람직한 자세가 아니다는 비판을 제기했다.

2004년 9월 20일 한나라당 대표 박근혜는 논란이 되고 있는 '정부 참칭' 조항(국가보안법 제2조)은 얼마든지 논의할 수 있으며, 국가보안법의 명칭도 바꿀 수 있다고 말했다. 그 이전에 고무·찬양죄와 불고지죄는 전향적으로 수정하되, 정부 참칭죄는 그대로 유지한다고 규정한 데서 한 걸음 나아간 것이었다. 그러나 이에 대해 한나라당 의원 김용갑 등 일부 의원들은 "국보법의 '정부 참칭' 조항과 법안 명칭은 체제 수호의 상징성이 크기 때문에 절대 양보할 수 없다"고 박근혜를 비판했고, 박근혜도 자신의 발언이 오해되었다고 주장했다. 여당 내에서는 '폐지 후 형법 보완'과 별도의 대체 입법을 주장하는 쪽으로 나뉘었다.

2004년 10월 4일 오후 3시 30분 한국기독교총연합회 등 보수 기독교 단체들은 서울시청 앞 서울광장에서 '나라와 민족을 위한 구국기도회'를 개최했다. 이들은 "국가보안법 폐지를 반대하며 사립학교법 개정을 종교 탄압으로 규정, 반대한다"고 밝혔다. 같은 날 오후 5시 300여 개 보수단체 와 보수 성향의 기독교 단체들은 10만여 명이 참여한 가운데 국가보안법 폐지 반대 등을 요구하며 서울시청 앞 서울광장에서 '대한민국 수호 국민 대회'를 열었다. 이날 집회에는 전 국무총리 현승종, 남덕우, 강영훈과 재 향군인회장 이상훈, 6·25 참전유공자 회장 채명신, 자유민주민족회의 총 재 이철승, 여의도순복음교회 당회장 조용기, 한나라당 의원 김용갑, 박성 범, 김문수 등이 참가했다. 이들은 "국가보안법 폐지는 북한 공산 세력과 남한 내 친북 좌익 세력에게 대한민국 파괴 면허증을 주는 국가적 자살 행 위"라고 규정한 뒤 "이들 좌익 세력의 국가보안법 폐지 시도를 막아내자" 고 결의했다. 이들은 청와대로 행진하려다 경찰과 충돌해 물대포가 동원 되기도 했다.

2004년 10월 12일 열린우리당은 국가보안법 폐지 당론을 확정, 형법 보 완 3개 안과 대체입법 1개 안 등 보완 입법 4개 안을 제시했다. 10월 17일 열린우리당은 정책 의원 총회를 열어 국가보안법을 폐기하고 폐지 대안 4가지 중 표결을 통해 형법상 내란죄를 보완하는 제1안을 택했다. 형법에 '내란 목적 단체 조직죄'를 만들어 보완하는 대신, 기존의 반국가단체 관련 조항, 잠입·탈출죄, 찬양·고무죄, 회합·통신죄, 불고지죄 등을 없애기 로 한 것이다. 12월 6일 열린우리당은 국보법 폐지안을 국회 법제사법위원 회에서 물리력으로 상정했다.

국회에선 국가보안법 처리를 둘러싸고 '전쟁'이 벌어졌다. 여야與野뿐만 아니라 여권 내부에서도 강경파와 온건파가 충돌했다. 12월 31일 열린 우리당 의장 이부영은 "의식 과잉된 양당 강경파들 때문에 타협에 이르지 못했다"고 비판했다. 그는 "이들은 50~60년대와 70~80년대 의식에서 벗어나지 못한 채 과거의 풍경에만 정신이 팔려 있다"며 "지금 보안법은 머릿속에만 있을 뿐이지 실체가 없지 않느냐"고 말했다.

『국민일보』 12월 10일자에 보도된 창간 16주년 여론조사 결과를 보면, 국가보안법 폐지 찬성은 33.8퍼센트, 반대는 62.0퍼센트인 것으로 나타났다. 『조선일보』 12월 14일자에 보도된 여론조사 결과를 보면, 국가보안법 폐지 찬성은 36.6퍼센트(폐지 후 대체 입법 27.7퍼센트, 완전 폐지 8.9퍼센트), 반대는 61.0퍼센트(현행 유지 16.0퍼센트, 일부만 개정 45.0퍼센트)인 것으로 나타났다. 결국 국가보안법은 철폐는커녕 개정조차 하지 못한 채 오늘날까지도 '국익'의 정의를 둘러싸고 벌어지는 치열한 투쟁의 진원지가 되고 있다.

하지만 점차 국가보안법의 위세가 약화되고 있는 건 분명하다. 국가보안법 위반 구속자 수는 크게 보자면 1998년 465명에서 1999년 312명, 2000년 130명, 2008년 16명, 2010년 32명, 2012년 26명, 2013년 38명으로 급감하는 추세다. 대법원에 따르면 최근 4년 새(2011~2014) 국가보안법 위반 사범 중 대부분이 무죄나 집행유예를 받았으며, 실형을 선고받은 경우는 16.8퍼센트에 불과, 5명 중 1명에도 못 미쳤다.[13]

'펜타곤 기밀문서' 사건은 언론 자유의 승리였나?

사전 억제

미국의 수정헌법 제1조와 관련해 사전 억제prior restraint는 오랜 논란의 대상이 되어왔다. 미국에서 사전 억제 또는 사전 제한을 금지하는 최초의 판결은 1931년 '니어 대 미네소타Near v. Minnesota' 사건에서 나왔다. 이 사건은 『새터데이프레스』라는 신문의 발행인인 J. M. 니어J. M. Near가 미니애폴리스의 법률 집행관들의 부패상을 비난하는 기사를 실은 것에 대해 검찰이 이 신문의 발행 금지를 청구하는 소송을 제기한 데에서 비롯되었다. 주 법원은 미네소타주의 공중도덕 보호법에 근거해 이 청구를 받아들였으나 연방대법원은 5대 4로 원심을 파기하면서 공중도덕 보호법을 위헌이라고 판결했다. 판결 요지는 다음과 같다.

"출판의 자유가 악랄한 스캔들 상인에 의해 남용될 수 있다는 사실은, 공무원의 비행을 다룸에 있어 출판이 사전 제한으로부터 면제받을 필요성을 결코 감소시키지 않는다. 그러한 남용에 대해서는 사후 처벌이 적절한 구제책이며, 이것은 또한 헌법적 특권과도 일치하는 것이다."[14]

이 사건은 당시 미국에서 가장 많은 발행부수(83만 5,000부)를 자랑하던 『시카고트리뷴』의 발행인인 로버트 매코믹Robert R. McCormick, 1880~1955의 자금 지원에 의해 연방대법원까지 가게 된 것이었다. 니어는 "언론의 자유를 지킨다는 고상한 명분보다는 자신의 신문을 하루빨리 발행하는 것이 최대 목표"였기 때문에 "매코믹이 언론의 자유에 초점을 맞추어 재판을 지루하게 끌고 가는 것에 큰 불만을 가지고 있었다."[15]

이 사건에서 주목할 것은 판결문에서도 시사되었듯이 『새터데이프레스』는 선정적 주간지였으며 니어 역시 별로 질이 좋지 않은 발행인이었다는 점이다. 그러나 중요한 것은 니어의 인간성이나 『새터데이프레스』의 품질은 아니었다. 판결문의 내용을 더 살펴보자. 판결문은 수정헌법의 초안자인 제임스 매디슨James Madison, 1751~1836의 말을 인용했다.

"모든 일에 있어 어느 정도의 부작용은 불가피한 것이고 이것은 언론에 있어서도 마찬가지이다. 여러 주에서 경험을 통해 체득한 언론 자유의 이치는 일부 썩은 가지들을 마구 쳐 없애는 것보다는 나무 전체가 잘 자랄 수 있도록 보호하여 좋은 열매를 맺도록 하는 것이 현명하다는 것과 같다."

이어 판결문은 다음과 같이 말했다.

"최근 정부의 행정이 점점 더 복잡해지면서 부정과 부패의 가능성은 더 늘어났고 범죄도 크게 증가했다. 범죄 집단과 부정을 일삼는 무책임한 관리는 국민의 생명과 재산의 안전을 위협하고 있다. 이로 인해 민주 사회의 첨병인 용감한 언론이 더욱 절실하게 필요해졌다. 일부 무책임하고 부도덕한 언론인들에 의해 언론의 자유가 남용된다고 해서 관료들의 부정부패를 감시하는 언론이 사전 억제를 받아서는 안 된다는 원칙의 중요성이 감소되는 것은 아니다."[16]

사전 억제는 1971년에 이른바 '펜타곤 기밀문서' 사건으로 시험대 위에 올랐다. 1971년 6월, 미국 『뉴욕타임스』는 전직 국방성 관리인 대니얼 엘스버그Daniel Ellsberg, 1931~로부터 1급 비밀문서로 분류된 「미국의 베트남 정책 결정 과정」, 「통킹 만 사건의 명령과 통제에 관한 연구」 등을 입수해 12일부터 14일에 걸쳐 3일 동안 요약·연재했다. 미국 정부는 발행 금지 가처분假處分 명령을 청구하는 소송을 냈으며 이 가운데 일부가 법원에 의해 받아들여지자 『뉴욕타임스』는 항소를 제기했다(가처분'은 권리자가 되돌릴 수 없는 피해를 입지 않도록 법원이 내리는 '임시 처분'을 말한다).

『워싱턴포스트』가 6월 18일부터 연재하기 시작한 「베트남전쟁 관련 비록」도 이와 유사한 소송에 휘말렸다. 우여곡절 끝에 이 두 사건을 병합 심리한 연방대법원은 1971년 6월 30일 6대 3의 다수결로 언론에 대한 사전억제를 인정하지 않는다는 수정헌법 제1조의 정신에 따라 양 언론사에 대한 기사 게재의 일시 중지 명령이 무효임을 확인했다.[17]

앞서 지적했다시피, 당시 연방대법원엔 수정헌법 제1조의 절대주의 이론 신봉자로는 휴고 블랙Hugo L. Black 대법관과 윌리엄 더글러스William O. Douglas 대법관이 있었다. 당연히 이들의 의견이 가장 격렬했다. 더글러스 대법관은 "본건에 있어 게재 중지 명령이 1주일 이상이나 계속되었던 것은 '니어 대 미네소타주 사건'에서 해석된 바와 같은 헌법 수정 제1조의 원칙을 짓밟은 것이었다"고 말했다.[18]

블랙 대법관은 이 판결의 보충 찬성 의견에서 "불행하게도 나의 동료 속에는 때에 따라서는 뉴스 보도를 게재하지 못하도록 중지 명령을 내릴 수 있다고 생각하는 사람이 있다. 이러한 생각은 헌법 수정 제1조의 도살장을 의미한다"고 다소 과격한 지적도 불사해가며 다음과 같이 말했다.

"개정(수정헌법) 제1조로써 건국의 아버지들은 자유언론에게 그것이 우리의 민주정치에 있어 맡은 바 불가결의 역할을 수행하기에 필요한 보호를 준 것이다. 언론은 통치자가 아니라 피치자에게 봉사하도록 되어 있는 것이다. 언론을 검열할 정부의 권한은 언론이 언제까지나 자유롭게 정부를 감시할 위치를 차지하게 하려고 폐지된 것이다. 언론은 정부의 비밀을 폭로하고 국민에게 알림을 주기 때문에 보호를 받는 것이다. 오직 자유롭고 제약받지 않는 언론만이 정부의 속임수를 효과적으로 적발할 수 있는 것이다."[19]

소수 의견을 낸 워런 버거Warren E. Burger, 1907~1995 대법원장은 『뉴욕타임스』가 문제의 문서를 게재하기 전에 3개월이나 걸려 검토해놓고도 게재 중지 명령을 받자 재판소에게 성급한 판단을 요구하는 이유가 뭐냐고 불만을 표시했다. 그는 "본건에서는 발작적인 조급성은 주로 도난당한 문서를 입수한 날부터 타임스 신문이 취한 태도에 기인된다. 이 조급성으로 본건의 합리적이고 신중한 사법적 처리 가능성을 배제했고 그것이 옳지 못했던 것이 이제는 충분히 명백하다고 생각한다"며 다음과 같은 의견을 내놓았다.

"몇 달 동안이나 공표가 연기된 끝에 주장되고 있는 알 권리는 어떤 이유에서인지 돌연히 즉각 보장되지 않으면 안 되는 권리가 되어버렸다.⋯⋯나는 미국 국민의 생활 속에서 위대한 기관으로 오랫동안 간주되어온 한 신문이 장물 또는 정부 기밀문서를 소지했음을 발견했을 때 모든 시민이 이행해야 할 기본적이고도 단순한 의무를 왜 이행하지 않았는지 믿을 수가 없다. 이 의무란 순진한 생각인지 모르겠으나, 책임 있는 관계 당국에 보고하는 것이라고 나는 생각한다. 이러한 의무는 택시 운전기사에게나 법관에게나 『뉴욕타임스』에게나 다 같이 해당된다. 『뉴욕타임스』지가 취한 태도는 위와 같이 계산한 것이 아닌지 몰라도 이 문제를 질서 있게 합리화할 수 있는 기회를 말살했다."[20]

언론은 연방대법원의 판결에 처음엔 환호했지만, 시간이 흐르면서 좀 더 냉정한 평가를 내리기에 이르렀다.[21] 이 사건 재판에 관한 특집호를 낸 『컬럼비아저널리즘리뷰Columbia Journalism Review』1971년 9/10월호의 좌담회에 출연한 5명의 신문 저널리스트들은 모두 일반적으로 알려진 것과는 달리 이 판결로 인해 신문 측의 입장이 전보다 더욱 악화되었다는 점을 지적했다. 사건이 대법원에까지 올라가, 그전까지는 막연하게나마 절대시되어왔던 '사전 억제 금지=보도의 자유'의 원칙이 '사전 억제 조건부 금지'의 원칙으로 판단되게 되었다는 이유에서였다. 즉 법원이 최종적 판단을 내리기까지 게재 일시 중지의 가처분이 인정되었다는 선례가 수립되었다는 것이다.

이와 관련, 김동철은 "이 판결을 계기로 보도기관이 이전보다 훨씬 더 스스로 자율 규제를 하게 될 것임을 경계해야 한다는 의견도 많이 나왔다"며 이렇게 말했다. "미국의 경우 보도기관이 형사적 처벌을 받게 된다는 것은 텔레비전 면허와의 관련에서 큰 의미를 갖게 된다. 연방통신법에 따르면 중죄에 해당해서 유죄가 확정되면 텔레비전 방송국의 면허를 얻을 수 없게 되어 있다. 국방성 기밀문서 사건의 경우 『워싱턴포스트』가 사건 당시 국내의 수 개 도시에서 텔레비전국을 소유하고 있고, AM 2개국, FM 1개국을 소유하고 있어, 만일 신문사나 그 발행인이 방첩법 위반으로 유죄가 확정된다면 그 손해는 대단한 것이 될 것이 명확하므로 이 비밀문서 기사 게재 결정 때 사내에서 고문변호사들의 반대가 강했던 것도 이러한 시각에서 의미가 있는 것이다."[22]

그러한 우려는 수년 후에 현실로 나타났다. 연방지방법원이 1979년의 '미국 정부 대 프로그레시브U.S. v. Progressive' 사건에서는 이미 공개된 자료들을 근거로 해 수소폭탄 제조법에 관한 글을 게재하고자 했던 잡지 『프로그레시브』의 시도에 대한 정부의 게재 금지 요청을 받아들인 것이다. 『프로그레시브』가 스스로 수소폭탄에 관한 기술적인 정확성에 관한 의견을 묻기 위해 정부에 최종 원고를 미리 보냈었다는 것도 앞서 지적된 일종의 '위축 효과'의 결과였는지도 모르겠다. 어찌되었건, 법원은 이 사건과 국방성 기밀문서 사건과의 차이를 다음 세 가지 점에서 지적했다.

"첫째, 국방성 기밀문서는 3년 내지 20년 전의 사건에 관한 역사적 자료이다. 둘째, 국방성 기밀문서의 게재가 어떻게 국가 안보에 영향을 미치는가에 관해서 설득력 있는 이유가 제시되지 않았다. 셋째, 국방성 기밀문서 사건과는 달리, 본건에서는 특히 원자력 에너지법이라는 특정한 적용 법률이 존재한다는 점이다."[23]

이 사건과 관련해 한 가지 흥미로운 사실은 1심에서 패소한 잡지사 측이 항소하기 전인 1979년 9월 위스콘신주의 메디슨시에 있는 한 조그마한 신문이 『프로그레시브』가 게재하고자 했던 기사의 내용과 유사한 기사 내용을 공표함에 따라 그 순간 이 사건이 공중에 붕 떠버렸다는 점이다.[24] 정부도 소를 취하해버렸고 『프로그레시브』 측도 항소를 하거나 그 김빠진 기사를 꼭 실어야 할 이유가 사라져버린 것이다. 처음부터 정부에 묻지 말고 기사 게재를 했어야 했던 것인데, 너무 몸을 사렸던 것이 이런 분쟁을 낳게 했던 셈이다.

어떤 경우에 미디어 생산물의 유포를 중지시킬 수 있는가?
사전 유지 청구권

사전 억제prior restraint는 이미 예고된 어떤 미디어 생산물로 인해 권리 침해가 발생할 수 있다고 생각하는 측에서 법원에 그 생산물의 유포를 중지시켜줄 것을 요청함으로써 발생하는데, 그러한 요청의 권리를 한국에선 사전 유지留止 청구권 또는 부작위不作爲(방해예방) 청구권이라고 한다. 법원이 부작위 청구권을 받아들일 경우 '유지留止 명령'을 내리게 되는데, 일본에서는 차지差止 명령이라 하고 영·미에서는 금지 명령injunction이라고 한다.[25]

박용상은 부작위 청구권에 대해 "사전적 구제로서 일반적으로 생각할 수 있는 부작위 청구권은 인격권 또는 기업권을 침해하는 표현 행위가 이루어지고 있는 경우에는 그 중지를, 그러한 침해의 우려가 있는 경우에는 사전에 그 발표 또는 전파를 하지 말라고 청구할 수 있는 권리이다"라고 정의를 내리면서 다음과 같이 말한다.

"명예훼손과 특히 프라이버시의 침해로 인하여 피해자는 회복 불가능한 타격을 받게 되고 사후 구제 수단만으로는 충분하지 못한 경우가 허다하므로 이들 권리의 보호에 충실하자면 이러한 사전적 구제 수단이 인정되어야 함은 물론이다. 이 부작위 청구권은 본안 소송으로 제기할 수도 있고, 그 이전에 가처분 절차에 의해서도 실행할 수 있다.……우리의 경우에는 민사소송법의 가처분 절차에 의해 인쇄 또는 출판 및 배포 금지 등의 가처분을 구한 사례가 소수 있을 뿐 그에 대한 이론적 체계가 확립되어 있지 못한 것이 실정이었다. 그러다가 대법원은 최근에 이르러 분유 제조업체 간의 비방광고로 인하여 인격권 침해 및 영업 손실의 불법 행위가 문제된 사건에서 부작위 청구권의 근거와 성질 등에 관하여 이론적 입장을 표명하게 되었다."[26]

대법원이 이론적 입장을 표명한 사건은 '남양유업 대 파스퇴르 분유 사건(대법원 1996.4.12)'이다. 원고 남양유업 주식회사 등 기존 유가공업체는 유아용 조제분유 시장을 지배해왔는데, 분유업계의 후발주자로 출발한 피고 파스퇴르 분유 주식회사는 1990년 이 시장에 뛰어들어 판매망을 개척하기 위해 대대적인 광고 공세를 폈다. 문제가 된 일간지 광고의 내용은 원고 회사는 비식용 분유를 만드는 기계로 조제분유를 제조하고 있으며, 법령상 사용 금지된 원료 또는 화학 첨가제를 사용한다는 취지로 원고를 비방하는 것이었다.

이미 피고를 상대로 이 광고 행위의 부작위 및 그 위반 시 광고 1건에 대해 금 7,000만 원의 배상을 명하는 가처분 결정을 받았던 원고는 이 비방

광고의 금지 및 합계 금 35억 2,000만 원의 지급을 구했다. 이 사건 본안 사건의 원심인 서울고등법원은 비방광고의 부작위 청구를 인용하면서 장래 위반 시에는 그에 대한 제재로서 위반 광고 1건에 대해 금 7,000만 원의 지급을 명하고, 이미 행해진 비방광고에 대한 대응 광고를 위해 필요한 비용으로서 1매체당 금 1,300만 원 합계 금 6,500만 원 및 위자료로서 금 3억 원의 지급을 명했다. 대법원은 피고의 상고를 기각했다.[27]

성낙인은 사전 유지 청구권이 행사될 수 있는 요건으로 네 가지를 들었다. 첫째, 침해 행위의 계속성과 급박성이 있는 경우에 다른 구제 수단에 의해 피해 구제가 실효성을 기할 수 없는 경우라야 한다. 둘째, 비례의 원칙에 비추어 침해 행위에 의해 피해자가 회복할 수 없는 손해가 발생할 우려가 있고, 사전 유지에 의하여 가해자가 입는 손해보다 더 큰 손해가 있어야 한다. 셋째, 공공성과 진실성에 비추어 침해 행위가 '위법성조각사유'가 없어야 한다. 넷째, 언론에 의한 사전 검열의 위헌성과 우려를 배제하기 위해서는 법원의 결정에 의해서만이 가능할 것이며, 이 경우 민사소송법상의 가처분 절차에 의해 행해질 것이다.[28]

위법성조각사유違法性阻却事由란 "형식적으로는 불법행위로서 범죄가 되지만 실질적으로는 범죄행위 또는 불법행위로서의 성격이 정지되는 여러 가지 사유를 말한다."[29] '조각'이란 성립되지 않는다는 뜻이다. 달리 말하자면, 위법성이 없다고 검찰이나 법원이 인정하는 경우를 뜻한다.

자주 논란이 되는 게 바로 방송 금지 가처분이다. 1994년 이후부터 2003년 5월까지 방영 금지 가처분 신청의 대상 프로그램은 27건으로, 주로 문화방송 〈PD수첩〉, 〈시사매거진2580〉, 서울방송 〈그것이 알고 싶다〉 등의 시사고발 프로그램들이었다. 이중 10건에서 신청인의 요청이 수용되어 전부 혹은 부분적으로 방영 금지되었다.[30]

특히 종교와 관련된 방송 금지 가처분 신청의 경우엔 폭력이 따라붙곤 했다. 문화방송은 1999년 5월 만민중앙교회 이재록 목사의 이단성 등을 폭로하는 내용의 〈PD수첩〉을 제작하는 과정에서 만민중앙교회 측이 낸 방영 금지 가처분 신청을 법원이 받아들여 일부 내용을 제외했으나 신도들의 방송사 난입으로 방송이 한때 중단되었었다.

2000년 5월 3일 문화방송은 방송 프로그램에 대한 방영 금지 가처분 제도가 헌법상 보장된 언론의 자유를 본질적으로 침해한다며 헌법재판소에 헌법 소원 심판을 청구했다. 문화방송은 청구서에서 "프로그램을 제작, 방영하기 전에 방영을 못하게 하도록 할 수 있는 방영 금지 가처분 제도가 규정돼 있는 민사소송법 714조 2항은 언론에 대한 사전 검열을 금지하는 헌법에 위배되며 헌법 37조 2항의 과잉금지 원칙에도 어긋난다"고 주장했다. 문화방송은 이어 "언론인이 양식과 소신에 따라 보도 내용을 자율적으로 결정하지 못하고 법원의 판단에 의해 방송 내용이 결정된다면 보도의 자유와 국민의 알 권리에 대한 치명적인 왜곡 현상을 초래할 수 있다'며 '언론의 사회 비리 고발 노력이 위축될 것" 이라고 지적했다.[31]

그러나 헌법재판소는 2001년 8월 30일 관여 재판관 전원의 일치된 의견으로 방영 금지 가처분 제도가 "헌법에 위반되지 않는다"는 판단을 내렸다. 방영 금지 가처분은 행정권에 의한 금지 처분이 아니라 사법부가 당사자 간 분쟁에 관해 결정하는 것으로서 헌법이 금지하는 사전 검열에 해당하지 않는다는 것이다.[32]

2001년 9월 3일 전국언론노조는 성명을 통해 법원의 방영 금지 가처분 명령은 "사법의 이름을 빌린 사전 검열" 이라고 주장했다. 언론인의 "소신과 양식에 따라 프로그램의 내용과 수위를 자유롭게 결정하지 못하고 항상 법원의 판단에 의지해야 한다면 언론 자유는 갈수록 위축될 수밖에 없다"

는 것이다.[33]

2015년 3월 16일 방송된 케이블TV CBS TV 〈신천지에 빠진 사람들〉에서는 신천지에 빠진 사람들을 관찰 카메라에 담아 신천지의 실체를 샅샅이 파헤치는 모습이 방영되어 충격을 주었다. 방영 전, 신천지는 법원에 이 프로그램의 방송 금지 가처분 신청을 냈으나 기각 당했다.[34]

왜 김수용 감독은 은퇴를 선언해야 했는가?
사전 심의제

한국 사회에서 영상물은 오랜 세월 엄격한 검열을 받아왔다. 1966년 1월 27일 자율적 기구로 창립한 한국예술·문화윤리위원회는 약 10년간 활동해오다가 1975년 12월 31일 법률 제2884호로 종전의 공연법(1961년 12월 30일 법률 제902호) 중 일부가 개정되면서 제25조 제3항에서 공연윤리위원회의 설치를 규정함으로써 해체되었다.[35] 공연윤리위원회는 영상물·음반 검열의 총본산이었다. 그 횡포가 대단했다. 라제기는 다음과 같이 말한다.

"혹시 〈이장호의 외인구단〉이라는 영화 제목을 기억하거나 들어봤는지. 만화가 이현세 씨의 인기 만화 『공포의 외인구단』을 1986년 이장호 감독이 스크린에 펼쳐낸 작품이다. 제목만 보고 '이장호 감독의 자기 이름에 대한 집착이 대단했나 보다'라고 생각한다면 억측에 불과하다. '공포'는 무시무시한 단어를 영화 제목에 써서는 안 된다는 당시 공연윤리위원회(공륜)의 심의에 따른 것이기 때문이다. 서슬 퍼렇던 제5공화국 시절 제목만 손을 댄 '외인구단'의 경우는 그나마 애교에 속했다. 같은 해 김수용 감독의 〈중광의 허튼소리〉는 공륜에 의해 13장면을 가위질 당한 만신창이로 겨우 극장에 걸렸다. 항의의 표시로 김 감독이 은퇴를 선언했을 정도니 그 충격이 가히 짐작이 간다."[36]

당시(1986년) 공연물영상진흥협의회(공진협)는 '대중의 교란 목적을 가진 위험한 영화'라는 검열의 잣대를 들이댔다. 김수용은 이에 항의하기 위해 영화 감독직을 그만두었고, 1981년부터 연극영화과 교수로 나가면서 연을 맺었던 청주대학교에서 후학을 양성했다. 1997년 일본에서 영화 제작 제의가 들어와 응하기도 했던 김수용은 2015년 다음과 같이 말했다.

"문화는 수치가 아닙니다. 또 문화는 과학이 아닙니다. 일종의 과학이나 상식에 의해 문제가 해결되지 않기 때문입니다. 문화는 창조에 의해 접근해야 합니다. 문화는 창의성을 바탕으로 성장해야 합니다. 문화는 새로운 것을 향해 자유롭게 발전해야 합니다. 국민들의 문화 산업에 대한 사랑과 관심이 지금처럼만 이어지고 개발시키려는 정책이 어우러진다면 우리 문화 산업은 무한한 발전 가능성이 있다고 봅니다. 문화 산업이 발전하기 위해서는 표현의 자유가 반드시 보장돼야 합니다."[37]

1996년 6월 7일 헌법재판소의 위헌 결정으로 음반 사전 심의가 폐지되었다. 일률 심의는 전면 폐지되고 공연윤리위원회 직권에 의한 사후 선별 심의만 상징적으로 남게 된 것이다. 음반 사전 검열은 1933년 조선총독부 경무부가 음악을 통해 조선인들의 정서를 통제할 목적으로 실시했던 것인데, 그걸 없애는 데에 63년이 걸린 것이다.

1996년 10월 4일 헌법재판소는 공연윤리위원회(공륜)의 영화 사전 심의에 대해 위헌 결정을 내렸다. 헌법재판소는 결정문에서 "헌법 제21조는 국가 행정권의 언론·출판에 대한 허가나 검열을 인정하지 않고 있는 만큼 공륜의 사전 심의를 받지 않은 영화 상영을 금지하고 이를 위반할 경우 형사처벌까지 규정한 구영화법은 헌법상 금지된 사전 검열에 해당돼 위헌" 이라는 판결을 내리면서 "공륜이 민간인으로 구성된 자율적인 기관이라 하더라도 영화에 대한 사전 심의 제도를 채택하고 공연법에 의해 공륜을 설치토록 해 행정권이 공륜 구성에 지속적인 영향을 미칠 수 있게 했으므로 공륜을 검열 기관으로 볼 수밖에 없다"고 밝혔다. 다만 "청소년이 음란·폭력 영화에 접근하는 것을 막을 필요가 있기 때문에 유통 단계에서 효과적으로 등급을 심사하는 것은 사전 검열이 아니다"고 밝혔다.[38]

강한섭은 "1996년 10월 4일은 한국 사회사의 기념비적 날이 되었다. 그날 헌법재판소의 어른들이 어마어마한 판결로서 대한민국과 그 국민들이 나아가야 할 길을 밝히셨기 때문이다. 판결의 핵심은 두 가지다" 며 다음과 같이 말했다.

"첫째, 영화는 단순한 오락이 아니라 학문 및 예술의 표현 수단이므로 언론에 상응하는 표현의 자유를 누려야 한다. 둘째, 이렇게 중요한 영화를 공연윤리위원회가 사전에 심의하여 자르거나 금지해서는 안 된다. 소식을 전해들은 영화인들이 환희에 겨워 졸도하고 해방 이후 반세기 동안 마땅히 보아야 할 영화와 장면들에서 격리 당해온 국민들은 태극기를 들고 거리로 쏟아져 나와도 좋을 일이었다. 영화인들은 딴따라에서 예술가로 격상되고 국민들은 박탈되어온 '볼 권리'를 되찾았으니 말이다."[39]

헌법재판소의 위헌 결정에 따라 1997년 3월 17일 국회는 개정 영화진흥법을 통과시켰는데, 주요 내용은 종전의 사전 심의제를 등급 심의제로 바꾸되 등급 외 영화 전용관은 불허하고, 공륜은 폐지하는 대신 한국공연예술진흥협의회를 신설하며, 이 기구로 하여금 6개월간 등급부여를 보류할 수 있게 한 것 등이었다. 그러나 등급 외 영화 상영 기관이 없다는 점과 보류 조항이 다시 문제가 되어 한동안 적잖은 논란을 불러일으켰다.[40]

한국공연예술진흥협의회는 1999년 6월 8일부터 그 명칭을 다시 영상물등급위원회(영등위)로 바꾸었다. 영등위는 ① 영화, ② 비디오, ③ 게임물, ④ 가요 음반, ⑤ 무대 공연 등 다섯 부문을 심의하도록 되어 있는데, 그 활동을 둘러싸고 '표현의 자유'와 관련된 논란이 끊이질 않아 2000년대까지 지속되었다.

왜 김기덕 감독은 〈뫼비우스〉의 3분 분량을 잘라내야 했나?
'제한상영가' 등급

2001년 8월 30일 헌법재판소는 영화진흥법의 등급 분류 보류 조항에 위헌 결정을 내렸다. 영상물등급위원회도 행정권이 주체가 되어 검열 절차를 형성하고 있다는 점에서 헌법이 금지하는 검열에 해당해 헌법에 위반된다고 판결했다. 헌법재판소의 판결에 따라 2002년 1월 26일 개정된 '제4차 개정 영화진흥법'은 등급 보류제를 폐지하고 '제한상영가' 규정을 신설했으며 이를 상영할 수 있는 '제한상영관'에 대한 근거 규정을 신설했다.[41]

2002년 이후 등급제의 연령별 기준은 전체 관람가, 12세(이상) 관람가, 15세(이상) 관람가, 18세(이상) 관람가(2006년 이후 청소년 관람 불가), 제한상영가 등 5개 등급을 기준으로 운영되었다. 이러한 연령별 등급 기준은 다른 나라에서도 비슷한 형태로 도입하고 있는 제도로, 예컨대 미국의 경우 'G(General · 전체 관람가)−PG(Parental guidance suggested · 부모 동반 전체 관람가)−PG13(Parental strongly cautioned · 13세 미만 부모 동반가)−R(Restricted · 17세 미만 부모 동반가)−NC17(No Children under 17 admitted · 17세 미만 관람 불가)' 등으로 되어 있다. 2007년 오동진은 국내 심의 등급에 있어 '제한상영가'의 문제점을 다음과 같이 지적했다.

"제한상영 등급을 받은 영화의 경우 법으로 지정된 제한상영관에서만 상영하도록 돼 있다는 점이다. 그런데 정작 국내에는 이 제한상영관이 없다. 따라서 제한상영 등급을 받게 되면 사실상 상영이 금지되는 꼴이 되고 만다. 때문에 영화사로서는 이 제한상영가를 받지 않기 위해 스스로 '가위질', 곧 자기검열을 할 수밖에 없다. 사실상 사전 심의가 아니라 사전 검열이 이루어지게 되는 셈이다."[42]

2008년 7월 31일 헌법재판소는 영화 및 비디오물 진흥법(영비법)의 '제한상영가 등급' 조항에 대해 헌법 불합치 결정을 내렸다. 헌재 전원재판부는 "영비법은 어떤 영화가 제한상영가 영화인지 규정하지 않아 명확성 원칙에 위배된다"며 재판관 7대 2 의견으로 헌법 불합치 결정을 내린 것이다. 영비법은 제한상영가 영화를 "상영 및 광고·선전에 일정한 제한이 필요한 영화"라고만 규정하고 있다. 헌재는 "이 규정은 제한상영가 영화가 어떤 영화인지 말해주기보다는 제한상영가 등급을 받은 영화가 나중에 어떤 법률적 제한을 받는지만 기술하고 있다"고 지적했다. 헌재는 또 옛 영화진흥법(현 영비법)이 표현의 자유 제한과 관련된 사안을 영등위에 위임하고 있어 포괄 위임 금지 원칙에도 위반된다고 덧붙였다. 헌재는 2009년 말까지 영비법 관련 조항을 개정하라고 국회에 권고했다.[43]

영비법은 2012년 2월 17일에 개정되었지만(2012년 8월 18일 시행), '제한상영가' 등급은 "선정성·폭력성·사회적 행위 등의 표현이 과도하여 인간의 보편적 존엄, 사회적 가치, 선량한 풍속 또는 국민 정서를 현저하게 해할 우려가 있어 상영 및 광고·선전에 일정한 제한이 필요한 영화"라는 정의와 함께 여전히 유지되었다. 이와 관련, 이찬희 변호사는 다음과 같이 말했다.

"일부에서는 영화 및 비디오물의 진흥에 관한 법률(영비법)에 규정된 제한상영가 등급이 '헌법 불합치 결정을 받은 사문화된 규정'이라고 주장하고 있다. 하지만, 이들이 근거로 내세우는 헌법재판소 결정(헌재 2008.7.31. 2007헌가4 결정)은 제한상영가 등급을 규정한 법률의 규정이 명확하지 않고, 입법 형식이 위임 원칙을 위배한 점을 이유로 헌법 불합치 결정을 한 것이지 제한상영가 등급 자체가 위헌이라는 말은 아니다. 따라서 제한상영가 등급은 결코 사문화된 규정이 아니다."[44]

2013년 영상물등급위원회가 김기덕 감독의 신작 〈뫼비우스〉에 제한상영가 등급을 내려 논란을 빚었다. 김기덕 감독은 등급위 위원장에게 장문의 공개서한을 보내며 문제를 제기했다. 김기덕 감독의 서한에 따르면, 〈뫼비우스〉가 제한상영가 등급을 받은 "핵심 이유는 엄마와 아들의 근친 성관계가 아닌가 생각"한다면서, "그러나 이 영화의 줄거리를 자세히 보면 엄마와 아들의 성관계가 아니라 결국 엄마와 아버지의 성관계의 의미가 더 크다고" 항변한 뒤, "이런 제 생각에도 불구하고 영등위원 분들 생각에는 물리적으로 아들의 몸을 빌리니 그렇게 판단할 수 있다고 생각합니다"라고 적었다. 김기덕은 근친상간 부분이 문제가 될까봐 영화 속에서도 현실이 아니라 꿈 장면으로 재현했다고 밝혔다. 이와 관련, 강성률은 영등위의 결정이 세 가지 문제점을 안고 있다고 지적했다.

첫째, 규정 자체가 지극히 주관적이다. 사회의 미풍양속은 시대에 따라 변화한다. 국민 정서 역시 마찬가지다. 사실 어떤 것이 국민 정서인지도 합의가 잘 안 되는데, '현저하게' 해할 우려가 있는 영화를 판단하는 것은 지극히 주관적이다. 물론 세부적으로 좀더 상세하게 설명하는 부분이 있지만, 그것 역시 주관적 평가에서 벗어나기 어렵다. 결국 특정 부분만 보게 되는 우를 범하게 된다.

둘째, 제도의 문제다. 특정 영화가 제한상영가 등급을 받으면 제한상영가 전문 극장에서만 상영해야 하고, 그 극장은 광고와 선전을 사실상 할 수 없도록 규정해 놓았다. 지금 우리나라에 제한상영가 전문 극장은 존재하지 않는다. 왜 아니겠는가? 그 극장에서 어떤 영화가 상영되는지 광고, 선전을 하지 못하는데, 어떻게 관객들이 정보를 알고 영화를 보러 오겠는가? 직접 와서 어떤 영화가 상영되고 있는지 확인하는 길밖에 없는데, 이 인터넷 시대에 이렇게 규제하는 것은 영화를 보지 말라는 표현과 같다.

셋째, 제한상영가 등급이 문제가 되는 것은 그 등급을 받은 영화를 영원히 볼 수 없다는 것 때문이다. 다른 등급의 영화의 경우, 몇 년이 지나 그 나이가 되면 볼 수 있지만, 제한상영가 등급의 영화는 지금처럼 제한상영가 전문 극장이 없는 경우, 영원히 볼 수 없다. 결국 이것은 검열과 다름없다. 실제 〈악마를 보았다〉나 최근 개봉한 〈홀리 모터스〉의 경우, 처음에는 제한상영가 등급을 받았다가 몇 장면을 자진 삭제하거나 중요 부위를 '안개(?)' 처리해 청소년 관람 불가 등급을 받았다. 결국 감독은 자신이 하고 싶은 이야기를 영화로 표현할 때 상상력의 제한을 받지 않을 수 없다. 어떤 표현은 되고 어떤 표현은 안 되는 것이다.[45]

제한상영가 판정을 받은 영화는 3개월 후나 재분류가 가능하다. 개봉 스케줄을 포기해야 한다. 또 하나의 방식은 '재심의'다. 영상물등급위원회 (영등위)의 지적을 받은 장면을 삭제한 후 다시 심의를 하는 것이다. 결국 김기덕 감독은 재심의를 선택했고, 영등위가 지적한 5가지 지적(근친상간 장면 등)에 근거해 약 3분을 잘라낸 세 번째 버전으로 드디어 '청소년 관람 불가' 판정을 받게 되었다.

이와 관련, 김형석은 "우리는 언제까지 이렇게 '나리'들의 명령에 의해 영화를 잘라내야 하는 세상에 살아야 할까? 해결책이랍시고 늘어놓기보다는, 차라리 미담 하나 소개할까 한다. 20년 전 〈크라잉 게임〉(1992)이라는 영화가 한국에서 개봉될 때, 초미의 관심사는 이 영화의 극적 반전 포인트 인 성기 노출 장면이 과연 살아남을 수 있을 것인가였다. 그런데! 극장에서 우린 버젓이 그 장면을 만날 수 있었다. 이 시기 공연윤리위원회 위원장은 이후 부산국제영화제의 산파가 되는 김동호 위원장이었다"며 다음과 같이 말했다.

"그분을 뵐 기회가 있었을 때 당시 일에 대해 물었더니 이런 대답이 돌 아왔다. '규정상 안 되지만, 그 장면이 빠지면 영화 전체가 무의미해지니 까 허용한 거죠.' 지금의 심의 위원들이 이런 상식만 지녀도 심의를 둘러싼 논란의 상당 부분은 해결될 것이다. 하지만 당시 김동호 위원장은 〈너에게 나를 보낸다〉(1994), 〈올리버 스톤의 킬러〉(1994) 등을 보호(?)하고 소련 영 화를 해금시키는 등 소신 행정을 펼치다 결국 사임하게 되었으니…… 지금 의 심의 위원들에게 상식을 가져달라고 호소하는 건 너무 무리한 일인지도 모르겠다."[46]

헌법 제21조는 한국인에겐 사치인가?
집회 및 시위에 관한 법률

우리 헌법 제21조는 "모든 국민은 언론·출판·집회·결사의 자유를 가지며 이들에 대한 허가는 인정되지 아니한다"고 했다. 허영은 집회의 자 유를 기본권으로 보장하는 것은 "개성 신장 및 동화적 통합의 촉진 기능, input 기능, 의사 표현의 보완적 기능, 효과적인 정치 투쟁의 기능, 직접민 주주의적 기능, 소수의 보호 기능" 등과 같은 헌법상의 기능이 있기 때문이 라며 다음과 같이 말한다.

"첫째, 남과 더불어 사회 공동생활을 책임 있게 함께 형성해 나갈 사명을 간직한 사회적 인간에게 타인과 접촉하고, 정보와 의견을 교환하며, 공동의 목적을 위해서 집단적으로 의사 표현을 할 수 있게 함으로써 개성 신장의 길을 열어주고 동화적 통합을 촉진시킨다는 의미와 기능을 가진다. 둘째, 타인과의 접촉을 통해서 공감대적인 의사를 형성케 하고 그것을 집단적인 형태로 표현케 함으로써 의사 표현이 갖는 input의 기능을 증대시켜 줄 뿐 아니라, 의사 표현의 일반적인 메커니즘이 그 효능을 발휘하지 못할 때 그것을 보완해주는 기능을 갖는다. 셋째, 국민의 정치적인 의사 형성 과정에 집단적인 형태로 참여케 함으로써 의사 표현의 실효성을 증대시켜주고 정치적인 요구를 관철시킬 수 있도록 할 뿐 아니라, 대의 기능이 약화된 경우에 그에 갈음하는 직접민주주의의 수단으로서의 의의를 갖는다. 넷째, 의사 표현의 통로가 봉쇄되거나 제한된 소수 집단에게 의사 표현의 수단을 제공해주고 '소수의 의견'이 국정에 반영될 수 있는 창구를 마련해줌으로써 '소수의 의사'가 실효성을 나타나게 한다는 의의를 가진다."[47]

그런 관점에서 본다면 우리나라에서 집회의 자유와 관련해 가장 중요한 규제법이라 할 '집회 및 시위에 관한 법률(집시법)'은 많은 문제를 안고 있다고 볼 수 있다. 허영은 "집회에 대해서 허가제를 도입하는 법률의 제정, 집회의 사전 신고제를 운영하는 과정에서 우발적 집회에 대해서 사전 신고가 없었다는 이유만으로 해산 명령을 발하는 것 등은 집회의 자유의 본질적 내용의 침해라고 보아야 한다. 우발적 집회의 특징은 사전 신고가 불가능하다는 데 있기 때문에 우발적 집회에 획일적으로 사전 신고를 요구하는 것은 부당하다고 할 것이다"며 다음과 같이 말한다.

"긴급 집회는 계획적이고 주최자가 있다는 점에서 우발적 집회와는 구별되지만, 긴급 집회의 특성상 일반 집회와 동일한 사전 신고 기간을 요구하는 것은 부당하다. 따라서 신고가 가능해진 때 신고가 있으면 합법적인 집회로 평가해야 한다. 현행 집회 및 시위에 관한 법률은 옥외 집회 및 시위에 대해서 사전 신고 의무(제6조)를 규정하고 있을 뿐 아니라, '야간 집회 및 시위와 교통 소통에 방해가 되는 집회 또는 시위' 등을 원칙적으로 금지하고(제10조와 제12조), 옥외 집회의 시간과 장소를 제한하며(제10조와 제11조), 집회·시위의 시간과 장소가 경합되는 경우에 집회·시위의 금지를 통고할 수 있게 하고(제8조 제2항), 주거지역 등에서 사생활의 평온을 위해서 집회·시위를 금지·제한할 수 있게 하며(제8조 제3항), 집회·시위 장소에 경찰관이 자유롭게 출입할 수 있게(제17조) 하는 등 지나친 제한을 가하고 있다. 따라서 사전 신고제를 마치 허가제와 같은 것으로 운영하거나, 불특정한 법률 개념들을 지나치게 확대해석·적용하는 것은 집회의 자유에 대한 위헌적인 침해가 된다고 할 것이다."[48]

2014년 3월 27일 헌법재판소는 '해가 뜨기 전이나 해가 진 후에는 시위를 해선 안 된다'고 야간 시위를 금지한 집회 및 시위에 관한 법률 제10조에 대해 '한정 위헌'을 선언했다. 한정 위헌은 해당 법률의 효력은 그대로 둔 채 특정하게 해석하는 한 위헌임을 선언하는 변형 결정이다.[49]

이에 『조선일보』는 "헌재는 2009년엔 야간 옥외 집회를 금지한 집시법 규정도 위헌이라고 결정했다. 이번에 자정까지의 야간 시위를 허용함에 따라 이제 야간 집회·시위가 모두 가능해졌다.……야간 시위가 금지돼 있는 지금도 노동·좌파 단체들을 비롯한 단골 시위 부대들은 집회·시위를 열었다 하면 밤늦게까지 수천 명씩 도심 이곳저곳을 몰려다니며 큰길을 불법 점거해 교통을 마비시키고 난장판을 만든다"며 다음과 같이 말했다.

"그때마다 시민들은 확성기 소음으로 고문拷問을 당해야 한다. 불법을 제지하고 나선 경찰관들이 쇠막대에 얻어맞는 일도 자주 벌어진다. 헌법

재판소가 도심에서 좀 외진 곳에 있어서 재판관들이 그런 난장판 시위의 실상實相을 정확히 알지 못할 수도 있다. 그러나 서울 광화문이나 서울시청 부근 도심에서 직장 생활을 하거나 점포를 운영하는 사람들은 연간 수십 일씩 집회·시위로 인해 헤아릴 수 없는 고통을 받고 있다. 이런 상황에서 야간 집회에 이어 야간 시위까지 허용됐으니 앞으로 무슨 일이 벌어질지 겁이 나기만 한다."[50]

반면 『한겨레』는 "집회·시위를 사회 안정성을 위협하는 것으로만 보고 탄압과 규제의 대상으로 삼는 것은 그런 점에서 전근대적 발상이다. 헌재 결정은 그런 잘못을 바로잡고 표현의 자유를 확대했다는 점에서 환영할 만하다. 이번 결정에 아쉬움이 없는 것은 아니다. 헌재는 '해가 진 뒤부터 자정까지의 시위 금지'는 도시화·산업화가 진행된 현대사회에선 지나친 제한이고 직장인·학생 등의 집회의 자유를 박탈하는 결과가 된다는 등의 이유로 위헌이라고 판단했다"며 다음과 같이 말했다.

"하지만 '자정부터 해 뜨기 전까지의 시위'는 규제할 만한 이유가 있다며 입법자의 판단에 따라 처벌할 수 있다는 뜻을 밝혔다. 그런 구분은 어색하다. 굳이 자정을 기준으로 삼아야 할 이유가 없거니와, 입법부가 정할 기준까지 헌재가 정하는 것도 이치에 어긋난다. 시간 제한 없이 야간 시위를 허용한다고 해도 주간 시위와 마찬가지로 통제를 받을 것이니, 시간대를 정해 규제할 일이 아니다."[51]

2015년 12월 30일 참여연대 공익법 센터는 법원 경계 100미터 안에서 집회를 금지한 집회 및 시위에 관한 법률(집시법) 제11조 1호에 대한 위헌 법률 심판 제청 신청을 했다. 참여연대는 "법원 인근에서 예외 없이 집회를 금지하는 것은 과도한 제한"이라며 "법원 업무에 지장을 주지 않는 소규모 평화적 집회, 장소가 우연히 법원 인근인 집회, 법원이 근무하지 않는

시기의 집회 등은 허용해야 한다"고 신청 취지를 밝혔다.[52]

한국은 '시위 공화국'이라고 해도 과언이 아닐 정도로 시위 문화가 발달되어 있다. 좋은 의미에서건 나쁜 의미에서건 말이다. 집시법 논쟁은 바로 그런 현실을 배경으로 한다. 문제의 핵심은 합리적 방법의 의사 표시가 받아들여지지 않고 무시되는 현실이다. 시위는 심정에 호소한다. 이성에 호소해봐야 별 소용이 없다. 정부건 대기업이건 결정권을 가진 권력 집단부터 평소 이성 알기를 우습게 알다가 막판에 '심정 폭발'이 일어날 때에 비로소 관심과 성의를 보이기 때문이다. '시위 공화국'의 '감성 민주주의'는 바람직하지 않다. '시위 민주주의'는 한국의 숙명이 아니다. '심정 폭발'이 있을 때에 한해서 움직이는 권력 집단의 오래된 관행이 바뀌지 않는 한, 시위를 둘러싼 논란은 결코 사라지지 않을 것이다.

극우 온라인 사이트 일베에 표현의 자유를 무한정 허용해야 하는가?
혐오 표현

미국에서 '국가 안보'와 더불어 사전 억제prior restraint의 잦은 대상이 되는 것 가운데 하나가 바로 폭력 유발 언어fighting words다.[53] 이와 관련된 일련의 지침들을 가리켜 'Fighting-Words' Doctrine이라고 한다.

한 여호와의 증인 신도가 뉴햄프셔주 로체스터Rochester에서 기존 종교를 사기라고 비난하는 팸플릿을 돌리고자 했다. 그 신도는 경찰로부터 신변 안전과 관련된 경고를 받자, 경찰에게 "사기꾼, 파시스트God-damned racketeer, damned Fascist"라고 욕설을 퍼부어 유죄판결을 받았다. 연방대법원은 1942년의 '채플린스키 대 뉴햄프셔Chaplinsky v. New Hampshire' 사건에서 사상의 역설이나 사회적 가치의 본질과는 거리가 먼 '폭력 유발 언어'는 규제 받을 수 있다고 판결했다.[54]

'폭력 유발 언어'는 대인對人, 대면對面 상황personal, face-to-face encounter 에서만 적용된다. 1972년 연방대법원은 '폭력 유발 언어'를 상대방의 폭력 행위를 야기할 경향이 있는 단어로 정의했다. '명백하고 현존하는 위험 clear and present danger'이 있느냐의 여부가 주요 판단 기준이 되기도 한다.[55]

1977년 나치주의자인 국가사회주의당National Socialist Party 당원들이 유대인 마을인 스코키(일리노이주)에서 시가행진을 계획했다. 이는 근처 시카고 학교에서의 인종 통합 조치에 항의하기 위한 것이었다. 스코키 조례條例는 35만 달러 상당의 보험을 요구했는데, 나치주의자들은 그 조례에 항의하는 시위를 하겠다고 발표했다. 스코키는 시위를 저지하는 일시적 억제 명령을 얻어낸 다음 행진과 시위에 관한 3개 조례를 채택했다. 보험 요건 외에 정당원은 군복 차림으로 시위를 해서는 안 되고, 인종 증오를 부추기는 자료를 유포해서는 안 된다는 내용이었다.

그러나 주 및 연방대법원은 1978년 '스코키 대 국가사회주의당Village of Skokie v. National Socialist Party' 판결에서 그 조례의 무효를 선언했다. 그건 차별적이고 표현의 자유에 대한 부당한 제약이라는 이유 때문이었다. 일리노이주 대법원은 나치의 만卍자 형 상징swastika과 다른 나치 상징들이 사전 억제를 정당화 할 정도의 '폭력 유발 언어'엔 해당되지 않는다고 판결했다. 평화로운 시위가 그걸 본 사람의 폭력적 반작용을 불러일으킬지도 모른다는 이유만으로 전적으로 금지될 수는 없다는 것이다.[56]

이후에도 연방대법원은 인종차별주의자들의 모임 KKK단이 인종차별의 상징으로 행하는 '십자가 소각'도 "임박한 불법 행위에 대한 선동"에 해당하지 않거나(R.A.V. 대 세인트 폴R.A.V. v. City of St. Paul, 1992), "위협의 의도"가 없다면 표현의 자유의 보호 범위에 있다거나(버지니아 대 블랙Virginia v. Black, 2003), 이라크 전쟁에서 사망한 동성애자 군인의 장례식장에 동성애를 반대하는 교회의 신도들이 몰려와 "이 군인을 죽게 한 신에게 감사한다"라고 쓰인 피켓을 들고 벌인 시위마저 표현의 자유 보호 범위 내에 있다고 판결했다.(스나이더 대 펠프스Snyder v. Phelps, 2011)[57]

이는 '폭력 유발 언어'의 한 유형이라고 할 수 있는 '혐오 표현hate speech'에 대해 단호한 대응을 하는 유럽과는 대조적이다. 예컨대, 2012년 영국에서 일어난 한 사례를 보자. 영국의 스완지대학 생물학도 리엄 스테이시(21)는 3월 17일 영국 FA컵 토트넘 홋스퍼와의 8강전 경기 도중 콩고민주공화국 출신 파브리스 무암바(23·볼턴 원더러스)가 심장마비로 쓰러진 직후 "큰 웃음 주심(LOL·'laughing out loud'의 약자인 인터넷 용어), 빌어먹을Fxxx 무암바, 그가 죽었다"는 글을 트위터에 올렸다. 스테이시는 트위터리안의 비난 글이 잇따르자 "유색인들wogs아, 가서 목화 좀 따오시지"라고 즉각 응수했다.

왕년의 골잡이 스탠 콜리모어(41)를 비롯한 트위터 이용자들은 이런 사연을 경찰에 신고했고 스테이시는 다음 날 체포되었다. 스완지 법원은 그에게 징역 56일 형을 선고했다. 존 찰스 판사는 "피고인은 생의 끝에서 사투를 벌이는 젊은 선수를 불쾌하고 역겨운 글로 비방하고 인종 모독으로 악화시켰다. 선수의 가족과 축구계뿐 아니라 전 세계가 그의 회복을 염원하는 터라, 공중의 분노를 반영하기 위해선 실형 선고 외에 다른 방법이 없다"고 판시했다. 찰스 판사는 또 "피고인이 취중에 범한 실수고 잘못을 뉘우치고 있다는 사실을 인정하지만 음주를 절제하는 법을 배워야만 한다"고 훈계했다. 학사 학위 취득을 위해 마지막 기말시험을 앞두고 있었던 그는 학교로부터 정학 조치를 받았고 법의학자가 되려는 꿈을 접어야 할 처

지라고 외신이 전했다.[58]

독일 온라인상에선 '혐오 발언'이 게시될 경우 24시간 이내에 삭제된다. 2015년 12월 독일 정부가 구글, 페이스북 및 트위터 등 세계적인 온라인 소통 망 기업들과 의미 있는 합의에 도달한 후 독일 법무부 장관은 "온라인이 극우주의자들의 놀이터가 돼서는 안 된다"며 환영했다.[59]

대부분의 유럽 국가들이 혐오 표현에 대해 단호하게 대응하는 반면 미국은 국제 인권 조약의 혐오 표현 관련 조항을 '유보'했으며, 혐오 표현에 대한 형사처벌 법제도 없고, 민사 배상의 범위도 매우 좁게 제한되어 있다. 이에 대해 숙명여자대학교 법학부 교수 홍성수는 다음과 같이 말한다.

"혐오 표현의 규제 필요성에 대한 국제적 합의 수준이 점점 높아지고, 혐오 표현 처벌법을 제정하는 국가가 늘어가고 있지만, 미국은 요지부동이다. 혐오 표현에 관한 한 미국은 민주주의국가들 중 '예외적 지위'에 놓여 있는 셈이다. TV 프로그램 〈비정상회담〉에서 혐오 표현 규제를 반대한 미국 대표 타일러가 다른 나라 대표들의 강한 반발에 부딪혀 고립됐을 때, 그 장면은 예능이 아니라 현실 그 자체였던 것이다."

미국이 혐오 표현에 대해 이렇게 '예외적 입장'을 취하는 이유는 무엇일까? 홍성수는 "우선, 20세기 초·중반 정치적 반대파들을 사회에서 추방했던 미국의 암울한 역사가 중요한 배경이다. 그 뼈아픈 교훈을 발판 삼아 미국 사회는 내용의 옳고 그름과 무관하게 그 표현 자체에는 국가가 개입할 수 없다는 원칙을 확립했다. 이것이 국가가 '견해차에 대한 차별' viewpoint discrimination이나 '내용 규제'content-based restrictions를 할 수 없도록 엄격하게 제한하는 이론으로 발전한 것이다"며 다음과 같이 말한다.

"여러 인종으로 구성된 이민자들의 국가라는 미국적 특수성도 영향을 끼쳤다. 미국 같은 다인종·다문화 사회가 하나의 국가로서 유지되기 위해서는 국민 모두가 동의할 수 있는 통합적 가치가 필요하다. 그 가치가 특정 종교나 문화를 초월한 실질적 내용의 이념일 수도 있겠지만, 미국은 최소주의적 방식, 즉 '서로 침범하거나 간섭하지 말자'는 취지의 형식적 자유와 이를 보장하기 위한 '중립 국가'의 이념에 합의한 것이다. 존 할란 대법관의 말에 따르면, 미국에서 표현의 자유는 '다양하고 인구가 많은 미국 사회에서의 강력한 치료제'였던 것이다."[60]

그렇다면 미국은 '혐오할 자유'가 보장된 나라인가? 천만의 말씀이다. '표현'에 관한 한 연방정부가 개입하지 않겠다는 것이며, 그래서 혐오 표현 처벌법이 없을 뿐, 혐오 표현을 제한하기 위한 다양한 사회적 기제들이 작동하고 있다. 홍성수는 "미국 사회는 혐오 표현 문제가 공적 담론의 장에서 자율적으로 해결되기를 선호하는 것이지, 그와 무관한 맥락, 예컨대 공공·교육기관 같은 곳에서도 자연스러운 해결이 가능하다고 전제하는 것은 아니다. 교수와 학생, 상급자와 하급자같이 권력 기제가 작동하는 곳에서도 그런 해결을 기대하진 않는다"며 다음과 같이 말한다.

"실제 상당수의 미국 대학과 기업들은 '차별 금지 정책' 또는 '다양성 정책'을 수립하고 있으며, 혐오 표현이 '괴롭힘harassment'에 해당하거나 실질적인 차별을 야기할 경우 징계할 수 있도록 하는 학칙이나 사규를 두고 있다. 소송을 통해 천문학적 액수의 손해배상 책임을 물게 되는 경우도 종종 있다. 인종차별 금지 정책은 말할 것도 없고, 친동성애 정책LGBT-friendly policies을 채택한 기업도 수두룩하다. 애플, 스타벅스, 마이크로소프트, 디즈니, 포드 등 이름만 대면 알 만한 기업들이 이 대열에 합류해 있다. 시민사회는 이런 기업들의 리스트를 '채용 정보'로 제공하고, '이런 기업의 물건을 사자'고 호응한다."[61]

그렇다면 한국에서 끊임없이 혐오 표현을 양산해내는 극우 온라인 사이트 일베는 어떻게 볼 것인가? 유럽식으로 '법에 의한 강제 규제'를 해야 하는가, 아니면 미국식으로 '사회에 의한 규제'를 해야 하는가? 홍성수는 "일부 혐오주의자들이 미국의 사례를 들먹이며 '혐오할 자유'를 주장하는 것은 가당치 않은 일이다"며 다음과 같이 말한다.

"한국 사회에도 '미국식 접근'을 선호하는 입장이 있을 수 있다. 그런데 분명히 확인해두어야 할 것은, 미국식 접근은 대통령이 수시로 차별 금지에 대한 입장을 확인해주고, 차별 금지법이 각종 차별을 실질적으로 규제하고, 대학과 기업이 차별 문제에 민감하며, 표현에 관한 한 어떠한 내용 규제도 일관되게 불허하는 미국 사회의 맥락에서나 유효하다는 점이다. 이런 사회적 조건을 만들기 위해 분투하면서 '동시에' 미국처럼 혐오 표현 규제 처벌법에 반대한다면, 그야말로 진정한 '숭미(!)주의자'요, 이 간단치 않은 논쟁의 진정한 '맞상대'다."[62]

범죄과학연구소 대표 표창원도 "혐오 발언을 누가 누가 더 잘하나 경쟁하는 공간인 '일베(일간베스트저장소)'라는 사이트는 정부의 묵인 하에 여전히 '성업' 중이다. 더구나 새누리당은 대변인을 통해 '일베는 순수 네티즌들이 자발적으로 자신의 의견을 피력하는 공간으로 유명하다'(『조선일보』 2012년 12월 14일)라면서 강력한 지지와 승인 성명을 발표한 뒤 아직까지 이들과의 관계를 청산하지 않고 있다"며 다음과 같이 말한다.

"민주주의를 자랑하는 국가 중 유독 우리나라에서만 대통령을 비판하는 전단을 돌리고 온라인상에 글을 올리는 사람이 형사처벌을 받고 교도소에 수감된다. 반면, 힘없는 약자와 사회적 소수자 및 개인은 쏟아지는 혐오 발언의 공세 속에서도 국가의 보호나 지원을 충분히 받지 못한다. 뭔가 거꾸로 돌아가고 있다. 그 정도가 너무 심하다. 대한민국이 독일처럼 '혐오 발언 금지' 조치를 취하려면 정부와 여당부터 사죄하고 반성하고 자신들의 지원 세력부터 단속해야 한다. 과연 그럴 용기가 있을까? 총선이 다가오니 벌써 정치적 의도를 띤 혐오 발언이 증가하기 시작한다. 우리 아이들에게 '공정 경쟁'의 모범을 보이려면 지금 당장 '혐오 발언 금지' 조치를 취해야 한다."[63]

일본에선 우익 단체들의 혐오 표현을 금지하는 입법 추진을 둘러싸고 격론이 벌어지고 있건만,[64] 한국은 아직 그 단계에조차 이르질 못했다. 유럽처럼 문제를 삼기 시작하면, 한국에서 56일 이상 감옥살이를 해야 할 혐오 표현 범죄자들은 온라인에 득실득실할 정도로 많다. 그들을 다 잡아들일 필요는 없다. 가장 악독한 발언을 한 자를 몇 명 잡아들여 조사를 위해 한두 시간만 경찰서에 잡아두어도 하루아침에 확 달라진다.

온라인에서 사회적 약자들을 모욕하고 모독하는 사람들은 꼭 악질적인 인간들은 아니다. 그들 중에는 매우 선한 사람들도 많을 것이다. 그들이 그런 못된 짓을 저지르는 이유는 단 하나다. 그렇게 해도 괜찮으니까, 게다가 끼리끼리 모인 곳에서 잘했다고 칭찬받으니까 하는 것뿐이다. 혐오의 대상이 된 사회적 약자들이 약하게 보이고 싶지 않아서 피해를 말하는 걸 주저하면, 이들은 그런 모습을 보고 더욱 기세등등해져 공격하는 악행의 나락으로 빠져든다.[65] 이들을 위해서라도 단호한 대응이 필요하지 않을까?

상징에 대한 비방이나 모독은 안 되는가?
국기 소각

미국에선 국기인 성조기의 소각이나 기타 훼손을 둘러싸고 논란이 끊이지 않고 있다. 1960년대엔 구멍 난 청바지를 성조기로 꿰매 입었던 사람이 6개월간 징역살이를 한 일도 있지만, 이제 성조기 패션·액세서리는 인기 품목으로 등장했다.

특히 러시아계 유대인 이민자로서 자신에게 놀라운 성공의 기회를 준 미국에 경의를 표하기 위해 패션 디자이너 랠프 로런Ralph Lauren, 1939~은 성조기를 자기 브랜드의 상징으로 삼기에 이르렀다. 이를 위해 그는 토미 힐피거Tommy Hilfiger, 1951~와 치열한 접전 끝에 1998년 7월 1,300만 달러를 내고 성조기의 이용권을 따냈다. 그런 뒤 스웨터는 물론 향수와 수건, 심지어 머그잔에도 성조기를 인쇄해 팔았고, 급기야 빌 클린턴 전 대통령이 "힐러리와 나를 포함해 대다수의 미국인이 성조기가 들어간 멋진 폴로 스웨터를 갖고 있다"고 말할 정도가 되었다.[66]

그러나 모두 다 랠프 로런처럼 성조기를 이용한 건 아니었다. 어디까지가 디자이너의 미적 감각이고 어디부터가 아닌지, 그 경계를 법적으로 판단하는 건 쉬운 일이 아니었다. 그러나 노골적인 성조기 훼손이 난무했던 1960년대는 그런 고민을 불필요하게 만들었다.

성조기보호법이 연방법으로 제정된 것은 월남전 반대 데모가 심하던 1967년이었다. 당시 반전反戰을 외치는 젊은이들이 길거리에서 성조기나 징집 카드를 불태우는 것에 대응해 성조기보호법은 공개적으로 성조기를 훼손하거나 태우거나 짓밟는 등 고의로 모욕하는 자는 1,000달러 이하의 벌금이나 1년 이하의 징역에 처할 수 있게 만들었던 것이다.

성조기를 깔고 앉는 것도 논란이 되었다. 1974년 연방대법원은 성조기를 바지 엉덩이 부분에 부착해 앉을 때마다 성조기를 깔고 앉음으로써 미국의 국가 정책에 대한 경멸을 표시하려 한 것은 정치적 표현의 한 방법이기 때문에 처벌할 수 없다는 판결을 내렸다.[67]

그 후 성조기 소각이 크게 부각된 사건은 1984년 8월 공화당 대통령 후보를 지명하는 전당대회가 열린 텍사스주의 댈러스시에서 일어났다. 댈러스 시내에서 벌어진 공화당에 항의하는 시위에서 한 빌딩의 국기 게양대에 걸린 성조기를 끌어내려 석유를 뿌리고 불태우며 "우리는 미국에게 침을 뱉는다"고 외친 사건이다. 100여 명의 시위 군중 가운데 유일하게 구속·기소된 공산당 활동가 그레고리 존슨Gregory L. Johnson, 1956~은 텍사스주 지방법원에서 1년의 징역형과 2,000달러의 벌금형을 선고받았다. 텍사스주 고등법원 항소심에서 존슨은 무죄판결을 받았으나, 텍사스 검찰의 상고로 이 사건은 연방대법원에서 다뤄지게 되었다.[68]

미 연방대법원은 1989년 6월 "정치적 메시지를 전달하기 위한 것이라면 국기를 불태워도 무방하다"며 5대 4로 합헌 판결을 내렸다.(텍사스 대 존슨Texas v. Johnson) 다수 의견(윌리엄 브레넌 2세 대법관)은 "국기 모독을 처벌하는 것이 국기를 신성하게 하는 것은 아니다. 왜냐면 국기 모독을 처벌하는 것은 이 소중한 상징(곧 국기)이 대표하는 자유를 약화시키는 것이기 때문이다"고 밝혔다. 반면 소수 의견(윌리엄 렌퀴스트 대법원장)은 "분명히 민주주의 사회의 고귀한 목적 중의 하나는 다수의 국민에게 사악하고 매우 불쾌감을 주는 것으로 여겨지는 행위를—그것이 살인이든, 횡령·공해든 또는 국기 소각이든—규제하는 법을 제정하는 데 있다"고 했다.[69]

언론사들이 실시한 여론조사를 보면, 미국인들은 압도적으로 연방대법원의 판결에 반대하는 것으로 나타났다. 이러한 정서에 편승한 상원은 존슨 사건의 판결이 내려진 바로 다음 날 97대 3이라는 압도적인 표차로 연방대법원 판결을 비난하는 결의안을 채택했다. 또 그해 10월엔 의원들의 압도적인 지지 속에 새로운 성조기보호법이 제정되어 미국의 국기나 그 일부를 고의로 훼손하거나 불태우거나 짓밟는 행위를 1년 이하의 징역에 처할 수 있게 했다. 1990년 6월, 연방대법원은 성조기 소각을 금지하는 법은

제2장

위헌이라고 재차 선언했다. 이번에도 표결 결과는 5대 4로 나타났다.[70]

의회는 헌법 개정으로 맞섰다. 1990년 6월 21일 연방 하원은 성조기 훼손을 금하는 헌법 수정안을 표결에 붙였으나 헌법 수정안 상정에 필요한 재적의원 3분의 2의 찬성을 얻어내지 못했으며, 며칠 후 연방 상원에서도 똑같은 일이 벌어졌다. 즉, 의회는 분노한 민심을 의식해 연방대법원의 판결을 비판하기는 했지만 성조기의 훼손을 막는 것이 헌법을 수정해야 할 만큼 중대한 문제라고 보지는 않은 것이다.[71]

미국에서 성조기 훼손 논쟁은 미국 내셔널리즘이라고 하는 파도에 따라 춤을 춘다. 1995년 12월, 미 상원에선 '국기 모독 금지' 조항을 삽입한 헌법 개정안이 또 표결에 붙여졌지만 의결정족수인 재적 3분의 2 이상을 채우지 못해 부결되었다.

헌법 개정을 위한 시도는 1999년 6월에 다시 이루어졌다. 미 하원은 6월 24일 자국기의 훼손을 금지시키는 헌법 수정안을 찬성 305대 반대 124로 통과시킴으로써 이에 대한 뜨거운 찬반 논쟁을 불러일으켰다. 헌법은 상하원 의원 3분의 2 지지와 50개 주 가운데 38개 주가 승인하면 개정할 수 있는데, 국기보호법 수정안 채택 시도는 지난 1989년 하원이 통과시킨 뒤 연방대법원이 위헌 판결을 내린 이후 모두 3번째였으며, 이전 2번의 헌법 수정 시도는 모두 상원에서 의결정족수 67표에 미달, 부결되었다.

수정안 찬성론자인 하원의원 크놀렌버그(미시간주)는 "국기는 미국의 가치와 투쟁, 역사를 나타내는 것"이라며 상원 통과를 촉구했다. 그러나 같은 주 출신 존 코니어스는 "이 법안을 통과시킬 경우 단지 우리가 싫어한다는 이유로 언론과 행동의 자유에 더 많은 제한이 가해지는 선례가 되는 것"이라며 반대했다.

국기 모독 문제는 의회 내뿐만 아니라 시민들 사이에서도 찬반양론이 엇갈렸는데, '국기를 불태우는 행위Flag Burning'란 제목의 웹사이트도 여럿 등장해 온라인으로 열면 찬반 논쟁이 벌어지는가 하면 대학에서는 관련 강좌가 개설되었다.[72]

헌법 수정안은 2000년 미 상원이 찬성 63, 반대 37로 부결시켰다. 2001년 9·11 테러 사건이 일어나면서 미국엔 애국주의 물결이 흘러넘쳤다. 미 하원은 2005년 6월 22일 또 한 번 헌법 수정안을 통과시켰다. 찬성 286표, 반대 130표였다. 공화당은 찬성 209 반대 12였으며, 민주당은 찬성 77 반대 117이었다.[73] 이 또한 결국엔 실패로 돌아가고 말았지만, 날로 고조되는 미국인들의 애국주의 물결을 타고 언젠가는 통과될 수 있을 것으로 보는 이들이 많다.

미국과는 달리, 한국에선 국기를 태운다는 건 상상하기 어렵기 때문에 이를 둘러싼 논란이 거의 없다. 한국에서 국기에 관한 죄엔 형법 제105조(국기, 국장의 모독)와 제106조(국기, 국장의 비방)가 있는데, 그 내용은 다음과 같다.

> 제105조(국기, 국장의 모독) 대한민국을 모욕할 목적으로 국기 또는 국장國章을 손상, 제거 또는 모욕한 자는 5년 이하의 징역이나 금고, 10년 이하의 자격 정지 또는 700만 원 이하의 벌금에 처한다.(개정 95.12.29)
> 제106조(국기, 국장의 비방) 전조前條의 목적으로 국기 또는 국장을 비방한 자는 1년 이하의 징역이나 금고, 5년 이하의 자격 정지 또는 200만 원 이하의 벌금에 처한다.(개정 95.12.29)

국기, 국장의 '모독'과 '비방'엔 어떤 차이가 있는가? 김일수에 따르면, "모독의 죄가 주로 물질적 내지 물리적 행위임에 반하여, '비방'이란 언어나 거동, 문장이나 회화 등으로 모욕의 의사를 표현하는 것이다. 이를테면 국기에 대하여 욕설을 퍼붓거나 국기 문양을 가진 쓰레기통이나 팬티 등을 제작·사용하는 것 등을 들 수 있다. 비방이 예술 작품의 형식을 빌려서 행하여졌을 때에는, 예술의 자유에 관한 기본권 보장은 이 형법 규범과 충돌하는 한에서 제한된다."[74]

『한겨레21』은 2006년 1월 17일자 표지 기사로 '국기에 대한 맹세'를 다뤘다. 「국기에 대한 맹세를 없애자」는 제하의 메인 기사에는 댓글이 4,500개 이상 붙었는데, 그중 4,400여 개는 악플이나 욕풀이었다. "북한에 가서 살아라", "니들은 월드컵도 보지 말라" 등과 같은 식의 비난이었다.[75] 한국에서 태극기를 모독했다간 공권력 이전에 네티즌들에 의해 호되게 응징당할 수 있다는 걸 말해준다 하겠다.

그러나 언제까지 '태극기 신성화'가 계속될 수 있겠는가. 2015년 4월 김 모(23) 씨는 서울 중구 서울시청 앞 서울광장에서 진행된 세월호 범국민 추모 집회에 참석해 소지하고 있던 태극기에 불을 붙여 태운 혐의(국기 모독)로 기소되었다. 김 씨는 경찰의 조사를 받기 전 "공권력을 남용하는 일부 권력자들에게 태극기를 가질 자격이 없다는 것을 보여주고 싶었을 뿐 국가나 국기를 모욕할 의도는 전혀 없었다"고 밝혔다.

2015년 11월 23일 서울중앙지법 형사18단독 김윤선 판사로 진행된 첫 번째 공판에서 김 씨 측 변호인은 "형법 제105호 국기 모독죄 규정과 관련해서 다음 재판 전까지 위헌 법률 심판 제청을 신청하려고 한다"고 밝혔다. 김 씨 측 변호인은 국기 모독죄 조항이 정치적 의사 표현의 자유에 대한 과도한 제한이라는 주장을 신청서에 담을 예정이라며, "('대한민국을 모욕할 목적으로 국기를 손상, 제거, 오욕할 때' 처벌하고 있는데) '모욕할 목적'이라는 부분이 헌법상 명확성의 원칙에 위배된다"고 지적했다.[76]

제3장

명예훼손

내적 명예, 외적 명예, 명예감정은 어떻게 다른가?
명예의 3분법

명예 보호는 인격권에 근거한다. 인격권은 "권리 주체와 분리될 수 없는 인격적 이익, 즉 생명 · 신체 · 건강 · 명예 · 정조 · 성명 · 초상 · 사생활의 비밀과 자유 등의 향유를 내용으로 하는 권리"로 현행 헌법상 제10조의 인간의 존엄성 존중 조항, 제17조의 사생활의 비밀과 자유 조항, 제37조제1항의 헌법에 열거되지 아니한 자유와 권리의 존중 조항 등을 근거로 삼고 있다.[1]

인격권 가운데 명예에 관련된 권리는 헌법 제21조 제4항에 의해 보호받는다. "언론 · 출판은 타인의 명예나 권리 또는 공중도덕이나 사회윤리를 침해하여서는 아니 된다. 언론 · 출판이 타인의 명예나 권리를 침해한 때에는 피해자는 이에 대한 피해의 보상을 청구할 수 있다."

명예는 법 이론상 내적 명예, 외적 명예, 명예감정 등 삼분법으로 나뉘어 이해되기도 한다. 내적 명예는 인간에게 존재하는 도덕적 품위·성질은 물론 기타 육체적·정신적 상태에 있는 인간의 진실한 가치로 이는 타인에 의해 훼손될 성질이 아니기 때문에 법률적 보호가 불가능하다. 외적명예는 세상 사람들의 판단에 의한 외부로부터의 평가와 그 사람에 대한 타인의 감상을 뜻하는 것으로 이른바 평판, 명성, 인망, 성가 등에 대하여 사회로부터 부여받는 평가를 의미하기 때문에 이는 법으로 보호할 필요가 있다. 명예감정은 자기 자신의 인격에 대한 스스로의 가치판단 내지는 자기 자신의 가치의식으로 내적 명예와 마찬가지로 명예권의 보호 법익에서 제외되지만 형법 제311조의 모욕죄로서 보호받을 수 있다.[2]

형법의 명예 관련 조항은 다음과 같다.

형법 제33장 명예에 관한 죄

제307조(명예훼손) ① 공연히 사실을 적시하여 사람의 명예를 훼손한 자는 2년 이하의 징역이나 금고 또는 5백만 원 이하의 벌금에 처한다. ② 공연히 허위의 사실을 적시하여 사람의 명예를 훼손한 자는 5년 이하의 징역, 10년 이하의 자격 정지 또는 1천만 원 이하의 벌금에 처한다.

제308조(死者의 명예훼손) 공연히 허위의 사실을 적시하여 사자의 명예를 훼손한 자는 2년 이하의 징역이나 금고 또는 5백만 원 이하의 벌금에 처한다.

제309조(출판물 등에 의한 명예훼손) ① 사람을 비방할 목적으로 신문, 잡지 또는 라디오 기타 출판물에 의하여 제307조 제1항(사실 적시의 명예훼손)의 죄를 범한 자는 3년 이하의 징역이나 금고 또는 7백만 원 이하의 벌금에 처한다. ② 전항의 방법으로 제307조 제2항(허위사실 적시의 명예훼손)의 죄를 범한 자는 7년 이하의 징역, 10년 이하의 자격 정지 또는

1천 5백만 원 이하의 벌금에 처한다.

제310조(위법성 조각) 제307조 제1항(사실 적시의 명예훼손)의 행위가 진실한 사실로서 오로지 공공의 이익에 관한 때에는 처벌하지 아니한다.

제311조(모욕) 공연히 사람을 모욕한 자는 1년 이하의 징역이나 금고 또는 2백만 원 이하의 벌금에 처한다.

제312조(고소와 피해자의 의사) ① 제308조(사자의 명예훼손)와 전조(모욕)의 죄는 고소가 있어야 논한다. ② 제307조(명예훼손)와 제309조(출판물 등에 의한 명예훼손)의 죄는 피해자의 명시한 의사에 반하여 공소를 제기할 수 없다.

제313조(신용훼손죄) 허위의 사실을 유포하거나 기타 위계로써 사람의 신용을 훼손한 자는 5년 이하의 징역 또는 1,500만 원 이하의 벌금에 처한다.

형법상의 명예훼손죄의 해석 법리(헌법재판소 1999.6.24)를 살펴보자. 헌법재판소는 언론의 자유와 명예의 보호라는 두 권리를 조정함에 있어 ① 피해자가 공적 인물인지의 여부, ② 표현 내용이 공적 사안인지의 여부 내지는 알 권리의 객체로서 공공성과 사회성을 갖춘 것인지의 여부, ③ 피해자가 명예훼손적 표현의 위험을 자초한 것인지의 여부 등을 고려해서 결정해야 한다고 했으며, 명예훼손죄의 구체적인 해석 법리를 다음과 같이 제시한 바 있다.

"① 그 표현이 진실한 사실이라는 입증이 없어도 행위자가 진실한 것으로 오인하고 행위를 한 경우, 그 오인에 정당한 이유가 있는 때에는 명예훼손죄는 성립되지 않는 것으로 해석하여야 한다. ② '오로지 공공의 이익에 관한 때에'라는 요건은 언론의 자유를 보장한다는 관점에서 그 적용 범위를 넓혀야 한다. 국민의 알 권리의 배려라는 측면에서 객관적으로 국민이 알아야 할 필요가 있는 사실(알 권리)에는 공공성이 인정되어야 하고, 또 사인이라도 그가 관계하는 사회적 활동의 성질과 이로 인하여 사회에 미칠 영향을 헤아려 공공의 이익은 쉽게 수긍할 수 있도록 하여야 한다. ③ 명예 훼손적 표현에서의 '비방할 목적(형법 제309조)'은 그 폭을 좁히는 제한된 해석이 필요하다. 법관은 엄격한 증거로써 입증이 되는 경우에 한하여 행위자의 비방 목적을 인정하여야 한다."[3]

민법의 명예 관련 조항은 다음과 같다.

> 제750조 고의 또는 과실로 인한 위법 행위로 타인에게 손해를 가한 자는 그 손해를 배상할 책임이 있다.
>
> 제751조 타인의 신체자유·명예를 해친 자에게 재산 이외의 손해에 대해서도 배상 책임이 있다.
>
> 제756조 사용자(및 사무 감독자)는 피용자가 제3자에게 가한 손해를 배상할 책임이 있고, 배상 후에 사용자 등은 피용자에게 구상권을 가진다.
>
> 제764조 명예훼손자는 손해배상 및 원상회복에 적당한 조치를 취해야 한다.

대법원(1988.6.14)은 "민법 제764조에서 말하는 명예란 사람의 품성, 덕행, 명성 신용 등 세상으로부터 받는 객관적인 평가를 말하는 것이고, 특히 법인의 경우 그 사회적 명성, 신용을 가리키는 데 다름없는 것이며, 명예를 훼손한다는 것은 그 사회적 평가를 침해하는 것을 말한다"고 밝혔다.[4] 또 대법원(1992.10.27)은 "민법 제764조에서 말하는 명예훼손이란 사람의 사회적 평가를 저하시키는 행위를 말하고 단순히 주관적으로 명예감정이 침

해되었다고 주장하는 것만으로는 명예훼손이 되지 않는다"고 했다.[5]

그렇다면 명예훼손죄와 모욕죄는 어떻게 다른가? 대법원이 1987년 5월 12일에 내린 판결에 따르면, "명예훼손죄와 모욕죄의 보호 법익은 다같이 사람의 가치에 대한 사회적 평가인 이른바 외부적 명예인 점에서는 차이가 없으나, 다만 명예훼손은 사람의 사회적 평가를 저하시킬 만한 구체적 사실을 적시하여 명예를 침해함을 요구하는 것으로서 구체적 사실이 아닌 단순한 추상적 판단이나 경멸적 감정의 표현으로서 사회적 평가를 저하시키는 모욕죄와 다르다."[6] 한병구는 구체적으로 둘의 차이를 다음과 같이 지적했다.

"첫째, 명예훼손죄의 보호법익은 '외적 명예'인 반면 모욕죄는 엄격히 말해서 '명예감정'에 있다.……둘째, 명예훼손죄는 공연히 사실을 적시함을 요하지만 모욕죄는 공연히 사람을 모욕하는 경우에 해당되기 때문에 반드시 구체적 사실을 적시할 필요가 없다.……모욕죄의 경우는 사실의 적시가 없이 단순히 '개 같은 놈' 또는 '얼빠진 놈' 등과 같은 추상적 관념의 표시만을 가지고도 범죄가 성립될 수 있다. 따라서 모욕죄의 경우는 적시한 사실이 진실인 경우라도 위법성이 조각되지 않는다. 셋째, 명예훼손죄는 자연인이나 법인 또는 사자도 보호법익의 주체가 될 수 있으나 모욕죄는 사자에 대하여는 성립되지 않는다. 그러나 현행법의 해석상 유아나 정신병자 또는 법인, 단체에 대하여도 모욕죄가 성립될 수 있다는 설도 있다."[7]

2013년 진중권은 변희재를 '듣보잡(듣도 보도 못한 잡것이라는 의미)'이라고 비난하는 글을 올렸다가 모욕죄로 기소되자 형법 제311호(모욕죄)에 대한 헌법 소원을 제기했는데, 이에 대해 헌법재판소는 합헌 결정을 내렸다. 헌재는 모욕죄가 명확성의 원칙에 위배되지 않으며, 표현의 자유를 침해하는 것도 아니라고 결정했다.

"모욕죄의 구성요건인 '모욕'은 사실을 적시하지 않고 단순히 사람의 사회적 평가를 저하시킬 만한 추상적 판단이나 경멸적 감정을 표현하는 것이고, 모욕죄의 보호법익과 입법 목적, 취지 등을 종합하면 건전한 상식과 통상적인 법 감정을 가진 일반인이라면 금지되는 행위가 무엇인지를 예측하는 것이 현저히 곤란하다고 보기 어렵고, 법 집행기관이 이를 자의적으로 해석할 염려도 없다.……사람의 인격을 경멸하는 표현이 공연히 이루어진다면 그 사람의 사회적 가치는 침해되고 그로 인하여 사회 구성원으로서 생활하고 발전해 나갈 가능성도 침해받지 않을 수 없어 모욕적 표현으로 사람의 명예를 훼손하는 행위는 분명 이를 금지시킬 필요성이 있다."[8]

신용훼손죄는 사람에 대한 사회적 평가를 저하시킨다는 점에서는 명예훼손죄와 같지만, 차이점은 "명예훼손죄가 인격적 가치에 대한 평가절하의 의미를 지니는 데 비해, 신용훼손죄는 경제 활동 영역에서 개인이 갖는 사회적 신뢰 가치에 대한 평가절하의 의미를 지니는 것이다."[9] 이와 관련, 한병구는 '신용권right of reputation'이라는 표현을 쓰고 있다.[10]

프로야구 kt 장성우 선수를 법으로 처벌해야 하는가?
공연성 · 전파성

명예의 주체는 자연인, 법인, 집단, 사자死者 등이다. 자연인이라 함은 "공인이든 사인이든 또는 유아, 정신병자, 행위무능력자이든 불문하고 사회생활을 영위하는 한 누구도 명예의 주체가 될 수 있다"는 걸 의미한다. 집단은 누구인가? 한병구에 따르면, "법인격이 없는 집단이나 단체라 할지라도 그것이 사회생활에서 하나의 행동 단위로서 존재하는 경우에는 명예의 주체가 인정된다. 그러나 '서울시민' 또는 '경기도민'이라는 식의 막연한 표시로서 그들 집단에 대하여 명예를 훼손하는 행위는 그 의미가 구성된 개개인을 포함하는 것이 아니기 때문에 집단으로서 명예의 주체가 될 수 없다. 그러나 '서울시민 모두' 또는 '경기도민 모두'라는 식으로 집단 개개인을 모두 포함하는 때에는 하나의 집단으로 간주되어 명예의 주체가 된다."[11]

한위수는 집단의 경우 어떤 발언이 단체를 지칭하는가 구성원을 지칭하는가에 따라 달라진다며 그 구체적인 사례를 다음과 같이 예시하고 있다.

" '○○대학교의 졸업생들은 자기들이 우리나라의 최고라는 과대망상증에 걸린 환자들이다'는 기사는 위 대학교 졸업생을 지칭하는 것이므로 위 대학교의 동창회가 명예훼손 소송을 제기할 수는 없을 것이다. 따라서 예컨대 변호사들의 통일적 의사를 표시할 수 있는 단체로서 대한변호사협회가 조직되어 있다고 하더라도 '우리나라 변호사들은 모두 사기꾼이다'라는 비난에 의하여 대한변호사협회의 명예가 훼손되었다고 보기 어려울 것이며, 다만 '대한변호사협회는 아무런 전문 지식도 없고, 국민의 인권 옹호에는 관심 없이 기득권을 유지하는 데에만 신경 쓰는 사람들의 집단이다'라는 비난은 변호사 개개인이 아니라 대한변호사협회 자체의 명예를 훼손하는 것이므로 대한변호사협회가 명예훼손 소송을 제기할 수 있을 것이다."[12]

명예훼손의 성립 요건은 ① 공연성(307조 1, 2항, 308조), ② 사실의 적시(307조 1항), ③ 허위사실의 적시(307조 2항, 308조), ④ 비방할 목적(309조) 등이다.

공연성公然性은 불특정 또는 다수인이 인식할 수 있는 상태를 말한다.(대법원 1968년 12월 24일 판결) 임병국에 따르면, "불특정인인 경우에는 다수인이건 아니건 상관없으며, 다수인인 경우에는 불특정인이건 특정인이건 묻지 않는다. 불특정인이란 상대방이 특수한 관계에 의하여 한정된 범위에 속하는 것이 아니라는 의미이고 행위 시에 상대방이 구체적으로 특정되어 있지 않다는 의미는 아니다. 다수인이란 숫자에 의해서 몇 사람 이상으로 한정할 수 없으나 수 명 정도로는 부족하고 사회적이라고 할 수 있을 정도의 상당수라야 한다고 본다."[13]

재공표republication도 명예훼손으로 간주된다. 박용상은 이를 '전파자 책임의 법리'라 부르면서 이렇게 말한다. "미국 판례법상으로도 '소문의 전파자는 그 날조자와 마찬가지로 나쁘다Tale-bearers are as bad as tale-makers'는 이른바 '전파자 책임의 법리republication rule'가 적용되어왔다.……전파자 책임의 법리에 의한 문제를 해결하기 위해 미국의 판례는 이른바 '공정 보도의 특권fair report privilege'을 인정하고 있다. 공정 보도의 특권은 '공적 직무상의 행위나 절차 또는 공적 관심사를 다루는 공개된 모임에 관한 보도에 있어서 타인에 대한 명예훼손적 사항의 공표는 그 보도가 정확하고 완전하다거나 또는 보도된 행사의 공정한 요약인 경우에는 면책된다'는 법리를 의미한다."[14]

전파성傳播性은 공연성을 확대해석한 것으로 1990년 7월 24일에 나온 다음과 같은 대법원 판결에 의해 인정되었다.

"명예훼손에 있어서 공연성은 불특정 또는 다수인이 인식할 수 있는 상태를 뜻하는 것이므로, 비록 피고인이 세 사람이 있는 자리에서 또는 한 사람에게 전화로 허위사실을 유포하였다고 하더라도 그 사람들에 의하여 외부에 전파될 가능성이 있는 이상 범죄의 성립에는 영향이 없다."[15]

그러나 유일상은 "'전파성의 이론'은 대법원 판례가 이 입장을 일관되게 따르고 있지만 학계는 이 이론이 부당하다는 데 뜻을 같이하고 있다"며 다음과 같이 말한다.

"전파성 이론은 '인식할 수 있는 상태'의 의미에 관하여 개별적으로 특정한 1인에게 사실을 적시하였더라도, 그가 순차적으로 연속하여 불특정 또는 다수인에게 전파할 가능성이 있으면 공연성을 인정하는 것이다. 그러나 '전파성의 이론'은 공연성의 의미를 지나치게 확대해석할 수 있고 범죄의 성립 여부를 커뮤니케이션 수신자의 의사에 맡기게 되는 것이므로 불합리하다. 자칫 이 이론을 개인에게 적용하면 '위험한 경향'을 금지할 수도 있어 표현의 자유를 지나치게 제한할 수도 있다."[16]

전파성과 관련된 한 사례를 보자. 1999년 2월 서울지법은 회사 동료에게 상사를 비방하는 발언을 했다는 이유로 기소된 시내버스 운전기사 G 씨에 대한 판결에서 "G 씨가 상사를 비난하는 발언을 한 대상은 G 씨 사건에서 유리한 증언을 해주는 등 같은 이해관계를 가진 동료 기사이므로 이 비방 발언은 '전파 가능성'이 없어 무죄"라고 밝혔다. 재판부는 이어 "명예훼손죄의 성립 여부는 한 사람이냐 아니면 다중에게 동시에 유포했는지 여부가 아니라 다른 사람에게 널리 알려질 가능성이 있는지 여부로 판단해야 한다"고 덧붙였다.

그렇다면 자신이 들은 다른 사람의 흠을 기사화할 가능성이 큰 기자에게 이야기하는 행위는 어떨까? 양아버지의 사생활이 복잡하다고 주간지 기자에게 말한 혐의로 불구속 기소돼 징역 2년을 구형받은 H 씨에 대한 재판에서 서울지법은 "피고인이 기자에게 양부의 흠을 잡았지만 기사화하지는 않았다"며 "기자가 기사를 쓰지 않은 이상 '전파 가능성'이 현실화하지 않은 것으로 판단돼 무죄"라고 판시했다. 기사화한 경우 기사의 공익성과 명예훼손의 피해를 비교해 기자에게 책임을 물을 수 있겠지만 단순히 기자

에게 말했다는 이유만으로 처벌할 수는 없다는 취지다.[17]

2015년 12월 24일 수원지방검찰청은 지인을 통해 공개된 1대 1 카카오톡 메시지에서 치어리더 박기량의 실명을 거론하며 명예를 훼손하는 표현을 쓴 프로야구 kt 선수 장성우를 불구속 기소했다. 검찰 관계자는 "두 사람 간 대화라 하더라도 그 내용이 전파성이 높다면 명예훼손에 해당한다"며 "특히 연예인 사생활에 대한 내용은 언제든지 외부로 공개될 가능성이 커 최초 발언자와 유포자 모두 혐의가 인정되는 것으로 판단했다"고 설명했다.[18]

이에 대해 금태섭 변호사는 "장성우 선수의 행위에 대한 윤리적 판단과는 별개로 그를 기소해서 형사처벌을 하는 것이 맞는지는 신중하게 고민해 볼 필요가 있다. 카톡 내용을 공개한 것은 그가 아니라 그의 여자 친구였다. 명예훼손 내용이 담긴 대화를 직접 폭로한 여자 친구 외에 장성우까지 처벌하게 되면 우리는 애인이나 배우자와 마음 놓고 뒷담화마저 할 수 없는 삭막한 처지에 놓이게 된다"며 다음과 같이 말했다.

"그가 문제된 카톡을 주고받았을 때 상대방은 그의 여자 친구였다. 그를 옹호하는 것은 아니지만, 최소한 문자를 주고받을 때 여자 친구가 그것을 인터넷에 올릴 것이라고 상상하기는 어려웠을 것이다. 검찰은 연인끼리의 메신저 대화라고 해도, 대상이 유명인이어서 여러 사람에게 알려질 만한 내용이면 죄를 물어야 한다는 판단했다고 한다. 그렇다면 인터넷에 떠돌아다니는 연예계 뒷소문을 연인이나 부부 사이에서 전하는 것도 처벌받아야 할까?"[19]

왜 "호스티스출신 서울대 여학생의 충격 고백"이란 기사가 문제가 되었나?

피해자 특정

적시摘示는 명예훼손적인 사실을 외부 사회에 표시 · 주장 · 발설 · 전달하는 일체의 행위를 말한다. 적시의 방법은 구두 · 문서 · 도화 기타 무엇이든지 좋으나 사람에 대한 사실을 적시할 때는 적시된 사실과 관련된 피해자가 특정特定될 수 있을 정도로 구체적인 표시가 필요하다. 다만 이름을 명기하지 않았더라도 그 대상이 누구인가를 특정할 수 있는 경우에는 사실의 적시가 된다.[20]

'특정'은 성폭행 피해자의 신원 공개와 관련해 자주 문제가 되는데, 언론개혁시민연대는 자주 발생하는 위반 사례를 5개로 분류해 제시했다. ① 성명, 나이, 직장 명, 집 주소 등 모든 인적 사항을 공표하는 경우, ② 성은 밝히지 않고 이름과 나이만을 공표했으나 근무하는 직장 주소, 직장 명 등을 적시하여 누구인지 알 수 있게 하는 경우, ③ 목사에게 성폭행 당한 여신도의 성과 나이만을 밝혔으나 교회 명, 교회 주소, 영문 이니셜, 가해자인 목사의 성명 등을 공표해 본인을 추정하게 하는 경우, ④ 성폭행 당한 소녀의 성과 나이만을 공표했으나 가해자인 의붓아버지의 신원을 공개해 본인을 알게 하는 경우, ⑤ 피해자의 성과 나이만을 공표했으나 근무하고 있는 업소 또는 기거하고 있는 보육원 등의 명칭과 위치 등을 구체적으로 적시해 본인을 알게 하는 경우.[21]

이와 같은 위반 유형은 명예훼손의 경우에도 그대로 적용될 수 있다. 예컨대, 1994년 조선일보사가 발행하는 월간지 『필』은 「독점 수기 호스티스 출신 서울대 여학생의 충격 고백」이라는 제목으로 서울대학교 사회대 86학번 여학생이 운동권 선배와 연애 끝에 배신당한 뒤 호스티스 생활을 시작,

재벌 회장 등과 동거 등의 과정을 거치면서 남자들에 대해 부정적인 생각을 갖게 되었다는 내용의 기사를 보도했다. 『필』은 그 여학생이 누구인지에 대한 언급은 일절 하지 않았다.

하지만 서울대학교 사회대 86학번 여학생 15명은 조선일보사 등을 상대로 명예훼손에 따른 손해배상을 청구했다. 법원은 서울대학교 사회대 86학번 여학생이 49명에 불과하고 그중 2명의 원고는 전주 소재 고등학교를 졸업한 점에서 그 기사의 주인공이 원고들이라고 오인 받을 가능성이 있다고 인정해 원고들에게 각각 위자료 200만 원씩을, 전주 소재 고등학교를 졸업한 원고 2명에 대해서는 각 1,000만 원의 지급을 명했다.[22]

특정과 관련된 사례들을 몇 개 더 살펴보도록 하자.

(사례 1) '김우룡 · 차인태 대 한국기자협회 간의 성명권 침해 사건'에서 서울민사지방법원은 피고 한국기자협회의 성명권 침해를 인정, 정정 보도를 게재하도록 결정했다. 한국기자협회는 동 기관에서 발행하는 『기자협회보』 1990년 4월 20일자 1면에 게재한 「방송 장악 기도 일부 드러나」라는 제하의 기사에서 한국 커뮤니케이션 연구소가 정부의 방송 장악 기도에 개입하고 있다는 의혹을 받고 있다고 보도하면서 이 연구소에 참여하고 있는 인사로 방송제도연구위원회에 참가한 K 교수와 현직 MBC 방송인 C씨 등을 거론했다. 이에 대해 서울민사지방법원은 『기자협회보』가 비록 기사에서 성명을 명백히 밝히지 않고 영어 이니셜을 사용했지만 이 『기자협회보』의 주요 독자인 언론사 기자들은 이 기사에 등장하는 K 교수와 C씨가 누구인지를 알 수 있는 만큼 성명권 침해가 인정된다고 그 이유를 밝혔다.[23]

(사례 2) 서울고등법원 제3민사부(재판장 신정치 부장판사)는 1995년 7월 12

일 성균관대학교 정현백 교수가 한국방송공사를 상대로 제기한 정정 보도 청구 소송 항소심 재판에서 피신청인인 한국방송공사에 정정 보도문을 방송하라고 판결했다. 담당 재판부는 "명예훼손 또는 허위보도로 인한 인격적 법익의 침해에 있어 피해자가 특정되어야 함은 물론이나 피해자의 성명을 명시할 필요는 없고 표현 내용을 주위상황과 판단하여 그것이 어느 특정인을 지목하는가를 알아차릴 정도이면 족하다"고 전제한 후, "뉴스 방송 전후로 보도된 다른 매체의 기사 등을 종합하여 볼 때 편견 없는 상당수의 시청자나 뉴스 내용에 관심이 있는 시청자라면 별 어려움 없이 알 수 있기에 피해자와의 개별적 연관성이 인정된다"고 밝혔다. KBS-1 TV는 1994년 10월 6일 9시 뉴스 시간에 "국가안전기획부는 외국 유학 시절 북한과의 접촉 혐의를 받고 있는 '서울 모 대학 정 모 교수' 등 2명을 연행해 조사를 벌이고 있다"는 내용을 보도했었다.[24]

(사례 3) 서울지법 민사합의 25부(재판장 이성룡)는 1999년 6월 23일 동료 검사의 청탁을 받고 폭행 사건 피의자에 대해 불구속 지휘를 내렸다는 내용의 허위보도로 인해 명예를 훼손당했다며 서울지검 강력부 최운식 검사가 한국방송공사(KBS) 박 모 기자(여) 등을 상대로 낸 5억 원의 손해배상 청구 소송에서 "박 기자 등은 원고에게 1억 원을 배상하라"고 원고 일부 승소 판결을 내렸다. 재판부는 판결문에서 "박 기자는 익명으로 보도했다지만 기사의 내용을 종합할 때 경찰의 영장 청구를 기각한 검사가 최 검사임이 특정됐고 영장 청구 기각이 검사의 양심으로는 도저히 할 수 없는 행동인데도 청탁을 받아들여 부당한 기각을 한 것처럼 표현, 검사로서의 자긍심과 명예를 훼손했다"고 밝혔다.[25]

(사례 4) 2000년 2월 2일 서울지법 민사합의 25부(재판장 이성룡 부장판사)는 이훈규 서울지검 특수1부장 등 조폐공사 파업 유도 의혹 사건을 수사했

던 검사 12명이 『조선일보』와 이 회사 정중헌 논설위원을 상대로 낸 36억 원의 손해배상 및 정정 보도 청구 소송에서 "피고들은 원고들에게 1인당 1천 5백만 원씩 모두 1억 8천만 원을 배상하고 정정 보도문을 게재하라" 며 원고 일부 승소 판결을 내렸다. 재판부는 판결문에서 "당시 『조선일보』 측이 검찰이라는 광범위한 표현을 사용했다 하더라도 파업 유도 사건을 수사하는 원고 측과 밀접한 관련성이 있으므로 명예가 훼손된 당사자로 볼 수 있다"고 밝혔다. 이훈규 부장 등은 『조선일보』가 1999년 7월 31일자 「검찰의 감청 의혹」이라는 사설을 통해 "검찰이 진형구 전 대검 공안부장 과 강희복 전 조폐공사 사장의 휴대전화 통화 내역을 감청한 게 아니냐"는 의혹을 제기하자, 1인당 3억 원씩 모두 36억 원의 손해배상 청구 소송을 냈었다.[26]

(사례 5) 2006년 6월 23일 서울중앙지방법원은 자살한 중학교 교장의 유족 들이 MBC를 상대로 낸 손해배상 청구 소송에 대해 원고 일부 승소 판결했 다. 이는 2004년 2월 MBC 〈뉴스데스크〉가 1년 가까이 집단 괴롭힘을 당 한 학생의 부모가 학교 측에 재발 방지를 여러 차례 요청했는데도 불구하 고 아무런 조치가 취해지지 않았다는 등의 내용을 방영하자 자살한 중학 교 교장의 유족들이 사실과 다른 내용을 보도해 교장의 명예를 훼손했다 며 소송을 제기한 사건이다. 재판부는 "방송 전에 이미 네티즌들에 의해 인터넷 사이트에 학교 이름, 가해 학생의 성명, 교장의 성명까지 공개된 사 실, 다른 언론 매체에 의해 보도된 내용 등을 종합해 보았을 때 그와 같은 보도를 본 사람이라면 쉽게 그 중학교가 경남에 있는 중학교이고 그 교장 이 윤 모 씨라는 사실을 알아차릴 수 있다고 할 것이므로, 명예훼손의 대상 인 피해자는 특정되었다고 볼 것"이라고 판시했다.[27]

국가가 개인의 명예 문제에까지 개입해야 하나?
형사책임 · 민사책임

명예훼손엔 민사적 명예훼손civil libel과 형사적 명예훼손criminal libel이 있다. 오늘날 미국에서 형사적 명예훼손은 사실상 사라졌다고 해도 과언이 아니다. 일부 남부 주州에서만 그것도 극히 드물게 적용되고 있을 뿐이다. 지난 1988년 사우스캐롤라이나주에서 형사적 명예훼손 사건이 일어났는데, 그건 지난 40년간 3번째의 사건이었다고 한다. 형사적 명예훼손이 사실상 사문화되어 가고 있는 이면엔 공권력이 다뤄야 할 강력 범죄들이 흘러넘쳐 일일이 제대로 대응조차 못하고 있는 판국에 한가롭게 민사적으로 해결할 수 있는 '명예'에까지 개입해야 하겠느냐는 공감대가 널리 확산되어 있기 때문이다.[28]

영국에서도 형사적 명예훼손은 매우 희귀한 것이 되었으나, 민사소송의 경우엔 진실이 거의 완전한 면책이 되는 반면 형사소송에선 그렇지 못해 원고가 승소를 위해 전술적으로 사용할 수는 있다.[29] 전반적으로 보아 명예훼손 소송은 미국보다는 영국에서 원고의 승소율이 더 높은데, 그 이유를 영국은 역사적으로 명예가 매우 소중한 의미를 갖는 고착된 사회였던 반면 미국은 이동성mobility이 매우 강한 사회였다는 데에서 찾기도 한다.[30]

1993년 6월 『중앙일보』 사회부의 정재헌 기자가 권영해 국방부 장관이 형법 제309조(출판물에 의한 명예훼손)에 따른 고발에 따라 검찰에 구속된 사건이 있었다. 이 사건은 권영해 장관이 1주일 만에 소송을 취하해 정재헌 기자가 석방되는 것으로 해결이 되긴 했으나, 권력에 의한 형법 남용 등과 같은 심각한 문제점을 던져 주었다.[31]

명예훼손에 대한 구제 방법에 있어서 형법과 민법은 적잖은 인식상의 차이를 갖고 있는데, 세계적인 추세는 명예훼손에 관한 한 형법상 제재보다는 민법상 제재를 가하는 것이 일반적이다. 한병구는 "영·미의 경우만하더라도 법규상 형사법이 있으면서도 실제 재판에 있어서는 적용하지 않고 있으며 비록 형사법을 적용해서 유죄가 판결되더라도 징역이나 금고보다는 벌금형을 과하는 것이 거의 일반화되어 있다. 그것은 명예란 기본적으로 개인의 인격에 속하는 중요한 속성을 지니고 있는 만큼 그것을 국가의 형벌권보다는 개인과 개인 간의 대립관계에 있어서 이해의 균형을 목적으로 하는 사법私法에 그 보호를 맡기는 것이 합당하다는 데 그 근거를 두고 있기 때문이다"며 다음과 같이 말한다.

"우리나라의 경우 명예훼손 사건에 있어서 종전에는 민법보다 형법상의 구제를 우선시하는 경향이 강하였다. 그것은 명예를 손상하게 한 자에 대해서는 응분의 형벌을 가해야 한다는 습성이 우리 사회를 지배해왔고, 개인의 명예에 대한 침해를 금전으로 보상한다는 관례가 없었던 우리 사회의 전통과 관련이 있는 것으로 보인다. 즉, 우리 사회는 전통적으로 명예와 같은 정신적 손해를 다루는 고소사건에 금전을 개입시키는 것을 커다란 수치로 여겨 온 전통적 유교사상이 지배하였기 때문에 형법상의 구제가 우선시되었던 것 같다.……(그러나) 우리나라도 외국의 경우처럼 명예훼손에 있어서 형법보다는 민법상의 보호를 선호하는 경향이 현저히 나타났다.……민사적 제소 사건이 증가한 것은 명예훼손이 비록 정신상의 손해라고 해서 과거와 같이 피고에게 응보應報의 형벌을 가함으로써 명예를 회복하기보다는 민법상의 손해배상 또는 반론 보도 등을 통해 명예를 회복하는 것이 실리적인 면에서 유익하다는 국민들의 심리가 크게 반영된 것이라 생각한다."[32]

박용상은 "형사적 제재는 사회질서를 유지한다는 차원에서 인격권 등을 침해한 행위자를 처벌함에 주안점이 있는 것일 뿐 그 자체가 피해자에게 손해를 회복하게 하거나 만족을 주는 것은 아니다"고 지적하면서 다음과 같이 말한다.

"특히 현행 수사 관행상 명예훼손죄나 신용훼손죄는 대부분이 벌금형으로 처벌되고 있는 실정에 비추어 보면 제재적 기능도 현저히 감퇴되어 있다고 할 수 있다. 그럼에도 이러한 형사 제도가 피해자에게 유익한 것은 우선 피해자의 고소로 인하여 국가기관인 검찰과 경찰이 나서서 증거를 수집하여 준다는 점이다. 인격권 침해에 대한 현행법상의 구제 제도를 민사상의 구제 제도와 비교하여 보면 형법상 명예훼손은 처벌되지만, 그 외의 프라이버시 침해를 처벌하는 규정은 없다. 따라서 명예 이외의 인격권 침해는 민사적 청구에 의해서만 구제될 수 있지만, 종전 실무 관행을 보면 프라이버시 침해도 실제적으로 보호할 필요성이 있는 경우 명예훼손으로 인정되기도 하였다."[33]

형법과 민법은 명예훼손죄의 성립 요건에 있어서도 차이를 보이고 있다. 한병구는 그 차이를 다음과 같은 세 가지 측면에서 지적하고 있다.

첫째, 형사상에서는 '공연성'을 필요로 하고 있으나 민사상에서는 타인의 사회상의 지위를 훼손함과 같은 사실을 언론이 아닌 단순한 제3자에게 표명했을 경우에도 성립의 요건이 된다. 그러나 최근에 와서는 민사상에서도 '사회에 널리 유포되는 것'을 요건으로 삼는 경향이 짙다.

둘째, 형법상에서는 '공연히 사실 또는 허위사실의 적시'를 요건으로 하여 그 사회성이 문제가 되는 데 비해 민법상에서는 고의 또는 과실이라는 불법행위에 의한 재산상 또는 명예상의 침해를 요건으로 하고 있다.

셋째, 형사상으로는 사람의 사회적 평가를 침해할 우려가 있는 행위로 해석되고 있는 데 비해 민사상으로는 사람에 대한 사회적 평가를 저하시키는 행위로 해석되고 있다. 따라서 형사상에서는 현재 사람의 사회적 평가가 침해되었다는 결과가 아닌 사람의 사회적 평가를 침해할 우려가 있는 상태를 발생시키는 것만으로도 명예훼손죄가 성립된다.[34]

앞서 지적했듯이, 외국의 경우 대부분 명예훼손 소송은 민사로 국한되는데, 한국은 형사 사건으로 다룰 수 있는 것에 대해 검토가 필요하다는 목소리도 나오고 있다. 헌법재판소 손형섭 연구원은 「프라이버시권·명예권·언론의 자유의 법적 관계」라는 논문에서 "언론의 자유를 보호한다는 측면에서 보면, 형사상 진실한 사실의 적시에 의한 명예훼손을 인정하는 현행 형법이 시대 변화에 적합한 입법 태도인지 사회적 논의가 필요하다"고 설명했다.[35]

2012년 6월 국회 법사위 소속인 박영선 민주통합당 의원이 대표 발의한 형법개정안은 사실 적시에 의한 명예훼손 처벌 조항을 삭제하고, 허위 사실 적시에 의한 명예훼손이 성립하기 위해서는 '허위 사실임을 알고 있어야 한다'는 요건을 추가했다. 또한 공공의 이익을 주된 목적으로 하거나 상대방이 공인일 경우, 사회 여론 형성에 기여하는 경우에는 명예훼손죄로 처벌하지 않도록 했다. 현행법상 명예훼손죄는 '반의사불벌죄'다. 피해 당사자가 원치 않으면 처벌할 수 없지만, 고소를 하지 않더라도 수사기관이 독자적 수사로 처벌할 수 있도록 하는 것을 말한다. 이 때문에 이 조항은 권력에게서 자유롭지 못한 검찰이 정치적으로 악용할 수 있다는 비판을 받아왔다.

2012년 9월 4일 참여연대도 △ 형법 307조 1항의 사실 적시에 의한 명예훼손죄 폐지, △ 형법 307조 2항의 허위사실에 의한 명예훼손의 경우 공직자의 직무에 관한 내용 제외, △ 명예훼손죄를 본인의 고소가 있어야 수사에 들어갈 수 있는 '친고죄'로 변경, △ 형법 311조 모욕죄 폐지 등을 담은 형법개정안을 입법 청원했다. 참여연대는 "진실한 사실을 적시한 표현에 대해서도 명예훼손으로 처벌하는 법조항 때문에 국가 정책에 대한 비판이나 위법적인 행위에 대한 의견 제시, 정치적 풍자나 비평, 패러디나 기사화 논평 또는 사설마저 명예훼손죄로 처벌받을 가능성이 있다"고 지적했다.[36]

2015년 11월 UN자유권위원회는 한국 정부의 폭넓은 '명예훼손 혐의 형사처벌' 관행에 제동을 걸고 나섰다. UN자유권위원회는 "명예훼손 관련 사안을 민법으로 관리할 수 있음에도 정부에 대한 비판적인 의견을 제시하는 사람에게 왜 형사처벌이 이뤄지느냐"고 의문을 제기하며 "민주주의가 기능하기 위해 가장 필요한 비판에 대한 관용의 문화를 장려해야 한다"고 밝혔다. 이와 관련, 박경신 고려대학교 법학전문대학원 교수는 UN자유권위원회의 권고는 명예훼손에 의한 형사처벌은 정부 비판을 막기 위해 사용될 우려가 있다는 것으로 내용이 허위더라도 형사처벌을 해선 안 된다는 뜻이라고 해석했다.[37]

왜 대통령을 비판하는 게 가장 안전한가?
공인

"백악관은 세계 최상의 감옥이다The White House is the finest prison in the world." 미국 제33대 대통령 해리 트루먼Harry S. Truman, 1884~1972의 말이다. 어디 그뿐인가. 대통령은 가장 욕을 많이 먹는 자리이기도 하다. 그래서 명예훼손의 소지가 있는 비판을 하더라도 비판 대상이 공인公人일수록, 즉 공적 지위가 높을수록 비판을 하는 쪽에선 안전하다. 앞서 표창원은

"민주주의를 자랑하는 국가 중 유독 우리나라에서만 대통령을 비판하는 전단을 돌리고 온라인상에 글을 올리는 사람이 형사처벌을 받고 교도소에 수감된다"고 했지만, 적어도 명예훼손의 법리상 보자면 그렇다는 것이다.

미국 명예훼손법상 공인公人은 ① 공직자public officials, ② 전면적 공인 total or all-purpose public figures, ③ 상황적 공인limited public figures 등으로 나눌 수 있다('전면적 공인'은 '전적인 공인' 또는 '전목적적 공인' 등으로 번역되기도 한다).[38]

공직자의 경우, 공무원이라고 해서 다 '공인'에 해당되는 건 아니다. 예컨대, 공영 정신병원의 연구직 간부는 해당되지 않는다. 그 직책이 공적 감시public scrutiny를 받는 게 아니기 때문이다. 공직자라도 공적 생활과 사적 생활의 구분이 있을 수 있다. 대통령의 경우 모든 게 다 공적인 것으로 간주될 것이나, 지위가 낮을수록 사적 영역이 크게 존재한다고 보아야 할 것이다. 그러나 법원의 판결이 일관된 건 아니어서 주州정부의 하위직 사회복지 공무원과 경찰을 공인으로 간주한 판례도 있다.

전면적 공인은 사실상 유명인을 말하는 것으로 사람들의 인식recognition 이나 미디어 노출media exposure 정도를 기준으로 삼아 판별해야 할 것이나 그 경계가 명확한 건 아니다. 유명 연예인이나 작가, 지식인 등이 여기에 해당된다.

'상황적 공인'을 설명해줄 수 있는 판례로 1974년의 '거츠 대 웰치Gertz v. Welch' 사건을 들 수 있다. 엘머 거츠Elmer Gertz, 1906~2000는 유명한 시카고 인권 변호사였는데, 젊은 사람이 경찰에 의해 살해된 사건을 맡아 승소했다. 극우 단체인 존 버치 소사이어티John Birch Society가 발행하는 『아메리칸오피니언American Opinion』은 거츠를 빨갱이로 매도하면서 경찰에게 죄를 덮어씌웠다고 주장했다. 연방대법원은 이 사건에서 거츠가 공인

public figure이 아니라고 판시했다.

'상황적 공인'이 되기 위해선 명예훼손을 낳게 된 논쟁에 그 사람이 참여한 정도를 따져야 한다. 만약 거츠가 인권 문제 소송을 맡았더라면 그는 '상황적 공인'일 것이나, 문제의 소송은 인권 문제는 아니었다. 그래서 거츠는 피고의 부주의negligence만 입증해도 된다는 것이었다. 이 소송은 시작된 지 13년 만에 거츠가 40만 달러 배상 판결을 받아 승소했다.[39] 이 판결에서 다수 의견을 집필한 루이스 파월Lewis F. Powell, Jr., 1907~1998 대법관은 공인에 대해 입증책임을 무겁게 부과하는 이유에 대해 다음과 같이 말했다.

"명예훼손의 피해자에 대한 최초의 구제 수단은 자조self-help이다. 즉 거짓말에 대해서 반박하거나 잘못을 시정함으로써 명예에 대한 해악을 최소화할 수 있는 기회를 이용하는 것이다. 공무원과 공인은 대개 효과적인 커뮤니케이션 수단에 상당히 쉽게 접근할 수 있고 따라서 잘못된 주장에 대해 반박할 수 있는 보다 실질적인 기회를 갖고 있다. 따라서 사인은 해악에 보다 쉽게 노출된다."[40]

상황적 공인limited public figure을 판별하는 3대 요건은 ① 중요한 공적 논쟁이 있어야 한다, ② 원고가 그 논쟁에 자발적으로 참여해야 한다, ③ 원고는 그 논란의 결과에 영향을 미치고자 시도해야 한다 등이다.[41]

명예훼손 법리상 미국과 영국의 차이에 대해 표성수는 "영국에서는 책임의 범위를 달리하는 공적인 인물과 사적인 인물의 구분이 없어 심지어 John Major 총리가 혼외 문제에 관한 언론의 기사를 문제 삼아 제소하는 일까지 있었다. 또한 공적인 관심사를 특별히 취급하는 책임 이론이 없고 원고가 피고의 과실 등 책임 요소를 증명할 필요가 없는 엄격 책임strict liability이 지켜지고 있어 과실이 없는 경우에도 피고에게 손해배상 책임이 인정되는 경우가 있다"며 다음과 같이 말한다.

"이와 같은 양국 법의 차이로 말미암아 미국에서 공적인 인물, 공적인 관심사로 분류되어 승소 가능성이 희박한 저명인사들이 영국에서 명예훼손 소송을 제기하는 사례가 있으며 한편 영국에서는 언론을 보다 강하게 보호하여야 한다는 인식이 높아지고 있고 미국에서 주로 출간되는 표현물에 관련된 소송에 관하여는 미국 법을 적용하여야 한다는 주장도 나오고 있다. 영국에서 선고된 판결이 미국에서 효력이 있느냐는 문제를 둘러싸고 최근 뉴욕주와 연방 하급심에서 판결이 선고되었는바……영국의 판결이 미국의 헌법 수정 1조와 상충한다는 이유로 효력을 부인하였다."[42]

인터넷에서의 명예훼손과 관련해 가장 쟁점이 되고 있는 것 중의 하나도 바로 공인과 사인의 구분이다. 이재진은 "몇몇 학자들은 컴퓨터를 통해 명예훼손적 글에 응답할 수 있는 사람들의 경우 누구나 공인으로 간주되어야 한다고 주장한다. 왜냐하면 사이버공간의 참여자들은 쌍방향적인 매체 특성상 누구나 '반박counter speech'을 위한 수단을 지닌 것으로 보아야 하기 때문이라는 것이다. 즉, 전자 게시판 등을 통해 사이버공간에 참여한 경험이 있는 사람들은 명예훼손에 대해 응답할 능력을 가지고 있는 것으로 간주하여 이전의 명예훼손법이 정하고 있는 공인·사인에 대한 구분이 적용됨이 없이 모두 공인으로 취급되어야 한다고 주장한다"며 다음과 같이 말한다.

"법원의 경우 사이버공간에서 기존의 명예훼손법에 따른 공인·사인 구분이 모호해지기 때문에 그 구분을 인터넷의 이용에 얼마나 참여했느냐 하는 이용자의 참여 정도를 기준으로 결정해야 한다고 본다. 그러나 이러한 견해는 사이버공간에서의 명예훼손 당사자들의 형평성의 문제를 간과한 것이라는 비판이 있다. 예를 들어, 명예훼손의 당사자가 경제적인 이유 등으로 인터넷에 접근하기 위한 수단을 구비하지 못하거나 또는 수단이 있다고 하더라도 어떻게 대응해야 하는지 알지 못하는 경우 사이버공간에 접근이 용이한 사람들과 어떻게 다르게 취급해야 할 것인가의 문제가 발생한다."[43]

언론전문지 『미디어오늘』이 언론중재위원회의 2015년 1분기부터 3분기까지의 언론 보도 관련 판결 분석 보고서를 참고해 내린 결론에 따르면, "공인이냐 아니냐 보다 공적 사안 여부가 중요"한 것으로 나타났다. 이와 관련, 양재규 변호사(언론중재위원회 교육콘텐츠팀장)는 "그 사람이 공인에 해당하느냐를 판단하기보다는 그의 신원 공개와 사적 영역에 대한 관심이 공적 관심사에 포함되느냐가 더 중요하다"고 밝혔다.[44]

그런 이유 때문인지는 몰라도 한국에선 공인·사인의 구분이 중구난방衆口難防이라고 해도 과언이 아닐 정도로 불투명하다. 언론도 마찬가지다. 김홍진은 2015년 10월 "공인의 가족 문제를 어디까지 보도할지는 사안별로 판단할 수밖에 없다. 그 기준은 없다. 지금 공인에 대한 기준도 정립돼 있지 않다. 언론계는 물론 법원에도 누구까지가 공인이고 어디까지 보도해야 명예훼손이 되지 않는지 확립된 기준이 없다"며 다음과 같이 말했다.

"공인 기준도 그러니 공인의 가족에 대해서는 말할 필요도 없다.……공인의 가족도 국민이 알 필요가 없거나 있는지 애매한 경우는 공인의 가족이라는 이유만으로 기사를 쓰는 일이 없어야 하겠다. 그동안 언론계는 유명인 이름이 나오면 일단 눈길이 가기 때문에 유명인의 가족 관련이라도 관습적으로 기사를 써왔다. 이런 기사는 법적으로는 문제가 없어도 윤리적으로는 흥미 본위의 기사라는 비판을 받을 수 있다."[45]

왜 『뉴욕타임스』는 40년 전의 '설리번 판결'을 극찬하는가?
현실적 악의

　명예훼손 소송 시 피고의 과실을 입증함에 있어서 사인私人은 피고의 부주의negligence=failure to exercise ordinary care를 입증하면 되나, 공인公人은 피고의 현실적(또는 실제적) 악의actual malice를 입증해야 한다. '악의惡意'라는 용어와 관련, 박형상은 "선의, 악의라는 용어는 윤리적, 도덕적 개념으로서 선악이 아니라 '어떤 사실이나 사정에 대하여 알지 못하는 경우'와 '알고 있는 경우'를 구별하는 용어에 불과한 것이다"며 다음과 같이 말한다.

　"거래 안전을 위하여 등장한 개념으로서 어떤 사정에 대하여 '선의의(알지 못하는) 상대방이나 제3자'는 '악의의(알고 있는) 당사자'에 비하여 상대적으로 보호되어야 한다는 것이다. 때문에 '언론 침해가 악의인 경우'라는 것은 '언론기관이 알면서, 일부러 침해하는 경우'를 뜻하며(법적으로는 주로 고의적 행위가 될 것이다) '언론 침해가 선의인 경우'라는 것은 '언론기관이 부주의, 과실로 침해하는 것'을 나타내는 것이다. 요컨대, 『뉴욕타임스』대 설리번 사건에서 등장한 입증책임 요건으로서 '현실적 악의 actual malice'와 '우리 법률상의 악의'라는 법률 용어가 내용적으로 서로 구별된다는 점을 유념해야겠다(우리 법률 용어 감각으로서는 위 malice를 해의害意라 함이 낫겠다)."[46]

　'현실적 악의' 개념은 연방대법원이 1964년에 내린 '뉴욕타임스 대 설리번New York Times Co. v. Sullivan' 판결에서 비롯되었다. 1955년 12월 1일의 미국 앨라배마주 몽고메리시로 돌아가보자. 그날 한 여자 봉제 직공이 버스에서 운전기사의 명령을 어기고 백인 전용 좌석에 앉았다는 이유로 경찰에 체포되었다. 이 사건은 흑인들에 의한 대대적인 버스 안 타기 운동으로 이어졌는데, 여기엔 당시 27세 된 마틴 루서 킹Martin Luther King Jr., 1929~1968 목사도 참여했다. 이후 킹 목사는 본격적으로 흑인민권운동에 나서게 되었고, 앨라배마주 경찰은 갖가지 죄목을 동원해 킹 목사를 법적으로 옭아매려고 했다. 흑인들은 모금 광고를 통해 킹 목사를 돕기로 했다.

바로 그 모금 광고가 『뉴욕타임스』 1960년 3월 29일자에 실리게 되었다. 이 광고의 제목은 열흘 전 이 신문의 사설 제목을 인용한 것으로 '그들의 솟구치는 함성을 들어라Heed Their Rising Voices'였다. 이 광고의 주요 내용은 다음과 같은 것이었다.

"지금 전 세계가 알고 있듯이 수천 명의 남부 흑인 학생들이 미국 헌법에 보장된 대로 인간의 존엄성을 유지하며 살 수 있는 권리를 쟁취하기 위해 비폭력 시위에 대규모로 동참하고 있다.……그러나 이 학생들은 이러한 권리를 인정하기를 거부하는 사람들이 휘두르는 폭력의 물결에 휩쓸리고 있다.……앨라배마주의 몽고메리시에서는 학생운동 지도자들이 학원 내에서 총과 최루탄으로 무장한 경찰들에 의해 쫓겨나고 있다.……학생회 전체가 등록을 거부하며 대항하자 학교 당국은 그들을 굶겨 굴복시키기 위해 식당 문을 잠궜다."[47]

이처럼 이 광고는 앨라배마 주정부 지도자들을 비난하는 내용이었다. 그런데 이 광고는 몇 가지 사실상의 오류를 담고 있었다. 학교 식당은 폐쇄되지 않았으며, 경찰은 캠퍼스를 포위하지 않았으며, 학생들은 다른 데모를 위해 학교를 떠났으며, 킹 목사는 7차례 체포된 게 아니라 4차례 체포되었다는 것 등이 바로 그것이다.[48]

이로 인해 『뉴욕타임스』는 앨라배마주 법정에서 50만 달러 배상이라는 패소 판결을 받았다. 원고는 앨라배마주 몽고메리시의 경찰 책임자인 L. B. 설리번L. B. Sullivan이었다. 그러나 연방대법원은 『뉴욕타임스』에 최종 승소 판결을 내리면서 설리번은 공인이기 때문에 '현실적 악의惡意'를 입증해야 한다고 판시했던 것이다. 당시 윌리엄 브레넌William J. Brennan Jr., 1906~1997 대법관은 다음과 같이 말했다.

"우리는 공공적 쟁점들에 관한 논의는 금지되어서는 안 되며, 활발하고 넓게 개방되어야 하며, 또한 그 논의에는 정부와 공공 관리에 대한 격렬하고, 신랄하고 때로는 불쾌할 정도로 날카로운 공격도 포함될 수 있다는 원칙에 대한 국민적인 진지한 합의에 이 사례가 배치되는 것으로 생각한다."[49]

'현실적 악의'는 "허위(거짓말)의 인지 또는 진실에 대한 무모한 부주의 knowledge of falsity or reckless disregard of whether the story was truthful"를 뜻하는데, 이 개념의 의미 또는 교훈은 5가지를 들 수 있다.

첫째, 정부 관리가 명예훼손 소송civil libel suits을 통해 과거 선동 방지법 sedition law의 목적을 성취하고자 하는 것에 쐐기를 박았다.

둘째, 공적 이슈public issue에 관한 논의는 활발하게 이루어져야 한다.

셋째, 어느 정도 사실과 틀린 진술은 자유스러운 토론에선 불가피하다. 표현의 자유가 '숨 쉴 수 있는 공간'을 마련하기 위해 그건 보호되어야 한다.

넷째, 공인은 비판받을 각오를 해야 한다. 사인私人과는 달리 반박할 수 있는, 언론 매체에의 접근이 용이하다.

다섯째, 나중의 판례들에서는 공인public figure의 범위가 확대되어 노벨상 수상자까지도 포함되었다.[50]

1969년 정치인 배리 골드워터Barry M. Goldwater, 1909~1998는 한 잡지사가 자신의 정신 상태에 대한 설문조사의 응답을 바꾸어서 보도한 걸 입증함으로써 승소 판결을 받았다. 이는 '허위의 인지'와 관련된 것이고, '무모한 부주의'의 사례로는 1967년 연방대법원이 두 사건을 한 사건으로 다룬

'커티스 퍼블리싱 대 버츠 앤드 AP 대 워커Curtis Publishing Co. v. Butts and AP v. Walker' 판결을 들 수 있다.

월리 버츠Wally Butts, 1905~1973는 조지아대학의 체육부장athletic director이었다. 『새터데이이브닝포스트』는 버츠가 앨라배마대학 풋볼 코치와 게임을 짜고 했다고 보도했는데, 보도 출처는 우연히 두 사람의 전화를 전화 혼선으로 듣게 된 독자의 제보였다.

에드윈 워커Edwin Walker, 1909~1993는 텍사스의 정치인으로 보수주의자이며 분리주의자였다. AP통신은 그가 백인 폭도를 조직해 미시시피대학의 인종차별 사태를 진압하기 위한 연방 수비대에 저항하고자 했다고 보도했다.

버츠 사건은 언론사가 패소했으며, 워커 사건은 언론사가 승소했다. 왜 그랬을까? 버츠 사건은 뜨거운 뉴스 아이템이 아니었다. 게임이 끝난 지 수개월 후에 보도했던 것이다. 그 잡지는 사실을 체크할 충분한 시간이 있었다. 기사의 출처도 기자가 아니라 보통 사람이었으며, 그것도 의심할 구석이 많은 전과자였다. 그 잡지는 그 조작되었다는 게임이 녹화된 것을 검토한다든가 하는 식으로 더 알아보려고 하지도 않았다. 반면 워커 사건은 뜨거운 뉴스 아이템인데다 과거 전력이 괜찮은 기자가 보낸 기사였으며, 워커 장군의 전력으로 보아 그 기사는 신빙성이 있었다.

이와 같은 두 사례를 근거로 '무모한 부주의'에 대한 3대 판단 기준을 제시한다면 ①그 기사가 긴급한urgent 것인가, ②기사 출처가 신뢰할 만한가, ③이야기 자체가 그럴듯한가probable 등을 들 수 있다.[51]

설리번 판결의 역사적 의미는 매우 커서 이후 미국의 언론법 관련 학자와 법조인들은 5년, 10년 단위로 이 판결을 기념하는 학술회의와 토론회를 개최하고 있다. 이 판결 이전까지만 해도 미국 언론은 명예훼손 소송이 두려워 정확한 정보를 얻기 어려운 인권 침해 사례와 이를 시정하려는 사례와 민권운동에 관한 보도를 극도로 자제하는 경향이 있었지만, 이 판결 이후 마음 놓고 그런 보도를 하게 되었으니, 그럴 만도 하다.

뉴욕대학 법대 교수 로널드 드워킨Ronald Dworkin, 1931~2003은 1996년 "세계의 민주국가들 가운데 헌법상 언론·표현의 자유에 대한 정도를 본다면 미국은 그야말로 독보적이다. 그리고 이 같은 언론·표현의 자유 보호에 있어서 헌법적인 기틀로서 중추적인 것이 바로 1964년 연방대법원이 내린 Sullivan 판결이다"고 평가했다.[52]

언론법 변호사 데이비드 보드니David Bodney는 설리번 판결 40주년을 맞은 2004년 설리번 판결은 연방대법원의 헌법 판례에 있어서 가장 중요한 것으로 "진정 우리로 하여금 미국의 삶을 얘기할 수 있게 하는 분수령적인 사건이었다"고 평가했다. 『뉴욕타임스』는 설리번 판결 50주년을 맞은 2014년 이 판결이 "미국사에서 언론의 자유에 대한 가장 분명하고도 강력한 옹호"였다고 극찬했다.[53]

우리나라에서도 공인과 관련된 무슨 명예훼손 사건만 발생하면 꼭 빠지지 않고 인용되는 게 바로 'New York Times Co. v. Sullivan(1964)' 판결이다. 그러나 이 판결을 둘러싼 논란도 만만치 않다. 연방대법원의 바이런 화이트Byron White, 1917~2002 대법관은 1985년의 '던 앤드 브래드스트리트 대 그린모스 빌더스Dun & Bradstreet, Inc. v. Greenmoss Builders, Inc.' 판결에서 공무원의 명예가 보호되지 못하고 있다는 점을 지적하면서 'New York Times Co. v. Sullivan(1964)' 판결을 다음과 같이 비판했다.

"『뉴욕타임스』 판결은 2가지 잘못을 안고 있다. 첫째는 공무원이나 공공적 문제에 대한 정보의 흐름이 오염polluted되고, 또한 종종 잘못된 정보에 의해 오염된 채로 남아 있게 된다는 점이다. 둘째로는 패소한 원고의 명예와 전문인으로서의 삶이 사실을 조사하려는 성실한 노력만 있었으면 피할 수 있었던 잘못에 의해 파괴될 수 있다는 점이다."[54]

'현실적 악의'는 같은 영미법 계열에 속하는 영국에서도 통하지 않는다. 제인 커틀리Jane Kirtley는 "『뉴욕타임스』나 『인터내셔널헤럴드트리뷴』 같은 미국 언론은 영국 내에서 이들을 상대로 제기된 명예훼손 소송 재판에서 종종 패소하곤 한다. 왜냐하면 영국 법원에서는 공인을 비판하는 데 있어 '실질적 악의' 기준과 같은 헌법 적용을 단호히 거부하기 때문이다"라고 말한다(그러나 커틀리는 취재원 보호는 영국 법원이 언론에 대해 더 우호적이라고 했다).[55]

국내 일부 전문가들도 이 판결의 의미를 제대로 꿰뚫어 보아야 한다고 말한다. 예컨대, 박형상은 다음과 같이 말한다.

"우리 언론학계가 법 규범과 법 현실 사이의 상관관계를 무시하거나 영미법계의 미국 판례를 거두절미한 채 무비판적으로 한국 법체계에 원용·수용하는 태도는 재검토되어야 한다. 우리 학계에 약방의 감초처럼 등장하는 '『뉴욕타임스』 대 설리번 사건'에 대하여도 '물론 이러한 판결에는 독특한 미국 정치 문화가 반영되어 있는 것이므로 함부로 이러한 태도를 도입한(할) 것은 아니라고 생각한다'는 의견도 있다."[56]

방석호는 'New York Times Co. v. Sullivan(1964)' 판결의 의미는 "승자는 언론사이고, 따라서 언론의 자유를 위한 기념비적 판결이라는 도식의 마술에서 벗어나 피해자가 실질적으로 보호받는 방법은 무엇인가를 생각해본다면 전혀 다른 각도에서 음미되어질 수 있다"고 말한다. 그는 "적어도 명예훼손 사건에서 연방대법원이 요구하는 '현실적 악의'의 요건을 증명하지 못한 피해자는 제도적으로 반론권마저 인정되고 있지를 않기 때문에 사실상 명예의 훼손에 대해서 보호를 받을 수 없다는 결론이 된다.……더욱이 잊지 말아야 할 것은 『뉴욕타임스』 판결이 그러한 현실적 악의에 대한 무거운 입증책임을 원고에게 지움으로써 실제 입증을 거의 불가능하게 만들고 있다는 점이다"며 다음과 같이 말한다.

"즉 영미 보통법과 우리의 대륙법 하에서는 원고가 자신의 명예가 훼손되었음을 이유로 손해배상을 청구하면, 피고는 이에 대해 항변을 주장하게 되는 입증책임의 분담이 이루어진다. 피고가 되는 언론기관을 고의·과실이 없기 때문에 민사책임을 질 수 없다고 하거나 또는 소위 위법성조각사유인 내용의 진실성이나 공평한 논평 등을 들어 항변을 하게 된다. 『뉴욕타임스』 판결은 이러한 입증책임 분배 구조를 부정하고 있다. 즉 원고로 하여금 단순히 명예훼손의 발생만을 주장하는 것으로는 부족하고, 언론기관이 현실적 악의(헌법이 보장하는 표현의 자유를 부정할 만한 정도의 헌법적 고의)를 갖고 한 행위임을 입증하도록 요구함으로써 공무원 또는 공적 인물이 원고가 되는 경우에는 거의 승소할 수 없도록 만들고 있다는 점이다."[57]

미국에서도 'New York Times Co. v. Sullivan(1964)' 판결에 대한 회의가 만만치 않아 그 전도가 불투명하다는 주장도 있다. 염규호에 따르면, "일부 미 연방대법원 판사들과 변호사, 학자들은 구체적으로 '현실적 악의' 원칙의 개혁을 제안했다. 보다 본질적인 문제는 만일 지금 연방대법원에 1964년처럼 Sullivan 사건이 다시 판결에 붙여진다면 언론의 자유에 우선권을 인정하는 '현실적 악의' 판결이 나오겠느냐 하는 회의가 미 언론계와 언론법 변호사들 간에 상당히 퍼져 있다는 것이다."[58]

'현실적 악의'는 이른바 '저명인사 저널리즘celebrity journalism'을 부추기는 등의 부작용을 낳고 있다.[59] 언론의 입장에선 안전하다는 이유 때문이다. 염규호는 '현실적 악의'가 미국 언론에 구체적으로 미친 영향을 다음과 같이 지적했다.

"인물의 신분에 따른, 다시 말하면 문제 된 기사의 성격에 중점을 두지 않는 공인과 사인의 구별 원칙의 바탕인 '현실적 악의'론으로 인해 진지한 탐색 취재 저널리즘과 격조 높은 언론 취재 관행과는 거리가 먼, 별로 중요한 사회적 문제와 관련 없는 이른바 피상적인 유명인사 중심의 저널리즘이 전보다 더 활발하게 된 것은 지난 30여 년에 걸친 '현실적 악의'의 의도치 않은 결과이다.……공적 인물에 대한 추문적인 기사 보도가 보호받을 확률이 사적 인물이 관계된 공공의 관심에 대한 보도보다 법적으로 높은 관계로, 본래 뜻했던 '현실적 악의'의 목적과는 거리가 먼 저널리즘이 나타나는 것을 부정할 수는 없는 것이 사실이다."[60]

그런 이유 때문이었을까? 우리 법원은 현실적 악의 원칙은 미국의 독특한 판례 이론으로서 우리 법제에서는 수용할 수 없다고 명시적으로 배척해왔다. 그러다가 2002년부터 일련의 판결을 통해 그런 태도를 포기하고 공인 이론을 점진적으로 수용하고 입증 부담도 완화해주는 방향으로 변하고 있다.[61] 물론 언론은 일관되게 'New York Times Co. v. Sullivan(1964)' 판결과 현실적 악의 개념을 예찬하고 있다. 그건 언론이 자기보호 차원에서 그러는 것일 수도 있겠지만, 그만큼 공인公人에 대한 불신감과 반감도 크다는 걸 말해주는 게 아닐까?

왜 '진실이라고 믿을 만한 상당한 이유'가 중요한가?
상당성 원리

형법 제310조(위법성 조각)는 "제307조 제1항(사실 적시의 명예훼손)의 행위가 진실한 사실로서 오로지 공공의 이익에 관한 때에는 처벌하지 아니한다"고 했다. 위법성조각사유엔 진실성과 공공성 이외에 '상당성'이 있다. 상당성 원리 또는 '상당 이유'의 이론은 취재 당시 진실이라고 믿을 만한 상당한 이유가 있는 경우엔 오보라도 면책된다는 걸 의미한다.

1984년 서울민사지방법원은 신문에 의한 명예훼손에 대해 손해배상을 청구한 사건에 대한 판결에서 신문의 기사가 원고의 명예를 훼손한 것이 분명하다 할지라도 기자가 취재할 당시 사실을 확인하기 위한 모든 가능한 노력을 다했으므로 '진실하다고 믿는 데 정당한 이유가 있는 것'으로 인정했다.[62]

또 다른 판례를 살펴보자. 1996년 8월 23일 대법원 형사3부는 중앙대학교 안성캠퍼스 총학생회장 이내창 씨의 의문사 사건 보도와 관련, 국가안전기획부 직원 도연주 씨의 명예를 훼손한 혐의로 기소된 『한겨레』 이공순 기자에 대한 상고심 판결에서 검찰의 상고를 기각하고 무죄를 선고한 원심을 확정했다.

재판부는 판결문에서 "피고의 기사 내용이 사실과 부합되지 않는 것으로 판단되더라도, 임수경 양 방북을 계기로 정부 수사기관과 학생운동권 간의 긴장이 국민적 관심사로 부각되고 있는 시점에서 학생운동권의 간부 중 한 사람이 의문의 변사체로 발견된 데 대한 의혹을 다룬 것인 이상 공공의 이익을 위한 것이지 안기부 여직원인 도연주 씨를 비방하기 위한 것으로 볼 수 없고 피고가 기사 내용을 진실이라고 믿는 데에는 객관적으로 그럴 만한 상당한 이유가 있다"고 무죄 선고한 원심을 확정했다.

피고는 『한겨레신문』 1989년 10월 6일자 11면에 중앙대학교 안성캠퍼스 총학생회장이던 이내창 씨의 의문사와 관련, 「이내창 씨 사망 전 안기부 요원 동행」 제하로 이내창 씨가 사망할 당시 안기부 요원인 도연주 씨가 동행했다고 보도하면서 도연주 씨가 이내창 씨의 죽음에 관련된 듯한 취지의 내용을 보도, 출판물에 의한 명예훼손 혐의로 기소된 뒤 1993년과 1994년 1, 2심에서 무죄를 선고받았다.[63]

함석천(법원행정처 윤리감사심의관)은 2008년 "최근까지만 해도 상당성에 대한 논의가 가장 활발했다. 진실성에 대하여 다툼이 없으면, 언론사의 보도는 대부분 공공성을 띠고 있기 때문에 더 이상 논쟁의 여지가 없는 경우가 많기 때문이다. 상당성, 그 가운데 주로 언론이 필요한 확인 절차를 모두 거쳤는지 여부가 언론 소송의 주된 쟁점 사항이었다"며 다음과 같이 말했다.

"그런데 2002년을 전후해 이러한 추세에 변화가 생기기 시작하였다. 최근 주목할 만한 변화는 공인, 공적인 논쟁에 관한 공공성 범위를 확대한 것과 상당성의 완화이다. 이러한 변화는 대법원이 주도해왔는데, 2002년경부터 본격화되었다. 이러한 변화의 요체는, 중대한 사회적 관심사, 관찰의 대상에 대하여는 언론의 지속적인 검증과 비판이 가능하고 그 폭이 넓어야 투명하고 건강한 사회의 기반이 마련되고 자유민주사회가 굳건하게 뿌리내릴 수 있다는 것이다."[64]

2003년 7월 8일 대법원(선고 2002다64384 판결)은 여당 소속 도지사 자택의 외화 도난 의혹에 관한 야당 대변인의 검찰 축소 은폐 수사 진상 규명을 촉구하는 성명 발표 사건과 관련해 다음과 같은 기준을 제시했다.

"언론·출판의 자유와 명예 보호 사이의 한계를 설정함에 있어서는, 당해 표현으로 명예를 훼손당하게 되는 피해자가 공적인 존재인지 사적인 존재인지, 그 표현이 공적인 관심사에 관한 것인지 순수한 사적의 영역에 속하는 사안에 관한 것인지 등에 따라 그 심사 기준에 차이를 두어, 공공적·사회적인 의미를 가진 사안에 관한 표현의 경우에는 언론의 자유에 대한 제한이 완화되어야 하고, 특히 공직자의 도덕성, 청렴성에 대하여는 국민과 정당의 감시 기능이 필요함에 비추어 볼 때, 그 점에 관한 의혹의 제기는 악의적이거나 현저히 상당성을 잃은 공격이 아닌 한 쉽게 책임을 추궁하여서는 안 된다."

이 판결문에서 쓴 '현저히 상당성을 잃은'이라는 표현을 근거로 '현저한 상당성' 원리라는 말도 쓰이며, 이는 이전에 비해 언론의 부담을 대폭 감경한 것이라는 해석도 있다.[65] 이 판결과 관련, 함석천은 "대법원은 미국 연방대법원이 정립해온 '현실적 악의' 이론은 받아들이지 않는다는 뜻을 분명히 한 바 있다(대법원 1998.5.8. 선고 97다34563 판결 참조)"며 다음과 같이 말했다.

"그런데 이 판례에서 나타난 표현을 보면 『New York Times』 사건을 연상하게 된다. 입증책임 측면에서 이 판례는 『New York Times』 사건의 현실적 악의론과 차이가 나는 것은 사실이다. 그러나 공인에 대한 언론의 비판 수위를 폭 넓게 인정하겠다는 취지 자체는 일맥상통한다고 볼 수 있고, 이는 확실히 종전 명예훼손 법리에서는 찾아보기 어려운 추세의 변화라 할 수 있다."[66]

정리를 해보자면, 상당성 원리는 ①보도매체가 무엇인가(즉, 보도의 시간적 여유가 얼마나 있는가), ②보도된 기사가 어떠한 것인가(신속성을 요하는 기사인가, 상당한 기간을 두고 준비하는 기획 기사인가), ③취재원이 믿을 만한 사람인가, ④피해자와의 대면 등 진실 확인이 용이한 상황인가, ⑤행위자가 보도 내용의 진위 여부를 확인하기 위해 적절하고도 충분한 조사를 다했는가 등을 종합적으로 고려해 구체적인 사안에 따라 판단할 문제라고 할 수 있겠다.[67]

어느 정도의 손해배상이 적정한가?
징벌적 손해배상

명예훼손으로 인한 피해의 구제, 즉 명예 회복 방법(민법 제764조)으로 우리나라에서 가장 많이 이용되어 온 것이 사죄 광고(또는 사과 광고)였는데, 1991년 4월 1일 헌법재판소는 동아일보사가 민법 제764조에 대해 낸 헌법 소원에서 "명예 회복을 위한 '적당한 처분'에 사죄 광고가 포함된다면 위헌"이라고 결정했다.

재판부는 결정문에서 "사과한다는 의사 표시는 마음속에서 우러나오는 자발적인 것이어야 의미가 있는 것"이라며 "사죄 광고를 강제하는 것은 헌법이 보호하고자 하는 양심의 자유에 대한 제약이며 인격적인 존엄에 위해가 된다"고 밝혔다. 재판부는 또 명예 회복에 필요한 처분에는 ① 가해자가 패소한 민사 금전 배상 판결문의 신문 게재, ② 형사 명예훼손죄의 유죄 판결문 게재, ③ 명예훼손 기사의 취소 광고 등의 방법이 있어 가해자의 양심을 강제하거나 굴욕을 요구하는 사죄 광고를 내게 하는 것은 기본권의 불필요한 제한이라고 밝혔다. 이에 따라 이제 피해자의 실질적인 구제 방법은 위자료에 의존할 수밖에 없게 되었다.[68]

미국에서 명예훼손에 대한 손해배상damages엔 ① 실제적 손해배상actual damages, ② 특별 손해배상special damages, ③ 추정 손해배상presumed damages, ④ 징벌적(응징적) 손해배상punitive damages=exemplary damages=smart money 등 네 가지 방식이 있다. 원고는 자신이 손해배상을 받아야 하는 이유와 그 내용을 법정에 입증해야 한다.

첫째, 실제적 손해배상은 명예 손상impairment of reputation, 정신적 고통 등에 대해 배상하는 것이나 산정의 어려움이 있다. 둘째, 특별 손해배상은 특별한 금전적 손해를 입혔을 경우에 적용되며, 신용훼손trade libel에선 이 것만이 적용된다. 셋째, 추정 손해배상은 현실적 악의actual malice가 입증 되면, 손해를 입증하지 않고서도 받아낼 수 있다. 넷째, 징벌적 손해배상은 피고를 응징하는 의미(언론의 책임 강화)의 손해배상으로 액수가 매우 크다. 일부 주州에서는 현실적 악의와 무관하게 인정하지 않는다.[69]

배심원들이 징벌 차원의 고액 배상을 결정하는 경향이 있는데, 이는 배 심원들의 언론에 대한 분노와 증오 때문이라는 분석이 유력하다. 징벌적 손해배상이 수정헌법 제1조에 위배되는 것이라며 그 폐지를 주장하는 학 자들과 언론의 책임성을 위해 꼭 필요하다고 주장하는 학자들이 팽팽한 접 전을 벌이고 있다. 제롬 배런Jerome A. Barron은 "징벌적 손해배상은 명예훼 손 원고들의 화살 통에 남겨진 최후의 유효한 무기이다.……거액의 징벌 적 배상의 위협은 언론의 책임성을 확보하기 위해 필요하다.……징벌적 손해배상의 완화 또는 폐지는 오늘날 언론을 적으로 간주하는 배심원들을 분노케 할 수 있다"고 주장했다.[70]

일부 주州들은 취소 또는 철회 법규retraction statues를 제정했는데, 이는 가해자가 피해자의 요구에 의해 비방을 취소 또는 철회함으로써 상호 타협 이 이루어지게끔 하는 데에 목적이 있다. 피해자는 취소 또는 철회가 이루 어진 다음에도 법정으로 갈 수 있으나 이 경우엔 피고가 유리하다. 어떤 주 들은 피해자가 일단 취소 또는 철회를 요구한 다음 소송에 임할 것을 명문 화하고 있다.[71]

한국은 '징벌적 손해배상'을 사실상 인정하지 않고 있지만, 변화의 조 짐은 있다. 1997년 박용상은 "최근 언론 소송에서 우리 법원이 인정하는 손해 배상액은 점차 고액화 하는 경향을 보인다. 국민소득의 향상에 따라 일반적 손해배상 사건에서 정신적 손해, 즉 위자료의 액수는 증가하는 현상을 보여왔으나, 최근에 이르러 특히 언론 소송에 있어서 위자료 액수는 급격한 증가 현상을 보이고 있다. 최근에는 그다지 중하다 할 수 없는 명예 훼손 내지 초상권 침해에 대해서도 2,000만 원 내지 3,000만 원의 위자료 가 일반화되어 가고 있으며, 이러한 경향은 더욱 진전될 조짐을 보이고 있 다"며 다음과 같이 말했다.

"그것은 인격적 법익의 존중이라는 새로운 시대적 요청에 따라 언론의 폐해에 대한 경종이 필요하다는 국민 일반의 인식을 반영하는 것이라고 할 수 있다. 또 그것은 미국적 전통에 의한 징벌적 손해배상 제도의 취지를 도 입하자는 법조계 일부의 주장을 반영하기도 하는 것이다. 그러나 대륙법 계의 전통을 따르는 우리 법제에서는 위자료 청구권에 전보적(보상적) 기 능과 만족적 기능이 인정될 뿐 징벌적 의미의 손해배상은 생소한 것이다. 헌법적으로 보더라도 위법한 언론 활동에 대하여 과도한 금액의 배상을 명 하는 것은 정상적인 언론 활동도 위축시키며 종국에는 활발한 비판이나 여 론 형성에 장애가 될 수 있다는 점에서 위헌의 논란이 생길 수 있다."[72]

다른 의견도 있다. 2003년 9월 4일 '언론 피해 구제 제도 어떻게 만들 어야 하는가'를 주제로 한 토론회에서 안상운은 2001년 한 해 동안 서울지 방법원 민사25부가 선고한 언론, 출판 관련 소송 21건 중 10건에서 언론사 측이 승소해 47.6퍼센트의 승소율을, 2002년 2월부터 2003년 6월까지는 73퍼센트(26건 가운데 19건)의 승소율을 보였다며 언론 관련 소송에서 언론 의 자유를 폭넓게 인정하고 있는 추세에 대해 우려를 표시했다. 그는 "언 론 보도 피해자의 인격권 보호는 매우 위축되어 있고 법원에 의한 견제의 역할도 크게 기대할 수 없게 됐다"며 "악의적인 허위 보도, 왜곡 보도에 대 해서는 징벌적 손해배상을 도입해야 한다"고 주장했다.[73]

배상액은 1999년 검사의 영장 신청 기각 오보에 대해 1억 원이 선고된 이후 본격적으로 억대에 접어들었다. 2000년을 정점으로 해서 다시 낮아지는 추세를 보였지만, 1억 원 이상의 배상은 드물게나마 나타나고 있다.[74]

2008년 12월 17일 서울중앙지법 민사합의25부(부장판사 한호형)는 신정아 씨(36)가 『문화일보』를 상대로 제기한 손해배상 청구 소송에서 "1억 5,000만 원을 배상하라"며 원고 일부 승소 판결했다. 『문화일보』는 2007년 9월 '성 로비 의혹'을 제기하며 신정아 씨의 알몸사진을 게재했다.

배상액 1억 5,000만 원은 역대 최고 수준이었다. 언론중재위원회가 펴낸 『2005~2007 언론 소송 판결 분석』을 보면, 2007년 언론사를 상대로 한 손해배상 소송의 평균 인정(인용)액이 1,700만 원, 최고액은 1억 원이었다. 2005·2006년에는 1억 원 이상을 인정한 경우가 아예 없었다. 이와 관련, 박현철은 명예훼손이 치명적인데도 이렇게 억대 배상이 드문 것은 나름대로 이유가 있다며 다음과 같이 말한다.

"피해자가 목숨을 잃는 교통사고나 산업재해 사망 손해배상 소송을 보면 위자료 산정 기준이 8천만 원입니다. 마찬가지로 인격적으로 목숨을 잃는 명예훼손 역시 소송에서 이 기준을 고려하고 있습니다. 사회적으로 사망하는 수준의 정신적 피해를 봤을 때 8천만 원 정도의 배상 판결이 나온다는 것이죠. 그런 점에서 신 씨의 1억 5천만 원은 법원이 언론에 무거운 책임을 물은 것으로 볼 수 있습니다. 그러면, 이처럼 1억 원 이상 판결이 드문 데도 원고들이 수억, 수십억 원씩 청구하는 이유는 뭘까요? 한 판사는 '터무니없을 정도로 큰 금액을 청구하는 이유는 따로 있다'고 말합니다. 일단 수십억 원을 청구해 관심도 끌고 상대의 기선을 제압하는 효과도 기대하는 전략이란 것입니다. 실제로는 10억 원 청구해서 5천만 원 정도만 받아도 괜찮은 결과라고 하겠습니다."[75]

2005년 언론중재법 개정에 따라 손해배상 청구가 언론중재위원회 조정 대상에 포함된 이후 "언론중재위 손해배상 청구 액수는 부르기 나름" 이라는 말까지 나오고 있다. 민사소송과 달리 언론중재위 손해배상 청구는 인지대가 없어서 원하는 대로 청구할 수 있는 상황에서 액수가 낮아야 보도에 따른 정신적 고통을 강조할 수 있어서 높게 부르는 게 일반적인 관행이 되어버렸다는 것이다.

『미디어오늘』이 언론중재위원회에 요청해 받은 '2011~2014년 손해배상 병합 청구 건수 중 손해배상액 1억 이상 청구 현황'에 따르면 2014년 손해배상액 1억 원 이상 청구 건수는 222건으로 나타났다. 1억 원 이상 청구 건수는 2011년 158건, 2012년 201건으로 증가세를 보였다가 2013년 143건으로 감소했지만 2014년 다시 증가했다.

이와 관련, 지상파의 한 보도국 고위 간부는 "손해배상 청구가 도입된 이후 언론사 입장에선 과다소송이란 역기능을 경험하고 있다. 현장에서 억대의 손해배상 청구를 자주 접하고 있는데 정정 보도와 반론 보도를 쉽게 받기 위해 언론사를 압박하는 겁주기 용도가 강하다"고 주장했다. 중재 단계부터 터무니없는 금액을 청구할 경우 보도를 잘못한 언론사 입장에서도 불합리하다고 느낄 수밖에 없다는 주장이다.[76]

이상도(영산대학교 신문방송학과 교수)는 2007년 "현실적으로 당장 징벌 손해배상 제도를 도입하지 않더라도 언론사의 불법행위에 대해 손해배상 액을 높여 무거운 경제적 손실을 부담케 하는 방향으로 민사재판이 운영되면 실질적으로 징벌적 손해배상 제도를 도입하는 효과를 거둘 수 있을 것이다"고 제안했다.[77]

다른 분야에선 징벌적 손해배상 제도가 활발히 도입되고 있다. 2011년 하도급법에 대기업이 중소기업의 유망 기술을 가로채 유용한 경우 3배까지 배상토록 하는 징벌적 손해배상을 채택했으며, 2013년에는 경제민주화의 일환으로 대기업의 부당 단가 인하, 부당 발주 취소, 부당 반품 행위 등으로 적용 범위가 확대되었다.[78] 이런 추세로 보아 언론에 대한 징벌적 손해배상 제도의 도입 가능성이 높아지고 있다고 볼 수도 있겠지만, 디지털 혁명의 와중에서 언론이 쇠락하고 있어서 징벌적 손해배상을 감당할 능력이 있을지 모르겠다.

왜 기자들은 '차라리 옛날처럼 데려가 패달라고' 하는가?
방어 저널리즘

미국엔 명예훼손과 관련된 보험 제도가 잘 발달되어 있다. 보험회사의 펀드 중 3분의 1은 피해자에 대한 배상을 위해, 3분의 2는 변호사 비용으로 지급되고 있어 변호사야말로 명예훼손 소송에서의 가장 큰 수혜자라는 말이 나올 정도다.[79]

언론사들은 소송에서 이기기 위한 공동 노력도 시도하고 있다. 1980년 『뉴욕타임스』, 『워싱턴포스트』, ABC, NBC, AP 등 미국 굴지의 언론사들이 중심이 되어 '명예훼손 방어 자료 센터Libel Defence Resource Center: LDRC'를 설립했다. 언론사들이 회원으로 가입되어 있으며 회원사들이 공동으로 출자한 비영리법인으로 운영된다. LDRC는 매년 미국 연방 및 50개주의 언론 관련 소송을 자료화 하고 법률의 제정·개정 현황, 판결 동향을 분석해 수천 페이지에 달하는 각 주별, 연방 항소심별 연감을 발간하고 있는바, 이는 언론 관련 소송에 있어서 가장 중요한 자료로 활용되고 있다.[80]

또 미국 언론사들은 명예훼손의 위험을 피하기 위해 변호사에 의한 기사 사전 열람제를 도입하는 등 점점 더 변호사 의존도를 높여가고 있다. 이와 같은 '방어 저널리즘defensive journalism, preventative journalism'은 언론사의 '안전'을 비교적 보장해주기는 하나 그 부작용이 만만치 않다.[81] 일부 신문사에서는 아예 편집 과정에까지 변호사를 참여시키기도 하는데, 이와 관련해 사실상 언론 자유를 통제하는 '위축 효과dampening effect'란 말까지 나오고 있다.[82]

유진 굿윈H. Eugene Goodwin은 "오늘날 너무나 많은 사람들이 어떤 피해를 받았을 때 주저 없이 소송을 제기하는 시대에 살고 있으므로 언론기관 경영자들은 명예훼손이나 사생활 침해 등의 소송에서 벗어나기 위해 기사를 쓰거나 방송하기 전에 변호사들과 상의하는 빈도가 점점 늘고 있다"며 다음과 같이 말한다.

"『워싱턴포스트』같이 큰 신문들은 회사 내에 고문 변호사를 두고 문제의 여지가 있는 결정을 할 때는 즉각 즉각 자문을 구하고 있다. 다른 언론기관들도 적어도 전화를 통하여 언제나 연결될 수 있도록 변호사와 계약을 하고 있는 경우가 많다. 이것은 법률가들에게는 좋겠지만 과연 언론을 위해서도 좋은 일인가?『워싱턴포스트』의 찰스 퍼펜바거는 기자실의 변호사를 반대하는 입장이다. '우리는 보도에 너무 변호사들의 개입을 불러 오고 있다. 그들은 기사를 읽고 이래라 저래라 바꿀 것을 지시하곤 한다'고 그는 불평한다. '나는 변호사들이 우리의 문제를 없애 줄 것이라고는 생각하지 않는다. 그들이 우리가 문제에서 벗어나는 것을 도와주기는 할망정 우리는 문제를 일으키도록 되어 있기 때문이다. 변호사를 두기보다는 우리가 조심해서 일하는 것이 좋다.'"[83]

30년 이상 대법원을 출입했고『언론인과 법률The Reporter and the Law』(1992)이라는 책까지 낸『볼티모어선』의 라일 데니스턴Lyle W. Denniston은 "우리의 변호사들은 우리들에게 공포심을 심어 주고 있다"고 불평하면서 다음과 같이 말한다.

"편집국에 변호사를 두는 것은 언론 자유를 위해서 기자가 감옥에 있는 것만큼이나 위협적이다. 누군가가 옆에 앉아서 법을 들먹이면서 우리에게 경고를 하는 것은 잘못된 것이다. 우리는 너무 빨리 법에 신경을 쓰고 변호사에게 상의한다. 보도 과정은 거의 사법 절차의 서자처럼 되었다.……우리 일도 법과 관련된 다른 분야와 사실은 마찬가지이다. 우리는 지금 마치 법률이 우리 분야에 가장 중요한 문제인 것처럼 행동하고 있다."[84]

그런가 하면 언론사의 '대응 소송'이라는 카드도 사용되고 있다. 일부 언론사들은 '공격이 최상의 방어'라는 전략 하에 "민사 절차를 불합리하게 복잡하게 하거나 지연시킨 경우에 상대방 변호사 보수 전액을 변상하게 하는 제도"와 "공무원이 쓸모없는 소송으로 언론을 괴롭혔을 때 언론의 자유권을 침해한 것이라고 하여 그 공무원을 상대로 소송을 제기하는" 방법 등을 이용해 명예훼손 소송에 적극 대응하고 있다.[85]

한국에서 명예훼손 소송에 대한 언론사들의 대응 방법은 다양하지만 우선 보험 가입을 들 수 있겠다. 1997년 국내에도 본격적인 명예훼손 손해배상 보험이 첫선을 보였다. 삼성화재가 언론인 등을 대상으로 '멀티미디어 전문직업인 배상책임보험'이라는 상품을 내놓은 것이다. 보험 기간은 1년, 보험료는 소송 일지, 승패소 비율, 최근 연도 재무제표, 가입 설문서 등을 바탕으로 산정된다. 보험료는 2,000만 원~1억 원가량이고 보상 한도는 사고 건당 2억~5억 원 정도, 연간 10억~20억 원가량이다. 1999년 10월 이 보험에 가입한 SBS는 8,300만 원을 1년 보험료로 지불했다. 법원의 판결로 손해배상 판결이 났을 경우 피해 한 건당 최대 1억 원 연간 5억 원까지 변호사 비용과 배상액을 지불받는 조건이다.[86]

그러나 이 보험에의 가입은 1년 8,000여만 원의 보험료도 적지 않은 데다 가입 조건이 까다로워 널리 확산되지는 않았다. 이런 가운데 한국기자협회는 기협 차원에서 기자들의 단체 배상보험 가입비를 지원하기 위한 기협 자금을 모으는 등의 활동을 전개했으며, 2001년 2월 법무법인 오세오닷컴과 '업무 제휴 약정'을 체결했다.[87]

보험은 어디까지나 사후 대책이고, 언론사들은 사전 대책을 세우는 데에 골몰하고 있다. 외국처럼 국내 언론사들도 변호사 의존도를 점점 더 높여가고 있다. 가장 적극적인 예방법은 기사 사전 열람제의 도입이다. 『조선일보』가 1996년 12월부터 실시한 이 제도는 인권침해 및 명예훼손 소지를 가능한 없애자는 취지에서 마련된 것이다. 『조선일보』는 각 부마다 자문 변호사와 상시 연락망을 갖춰 두고 필요하면 언제든지 기사 자문을 받을 수 있게 했다.

다른 언론사들도 인권침해 또는 소송의 우려가 있는 미묘한 사안이라고 판단할 경우 자문 변호사와의 사전 협의를 거치고 있다. 특히 각종 시사 고발 프로그램과 〈카메라출동〉류의 영상 고발 보도 경쟁을 벌이고 있는 방송사들은 인권침해와 소송의 가능성이 높아 자문 변호사를 가장 적극적으로 활용하고 있다.[88]

언론사들은 그런 노력과 더불어 명예훼손으로 회사에 금전적인 피해를 입힌 기자나 PD에게 구상권을 행사하거나 징계를 내리려는 시도를 하기도 했다. 그러나 이런 시도는 '주의 효과'보다는 오히려 '위축 효과'를 낳게 하는 문제를 안고 있다. 이상언 『중앙일보』 기자는 언론중재위원회의 1999년 정기 세미나 '언론 보도와 명예훼손 소송'에서 다음과 같이 말했다.

"명예훼손 소송에 대비하여 본사가 보험에 가입한 사실은 알고 있지만 자세한 사항은 알지 못하여 유감입니다. 기자가 가장 곤혹스런 경우는 대기업, 종교집단, 정치권력 등 기자가 감당할 수 없는 집단이 범인이 아닌 기자 개인을 상대로 소송을 제기하는 경우입니다. 회사가 관련된 소송이라도 사 측이 기자에게 일부 구상권을 행사하는 경우가 있으며, 모 일간지 기자는 회사의 구상권 행사에 반발하여 회사를 그만 둔 사례도 있었습니다. 이렇게 회사가 관련되지 않고 기자 개인이 소송에 연루된 경우 과거와 달리 구상권을 청구하겠다는 언론사가 점차 늘어나고 있어 기자는 엄청난 중압감에 시달리고 있습니다."[89]

2000년 천원주는 "배상액은 대체로 회사에서 전액 지불하는 것이 관례였지만 구상권을 행사해 담당자에게 배상액을 물게 하는 사례가 최근 생겨나고 있다"고 지적하면서 다음과 같이 말했다.

"'서울대 86학번 호스티스' 기사를 작성한 신문사(『조선일보』) 자매 월간지의 한 기자가 패소한 뒤 회사가 청구한 구상금을 물어내고 퇴사한 것은 잘 알려진 일이다. MBC는 '과거에는 손해배상을 받아도 인사상 불이익이 없었다. 이제는 필요한 경우 담당자를 인사위원회에 회부해 징계, 고소, 전보를 결정하거나 구상권까지도 행사한다는 것이 회사의 방침'이라고 밝혔다. KBS도 구상권 신청이나 징계 등의 인사 조치를 취한다는 방침을 세워놓고 있다."[90]

사정이 그러했던 만큼 기자들 사이에선 '소송 노이로제'와 '소송 보신주의'가 생겨났다. 명예훼손 소송을 두려워한 나머지 소송을 당할 우려가 있다는 이유로 보도 자체를 포기하는 일까지 벌어지게 된 것이다. 작은 매체의 경우엔 더욱 심각했다. 『시사저널』서명숙 편집장은 2001년 11월 15일자 칼럼에서 "힘 있고 돈 있는 '억울한 분'들께 엎드려 부탁드린다. 차라리 옛날처럼 데려다 패달라고. 몸으로 때우던 시절이 그립다"고 말할 정도였다.[91]

2005년 언론중재법 개정에 따라 손해배상 청구가 언론중재위원회 조정 대상에 포함된 이후 새 언론중재법의 2005년 7월 시행을 앞두고 언론계가 바짝 긴장한 것도 바로 그런 이유와 무관치 않았다. 예컨대, 이화섭(KBS 시사보도팀장)은 "새 언론중재법이 '태풍의 핵'이 되고 있다. 이제 기자들이 누리던 태평성대는 끝이 났다는 예감이 든다"며 다음과 같이 말했다.

"지금까지도 언론중재위원회는 '힘은 없었지만' 기자들과 멀면 멀수록 좋았고, 들락거리고 싶지 않은 기관이었다. 쟁송은 기자들을 피곤하게 만들고 있지만 능력 있는 기자치고 쟁송을 한두 건씩 달고 다니지 않는 기자가 드문 게 현실이다. 그만큼 '완벽한 글쓰기'가 힘들다는 얘기이다. 지금도 그렇지만 앞으로 언론중재위원회에 가는 기자들, 기자들을 대신해 출석하는 데스크들은 피곤해도 한참 피곤하게 생겼다. 이제는 예전의 언론중재위원회에 가는 게 아니라 공정거래위원회나 특허법원, 행정법원에 가는 정도로 각오를 다져야 할 것 같다."[92]

왜 명예훼손법 폐지론까지 나오는가?
명예훼손법 개혁론

명예훼손 소송은 소송 자체가 큰 홍보 효과를 갖기 때문에 법을 좋아하는 미국인들도 그 점을 염려해 피해자 쪽에서 소송을 자제하는 경향이 있지만, 배상액이 매우 많기 때문에 명예훼손 소송에 패소해 파산하는 언론사들도 심심치 않게 나오고 있다. 명예훼손 관련 법은 피해자의 명예 보호라는 본래의 목적 이외에 언론의 책임 의식을 강화한다는 목적도 갖고 있는 바, 미국 언론에게 가장 무서운 건 권력의 통제가 아니라 바로 명예훼손 소송인 셈이다. 그러나 최근엔 과다한 액수의 손해배상이 결국 보험료를

높여 일반 국민의 부담으로 돌아가는 것 아니냐는 자성의 소리도 나오고 있다.[93]

더 나아가 기존의 명예훼손법은 그 누구에게도 도움이 되지 않을 만큼 엉망진창이어서 아예 폐지하는 게 더 낫지 않겠느냐는 극단론까지 제시되고 있다. 무엇이 가장 큰 문제인가? 언론변호사 바버라 딜Barbara Dill은 "소송 비용이 너무 많이 들고 소송 시간이 너무 오래 걸리며 그리고 본질적인 문제는 전혀 다루지 못한 채 관련 당사자들에게 대단히 만족스럽지 못한 기술적인 판결들만이 대부분 법원을 메우고 있을 뿐"이라고 개탄한다.[94]

표성수는 "개혁론자들에 의하면, 현재의 명예훼손법은 원·피고 모두에게 도움이 되지 아니할 뿐만 아니라, 사회적으로 유용한 논쟁을 위축시켜 국민들에게도 피해를 주게 되고, 무익한 남소로 법원에도 업무 증대 등 부담을 가하여, 소송에 관여한 변호사 외에는 아무에게도 이득이 되지 못하는 제도이며 극단적으로 미국의 명예훼손법은 심하게 손상되어 수선을 요한다고까지 한다. 그러나, 개혁론자들의 비판의 초점은 현재의 명예훼손 소송은 언론을 위축시키는 점에 있다고 보여진다"고 말한다.[95]

그런 개혁론의 산물 가운데 하나가 아이오와대학의 교수 3인이 '아이오와 명예훼손 연구 계획'에 따라 1987년에 발표한 '명예훼손 분쟁 해결 프로그램'이다. 이 프로젝트에 참여한 랜들 베이전슨Randall P. Bezanson 교수는 원고들이 "이기기 위해 제소하는 게 아니라 제소함으로써 이긴다"고까지 말한다. 이는 거의 대부분의 원고들과 변호사들의 계약 관계가 승소할 경우에만 수임료를 지불하는 방식이어서 소송이 남발되고 있다는 걸 지적한 것이다.[96] 이 프로그램에 대해 표성수는 다음과 같이 말한다.

"당사자들이 이 프로그램에 의하여 명예훼손의 분쟁을 해결하기로 합의하면 미국 중재협회The American Arbitration Association가 분쟁 해결을 담당하게 되며, 쟁점은 명예 피해의 존재와 기사 내용의 진위로 한정되고, 구제는 역시 합의에 의하되, 주로 언론이 잘못된 보도를 정정하는 것으로 되어 있다. 이 제안은 원고 측 변호사들로부터는 금전배상이 구제수단에서 빠져 있다는 이유로, 언론 측 변호사들로부터는 기존의 헌법적 특권을 포기할 수 없다는 이유로 활용이 회피되어 결국 실패로 돌아갔으나, 언론에 기사의 정확성, 공정성, 취소보도의 필요성 등을 인식시키는 계기는 되었다.”[97]

언론사 쪽 명예훼손 소송 전문 변호사인 플로이드 에이브럼스Floyd Abrams, 1936~는 아이오와 프로젝트의 제안에 더해 영국처럼 패소를 당한 쪽이 승소를 한 쪽의 소송비용까지 부담케 함으로써 소송의 남발을 막고 공직자의 경우에는 승소를 하더라도 금전적 손해배상은 없애자는 제안까지 했다. 그는 웨스트모얼랜드 장군과의 송사를 위해 CBS-TV가 지불한 변호사 비용이 500만 달러였으며 평균적으로 소송 건당 15만 달러의 변호사 비용이 지출되어 큰 재정적 압박이 되고 있을 뿐만 아니라 작은 언론사들은 아예 소송이 두려워 ‘탐사 보도’를 포기하고 있다고 지적하면서 개혁의 당위성을 역설했다.

에이브럼스는 소송 남발 사례로 1달러짜리 배상 판결이 나온 사례를 두 가지 제시했다. CBS-TV의 다큐멘터리가 자신이 거위를 총으로 쏘아 죽인 것처럼 암시했다고 소송을 제기한 어느 사냥꾼, 그리고 『애틀랜타컨스티튜션』이 흑인의 유전적 열등성에 관한 자신의 이론을 나치Nazi식이라고 말했다고 소송을 제기한 어느 물리학자에 대해 법원이 두 언론사에 각기 1달러 배상 판결을 내렸다는 것이다.[98]

개혁을 위한 입법적 노력도 이루어지고 있는데, ‘통일법 제정을 위한 위원회’는 1989년부터 작업에 착수하여 1991년 12월 6일에 ‘통일 명예훼손법Uniform Defamation Act' 초안을 발표했다. 이 법안은 징벌적 손해배상 등 과대한 배상의 요소를 제한하는 등 기존의 개혁론을 상당수 반영한 것이었으나, 조직적인 지지를 거의 받지 못한 반면, 언론으로부터는 자신들의 자유와 특권을 위협한다는 이유로 저항을 받아, 결국 중도에서 좌초하고 말았다.

'통일법 제정을 위한 위원회'는 전면적 명예훼손법의 제정을 포기하는 대신 미국 30여개 주에서 달리 시행되고 있던 표현의 취소, 정정 제도를 통일하는 법안의 제정에 착수하여 1993년 8월 5일 최종안을 승인, 확정했고, 1994년 2월 미국 변호사협회도 이 안을 승인했다. 이 법안에 대해 표성수는 "소송 전 필요적 정정 청구주의, 손해배상의 과도한 제한 등은 피해자의 보호에 소홀하다는 비판의 대상이 될 수 있으나, 언론으로부터는 상당한 지지를 받고 있으며 장차 명예훼손 소송의 감소에 도움이 될 것으로 기대하는 견해도 있다"고 말한다.[99]

그러나 이런 개혁론에 대한 반론도 만만치 않다. 개혁론이 앞서 소개한 플로이드 에이브럼스의 주장처럼 주로 언론의 입장에서 제기되고 있기 때문이다. 표성수는 "학자들 중에도 언론은 이미 지나치게 많은 특권을 누리고 있으면서, 마치 제조업체가 제조물 책임을 회피하려 하고 있다고 개혁론을 경계하는 견해도 있다"며 다음과 같이 말한다.

"이 견해에 의하면, 피해자를 위한 변호사 단체나 인권 단체는 존재하지 않는 반면, 명예훼손법 전문가들은 모두 언론 측 변호사들로서 그들이 중심이 되어 개혁을 주장하고 있을 따름이며, 30년간 언론의 보호라는 이름하에 많은 부당한 특권을 누린 언론이 다시 강한 보호를 요구하는 것은 자기의 이익만을 추구하려는 것으로 결국 언론의 무책임을 초래할 뿐이며 사법은 오히려 피해자의 보호를 강화해야 한다고 주장한다."[100]

그러나 언론은 개혁 자체에 대해 대체적으로 소극적이다. 표성수는 "언론이 개혁에 소극적인 원인은 대부분의 개혁론이 피해자의 보호를 위한 조치도 아울러 포함하고 있어, 자신들에게 불리한 결과로 귀착될지 모른다는 의구심이 주된 것이나, 자신들의 운명을 입법자에게 맡길 경우 기왕 확보된 특권의 상실, 새로운 문제의 부각 등 자신들에게 불리한 결과가 발생할지 모른다는 우려와 전면적 개혁보다는 case-by-case식의 개선을 선호한 때문으로도 보인다"며 다음과 같이 말한다.

"이런 소극적인 경향은 대형 언론사들에 강하게 나타나는 바, 그들은 명예훼손 소송을 수행할 경제적 능력을 충분히 갖추고 있기 때문으로 지적된다. 언론사의 이러한 대응을 조직화된 이익집단이 갖는 NIMBY 현상의 하나로 지목하는 견해도 있다. 이에 대하여, 언론의 반대 측 당사자인 명예훼손의 피해자들은 지나치게 흩어져 있고 조직화되지 못하여 개혁안에 대한 조직적인 의견을 낼 수 없는 입장에 있고, 명예훼손을 전담하는 원고 측 변호사도 거의 없어 피해자 측의 의견은 집약되지 못하고 있다."[101]

그러나 이런 논의는 인터넷이라는 새로운 강적強敵의 출현으로 뒷전으로 밀린 느낌이다. 인터넷에 의한 명예훼손이 훨씬 더 심각하고 시급한 문제로 떠올랐기 때문이다.

온라인 서비스 제공자의 책임은 어디까지인가?
선의의 사마리아인 원칙

명예훼손에 있어서 인터넷은 기존 매체와는 무엇이 다른가? 인터넷의 쌍방향성을 근거로 인터넷상 명예훼손에 대해서는 기존 매체와 다른 논리가 적용되어야 한다는 주장이 있다. 인터넷상에서는 피해자가 같은 게시판을 통해 반론을 할 수 있으므로 보다 완화된 기준을 적용해야 한다는 것이다.[102] 그러나 정반대로 인터넷의 가공할 파급효과를 들어 오히려 보다 강화된 기준을 적용해야 한다는 논리도 얼마든지 가능하지 않을까?

인터넷에서의 명예훼손과 관련하여 가장 쟁점이 되고 있는 것은 ① 공인과 사인의 구분, ② 온라인 서비스 제공자information service provider: ISP의 책임에 관한 것이다. 온라인 서비스 제공자의 책임과 관련, 유의선은 "단순 배포자distributor로서 간주할 것인지, 아니면 메시지에 대한 통제 관리 역할을 수행하였기 때문에 일부 책임을 져야 하는 편집자publisher 모델을 적용할 것인지가 그 동안 주요 법적 논쟁이 되어왔다"며 다음과 같이 말한다.

"그러나 이러한 접근법은 현실적으로 적지 않은 문제를 야기시킨다. 인터넷상의 불건전 정보를 제어하기 위해서는, 불건전 정보를 감시하고 통제하는 ISP의 역할이 기대되는데, 그러한 통제를 일정 부분 수행한 ISP는 편집자 모델에 의해 책임이 귀속되고, 그렇지 않고 방관한 ISP는 단순 전송체로서 책임이 부재하게 되는 현실적 모순에 빠질 가능성이 존재하는 것이다."[103]

유의선은 미국의 1996년 통신법Telecommunications Act에서 제시된 '선의의 사마리아인 원칙good Samaritan provision'이 매우 현실적인 개선 방안이라고 주장한다. 이 원칙은 인터넷상의 불건전 정보를 규제하고자 노력하는 ISP가 불건전 정보 통제를 위해 상식적인 노력reasonable use of screening and blocking technology을 했을 경우, 불건전 정보 전파자인 ISP에 대한 법적인 책임을 엄격하게 묻기보다는 불건전 정보 규제의 기술적인 한계를 인정하고 오히려 법적으로 보호해야 함을 명시하고 있다.[104]

2015년 10월 '국내 포털 논쟁으로 본 외국 포털 제도의 시사점'이란 주제로 개최된 한국미디어문화학회 세미나에서 조우호는 '선의의 사마리아인 원칙'은 우리나라의 인터넷 포털사이트 정책에도 적용할 수 있다고 주장했다. "이를테면 네이버와 다음 등 우리나라의 대표적 온라인 포털사이트의 컴퓨터나 모바일 판이 유해, 불법 정보뿐만 아니라 편파적으로 정보를 노출시켰다는 합리적 판단의 상당한 근거가 존재한다면, 그 포털사이트가 그런 방향으로 편집권을 사용했다는 증거로 간주해 제재할 수 있는 것이 법리적으로 가능하다는 것이며 이것은 말하자면 '나쁜 사마리아 조항'의 논리가 된다."

또 조우호는 "독일의 경우 1997년 제정된 '정보통신서비스법Informations -und KommunikationsdiensteGesetz · IuKDG'에 속하는 '텔레서비스법 TDG'는 인터넷 서비스 제공자의 법적 책임을 규정하고 있다"며 "이 텔레서비스법은 2001년에 개정돼 온라인 서비스 제공자의 정보 제공에 대한 면책 범위를 명확히 하는데, 이 내용은 뒤집어 보면 법적 책임을 물을 수 있는 논거를 제공한다"고 했다. 그는 이어 "이를테면 서비스 제공자가 온라인 정보를 주도적으로 전달했거나, 전달되는 정보를 선별하는 등의 행위를 했을 경우, 그 정보가 유해하거나 편파적이면 법적 책임에서 자유로울 수가 없다는 것"이라며 "이 법적 논리 역시 현재 우리의 포털사이트 관련 정책이나 법규 제정에도 참조하고 적용할 수 있다"고 주장했다.[105]

같은 맥락에서 포털 뉴스가 언론이냐 아니냐 하는 것도 해묵은 논쟁이다. 2009년 8월부터 포털 및 언론사 닷컴 뉴스도 언론 중재 대상에 포함시키는 법 개정이 이루어졌지만, 그렇다고 이 문제가 명쾌하게 끝난 것은 아니다. 개정 언론중재법이 시행되기 직전이었던 2009년 4월 16일 대법원 전원합의체(주심 김영란 대법관)는 포털 뉴스에 대한 의미 있는 판결을 선고했다. 김 모 씨가 자신을 비방하는 내용의 기사와 게시물을 게재한 NHN과 다음, 야후코리아, SK커뮤니케이션스 등 4개 포털사이트를 상대로 낸 손해배상 청구 소송에서 "포털 측은 김 씨에게 총 3,000만 원을 지급하라"는 원심 판결을 확정한 것이다.

김 씨의 여자 친구는 2005년 4월 김 씨와의 관계를 비관해 스스로 목숨을 끊었다. 얼마 뒤 여자 친구의 어머니는 '딸의 죽음이 김 씨의 학대 때문'이라는 내용을 미니홈피에 올렸고 글은 일파만파 퍼졌다. 몇몇 언론사가 이를 기사화해 포털사이트에 게재되자 김 씨를 비난하는 게시물이 넘쳐났다. 김 씨는 자신의 실명과 학교 등 개인정보까지 유출되자 포털사이트를 상대로 소송을 냈다. 원심 재판부는 "포털사이트는 기사의 배포 편집은 물론 유사 취재까지 가능해 언론 매체에 상응하는 기능과 책임이 있다"며 명예훼손에 대한 책임을 인정했고 대법원도 이를 받아들였다.

대법원은 "피해자가 삭제 요구를 하지 않아도 포털사이트는 불법성이 명백하고 관리·통제가 가능한 경우 명예훼손에 해당하는 게시물을 차단 삭제할 주의 의무가 있다"고 밝혔다. 재판부는 "포털 측은 언론사로부터 제공받은 기사를 자체 기준에 따라 선별 게재해 왔음에도 진위를 제대로 파악할 수 없다는 등의 핑계로 법적 책임에 주의를 기울이지 않았다"며 "이번 판결로 포털 측은 선별 게재를 피하고 기사에 대한 검색 기능만 제공하는 등 운영 방식을 바꿀 것으로 예상된다"고 판결 의미를 설명했다.[106]

포털 뉴스의 법적 책임을 묻는 것은 세계적 추세다. 2013년 10월 유럽 인권재판소는 댓글 게시판을 운영하는 온라인 뉴스 서비스 사업자에게 명예훼손적 댓글에 게시된 것에 따른 책임을 인정하는 판결을 내렸다. 댓글 게시판을 운영한다면 그로 인해 발생할 수 있는 피해를 방지할 기술적 조치를 취할 의무가 있다고 본 것이다.[107]

영국 정부는 2015년에 발간한 「미디어 다원성을 위한 측정 틀」 보고서에서 디지털 뉴스 중개자digital intermediaries를 매체사로 인정하지는 않았지만 다음의 3가지 조건을 충족하는 디지털 뉴스 중개자라면 다원성 확보를 위한 규율의 대상으로 삼겠다는 입장을 밝혔다. 첫째, 기사 공급자를 선택할 수 있는 통제권을 가지며(검색 제휴 및 기사 제공 제휴자의 결정), 둘째, 기사 공급자의 화면상 위치 배정에 통제권을 가지며, 셋째 편집 행위에 참여하고 있는지 여부다. 이와 관련, 윤영철은 다음과 같이 말한다.

"중개하는 뉴스 콘텐츠에 대해서는 제공자가 전통적인 직업 언론인이든 블로거 등 일반인이든 차별을 두지 않고 다원성 검토 대상으로 삼았는데, 이는 뉴스와 정보를 특별히 구분하지 않고 일원화하여 처리하겠다는 결정을 의미하는 것으로 언론 피해 구제 상황에서 뉴스인지 정보인지에 따라 제도적으로 이원화되어 있는 한국의 상황에 시사하는 바가 적지 않다."[108]

그렇다면 최근 뉴스 소비의 중심으로 떠오른 소셜 네트워크 서비스SNS는 어떻게 볼 것인가? 2011년 헌법재판소가 SNS를 규제 대상으로 삼은 공직선거법 제93조 제1항에 대한 헌법 소원 심판에서 한정 위헌 판결을 내림으로써 2012년 4·11 총선에선 SNS를 통한 선거 운동이 활발하게 이루어졌다. 그러나 전반적으로 보아 SNS의 부작용에 대한 고민은 아직 부족한 편이다. 미국과 독일 등에서는 SNS와 관련하여 정보 보호 및 인격권 보호를 위한 조치들이 법적·제도적으로 이루어지고 있으나 국내의 SNS 이용자들은 인권침해의 사각지대에 놓여 있다. 그래서 우리나라에서도 SNS에 대한 법적·제도적 대응을 서둘러야 한다는 목소리가 높다.[109] 법이 기술 발전의 속도를 따라잡지 못해 허둥대고 있는 셈이다.

제4장

프라이버시

프라이버시 보호는 어떤 권리에서 출발했는가?
홀로 있을 권리

프라이버시privacy는 과거엔 대접받지 못했던 개념이다. 퍼트리샤 마이어 스팩스Patricia Meyer Spacks는 『프라이버시Privacy: Concealing the Eighteenth-Century Self』(2003)에서 이렇게 말한다. "privacy라는 단어는 '박탈'을 뜻하는 라틴어에서 유래했다. 다시 말해 공직이 없어 인간으로서 가지는 완전하고 적절한 기능으로부터 차단당했다는 의미였다." 스팩스에 따르면, 옛날에 사적인 것은 사회질서와 약자들(특히 여성과 아이들)에게 위험한 요소라고 생각되었다. 이런 사람들은 대중의 시선 속에 있으면 학대를 덜 받을 수 있었기 때문이다.[1]

사정이 그와 같았으니, 프라이버시법이 영미법에서도 불과 100여 년의 역사를 갖고 있다는 건 당연한 일이라 하겠다. 미국에서 프라이버시권에 대한 요구를 낳게 한 요인으론 ① 국가 통치 영역의 확대와 사적 영역의 감소, ② 대중 저널리즘과 선정주의, ③ 전문적인 조사 기관의 활성화와 민간의 조사 활동 활발, ④ 정보사회의 테크놀로지 혁명 등을 들 수 있다.[2]

법 이론적으론 1890년 『하버드로리뷰Harvard Law Review』에 게재된 새뮤얼 워런Samuel D. Warren과 루이스 브랜다이스Louis D. Brandeis의 논문 「프라이버시권The Right to Privacy」이 최초의 프라이버시 보호 시도로 간주되고 있다. 이 논문은 개인의 권리를 위협하는 무책임한 언론의 실태에 대해 다음과 같이 말했다.

"언론은 모든 방면에서 타당과 분별의 분명한 한계를 넘어서고 있다. 이제 가십은 더 이상 한가한 자나 불량한 자들의 단순한 소일거리가 아니고 염치불구하고 악착같이 찾아다니는 장사거리가 되었다. 호색적인 취미를 만족시키기 위해 날마다의 신문에서는 성적 관계의 자세한 묘사를 담은 이야기들이 보도되고 있다. 태만한 자들을 독자로 끌어모으기 위해 신문의 지면은 모두가 그런 쓸모없는 가십들로 가득 차 있는데, 그런 가십들은 오직 개인의 가정 내 생활에 침입함으로써만이 얻을 수 있는 것들인 것이다."[3]

이 논문은 '홀로 있을 권리the right to be let alone'를 주장했다. 이는 원래 토머스 쿨리Thomas M. Cooley가 1888년에 쓴 「불법행위에 관한 연구Treatise on the Law of Torts」에서 제시된 것인데, 워런과 브랜다이스를 통해 널리 알려지게 된 것이다.[4] 이는 자신에 관한 정보를 통제할 수 있는 권리라 할 수 있다. 저작권법상의 판례들이 사상이나 감정 등에 대한 프라이버시의 권리를 인정하는 것이라면, 그러한 사상이나 감정이 문서나 행위·대화·표정 등의 어떤 형태로 표현되든 마찬가지로 프라이버시에 대한 권리로서 보호되어야 한다는 것이다. 즉, 비밀·성역·독거獨居·정온靜穩·익명匿名과 같은 인간 실존의 내면적인 문제에 관심을 집중시켜 그러한 것을 보호할

권리를 프라이버시권이라고 말할 수 있다.[5]

워런과 브랜다이스는 프라이버시권이 갖는 한계를 다음과 같이 지적했다. ① 공공 또는 일반적인 이익에 관한 사항의 공표는 막지 못한다, ② 그 공개가 문서나 구두에 속한 명예훼손의 법에 따라 면책이 인정된 표현이 될 상황 아래서 행해진 경우에는 사적인 것을 포함하여 어떤 상황에 관한 공개도 금하지 못한다, ③ 프라이버시권은 실해實害가 없는 한 사적인 사항에 관한 구두의 공표에 대해서는 어떠한 구제도 인정치 않는다, ④ 명예훼손에서는 오래전부터 면책 사유가 되어 온 '진실'은 프라이버시에서는 면책이 되지 못한다, ⑤ 악의의 결여가 프라이버시 침해에는 면책이 되지 못한다.[6]

1960년대 디지털 메모리의 첫 세대가 미국 전역에 확산되었을 때 앨런 웨스틴Alan Westin, 1929~2013, 아서 밀러Arthur Miller, 1915~2005 등은 이를 '프라이버시에 대한 공격assault on privacy'으로 이름 짓고, 반대하고 나섰다. 웨스틴은 『프라이버시와 자유Privacy and Freedom』(1967)에서 프라이버시권을 "자신에 관한 정보에 대한 통제권"으로 파악하고 "프라이버시권은 개인·그룹 또는 조직이 자신에 관한 정보를 언제 어떻게 그리고 어느 정도로 전할 것인가를 결정할 수 있는 권리"라고 정의했다. 그는 프라이버시를 통해서 개인은 ① 개인적인 자율성의 보호, ② 내부적인 감정을 해소할 수 있는 기회, ③ 자기평가의 기회, ④ 제한적인 선택적인 커뮤니케이션 등 4가지의 가치를 추구할 수 있다고 주장했다.[7]

이런 일련의 노력 끝에 미국에선 1974년에 '프라이버시법Privacy Act'이 제정되었다. 이 법의 목적은 프라이버시 침해에 대하여 개인의 확고한 안전장치를 강구하는 것이었는데, 그 주요 내용은 ① 정부는 비밀의 데이터 뱅크를 보유해서는 안 되며 미국인에 관하여 정부가 모은 모든 정보는 극비로 취급해야 한다, ②사람들은 자기들에 관한 기록과 더불어 누가 자신들의 기록을 봤고 어떻게 그것들이 이용되었는가에 대해 알 권리를 갖는다, ③서면상의 동의 없이 정부 기관은 개인 기록을 누구에게라도 내주어서는 안 되며 당초의 목적 이외에 이용해서도 안 된다 등이었다.[8]

이후에도 프라이버시 개념의 진화는 계속 이루어졌다. 로드니 스몰라Rodney A. Smolla는 『공개된 사회에서의 표현의 자유Free Speech in an Open Society』(1992)에서 프라이버시권을 ① 정부의 간섭을 받지 않고 개인이 사생활적인 행위나 관계를 즐길 수 있는 자율권autonomy, ② '개인적인 공간'을 가질 수 있는 '은둔seclusion'의 권리, ③ '정보적 프라이버시informational privacy'로서 정보의 비밀을 유지할 수 있는 권리 등과 같은 세 가지 관점에서 보았다.[9]

현실적으로 프라이버시권이 표현의 자유에 상당한 제약이 될 수 있으나 좀더 깊이 그리고 멀리 생각하고 내다볼 때에 둘이 꼭 상충된다고 볼 필요는 없다. 스몰라가 지적했듯이, "사적인 공간이나 조용히 사색할 수 있는 기회가 없는 생활은 창조적이고 통찰력 있는 표현이 나올 가능성이 없는 생활"이므로 "프라이버시는 인간에게 말할 수 있는 뭔가를 제공함으로써 인간의 표현적인 면을" 계발한다고 볼 수 있기 때문이다.[10]

프라이버시는 인권의 문제인 동시에 대단히 실용적인 효용도 갖고 있다. 프라이버시 보호는 민주주의와 깊은 관련이 있는 것이다. 바로 이런 이유 때문이다. "자신들에 관한 정보를 통제할 수 없게 된 개개인은 결국 소극적으로 된다. 그들을 둘러싼 세계에서 자신은 이미 그 일부가 아니라고, 즉 자신들은 그 세계의 목격자에 불과하다고 느끼기 시작하고 정책 결정자가 말하는 대로 생각하기 시작한다. 그렇게 되면 그들은 창조적, 생산적 시민이기를 포기해버린 것이다."[11]

허영은 "사생활의 비밀과 자유는 인간 행복의 최소한의 조건"이라고 전제한 뒤 이렇게 말한다. "사생활의 내용에 대해서 외부적인 간섭을 받게 되고, '나만의 영역'이 타의에 의해서 외부에 공표되었을 때, 사람은 누구나 인간의 존엄성에 대한 침해 내지 인격적인 수모를 느끼게 된다. 사생활의 비밀과 자유를 존중하고 보장하는 것이 '인간의 존엄성' 내지 '행복추구권'과 불가분의 관련이 있다고 평가되는 이유도 그 때문이다. 사생활의 비밀과 자유를 지키는 것은 곧 인간의 존엄성을 지키는 것과 같다는 논리의 설득력이 바로 여기에서 나온다."[12]

이와 같은 프라이버시 개념과 프라이버시권의 확장은 프라이버시권이 '홀로 있을 권리' 이상의 것이라는 걸 말해준다. 2014년 『사생활의 종말이라는 가설에 대한 반박』이라는 제목의 책을 출간한 프랑스 사회학자 안토니오 카질리Antonio A. Casilli는 현대의 프라이버시 개념이 '홀로 있을 권리'에서 이해관계자들 사이에 토론과 협상을 거치면서 끊임없이 변화하는 '협력적 개념'으로 바뀌었다고 주장한다. 프라이버시는 개인적 권리로서 기능을 다했으며 이제 협력적인 흥정이라는 새로운 개념으로 보아야 한다는 것이다.

카질리는 "현재 온라인 환경에서 사람들은 어떤 정보를 인터넷에 올릴 때 '내가 올리는 정보가 개인적인 것인가, 공적인 것인가' 하는 판단을 더 이상 홀로 내릴 수 없다. 왜냐면 그 정보가 주변 사람들(친구, 팔로어, 업무 관계자 등)에게 미치는 영향과 그 사람들의 반응에 따라 사적인지 공적인지가 결정되는 시대이기 때문이다. 좀더 중요하게는 정부와 인터넷 기업 설계자들이 그 데이터를 어떻게 다루느냐가 사생활 영역인지를 결정하는 중요한 잣대가 되고 말았다"며 다음과 같이 말한다.

"협상은 또 시민, 정부, 플랫폼 기업 사이에 (사생활 영역을) 어떻게 설정할지에 대한 토론이 필요하다는 뜻이기도 하다. 사용자들은 어떤 정보가 사적인 것으로 다뤄져야 하고 어떤 정보가 공개되어도 무방한지를 설계하는 데 적극적으로 나서야 한다. 이는 국가의 대량 감시에 대한 대응책으로서 의미도 있다. 감시는 프라이버시라는 사적 권리를 강조하는 식으로 막기는 어렵지만, 정부 관리자와 시장 관계자, 개인들이 참여하는 협상을 통해 관리할 수 있다."[13]

그러나 IT업계의 거물들, 즉 남들의 프라이버시로 장사를 하는 사람들은 아직 그런 '협력'에 별 뜻이 없는 것 같다. 이들은 앞다퉈 '프라이버시의 종언end of privacy'을 말하면서 대중이 프라이버시권에 대해 체념하도록 선전·선동에 열을 올리고 있으니 말이다.

프라이버시는 '그 시대가 도래했다가 가버린' 개념인가?
프라이버시의 종언

프라이버시 개념의 탄생 이후 프라이버시를 지키려는 노력이 전 사회적으로 시도되었지만, 디지털 시대가 본격화된 2000년을 전후로 프라이버시는 존재하기 어려운 개념이라는 반론이 제기되기 시작했다. 아니 아예 '프라이버시의 종언end of privacy'을 말하는 사람들이 늘기 시작했다. 특히 정보통신 관련 전문가들 사이에서 말이다.

선 마이크로시스템스Sun Microsystems의 공동 창립자인 스콧 맥닐리Scott McNealy, 1954~는 1999년 "프라이버시는 죽었다. 잊어버려라You have zero privacy anyway. Get over it"라고 말했다.[14] 캘빈 고틀립Calvin C. Gotlieb은 프라이버시가 "그 시대가 도래했다가 가버린" 개념이라며 다음과 같이 말했다.

"반대하는 모든 주장에도 불구하고 대부분의 사람들은 다른 이해관계가 걸려 있을 때, 프라이버시에 가치를 둘 만큼 신경을 쓰지 않는다.……프라이버시를 희생시켜 얻은 보상이 지금은 너무 흔해져서 모든 실용적인 목적에 더 이상 프라이버시는 존재하지 않는다."[15]

2002년 구글을 감시하는 민간단체인 구글워치GoogleWatch는 "구글은 프라이버시의 시한폭탄이다"고 선언했다. "대부분 미국 국외 지역에서 들어오는 매일 2억 회의 검색을 감안할 때, 구글은 터질 날만 기다리는 프라이버시 재앙이나 다름없다. 워싱턴의 데이터 분석 관료들은 구글이 이미 달성한 최고의 효율성을 감조차 잡지 못하고 있다."[16]

존 바텔John Battelle은 『검색으로 세상을 바꾼 구글 스토리The Search: How Google and Its Rivals Rewrote the Rules of Business and Transformed Our Culture』(2005)에서 "미국 사회는 대중의 알 권리라는 다소 소름끼치는 개념 위에 세워진 곳이다. 그래서 미국 정부는 공개적으로 운영되도록 되어 있다. 법원도 마찬가지이다. 재판관이 공개 불가 판결을 내리지 않는 한, 이혼, 살인, 중죄, 경범죄, 주차위반 딱지 등 모든 것이 대중에게 공개된다"며 다음과 같이 말했다.

"하지만 누군가에 대한 정보를 알아내는 것이 구글에 그의 이름을 입력하는 것과 같이 간단하다면 과연 어떤 일이 일어날까?……이제는 온라인으로 볼 수 있는 초등학교 2학년 때 통신문에 적혀 있던 이야기에서부터 당신이 차버린 옛 애인의 분노에 이르기까지 당신에 대한 모든 것들이 공개적으로 당신의 이름을 영원히 따라다닌다면 과연 어떻게 될까? 사회적 차원에서 우리가 디지털 검색을 금지하는 법안이라도 만들어서 어떤 것은 공개되어도 되고, 어떤 정보가 종이에 쓰여져 곰팡내 나는 서류 창고에 보관되어야 하는지 분명한 경계를 그어야 하는 것은 아닐까?……검색으로 인해 우리는 민주주의가 맞닥뜨릴 수 있는 가장 중요하고 어려운 문제 가운데 하나와 맞서게 되었다. 그 문제란 바로 개인의 프라이버시 보호 권리와 기업이나 정부 혹은 다른 개인이 될 수도 있는 누군가의 알 권리 사이에 균형을 잡는 일이다."[17]

그러나 그런 걱정조차 하지 않고, 오히려 그런 세상을 긍정하거나 담담하게 보는 이들도 있었다. 구글 CEO 에릭 슈밋Eric Schmidt은 2010년 "당신한테 아무도 모르길 바라는 점이 있다면, 애초에 그걸 하면 안 되는 거겠죠"라고 말했다.[18] 페이스북의 창업자이자 최고경영자인 마크 저커버그Mark Zuckerberg도 2010년 언론 인터뷰 등을 통해 "프라이버시의 시대는 끝났다The age of privacy is over", "프라이버시는 더 이상 사회적 규범이 아니다"고 공언하면서, 프라이버시 종언의 전도사 노릇을 자임했다.[19]

2011년 저널리스트 밥 가필드Bob Garfield는 "역사상 처음으로 프라이버시가 거의 사라져가면서 그 가치가 매우 높아지고 있다"며 "홀로 있으려는 개인의 요구를 '가르보 경제Garbo Economy'라고 부르자"고 제안했다. 스웨덴 출신의 영화배우 그레타 가르보Greta Garbo는 최고의 전성기를 누리던 1941년 30대 중반의 나이에 은퇴해 1990년 84세에 숨지기까지 50년 동안 혼신의 힘을 다해 미디어와 대중의 호기심으로부터 자신을 차단해가면서 단 한 번도 공개석상에 나타나지 않은 '신비주의'의 대표 아이콘이 된 인물이다. '가르보 경제'란 오늘날 프라이버시를 지키기 위해선 가르보가 프라이버시를 지키기 위해 지불해야 했던 그 엄청난 비용을 들여야 한다는 의미이니,[20] 사실상 '프라이버시의 종언'을 말한 게 아니고 무엇이랴.

프라이버시의 시대는 끝났는가? 그런가? 그렇게 체념해야만 하는가? 하지만 프라이버시의 종언을 외치는 사람들이 한결같이 그것에 명백한 이해관계를 갖고 있는 IT 기업가들이라는 점이 영 수상쩍다. 그런 이해관계에서 자유로운 사람들은 여전히 프라이버시의 끈을 놓지 않으려고 애쓰고 있다.

제임스 레이먼James Reiman은 1995년에 쓴 글에서 만약 프라이버시가 보장되지 않는다면 우리의 자유는 다음과 같은 두 가지 방식으로 매우 위축된다고 주장했다. 첫째, 프라이버시의 결여는 종종 타인들이 자신의 행위를 통제하는 결과를 낳을 수 있다. 둘째, 사람들은 프라이버시의 결여로 타인에 의해 감시되거나 감독을 당할 때 평소와는 다르게 행동한다.[21]

그런가 하면 '사회적 가면'의 필요성이라는 관점에서 프라이버시권을 주장하는 사람도 있다. 미국 조지워싱턴대학 법학과 교수 제프리 로젠Jeffrey Rosen, 1964~은 2000년 『뉴욕타임스』에 기고한 글에서 사회학자인 어빙 고프먼Erving Goffman, 1922~1982을 인용하며 다음과 같이 말했다.

"고프먼이 1960년대에 주장했듯이 사람들은 어떤 한 가지 성격만을 일관되게 연기하는 것이 아니라 각각 다른 상황에서 다른 역할을 연기한다. 예를 들어 교수인 나는 학생들을 대할 때, 동네 세탁소 주인을 대할 때 각각 다른 사회적 가면을 이용한다. 만약 이 가면들을 모두 강제로 벗겨버린다면 남는 것은 진정한 자아가 아니라 방어 능력을 잃어버린 상처 입은 인간일 것이다. 고프먼은 또한 사람들이 무대에 서는 배우들처럼 무대 뒤의 공간을 필요로 한다고 주장했다. 이 공간에서 사람들은 남들 앞에서 쓰고 있던 가면을 벗어버리고 추잡한 농담을 지껄이기도 하면서 사회생활의 불가피한 일부인 긴장을 털어낸다."[22]

폴란드 출신 사회학자 지그문트 바우만Zygmunt Bauman은 『고독을 잃어버린 시간』(2010)에서 프라이버시에 이런 의미를 부여한다. "프라이버시는 사람들이 지니고 있는 유일하고, 결코 나누어 가질 수 없는 주권sovereignty이 유지되는 지대이자 주권을 지닌 사람들의 왕국이지 않으면 안 되는 영역이다. 사람들은 바로 그 영역에서 '내가 누구이며 무엇인지'를 결정할 수 있는 충분한 힘을 갖게 되며, 그 영역에서부터 자기 자신들의 결정을 충분히 승인하고 존중하면서 조직적인 운동을 뜻대로 전개하고 새롭게 펼쳐나갈 수 있다."[23]

우리 인간은 과연 내가 누구이며 무엇인지를 결정할 수 있는 힘을 포기하고 살아갈 수 있을까? 그 힘의 중요성을 역설하는 사람들도 많으니, 프라이버시가 과연 '그 시대가 도래했다가 가버린' 개념인지는 좀더 두고 보아야 할 것 같다.

사생활 침해는 명예훼손과 어떻게 다른가?
프라이버시권

한국에서 '프라이버시'라는 외래어가 널리 쓰이기 전엔 프라이버시권 right of privacy을 주로 '사생활권'으로 불렀으나, 이젠 프라이버시권이란 말이 자연스럽게 받아들여지고 있다. 프라이버시권을 일본에선 내비권內秘權, 중국에선 은사권隱私權이라고 부르고 있다.[24]

우리 헌법상 프라이버시 보호와 관련된 핵심 조항은 헌법 제17조 "모든 국민은 사생활의 비밀과 자유를 침해받지 아니한다"(사생활의 비밀 · 자유 불가침권)이며, 그 밖에 제10조 "모든 국민은 인간으로서의 존엄과 가치를 가지며, 행복을 추구할 권리를 가진다"(인간 존엄과 행복추구권), 제16조 주거의 불가침, 제18조 통신비밀의 불가침 등이 있다.

우리나라에서는 1980년에 제정된 5공화국 헌법이 사생활의 비밀과 자유에 대한 보장을 규정하여 헌법상으로는 프라이버시권(사생활권)을 권리로서 인정하게 되었으나, 아직 법원에서는 프라이버시권을 별개의 권리로 인정하지 않고 있다. 다만, 대법원은 1969년 1월 31일 개인의 사생활에 관한 사실을 함부로 폭로, 유포할 경우에는 명예훼손이 성립된다고 판결해 명예훼손 규정의 확대로서 프라이버시권의 보호를 기하고자 한 판례를 남기고 있다.[25] 권영성은 프라이버시권을 '협의설', '광의설', '최광의설' 등 세 가지로 분류한다.

"프라이버시권에 관하여 제1설(협의설)은 그것을 '사생활의 평온을 침해받지 아니하고 사생활의 비밀을 함부로 공개 당하지 아니할 권리'로 이해하지만, 제2설(광의설)은 프라이버시권을 소극적으로는 '사생활을 함부로 공개 당하지 아니하고 사생활의 평온과 비밀을 요구할 수 있는 법적 보장'으로 이해하나 적극적으로는 '자신에 관한 정보를 관리·통제할 수 있는 법적 능력'으로 이해한다. 이에 대하여 제3설(최광의설)은 프라이버시권을 사생활의 비밀과 자유뿐만 아니라 주거의 불가침·통신의 불가침 등도 포괄하는 개념으로 파악한다. 프라이버시권을 제2설의 입장에서 이해할 경우, 헌법 제17조의 사생활의 비밀과 자유는 곧 프라이버시권을 의미한다고 할 수 있다."[26]

그렇다면 명예훼손과 사생활 침해는 어떻게 다른가? 유일상은 네 가지 차이점을 제시한다.

첫째, 사법적 보호법익으로서 사회적 평가가 차지하는 비중이 각각 다르다. 전자는 사회적 평가를 저하시키거나 저하시킬 우려가 있는 행위를 뜻하나 후자는 사회적 평가와 상관없이 사회적 명성이나 인망·덕망도 포함하는 것으로 보아야 할 것이다.

둘째, 본인의 의사와 처벌과의 관계가 다르다. 명예는 객관적으로 존재하고 본인의 의사에 반하여 처벌하지 않도록 규정하고 있으나 사생활권 침해의 여부는 본인의 의사와 승낙 여부에 따라 불법행위의 성립이 좌우된다.

셋째, 진실성의 증명이 사법적 책임의 관건이 되는가 아닌가 하는 점에서 큰 차이가 있다. 전자는 사실의 적시摘示가 공공의 이해와 관련하여 공익을 도모하는 것일 때, 진실성 증명이 있으면 위법성이 조각되어 면책되나, 후자는 진실성 증명과 상관없이 침해의 정도가 문제된다.

넷째, 법적 장치가 있고 없음에서 큰 차이가 있다. 전자는 민·형사상 충분히 그 책임을 질 수 있도록 규정하고 있으나 후자는 헌법 존중적 차원에서는 불법이나 형법상으로는 비밀의 침해나 업무상 비밀 누설의 경우에만 불법행위를 구성할 뿐이며, 그 밖에도 사생활의 평온을 무수히 해치는 행위에 대한 책임을 명시하지 않고 있다.[27]

프라이버시 보호와 관련된 법은 여기저기 산발적으로 널려져 있어 독립적인 프라이버시 보호법 제정이 필요하다는 목소리가 높다. 기존 법 가운데 소극적이고 좁은 의미의 프라이버시 보호와 관련된 걸로 볼 수 있는 법으로는 형법엔 제316조(비밀 침해)와 제319조(주거침입) 등이 있으며 경범죄 처벌법엔 제1조 1호(빈집 등에의 잠입), 24호(불안감 조성), 49호(무단 침입), 53호(장난 전화 등) 등이 있다.

1993년 12월 27일에 제정된 '통신비밀보호법'도 있다. 이 법은 "통신 및 대화의 비밀과 자유에 대한 제한은 그 대상을 한정하고 엄격한 법적 절차를 거치도록 함으로써 통신 비밀을 보호하고 통신의 자유를 신장함을 목적"(제1조)으로 제정되었지만, 범죄 수사를 위한 통신제한조치(제5조), 국가 안보를 위한 통신제한조치(제7조)를 규정하고 있으며, 동법 제8조에는 법원의 허가 없이 48시간 동안 통신제한조치를 할 수 있는 것으로 되어 있어 안기부 등 정보 수사기관의 활동 영역을 상당히 넓혀 주고 있다.[28]

2001년 12월 29일 개정된 통신비밀보호법은 검사장의 승인만으로, 긴급한 사유가 있을 경우에는 사후 승인으로도 통신 일시, 발·착신 통신 번호, 통신 회수 등 '통신 사실 확인 자료'를 전기통신 사업자에게 요청할 수 있도록 했다. 이에 시민사회단체들이 강력 반발해, 2005년 5월 통신 사실 확인 자료 제공을 요청할 경우에도 법원의 허가를 받도록 통신비밀보호법이 개정되었다.[29] 국정원은 도청 장비가 폐기된 후 휴대폰 감청이 불가능하여 범죄 수사에 제약이 많다고 계속 주장했는데, 이런 요청을 반영한 통신비밀보호법 개정안이 2008년 10월 상정됨으로써 뜨거운 논란을 빚고 있다.[30]

다른 사람의 인터넷 이메일을 당사자 동의 없이 몰래 읽으면 어떻게 될까? 통신비밀보호법에 의해 처벌된다. 최초의 적용 사례를 보자. 2001년 1월 5일 서울경찰청 사이버범죄수사대는 인터넷에서 상대방의 신상정보를 이용, 타인의 이메일을 몰래 읽은 홍 모 씨(24·K대 의대 4년)를 통신비밀보호법 위반 혐의로 불구속 입건했다. 홍 씨는 2000년 10월 초 인터넷 채팅을 통해 알게 된 장 모 씨(22·여·Y대 4년)의 이메일 계정에 침입해 장씨 친구들이 보낸 편지 7통을 몰래 읽은 뒤 장 씨의 이메일 계정을 아예 지워버렸다. 장 씨의 신고를 받은 경찰은 인터넷 접속 경로를 추적해 홍 씨를 붙잡았다.[31]

그러나 공익을 위한 언론 보도의 경우엔 달리 볼 수 있다. 2006년 8월 11일 서울중앙지법 형사합의24부(김득환 부장판사)는 '안기부 X파일' 내용을 보도한 혐의로(통신비밀보호법 위반) 불구속 기소된 MBC 이상호 기자에 대한 선고 공판에서 이 씨의 보도 행위는 공적 관심사에 대한 국민의 알 권리를 충족하는 정당 행위로 판단된다며 무죄를 선고했다. '통신 비밀'과 '언론 자유' 법리가 직접 충돌한 사안에 대한 판결은 이 사건이 처음이다. '안기부 X파일'은 국가안전기획부 직원들이 1997년 3회에 걸쳐 서울의 호텔 일식집 등에서 이학수 당시 삼성그룹 회장 비서실장과 홍석현 당시 『중앙일보』 사장이 '정치권 동향 및 대권 후보들에 대한 정치자금 제공' 등에 대하여 논의한 대화를 도청한 것이다.

항소심은 2006년 11월 23일 원심과 다르게 이상호 기자의 유죄를 선고했다. 이 사건 대화의 내용이 공익을 위해 부득이하게 보도할 수밖에 없는 대상이었다고 평가하기엔 부족하고, 수단과 방법의 상당성이 있었다고 평가하기에도 부족하며, 보도의 긴급성 사유도 약하다는 이유에서였다.[32]

신문윤리실천요강 제12조(사생활 보호)는 "언론인은 공익을 위해 부득이 필요한 경우를 제외하고는 개인의 사생활을 보도·평론해서는 안 된다"고 규정하면서 다음과 같은 4개 항을 제시하고 있다.

①(사생활 영역 침해 금지) 기자는 개인의 주거 등 사생활 영역에 허락 없이 침해해서는 안 된다. ②(전자 개인정보 무단 검색 등 금지) 기자는 컴퓨터 등 전자 통신기에 입력된 개인정보를 소유주나 관리자의 승인 없이 검색하거나 출력해서는 안 된다. ③(사생활 등의 사진 촬영 및 보도 금지) 기자는 개인의 사생활, 사유물, 개인에 속한 기타 목적물을 동의 없이 촬영하거나 취재 보도해서는 안 된다. 다만 공인의 경우는 예외로 한다. ④(공인의 사생활 보도) 언론인은 공인의 사생활을 보도·평론하는 때에도 절제를 잃지 않도록 경계해야 한다.

오늘날과 같은 디지털 시대엔 프라이버시 권리와 노출의 위험에 대해 얼마나 잘 인지하고 행동 요령을 숙지하고 있느냐에 따라 삶의 질과 자유로움에서 차이가 벌어지는 이른바 '프라이버시 격차privacy divide'가 중요한 문제로 떠오르고 있다.[33] 특히 소셜 미디어 환경에서는 개인 신상 정보에 대한 자기 결정권information self-determination이 얼마나 보장되는가가 프라이버시 보호에 있어 가장 중요한 기준이 된다.[34]

왜 '민효린 인형코'와 '유이 꿀벅지'는 각각 다른 판결을 받았는가?

퍼블리시티권

윌리엄 프로서William L. Prosser, 1898~1972는 1960년 8월 『California Law Review』에 발표한 논문에서 300여 개의 프라이버시 관련 판례를 분석한 다음 프라이버시 침해의 유형으로 다음 4가지를 들었는데, 이는 지금까지도 널리 통용되고 있는 분류법이다.

①도용appropriation: 타인의 성명이나 초상 등을 본인의 동의 없이 영리상의 목적으로 이용할 경우 프라이버시권의 침해가 된다. ②침입intrusion: 가장 흔한 보통의 프라이버시 개념이다. ③공중의 오인false light in the public eye: 개인에 관하여 공중에게 잘못된 인상을 주게 하는 공표 행위다. ④개인적인 일의 공표public disclosure of private facts: 타인의 사생활에 관한 사항을 공표하는 자는 그의 프라이버시를 침해한 것으로서 책임을 져야 한다.[35]

도용盜用은 타인의 성명이나 초상 등을 본인의 동의 없이 영리상의 목적으로 이용하여 프라이버시권을 침해하는 것을 말한다. 우리나라에선 도용과 관련된 권리로 성명권과 초상권을 들 수 있는데, 이는 각기 민법 제750조와 제751조에 따라 보호되고 있다.

> 제750조 고의 또는 과실로 인한 위법 행위로 타인에게 손해를 가한 자는 그 손해를 배상할 책임이 있다.
> 제751조 타인의 신체자유·명예를 해친 자에게 재산 이외의 손해에 대해서도 배상 책임이 있다.

이런 권리를 퍼블리시티권right of publicity이라고 하는데, 이는 이름의 재산권을 인정하는 것이다. 운동선수, 연예인, 작가, 기타 유명 인사 등이 이러한 권리를 누린다. 권영성의 정의에 따르면, "퍼블리시티권"은 사회적으로 저명한 사람이 자신의 이름이나 사진 혹은 모습 등이 상업적으로 부당하게 이용되는 것을 방지하기 위하여 보호되는 유명도에 관한 개인적 권리이며 새로운 지적 재산권이라 할 수 있다."[36]

박용상은 '공표권', 강경근은 '명성권',[37] 유일상은 '형상권形象權',[38] 언론중재위원회는 '초상영리권'이라는 표현을 쓰고 있지만,[39] 현재 언론에서 가장 널리 쓰이는 용어는 '퍼블리시티권'이다. 국립국어원은 퍼블리시티권을 '초상사용권'으로 쓸 것을 제안했으나, 언론은 계속 퍼블리시티권으로 부르고 있다.

지금 통용되고 있는 퍼블리시티권 개념은 초상권과는 달리 양도가 가능하다. 초상권에는 인격권과 재산권의 성격이 모두 들어 있다. 촬영 및 이용을 거절할 수 있는 권리는 인격권에 해당한다. 초상 등을 상업적으로 이용할 수 있는 퍼블리시티권은 재산권이라는 측면에서 저작권과 비슷하다. 하지만 저작권은 저작자에게, 초상권은 초상의 주인에게 주어진다는 점에서 다소 차이가 있다. 예를 들어 A가 B를 촬영한 경우 A는 저작권을, B는 초상권을 갖게 된다.[40]

퍼블리시티권은 미국에선 1953년 연방제2항소법원의 할란 판결Haelan Laboratories, Inc. v. Topps Chewing Gum, Inc.에서 처음 인정되었다. 퍼블리시티권이 연방대법원 차원에서 처음 거론된 것은 1977년 재시니 사건Zacchini v. Scripps-Howard Broadcasting Co.에서다. 재시니Hugo Zacchini는 '인간 대포'로 대포 속에 들어가 공중을 나는 묘기를 보여주는 사람이다. 그는 오하이오주의 한 방송사가 그의 묘기를 뉴스 시간에 내보내자 그게 자신의 생계를 위협하는 일이라며 소송을 제기했다. 방송사는 겨우 15초 보여줬을

뿐인데 그게 무슨 문제가 되느냐고 항변했지만, 연방대법원은 원고 승소 판결을 내렸다. 15초지만 그의 묘기 전체를 보여줬기 때문에 퍼블리시티권 침해라는 것이다(소수 의견은 그건 영리 추구가 목적인 아닌 정당한 뉴스아이템으로 보아야 한다고 주장했다). 이와 같은 판례에도 불구하고 일부 주州들은 이 권리를 별개로 인정하지 않거나 아직 고려하지 않고 있다.[41]

1995년 6월 23일 서울지법은 핵물리학자 이휘소 유족들이 『무궁화 꽃이 피었습니다』라는 소설을 출간한 출판사를 상대로 낸 출판 금지 가처분 신청에 대해 소설에서 이휘소의 성명, 사진 등을 사용한 것이 상업적 이용에 해당되지 않는다는 이유로 퍼블리시티권 침해를 인정하지 않았다. 김동하는 이 판결을 국내에서 '퍼블리시티권의 개념을 인정한 최초의 판결'로 보았다.[42]

2010년대 들어 연예인들의 퍼블리시티권 관련 분쟁이 크고 늘고 있는 가운데, 일부 중소형 법무법인들은 이른바 '저인망식 퍼블리시티권' 기획 소송에 뛰어들고 있다. 아르바이트생을 동원해 연예인 사진이 무단 게재되어 있는 사이트를 찾아낸 뒤 연예인 소속사에 연락해 소송을 권유하는 식이다. 중앙지법의 한 부장판사는 "법조인들이 생계를 위해 '소송을 위한 소송'을 벌이는 것을 보니 안타깝다" 며 "하루빨리 저작권협회 차원의 가이드라인이 마련될 필요가 있다" 고 말했다.[43]

퍼블리시티권에 대한 의문도 제기되고 있다. 이영진은 "극히 소수의 유명인들에게만 인정되고 절대 다수의 일반인들에게는 허락되지 않는 퍼블리시티권이라는 개념을 권리 목록에 새롭게 올리는 것이 과연 정의에 부합하고 우리 헌법 질서에서 허용될 수 있는 것인지 의문이 드는 것이 사실이다" 며 다음과 같이 말한다.

"유명인들의 유명세는 해당 유명인 혼자의 노력과 힘으로 형성되는 것이 아니라 그들을 지지하는 일반인인 팬들과 기타 다수에 의해 만들어진 공동의 결과물인데 그에 따른 과실을 해당 유명인이 혼자 향유하는 것이 온당한 일인지에 대해서도 진지한 고민이 필요하다고 본다.……초상권이 내포하고 있는 경제적 가치를 따로 떼어 내어 이를 퍼블리시티권이라고 포장하는 것이 관련 분쟁 해결에 있어서 얼마나 더 유용할 것인지 의문이고 기존의 초상권 개념으로 해결하지 못할 사건은 없다는 것이 개인적인 소견이다."[44]

현재 퍼블리시티권 소송에서 가장 문제가 되는 것은 법규 및 대법원 판례가 존재하지 않아 판결이 재판부에 따라 엇갈린다는 점이다. 2013년 판결이 선고된 퍼블리시티권 소송 32건 중 퍼블리시티권을 보호 대상으로 인정한 건 17건이었다.

예컨대, 배우 민효린(28·여)은 2013년 7월 한 성형외과를 상대로 손해배상 소송을 냈다. '코 수술 주의사항'이라는 제목으로 인터넷 블로그에 자신의 사진과 함께 '민효린의 인형 같은 코는 타고나야만 하는 걸까요? ○○성형외과에선 연예인 부럽지 않은 명품 코를 만들어 드립니다'라는 홍보 글을 올렸기 때문이다. 서울중앙지법은 성형외과 원장에게 200만 원 배상 판결을 내렸다. 재판부는 "이미 상당수 하급심 판결에서 퍼블리시티권 개념을 인정했고 그에 터 잡은 법률관계가 형성돼왔기 때문에 법관에 의한 법 형성 과정을 통해 우리 법질서에 편입됐다"고 봤다.

하지만 퍼블리시티권을 인정하지 않은 판결도 32건 중 15건이나 되었다. 예컨대, 2011년 8월 서울 서초동의 한 피부숍은 홍보를 위해 블로그에 가수 유이(26·여)를 이용하기로 했다. 유이의 허벅지가 드러난 사진 3장과 함께 '유이처럼 꿀벅지 만들기' 등의 글을 게재했다. 유이 측은 "퍼블리시티권이 침해됐다"며 2,000만 원 손해배상 소송을 냈다. 하지만 재판부는 이를 인정하지 않았다.

법체계와 현실 간의 괴리를 메워 줄 가이드라인이 없다 보니 퍼블리시티권이 인정되어도 손해액 산정 방식은 제각각이다. 영화배우 신은경은 2013년 8월 자신의 이름이 14일간 웹사이트에 도용된 데 대해 2,000만 원의 배상금을 받았다. 산정 기준은 그가 한 기업과 홈쇼핑 방송에 월 4회씩 1년간 출연 대가로 계약금 1억 원에 매출 3퍼센트 러닝 개런티를 받기로 한 계약이었다. 가수 백지영은 비키니 입은 사진을 2년 넘게 도용당했다. 성형외과 원장을 상대로 낸 소송에서 손해배상금 400만 원을 인정받았다. 2009년 한 주식회사와 광고 모델 계약을 맺으면서 1년 동안 TV 광고 1회, 인쇄 광고 4회, 이벤트 및 행사 2회 진행을 조건으로 2억 3,000만 원을 받은 게 산정 근거였다.

퍼블리시티권 침해를 인정받고도 배상받지 못한 경우도 10건(권리 인정 판결 17건 중)이나 되었다. 걸그룹 원더걸스는 2013년 1월 서울 신사동의 한 성형외과 원장을 상대로 소송을 냈다. 해당 원장이 '원더걸스 소희 단발머리 작은 얼굴 성형 메이크업 정보와 얼굴 작아지는 법' 등의 글을 사진과 함께 병원 블로그에 올린 걸 문제 삼았다. 재판부는 퍼블리시티권 침해는 인정했다. 그러나 "원고들의 재산상 손해액을 확정하기 어렵다"며 배상 책임은 인정하지 않았다.[45]

퍼블리시티권 관련 법규 및 대법원 판례가 존재하지 않은 탓도 있겠지만, 기획 소송에 대한 반감과 퍼블리시티권에 대한 본원적 의문도 그런 오락가락 판결에 일조한 건 아닐까? 그렇다 하더라도, 공정하고 예측 가능한 상거래 질서를 조성하기 위해서라도 조금 더 일관된 판결이 나오는 게 바람직하다는 건 두말할 나위가 없겠다.

왜 배우 조인성은 "접근금지 가처분 신청을 하고 싶다"고 했을까?
침입

침입intrusion은 주거지에 대한 침입을 비롯하여 개인이 물리적으로 홀로 있거나 격리되어 있는 상태로 침입하는 것, 울타리의 틈 사이로 남의 집 안을 들여다보는 것, 남의 사사로운 대화를 엿듣는 것, 전화를 도청하거나 남의 주거지에 도청 장치나 고감도의 마이크나 송신기를 설치해서 도청하는 것, 전자 망원렌즈가 달린 고성능 카메라로 먼 거리에 있는 개인의 주거 안을 촬영하는 것 등의 행위를 말한다.

상점에서 쇼핑백을 검색하거나, 남의 은행구좌를 권한 없이 조사하는 것도 불법행위다. 공원이나 도로 등 공공의 장소에서는 고독의 권리가 인정되지 않아 그런 자리에서 누구를 감시한다 해도 프라이버시권 침해가 인정되지 않는다. 그러나 공공의 장소라도 사적인 것이 존재할 수 있다.

카메라나 마이크를 몰래 숨기고 취재할 경우, 보도의 책임은 면할 수 있어도 침입의 책임은 면할 수 없다. 기자가 제3자의 침입 행위로 얻어 온 자료를 복사해 보도했을 때 침입 행위에 대해서는 책임을 지지 않으나 원본을 소지했을 경우엔 타인 재산 불법 전용conversion의 책임은 져야 한다.[46]

비극적인 사건에 대해 취재욕만 앞세우는 기자들의 무감각은 꼭 법적으로 문제가 되지 않을지라도 심각한 윤리적 문제를 낳는다. 언젠가 미국에선 불이 나 몽땅 타버린 집 앞에서 비통해하는 집 주인에게 한 방송사 기자가 "어떻게 생각하느냐"는 질문을 던지며 마이크를 내밀었다가 집 주인으로부터 얼굴에 주먹을 맞은 일도 있었다. 기자들의 이런 몰상식한 취재욕에 대해 유진 굿윈H. Eugene Goodwin은 다음과 같이 말한다.

"비극적 사고에 대한 기사는 흔히 기자들이 슬픔에 잠긴 생존자들에게 부담을 주는 경우가 많다. '총명한 기자들도 슬픔에 잠긴 사람들을 취재할 때는 바보 같은 질문을 하는 경우가 많다'고 CBS 뉴스 워싱턴 특파원 브라이언 힐리는 말하는데, 예를 들어 방송기자들이 사고 당사자들에게 마이크를 들이대는 경우가 많다는 것이다. 신문기자들도 비슷한 일들을 하고 있다. 크리스마스 장식에 목이 막혀 질식사한 어린이의 슬퍼하는 가족들을 취재하라는 지시를 받은 시카고의 한 신문기자는 그의 편집자로부터 장식품이 무슨 색깔이었는지를 가족에게 물어보고 전화하라는 명령을 받았다는 것이다."[47]

유명인을 쫓아다니며 못살게 구는 허래스먼트harassment도 침입의 일종이다. 재클린 케네디Jacqueline Kennedy, 1929~1994를 쫓아다니던 한 사진 기자에 대해 법원은 그 기자가 재클린에게서 24피트, 아이들에게서 30피트 떨어질 것을 명령했다.[48]

1998년 2월, 캘리포니아주 산타모니카 법원은 영화배우 아널드 슈워제네거Arnold Schwarzenegger, 1947~를 집요하게 추적해 촬영한 2명의 파파라치paparazzi에게 불법감금죄 등을 적용해 금고 90일과 60일의 실형을 언도하는 동시에 벌금과 2년간의 보호관찰 처분이라는 무거운 판결을 내렸다. 사건의 내용인즉슨, 1997년 5월 슈워제네거가 심장판막수술을 받고 퇴원한 직후 임신 중인 처가 운전하는 차를 타고 3세짜리 자식을 유치원으로 보내는 도중에 2명의 파파라치가 차 두 대에 나누어 타고 협공을 하는 방식으로 슈워제네거의 차를 세우게 하고 비디오와 사진을 촬영했다는 것이다.[49]

영국에서 1997년 6월부터 시행된 '1997년 괴롭힘에 대한 법Harassment Act 1997'은 잠입 추적자에 의한 희생자를 보호하기 위해 제정되었다. 이 법은 괴롭힘을 느끼게 하거나 불안과 비탄에 빠지게 하는 두 가지 경우를 일으킬 수 있는 뒤쫓는 행위를 처벌할 수 있다. 이 경우 최고 6개월의 징역형 또는 5,000파운드의 벌금을 부과할 수 있다. 단지 추적 과정이 '정당한' 상황은 처벌받지 않는다. 법원이 해석한 이 '정당한' 상황은 기사 내용이 적법한 공공 이익과 관련해 취재원의 권리가 침해받지 않는 균형 있는 행동을 취한 경우다.[50]

1997년 9월부터 영국에서는 다이애나비Diana F. Spencer, 1961~1997 사망의 여파로 파파라치를 규제하기 위한 논의가 더욱 활발하게 이루어졌다. 언론불만처리위원회PCC는 보도 실천 요강을 개정했는데, 새로 추가된 다섯 가지 조항은 ① 괴롭힘Harassment, ② 프라이버시, ③ 아동, ④ 공공 이익, ⑤ 슬픔에 대한 침해intrusion into grief 등이었다. PCC는 언론이 보도 실천 요강의 실천에 협조해줄 것을 요청했는데, 특히 '언론 매체의 집단 취재 media scrum'의 근절로 파파라치가 초래한 문제를 해결하자고 제안했다.

스크럼은 신문기자나 방송기자의 적법한 취재 활동 중에도 형성되지만 뉴스 기사를 위해 한 사람을 에워싸는 경우도 발생하고 있으며, 취재원을 둘러싸는 경우는 '집단 괴롭힘'의 형태로 심각한 위협이 될 수 있다는 것이다. 그러나 전국언론인노조는 "모든 것은 여론을 진정시키기 위한 허위이며 다이애나비 사망에 뒤이은 비판에 대한 과민한 반응이다. 또한 악법을 제정하려는 상습적이며 전형적인 수법"이라며, 새로 추가된 보도 실천 요강 조항을 따르지 않을 것이라고 선언했다.[51]

스토킹Stalking도 침입의 일종으로 볼 수 있다. 우리 법원은 스토킹을 "인격권에 대한 침해"로 간주해 처벌한다. 불법 침해trespass도 침입의 일종인데, 이는 수사 또는 다른 이유로 금지선을 설정한 경찰과 취재의 목적으로 그 금지선을 침해하는 기자들 사이에서 자주 발생한다.[52] 우리나라에선 경범죄 처벌법에 따라 제1조 49호(무단 침입) "출입이 금지된 구역이나 시설 또는 장소에 정당한 이유 없이 들어간 사람"에 대해선 10만 원 이하의 벌금, 구류, 과료에 처한다. 형법상의 침입 관련 조항은 다음과 같다.

> 형법 제319조(주거침입, 퇴거 불응) ① 사람의 주거, 관리하는 건조물, 선박이나 항공기 또는 점유하는 방실房室에 침입한 자는 3년 이하의 징역 또는 500만 원 이하의 벌금에 처한다. ② 전항의 장소에서 퇴거 요구를 받고 응하지 아니한 자도 전항의 형과 같다.

침입과 관련해 최근 국내 언론에 자주 보도되는 게 바로 '접근 금지 가처분'이다. 2008년 5월 19일 오세훈 서울시장은 시장 공관 앞에서 시위를 벌이고 있는 9명을 상대로 '접근 금지 가처분' 신청을 서울중앙지법에 냈다. 오세훈 시장은 신청서에서 "지난해 11월부터 성북천 삼선상가 철거민 등이 아침마다 찾아와 추가 보상을 요구하며 욕설을 퍼붓고 곡哭소리를 하는 등 '인격권'을 침해하고 있다"며 "공관으로부터 100m 내에 오지 못하게 해달라"고 요청했다. 이와 관련, 『조선일보』 2008년 5월 21일자는 "미국에선 활성화돼 있는 '접근 금지'에 대한 요청이 요즘 우리 법원에도 심심찮게 접수되고 있다. '접근 금지 가처분'은 가정 폭력에 대한 제재 조치로 행해지는 경우가 많지만, 요즘은 신청 이유가 다양해졌다"며 다음과 같이 말했다.

"정운찬 서울대 전 총장은 지난 2006년 황우석 교수 지지자들의 '스토킹'에 시달리다 법원의 도움을 받았다. 황우석 지지자들은 황 교수가 '논문 조작' 논란으로 파면되자, 2개월여간 정 전 총장의 출퇴근 시간에 맞춰 집과 연구실에 찾아가 차량 탑승을 방해하고, 확성기로 욕설이 담긴 구호를 외쳤다. 서울중앙지법에 따르면, 지난해 접수된 '접근 금지 가처분' 신청은 36건으로 이 중 50%인 18건이 받아들여졌다. 이처럼 인정되는 비율이 높은 이유는 '접근 금지 가처분'의 신청자가 대부분 다툼이 많은 '금전적 권리'가 아니라 인간의 기본권인 '인격권'을 주장하기 때문이다."[53]

2013년 서울중앙지법 민사합의51부(김재호)는 층간 소음 항의와 관련해 위층에 사는 주민이 아래층 주민을 상대로 한 접근 금지 가처분 신청에서 항의 기준을 제시했다. 이 기준에 따르면 주거침입, 초인종 누르기, 현관문 두드리기는 명시적으로 금지했다. 직접 찾아가 만나면 추가로 폭행 등 다른 분쟁이 생길 수 있기 때문에 이런 행위는 금지한 것이다. 반면 재판부는 천장 두드리기, 전화 연락, 문자 메시지, 고성 지르기 등의 행위는 금지하지 않았다. 층간 소음의 고통을 윗집 주인과 직접 만나지 않은 상태에서 다른 방법으로 알리는 것은 막을 수 없다고 본 것이다.[54]

2015년 9월 30일 새벽 자택에서 추석 연휴 마지막 날 휴식을 취하던 배우 조인성은 놀란 가슴을 쓸어내려야 했다. 집 마당에 한 여성 팬이 침입해 소리를 지르며 난동을 피웠기 때문이다. 여성 팬은 중국인 31세 A 씨로 조인성 씨 동생이 이태원에서 운영하는 카페는 물론, 조인성의 해외 스케줄까지 꿰고 쫓아오는 일명 '사생팬'인 것으로 알려졌다. 조인성은 자상한 팬 서비스로 팬들의 호감을 사고 있는 스타지만, 이 사건을 겪고선 "접근 금지 가처분 신청을 하고 싶다"고 토로한 것으로 알려졌다.[55]

왜 『뉴스위크』는 이화여대생 3명에게 6,000만 원 배상 판결을 받았나?
오해를 낳는 공표

'오해를 낳는 공표' 또는 '공중의 오인false light in the public eye'은 개인

에 관해 공중에게 잘못된 인상을 주게 하는 공표 행위로 네 가지 침해 유형 가운데 가장 큰 논란이 되고 있어 미국의 10개 주는 이 경우의 프라이버시 침해를 불법행위로 간주하지 않고 있다. 이 '공중의 오인'이 모든 명예훼손법을 삼켜버릴지도 모른다는 우려 때문이다.[56] '공중의 오인'엔 보통 다음과 같은 세 가지 경우가 있다.

첫째, 어느 개인의 것이 아닌 발언이나 의견을 그의 것처럼 공표하는 경우다. 언론이 어떤 사건에 관해 저명인사의 논평을 조작해서 싣는 경우가 많다.

둘째, 개인의 사진을 아무 합리적인 관련이 없는 보도 등에 사용해 그 내용에 관계가 있는 것 같은 인상을 줄 경우다. 예컨대, 교통사고로 죽은 아이의 사진을 '죽기를 자청한 어린이들'이라는 제하의 어린이들의 부주의로 인한 교통사고에 관한 기사에서 사용하는 경우를 들 수 있다.

셋째, 소설이나 논픽션 등에서 개인의 이야기를 그릇되게 묘사하는 경우다. 최근 팩션faction=fact+fiction 열풍이 불면서 이로 인한 갈등이 많이 발생하고 있다.

'공중의 오인'으로 인한 프라이버시 침해와 명예훼손 사이의 경계가 명확한 건 아니다. 이를 잘 보여준 게 1967년의 '타임 대 힐Time, Inc. v. Hill' 사건이다. 미 연방대법원은 이 사건에 대한 판결에서 3년 전의 '뉴욕타임스 대 설리번New York Times Co. v. Sullivan' 판결에서 제시된 '현실적 악의' 개념을 적용했다. 이 사건의 내용은 이렇다.

1950년대 초 제임스 힐James Hill의 가족은 3명의 탈옥수들에 의해 집에 약 24시간 인질로 감금되었다. 탈옥수들은 힐의 집을 떠난 뒤 경찰에 체포되었다. 뭐 그렇게 드라마틱한 일이 없었는데도 이 사건은 언론에 떠들썩하게 보도되어, 급기야 이 사건을 소재로 한 소설이 나왔고 연극으로까지 공연되었다. 문제는 『타임』 소속의 잡지인 『라이프』가 그 연극을 다루는 기사에서 그 연극이 힐 사건을 소재로 한 것이라고 자세히 밝히면서 시작되었다. 이 잡지는 힐의 집 사진을 크게 실었을 뿐만 아니라 연극에 출연한 배우들을 그 집(힐 가족이 이사를 가고 비어 있었음)으로 데려가 사건 현장에서 사진촬영까지 했다.[57]

힐은 이 잡지에 대해 프라이버시 침해 소송을 제기했다. 힐은 그 잡지가 자기 가족의 이름을 상업적 목적으로 이용했으며 가족이 탈옥수들에게서 받은 고통도 훨씬 더 과장되게 묘사했다고 주장했다. 힐은 뉴욕주 법원에서는 승소를 했지만, 대법원의 생각은 달랐다. 대법원은 5대 4의 다수 판결에서 그 기사가 힐 가족의 이름과 사진을 사용한 걸 상업적 목적trade purposes으로 볼 수 없다고 판시했다. 모든 신문과 잡지에 실린 정보적 기사들은 설사 그것들이 이윤을 추구하는 상행위로 간주되고 있을망정 상업적 목적을 위해 출간된 건 아니라는 것이었다. 그러면서 대법원은 원고(힐)는 피고의 '현실적 악의'를 입증해야 한다고 판시한 것이다.[58]

방석호는 이 판결이 "'오해를 낳는 공표'의 프라이버시 침해 유형에서 소위 '현실적 악의actual malice'의 요소를 다시 한 번 강조함으로써 언론의 자유를 보장하는 한편, 프라이버시 보호의 한계를 처음으로 제시했다"며 다음과 같이 말한다.

"원고가 언론기관의 고의를 단순한 고의가 아닌 '현실적 악의'로 파악·입증하여야 하며, 더 나아가 일반 민사사건의 입증에서 통상 요구되는 '증거를 통한 심증preponderance of evidence'보다 더 높은 '확실하고도 명확한convincing clarity' 수준의 증거를 통해서만 비로소 언론기관에 대해 프라이버시 침해의 책임을 지울 수 있게끔 판시함으로써 언론의 자유와 프라이버시 침해와의 관계 설정에 대한 분명한 입장을 정리하였다."[59]

1995년 미국 NBC 〈데이트라인〉 취재진은 트럭 회사의 비리를 밝히는 프로그램을 준비하면서 이 프로가 트럭 운전사들에게 호의적으로 제작될 것이라고 속여 트럭 운전사들을 인터뷰했다. 그러나 이 프로그램은 '고속도로는 트럭 운전사의 킬링필드다'라는 내용으로 방영되었다. 문제의 트럭 회사와 트럭 운전사는 보도 내용이 사실이기 때문에 명예훼손을 문제 삼을 수는 없었지만 취재 과정에서 사생활을 침해당했다며 소송을 제기해 트럭 회사는 35만 달러, 트럭 운전사는 17만 5,000달러의 손해배상액을 받아냈다.[60]

국내에서 '오해를 낳는 공표'의 대표적 사례는 1993년 '권순정·김현정·김연화 대 뉴스위크Newsweek Inc.' 사건이다. 이 사건에서 서울민사지방법원 재판부는 '본인들의 동의 없이 사진을 찍어 사회적으로 부정적 평가를 받고 있는 내용을 다룬 기사의 중간에 삽입하여 초상권을 침해하고 명예를 훼손했으므로 원고들에게 각 2,000만 원씩을 지급하라'고 판결했다. 이 사건은 『뉴스위크Newsweek』가 1991년 11월 11일자에 「너무 빨리 부자가 되다Too Rich Too Soon」라는 제목으로 한국의 과소비 풍조에 대해 비판적인 기사를 게재하면서 이화여자대학교 정문 앞을 걸어 나오는 원고들의 사진을 찍어 이를 천연색으로 삽입함으로써 발생했다.[61]

2007년 6월 20일 서울중앙지법 민사합의25부(한창호 부장판사)는 드라마 〈제5공화국〉이 '수지 김 간첩 조작 사건'과 관련해 박철언 전 의원의 명예를 훼손한 점이 인정된다며 MBC와 담당 PD 등 6명에게 2,000만 원을 배상하고 정정 보도하라고 판결했다. 재판부는 "특정인에 관한 드라마가 방송될 때 시청자들이 그 드라마에서 묘사한 인물이 누구인지 알 수 있고, 그 내용에 특정인의 명예를 훼손하는 내용이 포함돼 있다면 그 형식이 다소 허구적인 내용이 포함될 수밖에 없는 드라마라 하더라도 명예훼손 책임이 있다"고 밝혔다. 박 전 의원은 2005년 9월 자신이 '수지 김 간첩 조작 사건'에 간여한 것처럼 묘사되어 명예가 훼손되었다며 10억 원의 손해배상 소송을 제기했다.[62]

인터넷에선 영상 이미지 변경이나 조작이 상시적으로 일어나고 있기 때문에 '공중의 오인'으로 인한 프라이버시 침해의 새로운 차원이 열렸다고 해도 과언이 아니다.[63] 특히 패러디parody가 가장 골치 아픈 문제로 떠올랐다. 패러디를 하는 쪽의 입장에선 더할 나위 없이 아름다운 '표현의 자유'이겠지만, 당하는 쪽이야 어디 그렇겠는가.

왜 『문화일보』는 신정아에게 1억 5,000만 원 배상 판결을 받았나?
개인적인 일의 공표

개인적인 일의 공표public disclosure of private facts는 그 공표된 사항이 합리적인 인물로서는 매우 불쾌한 것이고, 공중에 대해서는 정당한 관심의 대상이 되지 않을 경우 남의 프라이버시를 침해한 것으로서 책임을 져야 한다.[64] 이 경우 '공표'는 명예훼손에서의 '공표' 또는 '공시'와는 다른데, 이에 대해 염규호는 다음과 같이 말한다.

"프라이버시 사건에서 언론기관이 관련되면 공표의 요건은 이미 충족됐다고 보는 것이 일반적이다. 프라이버시 사건에서 공표publicity는 명예훼손 사건의 공시publication와는 다르다. 즉 공표는 '문제된 것이 일반 대중에게 알려지거나 아주 많은 사람들에게 알려져 공공이 알고 있는 것이 될 정도의 것'을 말한다. 공시는 명예훼손 피고 이외의 제3자가 비록 한 사람일지라도 문제의 내용을 알게 되는 것을 의미한다."[65]

특이한 병에 걸린 사람을 언론이 공개해도 되는가? 끊임없이 먹지만 체중이 주는 병으로 한 여성이 병원에 입원했다. 『타임』은 그녀의 뜻에 반해 사진을 찍고 '굶어죽는 먹보the starving glutton'라고 보도했다. 법원은 피해 여성에게 승소 판결을 내렸다.(바버 대 타임Barber v. Time, Inc, 1942)[66]

바람 때문에 치마가 올라간 사진을 공개하는 건 어떤가? 한 가정주부가 애들을 데리고 동네 장터에 놀러갔는데, 바람이 불어 치마가 위로 올라간 것이 우연히 사진에 찍혀 신문에 보도되었다. 얼굴은 가려졌지만 아이들이 옆에 있어 그녀가 누구인지 알 수 있었다. 법원은 여자에게 승소 판결을 내렸다.(데일리타임스데모크래트 대 그레이엄Daily Times-Democrat v. Graham, 1962).[67]

성기 일부가 드러난 축구선수의 사진 공개는 어떤가? 2000년 독일 법원은 바짓가랑이가 찢어지면서 성기 일부가 드러난 한 분데스리가 축구선수의 골문 전 장면을 확대보도하면서 "그는 3만 관중에 대하여 스포츠맨다운 기질뿐 아니라 남성적인 자질도 확인해 주었다"고 보도한 신문에 대해 1만 마르크(560여만 원)의 배상 판결을 내렸다.[68]

그러나 공적 가치public concern가 높으면 원고의 곤혹스러움embarassment을 보호해야 할 가치를 능가할 수 있다. 예컨대, 어린이의 질식사 같은 사건이 그런 경우에 해당될 것이다. 한 개인의 과거를 밝히는 것recounting the past은 논란의 소지가 크다. 단지 과거의 사건을 재보도하는 건 괜찮으나 그 사건의 주인공이 지금은 무얼 한다고 말하는 건 곤란하다. 특히 범죄자나 밝히고 싶지 않은 과거를 가진 사람의 경우에 그렇다.[69]

예컨대, 한 소녀가 창녀가 된 사연을 공개해도 괜찮은가? 1968년 3월 5일자 두 일간지의 「한 팔을 잃은 기구한 4·19 부상 소녀를 한국정유사 사장이 책임지겠다」는 제하의 기사가 신문윤리위원회에서 문제가 된 적이 있었다. 두 일간지 기사 내용은 영원히 민족사에 빛날 4월 혁명 때 한 팔을 잃어가면서 참가했던 소녀가 창녀로 전락했다는 줄거리였다. 이에 대해 한국신문윤리위원회는 그 소녀가 창녀로 전락했다는 사실은 그 책임이 소녀에게 있든 없든 뉴스의 소재가 아닐 수 없고 이 기사가 소녀를 돕고자 하는 건설적인 기사라 할지라도, 그리고 이 기사로 인해 그녀가 물질적인 도움을 받았다고 할지라도 그녀의 사생활을 침해한 것이라고 하여 두 신문에 대해 경고 처분했다.[70]

은퇴한 지 오래된 연예인을 공적 인물로 볼 수 있는가? 2007년 1월 29일 서울중앙지법 민사합의25부는 1986년 작 TV드라마 〈사랑과 야망〉의 여주인공 '미자' 역으로 유명한 차화연이 낸 손해배상 청구 소송에서 '프라이버시권 침해'를 이유로 여성 월간지 『여성조선』과 『주부생활』이 차화연에게 각각 1,000만 원씩 배상하도록 판결했다. 두 잡지는 차화연이 인터뷰를 거절했음에도 인터뷰를 한 것처럼 허위 기사를 실었다.

재판부는 "원고는 연예계를 은퇴한 후 가정생활에만 전념하고 있어 더이상 공적 인물이라고 볼 수도 없다"며 "원고의 사생활에 대한 대중의 관심이 갑자기 많아졌다는 이유만으로 그것이 공중의 정당한 관심사라고 볼 수도 없으며, 사생활 보도에 공익적 목적이 있었다고 보기도 힘들다"고 판결 이유를 밝혔다. 그러나 차화연이 주장했던 명예훼손 및 초상권 침해에 대해서는 "기사 내용이 원고에 대해 주로 긍정적인 측면만 다루고 있고, 기사의 사진들은 이미 공개돼 있거나 원고의 동의를 바탕으로 촬영된 것으로 볼 여지가 있다"며 받아들이지 않았다.[71]

2008년 12월 17일 서울중앙지법 민사합의25부(부장판사 한호형)는 신정아(36)가 『문화일보』를 상대로 제기한 손해배상 청구 소송에서 "1억 5,000만 원을 배상하라"며 원고 일부 승소 판결했다. 『문화일보』는 2007

년 9월 '성 로비 의혹'을 제기하며 신정아의 알몸사진을 게재했다. 또 재판부는 "15일 이내 재판부에서 작성한 정정 보도문을 신문 1면에 1회 게재하고, 자사 인터넷 사이트에 팝업창을 띄워 보도문을 일주일간 공고하라"고 명령했다. "신 씨가 실제로 '성 로비'를 했다는 사실이 밝혀진 것은 없다"는 내용이다.

재판부는 "알몸사진 게재가 언론이 추구하는 '공공의 이익'을 위한 것이라 보기 어렵다"며 "선정적인 사진을 게재해 신문 판매량 증가 등 상업적 목적을 달성하기 위한 동기가 있었던 것으로 보인다"고 판단했다. ▷신문에 게재된 알몸사진이 지극히 개인적인 사진이고, ▷사진을 입수한 과정이나 절차가 정당하지 못했으며, ▷ '성 로비' 의혹을 제기하기 위해 반드시 컬러로 된 알몸사진을 게재할 필요성이 없는 점 등을 근거로 들었다. 재판부는 그러나 "사진이 합성된 것"이라는 신정아의 주장에 대해서는 "입체현미경으로 확대해 보았을 때 위·변조 흔적이 없고, 성형외과 의사가 신 씨의 몸을 촬영해 대조해 본 결과 실제 촬영된 뒤 유출된 것으로 보인다"고 밝혔다.[72]

왜 대기업들은 스스로 '범죄 집단'이 되어가는가?
자기정보 관리통제권

유엔경제개발협력기구OECD는 1980년 10월 '개인정보의 국제적 유통과 프라이버시 보호에 관한 가이드라인'을 작성·공포하면서 가맹국이 개인정보 처리 시에 준수해야 할 8개 원칙을 제시했다. 정보수집 제한의 원칙, 양질 정보의 원칙, 목적 특정의 원칙, 이용 제한의 원칙, 안전성 확보의 원

칙, 공개의 원칙, 정보 주체 참가의 원칙, 책임의 원칙 등이 바로 그것이다.[73]

1998년 10월 유럽연합EU은 충분한 정보 보호 규정이 없는 국가나 지역에 대해서는 유럽연합 가맹국의 개인정보를 보내선 안 된다는 내용을 포함한 개인정보 보호령을 발효시켰다. 이로 인해 유럽에 진출한 미국 기업들의 활동이 제한될 것을 우려한 미국 상무부는 유럽연합 쪽과 협의한 끝에 1999년 4월 19일 자체 지침을 마련했다. 미 상무부의 기업·단체에 대한 개인정보 보호 지침 7가지는 다음과 같다.

△ 본인에게 개인정보의 용도와 문의 연락처를 전달한다, △ 제3자에게 정보를 제공할지의 여부에 대한 선택 기회를 본인에게 준다, △ 정보 제공처는 이와 같은 조건을 갖춘 제3자로 한정한다, △ 정보의 분실이나 악용, 변조가 없도록 정보를 관리한다, △ 정보 가공은 본래 용도 내에서 하도록 한정한다, △ 본인에 의한 정보 접근을 원칙적으로 인정하며, 부정확한 경우는 수정한다, △ 본인으로부터 이의가 있을 경우의 조사, 구제, 제재를 위한 체제를 마련한다.[74]

2012년 미국의 오바마 행정부는 소비자 프라이버시에 대한 새로운 프레임 워크를 발표했는데, 이는 네 가지 요소로 이루어져 있다. 각각의 요소는 ① 소비자를 위한 프라이버시 권리장전Consumer Privacy Bill of Rights의 제정, ② 인터넷업체, 소비자 등 다양한 이해관계인의 합의를 바탕으로 한 실효적 법규 제정, ③ 연방공정거래위원회의 법집행 강화, ④ 정보 장벽을 낮추기 위한 세계 여러 나라와의 프라이버시 기준의 상호 운용성 고려다.[75]

연방공정거래위원회가 2012년에 발간한 「급속한 변화의 시대에 맞춘 소비자 개인정보 보호」라는 제목의 보고서는 다음과 같은 6가지 권고 안을 제시했다.

첫째, 추적 금지 옵션 제공의 의무화: 여기서 추적tracking이란 인터넷 이용자의 행동 및 구독 습관의 기록을 공간, 가상공간, 시간과 연결시킬 수 있는 정보를 습득하는 것을 말하는데, 이용자가 그런 추적 여부를 선택할 수 있게 해야 한다는 것이다.

둘째, 프라이버시 중심 디자인Privacy by Design의 도입: 기업들이 개인정보 보호 설계 단계부터 이용자의 프라이버시를 고려해야 한다는 것이다.

셋째, 이용자의 선택권 강화: 개인정보 수집 시 이용자의 동의를 구해야 하고, 강요하지 않고 선택권을 보장해야 한다는 것이다.

넷째, 데이터 브로커의 규제: 중앙집권적으로 관리할 수 있는 웹사이트를 만들어 데이터 브로커들의 정체를 공개하고 이용자의 개인정보를 수집하는 방법 등에 대해 밝혀야 한다는 것이다.

다섯째, 자율 규제의 시행 추진: 기업과 개인정보 보호를 주장하는 시민 단체가 자율 규제 시행을 위한 기준을 마련할 것을 요구하고, 이것이 마련되면 연방공정거래위원회는 이것이 집행될 수 있도록 최대한 도와야 한다는 것이다.

여섯째, 개인정보 취급 방침의 투명성 증진: 기업은 이용자에게 개인정보 취급 방침을 명확하고, 간결하며, 표준화가 된 방식으로 고지해야 한다는 것이다.[76]

법리적으로 개인정보와 관련된 프라이버시권은 자기정보 관리통제권이라고 하는 관점에서 살펴볼 수 있다. 권영성은 넓은 의미에서의 자기정보 관리통제권은 "자신에 관한 정보를 보호받기 위해 자신에 관한 정보를 자율적으로 결정하고 관리할 수 있는 권리"라고 정의하면서 그 구성 요소에 대해 다음과 같이 말한다.

"자기정보 관리통제권은 (ㄱ) 자신에 관한 정보를 함부로 침해당하지 아니하고(자기에 관한 정보의 자율적 결정권 또는 자기에 관한 정보를 수집·분석·처리하는 행위를 배제해 주도록 청구할 수 있는 권리), (ㄴ) 자신에 관한 정보를 자유로이 열람하며(자기정보 접근권, 자기정보 열람청구권), (ㄷ) 자신에 관한 정보의 정정·사용중지·삭제 등을 요구할 수 있고(자기정보 정정청구권, 자기정보 사용중지·봉쇄청구권, 자기정보 삭제청구권), (ㄹ) 이러한 요구가 수용되지 않을 경우에 불복 신청하거나 손해배상을 청구할 수 있음(이의 신청권, 손해배상청구권)을 그 내용으로 한다. 이에 대하여 좁은 의미의 자기정보 관리통제권이란 자신에 관한 정보의 열람·정정·사용중지·삭제 등을 요구할 수 있는 권리를 말한다."[77]

우리나라에서 비교적 적극적이고 넓은 의미에서의 프라이버시 보호를 위한 법으로는 1994년 1월 7일에 제정된(1995년 1월부터 시행) '공공기관의 개인정보 보호에 관한 법률'을 들 수 있다. 개인정보를 유출한 공무원은 3년 이하의 징역이나 1,000만 원 이하의 벌금형을 받도록 되어 있다. 그러나 동법률 제3조 제2항에는 동법의 예외 조항이 있는데, "국가안전보장과 관련된 정보 분석을 목적으로 수집 또는 제공 요청되는 개인정보"에 관하여는 적용하지 않을 것을 내용으로 하고 있다. 이러한 조항은 분단국가의 특수한 상황에서 만들어진 것으로 해석할 수 있으나, 결과적으로는 우리나라의 경우 개인정보 보호에 관련된 국가 정보기관의 모든 활동에 대하여 법적 보호를 받을 수 있는 장치가 없다는 것을 알 수 있다.[78]

1995년 1월 5일 법률 제4866호로 제정된 '신용정보의 이용 및 보호에 관한 법률'은 "신용정보법을 건전하게 육성하고 신용정보의 효율적 이용과 체계적 관리를 기하며 신용정보의 오용·남용으로부터 사생활의 비밀 등을 적절히 보호함으로써 건전한 신용 질서의 확립에 이바지함을 목적"(제1조)으로 하고 있다.

1998년에 개정된 '정보통신망 이용 촉진 등에 관한 법률'은 1980년에 채택된 OECD의 프라이버시 지침에 따라 개인정보 보호에 대한 요건을 규정하고 개인정보 침해 시 최고 5년 이하의 징역이나 5,000만 원 이하의 벌금형까지 규정하고 있다.

그러나 법은 늘 새로운 기술 발전을 쫓아가기에 바쁘다. 관료 체제는 낡은데다 경직되어 있어 앞서가는 시민들이 프라이버시 관련 법 개정 운동을 벌이고 있다. 지난 2000년 '프라이버시권'을 지키기 위한 시민단체의 사이트, '프라이버시 보호 캠페인www.privacy.or.kr'이 인터넷에 등장한 것도 바로 그런 이유 때문이다. '함께하는 시민행동'이 만든 이 사이트는 정보화사회에서 점차 비중이 높아져가는 프라이버시권의 개념을 정립해 그 중요성을 국내에 확산시키고 관련 법 개정을 촉구하기 위해 만들어졌다. 국내에서 개인정보를 수집하는 곳은 인터넷 업체 이외에도 병원, 백화점, 카드회사, 보험회사, 은행, 정부의 중앙부처, 동사무소 등 다양하지만, 어느 곳도 안전하게 보호하고 있지 않다는 것이 시민행동의 진단이었다.[79]

2015년 1월 대형 마트 홈플러스가 2011년부터 2014년 7월까지 '낚시성 경품 행사' 등을 통해 매장 이용 고객들의 개인정보 2,400여만 건을 수집한 뒤 보험사 여러 곳에 팔아 232억 원을 챙긴 것으로 검찰 수사에서 밝혀져 큰 충격을 안겨주었다. 이에 대해 『조선일보』는 「고객 정보 팔아 수익 올린 홈플러스 '犯罪 집단'이다」는 제목의 사설에서 "소비자들을 뭐로 봤길래 대놓고 인격권人格權을 침해해가며 돈을 벌려 했는지 황당하기 그지없다"며 다음과 같이 말했다.

"검찰은 사장·부사장·본부장 등을 지난 30일 불구속 기소했다. 일단 시중에 유출된 고객 신상 정보는 복제돼 돌아다니기 때문에 원상 복구가 되지도 않는다. 이런 악덕 범죄를 왜 불구속으로 재판하겠다는 것인지 이해할 수 없다. 법원이 엄벌로 다스리고 몇 배, 몇 십 배의 징벌적懲罰的 벌금을 물려야 한다. 그래야 기업들이 앞으론 다신 이런 짓을 할 꿈도 꾸지 못할 것이다."[80]

홈플러스만 그런 '개인정보 장사'를 한 건 아니었다. 2015년 3월 전순옥 의원이 밝힌 자료를 기초로 서울YMCA가 분석한 바에 따르면 이마트는 전국 매장에서 경품 행사를 벌여 수집한 개인정보 311만 2,000건을 보험사에 66억 6,800만 원에 팔았으며, 롯데마트도 전국 매장과 온라인 몰에서 수집한 개인정보 250만 건을 보험사에 팔아 23억 3,000만 원을 챙긴 의혹을 받았다. 이와 관련, 인터넷진흥원 수석 연구위원 최희원은 쿠폰과 맞바꾼 '개인정보 파산'의 위험성을 경고했다.

"이 같은 일은 우리 사회에서 벌어지고 있는 극히 일부에 불과하다. 우리가 아무렇지도 않게 개인정보를 쿠폰과 바꾸거나 블로그나 사회관계망 서비스SNS 등에 과도하게 노출시키게 된다면 그것은 본인의 권리와 자유를 포기하는 행위가 될 수 있다. 개인정보는 개인의 소중한 자유와 인격권이다. 그 소중한 권리를 1만 원짜리 주유권이나 영화 티켓 등 쿠폰과 맞바꾸면서 개인정보 침해를 외쳐서는 곤란하다. 마구잡이로 개인정보 파산을 선언한다면 그 대가와 책임은 본인 스스로 져야 한다."[81]

많은 대기업들이 '개인정보 장사' 외에도 무책임한 '개인정보 유출'로 사실상 '범죄 집단'이 되어가고 있다. 정부의 '빅데이터 산업 육성책'은 이런 추세를 강화할 위험이 있다. 정부는 개인을 식별할 수 없도록 가공된 정보만 유통을 허용한다곤 하지만, 문제는 비식별화한 정보도 개인을 특정하는 정보로 다시 가공될 수 있다는 점이다. 이은우 변호사(법무법인 지향)는 "정보의 자기결정권은 헌법재판소가 밝힌 헌법적 권리에 포함된다. 동의를 건너뛸 수 있게 해주는 기술적 장치들은 결국 이를 훼손할 위험을 안고 있다"고 말했다.[82]

제5장

정보 접근과 공개

관료제의 비밀주의를 어떻게 넘어설 것인가?
알 권리

1966년 미 의회는 정보공개법FOIA: Freedom of Information Act을 제정했다.(1967년 발효) FOIA를 직역하면 '정보자유법'이 되겠지만, '정보공개법'이라고 부르는 것이 의미 전달에 더 도움이 된다는 이유로 국내에선 '정보공개법'이라고 부르는 것이 일반적이다.

이 법의 제정을 가능케 한 원동력은 '알 권리right to know'라고 하는 개념이었다. 법학자인 해럴드 크로스Harold L. Cross가 1936년부터 쓰기 시작한 이 말은 그가 미국 신문편집인협회의 의뢰를 받아 1953년에 출간한 『국민의 알 권리People's Right to Know: Legal Access to Public Records and Proceedings』라는 보고서 겸 책에 의해 널리 유포되었다.[1]

또 크로스와는 별도로 1940년대 AP통신 사장으로 있던 켄트 쿠퍼Kent Cooper, 1880~1965는 1945년 1월에 행한 한 연설에서 국민의 '알 권리'와 그걸 대행하는 언론의 취재권을 역설했으며 1956년엔 『알 권리The Right to Know』라는 책을 펴내어 '알 권리' 전도사로 맹활약했다. 그 밖에도 여러 언론인들이 '알 권리'를 강조하는 책을 내는 등의 방법으로 대대적인 '알 권리' 캠페인에 임했다. 미국 언론계는 이런 캠페인을 확대시키는 여론 공세를 통해 정보공개법 제정이라는 열매를 따낼 수 있게 된 것이었다.[2]

그러나 언론인이라고 해서 모두 다 '알 권리' 개념에 동의하는 건 아니다. 예컨대, 시나리오 작가이자 언론인인 커트 뤼트케Kurt Luedtke, 1939~는 1982년 미국 신문발행인협회에서 행한 연설에서 "시민의 알 권리 같은 것은 존재하지 않는다"고 전제한 뒤 그것은 언론인들에 의해 과장되어온 하나의 허구적 개념이라면서 다음과 같이 말했다.

"여러분은 시민의 알 권리를 가지고 있다는 것이 구체적으로 무엇을 말하는지에 대해서는 주의를 기울이지 않은 채 그것을 뭔가 대단한 것처럼 만들어 놓았다. 여러분이 시민들에게 전달한 대로 시민들은 알고 있을 뿐이다. 만약 시민에게 알 권리가 있다면, 그것은 여러분들이 뉴스랍시고 고르는 것이 도대체 무엇인지에 대해 시민이 할 말이 있다는 것이다."[3]

오리건대학의 에버렛 데니스Everette E. Dennis 교수도 '알 권리' 비판론자인데, 그는 크로스가 주장했던 '알 권리'라는 건 그가 쓴 책의 부제Legal Access to Public Records and Proceedings가 말해주듯이 공적 기록에만 국한된 것이었다는 걸 상기시키면서 그것이 언론 기업들의 기업권corporate rights으로 전락했다고 통렬히 비판했다.[4]

아닌 게 아니라 한국에서도 별로 설득력이 없는 경우에도 국민의 '알 권리'라는 말이 언론에 의해 남용되는 경우가 많다. 정부에 대한 국민의 '알 권리'도 중요하지만 이젠 언론에 대한 국민의 '알 권리'를 이야기할 때가 되지 않았을까?

그러나 뤼트케의 비판은 1982년, 데니스의 비판은 1984년에 나온 것이며, 1970년대는 그 적용 범위가 어찌되었을망정 '알 권리' 개념이 절실히 요구되는 시절이었다는 건 부인하기 어렵다. 애써 제정된 정보공개법도 광범위한 예외 규정과 관료들의 비협조적인 태도로 인해 제 기능을 발휘하지 못했다. 그래서 소비자 운동가인 랠프 네이더Ralph Nader, 1934~는 1970년에 이 법이 '정보의 자유freedom of information' 법이 아니라 '정보로부터의 자유freedom from information' 법이 되었다고 비판했다.[5]

1977년 『사이언스』의 보도에 따르면, 미국 연방정부에 정보를 분류할 권한을 갖고 있는 공무원은 1만 4,000여 명이나 되며 매년 400만 건의 문서가 분류classification되었다.[6] 여기서 문제가 되는 건 바로 관료제bureaucracy의 비대화다. 관료제는 그 속성상 비밀에 집착preoccupation with secrecy하며 이른바 '파킨슨의 법칙Parkinson's law'의 지배를 받기 때문에 보다 많은 비밀을 보유하고자 애를 쓴다.

'파킨슨의 법칙'은 공무원의 수와 업무량은 아무 관계가 없으며, 업무의 많고 적음과는 관계없이 공무원의 수는 늘어난다는 법칙이다. 영국의 역사학자이자 경영 연구가였던 노스코트 파킨슨C. Northcote Parkinson, 1909~1993이 1955년에 발표한 이론이다. 공무원 수가 늘어나는 이유는 공무원들은 자신이 몸담고 있는 조직이 커지고 조직원과 예산이 늘어나면 위신과 권한이 커지기 때문에 생리적으로 조직의 비대화를 바라기 때문이다. 결국 일이 많아서 사람이 필요한 것이 아니라 사람이 많아져서 일이 필요한 것이다. 공무원 수가 늘면 일도 많아진다. 스스로 조직에서의 안전을 보장받기 위해 새로운 규제, 새로운 개입 영역을 계속 확대하기 때문이다.[7]

그 과정에서 비밀은 늘어나게 되어 있다. 또 조직 차원에서 다른 행정 부서와의 경쟁에서 유리한 고지를 차지하기 위해서도 비밀을 늘려 나간다. 이런 경향은 국민의 정보 접근을 매우 어렵게 만들 것이 분명하다. 그러한 관료 조직의 속성에 대한 비판이 거세게 일면서 정보공개법은 점점 더 내실을 갖춰가게 되었다.

정보공개법은 1974년, 1976년, 1978년, 1986년 개정에 이어, 1996년 엔 인터넷 시대에 맞게 전면적으로 개정되었는데 아예 이름도 전자정보공개법EFOIA: Electronic Freedom of Information Act으로 바뀌었다. 1997년 10월에 일부 개정된 EFOIA는 1999년 12월 31일까지 해당 기관이 인터넷을 통해 기록 및 문서의 목록을 볼 수 있게 만들도록 규정했는데, 이에 따라 모든 공공기관에서 정보공개에 대한 홈페이지를 만들어 운영하고 있다. 예컨대, 미국의 관리 예산처 홈페이지의 경우 초기 화면에서 정보공개FOIA 파트를 클릭하면 바로 정보공개 홈페이지www.whitehouse.gov/OMB/foia/index.html로 연결되며, 이곳에선 문서 및 자료의 목록과 함께 가상 자료실을 통해 문서 대부분의 내용을 직접 볼 수 있게 했다.[8]

"햇빛은 가장 좋은 살균제다"는 정보공개법의 슬로건이라고 할 수 있다.[9] 1972년에 제정된 '연방 자문 위원회 법Federal Advisory Committee Act', 1976년에 제정되어 1977년 3월부터 시행된 '행정기관 회의 공개법Federal Open Meetings Law' 등도 바로 그런 취지에 따라 만들어진 법이다.

연방 자문 위원회 법은 "행정부 내의 각 자문 위원회의 회의는 공중에게 개방되어야 하고 대통령이 국가 안보의 견지에서 금지하는 경우를 제외하고는 회의 때마다 사전에 회의 예정을 미리 관보官報로 알려야 하며, 이해관계자는 회의에 출석하여 의견을 개진할 수 있고 회의마다 의사록을 작성해서 그것을 공개해야 한다"는 것 등을 규정하고 있다.[10]

'행정기관 회의 공개법'은 '햇빛 속의 정부법Government in Sunshine Act' 또는 일조법日照法이라고도 불린다. 이 법은 서두에서 "시민은 연방정부에 의한 정책 결정의 자문 과정에 관하여 최대한으로 충분한 실용적인 정보를 받을 권리가 보장되어야 한다는 것이 우리나라의 정책"이라고 밝히고 있다. 1976년 9월 13일 이 법안에 서명한 제럴드 포드Gerald Ford, 1913~2006 대통령도 "민주 체제에 있어서는 시민은 정부가 무엇을 하는가 하는 것뿐만 아니라 왜 또 어떤 과정을 거쳐 결정을 내리는가 하는 것을 '알 권리'가 있다. 이 새 법은 정부는 봉사하고 국민이 통치한다는 미국의 자랑스러운 전통에 따른 것"이라고 말했다.[11]

이 법은 국무성이나 국방성 등과 같이 1인의 장관을 장으로 하는 정부 기관을 제외하고, 대통령이 임명하고 상원이 인준하는 2명 이상의 위원으로 구성된 합의제의 연방정부 기관들의 회의를 공개하도록 규정했는데, 약 50개 기관이 해당된다. 이 법에 따르면, 비공개 회의의 내용도 기록해야 하며, 기록되지 않는 한 기관 관리들과 기업체 임직원과의 비공식 커뮤니케이션은 금지된다. 회의를 비공개로 할 수 있는 예외 조항엔 10개가 있는데, 9개는 정보공개법의 경우와 같고, 10번째는 당해 기관이 중재에 참여하고 있거나 소송에 관련되어 있을 때다.[12]

각 주州에 따라 다소의 차이는 있지만, 미국의 모든 주가 자체적으로도 이 법을 시행하고 있다. 대중이나 언론은 정보공개법에서와 같이 회의 공개법 위반에 대해 법원에 배상을 요청할 수 있다. 어느 주의 경우는 법 위반으로 인한 결정 사항은 무효며 다시 공개회의에서 재심되어야 한다고 규정하고 있으며, 또 어떤 주는 정부 기관의 계획적인 위반에 대해 형사적·민사적 처벌을 하게끔 되어 있다.[13]

미국에서 정보공개는 어떻게 이루어지고 있는가?

미국 정보공개법

정보공개엔 ① 정보 목록을 작성해 그것을 공개할 수 있다고 공표하는 방식, ② 모든 정보는 공개되는 걸 원칙으로 하여 예외만 공표하는 방식 등 두 가지가 있는데, 미국의 정보공개법은 2번째 방법을 택했다. 정보공개법은 정부 부처와 국영기업까지 포함하는 모든 연방 기구들federal agencies의 '기록record'에만 적용된다.[14] 1997년 5월 연방대법원은 대통령 직속 기구인 국가안전보장회의National Security Council의 비밀문서는 NSC가 독립된 권한이 없는 대통령을 보좌하는 참모 기구이므로 정보공개법의 적용 대상이 아니라고 판결했다.[15]

기록으로 간주되는 것은 서류 · 필름 · 테이프 · 컴퓨터 테이프 등이다. agency와 record의 정의엔 이견이 없으나, agency record엔 이견이 있다. 예컨대, agency가 생산해내지 않은 정보를 agency가 소유하고 있을 때엔 정보공개법의 적용이 안 된다. 또 agency가 생산해낸 정보라도 agency가 소유하지 않고 있을 땐 정보공개법의 적용이 안 된다. 예컨대, 헨리 키신저Henry Kissinger, 1923~의 전화 녹음테이프는 그의 국무 장관 퇴임 후 미 의회 도서관에 기증되었기 때문에 적용이 안 되었다. 또 agency가 민간 기업에게 의뢰해 생산한 정보도 그 정보를 민간 기업이 소유(agency는 단지 접근 가능)하고 있을 때엔 정보공개법의 적용이 안 된다.[16]

세금, 첩보, 원자력, 프라이버시 등과 관련된 법들을 비롯해 정보공개를 제약하는 다른 법들이 많이 있다. 그 밖에도 여러 예외가 있는데, 모두 다음과 같은 9개 조항으로 구성되어 있다.

① 대통령령으로 정해진 기준에 따라 국방 또는 외교정책을 위해 비밀

로 하도록 특별히 인정된 사항, ②오로지 행정기관 내부의 인사에 관한 규칙이나 관행에 관계된 것, ③법률에 의해 특별히 공개가 면제된 사항, ④거래상의 비밀이나 제3자로부터 얻은 것으로서, 비밀로 하기로 하고 얻은 상업상 혹은 재정상의 정보, ⑤정부 기관 상호 간 또는 한 기관 내부에서 주고받는 메모나 서신, ⑥공개되면 명백히 개인의 프라이버시에 대한 침해가 될 인사 및 의학상의 자료, ⑦법 집행 목적으로 수집된 조사(또는 수사)자료, ⑧금융기관의 규제나 감독을 위해 수집된 정보, ⑨지질학 및 지구물리상의 정보와 데이터--투기꾼이나 다른 채굴업자의 부당 이득 방지.[17]

①의 경우, 닉슨 행정부에서 남용되어 1974년 개정을 통해 분류가 제대로 되었는지 법원에서 심사할 수 있도록 했다. 지미 카터Jimmy Carter, 1924~ 대통령은 agency가 공공의 이익public interest을 고려할 것을 요구했는데, 그 결과 모든 비밀은 6년이면 자동적으로 분류 해제declassify되도록 했으며 정보공개 시 국가 안보에 손상을 가할 수 있다는 걸 증명하도록 했다. 그러나 로널드 레이건Ronald Reagan, 1911~2004 대통령은 1982년 4월 대통령령으로 공공의 이익을 고려하지 말고 가능한 한 비밀로 분류하도록 했으며, 6년이면 자동 분류 해제되는 것도 없앴으며, 정보공개 시 국가 안보 손상 증명 의무를 없앴고, 1983년 3월엔 중요 정보를 다루는 연방 공무원들에게 비공개 각서를 쓸 것을 요구했다.[18]

이와 같은 9가지 예외 사항 이외에도 행정기관이 정보공개 청구가 된 문서의 존재 여부 자체에 관한 확인이나 부인도 하지 않은 이른바 '글로머 반응Glomar response'이라고 하는 수법을 써서 정보공개를 피하는 경우도 있다. 주로 국가 안보나 프라이버시 문제와 관련해 사용된다. Glomarization 또는 Glomar denial이라고도 하는 '글로머 반응'은 침몰한 소련 잠수함을 인양하기 위해 미 중앙정보국CIA이 비밀 프로젝트로 건조한 Glomar

Explorer라는 선박의 이름에서 유래되었다(Glomar는 Glomar Explorer를 건조한 회사인 Global Marine의 약어로 만들어진 말이다).

1975년 『로스앤젤레스타임스』의 기자 해리엇 필리피Harriet A. Phillippi 가 이 비밀 프로젝트에 대해 CIA에 질문을 했을 때, CIA는 '확인도 부인도 해줄 수 없다neither confirm nor deny'는 반응을 보였다. '글로머 반응'이라 는 이름은 이 사건에서 비롯되었지만, CIA는 이미 제2차 세계대전의 종전 과 이오시프 스탈린Joseph Stalin, 1879~1953의 사망 사이의 기간 동안에 미국 과 영국 및 여타 서방 국가들이 비밀리에 정보 요원이나 게릴라를 알바니 아에 침투시키려는 기도에 관한 모든 정보의 정보공개 청구에 대한 답변으 로서 사실상의 '글로머 반응'을 보인 바 있다. 이와 관련, 성낙인은 다음과 같이 말한다.

"법원은 당국이 기록의 존재 여부를 확인하는 그 자체가 정보자유법에 서 비공개 사유로서 보호하는 정보를 공개하는 결과를 초래하게 될 경우에 는 Glomar response를 인정하고 있다.……정보공개 청구의 특수성에 비 추어, 법원은 '파일이 존재했는지의 여부를 확인하는 것과 마찬가지가 될 수 있다'는 점을 인정하였다. 따라서 그것은 국가 안보에 유해할 수 있다고 본다.……그런데 Glomar response를 하는 것이 적합할 경우가 있는 것도 사실이지만, 당국은 흔히 Glomar response를 남용하는 경향이 있다."[19]

정보공개법은 원론상의 절대적 장점에도 불구하고 시행상에선 여러 문 제를 드러냈는데, 그간 나타난 문제들은 다음과 같다.

첫째, 정보 청구자의 80퍼센트 이상이 기업이나 기업을 대리하는 자들 로서 그들이 수집하는 정보는 그들의 경쟁 기업에 관한 것이거나 정부나 기타 공공기관을 상대로 한 소송 등을 준비하는 자료로 이용되고 있다. 1976년 상원에 제출된 보고에 따르면, 언론사와 공익단체의 정보 청구는

5퍼센트, 개인은 8퍼센트에 불과했다. 언론은 시간 제약과 게으름 때문에 이용이 적다.

둘째, 범죄자들이 이 법률을 이용하고 있는 것으로 나타나 있다. 예를 들어 마약 단속국에 정보를 청구한 자의 40퍼센트가 범죄자나 전과자로서 그들이 청구한 정보는 대부분 마약의 제조 실험 관계 자료나 마약 단속의 방침, 수사 방법 등에 관한 것으로서 범죄를 실행하거나 체포를 면하기 위한 목적에 주로 이용되고 있다.

셋째, 행정기관의 직무 수행을 방해하려는 명백한 의도를 갖고 행해지는 경우가 있다. 특히 수사기관 등에 잇달아 방대한 양의 자료를 요구함으로써 많은 직원과 자료를 동원케 하여 그들의 수사나 그 밖의 활동을 방해하는 사례가 있었다.

넷째, FBI이나 CIA는 직무 수행에 큰 지장을 받고 있다. 자료 청구가 쇄도해 비밀 유지가 매우 어렵고 정보활동에 지장을 받고 있다.

다섯째, 공개를 염려한 정보 제공자들이 위축돼 정보 제공을 회피하거나 거부함으로써 정보 수집에 큰 지장을 주고 있다.[20]

전자정보법도 실행상 여러 문제를 드러내고 있다. 우선 '안전'의 문제가 제기되었다. 예컨대, 1998년 미국에서는 미국환경보호국EPA의 웹사이트를 두고 정보공개의 범위에 대한 논쟁이 뜨겁게 달아올랐다. 논쟁의 발단은 EPA가 일반인들의 환경보호 의식을 높이기 위해 환경 파괴 주범으로 지목되고 있는 화학 공장들의 용수 관리 실태 등을 EPA 홈페이지www.epa.gov에 등록할 것이라는 계획을 발표하면서부터였다. 이에 대해 미국 화학공업협회가 '테러리스트를 돕는 것'이라며 강력히 비난하고 나서면서 논쟁에 불이 붙었다.

미국 화학공업협회는 "그렇지 않아도 EPA 홈페이지에 환경오염 검사

방법 등을 설명하는 자료들이 많아 엉뚱한 곳에 악용될 소지가 많다"면서 "여기에 화학 공장들의 기능과 역할, 생산 물질들에 대한 정보를 등록하는 것은 국익에 전혀 도움이 되지 않는다"고 반발했다. 특히 1993년 뉴욕 세계무역센터 폭탄 테러와 1995년 오클라호마 연방 건물 폭파 사건이 모두 이렇게 공개된 정보들을 참고해 만든 폭탄으로 발생한 사건으로 의심되는 상황이어서 화학공업협회의 이 같은 주장은 힘을 얻었다. EPA 측은 이에 대해 "웹사이트 구축 작업은 화학물질에 의한 대규모 참사를 방지하기 위해 추진되는 것"이라며 "악용될 소지가 있는 정보를 가려내기 위해 정보보안 전문가 두 명을 고용했다"고 밝혔다.[21]

또 하나 중요한 건 프라이버시의 문제다. 프라이버시권의 확대로 인해 정보공개와 프라이버시 보호가 상충되는 경우가 늘고 있다. 예컨대, 입양자의 친부모 정보를 공개하는 건 어떨까? 1999년 9월 21일 미국 테네시주 대법원이 "성년이 된 입양자가 요청할 경우 친부모에 관한 정보는 공개해야 한다"고 판결함에 따라 이 문제가 뜨거운 논란을 빚었다. 미국인 중 입양된 사람은 600만 명에 이르기 때문이다.

이 논란은 어린 시절 입양된 한 여성이 가계家系의 병력病歷을 알기 위해 친부모에 대한 정보공개를 주정부 관련 부서에 요구하면서 시작되었다. 카프리스 이스트라는 이 여성은 정보공개 요청이 거부당하자 소송을 냈다. 테네시주 대법원은 친부모에 관한 정보공개를 금지한 현행법을 뒤엎고 "21세가 넘은 입양자는 친부모에 관한 정보를 얻을 권리가 있다"고 판결하면서도 친부모의 사생활이 침해당할 가능성을 고려해 입양자에게 친부모에 대한 정보를 넘겨주기 전에 한 장의 각서를 받도록 했다. 주정부가 친부모의 동의를 얻기 전에 입양자가 먼저 친부모에게 연락하지 않겠다는 내용의 각서다. 이에 대해 입양자들은 "친부모를 찾는 것이 사생활 침해가 될 수 없다"며 각서를 제출하도록 한 것에 대해 반발했다. 반면 전국입양 협회의 빌 피어스 회장은 "친부모의 동의 없이 입양자가 연락할 경우 당사자는 가벼운 처벌을 받으면 그만이나 친부모는 가정이 파괴될 위협까지 받게 된다"고 주장했다. 입양아의 '알 권리' 못지않게 친부모의 사생활도 중요하다는 것이다.[22]

한국에서 정보공개는 어떻게 이루어지고 있는가?
한국 정보공개법

한국은 1996년 12월 31일 '공공 기관의 정보공개에 관한 법률'(1998년 1월 1일부터 시행)을 제정함으로써 세계에서 12번째, 아시아에서는 최초로 정보공개법을 가진 나라가 되었다. 한국에 앞서 정보공개법을 제정한 나라는 스웨덴(1766년), 핀란드(1951년), 미국(1966년), 덴마크(1970년), 노르웨이(1970년), 프랑스(1978년), 네덜란드(1978년), 호주(1982년), 캐나다(1982년), 뉴질랜드(1982년), 오스트리아(1987년) 등이다.[23]

일본은 1999년 5월에야 정보공개법이 국회를 통과했고 2001년 4월 1일부터 시행되었지만, 1982년부터 각 지방자치단체에서 조례 형식으로 정보공개제도를 시행해 풍부하고 구체적인 경험을 축적하고 있다. 일본 시민단체들이 치중하고 있는 정보공개 운동의 하나는 이른바 '관관접대官官接待'에 관한 것이다. 관관접대란, 거짓 출장이나 가공 접대로 서류를 통해 예산을 소모하는 것을 말한다. 지난 1995년 '전국시민옴부즈맨 연락회의'가 도도부현과 일부 시에 대해 자치단체의 지출 항목인 식량비에 관한 정보공개 청구를 통해 밝힌 조사 결과를 보면, 관관접대 비용은 무려 300억 엔에 이르렀다.[24] 순응에 익숙한 문화적 이유 때문인지 일본의 정보공개제도는 전반적으로 한국의 정보공개제도 운영 수준에 미치지 못하고 있다.[25]

김중양 행정자치부 소청 심사 위원은 정보공개제도의 순기능으로 ①국정에의 참여 촉진, ②국정의 감시 및 비판, ③국민의 권리·이익의 보호 및 구제 기능, ④국민의 문화적·경제적 활동의 활성화 기능, ⑤국정에 대한 국민의 신뢰성 확보, ⑥행정의 책임성 제고, ⑦정책 결정의 정당성 확보, ⑧부정부패 및 비리 방지, ⑨권위주의적인 행정 풍토 쇄신과 비밀주의의 폐습 불식, ⑩정보의 자유로운 유통을 촉진시켜 정보화사회에의 진입 촉진, ⑪국가나 지방자치단체가 보유하는 정보의 정확성 확인의 계기 등을 들었다. 반면 정보공개제도의 역기능으로는 ①국가 비밀의 침해, ②개인 사생활의 침해, ③기업 비밀의 노출 위험성, ④행정 비용의 증가 등을 들었다.[26]

2000년 10월 10일, 행정자치부는 정보공개법 개정안을 입법 예고했는데, 중요한 변화 가운데 하나는 각급 행정기관은 정부 대표 홈페이지 www.korea.go.kr나 기관 홈페이지에 '정보공개' 메뉴를 개설하거나, 인터넷 정보공개 시스템을 구축, 민원인이 행정기관이 보유하고 있는 정보를 쉽게 검색·활용할 수 있도록 해야 한다는 것이다.

그럴 만한 변화가 있었다. 1998년 한 해 동안 전자적인 수단에 의해 공개 청구한 건수는 총 청구 건수 2만 6,338건 가운데 74건으로 0.3퍼센트에 불과했으나, 1999년도에는 총 청구 건수 4만 2,930건 가운데 1,084건으로 2.5퍼센트로 증가했다. 전자적 정보공개가 아직 미약한 것은 인터넷 등을 통해 정보공개제도를 안내 또는 공개 청구가 가능한 기관이 일부 기관에 한정되었기 때문이다. 1999년 9월 행정자치부가 각급 기관에 통보한 '전자정보를 위한 운영 지침'에 따르면 중앙 행정기관 중 인터넷을 통해 정보공개 청구가 가능한 기관은 재정경제부, 행정자치부, 건설교통부 등이고, 공개 안내만 하고 있는 부처는 국가보훈처, 과학기술부, 조달청, 산림청 등의 기관으로 나타났다. 지방자치단체는 248개 광역·기초 자치단체 중 인터넷을 통해 정보공개를 청구할 수 있는 곳은 17개 자치단체에 불과했다.[27]

2006년 4월 '열린정부www.open.go.kr' 사이트가 오픈했다. 모든 정부기관과 자치단체의 정보공개 업무를 간편하게 처리할 수 있도록 46억 원을 투자해 만든 '원 스톱' 사이트로, 정보공개 청구 방법이 무척 간단해졌다. 사이트의 회원으로 가입한 후 로그인한다. 그리고 '정보공개 청구' 메뉴를 클릭하면 관련 화면이 뜬다. 화면에서 '청구 기관'부터 선택하면 된다. 예전에는 정보공개 청구 기관을 모두 방문해야 했지만, 열린정부 사이트에서 청구 기관 수십 개를 한꺼번에 지정할 수 있다. 원하는 부서를 선택한 후 정보공개 청구 내용을 작성하면 된다.[28]

2013년 4월 3일 이자 리프코비츠 구글 검색 담당 부사장은 "한국이 정보기술IT 강국임에도 규제가 강한 독특한 상황"이라며 "공공 정보의 개방성은 중국보다 떨어진다"고 말했다. 구글에 따르면 국회 도서관, 우체국, 국세청 연말정산 서비스, 건강보험공단 같은 국내 주요 공공 사이트는 검색 엔진이 접근하는 것을 막아 놨다. 특정 코드를 웹 페이지에 넣어 구글이나 네이버·다음 같은 외부 검색에서는 내용을 들여다볼 수 없게 했다. 따라서 사용자는 알고 싶은 정보를 담당하는 기관의 이름이나 인터넷 주소를 스스로 알아낸 뒤 해당 사이트에 접속해 그 안에서 원하는 정보를 직접 찾아야 한다. 구글이 한국·미국·중국·일본 대학 100개씩의 홈페이지를 조사했는데, 한국만 100곳 중 32곳이 이런 식으로 막혀 있었다.[29]

2013년 4월 5일 안전행정부는 정부 운영의 패러다임을 '정부 3.0중심'

으로 전환하겠다면서 정보공개를 통해 2012년까지 연 31만 건에 그쳤던 공공 기관의 정보를 2014년에는 연간 1억 건 정도로, 정보공개 대상 기관 도 2012년 3만 510개에서 2014년에는 3만 2,244개로 대폭 늘리겠다고 발 표했다. 이에 대해 투명사회를 위한 정보공개센터 전진한 소장은 "큰 방향 은 맞지만 공무원들의 비밀주의 문화와 의식이 바뀌지 않으면 쓸모없는 자 료만 건수 맞추기 식으로 나올 가능성이 크다"며 "민간에서 정말 원하는 정보, 공무원들이 내놓기 불편한 정보를 제대로 공개하는 게 중요하다"고 말했다.[30]

2015년 1월 투명사회를 위한 정보공개센터와 『미디어오늘』은 "기자도 어려운 정보공개 청구, 잘하는 일곱 가지 방법"을 제시했다.

첫째, 미리 검색하라. 투명사회를 위한 정보공개센터 조민지 간사는 "1년 에 300여 건 정보공개 청구를 하는 저도 정보공개 청구서를 작성하기 전 가장 먼저 하는 일이 인터넷 검색"이라고 말한다. 관련 기사나 해당 공공 기관 홈페이지를 보면서 청구할 내용을 구체화시킨다는 것이다.

둘째, 기관을 정하라. 원하는 정보를 어떤 공공 기관에서 관리하고 있는 지 알아야 한다. 공공 기관에서 관리하고 있는 정보 목록을 확인해보면 된 다. 정보 목록만으로 어떤 임무를 수행하는지 짐작할 수 있다. 정보 목록은 각 공공 기관 홈페이지나 정보공개 포털에서 검색이 가능하다.

셋째, 비공개 사항을 확인하라. 원하는 정보가 비공개 사항에 포함되는 지 미리 정보공개법과 관련 판례 등을 살펴보는 것이 좋다. 공개 정보임에 도 악의적으로 비공개하는 공공 기관에 대응할 수 있다. "비공개 부분만 제외하고 공개해달라"고 청구서에 쓰는 것도 방법이다. 그런 문구가 없다 면 전체 정보가 비공개될 가능성이 있다. 비공개되는 정보는 △ 법률 혹은 법률이 위임한 명령에 의해 비밀 또는 비공개로 정해진 정보, △ 안보·국방·통일·외교 관련된 정보, △ 국민의 생명·신체·재산 및 공공 안전과 관련된 정보, △ 진행 중인 재판·수사와 관련된 정보, △ 감사·감독·계약·의사 결정 관련 정보, △ 이름·주민등록번호 등 개인정보, △ 경영 영업상 비밀에 관한 정보, △ 부동산 투기 매점매석 정보 등이다.

넷째, 콕 집어서 청구하라. 정보공개 청구를 할 때 가장 중요한 부분은 청구서 작성 방법이다. 원하는 정보를 간결하고 정확하게 표현해야 한다. 특히 원하는 정보의 날짜와 기간을 설정하는 것이 중요하다. 정보의 단위와 범위 등을 구체적으로 표현하는 것도 좋다. '관련 자료 일체' '전부' 등의 애매한 용어는 사용하지 않는 것이 좋다.

다섯째, 절대 취하하지 말라. 청구한 공공 기관에서는 비공개 정보니 청구를 취하해달라는 요청이 온다. 또는 정보가 없으니 취하해달라는 경우도 있다. 이때 취하하지 말라. 비공개 정보라면 비공개 사유를 제시하며 비공개 결정을 내려달라고 하면 된다. '정보가 없다'는 답변도 중요한 정보가 될 수 있다. 청구를 취하한다면 청구 과정에 있었던 내용으로 불복 절차도 밟지 못하게 된다.

여섯째, 이의신청은 어렵지 않다. 조민지 간사는 "이의신청을 하면 공개 받을 가능성이 높아진다"고 말한다. 이의신청을 할 경우 심의 위원회가 열리게 되고 이 자리에서 다시 공개 여부를 결정하기 때문이다. 정보공개 청구 때는 담당자가 자의적으로 공개 여부를 결정하게 된다. 온라인에서 정보공개 청구를 했다면 같은 페이지에서 곧장 이의신청을 할 수 있다. 비공개된 정보가 요건에 타당한지 살펴본 다음 이의신청서에 사유를 써 주는 것도 좋다.

일곱째, 전화가 와도 '쫄지 말라'. 정보공개 청구를 하고 나면 전화가 와서 "무엇 때문에 청구했나", "청구한 정보로 무엇을 할 거냐"고 물어보는 경우가 종종 있다. 정보공개 청구를 처음 해보는 사람은 당황할 수 있다. 이때 쫄지 말라. 법령에 따르면 청구인은 청구 사유를 밝힐 필요는 없다. 조민지 간사는 "그냥 궁금해서 청구했다고 유연하게 말하면 된다"고 조언했다.[31]

자꾸 정보를 감추려는 공공 기관 못지않게 청구인들도 반드시 고쳐야 할 못된 버릇이 하나 있다. 2015년 12월 행정자치부에 따르면 정보공개 청구 건수는 제도가 처음 도입된 1998년 2만 5,475건에서 2014년 34만 9,931건으로 13배 이상 증가했지만 2013년부터 2014년 10월 말까지 공개가 결정돼 관공서에서 작성한 자료 90만 8,266건 중 청구인이 찾아가지 않은 자료는 15만 3,780건(17퍼센트)이나 되었다. 반면 일본의 경우 지난 3년간 일본에서 정보공개를 청구하고 찾아가지 않은 비율은 3퍼센트로 한국의 6분의 1 수준에 불과했다.[32]

한국과 일본의 차이는 무엇일까? 일본은 정보공개 신청을 할 때 수수료 일부를 먼저 내게 하고 자료를 받을 때 나머지 수수료를 내게 한다. 일종의 예약금을 받는 것이다. 미국도 정보공개 청구를 해놓고 찾아가지 않은 전력이 있는 청구인에 대해선 수수료 전액을 미리 내도록 하고 있다. 하지만 행정자치부 관계자는 "우리는 정보공개 청구인에게 예약금이나 위약금을 받는 건 엄두도 못 낸다"고 했다. 자료를 찾아가지도 않으면서 '국민의 알 권리'를 침해하는 것 아니냐며 반발하는 사람들 때문이라는 것이다.[33] 이거야말로 '알 권리' 오남용의 전형적 사례라 할 수 있겠다.

공공 기관들은 어떤 수법으로 정보를 은폐하려 드는가?

정보공개 투쟁

현 수준에서나마 정보공개는 저절로 이루어진 건 아니다. 시민운동단체들을 비롯한 시민들의 부단한 노력과 투쟁이 있었다. 2000년대 이후에 벌어진 주요 노력과 투쟁들을 살펴보자.

2000년 9월 1일, 서울고법 특별4부(부장 김목민)는 "판공비 관련 정보를 공개하라"며 '평화와 참여로 가는 인천연대'가 인천 지역 6개 구청장을 상대로 낸 정보공개 거부 처분 취소 청구 소송에서 원심대로 원고 승소 판결을 내렸다. 재판부는 판결문에서 "피고들이 특수 활동비와 업무 추진비 등 판공비에 대해 사생활 및 영업 비밀 침해 등을 이유로 공개를 거부하는 것은 주민들의 알 권리를 제한하는 행위"라고 밝혔다.[34]

2000년 10월 30일, 참여연대와 서울대학교 공익법학회는 2000년 7~8월 서울과 과천에 소재한 30개 중앙 행정기관을 상대로 주요 정보공개를 청구하고 현장을 직접 방문해 친절도와 민원실 설치 여부 등을 조사한 결과를 밝혔다.

평가 항목은 △ 민원실 설치 여부, 정보공개 접수창구의 개설 여부(10점), △ 정보공개 담당 직원(10점), △ 정보공개 청구서의 유무 및 비치 여부(10점), △ 정보공개 편람의 비치 여부(10점), △ 주요 문서 목록 및 보존 문서 기록 대장의 작성 비치 여부, △ 컴퓨터 단말기의 설치 여부(10점), △ 정보공개 처리 대장의 작성 유무(5점), △ 친절도(5점), △ 목록의 질(20점) 등 9개 항목이었으며 90점을 100점 만점으로 환산해 점수를 부여했다. 조사 결과 1위는 100점 만점에 89점을 기록한 환경부가 차지했고 이어 해양수산부(81점), 문화관광부(73점), 기획예산처·통일부(각 70점) 등의 순이었다. 국세청은 16.7점으로 30개 기관 중 최하위를 기록했고 8개(27퍼센트) 기관이 40점 이하의 낙제 점수를 받았으며 절반 이상인 16개 기관이 50점에 미달했다. 참여연대는 "일선 공무원과 공직 사회, 행정조직에 뿌리 깊게 박혀 있는 행정 편의주의적인 타성은 쉽게 사라지지 않는 것을 보여주는 단적인 예"라며 "각 기관은 정보공개법상 의무 준수 사항인 각종 제도 운영 사항을 철저히 이행해야 할 것"이라고 지적했다.[35]

2000년 11월 3일 서울행정법원 행정4부(재판장 조병현 부장판사)는 민주사회를 위한 변호사모임(민변. 회장 송두환)이 '사면권의 정치적 남용을 조사하겠다'며 법무부를 상대로 낸 정보공개 청구 거부 처분 취소 청구 소송에서 "법무부는 특별사면 관련 정보를 공개하라"며 원고 승소 판결을 내렸다.

공개 판결이 내려진 정보는 1993년 이후 특정범죄가중처벌법상의 뇌물, 알선 수재, 불법체포 · 감금, 조세 포탈죄 등에 대한 특별사면자 명단과 법무장관의 사면 실시 건의서, 국무회의 안건 자료 등이다. 또 한보 사건 등으로 복역했던 김현철, 황병태, 김우석 등에 관한 자세한 사면 정보도 포함되었다. 재판부는 판결문에서 "법무부는 대통령 사면권 행사가 고도의 정치 결단적 국정 행위로서 사법 심사 대상이 될 수 없다고 하나, 이와는 별개로 '사면권이 정치적으로 남용되고 부정부패범 등에 행사되고 있다'는 여론도 있으므로 비판과 자유로운 의사 형성을 위해서는 정보공개가 필요하다"고 밝혔다. 재판부는 특히 "김현철 씨 등은 권력형 부정 비리 사건 관련자로서, 범죄의 중대성과 반사회성에 비춰볼 때 공공의 이익을 위해 이들에 대한 정보도 공개해야 한다"고 밝혔다.[36]

1998년 당시 서울시장인 고건 전 총리의 판공비(업무 추진비) 사용 내역과 지출 증빙서류에 대해 정보공개 청구를 했다가 거절당한 참여연대가

2002년 서울시를 상대로 낸 행정소송이 대법원 판결에서 '원고 일부 승소 판결'이 났다. 승소한 내용은 4만 6,000여 페이지의 판공비 내역서 사본 제출이었고, 업무 추진비를 사용했던 장소의 상호명과 참석한 사람의 공개는 비공개 판결을 받은 것 등이다. 이 판결은 그동안 시민단체가 판공비 지출 내역 등을 모니터 하려면 해당 기관에 찾아가 수일에 걸쳐 일일이 그 내용을 옮겨 적어야 했던 비합리적인 불편과 부담을 해결한 성공 사례로 평가받았다.[37]

2005년 참여연대는 보건복지부를 상대로 감기 환자에게 항생제 처방을 과다하게 한 병의원에 대한 정보공개 청구를 했다가 거부당하자 행정소송을 해 원고 승소 판결을 받았다. 보건복지부와 건강보험심사평가원은 2006년 2월 9일 급성상기도감염(감기) 항생제 처방률이 과다한 병의원을 공개할 수밖에 없었다. 그 후 보건복지부와 건강보험심사평가원은 요양기관 9,086개 소(의원 8,716곳, 병원 167곳, 종합병원 120곳, 종합전문 38곳)를 상대로 처방률 변화 추이를 분석했다. 공개 이후 처방률은 2005년 대비 63.8 퍼센트에서 51.4퍼센트로 12.4퍼센트가 감소했고, 항생제 처방률 감소로 보험 재정은 1년 기준 약 220억 원으로 추정된다는 사실을 발표했다. 이 사례를 바탕으로 보건복지부는 주사제 처방률과 제왕절개 분만율 공개 이후의 변화 추이를 지속적으로 모니터링 할 것이라고 발표했다. 정보공개 청구가 국가의 재정과 국민의 건강까지 되돌아보게 만든 또 하나의 성공사례다.[38]

2007년 1월 30일 광주 수완택지 주민이 한국토지공사를 상대로 낸 '수완지구 조성 원가 공개' 거부 처분 취소 소송에서 원고 승소 판결을 이끌어 냈다. 2007년 2월 15일 수원지법 행정2부는 경기 화성시 봉담 택지개발지구 내의 한 아파트 입주자협의회 운영위원이 대한주택공사를 상대로 낸 정보공개 청구 거부 처분 취소 소송에서 원고 승소 판결을 내렸다. 운영위원이 낸 정보공개 청구는 아파트의 토지비, 건축비 등 분양 원가 산출 내역과 택지 보상 내역, 건설 원가 등의 자료다. 이와 같은 판례 때문에 한국토지공사나 대한주택공사는 분양 원가나 조성 원가 공개를 무조건 반대할 수 없게 되었다.[39]

그러나 공공 기관들은 법정 투쟁을 대법원까지 끌고 가는 등 '끝까지 버티기' 수법으로 주민들을 골탕먹이곤 했다. 2007년 6월 경기 양주시 덕정 주공아파트 주민들은 대한주택공사를 상대로 1년 반에 걸친 법정 싸움을 벌이고서야 어렵게 임대아파트 건설 원가 산출 내역을 열람할 수 있었다. 이에 『한겨레』 사설은 "현행 정보공개제도의 한계를 보여주는 한 사례다. 주공 임대아파트를 분양으로 전환할 때, 건설 원가 산출 내역은 분양 값이 적정한지를 따지는 데 매우 중요한 근거 자료다. 주민들이 정보공개를 요구하는 것은 지극히 당연했다"며 다음과 같이 말했다.

"정보공개를 다루는 태도는 다른 공공 기관들도 별로 다르지 않다. 환경부는 춘천의 미군기지 캠프 페이지의 환경오염 조사 결과에 대한 정보를 공개하라는 춘천 시민 유 아무개 씨의 청구를, 국회의 비준 동의를 받은 적이 없는 한-미 주둔군지위협정 부속서를 내세워 거부하고 있다. 2심 법원도 정보공개를 거부할 이유가 없다고 판결했지만, 아직도 환경부는 요지부동이다. 공공 기관들은 정보공개를 청구하는 이들이 일부러 돈과 시간을 들여 소송을 하기가 쉽지 않다는 점을 악용하곤 한다."[40]

2008년 12월, 17대 국회의원들이 지난 2004~2006년까지 3년 동안 행한 해외 방문 외교와 관련된 자료들을 분석하기 위해 국회를 상대로 정보공개 청구 소송을 벌이던 성재호 KBS 기자는 "국민의 돈으로 운영되는 국회가 국민이 공개하라는 법을 무시하다니, 국민의 돈으로 변호사까지 사서 정보공개를 2년이 다 되도록 막고 있습니다. 정말 코미디 같은 일입니다"
라고 개탄했다. 그는 "외국 언론사의 경우 (정보공개를) 거부당하면 소송을
제기하는 경우가 비일비재하다"며 "아직까지 한국에선 회사에서 지원해
주는 경우가 드물어 나 같은 경우에도 사적으로 돈을 들여가며 하고 있는
형편"이라고 어려움을 토로했다.[41]

2013년 3월 대법원 3부(주심 김신 대법관)는 경제정의실천시민연합(경실
련)이 "4대 강 사업의 원가 정보를 공개하라"며 서울지방국토관리청과 수
자원공사를 상대로 낸 정보공개 거부 처분 취소 소송에서 원고 승소 판결
한 원심을 확정했다. 대법원은 "해당 자료가 비공개 정보에 해당하지 않고
국민의 알 권리 충족, 사업 추진의 객관성과 투명성 확보를 위해 공개하는
게 정보공개법의 취지에 부합한다고 본 원심은 정당하다"고 밝혔다.[42]

2013년 4월 서울행정법원 행정2부(부장판사 윤인성)는 이 모 씨가 국가
보훈처장을 상대로 "독립 유공 서훈 심의 위원회의 회의록을 공개해달라"
며 낸 행정 정보공개 청구 거부 처분 취소 청구 소송에서 원고 일부 승소
판결했다. 이 씨는 2011년 12월 자신의 친척 5명이 독립운동자라고 주장
하며 이들에 대한 포상 신청을 냈으나 국가보훈처는 "적극적인 독립운동
에 참여한 사실이 불분명하다"며 불인정 결정을 내렸다. 이에 이 씨는
2012년 8월 "불인정 결정을 내린 이유를 알고 싶다"며 국가보훈처에 심사
위원회의 회의록 공개를 요구했다. 그러나 정보공개법상의 이유로 공개를
거부당하자 법원에 소송을 냈다.

재판부는 "독립 유공자 관련 신청을 한 당사자에게는 어떠한 독립운동
공적이 인정, 불인정 됐는지 여부가 중대한 관심사"라며 "회의록을 공개함
으로써 국민의 알 권리를 실효적으로 보장할 필요성이 있다"고 판단했다.
다만 "심의·의결 과정에서 누가 어떤 발언을 했는지에 대해서는 외부에

공개되지 않도록 보장할 필요성이 있다"며 "회의록 중 발언 내용 외에 참석자 명단, 발언자 이름, 주민등록번호 등 개인에 대한 사항은 비공개한다"고 덧붙였다.[43]

왜 불법과 반칙엔 호루라기를 불어야 하는가?
내부 고발자 보호법

나치의 종교 정책에 저항하다가 1937~1945년 집단수용소에 수용되었던 독일의 신학자 마르틴 니묄러Martin Niemöller, 1892~1984는 1968년 10월 14일 독일 의회에서 행한 연설에서 다음과 같이 말했다.

"처음에 그들은 공산주의자들을 잡으러 왔습니다. 저는 공산주의자가 아니었고, 그래서 아무 말도 하지 않았습니다. 그다음에 그들은 사회민주주의자들을 잡으러 왔습니다. 저는 사회민주주의자가 아니었기 때문에 아무 행동도 취하지 않았습니다. 그리고 나자 그들은 노동조합 운동가들을 잡으러 왔습니다. 저는 노동조합 운동가가 아니었습니다. 그리고 그들은 유대인을 잡으러 왔습니다. 저는 유대인이 아니었습니다. 그래서 아무 일도 하지 않았습니다. 그러자 그들은 저를 잡으러 왔습니다. 그때에는 저를 지켜줄 만한 사람들이 아무도 남아 있지 않았습니다."[44]

니묄러의 이 연설은 그 누구건 불법과 반칙엔 호루라기를 불어야 하는 이유로 자주 거론된다. 호루라기를 부는 사람, 즉 '휘슬블로어whistle-blower'란 스포츠 경기에서 심판이 불법행위나 반칙을 적발해 호루라기를 부는 걸 비유한 표현으로, 미국 시민운동가 랠프 네이더Ralph Nader, 1934~가 이미 '밀고자'라는 의미로 쓰이고 있던 'informer'나 'snitcher'라는 단

어의 부정적 의미를 피하기 위해 처음 사용한 말이다.[45]

미국 · 영국 · 뉴질랜드 등 10여 개국에서는 '휘슬블로어' 또는 '딥 스로트Deep Throat'로 불리는 내부 고발자를 보호하는 법이 제정되어 있다. 미국의 각 주는 누구 및 어떤 행위를 보호하는가와 관련해 공무원뿐만 아니라 '주 및 지방자치단체와 계약 관계를 맺고 있는 기업의 직원'도 보호 대상에 포함하고 있다. 공중 보건 · 안전 · 환경 등 공익과 관련된 기업 비리를 폭로할 경우도 신고 및 보호 대상으로 정하고 있다.[46]

1978년 제정된 공무원제도개혁법은 "불법 활동과 권한 남용, 국민 건강 및 안전에 위험한 활동을 폭로 또는 신고한 경우 정부가 공무원들을 보호해야 한다"고 규정했다. 그러나 고발자에 대한 보호 규정이 너무 약해 오히려 행정부의 탄압 수단으로 이용되는 부작용이 나타났다. 이에 따라 1989년 별도의 내부 고발자 보호법이 만들어졌다. 특별 조사국이 행정부 내 독립기관으로 자리 잡아 내부 고발 내용을 조사하고 고발자를 행정부의 보복으로부터 보호하는 역할을 맡고 있다. 의회의 발의로 이뤄진 이 법안은 대통령이 한때 거부권을 행사했으나 다시 의회가 법안을 통과시켜 결국 대통령이 서명하는 진통을 겪어야 했다.

이와 함께 미국은 이른바 '링컨법Lincoln Law'으로 일컬어지는 부정주장법False Claims Act을 제정해 놓고 있다. 이 법은 기업이 정부와 맺은 계약과 관련해 부정을 저지른 경우 내부 고발을 허용하고 나아가 정부는 고발자에게 되찾은 돈의 15~30퍼센트를 보상금으로 지급하도록 규정하고 있다. 링컨법은 남북전쟁 당시 톱밥을 화약에 섞거나 같은 말馬을 두세 번 팔아먹는 군수물자 부정 사례가 빈발하면서 만들어졌다. 남북전쟁 종료 이후 유명무실해졌다가 1980년대 후반에야 다시 빛을 보게 되었다.[47]

2002년 엔론Enron · 월드콤Worldcom 등 기업의 대형 회계 비리 사건이 계기가 되어 '사베인옥슬리법Sarbanes-Oxley Act'이 제정되었다. 회계 부정을 비롯해 투자자에게 피해를 입힐 수 있는 회사의 문제점을 회사의 상사나 정부에 제보하는 내부 고발자를 보호하는 법안인데, 제보를 이유로 보복을 받을 경우 소송을 통해 구제 받을 수 있는 길을 열어놓고 있다.

2006년 10월 오라클은 2005년 인수한 소프트웨어 회사 피플소프트가 프로그램을 연방정부에 제공하면서 값을 높게 받아왔다는 사실이 전직 직원의 제보로 밝혀져 9,850만 달러의 벌금을 부과 받은 반면, 제보 직원은 내부 고발자 보상 규정에 따라 무려 1,770만 달러의 보상금을 받았다. 그러나 이는 지극히 예외적인 경우며, 기업들은 내부 고발을 막기 위해 몸부림치고 있다. 2008년 1월 『워싱턴포스트』는 "회사들이 내부 고발자 보호법을 무력화시키기 위해 다양한 대책을 짜내 법이 유명무실해질 위기에 놓였다"면서 "기업들이 내부 고발자 법안을 최대한 좁게 해석해 스스로를 방어하려고 하고 있다"고 보도했다.[48]

2010년 7월 25일, 전 세계를 깜짝 놀라게 만든 사건이 터졌다. 7월 25일 폭로 전문 사이트 '위키리크스WikiLeaks'가 9만 1,731건(2004~2009년 작성)의 아프가니스탄 전쟁 관련 미군 기밀문서를 공개한 사건이다. 영국 BBC는 "미군 역사상 최대 규모의 기밀 누출 사건이 터졌다"고 했다.[49] 전 세계를 떠들썩하게 만든 이 기밀 누출 사건의 제보자는 미군 일병인 브래들리 매닝Bradley Manning, 1987~이었다. 그는 폭로 뒤 군법회의에 회부되어 징역 35년 형을 선고받고 복역 중이다.

이 내부 고발과 관련, '펜타곤 기밀문서' 사건의 주인공 대니얼 엘스버그Daniel Ellsberg는 2011년 6월 13일 영국 일간지 『가디언』에 기고한 「왜 펜타곤 페이퍼가 지금 중요한가」라는 글에서 "내가 한 실수를 되풀이하지 말라"며 내부 고발을 촉구했다. 기밀 자료를 너무 늦게 공개하는 실수를 범하지 말라는 것이다. 엘스버그는 "정보공개로 인해 개인이 감수할 위험은 엄청나지만 전쟁에 따른 인명 희생은 막을 수 있다"고 말했다.[50]

2013년 6월, 매닝에 이어 미국 중앙정보국CIA과 국가안보국NSA에서 일한 에드워드 스노든Edward J. Snowden, 1983~은 국가안보국의 무차별 대량 감시 실태를 폭로함으로써 사상 최대의 미국 국가 기밀 폭로자가 되었다. 스노든은 매닝과는 달리 위키리크스를 거치지 않고 바로 영국 일간지 『가디언』과 접촉해 직접 폭로하는 길을 택했다. 곧 미국의 『워싱턴포스트』도 가세했다.

위키리크스 폭로 문건 중 기밀 취급 중간 등급인 '극비'로 취급된 문서는 전체의 6퍼센트 정도였지만, 스노든이 미국 국가안보국과 그 협력 기관인 영국 정보기관 정부통신본부GCHQ에서 빼낸 수만 건의 문서들은 대부분 '일급 기밀문서'였고, 영국식 기밀 분류 단계에서 상위, 최상위급에 속하는 일급 스트랩1, 스트랩2급 문서들도 있었다. 스노든은 폭로이유와 관련, "나는 내가 말하는 모든 것, 내가 하는 모든 일, 내가 말하는 모든 상대, 창작이나 사랑 또는 우정의 모든 표현이 (외부 기관에 의해 아무런 동의 절차도 없이) 기록되는 세상에 살고 싶지 않다"고 했다.[51]

스노든은 폭로 후 기약 없는 망명 생활을 하게 되었지만, 미국 퓰리처상 위원회는 2014년 『가디언』과 『워싱턴포스트』 기자들에게 공공서비스 부문 퓰리처상을 주었다. 퓰리처상위원회는 『워싱턴포스트』 보도에 대해 "좀더 큰 국가 안보가 무엇인지를 대중에게 이해시켰다"는 심사평을 내림으로써 아무리 명분(국가 안보)이 중요하더라도 편법적으로 민간을 감시하는 행위는 더 크게 봤을 때 나라의 안보를 해칠 수 있다는 메시지를 던졌다.[52]

내부 고발의 장려인가, 억제인가?
부패방지법 · 공익신고자보호법

한국의 내부 고발은 어떤가? 1990년 5월 감사원의 이문옥 감사관이 재벌 소유의 비업무용 부동산에 대한 감사 보고의 내용을 신문을 통해 밝혔다고 해서 업무상 비밀 누설 혐의로 검찰에 구속된 사건이 발생했다. 이문옥 감사관의 구속 근거가 된 형법 제127조는 "공무원 또는 공무원이었던 자가 법령에 의한 직무상 비밀을 누설한 때에는 2년 이하의 징역이나 또는 5년 이하의 자격정지에 처한다"고 규정하고 있다.

이 감사관은 6년여에 걸친 법정 투쟁 끝에 1996년 5월 10일 대법원에서 무죄 확정판결을 받았다. 대법원 형사2부(주심 이용훈 대법관)는 판결문에서 "형법 127조에서 공무원 또는 공무원이었던 자가 누설할 수 없도록 한 직무상 비밀은 법령에 의해 비밀로 규정됐거나 비밀로 명시되지 않았다 하더라도 정치 · 군사 · 외교 · 경제 · 사회적 필요에 따라 비밀로 된 사항 등을 포함하는 것이나 이 조항에서 말하는 비밀이란 실질적으로 비밀로서 보호할 가치가 있다고 인정할 수 있는 것이어야 한다"며 "이 사건의 감사 보고서 내용은 공무상 비밀에 해당한다고 할 수 없다고 판단한 원심 판단은 정당하다"고 밝혔다.[53]

이문옥 감사관은 1996년 10월 11일 파면 취소 판결을 받아 복직했다가 1999년 12월 31일 정년퇴직했다. 그는 퇴임할 때 정부가 장기근속 공무원에게 수여하는 녹조근정훈장 수상을 거부했다. 그 이유는 간단했다. "정부가 부패방지법을 제정하지 않는 한 훈장을 받을 수 없습니다."

1994년 참여연대 등에 의해 '내부 고발자 보호법안'이 입법 청원되었으나 통과에 실패하고 대신 2002년 부패방지법에 내부 고발자 보호 규정이 일부 포함되었다. 그러나 부패방지법은 내부 고발자가 보호받을 수 있는 부패 행위를 △ 공직자의 부패 행위, △ 공공 기관에 재산상 손해를 가한 행위로 한정하고 있다. 공공 기관이 내부 고발자에게 보복성 징계를 한 경우 원상회복을 명령할 수 있지만, 민간 기업의 내부 고발자는 보호의 사각 지대에 놓여 있는 것이다. 이와 관련해 2007년 8월에는 내부 고발자가 비공직자인 경우에도 보호받을 수 있도록 부패방지법이 개정되었다. 민간 기업과 민간단체 소속 내부 공익 신고자도 공직자의 경우처럼 부패 행위 신고를 이유로 신분상 불이익을 받았을 때 국가청렴위원회가 원상회복 등 적절한 조치를 요구할 수 있도록 바뀐 것이다.

그러나 참여연대 맑은사회만들기본부 이재근 팀장은 "국민들이 청렴위의 내부 고발자 보호를 별로 신뢰하지 않기 때문에 이번 법안 개정만으로 민간 기업에서 내부 고발이 활성화될 것 같지는 않다"며 "특히 삼성은 퇴직 후에도 임원들을 일정 기간 (돈으로) 관리하기 때문에 내부 고발자가 나오기 힘든 구조"라고 말했다.[54]

2011년 공익신고자보호법이 제정되면서 한국의 내부 고발자 보호 및 보상 제도는 민간부문은 공익신고자보호법으로, 공공 부문은 부패 방지 및 국민권익위원회의 설치와 운영에 관한 법률(2002년)에 포함된 보호로 양분되었다. 현행 공익신고자보호법은 180개 법률 위반 행위를 신고한 경우만 신고자를 보호하도록 하고 있는데, 여기에는 공익 제보의 상당 부분을 차지하는 형법상 배임이나 횡령, 사립학교법 위반 등이 빠져 있어 문제가 크다. 예를 들어 매출금을 비자금으로 전용한 것이나 정원을 초과해 얻은 이익을 횡령한 것과 같은 범죄를 신고하더라도 현행 공익신고자보호법에 따르면 신고자는 보호를 받지 못한다.[55]

2013년 3월 18일 서울대학교 행정대학원에서 열린 정책·지식 포럼에선 내부 고발자 보호법이 제정된 지 10년이 지났지만 현행 신고자 보호 제도는 국민권익위원회의 독립성 부재 등으로 사전 예방적인 실질적 보호 장치가 미흡하며 공공부문에 대한 내부 고발자 보호 제도가 공익신고자보호법처럼 개별법으로 제정돼 있지 않아 부정부패를 척결한다는 입법 취지를 살리기 어렵다는 비판이 제기되었다.

'계룡대 군납 비리'를 내부 고발했던 김영수 권익위 국방보훈민원과 조사관은 권익위의 조사권 부재로 증거 제출 책임이 신고자에게 있는 부패방지법이 가장 불합리하다고 목소리를 높였다. 부패 방지 및 국민권익위원회의 설치와 운영에 관한 법률은 부패 행위를 신고하고자 하는 자는 신고 대상과 부패 행위의 증거 등을 함께 제시해야 한다고 명시하고 있다. 또 진위 여부가 필요할 시 권익위는 자료 제출을 피고발인이 아닌 고발인에게 요구하고 있는 실정이다. 김영수 조사관은 "권익위는 부패 사건에 대한 조사권이 없고 심사권만 있다. 고발자가 완벽한 증거를 내놓아야 신고를 받을 수 있는 구조"라고 한탄했다.

박흥식 중앙대학교 공공인재학부 교수도 "부패방지법에서 신고 기관으로 하고 있으나 권익위에 별도의 신고 건에 대한 조사권을 주고 있지 않고 기본적인 조사 이후 이첩하도록 돼 있다"며 "권익위가 조사권을 가져야 하며 접수된 비리 내용을 확인할 수 있도록 제한적인 계좌 추적권과 비리가 발생한 국가기관에 대한 문서 제출을 요구할 수 있어야 한다는 주장에 대해 보다 전향적인 논의가 필요하다"고 역설했다.

박흥식 교수는 발전적 대안으로 익명의 공익 신고가 가능해야 한다고 제안했다. 그는 "신고자의 신분이 드러날 경우 피신고자와 조직 구성원에 의한 보복 행위가 반드시 뒤따르게 된다"며 "공익신고자보호법은 무분별한 신고를 막기 위해 익명의 공익 신고를 허용하고 있지 않지만 공익 신고

시 반드시 그에 대한 증거를 함께 제출해야 하기 때문에 이로써도 충분히 무분별한 신고는 막을 수 있다"고 주장했다. 이 밖에 중장기적으로는 부정행위로 정부가 입은 손해에 대해 벌금을 부과하는 징벌적 배상 제도의 도입과 부패방지법과 공익신고자보호법의 일원화가 필요하다는 의견도 제기되었다.[56]

2015년 7월 6일 공익신고자보호법 개정안을 국회가 통과시켰다. 이에 『경향신문』은 "국민권익위원회가 하는 내부 고발자 보호 조치 결정의 실효성을 높이기 위해 이행 강제 제도를 도입하고 행정소송 중에도 효력을 유지하도록 했다. 내부 고발 인정 범위도 지금보다는 좀더 넓혔다. 다행이다"면서도 다음과 같이 말했다.

"그러나 신분 노출이 가장 두려운 일인 만큼 변호사를 통해 내부 고발을 대신하는 경우나 언론사에 먼저 내부 고발한 경우도 보호 대상으로 하자는 것은 반영되지 못했다. 다음 국회를 기대한다. 내부 고발자 보호 제도만 잘 갖춰도 정부가 목소리 높이는 '부패와의 전쟁'도 이길 수 있고, 세월호 참사 같은 대형 재난도 막을 수 있다. 정치적 반대 그룹 부패 혐의 조사에 검찰을 동원하느라 힘쓰는 것보다, 국민안전처 같은 이상한 조직을 만드는 것보다 더 중요하다."[57]

한국은 어떻게 내부 고발을 억제하는가?
불감 사회

부실한 법이나마 법원이라도 제 정신 차려주면 좋으련만, 현실은 전혀 그렇지 못하다. 1996년 내부 고발로 감사원에서 파면된 현준희의 경우가 좋은 사례다. 그는 2008년 11월에야 마침내 대법원에서 무죄 확정판결을 받아냈다. 재판부(주심 전수안 대법관)는 "현 씨의 양심선언은 헌법상 독립적·중립적 기관인 감사원의 기능을 공정하게 수행하도록 촉구하고, 공공이익을 위한 것으로 보기에 충분하다"며, 현준희에게 무죄를 선고한 원심을 확정했다.

그러나 12년 세월 동안 현준희는 가난과 고통 속에서 신음해야만 했다. 현준희는 "감사원보다 대법원이 더 밉다"고 했다. 그는 1996년 1심, 2000년 2심에서는 명예훼손 혐의에 대해 무죄를 선고받았다. 그런데 2002년 대법원(당시 주심 이규홍 대법관)이 하급심 결과를 뒤집어 유죄 취지로 파기환송을 했다. 그러나 2006년 파기환송심은 극히 이례적으로 대법원 판결을 깨고 다시 무죄를 선고했다. 그만큼 당시 대법원의 판단은 잘못되었다고 현준희는 말한다. 현준희는 40대 초반 싸움을 시작할 때만 해도 "이런 '간단한' 사건이 12년을 끌지 몰랐다"고 했다. 그래서 "이겼다고 좋아해야 하는데, 누구 하나 책임지고 사과하는 사람이 없다는 것에 화가 난다"고 말했다.[58]

이게 바로 한국 내부 고발 문화의 현실이다. 한 공무원은 "그 조직 안에서 누가 어떻게 돈 받아먹는지 다 안다. 내부 고발자 보호법이라도 제대로 만들어져 시행된다면 비리의 90%는 차단할 수 있을 것이다"라고 말한다.[59] 생각하면 생각할수록 참 희한한 일이다. 정부와 정치권은 기회가 있을 때마다 부정부패 척결을 외치면서도 부정부패 척결에 가장 효율적이라는 내부 고발을 왜 적극 보호하지 않는 것일까?

그건 아마도 입으로는 뭐라고 떠들건 부정부패의 존속을 원하는 세력이 이 나라의 상층부에 그렇지 않은 세력보다 더 많기 때문일 것이다. 게다가 조직 내의 의리를 중시하는 문화적 저항도 만만치 않다. 이에 대해 이문옥 전 감사관이 남긴 명언이 하나 있다. "도둑놈끼리 지키는 의리가 무슨 의리입니까?"[60]

지금 우리 사회엔 "나는 불의를 고발했다. 그러나 정작 싸움의 상대는 불감 사회였다"는 절규가 외쳐지고 있다. 참여연대 공익제보지원단이 기획하고 이 지원단의 실행 위원 신광식이 지은 『불감 사회: 9인의 공익 제보자가 겪은 사회적 스트레스』(2006)라는 책은 읽기에 고통스럽다. 공익 제보자들이 겪은 고통이 가슴 아파 고통스러운 점도 있지만, 더욱 고통스러운 건 대다수 선량한 사람들이 그 공익 제보자들이 겪은 고통의 가해자일 수 있다는, 아니 가해자라는 사실 때문이다.

'추천의 글'을 쓴 공익제보단장 김창준이 지적한 "한국 사회 특유의 이중 잣대와 위선, 조직문화의 폭력성, 저급한 의리 의식, 절대 권력에 굴종하는 비열한 인간 군상 등 한국 사회의 모순"에서 자유로운 사람이 과연 얼마나 있을까?[61] 평소엔 모든 사람들이 그 모순을 키우는 데에 직·간접적으로 일조해 놓고 막상 자신이 피해자가 되거나 불이익을 당할 경우에 한해서 울분을 터뜨리며 이 사회에 정의가 있느냐고 묻는 일은 그 얼마나 흔한가.

김창준은 "공익 제보자들은 우리 공동체의 커다란 명분을 위하여 정당한 행위를 하고 있다고 믿었는데 우리는 좀더 작은 이익집단의 이해관계에 반한다는 이유로 이들에게 사실상 집단적으로 가혹 행위를 하였다"고 개탄했다.[62] 그런데 왜 우리는 평소엔 이 사회의 부정부패를 개탄하는가? 나와 내 조직의 부정부패는 '사람 사는 인정'이지만 너와 네 조직의 부정부패는 척결되어야 할 악惡으로 보기 때문은 아닌가? 신광식의 다음과 같은 결론이 가슴 아프게 다가온다.

"한국 사회에서 제보자들의 가혹한 경험을 고려할 때 공익 제보는 장려

될 수 있는 방법이 아닐 수 있다. 이들에게 희생을 감수하고 공동체를 위하여 결행하도록 장려할 만큼 공동체의 신의와 도덕성은 아직 충분히 축적되지 못했다.……바람은 공익 제보의 방법이 좀더 조심스럽게 자신의 보호를 염두에 두는 방향으로 문화적 형성을 해 나가는 것이다."[63]

2011년 7월 5일 위키리크스의 전 대변인 다니엘 돔샤이트베르크Daniel Domscheit-Berg가 참여연대와 전국공무원노조, 정보공개센터 등이 결성한 반부패네트워크가 '부패방지법 제정 10주년'을 기념해 마련한 반부패 국제 심포지엄에 초청을 받아 방한했다. 돔샤이트베르크는 위키리크스보다 투명하고 민주적이고 탈권위적인 사이트를 표방한 '오픈리크스openleaks. org'를 설립했는데, 오픈리크스는 멤버들 사이에 의견이 일치하지 않을 경우 가위바위보로 의사를 결정한다고 할 만큼 탈권위적인 조직을 지향했다. 그는 『시사인』과의 인터뷰에서 "한국에는 '공익 제보자'라고 하더라도 사람들이 그를 배신자로 간주하는 문화가 있다. 그래서 공익 제보자들이 나서지 못하는 경우도 많다"는 질문에 대해 다음과 같이 답했다.

"첫 번째 관건은 익명성이다. 공익 제보자는 법적으로나, 사생활을 포함한 모든 면에서 익명을 보장해주어야 한다. 두 번째 관건은 '공익 제보자whistle blower'라는 개념이 제대로 이해되지 않고 있다는 점이다. 그루지야를 예로 들어보자. 그루지야는 부패가 만연했다. 공익 제보자를 '쥐', '밀고자', '배신자'라고 부르곤 했다. 그러자 국제투명성기구에서 기자 6명과 NGO 활동가 3명, 언어학자 3명을 저녁 식사에 초청해 공익 제보자에 적합한 현지 명칭을 찾는 작업을 벌였다. 회의 끝에 현지어로 '빛을 가져오는 사람light bringer'이라는 단어가 채택되었다. 미디어를 통해 이 단어의 뜻을 알리는 대대적 캠페인을 벌였고, 6개월~1년 뒤에는 모든 사람이 이 개념을 긍정적으로 이해하게 되었다. 장기적 관점에서는 사회가 그들(공익 제보자)을 보호하기 위한 제도를 만들어야 한다. 시민단체에 찾아가 제보를 하기 어려울 경우 언론을 찾아가야 하는데, 어떤 기자를 믿을 수 있는지 알기 힘들다. '오픈리크스'는 제보자와 적절한 언론인을 연결해주는 시스템을 가지고 있다."[64]

내부 고발자는 '빛을 가져오는 사람'이건만 그들이 겪어야 할 고난의 길은 험하기만 하다. 박흥식·이지문·이재일이 2014년에 출간한 『내부고발자 그 의로운 도전』은 내부 고발자가 겪게 되는 시련은 생각보다 훨씬 더 가혹하다고 말한다.

"처음에는 옳고 그름의 다툼 정도로 시작되나, 차츰 권력과 인간관계의 문제로, 이어서 개인에 대한 참기 어려운 모욕으로, 나중에는 인간의 존재 의미마저 부정당하는 단계로 이어지기도 한다. 다툼은 곧 모든 것을 거는 싸움이 되고, 물러설 수 없는 싸움으로 발전한다. 그리고 이런 게임은 룰이 없는 이전투구의 모습을 보인다. 그런데 상대는 조직과 권력이 있는 다수이고, 내부 고발자는 아무 것도 가진 것 없는 단기필마이다."[65]

내부 고발자에 대한 여론의 환호와 지지가 있지 않느냐고? 그러나 그런 환호와 지지는 그렇게 오래 가지 않으며 기대만큼 큰 힘도 되지 못한다. 이 책은 그런 '사회적 지지의 환상'에 대해 "진정한 용기라고 칭송하다가도 곧 식는다. 대부분 안타까워하거나 자책하는 정도이며, 그마저도 잠깐인 경우가 많다"며 다음과 같이 말한다.

"많은 보통 사람들은 불의나 도덕, 옳고 그름을 돌아보기에는 자신의 일이 너무 많고, 다른 것을 챙길 경황이 없다. 내부 고발자의 용기 있는 행동에 대해 사회는 생각처럼 그렇게 고마워하거나 기억해주지 않을지도 모른다. 조직이 잘못했다는 것을 알면서도 자신의 작은 이익 때문에 곧 조직을 두둔하고 나서는 이들도 어렵지 않게 볼 수 있다. 상식이 통한다고 하지만 실상은 그렇지 않고, 어쩌면 세상 사람들은 '바른 말을 하면 다친다'는 생각을 더 믿을지도 모른다."⁶⁶

KT의 공익 신고자였던 이해관 통신공공성시민포럼 대표는 『슬로우뉴스』와 인터뷰에서 "'고발'은 짧고 '고통'은 길다"고 했다. 이명박 정부 때 벌어진 민간인 불법 사찰을 폭로했던, 당시 국무총리실 윤리지원관실에서 재직하던 장진수 전 주무관은 그 내부 고발로 인해 징역 8월 집행유예 2년 형을 선고받고 공무원에서 파면되었다. 그는 "'고발'은 짧고 '고통'은 길다"는 말에 대해 다음과 같이 말했다.

"평생의 직장에서 쫓겨나게 됐다. 대부분의 공익 신고자가 이렇게 된다. 부당해고 재판 끝에 복직하는 경우도 있지만 징계를 내리거나 왕따를 시켜 못 버틴다. 생계가 어려워진다. 직장이 끊긴다는 건 인맥이 다 끊긴다는 의미이기도 하다. 시간이 흐르면 사회적 관심까지 줄어든다. 그즈음이 되면 대단히 힘들다. 그래서 고통이 길다고 표현한 것 같다. 고통이 길지 않은 세상이 됐으면 한다."⁶⁷

제6장

취재원 보호

왜 취재는 수정헌법 제1조의 적용 대상이 아닌가?
취재 · 보도의 분리

기자의 취재원 보호와 관련된 핵심적인 질문은 취재와 보도의 관계에 관한 것이다. 보도의 자유는 보장받아도 취재의 자유는 보장받지 못하는 경향이 있기 때문이다. 미국 법원은 취재를 보도의 준비 행위로 간주해 수정헌법 제1조의 적용 대상에서 제외시키는 경향을 보여왔다. 이는 달리 말하면, 기자가 취재를 위해 정부의 정보에 접근할 수 있는 권리를 헌법으로 보장해주기는 어렵다는 것이다.

일반 공중과는 달리 기자에게만 그런 특권을 베푸는 데에 따르는 문제가 만만치 않기 때문이다. 과연 누가 '기자'이고 누가 '언론'인가 하는 문제가 발생할 수 있다.[1] 혼자서 신문을 내는 사람의 행위는 언론 행위가 아니란 말인가? 그렇게 범위를 넓게 잡을 경우, 정부 정보를 실질적으로 모든 사람에게 다 공개해야 한다는 문제가 발생한다. 그래서 법원은 '제한된'

접근권만 인정하고 있다. 당연히 기자의 취재원 보호도 그런 문제의 연장선상에서 다뤄지고 있다.

이 논란은 19세기로 거슬러 올라간다. 1896년 메릴랜드주에선 『볼티모어선』의 J. J. 모리스 기자가 법정에서 취재원을 밝히기를 거부한 사건이 계기가 되어 최초로 기자들에게 제한적인 진술거부권을 허용하는 법이 제정되었다. 이 사건의 전말은 이렇다.

모리스는 대배심에서 심리 중인 어느 중대 사건에 관한 판결 내용을 예측하는 기사를 보도했는데, 그 보도 내용이 실제의 판결과 거의 일치해 재판소에서는 모리스를 법정으로 소환해 기사의 출처, 즉 뉴스원源을 밝히도록 명령했다. 모리스가 뉴스원의 공표를 완강히 거부하자 대배심은 법정모욕죄로 그에게 수일간의 금고형을 선고했다. 모리스의 투옥 사건을 계기로 『볼티모어선』은 뉴스원을 보호해 취재 보도의 자유를 보장하는 주법을 제정하기 위한 운동을 시작했다. 그 운동이 곧 주효해서 모리스가 석방된 지 2개월도 못 되어 메릴랜드주 의회는 법률을 제정하게 된 것이다. 이법의 주요 내용은 다음과 같다.

"신문이나 잡지의 제작을 담당하거나 이에 관계하거나 고용되어 있는 사람은 어떠한 소송 절차나 또는 입법부의 위원회가 기타의 심리에 관해 그가 스스로 취득·입수하여 그가 종사 하거나 또는 고용돼 있는 신문이나 잡지에 발표한 뉴스나 정보의 출처를 밝히도록 강요되어서는 아니 된다."[2]

그러나 이런 보호 조치는 연방 입법 수준으로 나아가진 못했다. 연방대법원은 1972년 세 명의 기자와 관련된 세 사건을 합병 심리한 '브랜즈버그 사건Branzburg v. Hayes'의 판결에서 5대 4의 다수로 기자의 취재원 보호를 위한 법정 출두 및 증언의 거부가 법적으로 근거가 없는 것이라고 판시했다. 연방대법원은 기자에게 주(州)나 연방의 대배심에 출두해 증언하도록 요구하는 것이 수정헌법 제1조가 보장하는 언론·출판의 자유를 침해하지 않으며 뉴스원의 범죄적 행동이나 그와 관련된 증거를 음폐陰蔽하기로 동의한 것이 헌법상 증언에 관한 기자의 특권을 발생시키지 않는다고 본 것이다.

브랜즈버그 사건은 켄터키주 루이스빌Louisville에 있는 『쿠리어저널The Courier-Journal』의 기자인 폴 브랜즈버그Paul Branzburg가 자신이 쓴 마약 관련 기사의 취재원을 밝히라는 법원의 요구를 거부한 사건이다. 비슷한 시기에 '블랙 팬더The Black Panthers'에 관한 기사를 쓴 『뉴욕타임스』의 얼 콜드웰Earl Caldwell 기자와 매사추세츠주의 텔레비전 기자인 폴 파파스Paul Pappas도 취재원을 밝히는 걸 거부했는데, 이 세 사건을 합병 심리한 것이 바로 브랜즈버그 판결이다.[3]

그러나 이 판결은 기자의 뉴스 취재원 보호를 위해 연방이나 주 의회가 필요한 입법 조치를 취하는 것은 자유라고 규정했다. 이는 연방 입법을 촉구한 것으로 여겨져 이 판결 이후 20여 건의 각종 법안이 제출되었지만 모두 다 실패로 돌아가고 말았다.

브랜즈버그 판결은 당시의 시대적 상황으로 인해 미국 언론계에 큰 파문을 던졌다. 1968년의 시카고 민주당 전당대회의 폭동 사건 이후 법무성을 비롯한 정부 기관이 블랙 팬더(흑표범)단, 민주사회학생단 등 과격 단체 단속을 이유로 다수의 기자들에게 출두와 취재 메모, 필름, 서신 등 기타 자료의 제출을 요구하는 소환장subpoena을 마구 발급하던 때였기에 그 판결은 언론인들에게 적지 않은 충격을 준 것이었다. 법무성은 그때 과격 집단의 일제 소탕을 위해 그들을 기소하기 위한 증거를 대량으로 준비 중이었던 것으로 알려졌는데, 소환장 남발로 언론계의 반발에 부딪치자 당시

존 미첼John N. Mitchell, 1913~1988 법무장관이 기자에 대한 소환장을 발부할 때는 반드시 자신의 사전 승인을 받도록 지시할 정도였다.

당시 『뉴욕타임스』는 사설을 통해 "경찰, 대배심, 기타 정부 기관의 자료 요구는 신문·방송의 중요한 취재원을 고갈시킬 뿐만 아니라, 언론기관이 공중에게 정보를 전하는 독립된 조직이 아니라 정부를 위한 수사기관의 구실을 하고 있다는 인상마저 주게 될 것이다"라고 경고했지만, 많은 언론사들이 반발하면서도 결국 굴복해 정부의 증거 제출 요구에 응하거나 증인으로 출두했다.[4]

1972년 11월 캔자스시티에서 열린 AP 회원사 편집국장회의APME는 이 판결과 관련해 결의문을 채택했다. 결의문은 "APME는 재판소가 법정모욕죄에 관한 권한을 더욱 빈번히 행사하여 비밀 정보원의 폭로를 기자들에게 강제함으로써 뉴스를 검열하고자 하는 사실을 깊이 우려한다"며 다음과 같이 말했다.

"그러한 재판소의 조치가 멋대로 허용된다면 출처를 밝히지 않는다는 조건으로 지금까지 정보를 얻어 온 기자들이 정보원으로부터 뉴스를 얻어 그것을 국민에게 전달하는 것이 불가능하게 된다는 것이 가장 염려스러운 것이다. 신문은 다년간에 걸쳐 조사 탐구의 보도를 계속하여 공직자나 사인私人의 부정을 폭로하는 등 국민의 알 권리를 위한 정보를 수많이 보도해 왔다. 그러한 보도는 공공의 이익을 위해 존재하는 것이며 정보원을 밝히지 않으면 투옥한다는 위협으로 저해되어서는 안 되는 것이다. 최근 수년간에 있어서 몇 가지 사건은 뉴스원의 보호를 지켜줄 수 있는 연방 또는 주의 법률이 필요함을 말해주고 있다."[5]

1972년 그 유명한 워터게이트 사건에서 『워싱턴포스트』의 두 기자는 취재원을 끝내 밝히지 않은 채 버텼는데, 이 사건의 전말은 이렇다. 1972년

6월 17일 리처드 닉슨Richard M. Nixon, 1913~1994 대통령의 재선을 위해 비밀공작반이 워싱턴 서쪽 워터게이트 빌딩의 민주당 전국위원회 본부 사무실에 무단 침입해 도청 장치를 설치하려다 발각된 사건이 벌어졌다. 처음에는 단순 주거침입으로 주목받지 못했지만 2년 후 미국 역사상 최초의 대통령 사임이라는 결과를 가져왔다. 닉슨은 1974년 7월 하원 사법 위원회에서 탄핵 결의가 가결된 후 8월 8일 스스로 대통령직에서 물러났으며, 대통령직을 승계한 제럴드 포드Gerald Ford, 1913~2006는 9월 8일 닉슨의 모든 죄를 특별사면 했다.

『워싱턴포스트』의 두 기자 밥 우드워드Bob Woodward, 1943~와 칼 번스타인Carl Bernstein, 1944~은 이 워터게이트 사건에 대해 잇따라 특종을 터뜨렸는데, 이들에게 정보를 준 익명의 제보자를 가리켜 '딥 스로트Deep Throat'라는 별명이 붙었다. 원래 '딥 스로트'는 1972년에 개봉된 최초의 합법적 포르노 영화 제목이었지만, 이후 '은밀한 제보자' 또는 '심층 취재원'을 가리키는 보통명사가 되었다. '딥 스로트'의 정체를 놓고 그간 수많은 추측들이 난무했는데, 33년만인 2005년 5월에서야 월간지 『배너티페어』의 보도를 통해 모든 진실이 밝혀졌다.

'딥 스로트'는 당시 연방수사국FBI 2인자였던 마크 펠트Mark Felt, 1913~2008였다. 이제 91세가 된 그가 왜 스스로 자신의 정체를 드러낸 것인지, 당시 정보를 제공한 진정한 동기는 무엇이었는지, FBI와 백악관의 힘겨루기 때문에 누설한 것이라면 워터게이트 사건을 재평가해야 하는 건 아닌지 등에 대한 논란이 분분한 가운데 미국 사회엔 한동안 '워터게이트 복고 열풍'이 불었다.[6]

그러나 모든 기자들이 우드워드와 번스타인처럼 화려한 무용담의 대접을 받을 수는 없는 일이었다. 『뉴욕타임스』는 1978년 8월 6일자 사설

「Our Man in Jail」에서 "수정헌법 제1조는 보도뿐만 아니라 취재에까지 적용되어야 한다"면서 다음과 같이 주장했다.

"겁먹고 위협받고 당혹한 소스들이 날마다 우리 기자들에게 그들의 정체를 비밀에 붙인다는 것을 조건으로 해서 사실이나 고백, 소문, 고발 등을 전해주고 있다. 그중 어느 한 소스라도 배반한다면 그 모든 소스를 위태롭게 하는 결과가 될 것이다."[7]

그러나 1980년대는 물론 1990년대 들어서도 기자들에 대한 소환장 발부는 왕성하게 이루어졌다. 1991년에 미국의 언론인들에게 발부된 소환 영장은 모두 443개 언론사를 대상으로 3,281건이나 되었으며, RCFP Reporters Committee for Freedom of the Press의 조사에 응하지 않은 언론사가 반이 넘어 실제 발부 건수는 2배가 넘을 것으로 추산되었다.[8]

1997년에 발부된 압수수색영장search warrant 및 소환 영장subpoena은 모두 2,725건에 이르렀다. 형사사건 검사나 피고인의 의뢰인에게서 제기된 소환장이 대부분이고 정부 관련 사건, 혹은 개인 분쟁에 의해서 제기된 것들도 있었다.[9]

소환 영장은 법원의 권위에 따라 증인을 법정에 출석시키기 위해 발부하는 영장인데, 이 영장에 불응할 때는 법정모독죄로 처벌받게 될 수 있으며, 압수수색영장은 수색과 압류의 권한을 포함하는 법관의 명령이다.[10] 'Privacy Protection Act of 1980'은 뉴스룸이나 기자의 집을 수색할 때엔 수색 영장search warrant이 아닌 소환장subpoena을 발부받을 것을 요구한다. 단 기자가 범죄 혐의를 받고 있거나 자료가 훼손될 우려가 있을 경우엔 수색 영장만으로도 수색이 가능하다.[11]

전화 회사는 시외전화의 경우 전화 기록을 6개월간 보유하게 되어 있는데, 1974년 AT&T는 subpoena 없이 정부에 전화 기록을 주지 않겠다고 선언했다. 또 subpoena에 의해 전화 기록을 주더라도 전화 가입자에게 즉시 통고하겠다고 밝혔다. 그러나 중범죄 수사에서 전화 가입자에게 알릴 경우 수사에 지장이 있을 경우엔 알리지 않겠다는 단서를 달았다. 이에 대해 언론자유를 위한 기자 위원회The Reporters Committee for Freedom of the Press는 전화 회사가 정부에 전화 기록을 넘겨주는 것 자체에 대해 항의해 소송을 제기했지만, 법원은 1978년 '언론자유를 위한 기자 위원회 대 AT&T Reporters Committee v. AT&T' 사건에서 전화 회사에 승소 판결을 내렸다.[12]

2006년 8월 연방 검찰 당국은 취재원을 확인하기 위해 『뉴욕타임스』 기자 두 사람의 전화 통화 내역을 조사할 수 있게 되었다. 이에 반발한 판사는, 앞으로 기자가 취재원을 만날 때에는 마약 밀매업자들이 서로 만나듯이 '어두운 출입구에서' 불법적으로 비밀스럽게 만나야 할지도 모른다고 우려했다.[13]

왜 감옥에 가는 기자들이 영웅이 되는가?
미국의 법정모욕죄

"뉴스원 보호의 서약은 어떠한 희생을 치르더라도 지키지 않으면 아니 되며 따라서 경솔한 서약을 해서는 아니 된다. 비밀을 지킬 명확하고 절실한 필요가 없는 한 정보원은 명확하게 밝혀야 한다." (미국신문편집인협회 윤리강령 제6조)

"방송 언론인들은……정보와 그 제공자를 보호해야 할 언론 윤리를 숙지해야 하고, 공익을 해치지 않는 한, 확고하게 지켜야 한다." (미국 라디오 텔레비전 보도국장협의회RTNDA 방송 보도 강령 제4항)

"뉴스 출처의 공개 요구를 거절할 경우에 직원은 재판에 회부되거나 투옥·벌금 등을 각오해야 한다. 이때 뉴스 출처 공개 여부는 방송사와 관계 없이 개인의 판단에 따른다. 그러나 언론에서의 오랜 관행이고 NBC도 지지하는 바, 만일 기자가 출처 공개를 거부할 때 방송사는 모든 법률적 절차를 전적으로 지원한다. 이 지원에는 NBC 경영진에 의한 보도 관련 지도와 법률 부서의 법적 지도가 포함된다. 만일 직원이 회사로부터의 법률 지원을 거부한다면 그가 필요로 하는 법적 후원 경비를 회사가 부담한다." (미국 NBC 뉴스 업무 지침)[14]

이와 같이, 언론은 취재원 보호를 금과옥조金科玉條로 여기고 있지만, 법률가들은 그러한 기자의 권리(언론의 자유)가 법정에서의 의무보다 우선할 수는 없는 것이라고 주장한다. 그래서 취재원 보호는 연방 입법의 차원에까지는 이르지 못하고 있다. 이 문제는 언론과 사법부의 헤게모니 갈등 차원에서 볼 수도 있지만, 미국을 포함한 서방 국가들에선 기자가 취재원 보호를 위해 감옥에 가더라도 그걸 떳떳하고 자랑스럽게 생각하는 경향이 있다.

민사소송에선 기자가 취재원과 관련된 증언을 거부할 특권이 인정되었지만, 다음의 3가지 요건이 모두 들어맞으면 증언을 해야 한다. ① 기자가 갖고 있는 정보가 소송과 관련되어 있을 때, ② 그 정보가 소송에 절대적으로 필요할 때, ③ 기자의 정보 이외의 다른 정보 출처를 찾을 수 없을 때.

기자는 형사소송의 경우엔 민사소송의 경우보다 불리한데, 여기에서도 3가지 기준이 적용된다. ① 기자의 정보가 범죄의 입증 또는 피고의 변호와 관련된 것인가?, ② 그 정보를 공개해야 할 절실한 필요가 있는가?, ③ 그 정보 요구자가 다른 출처로부터 얻고자 모든 노력을 다 했는가?[15]

미국에선 소송과 관련해 진술을 거부하는 기자들에게 법정모욕죄를 적용해 보통 구류처분을 내린다. 이는 우리의 형법 제138조의 법정모욕죄와는 다른 성격의 것이다. 제138조(법정 또는 국회회의장 모욕)는 "법원의 재판 또는 국회의 심의를 방해 또는 위협할 목적으로 법정이나 국회회의장 또는 그 부근에서 모욕 또는 소동한 자는 3년 이하의 징역 또는 700만 원 이하의 벌금에 처한다"고 되어 있다.

법정모욕죄의 기원은 17세기로 거슬러 올라간다. 1631년 영국에서 유죄판결을 받은 피고가 판사에게 벽돌을 던졌다가 오른손이 잘려 교수형에 처해졌다. 이는 판사가 왕을 대신한다고 하는 영미법의 전통에 따른 것이다. 학자들은 판사의 모욕 처벌권contempt power에 대해 시대착오적인 전제군주제의 유산이라고 강력히 비난하고 있다.[16]

법정 모욕엔 민사적 모욕civil contempt과 형사적 모욕criminal contempt이 있다. 민사적 모욕은 법정 자체에 대한 모독이 아니라, 법원의 평결·결정 또는 소송당사자의 권리를 보호하기 위한 지시에 불응했을 때 적용된다. 형사적 모욕엔 '직접 형사적 모욕'과 '간접 형사적 모욕' 등 두 종류가 있다. 직접 형사적 모욕direct criminal contempt은 판사가 있는 데에서 취해진 법정 모독으로, 이 경우 판사는 약식 처벌권summary contempt power을 갖는 데, 이는 판사가 검사·배심원·판사의 3가지 역할을 다하는 것이다. 간접 형사적 모욕indirect or constructive contempt은 법정 밖에서 취해진 법정 모독 행위로 재판 기간 중 법원 판결을 비난하는 신문 사설 등이 여기에 해당된다.[17]

모욕 처벌권에 대한 제한limitations on contempt power엔 3가지가 있다.

①입법적 제한legislative limits—여러 법들이 제한을 가하고 있다. 예컨대, 노사 분쟁에서 비롯된 구성적 모욕constructive contempt에 관한 한 배심원 재판을 거쳐야 한다든가 또는 형량이 45일 이상일 경우엔 배심원 재판을 거쳐야 한다든가.

② 법원 자체의 제한court-imposed limits—간접 모욕indirect contempt의 경우 통고notice가 주어져야 하고 해명을 들을 기회가 주어져야 한다. 그 밖에 자문을 받을 권리, 증인에 대한 반대 심문권, 진술을 할 권리, 그리고 많은 경우 배심원 재판을 받을 권리를 보장한다.

③ 수정헌법 제1조에 따른 제한First Amendment limitations—소송이 진행 중인 재판일지라도 재판 진행에 '명백하고 현존하는 위험'이 안 되는 경우에 한해서 언론의 비판 기능을 보장해야 한다. 그러나 보호받는 건 판사에 대한 평가 또는 비판이지(예컨대, 판사는 범죄자들을 보호하기 위해 더 애쓰고 있다는 식의 비판) 자료 증거 또는 증언의 신뢰도에 관한 것은 아니다. 대법원은 판사들이 여론에 흔들리지 말고 소신껏 하라는 자신감을 표시하고자 한 것이다(판사 비판이 '모욕'이 아니라는 판결을 내림으로써 그런 효과를 기대한 게 아니겠느냐는 것이다).[18]

1972년의 '미국 정부 대 디킨슨U.S. v. Dickinson' 사건은 법원 내 청문회에 대해 보도하지 말라는 명령을 어기고 보도한 건에 대해 형사적 모욕 criminal contempt을 적용한 사례다. 고등법원은 보도하지 말라는 명령이 잘못되었으나, 모욕 유죄는 유효하다고 판결했다Invalidity is no defense to criminal contempt. 이걸 가리켜 기자의 이름을 따 '디킨슨 룰the Dickinson rule'이라 한다.[19]

언론사는 기자에게 내려진 법정 모욕 처분을 언론에 대한 대중의 신뢰도를 높이기 위한 PR기회로 활용한다. 그 대표적인 사건이 1929년 취재원 공개를 거부해 40일간 금고형을 살고 나온 『워싱턴포스트』의 세 기자에 대한 범언론계 차원의 대대적인 환영식이었다. 당시 허스트 계열 신문 총 지배인이었던 프랭크 녹스Frank Knox, 1874~1944는 세 기자에게 각기 1,000 달러짜리 수표와 금시계를 주면서 다음과 같이 말했다.

"나는 이들 젊은 기자의 커다란 용기에 대해 무한한 찬양의 뜻을 표하는 것이 전 미국 신문인의 뜻을 대표하는 것으로 믿는다. 이들 세 사람은 그들 직업에 대한 신임을 지키고 명예를 보전했으며 신문인의 전통과 윤리와 기준을 어기기보다는 차라리 고난을 감수했던 것이다."[20]

이 사건에 자극받은 일부 의원들이 상하원에서 연방 취재원 보호 법안을 제출했지만 성공하지는 못했다. 이후로도 기자들의 투옥 사건은 계속해서 일어났다. 1958년 『뉴욕헤럴드트리뷴』의 마레 토레 기자는 10일간 구류처분을 받았는데, 이유는 별것도 아니었다. 그녀는 칼럼에서 여배우 주디 갈런드Judy Garland, 1922~1969가 너무 뚱뚱해졌기 때문에 다음 프로그램에서 빠지게 된다고 말한 것으로 인용된 CBS 방송의 중역이 누구인가를 밝히기를 거부했다.[21]

이후 취재원 보호를 위해 감옥행을 택한 기자들은 (1) 1978년 『뉴욕타임스』의 마이런 파버 40일 수감(외과의사 살인 사건 관련 취재 수첩 제출 거부), (2) 1981년 『로스엔젤레스타임스』의 윌리엄 파 46일 수감(찰스 맨슨 일가가 엘리자베스 테일러를 포함한 유명 인사들을 암살할 것이라고 말한 취재원 공개 거부), (3) 1990년 KMOL-TV의 브라이언 케이렘 16일 수감(살인 용의자 옥중 인터뷰 성사에 협조한 취재원 공개 거부), (4) 1993년 『스튜어트뉴스』의 팀 로체 18일 수감(아동 학대 관련 법원의 비밀 명령 사본 입수 경위 증언 거부), (5) 1994년 『트리뷴크로니클』의 리사 에이브러햄 22일 수감(시 공무원의 권력 남용 관련 대배심 증언 거부), (6) 1996년 『앤더슨밸리애드버타이저』의 브루스 앤더슨 13일 수감(살인 용의자의 자필 편지 제출 거부), (7) 1996년 『마이애미헤럴드』의 데이비드 키드웰 14일 수감(살인범 인터뷰 내용 공개 거부), (8) 2000년 『새크라멘토밸리미러』의 티모시 크루스 5일 수감(권총 훔친 전 주 교통경찰관 관련 취재원 공개 거부), (9) 2001년 『휴스턴』의 바네사 레게트

168일 수감(텍사스 청부 살인 저서 관련 기밀 자료 제출 거부), (10) 2004년 WJAR-TV의 짐 타리카니 6개월 가택 연금(정부 부패 폭로한 FBI 비디오테이프 건네준 취재원 공개 거부), (11) 2005년 『뉴욕타임스』의 주디스 밀러 85일 수감(부시 행정부의 이라크 침공을 비판한 전직 외교관 조지프 윌슨의 부인이 중앙정보국CIA 비밀요원이라는 이른바 '리크 게이트' 취재원 공개 거부) 등이었다.[22]

주디스 밀러Judith Miller, 1948~는 '취재원의 여론 조작에 이용당한 기자'라는 비판을 받은 경우다. 밀러가 보호하려고 한 취재원은 내부 고발자가 아니라 여론 조작을 꾀한 백악관 고위 관리였으며, 밀러는 사실상 그런 여론 조작의 공모자가 되었다는 것이다. 이게 문제가 되어 밀러는 『뉴욕타임스』를 사임했다. 이에 대해 장행훈은 "리크 게이트가 주는 교훈은 간단하면서도 아주 중요하다. 신문과 언론인은 정보를 주는 소스의 동기를 의심하고 분석하고 소스가 주는 정보를 반드시 확인해야 한다는 것이다. 그렇지 않으면 신문과 기자는 소스에 이용당하고 독자와 사회에 회복할 수 없는 피해를 줄 수 있다는 것이다"고 말했다.[23]

2008년 2월 하순 미국 연방지법은 『USA투데이』 재직 때 기사를 썼던 토니 로시가 탄저균 테러 수사 용의자 관련 정보를 제공한 익명의 취재원들을 밝히지 않았다는 이유로 법정모욕죄를 걸어 취재원을 밝힐 때까지 하루 최고 5,000달러씩 벌금을 내야 한다는 혹독한 벌금형을 부과했다. 사건은 연방 항소법원으로 올라가 누적 벌금은 일시 정지되었지만, 이 판결은 이른바 '언론의 취재원 보호'를 둘러싼 해묵은 논쟁에 다시 불을 지폈다.[24]

2008년 7월 24일 미 연방 캘리포니아주 지방법원은 방위 산업 스파이에 대한 신원을 건네준 미 행정부 내 소식통의 신원을 공개하라는 것을 거부, 소송을 당한 『워싱턴타임스』의 국가 안보 전문기자 빌 거츠에 대한 결심공판에서 무죄를 선고했다. 거츠는 지난 2006년 5월 16일자 신문에 중국 출신 엔지니어 치막과 그의 친인척들이 미 국방부 군사기술 기밀을 빼내 중국에 건네준 사실을 보도하면서, 법무부 내 관리로부터 신원을 확인해 보도했었다. 이로 인해 거츠는 연방 보안 당국으로부터 법무부 내 신원 정보 제공자를 밝히라는 요구를 거절, 법정에 서게 되었었다. 재판장 코맥카니 판사는 "미 헌법이 보장한 언론의 자유는 최고로 중대한paramount 권익이다"고 지적하고 "거츠 기자가 스파이의 신원을 보도한 것은 매우 중요한 '공공을 위한 서비스'인 것을 부인할 수 없다"고 판시했다.[25]

이는 토니 로시에 대한 혹독한 벌금형과는 대비되는 판결이다. 거츠의 변호사 찰스 리퍼는 "법정마다 판결은 다르겠지만 이번 재판을 담당한 판사의 추론은 매우 사려 깊은 것이기 때문에 다른 관련 재판에도 영향을 미칠 것으로 본다"고 의미를 부여했다. 그러나 또 언제 이와 반대되는 판결이 나올지 알 수 없다.

'윈터 사건'도 그런 불확실성을 잘 보여준 사건이다. 2013년 2월 콜로라도주 아라파 호 카운티 법원 윌리엄 실베스터 판사는 콜로라도주 오로라 극장 총기 난사 사건을 보도한 폭스 뉴스의 재너 윈터Jana Winter에게 수사 정보를 흘린 수사관 이름을 증언하라고 명령했다. 윈터는 2012년 7월 오로라 극장에서 총을 난사해 12명을 살해한 제임스 홈스James Holmes가 범행 전에 노트북에 대량 살상극을 벌이려는 계획을 작성해 놨다는 사실을 익명의 수사관 2명의 말을 인용해 보도했었다. 홈스의 변호사는 윈터의 보도가 배심원들에게 홈스의 범행이 계획적이라는 선입견을 심어줄 수 있다고 주장하면서 윈터에게 노트북 내용을 흘린 수사관을 공개하도록 판사에 요청했다.

실베스터 판사는 이에 따라 윈터에게 법정에 출석해 배심원단 앞에서 수사 정보를 알려준 수사관이 누구인지 밝히라고 명령했다. 하지만 윈터는 기자에게 취재원을 공개하라는 것은 명백한 언론 자유 탄압이라며 법정 출석을 거부했다. 윈터의 변호사는 뉴욕주와 콜로라도주 모두 법률로 기자의 취재원 보호를 보장하고 있다며 윈터를 법정에 불러내려는 시도를 중단하라고 촉구하는 편지를 홈스의 변호사와 검찰에 보냈다. 이 사건은 결국 연방대법원까지 올라갔는데, 연방대법원은 2014년 5월 27일 윈터에게 취재원 공개 거부권을 인정한 연방 항소법원 판결은 유효하다고 판결했다.[26]

법으로 취재원을 보호할 수 있는가?
방패법

미국 언론계에선 취재원 비닉법秘匿法 또는 방패법shield law이라 불리는 법을 연방 차원에서 제정할 것을 요구하고 있지만, 이는 실현되지 않고 있다. 다만 거의 대부분의 주들이 각기 다양한 방식으로 방패법을 만들어 주법원에서 시행하고 있거나 판결 등의 형태로 언론인의 취재원 보호 특권을 인정하고 있다. 그러나 주州마다 허용 정도가 달라 비일관성inconsistency이 가장 심각한 문제며, 또 법원이 해석하기 나름이라는 문제가 지적되었다.[27]

연방 차원의 방패법안federal media shield law이 2007년 10월 16일 하원에서 조지 부시 대통령의 거부권 행사 경고에도 불구하고 398대 21이라는 압도적 찬성으로 통과되었다. 이 법안에 따르면 기자는 취재원이나 취재원 관련 정보를 국가 안보 범죄에 해당하는 테러 용의자 체포 등에 직결되는 경우가 아니면 공개를 강요받지 않고 보호받을 수 있다. 또 전화 회사나 인터넷 회사도 기자의 취재원을 보호해야 한다고 규정하고 있다. 낸시 펠

로시 하원 의장은 법안 통과 뒤 "언론의 자유는 우리의 민주주의와 안보에 가장 근본적인 요소"라고 강조했다. 그러나 백악관은 이 법안이 기자들에게 광범위한 특권을 부여함으로써 기밀 정보 유출에 대한 조사가 불가능하게 된다는 이유 등으로 거부권 행사 입장을 밝혀왔다. 대통령이 거부권을 행사할 경우, 상·하원에서 3분의 2 이상의 찬성을 얻어야 법안이 성립된다.[28]

결국 연방 방패법은 불발로 끝나고 말았지만, 이 법의 적용에 있어서 가장 큰 문제는 누구를 '기자'로 보고 무엇을 '언론'으로 볼 것인가 하는 문제다. 이는 '1인 저널리즘'이 가능해진 인터넷 시대엔 딜레마다.[29]

예컨대, 미국의 비디오 블로거인 조시 울프Josh Wolf는 샌프란시스코에서 촬영한 2005년 시위 동영상 제출을 거부했다가 226일 동안 교도소에 수감되었다. 그가 언론사에 소속된 기자라면 그렇게까지 당하진 않았을 것이다. 이와 관련 클레이 셔키Clay Shirky는 "이제 언론 행위를 할 수 있는 사람들에 대한 자격 제한이 없어졌으니 이 새로운 현실에 맞춰 기자의 특권을 어떻게 바꿔야 하는가?"라는 문제를 생각해봐야 한다고 말한다.[30]

언론계의 모든 이들이 다 언론의 취재원 보호권에 동의하는 것도 아니다. '익명의 소식통'을 통해 나오는 정보들이 선의의 내부 고발도 있지만, 대부분은 정치적 목적을 띤 '정보 흘리기'라고 보기 때문이다. 컬럼비아대학 언론학과장인 니컬러스 레먼Nicholas Lemann은 "요즘은 그런 사례의 95%가 어떤 동기를 갖고 정보를 흘리는 경우다. 이들을 '내부 고발자'로 볼 수는 없다"고 말했다.[31]

언론인들 가운데에도 취재원 보호를 위한 연방 입법에 반대하는 사람들이 적지 않다. 그 반대론의 논거로는 ① 취재원 보호는 기자의 직업상 윤리이므로 그것을 지키기 위해서는 어떠한 수난도 감수해야 할 각오가 있어야 한다, ②어느 특정 계층의 특권도 인정하지 않는다는 걸 전통으로 삼아온 언론인들이 그들만의 특권을 보장하는 법률을 만들도록 요구하는 것은 자기모순이다, ③무책임하거나 공명심이 앞선 기자가 근거도 없이 기사를 쓰고선 문제가 되면 있지도 않은 취재원을 보호한다는 식으로 악용할 소지가 있다, ④ 재판에서의 진술거부권은 의회가 사법권에 제한을 가하는 것으로 삼권분립의 원리에 위배된다 등이다.[32]

반면 유럽은 언론의 취재원 보호에 적극적인 입장을 취하고 있다. 1996년 3월, 언론인의 취재원 보호는 정당하다는 판결이 유럽인권재판소에서 내려졌다. 유럽인권재판소가 3월 27일 취재원 공개를 거부한 영국 잡지『엔지니어』의 기자 윌리엄 굿윈에게 법정모욕죄를 선고한 영국 법원의 판결은 부당하다고 파기한 것이다. 재판소는 "취재원 보호는 언론 자유의 기본적 조건 가운데 하나"라며 "이런 보호가 없다면 취재원들이 공익과 관련된 정보를 대중에 전달하는 언론을 돕는 일을 주저하게 될 수 있다"고 밝혔다. 이 판결에 대해 이든 화이트 국제언론인보호연맹IFJ 사무총장은 언론 자유를 위한 "기념비적인 판결"이라고 평가했다.[33]

2000년 3월 11일 유럽 의회는 기자의 취재원 보호 권리를 인정하는 권고안을 채택, 회원국에게 시행을 요구했다. 이 권고안은 정보 제공자를 알아내기 위한 언론사 사무실 압수 수색, 기자들에 대한 도·감청을 언론 자유에 대한 유럽인권협약의 중대한 위반 사항으로 간주, 금지시켰다. 또 기자의 취재원 보호를 언론 자유의 개념으로 포함시킨 유럽인권법원의 1996년 판례를 각국에서 원용토록 했다.[34]

2007년 2월 27일 독일 연방헌법재판소는 월간『치체로』압수 수색 사건에 대해 7대 1의 압도적 찬성으로 "언론사 기자에 의한 정부 기밀의 단순한 공개는 압수 수색을 정당화하는 근거가 되지 못한다"고 결정했다. 이 사건은 독일 수사 당국이 2005년 9월 이라크 내 알 카에다 지도자 알 자르카위를 다룬 기사에 독일 연방수사국BKA의 기밀 서류가 인용되었다는 이유로 정치 잡지 『치체로』의 편집실과 브루노 시라 기자의 집을 수색한 데서 비롯되었다. 수색 과정에서 문제의 기밀 서류가 실제로 발견돼 시라는 공무상 기밀 누설 방조 혐의로 기소되었다. 이에 『치체로』의 볼프람 바이메르 편집국장은 2006년 11월 압수 수색이 위헌이라며 헌법재판소에 헌법 소원을 제기했고 헌법재판소는 이를 받아들였다. 당시 헌법재판소가 밝힌 결정 요지는 다음과 같다.

"『치체로』 편집실에 대한 수색과 그곳에서 발견된 문서의 압수는 언론 자유에 대한 신문사의 기본권을 침해한 것이다. 편집실 수색은 편집 작업에 대한 침해가 동시에 이뤄지는, 언론 자유에 대한 침해다. 수사 당국은 (편집실 압수 수색으로) 편집 원原자료에 접근할 가능성을 열어 놓음에 따라 언론 자유에 대한 기본권에 의해 보장된 편집 작업의 비밀과 취재원과의 신뢰 관계를 침해했다. 그 침해는 헌법적으로 정당화되지도 못했다. 하급 법원은 압수 수색을 정당화하는 법률의 해석과 적용에 있어서 헌법상 보장된 취재원 보호Informantenschutz를 충분히 고려하지 못했다. 기자에 의한 정부 기밀의 단순한 공개는 기밀 누설 방조 혐의를 받는 기자에 대한 압수 수색의 근거가 되지 못한다. 비밀 소지자가 기자에게 정보를 넘기는 순간 이미 기밀 누설 행위는 끝났다. 이에 이어지는 기자의 공개 행위에서 방조 행위라는 것은 있을 수 없다. 또 범죄행위를 밝히는 것이 아니라 취재원을 찾는 것이 목적인 한 언론사에 대한 압수 수색은 헌법적으로 용인될 수 없다. 그러한 압수 수색은 헌법적으로 보장된 취재원 보호를 침해할 소지가 크다."[35]

2007년 5월 프랑스에서는 전직 대통령과 총리가 개입한 권력형 음해 사건을 조사하기 위해 수사 판사가 주간지『카나르앙셰네』의 편집실을 압수 수색하려다 실패했다. 토마 카쉬토 수사 판사는『카나르앙셰네』편집실에 진입하려다 잡지사 측이 열쇠를 제공하지 않자 열쇠공까지 불러 압수 수색을 시도했다. 그러나 기자들의 반발에 밀려 약 2시간 뒤 압수 수색을 포기했고 이후 다시 시도하지 않았다. 당시 카쉬토 수사 판사가 수색의 이유로 든 것은 이 잡지가 2006년 "자크 시라크 전 대통령이 개설한 것으로 추측되는 계좌가 일본에 있다"고 보도한 데 따라 이 기사에서 인용된 정보 요원 '필리프 롱도'의 비밀 보고서를 찾겠다는 것이었다. 『카나르앙셰네』측 변호인 장폴 레비는 공권력의 간섭 없이without interference by public authority 정보를 얻고 전할 자유를 규정한 유럽인권협약 10조를 들면서 "수사 판사가 법에 따라 수색할 권리가 있다 하더라도 이는 유럽인권협약과 배치되기 때문에 불법"이라고 주장했다.[36]

2008년 5월 프랑스 하원은 기자가 취재원을 보호할 수 있는 권리를 크게 강화한 '언론 취재원 보호법'을 통과시켰다. 가장 핵심적인 내용은 기자가 취재원을 보호할 수 있는 권리가 크게 강화된 점이다. 법률에 "기자들의 취재원 비밀 유지는 공공의 이익과 대중의 알 권리를 위해 보호된다"고 명문화했다. 구체적으로는 기자들은 수사·재판 전 과정에서 취재원을 밝히지 않아도 사법상의 어떠한 불이익을 받지 않도록 되어 있다. 현재는 수사 과정에서 기자를 참고인 신분으로 심문할 때만 취재원에 대한 묵비권이 인정된다. 만일 재판 과정에서 재판부나 수사 판사, 검사 등의 취재원 공개 요구에 응하지 않을 경우 기자에게 3,750유로(약 600만 원)의 벌금을 부과할 수 있다.

라시다 다티 프랑스 법무부 장관은 "기자는 어떤 상황에서도 취재원에 대해 묵비권을 행사할 수 있으며 이 경우 수사팀 또는 재판부는 기자에게 심문하는 것 이외의 방식으로 추가 조사를 해야 한다"고 설명했다. 단 테러와 관련된 취재원의 경우 큰 인명 피해 등을 예방한다는 차원에서 보호 규정에서 예외로 했다.[37]

왜 검찰은 가끔 언론사 압수 수색에 들어가는가?
한국의 취재원 보호권

우리나라에서는 구 언론기본법에 언론인의 취재원에 관한 진술거부권이 인정된 바 있다. 언론기본법 제8조는 "언론인은 그 공표 사항의 필자, 제보자 또는 그 자료의 보유자의 신원이나 공표 내용의 기초가 된 사실에 관하여 진술을 거부할 수 있다"고 규정했던 것이다. 그러나 이건 예외 조항이 너무 많아 사실상 '껍데기'에 지나지 않았으며, 이 조항은 한 번도 적용되지 않은 채 폐기되었다. 팽원순은 "이들 예외 조항은 국가의 형사 사법권과의 가능한 충돌을 피하기 위해 마련된 것이지만 지나치게 확대해서 적용된다면 취재원 보호를 위한 진술거부권 제도의 실효성을 기대하기 어려울 것으로 생각된다"고 말했다.[38]

시능일망정 악법惡法으로 욕을 먹었던 언론기본법이 취재원 보호권 이외에도 제1조에 '알 권리'의 보호를 법 제정의 목적으로 직접 규정했고 제6조에 '언론의 정보 청구권' 조항을 따로 설치했다는 건 흥미로운 일이 아닐 수 없다. 제6조는 여러 예외 조항을 두긴 했지만, "국가 및 지방자치단체와 공공단체는 신문, 통신의 발행인 또는 방송국의 장長이나 그 대리인의 요구가 있을 경우에는 공익 사항에 대한 정보를 제공하여야 한다"고 규정했던 것이다.[39] 이는 5공화국 정권이 공격적으로 시도한 여론 조작술의 산물이었겠지만, 선의 해석을 하자면 독일법을 많이 참고한 탓에 그런 결과가 나오지 않았나 하는 생각이 든다.

취재원에 관한 진술거부권은 취재원 비닉권秘匿權, 취재원 보호권이라고도 한다. 현재 한국에서 취재원 보호권은 인정되고 있는가? 유럽의 여러 국가들에선 전문 직종에 대한 업무상 비밀을 인정해주는 차원에서 기자들의 취재원 보호권을 인정해주고 있다. 우리의 경우 형사소송법 제149조(업무상 비밀과 증언 거부)와 민사소송법 제286조(증언거부권)는 변호사, 변리사, 공증인, 공인회계사, 세무사, 의사, 한의사, 치과의사, 약사, 종교의 직에 있는 자 또는 이러한 직에 있던 자는 직무상의 비밀에 대한 증언거부권을 인정하고 있지만, 기자는 해당되지 않는 걸로 간주되고 있다.

임병국은 "민사소송이든 형사소송이든 막론하고 명문의 규정이 없는 기자에게는 증언거부권이 인정되지 않는다는 것이 일반적인 견해"라면서 다음과 같이 말한다.

"기자가 증언을 거부한다거나 언론기관이 제출 명령에 응하지 아니하는 경우 그 제재 수단이 미약한 우리나라의 경우 기자가 받게 될 불이익은 경미하기 때문에 소송법상의 증언 의무나 제출 의무가 공공연히 유린될 우려가 있다. 우리의 법제에 의하면 증인이 정당한 사유 없이 소환된 기일에 법정에 출석하지 아니하는 때에는 법원은 구인을 명하거나, 결정으로서 그로 인한 소송비용의 부담을 명하고 50만 원 이하의 과태료에 처한다고 규정되어 있을 뿐이다."[40]

양재규(언론중재위원회 법무상담팀장)는 취재원 공개 거부가 문제되는 영역을 네 가지로 유형화했다. 첫째, 기자가 증인으로 채택되어 취재원에 대한 증언을 요구당하는 경우다. 둘째, 기자가 수사 절차상 참고인으로 소환되어 취재원에 대한 진술을 요구당하는 경우다. 셋째, 기자 자신이 타인으로부터 민·형사상 소송을 당하여 그 책임을 면하기 위해서는 취재원을 공개하지 않으면 안 되는 경우다. 넷째, 수사기관에서 기자가 소유·소지하고 있는 취재원 관련 물적 증거를 압수·수색하고자 하는 경우다.[41]

우리나라에서는 여전히 '정치적 해결'이 '법적 해결'을 압도하고 있기 때문에 특별한 경우를 제외하곤 기자의 진술 거부가 법적으로 문제가 되는 경우는 드물다. 한국에서 자주 문제가 되는 것은 언론사 압수 수색이다.

1997년 6~7월 압수 수색에까지 이르진 않았지만, 정부 당국이 언론 보도와 관련 기자들에게 취재원 공개를 요구하거나 자체적인 취재원 색출 작업을 벌이는 사례가 여러 건 발생했다.

『서울경제』는 1997년 5월 21일 삼성자동차가 국내 자동차 산업 전반에 걸친 내부 보고서를 작성했다는 내용을 처음 보도해 큰 파장을 불러일으켰다. 서울지검은 『서울경제』 산업부 정 모 기자에게 "삼성자동차 보고서 보도 경위에 대해 참고인 자격으로 조사가 필요하다"며 검찰에 출두해줄 것을 요청했다. 이에 대해 『서울경제』 산업부 측은 "삼성 보고서가 실제로 존재하는데다 그 내용도 언론 보도를 통해 백일하에 드러난 상태"라며 "진정서가 접수됐다는 이유만으로 취재 윤리의 가장 원론적인 단계인 취재원을 공개하라는 것은 납득할 수 없다"고 밝혔다. 국방부는 6월 29일자 『한국일보』 1면 머리기사로 보도된 「고가 군 장비 일부 낮잠」 보도가 3급 군 기밀에 해당된다며 기무사를 통해 내부 제보자 색출 작업을 벌였으며, 안기부는 7월 3일과 13일 황장엽 씨 보도와 관련 『국민일보』와 『세계일보』 편집국을 각각 방문해 해당 기자들을 상대로 보도 경위를 조사했다. 정부 당국의 그런 강수는 기자들에게 심리적 위축감을 주겠다는 뜻으로 해석되었다.[42]

2003년 8월 4일 청주지방법원은 SBS 방송국 건물을 대상으로 SBS가 방영한 청와대 부속실 실장 양길승 씨의 유흥업소 출입 장면 등에 관련한 제보 비디오테이프 원본 및 제보문, 기타 취재와 관련된 녹음 등에 대해 압수수색영장을 발부했다. 검찰은 압수수색영장의 집행을 시도했으나 SBS 기자 등과의 물리적 충돌로 뜻을 이루지 못했다.

압수 수색에 찬성한 안상운 변호사는 "이 사건은 SBS가 적극적으로 취재를 한 것이 아니라 익명의 제보자가 보낸 테이프를 받아 보도한 것이다. 제보자가 방송사에 테이프를 보낸 것은 공개를 전제로 한 것이며, 이미 일부 장면이 보도로 나갔다. SBS와 제보자 사이에 테이프를 비밀로 하겠다는 약속도 없어 보인다. 당사자의 동의 없는 몰래카메라 촬영은 불법적인 행위이므로 공익 목적으로 제보를 한 것인지 여부는 당사자를 조사해봐야 알 수 있는 일이다"고 주장했다.[43]

압수 수색에 반대한 오양호 변호사는 "압수 수색 필요 사유를 보면 해당 방송에 의해 양길승 씨의 명예가 훼손됐다는 내사 사건상의 범죄 사실을 수사하기 위한 필요에 의해 영장이 발부된 것으로 되어 있는바, 이러한 출판물에 의한 명예훼손죄가 사실상 친고죄에 준하는 반의사불벌죄로 기본적으로 개인적 법익을 침해하는 범죄라는 점을 고려할 때 과연 이러한 개인적 법익의 침해 범죄를 수사하기 위한 필요에 의해 방송국의 건물을 수색할 수 있는 압수수색영장이 발부돼야 하는 것인지에 관한 근본적인 의문이 있을 수 있는 것이다"고 주장했다.[44]

2007년 7월 검찰이 월간 『신동아』가 6, 7월호에 보도한 이른바 '최태민 보고서'의 출처를 확인하겠다는 이유로 동아일보사 전산실 서버에 대한 압수 수색을 시도했다. 검찰은 "후보자에 대한 흑색 선전은 선거 풍토 개선 차원에서 엄정하게 수사돼야 한다"고 강조했는데, 이는 이 보고서가 한나라당 박근혜 전 대표에 대한 허위사실을 공표하는 것일 수도 있는 만큼 언론사가 어떻게 이를 입수하고 보도했는지 밝히는 것이 중요하다는 뜻이었다.[45] 이에 『동아일보』는 압수수색영장 집행을 물리적으로 저지하고 7월 30일 3개 면에 걸쳐 '취재원 보호와 언론 자유'의 중요성을 강조하는 기사를 실었다.

『동아일보』는 7월 30일자 사설 「언론 자유 흔드는 검찰의 본보 압수 수색 시도」를 통해 "수사기관이 기사 출처를 밝혀내려고 기자들의 e메일 계정을 압수 수색하는 것은 기자가 생명처럼 여기는 취재원 보호 원칙을 짓밟는 것"이라며 "언론 자유를 심대하게 위협하는 과잉 수사로 헌법 정신을 훼손하는 것"이라고 강조했다. 『동아일보』는 이 사설에서 "자유언론이 취재원을 보호하지 못하면 권력의 비리 등에 관해 취재하기도, 제보를 받기도 어려워 결국 국민의 알 권리를 충족시킬 수 없게 된다"며 "검찰이 출처를 밝히려는 '최태민 보고서'는 국가 안보와 관련된 긴박한 사안도 아니"고 "정치적 논란의 대상일 뿐"이라고 주장했다.[46]

2014년 11월 28일 『세계일보』는 「정윤회 '국정개입'은 사실」이라는 제목의 보도를 통해 이른바 '정윤회 국정 개입 문건' 사건 보도의 방아쇠를 당겼다. 이 보도 뒤, 청와대 비서관·행정관 8명이 해당 기사를 보도한 기자 등 6명을 명예훼손 혐의로 형사 고소하면서 '취재원 보호' 문제가 이슈로 떠올랐다. 해당 기사를 쓴 이 신문의 조현일 기자는 "검찰에서 두 차례에 걸쳐 조사를 받았지만 취재원에 대해 밝히지 않았다"며 "취재원 보호의 원칙을 깨지 않겠다. 취재원을 밝히느니 차라리 감옥에 가겠다"고 말했다.[47]

이 사건과 관련, '취재원 보호법'을 만들겠다고 나선 새정치민주연합 의원 배재정은 이렇게 말했다. "언론의 자유와 직업윤리에 반해 취재원을 공개하도록 강제할 수 없다는 원칙을 골자로 한다. 제보자나 취재원에 대한 압수 수색을 금지하고 언론인의 증언에 대한 특례를 규정하고 있다. 검찰이 『세계일보』를 압수 수색한다고 알려지면서 긴장했던 일이 있었다. 지금이라도 취재원 보호와 관련한 여론이 형성돼야 한다."

배재정은 "추측성 기사, 개인 인격을 침해하는 기사가 범람하는 현실에 비춰 봤을 때 취재원을 무작정 보호해야 하는 것이 타당한지 의문을 제기하기도 한다"는 질문에 대해 이렇게 답했다. "언론 생태계가 건전하지 못하다고 해서 취재 환경을 개선하려는 노력마저 회피하거나 미루는 것은 바람직하지 못하다. 본말을 전도하는 것이다. 언론 신뢰를 회복하기 위해 개별 기자가 윤리 의식을 제고하는 것과 법이 보호막이 돼 보완하는 것과는 다른 차원의 문제다."[48]

언론인의 취재원 보호권에 대해선 학자와 법률가들 사이에서도 찬반 논란이 있다. 허영은 "취재의 자유는 신문의 자유의 불가결한 내용"이라고 전제하면서 다음과 같이 취재원 보호권을 역설한다.

"취재의 자유가 보장되지 않고 '주는 뉴스'만을 편집 · 보도하는 경우, 그것은 이미 신문의 기능을 상실한 output의 창구에 지나지 않기 때문이다. 그러나 취재 활동도 다른 공공 이익을 침해하지 않는 범위 내에서만 허용되는 것이기 때문에, 예컨대 사생활의 비밀을 침해하는 취재 활동, 중대한 국익을 해치는 취재 활동, 형법에서 금하고 있는 방법으로 취재하는 행위 등이 허용될 수 없는 것은 당연하다. 취재의 자유에는 취재원 묵비권이 당연히 포함된다고 보아야 한다. 취재원을 밝히지 아니할 권리는 신문의 진실 보도 · 사실 보도 및 공정 보도를 위한 불가결한 전제 조건이기 때문이다. 취재원 묵비권이 인정되지 않는 경우 취재원의 봉쇄 효과를 가져와 진실 보도의 공적 기능을 신문이 수행하기 어렵게 된다."[49]

반면 박형상은 "우리나라에서 무기명 기사가 횡행하게 된 연유를 추측

해보면 '그간의 강압적 독재 체제하에서 언론 자유를 지키는 수단으로 기사 작성자를 숨겨 권력으로부터 보호할 수 있다는 점'도 있었겠지만 다른 한편으로는 언론 자유라는 낭만적 신화에 도취된 나머지 미국의 일부 주에서 제한적으로 채택한 취재원 비닉권에 관한 순진한 오해에 기인한 것 같다. 뉴스 정보원의 보호를 위해 정보원을 밝히지 않는다면 그 취재 기자도 밝히지 않는 게 보다 원칙적인 방법이 아니겠느냐는 발상인 듯하다. 나아가 이런 발상은 한국의 법체계와 전혀 다른 미국의 법적 관행에 대한 무지에서 비롯된 것으로 볼 수 있다'며 다음과 같이 말한다.

"그러나 한국에서는 취재원 비닉권 논쟁의 상황 조건이 되는 미국식 법정모욕죄 자체가 없을뿐더러(우리 형법 제138조 법정모욕죄와 전혀 다른 내용이다) 법체계상 진술거부권 및 증언거부권이 원칙적으로 주어지고 있으므로 취재원 비닉권을 특권으로 따로 논의할 여지가 없다. 또한 취재원 비닉권이 세계적으로 일반화된 입법 예도 전혀 아니다. 어떻게든 특권이 될 수 없는 것이며, 무기명 기사 관행과도 아무런 논의의 연관이 없다. 다만 한국 법체계 하에서는 서경원 의원 사건에 연루된 윤재걸 기자의 사례처럼 국가보안법상의 불고지죄 조항에서나 취재원 비닉권이 문제될 수도 있으나 이는 개별적 특권의 차원이 아닌 국가로부터의 언론 자유라는 본질적인 차원에서 해결되어야 할 문제이다."[50]

고려대학교 법학전문대학원의 박경신 교수는 "명예훼손에 대한 형사처벌 폐지 등 관련 법을 국제 기준에 맞춰 나간 뒤 비닉권 도입을 논의해도 늦지 않다"며 "현재 한국에선 무분별한 익명 보도도 문제"라고 말했다.[51]

이부하 영남대학교 법학전문대학원 교수는 "우리 헌법 제21조에는 일반 국민과 기자 간의 언론·출판의 자유에 대한 차이를 두고 있지 않다. 또한, 취재원 공개 거부권(비닉권)이 우리 헌법 제21조에서 바로 도출된다고 보기 어렵다. 기자의 취재원 비닉권을 헌법상 기본권으로 인정할 수 있는지는 더 깊은 논의가 필요하지만, 헌법 조문에서 직접적인 명문 규정을 찾기는 어렵다"며 다음과 같이 말한다.

"더욱이 취재원 비닉권이 헌법상 기본권이든 법률상 권리이든 취재원 비닉권에 의거하여 형사상의 책임이나 처벌을 면하기 위한 도구로 사용할 수 있을지 의문이다. 구체적인 소송에서는 기자의 취재원 비닉권 행사와 사법상 추구하는 진실 발견의 공익 간의 이익형량의 절차를 통해 그 인정 여부가 판단되어야지 취재원 비닉권을 법률에 규정함으로써 경직된 권리로 인정하는 것은 바람직하지 못하다."[52]

언론은 취재원 보호에 어떤 자세를 취하는가?
윤리강령의 취재원 보호

한국신문편집인협회의 신문윤리강령을 비롯하여 각 언론사별 윤리강령은 취재원 보호를 명문화하고 있다.

'신문윤리강령실천요강' 제5조(취재원의 명시와 보호): 보도 기사는 취재원을 원칙적으로 익명이나 가명으로 표현해서는 안 되며 추상적이거나 일반적인 취재원을 빙자하여 보도해서는 안 된다. 그러나 기자가 취재원의 비보도 요청에 동의한 경우 이를 보도해서는 안 된다. ①(취재원의 명시와 익명 조건) 기자는 취재원이나 출처를 가능한 한 밝혀야 한다. 다만 공익을 위해 부득이 필요한 경우나 보도 가치가 우선하는 경우 취재원이 요청하는 익명을 받아들일 수 있다. 이 경우 그 취재원이 익명을 요청하는 이유, 그의 소속 기관, 일반적 지위 등을 밝히도록 노력해야 한다. ④(취재원의 비보도 약속) 기자가 취재원의 신원이나 내용의 비보도 요청에 동의한 경우 취재원이 비윤리적 행위 또는 불법행위의 당사자인 경우를 제외하고는 보도해서는 안 된다. ⑤(취재원 보호) 기자는 취재원의 안전이 위태롭거나 부당하게 불이익을 받을 위험이 있는 경우 그 신원을 밝혀서는 안 된다(이 신문 윤리실천요강은 1961년 7월 30일에 제정되어 1996년 4월 7일에 전면 개정, 2009년 3월 4일 부분 개정되었다. 개정 이전의 실천요강에는 "신문인은 기사 출처의 비밀을 지켜야 하며 전직 후라도 이 원칙을 지켜야 한다"고 되어 있었는데, 개정 실천요강엔 '전직 후라도 이 원칙을 지켜야 한다'가 빠졌다).[53]

『경향신문』 기자윤리강령 실천요강 2의 라 항: 보도는 취재원의 공개를 원칙으로 한다. 다만 출처를 밝힐 수 없는 경우, 그 정보는 신뢰성이 있어야 하며 취재원의 비공개 약속은 준수한다.

『동아일보』 기자윤리강령 실천요강 3항 취재원의 보호: ①취재원의 공개로 그의 안전이 위협받지 않는 한 취재원을 밝히는 것을 원칙으로 한다. ②다만 해당 정보를 입수할 수 있는 다른 현실적인 방법이 없고, 그 정보 또는 배경 설명이 신뢰할 수 있으며 뉴스 가치가 있다고 판단될 때에 한해 취재원을 익명으로 할 수 있다. ③취재원을 공개하지 않기로 결정했을 때에는 동아일보사 밖의 어느 누구에게도 그의 신분을 밝히지 않으며 신분을 밝힐 수 없는 이유를 가능한 한 기사에 덧붙인다.

『한겨레』 윤리강령 제5항 (취재원의 보호): 우리는 기사의 출처를 밝히지 않기로 한 약속을 반드시 지키며 기사 내용을 제공한 사람을 보호한다.

MBC 방송강령 프로그램 기준 II, 보도 프로그램 기준 1의 (6)항 '취재원의 공개와 보호': MBC는 취재원을 공개함으로써 정보 제공자의 신변에 위험이 초래되지 않는 한, 보도의 공신력을 높이기 위해 가능한 한 취재원을 밝히는 것을 원칙으로 한다. 그러나 회사가 정보 제공자의 신원을 보호하기로 결정하면 MBC 외부의 아무에게도 그 신원을 밝히지 않는다.

KBS 방송강령 제30항: 우리는 취재원의 비밀을 보장했을 경우 공개하지 않는다는 직업윤리를 존중한다. 그러나 절실한 필요가 없는 한 경솔하게 비밀 보장을 약속하지 않는다.[54]

2009년 5월 김민환 고려대학교 언론학부 교수는 "최근에는 검찰이 MBC에 대해 압수 수색을 시도했다. 이럴 때 MBC가 취할 매뉴얼은 무엇인가. 미국의 예를 참조한다면, 압수 수색은 당연히 회사에서 공식적으로 불응해야 한다. 수색은 노조가 아니라 회사 경비 담당 직원들이 막아야 한다. 증거 자료 제출을 요구하는 소환에 응할지는 회사 차원에서 판단해야 한다. 회사가 소환에 응하도록 결정한 경우라 하더라도 해당 기자가 소환에 응할지는 그 기자에게 맡겨야 한다. 소환에 불응토록 지시했다가 기자에게 벌금 처분이 내려졌을 경우 벌금은 마땅히 회사가 부담해야 한다. 기자가 소환에 응해 증언할 경우에는 사전에 반드시 취재원의 동의나 양해를 구해야 한다. 증언을 할 경우에도 취재 수첩이나 컴퓨터는 절대로 공개하지 않고 사수해야 한다"며 다음과 같이 주장했다.

"압수 수색에 대응하는 매뉴얼은 여기서 끝나지 않는다. MBC가 해야할 일이 또 있고, 다른 언론사가 해야 할 일도 있다. 우선 MBC는 쟁점이 된 방송의 내용이 사실에 부합한 것인지, 공정성을 엄수했는지 자체적으로 가려야 한다. 사내 기구가 아니라 외부 인사로 위원회를 구성해 엄정하게 조사한 뒤 방송 내용에 문제가 있었거나 취재 과정에서 정도에 벗어난 일이 있었다면 추상같이 처벌해야 한다. 마땅히 지휘 책임도 물어야 한다. 다음에 다른 언론사는 무얼 해야 하는가. 언론사에 대한 압수 수색은 언론 자유 자체에 대한 중대한 위협이므로 모든 언론사가 그야말로 벌떼같이 들고 일어나 MBC를 엄호해야 한다. 언론노조가 아니라 사장단이 비상대책회의를 긴급 소집해 압수 수색의 부당성을 지적해야 한다. 이런 일련의 매뉴얼은 불행하게도 우리나라 현 단계에서는 우스갯소리에 지나지 않는다. 특히 공동 대응이란 잠꼬대 같은 일이다. 그러나 이런 미국식 매뉴얼이 하나의 관습으로 굳어질 때 우리나라에서도 비로소 '품격 있는 언론'을 구현할 수 있을 것이다. 우리 언론도 이제 막장에서 나와야 한다."[55]

언론사의 윤리강령들은 오히려 지나치게 지켜져서 문제인 경우들이 많다. 취재원을 익명으로 처리하는 경우가 너무 많다는 뜻이다. 『미디어오늘』1997년 7월 9일자는 "최근 취재현장에서 잇따라 발생하고 있는 취재원 공개 요구는 기본적으로 그간 익명성을 중시해온 한국 언론의 고질적인 문제에서 비롯된 것이다. 취재원의 불이익과 또는 취재원 요청으로 인해 취재원을 명시하지 않는 것이 오랜 관행으로 자리 잡아왔고 그 과정에서 출입처와 기자들 간에 취재원 색출을 위한 숨바꼭질이 허다하게 벌어진다"며 다음과 같이 말했다.

"특히 공무원들의 경우 이러한 취재원 보호가 필수 불가결하다. 제보자 신원이 밝혀지면 어김없이 불이익을 당하기 때문이다.……정보기관이나 군은 정도가 더 심하다. 지난 93년엔 한 일간지 기자에게 정보를 건네 준 안기부 요원 3명이 보안 감사에 적발되면서 퇴직하기도 했다.……기자들은 사실 여부와 관련 없이 '취재원 공개'가 곧바로 '취재원 처벌'로 이어지는 풍토에선 사활을 건 '취재원 보호'가 불가피하다는 반응들을 보이고 있다. 신문협회와 편집인협회, 기자협회가 지난해 개정한 '신문윤리강령' 실천요강 제5조 5항에서 취재원 보호와 관련 '취재원이 위태롭거나 불이익을 당할 때는 보도를 해선 안 된다'고 규정하고 있다. 그러나 이러한 강령에 대해 취재 현장의 분위기는 '지키기 어렵다'는 반응이 지배적이다. 취재원을 밝힐 수 없는 경우가 많고 원리 원칙대로 취재에 응한다면 '쓸 수 있는 기사'가 거의 없다는 것이다."[56]

그럼에도 취재원 보호를 둘러싼 법적 갈등이 잘 일어나지 않는 이유는 무엇일까? 앞서 지적한 바와 같이, '정치적 해결'이 '법적 해결'을 압도하는 탓도 있겠지만, 그만큼 익명이나마 '내부 고발'이 드물다는 걸 시사해주는 건 아닐까? 앞서 지적한 바와 같이, '1인 저널리즘' 시대를 맞아 누가 기자이며 기자의 특권을 누구에게까지 줘야 하는가 하는 것도 문제다. 이런 문제와 관련, 최진봉은 "취재원 보호법의 보호를 받는 대상을 '언론중재 및 피해구제 등에 관한 법률'에서 규정하고 있는 언론사와 언론인으로 규정하면 될 것이다"고 제안한다. 또 그는 기사의 내용 측면에선 "정치, 경제, 사회, 종교권력 등 우리 사회 권력기관과 조직들에 대한 내부 고발과 정보 제공으로 제한하여 취재원을 보호할 수 있도록 하는 방안을 검토해볼 수 있을 것이다"고 말한다.[57]

취재원 보호 문제를 판단함에 있어선 언론의 '평소 실력'도 중요한 의미를 갖는 게 아닐까? 평소 언론이 윤리를 엄격하게 지켜왔고 국민적 신뢰를 받아왔다면 취재원 보호가 당연하게 생각되겠지만, 정반대의 평가를 받는 언론이라면 일반 국민들조차 취재원 보호에 대해 시큰둥하게 생각하지 않겠느냐는 것이다. '평소 실력'이 중요하다는 건 비단 공부하는 학생들에게만 해당되는 건 아니다.

왜 '온 국민에게 경찰관과 같은 의무를 지우게' 하는가?
불고지죄

불고지죄는 1991년 국가보안법 제7차 개정 시 목적 수행 등 간첩 관련 범죄에 대한 불고지만 처벌하고 잠입, 탈출 등의 불고지는 처벌에서 제외하는 것으로 되었지만, 여전히 이에 대한 논란이 끊이지 않고 있다. 『활보』 창간호인 1999년 9월 20일에 실린 「국가보안법 상식: 불고지죄」는 "인간은 내면에 형성된 양심을 강제로 공개당하지 않으며 침묵할 자유를 지니고 있는 것인데 불고지죄는 이러한 침묵을 처벌하는 규정"이라면서 다음과 같이 말한다.

"어느 날 가족모임에서 동생이 북한에 남은 모친의 사진을 가지고 왔다. 동생은 사진의 입수 경위에 대해 자세한 설명은 하지 않았으나 북한에 다녀왔거나 적어도 북한에서 온 사람으로부터 받은 것이 분명할 터인 바, 가족들은 불문에 붙이기로 약속했다. 여기서 북한에 있는 모친의 사진을 가지고 온 동생을 신고하지 않은 형, 누나, 형수, 동서들은 무슨 죄를 지은 것이 되는가? 바로 국가보안법 제10조 불고지죄이다. 위 이야기는 실제로 있었던 일이다. 과거 간첩 사건 등에서 이러한 불고지죄로 인하여 주변 친척들이나 친구들이 굴비 엮이듯 줄줄이 입건되어 신문의 한 면을 장식한 경우가 한두 번이 아니다. 불고지죄가 가지는 사회적·법률적 문제점은 다음과 같다. 먼저 불고지죄는 사회의 인륜 도덕을 파괴한다. 국가보안법 위반 사실을 알게 되는 것은 결국 가까운 친인척들뿐일 터인데 이들에게 가족 간의 애정을 버리고 수사기관에 신고하라는 것은 우리의 선량한 풍속에 반하는 것이다. 잔인하고 무서운 죄가 아닐 수 없다. 다음으로 불고지죄에 의하여 전 국민이 국가보안법 위반자로 될 가능성이 상존한다. 전 국민의 범죄자화가 초래될 수 있는 것이다. 법률적인 측면에서 불고지죄는 사상과 양심의 자유의 한 내용으로서 그 본질적 내용이라고 할 수 있는 침묵의 자유를 침해한다."[58]

불고지죄는 언론의 취재원 보호와 관련해서도 심각한 문제를 제기하고 있다. 『동아일보』 1986년 7월 4일자 사설은 불고지죄를 '온 국민에게 경찰관과 같은 의무를 지우게 하는' 것이라고 평한 바 있는데, 이것이 언론에게 적용될 경우 언론사에겐 경찰서와 같은 의무를 지우게 하는 것이라고 말할 수 있을 것이다.

이와 관련, 팽원순은 "만약 기자가 취재원에게서 얻은 정보나 그 취재원의 행적에 관한 사항을 일일이 수사기관에 고지하게 된다면 어떤 취재원이라도 다시는 그 기자에게 정보를 제공하지 않을 것이며 그렇게 되면 보도 활동을 제대로 하지 못하게 될 것이 분명하다. 그처럼 기자들이 수사기관이나 정보기관에 대한 고지의 의무를 지게 된다면 기자가 수사기관이나 정보기관의 보도자이거나 앞잡이인 것처럼 인식되어 취재원은 물론 일반 국민으로부터도 불신을 사지 않을 수 없을 것이다"며 다음과 같이 말한다.

"국가보안법의 범죄에 대해서만 불고지죄를 적용한다고 하나 취재를 할 당시에는 국가보안법을 어긴 행위인지 아닌지를 분명히 판단할 수 없는 아리송한 경우가 얼마든지 있을 수 있는 것인데 그런 경우도 빠짐없이 고지해야 한다면, 기자들이 번거로움이나 위험 부담을 피해서 어지간한 것은 취재조차 하지 않으려고 할 수 있기 때문에 보도관이나 기자에게 '자기억제'를 강요하는 '위축 효과'까지도 미치게 된다고 할 수 있다. 또 확정판결이 있기까지는 무죄로 추정해야 한다는 것이 형법상의 대원칙인데 아직 유죄로 확정되지 않은 행위를 고지하지 않았다고 불고지죄를 적용하는 것은 그런 원칙에도 어긋나는 것이라고 해야 할 것이다."[59]

1989년 7월 12일 새벽 안기부가 '서경원 의원' 사건과 관련, 법원으로부터 압수수색영장을 발부받아 『한겨레신문』 편집국을 강제 수색, 윤재걸 기자의 책상에서 사진 및 취재 스크랩 등 취재 자료를 가져간 사건이 발생했다. 김정기는 이 사건이 "남북 분단 상태에 있는 한국의 안보 상황을 감안하더라도 취재원 보호에 대한 국가 당국의 의식 수준이 아직 원시적 단계에 머물러 있음을 보여준다"면서 다음과 같이 말했다.

"첫째, 윤재걸 기자가 89년 3월 서경원 의원의 방북에 관해 인터뷰한 사실에 대해 윤 기자에게 '불고지죄'의 혐의를 씌웠다는 점이다. 이는 우리나라 사법기관이 취재원 은닉을 법적인 권리로서 인정하지 않고 있음은 물론 최소한 윤리적 관행으로서도 인정하지 않고 있음을 반증한 행태이다. 둘째, 이 압수 수색은 안기부 수사 당국이 기자의 취재 자료를 구체적 항목의 명시도 없이 무한정 압수할 수 있음을 보여주었는데 이는 취재의 자유의 본질을 훼손하는 행위라는 점이다. 셋째, 안기부는 기자를 소환하여 증언을 요구하거나 특정 자료의 제출을 요구하는 대신 언론사 취재의 심장인 편집국을 강제 수색하여 언론 자유의 상징을 파괴했다는 점이다."[60]

『한겨레신문』 압수 수색 당시 영장을 발부한 판사였던 최성준이 2014년 3월 방송통신위원회 위원장에 지명되면서 논란이 일었다. 윤재걸은 CBS 라디오 〈시사자키 정관용입니다〉 인터뷰를 통해 당시를 다음과 같이 회상했다.

정관용: 그때 『한겨레신문』 직원들이 경찰 진입을 막기 위해 막 농성도 하고 그랬었죠? 그런데 압수 수색이 실제 이루어졌죠?

윤재걸: 800명 가까운 백골단을 앞세워서 국가정보원이, 안기부가 앞장서서 했습니다마는 800명 가까이 해머를 들고 양평동 사옥을 힘으로 때려 부수던 시절이 눈에 선합니다. 그런데 지금 4반세기가 지났습니다. 25년이라는 세월이 지났는데 대한민국의 국민의 눈높이를 따라가지 못하고 아직도 이런 현실에 막혀 있다는 게 참 눈물겹습니다.

정관용: 그다음에 결국 그 사건은 어떻게 됐습니까? 윤재걸 기자 그때 재판 받았어요, 어떻게 됐어요?

윤재걸: 저는 6번의 사전 구속영장이 내려졌습니다마는 그러나 기자가 기사를 썼다는 것이 나중에 뒤늦게 확인이 됐고 여섯 꼭지의 기사를 썼는데 다 확인이 됐고 그래서 저를 걸 이유가 더 이상 없고 그때 당시 여당에서도 허주 김윤환 의원이나 이종찬 원내총무나 이건 있을 수 없다, 언론의 자유에 재갈을 물은 것이다. 이 사이에서 아주 절대적으로 한국의 언론 자유의 수준에 대해서 항의를 해서 결국은 기소를 못하고 말았습니다.

정관용: 기소도 안 됐어요?

윤재걸: 기소도 안 됐습니다. 여섯 차례의 사전 구속영장을 띄웠으나 불기소처분으로 결국 무혐의로 끝나고 말았습니다.

정관용: 아니 800명씩 동원해서 증거까지 가져갔는데도 기소를 안 했다고요, 검찰이?

윤재걸: 그렇게 해서 저희 『한겨레신문』과 김대중 그때 당시 총재와 연계를 시도하려고 여러 가지 자료를 좀 모으려고 그랬습니다마는 그게 여의치 않자 어떤 불능에 가까웠다고 생각됩니다.[61]

제7장

공정 재판과 언론 보도

재판은 법원에서만 이루어지는가?
언론재판

미국에서 공정 재판을 둘러 싼 논란은 수정헌법 제1조와 수정헌법 제6조 (피고의 공정한 재판을 받을 권리) 사이의 갈등인데, 이는 1807년 10월에 발생한 에런 버Aaron Burr, 1756~1836의 반역 사건에서 연유되었다. 버는 분리주의 운동을 주창해 반역죄로 고소되었는데 법원의 판결이 내려지기도 전에 이른바 '언론재판'에 의해 사실상 '유죄'가 확정된 것이나 다를 바 없었다.[1]

1932년 린드버그 납치·살해 사건도 '언론재판'이 극성을 떨친 사건이었다. 1927년 비행기를 타고 대서양을 최초로 횡단해 미국인의 영웅이 된 찰스 린드버그Charles A. Lindbergh, 1902~1974의 19개월 된 아들이 납치돼 살해당하는 사건이 벌어졌다. 범인으로 지목된 부르노 하우프트먼Bruno R. Hauptmann, 1899~1936은 사형을 당했는데, 문제는 하우트프먼이 언론의 선정주의적 보도로 인해 공개 재판을 받기 전에 이미 언론재판에 의해 사형

이 내려진 거나 다름이 없었다는 점이다.[2]

> (사례) Irving v. Dowd(1961) 사건: 레슬리 어빙Leslie Irvin은 6명을 살인
> 한 혐의로 체포되었는데, 재판이 성립되기 전 검찰과 경찰은 피고가 여섯
> 건의 범죄를 고백한 내용이 담긴 기사 자료를 언론에 미리 배포해 널리 보
> 도되도록 했다. 재판이 시작되기 전 배심원 후보 430명 중 375명이 Irvin
> 의 유죄를 믿는다고 판사에게 대답했으며, 선출된 12명의 배심원 중 8명
> 이 유죄라고 생각한 것으로 나타났다. 연방대법원은 "재판 전 공표는 형사
> 피고인이 공정한 배심원 앞에서 공정한 판결을 받을 수 없게끔 만든다"는
> 이유를 들어 하급법원의 판결을 번복했다.
>
> (사례) Murphy v. Florida(1975) 사건: 잭 머피Jack Murphy는 강도로 유죄
> 판결을 받았는데, 과거 전과 기록이 너무 알려져 배심원이 편견을 갖게 되
> 었다고 항소했다. 그러나 연방대법원은 당시 배심원 후보 78명 중 20명만
> 이 재판 전 머피가 유죄라고 생각한다고 대답한 점을 들어 기각하면서 다
> 음과 같이 말했다. "피고는 불평부당한 배심원들에 의해 재판 받을 권리가
> 있지만, 그렇다고 그것이 배심원들이 재판 중인 사건에 관한 사실들에 대
> 해 무지해야 한다는 걸 의미하는 건 아니다."[3]

'언론재판'이라는 말이 시사하듯, 언론의 범죄 관련 재판 보도는 많은
문제를 안고 있는데 미국 변호사 협회가 언론에게 주의를 환기시키기 위해
열거한 잘못된 보도 내용은 다음과 같다.

① 피고의 자백 또는 그것에 관한 이야기ー수정헌법 제5조는 피고가 자
신의 이익에 반하는 증언을 할 필요가 없다고 명시하고 있으며 그 자백은
법정에서 피고에게 불리하게 사용될 수 없다. ② 피고의 거짓말탐지기 등

의 조사 결과 또는 그것을 거부했다는 이야기 따위-그건 법정에서 채택되지 않는다. ③ 피고의 전과 기록-법정에서 채택되지 않는다. ④ 증인의 신뢰도를 의심하는 이야기-검사·경찰·희생자·판사 등에 대한 증인의 개인적 감정에 관한 이야기나 '분명히 유죄야'라고 말한 판사의 발언을 재판 전에 보도하는 행위 등. ⑤ 피고의 품성(애와 개를 증오한다든가), 친구(폭력배들과 어울렸다든가), 성격(조금만 건드려도 불같이 화를 낸다든가) 등에 관한 이야기. ⑥ 피고에 대한 공중의 느낌을 자극할 경향이 있는 이야기-충분한 증거가 없는데도 혐의자를 체포할 것을 요구하는 사설 캠페인, 피고의 유죄 여부나 유죄 시 받아야 할 형량에 대한 길거리 인터뷰, 피고의 유죄 여부에 대한 TV 토론 등.[4]

일반적으로 언론의 재판 보도에 대한 미국 법조계 입장은 다음과 같다. ① 언론은 가능한 한 판결 전 보도를 삼가야 한다. ② 능력 있는 기자를 법원 출입 기자로 파견해야 한다. ③ 사실이 법정 기록의 일부가 될 때까지 일체의 보도를 보류해야 한다. ④ 언론의 수사적 보도는 삼가야 한다. ⑤ 법정 모욕에 관한 법원의 권한을 회복하든지 아니면 유사한 제한 입법으로 언론의 공정 재판 방해를 막아야 한다. ⑥ 언론재판은 반드시 일소해야 한다. ⑦ 전문적 행위에 대한 자율적 행동 강령을 제정해야 한다.

반면 미국 언론계의 입장은 다음과 같다. ① 국민은 어떤 문제에 대해서도 알 권리가 있다. ② 기밀 은폐는 공표보다 기소된 자의 권리를 더욱 위협한다. ③ 철저한 취재 보도는 법원이나 법을 집행하는 관리들의 부패, 비능률, 편견을 폭로하는 데 도움이 된다. ④ 편견적 보도란 법조계를 포함한 법집행 기관들과 관계되는 사람으로부터 유래한다.[5]

미국 언론은 '자율 강령'이나 '뉴스 지침' 등을 통해 공정 재판을 위해 애쓸 것을 다짐하고 있다. 예컨대, 『워싱턴포스트』의 「스타일 데스크북」은

"우리는 범죄 기사를 보도할 때 용의자의 권리를 생각하고 유죄, 무죄의 판결은 법정에서 날 수 있도록 조심성과 정확성에 유의해야 한다"고 밝힌 뒤, 구체적으로 주의해야 할 점 몇 가지를 다음과 같이 열거하고 있다.

"용의자나 구금된 사람의 유죄 여부에 관한 사항을 기사나 제목에서 암시하면 안 된다.……경찰이나 기자, 검찰에 대해서 하는 말이 곧 자백은 아니다. 법정에서 피의자가 유죄에 대해 인정하는 경우가 아닌 한 자백이라는 말을 기사의 본문이나 제목에 써서는 안 된다. 용의자가 말했다, 이야기했다, 설명했다, 전했다 등이라고 써야 한다. 우리는 심지어 인정했다거나 시인했다는 말도 사용하면 안 된다.……재판에 관한 보도는 과정을 상세히 반영하도록 정확하게 써야 한다. 기자들이나 편집자들은 기소 당국이나 변호인 모두에 대해 공정히 보도해야 한다.……법을 어긴 것으로 기소된 사람에게는 혐의에 대하여 반박할 수 있는 기회도 가능한 한 주어야 한다.……범죄 기사에서 용의자의 체포 전력을 일상적으로 다루지 마라. 체포 자료(처리 결과가 반드시 포함되어야 함)를 보도할 때는 부서 책임자의 처분을 받으라. 과거 전과 자료를 보도함으로써 현재의 재판에 영향을 미치는 것은 철저히 배제해야 한다.……피의자의 재판에 영향을 줄 수 있는 사진의 게재는 피해야 한다.……일반적 규칙으로 우리는 기소된 사람의 이름을 보도한다. 그러나 '추세'나 '개관'을 보도하는 것처럼 몇몇 사건들이 함께 다루어질 때, 그렇지 않았으면 보도되지 않을 수도 있는 사람들의 이름을 보도하는 경우가 있을 수 있으므로 각 부서 편집자들이 신중하게 고려해야 한다."[6]

NBC, CBS, ABC 등 방송사들도 각기 나름대로 엄격한 기준을 갖고 있으나, 일반적으로 보도해선 안 될 것들이 '불가피하게 보도되어야 할 특별한 상황'까지 예시하고 있다. NBC의 경우 "우리가 정부 관리의 비리, 혹은 잘못된 시민 권리의 박탈, 혹은 부당한 투옥이나 재판의 오심 등을 조사할 때는 얻어 낼 수 있는 모든 사실과 적절한 사실들을 모두 보도해야 한다"고 했고, CBS의 경우엔 다음과 같이 '예외적인 상황'을 예시하고 있다.

"범죄를 저질렀는데 아무에게도 영장이나 체포, 기소가 이루어지지 않는다면 우리는 목격자의 말을 인용(대체로 혐의가 있는 사람에 대해서 분명한 지적이나 신원 확인을 하지는 않지만)하여 보도하고 경찰이 설명해주는 용의자의 모습을 보도하는 수밖에 없다. 더욱이 경찰이나 정부 관리 스스로 미국 법률가 협회 지침을 어기고 뉴스 가치가 있는 상황에서 피의자의 유죄 여부와 관련이 있는 자백이나 경찰 수사 자료 등을 공표한다면 그것을 보도하지 못하게 하는 것은 우리의 책임이 아니다. 후자의 경우에 대한 극단적인 예는 댈러스 경찰국장이 여러 사람 앞에서 소총을 흔들어 대면서 이것이 오스왈드가 사용했던 소총이며 그 자는 명백히 유죄라고 외쳤던 경우다. 또한 닉슨이 맨슨의 선고 이전에 맨슨이 유죄라고 말했던 것도 마찬가지다. 이러한 경우들이 우리가 자제할 수 없는 것들이다. 닉슨과 경찰 간부는 대체로 잘못한 것이지만 우리가 이렇게 공공의 이익이 걸려 있는 특별한 경우에 신의 역할을 한다거나 일어난 일을 못 본 체할 수는 없는 것이다."[7]

왜 재판은 가끔 '미디어의 서커스'가 되는가?
O. J. 심슨 사건

1995년 O. J. 심슨O. J. Simpson 살인 사건의 재판은 거의 광기에 이른 미디어와 그 부추김을 받은 여론 앞에선 재판부조차 얼마나 무력할 수 있는가 하는 걸 여실히 보여주었다. 미식축구 스타로 엄청난 돈을 번 흑인이 백인 아내와 그녀의 남자 친구를 죽였다는 혐의를 받았으니, 이 어찌 흥미진 진한 사건이 아니었으랴.

심슨 재판을 둘러싼 언론의 과열 보도 경쟁은 '미디어의 서커스'가 되 었다. CNN은 588시간을 중계했고, '법정 TV'는 656시간, '엔터테인먼트 TV'는 935시간에 걸쳐 사건 관련 프로그램을 방영했다. 이 재판을 시작부 터 끝까지 방송한 뉴스 방송사와 토크 라디오 방송사의 시청취율은 거의 두 배로 상승했다. 신문 잡지들도 똑같이 미쳐 돌아갔다. 사건 관계자들도 한탕주의 유혹에 빨려 들어갔다. 심슨은 말할 것도 없고, 검사, 재판관, 배 심원, 피해자 가족, 친구들 등이 수기를 써 출간했다. 사건 직후 출판된 책 이 50권이 넘었다.[8]

배심원이 선발되어 재판의 종결까지 걸린 시간은 372일, 배심원 선발 후 호텔에 격리 당해 재판이 시작되고 나서부터 걸린 시간은 266일이었다. 이는 찰리 맨슨 재판에서 격리된 225일이라는 기록을 깬 것이었다. 로스앤 젤레스시가 재판에 사용한 돈은 약 900만 달러였는데, 그중에서 배심원 격 리에 든 돈이 300만 달러였다.[9]

심슨 사건의 재판장인 랜스 이토Lance A. Ito는 재판의 진행 기간 중에 '법정에서의 카메라 추방안'을 내놓았다가 언론 자유 침해라는 TV사의 총 공세에 밀려 이 재판을 '미디어의 서커스'로 만드는 실수를 저지르고 말았 다. 심슨은 재력을 총동원해 유능한 변호사들을 고용했는데, 이들은 불리 한 증거를 숨기고 증인을 매수하고, 선서를 토대로 거짓말을 번복하지 못 하도록 옥죄는 등 승소를 위해 수단과 방법을 가리지 않았다. 이와 관련, 유일상은 다음과 같이 말한다.

"공개 재판이라는 이름으로 심슨의 변호사들은 피살된 부인의 가족이 나 친구들이 알코올중독자 또는 마약중독자라는 점을 공개하고, 피해자의 포르노 출연 경력 등 사건과는 직접적인 인과관계가 없는 사실들을 들춰냈다. 또한 법률 전문가들의 사생활도 마구 공개했는바, 담당 판사의 신경쇠약 치료 경력, 저명 변호사의 부인 학대 습관, 미모의 여성 주임 검사가 혼자 아이를 키우는 어머니로서 재판 때문에 집에 돌아가지 못해 전 남편으로부터 친권 위양 소송을 당한 것 등이 그것이다.……심슨 재판으로 호황을 누렸던 케이블TV는 또 다른 먹이를 찾는 야수 떼처럼 또 다른 사건 사냥에 나서고 있는 게 오늘날 세계 초일류국인 미국 미디어의 현주소이다."[10]

심슨 재판 후 캘리포니아주에서는 재판 취재의 일부를 제한하는 법률이 통과되었다. 첫째, 심슨 사건의 경우처럼 증인이 사건에 관한 정보를 파는 걸 불법화했다. 둘째, 배심원이거나 배심원이었던 자가 재판 종료 90일 이내에 자신의 경험을 써서 돈을 받는 걸 경범죄로 규제했다. 셋째, 변호사와 재판 당사자들이 법정 밖에서 사건에 대해 말하는 것을 규제하는 '개그 오더Gag Order', 즉 '누설 금지 명령'이 도입되었다.[11]

그럼에도 재판 전 홍보prejudicial publicity가 공정 재판에 미치는 악영향은 과대평가된 면이 있다는 걸 지적하는 연구 결과도 있다. 배심원들을 언론 보도에 쉽게 놀아날 수 있는 어리석은 사람들로 본 건 아니냐는 비판마저 나오고 있다. 1990년대 들어 상업적인 TV와 신문들이 세인의 관심을 끈 재판 후 배심원들에게 많은 돈을 주고 그들과 인터뷰를 하는 건 아주 흔한 일이 되었는데, 이런 인터뷰는 도덕적으론 문제의 소지가 있을망정 법적으론 배심원들이 자율적으로 결정하게끔 허용되고 있다.[12]

그러나 1997년 11월, 연방 제5순회항소법원은 루이지애나주의 두 신문이 평결 심의 과정에 대한 배심원들과의 인터뷰를 제한한 원심결정을 파기해달라고 신청한 항소를 기각한 바 있다. 그 결정 내용은 기자들의 배심원들과의 인터뷰가 사법부의 권위를 근본적으로 위협하지 않는 범위에서 아주 정교하게 이루어져야 한다는 것이었는데, 이 결정에 대해 신문사 측 변호사는 다음과 같이 주장했다.

"이 나라의 다른 모든 곳에서는 배심원들이 언론사와 자유롭게 인터뷰를 하고 있다. 배심원들은 자기의 주관에 따라 기자회견을 할 수도 있고, 책도 쓰고, 잡지에 기고도 하고, 토크쇼에도 출연하여 자신의 의견을 말할 수 있다. 그런데 이번 재판부의 결정으로 배심원에 대한 기자의 취재 활동이 제약되고 언론의 활동이 위축되는 결과를 낳을 수 있다는 문제점이 있다. 배심원들은 말할 자유가 있지만, 기자들에게는 물을 수 있는 자유조차 없게 되었다. 이것은 매우 불합리한 처사다."[13]

어떻게 해야 언론재판을 막을 수 있는가?
공정 재판을 위한 7대 조치

법원이 재판에 대한 편견적 보도 또는 홍보 효과를 상쇄 · 차단하기 위해 사용하는 방법엔 다음과 같은 7개가 있다. ① 재판 전 배심원 심사voir dire, ② 재판지 이동Change of venue, ③ 재판 연기continuance, ④배심원 교육 admonition to the jury, ⑤ 배심원 격리sequestration of jury, ⑥ 법원−변호사− 언론의 자율 협정에 따른 보도 통제bench-bar-press guidelines, ⑦ 보도 금지 restrictive order 및 방청 금지closed-court room.

'재판 전 배심원 심사'는 배심원이 재판 전에 언론의 보도 · 홍보 효과에 노출되었는가를 심사한다. 이외의 다른 부적격 사유도 심사 대상이다. 예컨대, 경찰관을 살해한 사건에 다른 경찰관의 어머니를 배심원으로 앉힐 수는 없다. 그 밖에 피고와 친분 관계 또는 그 밖의 어떠한 관계에 있다면 곤란하다.

'배심원 교육'의 주요 내용은 ① 신문, 텔레비전을 보지 말 것, ② 배심원들끼리, 또는 배심원 이외의 다른 사람과 의논하지 말 것, ③ 당신에게, 당신 앞에서 다른 사람이 이 사건에 대해 이야기하는 것을 허용치 말 것 등이다. 이런 지시를 배심원이 잘 따르더라는 연구 결과도 나와 있다.

'배심원 격리'는 재판에 대한 대량 홍보가 예상되고, 그걸 피하는 게 어렵다고 판단될 때 사용한다. 격리 기간은 3~4일간은 괜찮지만 6개월까지 가는 수도 있어 이 경우 문제가 복잡하다. 이 경우, 완전 격리 수용으로 인한 희생 때문에 피고에게 불리할 수 있다는 지적도 나오고 있다.

'보도 금지'를 내릴 수 있는 경우는 다음과 같다. ① 피고의 권리에 명백하고 현존하는 위험이 있을 때, ② 사건에 관한 강도 높고 광범위한 보도가 확실할 때, ③ 다른 방법(재판지 이동, 연기 등)으로 재판 전 홍보를 막을 수 없을 때, ④ 재판 전 자료가 잠재적 배심원들에게 도달하는 걸 효과적으로 막을 수 있다고 판단될 때.[14]

언론이 공정 재판을 해친다는 강력한 문제 제기는 1960년대 중반 '워런 보고서'와 '셰퍼드 사건Sheppard v. Maxwell, 1966'을 통해 이루어졌다. 케네디 대통령 암살 사건의 진상을 조사하기 위해 구성된 워런 위원회가 1964년에 낸 워런 보고서는 암살범으로 체포된 리 하비 오스왈드Lee Harvey Oswald, 1939~1963에 대한 언론 보도와 관련, "당시의 언론 보도는 정보를 얻을 공중의 권리와 공평하고 평등한 재판을 받을 개인의 권리 사이의 정당한 균형을 초래하기 위한 수단의 필요성을 극적으로 확인해준 것이었다"고 밝혔다.[15]

셰퍼드 사건은 1954년으로 거슬러 올라간다. 그해 7월 오하이오주의 저명한 의사 샘 셰퍼드Sam Sheppard, 1923~1970는 그의 아내 메릴린Marilyn

을 살해한 혐의로 체포되었는데, 이 사건은 전국적인 미디어에 의해 널리 보도되었다. 언론 보도는 난장판 센세이셔널리즘의 극치를 보여 주었다. 피고의 현장 검증은 변호사도 없이 수백 명이 방청하는 가운데 체육관에서 텔레비전으로 생중계 되었으며 사건 관련자들의 자발적이고 흥분된 증언이 그대로 보도되었고 피고는 언론에 의해 유죄판결이 내려졌다. 연방대법원은 피고의 상고를 처음엔 기각했으나 1966년에서야 번복 판결을 내리면서 "재판 장소의 변경 청원이 무시되었고, 배심원들이 필요하지 않은 언론 보도로부터 편견을 갖지 않도록 보호되지도 않았다"고 비판했다.[16]

워런 보고서 발표와 셰퍼드 사건에 대응하기 위해 미국변호사협회가 '공평한 재판 및 보도 자유에 관한 자문 위원회'를 구성해 작성한 이른바 '리어든Reardon 보고서'는 언론에 대한 강한 규제 조치를 권고했다. 사전 또는 재판 전 공개는 언론과 공중으로부터 피고인 측을 보호하기 위해 금지되어야 하며, 말을 잘 안 듣는 언론인에게는 법정모욕죄를 적용해야 한다고 권고했다. 언론 보도와 관련된 법정모욕죄는 사실상 1941년 이후 사문화된 것이었는데, 이 보고서는 그걸 되살리자고 권고한 것이다.

연방대법원은 1941년의 브리지스 사건에서 재판에 관한 법정 외의 발언이나 보도는 수정헌법 제1조의 보호 하에 있으며, 홈스 판사의 '명백하고 현존하는 위험'의 원리를 적용해 사법의 운영상 '명백하고 현존하는 위험'이 있을 때에만 언론 보도를 제한될 수 있다고 판시한 바 있다. 이 판결은 재판에 관한 보도의 자유를 크게 확대시켜 준 것으로, 피고인의 공평한 판결을 받을 권리를 침해하는 보도라 할지라도 그것을 법정 모욕으로 제재한다는 것을 불가능하게 만들었다.[17]

그러나 그런 권고 때문인지는 알 수 없으나, 이 판결 이후 '보도 금지'가 많이 사용되었다는 건 분명하다. '보도 금지'는 1966~1976년 사이에 174개나 내려졌는데, 이 가운데 39개가 직접적으로 언론을 겨냥한 것이었다. 그러다보니 '보도 금지'의 남용도 적지 않았다. 예컨대, 한 젊은 차 도둑의 유죄판결은 12월 7일이었는데 이 판결에 대해 12월 9일까지 보도 금지가 내려졌다. 12월 8일이 그의 형의 결혼이라는 이유를 앞세운 가족의 요청을 판사가 받아들인 것이다.

1970년대 말엔 '보도 금지' 대신에 재판 전 청문회pretrial hearing를 비공개로 하는 것이 보통이었다. 예컨대, 강요에 의한 자백을 한 피고가 그 자백에 대해 이의 제기를 하는 게 재판 전 청문회에서 다뤄지는데 자백을 했다는 사실이 널리 보도된다면 곤란하기 때문이다. 1979년 7월에서 1981년 5월까지 모두 246건의 비공개 재판이 요청돼 141건이 받아들여졌다. 청소년 범죄 재판과 같은 경우엔 본 재판도 비공개로 할 수 있다.[18]

'보도 금지'와 '방청 금지'는 법원과 언론의 사이를 악화시킬 수 있어 일부 주州에서는 위원회를 구성해 법원-변호사-언론의 자율 협정에 따른 보도 통제bench-bar-press guidelines를 이용한다. 그러나 이 방식도 쉽지는 않아, 일부 주州에서는 전혀 실시하지 않고 있다. 켄들 코피Kendall Coffey는 "대부분의 경우 판사들은 언론 보도를 사전에 금지하는 것은, 마치 판사의 무기고에 있는 핵무기처럼, 실제로 사용하기에는 너무 극단적인 조치로 여긴다. 법원은 언론 보도를 금지하는 명령을 거의 내리지 않는데, 이는 언론에 대한 법원의 검열과 언론 보도의 사전 제한으로 간주될 수 있기 때문이다"고 말한다.[19]

왜 한국에서도 공정 재판을 위한 언론 보도가 중요해졌나?

국민참여재판

한국에서 공정 재판과 관련된 헌법 조항은 제109조로 "재판의 심리와 판결은 공개한다"고 했으며 다만 "심리는 국가의 안전보장 또는 안녕 질서를 방해하거나 선량한 풍속을 해할 염려가 있을 때에는 법원의 결정으로 공개하지 않을 수 있다"고 했다(국회의 경우, 헌법 제50조는 "국회의 회의는 공개한다"고 했으며 "다만 출석 의원 과반수의 찬성이 있거나 의장이 국가의 안전보장을 위하여 필요하다고 인정할 때에는 공개하지 아니한다"고 했다).

형법 제138조(법정 또는 국회회의장 모욕)는 "법원의 재판 또는 국회의 심의를 방해 또는 위협할 목적으로 법정이나 국회회의장 또는 그 부근에서 모욕 또는 소동한 자는 3년 이하의 징역 또는 700만 원 이하의 벌금에 처한다"고 규정했다.

법원조직법 제58조(법정의 질서유지) 제2항은 "재판장은 법정의 존엄과 질서를 해할 우려가 있는 자의 입정 금지 또는 퇴정을 명하거나 기타 법정의 질서유지에 필요한 명령을 발할 수 있다"고 규정했으며, 제59조(녹화 등의 금지)는 "누구든지 법정 안에서는 재판장의 허가 없이 녹화·촬영·중계방송 등의 행위를 하지 못한다"고 규정했다.

법원조직법 제61조(감치 등) 제1항은 "법원은 직권으로 법정 내외에서 제58조 제2항의 명령 또는 제59조에 위배하는 행위를 하거나 폭언·소란 등의 행위로 법원의 심리를 방해하거나 재판의 위신을 현저하게 훼손한 자에 대하여 결정으로 20일 이내의 감치 또는 100만 원 이하의 과태료에 처하거나 이를 병과倂科할 수 있다"고 규정했다.

형법 제138조와 법원조직법 제61조 및 영미식 법정모독죄와의 차이와 관련, 박형상은 "우선 형법 제138조 법정모욕죄 경우는 반드시 검사의 기소에 따른 정식재판을 거쳐야 되지만 법원조직법 제 61조의 경우는 법원의 직권에 의한다는 점, 형벌을 가하는 정식재판이 아니라는 점(과태료는 '형벌로서 벌금형'이 아니다)에 본질적인 차이가 있다"며 다음과 같이 말한다.

"법원조직법 61조는 재판 질서유지를 위해 직권에 의하는 점에서 오히려 영미식 법정모독죄(contempt of court: 법조계는 통상 법정 모욕 아닌 법정 모독으로 번역한다. 물론 영국과 미국 사이에도 상당한 차이가 있다)는 '법원의 명령이나 판결 소환에 대한 불복종', '판사가 재정한 법정에서의 불미스런 행동', '사법 활동을 방해하거나(예컨대 위증) 이에 영향을 미치려는 행위', '법원을 경멸하거나 모욕하는 내용의 출판과 방송', '법원에의 진행 중인 사건의 서류 파괴나 은닉' 등등 그 규정 범위가 상당히 포괄적이며 그 처벌 정도가 강력하다. 검사의 기소 없이 판사 직권에 의해 무제한의 구금 또는 매일 강제 이행금까지 부과될 수도 있다(미국의 어떤 법정모독죄 사건에서는 45일간 구금된 기자도 있었다)."[20]

'공정 재판과 언론 자유'의 관계와 관련, 김철수는 "재판에 대한 보도 기사가 공판 개정에 앞서 피고인에게 불리한 자료를 공연히 보도하고, 또 장래에 소환될 것이 예상되는 증인의 담화를 게재하는 일은 재판의 공정한 운영을 어렵게 하므로 이의 자제가 요망된다"며 다음과 같이 말한다.

"재판 비판 중에서 판례 비평과 같은 것은 유익하기 때문에 인정된다. 또 재판이 국민의 비판의 대상에서 제외될 수 없을 것은 명확하다. 문제는 계속(係屬) 중인 사건의 사실 인정을 일정한 결론으로 유도하기 위하여 행해지는 재판 비판에 있다. 재판 비판은 본질적으로 사법권의 독립과 언론 등 표현의 자유에 관한 문제이며, 그 비판은 신중을 요할 것이나 형사변론을 위한 경우에는 허용된다 하겠다."[21]

임병국은 언론의 재판 기사가 안고 있는 문제점으로 4가지를 꼽았다.

첫째, 재판 기사의 신뢰성에 문제가 있다. 형사재판의 판결을 언도받은 피고인의 표정이 법정 스케치로 기사화되고 있다. 피고인은 법관을 향해서 서 있으므로 방청석의 기자는 피고인의 표정을 볼 수 없음에도, 법정 안의 정경 묘사에서 피고인이 "갑자기 어깨를 늘어뜨렸다"든지 "엷은 미소를 지었다"는 등 판에 박힌 양식의 표현이 많다.

둘째, 재판 기사의 난해성 때문에 독자가 이해할 수 없는 표현이 많다. 재판 기사가 어려운 이유 중에 재판 절차 및 용어가 어려운 것은 틀림없지만, 이것을 독자들이 쉽게 이해할 수 있도록 전달하는 것이 법조 기자의 첫 번째 임무다.

셋째, 재판 기사의 정확성에 문제가 있다. 이해하기 쉽게 만드는 것은 상당히 어렵지만, 전문가를 납득시키는 기사여야 한다. 재판은 오랜 기간에 걸쳐서 당사자들이 다투기 때문에 배후가 복잡하고 큰 배경을 가지고 있다. 그 다툼이 치열하면 할수록 보도의 영향도 크다. 보도가 정확하지 않으면, 독자에게 오해를 줄 뿐만 아니라 당사자에게도 큰 타격을 준다.

넷째, 재판 기사에 대한 평형감각에 문제가 있다. 재판 취재에서 가장 중요한 것은 사건에 대한 평형감각이다. 민사재판이나 형사재판에서 일반적인 경향은 원고 측 입장이 크게 보도되고 있다. 형사재판의 경우에 검사의 주장에 귀를 기울이는 경향이 높다. 피고 측을 취재하지 않으면 사건의 전체 윤곽이 잡히지 않는다.[22]

'공정 재판과 언론 자유'는 한국에선 비교적 큰 문제가 되지 않으나 배심원 제도가 있는 미국에선 특별히 중요한 의미를 갖는다. 그러나 판사도 인간인 이상 이른바 '언론재판'의 압력이나 영향력으로부터 완전히 자유로울 수는 없을 것이므로, 이 문제에 대해 깊은 관심을 가질 필요가 있겠다.

또한 국민이 배심원으로 재판에 참여하는 '국민참여재판'이 2008년부터 도입돼 점차 확대되고 있기에 배심원제가 다른 나라의 이야기만은 아니다.

이와 관련, 2012년 최혜선 건국대학교 법학연구소 책임연구원은 "언론 보도에 있어 범죄 및 재판 관련 보도는 사회적으로 긍정적 기능도 있고 부정적 기능도 있다. 보도를 통해 범죄에 관한 정보를 획득하여 같은 범죄로 인한 피해를 사전에 방지할 수 있고, 범죄에 관한 여론을 형성해 형사 사법 기관의 활동 및 정책 수립에 방향을 제시할 수도 있다. 또한, 여러 범죄 사건들을 통해 우리 사회의 법적·도덕적 규범의 형성에 기여하는 기능도 있을 것이다"며 다음과 같이 말했다.

"그러나 범죄 보도가 개개의 범죄 사실에 집중하여 개인의 인권 및 기본권 침해, 또한 범죄의 배경을 보도함에 있어 피의자의 가족 또는 주변에까지 인권 및 기본권 침해를 야기하는 제2, 제3의 피해를 가져오기도 한다. 더불어, 보도의 내용 및 표현의 선정성은 최근의 미디어 채널이 다양해지면서 더욱 심각해지고 있는 현실이다.……물론, 국민참여재판 제도의 올바른 정착과 배심원의 평결 및 양형의 공정성 확보를 위해 보도를 규제하는 것은 국민의 알 권리 및 언론 보도의 자유를 보장하는 측면에서는 옳지 않을 것이다. 다만, 언론이 사후적으로 어떠한 가이드라인을 만들어 이러한 규칙을 지켜나가며 공정성을 확보하는 것이 아닌 언론 스스로가 자정적으로 프라이버시의 보호 및 보도의 공정성을 지키면서 국민의 알 권리 충족을 위해 명확한 사실을 공정하게 전해주기를 바란다. 이러한 것이 잘 지켜질 때 제2, 제3의 피해가 줄어들 것이다."[23]

언론은 노무현 전 대통령의 서거에 책임을 져야 하나?
피의사실 공표

> 형법 제126조(피의사실 공표): 검찰, 경찰 기타 범죄 수사에 관한 직무를
> 행하는 자 또는 이를 감독하거나 보조하는 자가 그 직무를 행함에 당畜
> 하여 지득知得한 피의사실을 공판 청구 전에 공표한 때에는 3년 이하의
> 징역 또는 5년 이하의 자격정지에 처한다.

이와 같은 피의사실 공표 금지 조항은 국민의 명예 및 프라이버시 보호
를 위한 것인 동시에 범죄 수사의 원만한 수행과 공정한 재판을 위한 것이
다. 공정한 재판과 관련, 김동철은 다음과 같이 말한다.

"피의사실이 공개되었을 때는 법에 의한 공정한 재판을 해칠 수도 있
다. 우리 헌법에는 '모든 국민은 헌법과 법률이 정한 법관에 의하여 법률
에 의한 재판을 받을 권리를 가진다'고 규정되어 있는데, 피의사실이 공개
되는 경우, 국민의 이러한 재판청구권이 손상될 수 있고, 또 공정한 재판으
로 올바른 국법 질서를 유지하려는 국가적 법익도 침해될 수밖에 없는 것
이기도 하다. 왜냐하면 피의사실이 기소 전에 공개되면 '법에 의한 재판'
이 '여론에 의한 재판'으로 변질될 가능성이 많아지게 되고, 이렇게 되는
경우 법에 의한 공정한 재판을 받을 수 있는 국민의 기본권이 침해되기 쉽
기 때문이다."[24]

피의사실 공표는 저널리즘 윤리의 문제이기도 하다. 한위수는 "형사사
건의 보도에 의하여 피의자가 진범으로 단죄되는 것은 대부분 단정적인 표
현을 사용하는 데 기인한다"며 단정적 표현을 지양하고 전문傳聞의 경우 전
문임을 그대로 명시하는 것이 필요하다고 말한다.

그는 "흔히 범죄 보도에 있어 '범인은 ○○였다' 또는 '범인 ○○○을 체포'라고 하는 등 '범인'이라는 표현을 함부로 사용하고 있는데 '범인'이란 표현은 무죄 추정 원칙에 비추어 형사사건 기사에 있어 가장 피하여야 할 표현이다. 수사 단계에 있어서는 '용의자' 또는 '피의자'(형사소송법에는 피의자라는 용어만이 사용되고 있으나, 경찰에서는 단순히 범죄 혐의가 있는 자를 용의자, 범죄 혐의가 짙어져 사건부에 기재가 된 이후에는 피의자로 구별하여 부르고 있다고 한다)란 표현을, 재판 단계에서는 '피고인'이란 표현을 사용하여야 할 것이다"며 다음과 같이 말했다.

"그리고 '△△ 사건은 ○○의 소행으로 밝혀졌다'라는 표현도 흔히 사용되고 있으나 이도 무죄 추정 원칙에 비추어 삼가야 할 것이고, 또한 기사 중에 기자가 직접 견문見聞한 것과 제3자로부터 간접적으로 들은 것을 명확히 구별하여 독자로 하여금 이를 확실히 알 수 있는 형태로 기사를 써야 확정판결이 있기도 전에 진범으로 오해하는 것을 피할 수 있을 것이다(예컨대, '경찰의 발표에 의하면 ○○이 △△을 칼로 찔러 살해하였다는 것이다. ○○은 기자에게 △△을 살해한 사실을 인정하였다'는 식의 기사가 되어야 할 것이다."[25]

피의사실 공표로 인한 문제는 연례행사라고 해도 좋을 정도로 늘 논란의 대상이 되어왔다. 언론개혁시민연대는 1999년 피의사실 공표가 "한국 언론이 관행적으로 범해 오는 대표적 인권침해 사례 중의 하나"라고 지적하면서 다음과 같이 주장했다.

"관행이라는 이름으로 수사 단계에서 피의자의 실명을 밝힐 뿐만 아니라 범인 혹은 범법자로 단정하는 기사를 접하게 된다. 이는 언론이 피의사실 공표죄의 공범이 되는 셈이다. 당사자들이 소송을 하지 않아서 아직도 이런 류의 기사가 버젓이 나오지만 외국 언론에서는 위험천만한 보도이다. 예외적으로 공익을 위해서 또 중대한 국민의 알 권리 확보를 위해 필요하고 그 내용이 진실인 경우에는 피의사실 공표죄가 성립되지 않을 수 있겠으나 언론으로서는 진실이라고 믿을 만한 자료가 확보되지 않는 한 피해자와 언론 모두를 위해 이런 보도는 자제해야 한다."[26]

피의사실 공표가 전국을 집어삼킬 정도의 국가적 의제로 부상했던 때는 2009년이었다. 그해 5월 23일 검찰의 수사를 받던 노무현 전 대통령의 자살로 피의사실 공표가 비난과 저주의 대상이 되었다. 전국언론노조는 5월 24일 성명에서 "검찰과 조·중·동이 앞서거니 뒤서거니 하면서 도덕적 흠집 내기에 혈안이었다"며 "노 전 대통령의 서거는 이명박 대통령과 검찰·조중동이 만들어낸 정치적 타살"이라고 규정했다. 이어 "이들 세 집단은 조문이 아니라 고인은 물론 비탄에 빠진 유족에게, 충격과 슬픔에 빠진 국민에게 무릎 꿇고 사죄하라"고 촉구했다. 민주언론시민연합도 "시민들이 노 전 대통령의 서거를 놓고 이명박 정권, 검찰뿐 아니라 조·중·동에 대해서도 분노하고 있다"며 "자신들이 그토록 공격했던 전직 대통령이 서거한 순간까지 악의적 왜곡과 모욕주기를 중단하지 않은 행태는 심판받을 것"이라고 밝혔다.[27]

노 전 대통령을 지켜주지 못했다며 후회와 참회의 목소리가 폭포수처럼 쏟아졌다. 심지어 『한겨레』마저 비난의 대상이 되었다. 이봉수 시민 편집인은 『한겨레』에 쏟아진 그런 비난을 소개하면서 『한겨레』도 노 전 대통령의 흠집 내기에 일조했다는 진단을 내린 뒤 아프게 반성할 것을 촉구했다.[28] 실제로 『한겨레』와 『경향신문』은 그런 '자책감' 때문이었는지, 반성을 넘어서 노 전 대통령의 자살을 미화하는 주장들을 많이 실었다.

그러나 노 전 대통령 서거 책임의 장본인으로 지목된 이명박 정권의 반대편에 있던 사람들도 서거 전의 노 전 대통령에 대해 실망과 분노와 좌절을 드러냈었다. 이미 그때에도 검찰 수사의 문제를 몰랐던 게 아니었다. 그걸 충분히 감안한다 해도 노 전 대통령 측이 "해도 너무 했다"는 정서였다. 그러나 노 전 대통령의 서거로 모든 게 일순간에 역전되었다.[29]

이와 관련, 박경신 고려대학교 법대 교수(참여연대 공익법센터 소장)는 「언론 책임론 방향 잘못됐다」는 제목의 칼럼에서 "노 전 대통령은 우리의 슬픔의 크기만큼이나 공적인 인물이었고 그의 임기 중 비리 혐의에 대한 정보는 국민들에게 중요한 것이었고 검찰이 이 정보들을 공개하는 한 언론은 이를 보도할 의무가 있었다. 노 전 대통령이 임기 중에 아무리 적은 액수의 돈이라도 이를 임기 중에 '잘나가는' 기업인으로부터 받았는지를 확인하는 것은 매우 공적인 일이었고 편파적이거나 추측성일지라도 일부 부정확한 점이 있더라도 보도는 이루어지는 것이 마땅했다"며 다음과 같이 말했다.

"특히 일부 진보 매체들의 경우 '친한 사람일수록 엄정한 것이 언론의 정도'라는 굳은 결의를 가지고 아픈 속을 다스리며 노 전 대통령에 대해 공격적인 글들을 쓴 것으로 알고 있다. 노 전 대통령이 서거하였다고 해서 이제 와서 이런 자세를 포기한다는 것은 당시 아픔을 견뎌내었던 데스크와 기자들의 영혼을 파는 일이다. 이러한 원칙적인 입장이야말로 노 전 대통령이 한국 사회에 보여주려고 했었던 모습이며 언론이 앞으로 나아가야 할 길이다.……혹자는 노 전 대통령의 사인으로 치욕적인 검찰 출두보다도 검찰의 피의사실 공표를 꼽는다. 하지만 검찰의 피의사실 공표가 금기시되어야 하는 이유는 추후에 그 사건을 맡을 판사나 배심원에게 편견을 가지도록 하거나 여론을 통해 압력을 넣어 공정한 비판을 받을 권리를 해하기 때문이다. 그러므로 피의사실 공표가 피의자가 공인인 경우 등의 최소한으로 한정되어야 함은 불문가지이다. 사실 지금 '참회'하는 상당수 언론사들이 검찰의 피의사실을 전달하는 나팔수 역할을 한 것에 대해 집중적으로 참회하고 있다. 하지만 언론사의 참회도 '피의자가 공정히 재판 받을 권리를 침해하지 않도록 주의해야 한다'는 선에서 그쳐야지 '유죄확정 전까지는 범죄 수사에 대해 드러난 단서들의 보도는 공인이라 할지라도 자제해야 한다'는 범위까지 확대되는 것은 곤란하다."[30]

사실 이건 정답이 존재하기 어려운 문제인지라 논쟁은 오늘날까지도 지속되고 있다. 2013년 국가인권위는 일반 국민들의 정당한 관심이 되는 사항에 대해 피의사실을 공표할 수 있도록 정해야 한다고 지적했다. 국민의 생명과 안전에 가해질 위험상황을 예방하기 위한 경우나 언론사의 취재 등으로 이미 사건이 국민에게 상당히 알려져 중대한 관심사가 된 경우 등은 최소한 피의사실 공표의 필요성을 인정해야 한다는 것이다.

국회 입법조사처도 피의사실 공표에 대한 처벌 기준을 명확히 해야 한다는 연구 자료를 냈다. 이혜미 입법 조사관은 "피의자 검거에 많은 사람의 협조가 필요하거나, 공직 부패 관련 범죄 등에 대한 수사로 국민의 알 권리 보장, 언론 등 외부 기관에 의한 감시가 요청되는 상황인 경우 혐의사실이나 수사 상황을 공개하더라도 피의사실 공표죄 처벌을 받지 않도록 하는 규정이 필요하다"고 밝혔다.

반면 피의자 인권보호를 위해서는 수사기관이 피의사실을 공표할 이익과 필요성이 있다 하더라도 헌법에 보장된 무죄 추정의 원칙에 따라 목적과 방법 등에서 일정한 기준 적용이 필요하다는 주장도 맞서고 있어, 그 어느 중간 지점에서의 타협책을 찾을 필요가 있을 것 같다.[31]

왜 『조선일보』는 연쇄살인범 강호순의 얼굴 사진을 공개했나?

피의자 초상권

우리나라에서는 1990년대 중반까지만 하더라도 경찰이 중범죄자의 실명과 얼굴을 공개하고 언론은 이를 그대로 보도하는 것이 통상적인 관례였지만, 이후 보도 윤리 차원에서 익명 보도를 해야 한다는 주장이 제기되었다. 그러다가 2004년 '밀양 여중생 성폭행 사건'으로 경찰이 피의자의 신원 공개 등 인권침해 수사를 했다는 비판이 제기되면서, 이후 경찰은 수사 관행을 바꾸라는 권고를 인권위에게서 수차례 받았다. 이에 따라 경찰은 2005년 10월 경찰청 훈령 '인권보호를 위한 경찰관 직무 규칙'을 마련해 "경찰서 안에서 피의자와 피해자의 신원을 추정할 수 있거나 신분이 노출될 우려가 있는 장면이 촬영되지 않도록 해야 한다"는 '초상권 침해 금지' 규정을 포함시켰다.

또한 2005년 7월 시행된 '언론중재 및 피해구제 등에 관한 법률(언론피해구제법)'은 처음으로 '초상권과 성명권姓名權'을 명문화해 인정했다. 이 법에는 언론의 피해를 입은 사람들은 '반론, 정정, 소송' 등의 구제 절차를 밟을 수 있다고 되어 있는 바, 이후 언론은 자백 또는 확실한 증거로 범인임이 확실시되는 경우에도 중범죄자들의 신원을 적극적으로 공개하지 않았다.[32]

그러다가 2009년 1월 31일 『조선일보』가 연쇄살인범 강호순(39)의 얼굴 사진을 공개함으로써 범죄자의 얼굴을 공개하는 것이 마땅한지에 대해 논란이 뜨겁게 일어났다. 이 사진은 조선닷컴에서 이틀간 100만 명이 넘는 독자들이 열람했다. 300여 건의 댓글 중 90퍼센트 이상이 "얼굴 공개를 환영한다"는 입장이었고, "범죄자 가족에게 돌아갈 피해를 고려해야 한다"

는 의견도 일부 있었다. 국가인권위원회 홈페이지 게시판에는 경찰에 '피의자 인권을 보호하라'고 권고한 데 대한 비난 글이 쏟아졌다.

『조선일보』에 이어, SBS는 1월 31일 저녁 〈8시 뉴스〉의 5번째 리포트 '흉악범 얼굴 공개 논란'에서 앵커 멘트로 "저희 SBS는 오늘부터 강호순의 얼굴도 화면에 공개하기로 결정했다"면서 "국민의 알 권리와 추가 범행 수사에 대한 시청자들의 제보를 돕기 위한 조치"라고 밝혔다. KBS도 같은 날 〈뉴스 9〉에서 강호순의 얼굴을 내보냈다. SBS와 달리 얼굴을 공개한 이유를 밝히지는 않았다. MBC는 하루 늦은 2월 1일 저녁 9시 〈뉴스데스크〉에서 강호순의 얼굴이 나오는 사진 11장을 내보내면서, "국민의 알 권리와 경각심 등 공익적인 차원에서 증거가 명백한 흉악범의 얼굴을 공개하기로 결정했다"고 밝혔다.[33]

『조선일보』 사설은 "강호순처럼 인간이기를 포기한 연쇄살인범에게까지 신원 보호 원칙을 적용해야 하는지 따져볼 때다. 경찰은 강호순의 자백에 따라 그가 암매장한 시신 6구를 이미 확인했다. 이렇게 범죄 사실이 명백한 반反사회적 범죄자까지 만에 하나 무죄가 될 것을 걱정해 보호해줄 가치가 있는가"라면서 다음과 같이 주장했다.

"흉악범 얼굴 공개는 시민들의 분노를 풀어주는 것 이상 공익 효과가 크다. 당장 강호순의 얼굴을 공개함으로써 그가 극구 부인하고 있는 추가 범행에 대한 시민 제보도 나올 수 있다. 다른 잠재적 범죄자들에겐 얼굴이 공개될 수 있다는 압박이 된다.……흉악범 얼굴을 가리는 것은 변양균·신정아 사건처럼 공인公人의 얼굴 공개와 비교해서도 불공정하고, 경찰이 수배 범죄꾼들의 얼굴 사진을 전국 곳곳에 붙여놓는 것과도 모순된다."[34]

『중앙일보』도 1월 31일 강호순의 얼굴 사진을 공개했는데, 조인스닷컴이 실시한 인터넷 여론조사에선 2월 1일 6,000여 명이 참가해 95퍼센트가

'찬성'에 표를 던졌다.[35] 2월 1일 오후까지 「『중앙일보』, 공익 위해 연쇄살인범 강호순 이름·얼굴 공개」 기사의 IP당 조회수는 106만 건을 넘어섰는데, 단일 기사의 조회수가 100만 건을 넘은 경우는 조인스닷컴이 생긴 이래 처음이었다.[36]

박용상 변호사는 『중앙일보』 2월 2일자 칼럼에서 "평범한 사인私人의 경우엔 유죄판결이 확정됐더라도 그 신원을 공개하는 것은 원칙적으로 허용되지 않는다. 공공이 알 필요가 있는 것은 범죄 내용과 처벌이지, 범죄자가 누구인지가 아니기 때문이다. 이것이 대법원 판례가 요구하는 익명 보도 원칙의 취지다"며 다음과 같이 주장했다.

"하지만 강호순의 경우는 공인이 아니지만 그 보도에 있어서 공인보다 더 유리하게 취급될 수 없다. 독일의 판례와 학설이 그 근거가 될 수 있다. '극악한 범죄를 범해 국민의 지대한 관심을 야기한 범죄자는 범죄에 관한 확실한 증거가 있는 경우 수사 단계에서도 그 실명과 사진이 공개될 수 있다'는 것이다. 이번 사건에서 범죄의 증거는 충분해 보인다. 연쇄살인범은 물론 유괴살해범, 강간살해범 등 언론의 광범위한 보도를 야기한 흉악범은 그 범죄의 증명이 확실한 경우 그 실명과 함께 사진도 공개돼야 한다. 그러한 범죄자의 검거를 위해서는 성명과 사진에 의해 공개 수배될 수도 있다. 이러한 보도에는 사후에 손해배상 책임이 지워져서도 안 된다. 2005년 제정된 경찰청 훈령인 '인권보호를 위한 경찰관 직무 규칙'은 이러한 점을 고려해 개정돼야 한다. 개정 전에도 경찰은 흉악범에게 모자와 마스크를 씌워서는 안 될 것이다."[37]

반면 『한겨레』는 "『한겨레』는 흉악범이라 할지라도 공인이 아닌 이상 실명과 얼굴을 공개하지 않는다는 원칙을 지키고 있습니다. 이는 헌법상 무죄 추정의 원칙, 그리고 아무리 끔찍한 범죄를 저지른 사람이라 할지라도 신상 공개는 수사상 필요한 최소한의 범위에서 이뤄져야 한다는 인권적·형사법적 측면을 두루 고려한 결과입니다"라고 밝혔다.

『한겨레』 기사에서 이준웅 서울대학교 언론정보학부 교수는 "언론에 공개된 강 씨의 잘생긴 얼굴은 그의 얼굴이 범죄 도구로 사용됐다는 주장이 가능한 '뉴스'"라며 "언론의 선정적 접근은 경계해야 하지만 무죄 추정 원칙을 기계적으로 적용하는 것은 바람직하지 않다"는 견해를 밝혔다. 주동황 광운대학교 미디어영상학부 교수는 "이번에는 정답이 없다. 무죄 추정 원칙과 피의자 인권, 공익적 가치가 평행선을 달리고 있어 사회·문화적 가치관에 따라 판단할 수밖에 없다"고 설명했다.

반면 법조계 일부와 인권단체 쪽은 "어렵게 지켜온 헌법의 무죄 추정 원칙이 죄질에 따라 달라지면 안 된다"며 우려를 나타냈다. 허일태 동아대학교 교수(형법)는 "자백과 증거가 있다고 범인으로 확정하고 신상을 공개해버린다면 재판 등 사법제도가 존재할 의미가 없어진다"고 말했다. 허일태 교수는 또 '범죄 예방이나 추가 범죄 제보 등의 효과'를 들어 신상을 공개하자는 주장에 대해서도 "수사기관 등 국가가 해야 할 일을 개인의 권리를 희생시켜 하겠다는 것"이라고 부정적 견해를 밝혔다. 서울중앙지법의 한 판사는 "(정치인 등) 공인이 아닌 사인의 신상 공개는 현상수배 등을 통해 추가 범죄를 막기 위한 긴박한 필요성이 있을 때 가능하다"며 "하지만 강 씨는 이미 붙잡힌 상태로 긴박성이 떨어진다"고 말했다.[38]

『한국일보』 2월 3일자 사설은 "얼굴 공개는 피의자의 여죄 수사, 피해자들에 대한 심리적 보상, 유사 범죄 예방 등 공익적 측면이 있다. 하지만 이 경우에도 실질적 효과에 대한 논의와 합의가 있어야 한다. 피해자의 억울함과 안타까움을 달래는 것이 소중하지만, 얼굴 공개로 인해 피의자 주변에서 무고한 피해자들이 새로 만들어지는 것도 고려해야 한다. 일본과 미국 등의 언론이 얼굴을 공개하고 있다지만 우리와는 상황이 다르다. 피의자의 가족과 친지 등에까지 적개심이 발산되지 않는 문화, 피해를 제대로 보상 받을 수 있는 법과 제도 등 그들 나름의 사회적 합의가 깔려 있다"고 주장했다.[39]

2009년 2월 초순 한국언론재단이 실시한 설문조사에 따르면, 기자 64.7퍼센트, PD 52.2퍼센트, 언론학자 54.2퍼센트가 강호순의 얼굴 공개에 찬성한 것으로 나타났다.[40] 2009년 3월 4일 한국신문방송편집인협회는 강호순과 같은 흉악범이나 주요 형사사건 피의자의 얼굴 사진을 신문에 공개할지 여부는 해당 언론사가 전적으로 자체 판단할 수 있도록 신문윤리강령을 개정해 확정 공포했다. 개정안은 피의자의 사진 공개를 금지하던 규정을 "형사사건의 피의자, 참고인 및 증인을 촬영하거나 사진 및 영상을 보도할 때는 최대한 공익과 공공성을 고려해야 한다"로 개정했다.[41]

그러다가 2012년 9월 1일 『조선일보』가 신문 1면에 한 젊은이의 사진을 게재하며 나주 성폭력 사건의 피의자로 지목하고 이튿날 많은 언론들이 같은 사진을 보도하기 시작하면서 피의자 초상권 문제가 다시 불거졌다. 사진의 주인공은 사건과 무관한 것으로 밝혀졌기 때문이다. 명백한 오보였지만, 사진의 주인공이 입은 피해를 어찌할 것이냐는 문제가 제기된 것이다. 하지만 이렇다 할 결론 없이 언론의 신중이 요구된다는 원론만 강조되었다.[42]

취재 · 보도 윤리

기자실은 '죽치고 앉아 기사를 담합하고 기사의 흐름을 왜곡하는' 곳인가?
기자단 제도

기자단은 그 '폐쇄성', '배타성', '독점성', '유착성' 등으로 인해 늘 비판의 도마 위에 오르고 있다. 기자들의 향응 접대, 촌지 수수, 엠바고 등이 모두 기자단을 통해 이루어지고 있다는 것도 문제로 지적되고 있다. 1991년 특히 촌지 문제가 불거져 언론사 스스로 윤리강령을 만들고 기자단 탈퇴 결의까지 한 적도 있지만, 시간이 흐른 다음 그게 '쇼'에 지나지 않았다는 게 밝혀졌다.[1]

1999년 장호순 순천향대학교 신문방송학과 교수는 기자실 또는 기자단이라고 하는 "출입처 제도는 기자들에게 편리한 관행인 반면, 국민의 알권리 차원에서는 긍정적인 면보다는 부정적인 면이 훨씬 많은 제도"라면서 이 제도를 폐지해야 한다고 주장했다.[2]

물론 현실적인 이유를 들어 시기상조론을 펴거나 기자실 존속을 전제로 한 개혁론을 펴는 언론인들도 적지 않았다.[3] 그러나 적어도 언론계 밖에 선 폐지론의 목소리가 압도적으로 높았다. 폐지론을 주장하는 비판적 견해는 뒤이어 다루기로 하고 그 전에 기자단의 순기능은 없는 것인지 그 점에 대해서도 관심을 기울이는 것이 공정할 뿐만 아니라 궁극적으로 기자단의 개선 또는 폐지를 위해서도 필요할 것이다. 팽원순은 기자단의 순기능으로 다음과 같은 다섯 가지를 지적한 바 있다.

"첫째, 기자단은 명목상으로 '친목 단체'로 되어 있지만 기자들 간의 친목과 유대를 가질 수 있게 함으로써 공동의 힘으로 공동의 문제에 대처하고 공동의 이익을 도모할 수 있게 한다는 것이다.……둘째, 기자단은 취재원과의 긴밀한 관계를 갖게 해주고 그와의 접촉을 용이하게 하여 취재 활동을 원활하게 해준다는 것이다.……셋째, 기자단은 기자들 간의 과다경쟁을 억제함으로써 그러한 경쟁으로 인한 불필요한 노력의 소모를 방지할 수 있는 이점이 있다.……넷째, 기자단은 조직이라는 힘으로 취재원 측의 신뢰를 얻어 기자 개인이나 1개 사만으로는 기대할 수 없는 뉴스 브리핑이나 배경 설명, 간담회 등과 같은 취재를 도울 수 있는 모임이나 행사 같은 것을 마련하기에 유리하다는 이점이 있다.……다섯째, 기자단은 기자들의 전문화를 도와주는 구실을 한다는 것이다."[4]

송정민은 기자단에 의한 현행 취재 방식의 장점으로 ① 다양한 뉴스원 및 취재 대상에 대한 접근의 용이, ② 선의의 경쟁성 제고와 의견 교환, ③ 관료들의 정보 은폐에 대한 집단적 대응 등을 드는 반면, 그 단점으로는 ① 왜곡된 뉴스 또는 단편적인 정보의 양산, ② 사회적인 문제 파악을 위한 관련 출입처 간의 연계성 부족, ③ 황금알을 낳는다는 유사 이익단체 성격, ④ '엠바고'와 '오프더레코드'의 빈발과 독자 우롱, ⑤ '데스크' 오염원으로서의 출입처 등을 들었다.[5]

제8장

기자단은 이와 같이 여러 장점에도 불구하고 무엇보다도 그 '폐쇄적 구조'에 대한 원성이 워낙 높아 늘 개혁의 대상으로 지목되어왔다. 2001년 1월 박인규는 비리나 특혜의 문제를 넘어 좀더 크고 적극적인 차원과 의미에서 기자실을 근거로 한 출입처 제도의 문제점을 지적했다. 그는 "교육, 농어촌, 영세민 등 현장의 사정은 전통적 언론의 취재 대상에서 점점 멀어져가고 있다. 이런 주제들을 그나마 다루는 것은, 미안하지만 기자가 아니라 PD들이다. PD들에게는 출입처가 없다. 출입처가 없으니 친한 고위관리 하나 있을 턱이 없다. 당연히 이들은 힘없고 빽 없는 언론인들이다. 하지만 이들은 출입처를 가진 기자들보다도 훨씬 진지하게 현장의 사정을 탐구하고 있다"며 다음과 같이 말했다.

"출입처라는 것이 기자들에게 '사이비 권력자'라는 달콤한 환상을 심어주는 것은 아닌지 심각하게 자문할 때가 됐다. 정치 세력, 또 대기업의 힘과 부를 갖춘 집단들의 파워 게임에는 그토록 열광하면서 힘없고 빽 없는 사람들의 어려움에는 무관심한 데에는 출입처 제도도 한몫을 하고 있는 것은 아닌지 자문해야 한다. 기자들이여, 이제 현장으로 되돌아가자. 국회와 법원, 전경련도 물론 뉴스의 현장이다. 그러나 우리는 농어촌과 공장, 학교와 달동네 등 무궁무진한 뉴스의 현장을 외면하고 있는 것은 아닐까. 이제 기자실은 1주일에 한두 번만 가고 뉴스의 현장을 찾아가보자."[6]

2001년 3월 인천국제공항 개항에 즈음하여 인터넷신문 『오마이뉴스』 기자가 기자실에 들어가려다 저지당한 것을 계기로 온라인 매체 기자들이 일제히 기자단·기자실 개방을 부르짖고 나섰다. 이런 요구는 노무현 정부의 출범과 함께 현실로 가시화되기 시작했다. 노무현 정부는 기존의 기자단 제도 대신 열린 브리핑제를 추진했다.

2003년 3월 14일 이창동 문화관광부 장관은 정부 부처 기자실 개방과 통합 브리핑 제도 운영, 기자의 사무실 방문 취재 금지, 공무원의 기자 면담 내용 보고 의무화, 기사 내용의 취재원 실명제 등을 포함한 '홍보 업무 운영 방안'을 발표했다. 이어 4월 16일 문화관광부가 기자실 개방의 첫 테이프를 끊음으로써, 이는 전 부처로 확산되었다.[7]

대북송금 특검 취재를 맡은 서울지검 출입 기자들은 2003년 4월 특검팀이 입주한 빌딩 1층에 85평짜리 사무실을 4개월간 임차료 3,400만 원과 함께 잡비 500만 원 등 모두 3,900만 원을 22개 사가 분담(1사당 177만 3,000원), 한국 언론 사상 최초로 사설 기자실을 마련하기도 했다. 이게 논란이 되자, 노무현 대통령은 2003년 5월 1일 MBC-TV〈100분 토론〉에서 "기자실을 폐쇄한 것이 아니라 기자단을 폐쇄한 것이고 브리핑 룸으로 개조되었다"고 말했다. 청와대는 2003년 6월 2일부터 정부 부처 가운데 처음으로 기자실을 개방형으로 전환했다. 그 결과 2003년 6월 현재 165개사 275명의 기자가 출입 등록을 마쳤는데, 이는 종전의 49개사 87명에 비해 3배 이상 늘어난 숫자였다.[8]

이렇듯 노무현 정부 시절 기자실 개혁을 위한 대대적인 조치가 취해졌지만, 보수신문에 대해 과도하게 전투적인 자세를 취함으로써 정치·정략적 의혹의 소용돌이에 휘말리는 바람에 소기의 성과를 거두진 못했다. 예컨대, 노무현은 2007년 1월 16일 공개적으로 "기자들이 기자실에 딱 죽치고 앉아 기사를 담합하고 기사의 흐름을 왜곡하는" 등의 거친 발언을 함으로써 필요 이상의 반발을 불러일으켜 일을 그르치게 하는 데에 크게 기여했다.

2008년 3월 이명박 정권은 기자실 전면 복원을 발표했고, 이에 따라 기자실은 노무현 정권 이전과 유사한 모습으로 부활했다. 2008년 4월 4일 한국기자협회와 한국방송학회가 공동 개최한 '이명박 정부, 새 언론 관계의

모색: 출입처와 기자실 개선 방안' 세미나에서 이건호 인하대학교 교수(언론정보학과)는 '기자실의 효율적 운영을 위한 진단과 제언'이라는 주제발표를 통해 "기자실을 폐쇄할 경우 언론은 권력 감시의 전진 기지를 포기하는 셈"이라며 권력 기구 내부의 기자실 존치를 전제로 한 해결책들을 내놓았다. 이건호 교수는 "기자의 오랜 출입은 해당 부처에 대한 전문성을 높이는 순順효과도 불러오지만 여기에 따른 역逆효과가 바로 가까운 관계로 인한 권언유착"이라며 "이를 막기 위해 개별 기자를 한 부처에만 오래 둘 게 아니라 다른 연관 부처로 자주 순환시키는 체계적인 교차·순환 출입 시스템으로 전환할 필요가 있다"고 제언했다.

토론자들은 정부의 정보공개제도 개선이 우선되어야 한다고 입을 모았다. 정동우 건국대학교 교수(전 『동아일보』 기자)는 "궁극적으로 정보공개법을 미국에 버금가는 수준으로 강화해 입안 단계의 정보 외에는 모두 의무적으로 공개하는 시스템을 마련하는 게 기자실이 원상태로 돌아가는지 여부보다 더 중요하다"고 역설했다. 이광엽 YTN 기자도 "충실한 정보공개 없이는 양질의 언론이 요원할 뿐만 아니라 사회적으로도 비공식적 커뮤니케이션이 많아지고 특정 언론사가 어젠다를 독점할 수 있는 환경이 조성된다"며 "이명박 정부는 정보공개제도 개선과 브리핑 품질 향상을 키워드로 삼아야 할 것"이라고 당부했다.[9]

2014년 5월 8일 청와대 출입 기자단이 민경욱 청와대 대변인이 '오프더레코드(비보도)'를 전제로 한 발언을 기사화했다는 이유로 『한겨레』와 『경향신문』, 『한국일보』, 『오마이뉴스』에 대해 최대 63일간 청와대 출입 정지 징계를 내리면서 다시 기자단 논란이 불거졌다. 기자단을 없애야 한다는 목소리도 높았지만, 언론계의 주류 의견은 "청와대 출입 기자단이 잘못했지만, 그렇다고 출입 기자단을 없애버리면 폐해가 더 크다"는 것이었다.

중앙일간지의 한 검찰 출입 기자는 "수사 상황과 피의사실을 파악해서 공익적 목적에 맞게 쓰려면 언론사에 대한 검증이 필요하고 그런 면에서의 출입 기자단은 불가피하다. 검사를 상대로 내부 취재도 필요한데 검찰 특성상 아무나 왔다 갔다 할 수는 없다. 청사를 자유롭게 이동하며 내부 취재를 할 수 있게 보증을 서주는 곳이 기자단이다"라며 "문제는 기자단 자체가 아니라 기자단 운용"이라고 주장했다.

해외에는 출입 기자단이 없다며 비판하는 것도 무리라는 반론도 제기되었다. 지상파의 한 기자는 "박근혜 대통령이 순방을 가면 우리는 최대한 공평하게 풀 기자단을 짜서 가지만 미국은 오바마 대통령이 순방을 가면 백악관이 『뉴욕타임스』 같은 유력지를 자의적으로 선정해 데려간다"고 주장했다. 이 기자는 "기자단이 깨지면 한국 기자들의 힘은 지금보다 약해질 수 있다. 참여정부의 취재 지원 선진화 방안이 미국식이었는데 한국의 상황에선 정부 감시가 오히려 더 힘들어질 수 있는 시스템이었다"고 밝혔다. 중앙일간지의 한 기자도 "기자단 제도가 미국과 유럽에 없다는 것만으로 우리에게 문제가 있는 건 아니다"라고 말했다.[10]

문제는 기자단 자체가 아니라 기자단 운용이라지만, 몸에 밴 운용 근성이 바뀔 수 있을지는 의문이다. 신생 매체의 기자단 가입은 기존 기자단 기자들의 투표에 의해 결정되는데, 그 기준이 '기자 개인의 호불호', '매체의 성향이나 사세', '경쟁사에 대한 견제 의식' 등과 같이 엉망이라는 비판의 목소리가 높다. 이와 관련, JTBC 정치부 기자 김승현은 "무엇을 위한 진입 장벽인가?"라는 질문을 던졌다.

"최근에 주요 출입처에서 기자단 가입 투표를 앞둔 매체 기자들이 유권자인 기자들에게 선물을 돌리기도 한 것으로 알려졌다. 취재의 자유와 권리를 얻기 위해, 동료 기자들에게 로비를 해야 한다는 말인가."[11]

왜 보도 시점을 둘러싼 논란이 자주 벌어지는가?
엠바고

"이 자료는 조간용으로 ○일 ○시까지 보도를 자제해주시기 바랍니다." 언론사의 취재기자들이 출입처에서 흔히 듣는 요청인데, 이런 요청을 가리켜 엠바고embargo라 한다. '보도 시점 제한'을 뜻하는 엠바고는 국가 이익이나 생명에 끼칠 수 있는 폐해를 막는다는 취지에서 도입되었으나 '국민의 알 권리' 침해라는 비판도 받고 있어 늘 논란의 대상이 되고 있다.[12]

엠바고엔 보충 취재용 엠바고, 조건부 엠바고, 공공 이익을 위한 엠바고, 관례적 엠바고 등 네 가지가 있다. 보충 취재용 엠바고는 뉴스 가치가 매우 높은 발표 기사이면서도 전문적이고 복잡한 문제를 다루고 있을 때 취재기자들과 취재원의 합의 아래 이루어지는 시한부 보도 중지를 뜻한다. 조건부 엠바고는 뉴스 가치가 있는 사건이 일어나는 것은 확실히 예견할 수 있으나 정확한 시간을 예측하기 어려울 경우, 그 사건이 일어난 이후에 기사화 한다는 조건으로 보도자료를 미리 제공하는 형태다. 국회의원들이 대정부 질문 자료를 미리 제공하는 것은 이 범주에 속한다. 공공 이익을 위한 엠바고는 국가 이익과 관련된, 혹은 인명과 사건에 위해를 끼칠 수 있는 사건이 해결될 때까지 시한부로 보도 중지를 하는 경우다. 관례적 엠바고는 주로 외교 관례를 존중하여 재외 공관장의 인사이동에 관한 소식을 주재국 정부가 '아그레망'을 부여할 때까지 보도를 보류하는 경우다.[13]

신문윤리실천요강 제6조(보도 보류 시한)는 "기자는 취재원이 요청하는 합리적인 보도 보류 시한을 특별한 이유가 없는 한 존중하여야 한다. ① (보도 보류 시한의 연장 금지) 기자는 자의적인 상호 협정으로 취재원이 원래 요청한 보도 보류 시한을 연장해서는 안 된다. ② (보도 보류 시한의 효력 상실)

보도 보류 시한은 한 언론사가 이를 지키지 않을 때에는 그 시점부터 다른 언론사들도 지켜야 할 의무를 지지 않는다"고 밝히고 있다.

2007년 8월 정부는 이른바 '취재 지원 선진화 방안'의 구체화된 조치로 '취재 지원에 관한 기준안(총리 훈령)'을 마련했는데, 이에 따르면 비보도·엠바고를 파기한 언론사에 자료 제공·인터뷰 거부 등 제재를 내리기로 했다.

이에 대해 김창룡 인제대학교 교수는 엠바고·비보도는 취재원(정부)과 기자 상호 간의 신사협정으로 만들어지는 약속이라며 "정부의 일방적인 엠바고 설정은 언론의 자율권과 편집권을 침해하는 중대한 행위"라고 비판했다. 김사승 숭실대학교 교수는 "엠바고는 기자와 취재원의 합의에 의한 것일 때 유효하다"며 "엄밀히 말해 일방적인 엠바고는 엠바고가 아니며, 이 경우 엠바고 파기라는 말은 성립하지 않는다"고 말했다. 박상범 한국기자협회 취재환경개선특별위원장은 "기자단이라는 논의 채널도 없는데 정부가 일방적으로 엠바고를 정하고 불이익 조처를 하는 방식이야말로 전형적 보도 통제"라며, 엠바고가 남발되면 언론 자유를 침해할 것이라고 우려했다.

이처럼 반발이 거세지자, 국정홍보처는 정부가 기준안에 일방적으로 설정한 엠바고(보도 유예)를 위반하는 기자에 대한 자체 징계권을 조항에 포함시켰다가 삭제했다. 이에 대해 『경향신문』은 "'그때그때 달라요.' 노무현 대통령의 구상에 따라 국정홍보처가 추진 중인 이른바 '취재 지원 선진화 방안'이 원칙 없는 잣대로 자중지란에 빠져들고 있다"고 했으며, 김창룡은 "정부가 우왕좌왕하고 정책이 신뢰성을 잃는 것은 처음 취재 지원 방안이 나왔을 때 지적된 바와 같이 필연적인 결과"라고 말했다.[14]

이명박 정부 들어선 나아졌을까? 2008년 5월 26일 청와대는 '청와대 출입 기자 등록 등에 관한 규정'을 개정했다. 제12조를 보면 '대변인은 운영위원회와 협의하여 보도자료에 특정 시점까지 보도 제한 등을 내용으로 하는 사전 보도 금지를 설정할 수 있다'고 되어 있다. 이에 대해 『미디어오늘』은 "엠바고 결정 권한이 기자들에게서 청와대 대변인으로 넘어갔다. 특히 비보도와 엠바고를 깬 기자는 등록 취소, 출입 정지 등의 조치를 취할 수 있도록 했다. 또 대변인은 출입 기자가 정당한 사유 없이 주 1회 이상 청와대 출입 취재를 하지 않는 경우에는 소속 언론사에 통보 조치하고 통보가 3회 누적될 때에는 출입 기자 등록을 취소할 수 있도록 했다. 참여정부 시절 논란이 됐던 6개월 동안 주 1회 이상 브리핑 참가가 아니라 매주 1회 이상 기자실에 와야 한다는 강화된 조건이 포함된 셈이다"고 말했다.

이준희 한국인터넷기자협회장은 "참여정부에서 하려다 논란이 됐던 부분을 명문화한 것"이라며 "100일 동안의 언론 정책을 봤을 때 이전 정부보다 후퇴했다는 느낌을 지울 수 없다"고 지적했다. 김창룡 인제대학교 언론정치학부 교수는 "참여정부 때 문제라고 지적했으면 지금도 그래야 하는 것 아니냐. 이해가 안 된다"고 비판했다.[15]

엠바고가 정치 보도에서만 문제되는 건 아니다. 과학 보도의 엠바고도 심각하다. 2005년 5월 22일 황우석 교수의 연구 성과와 관련된 국제 학술지 『사이언스』가 내건 엠바고를 국내 일부 언론이 파기한 건 국제적인 논란거리가 된 바 있다. '한국 언론의 수치'라는 비판도 있었지만, 『사이언스』의 '엠바고 권위주의'를 비판하는 목소리도 높았다.[16]

미국에서 20년 넘게 과학 전문기자로 활동한 빈센트 키어넌Vincent Kiernan은 『엠바고에 걸린 과학Embargoed Science』(2006)이라는 책에서 "엠바고 제도가, 기자들이 공공의 이익보다는 과학 · 의학기관의 이익만 대변하게 만들었다"며 폐지할 것을 주장한다. 특색이 없는 기사를 같은 시간에 양산하는 이른바 팩 저널리즘pack journalism을 만들어냈으며, 기자들이 취재원이 제공하는 '정보 보조'에만 의존하고 정작 과학 현장에서 이뤄지는 탐사보도는 설 자리를 잃었다는 것이다.[17]

키어넌은 "엠바고 시스템의 가장 중요한 문제는 언론의 과학 보도가 발견의 진정한 의미와 큰 상관없이 '최근의' 발견에 주목하도록 왜곡하는 것이다. 엠바고 시스템은 몇 개의 학술지에 발표되는 논문에 대해 인위적으로 위급하다는 인상을 만들어낸다"고 꼬집는다.[18]

그런데 왜 엠바고가 지속되는 것일까? 그럴 만한 이유가 있다. 상호 공생 또는 유착 때문이다. "기자와, 언론사, 특히 매일 마감이 있는 신문, 텔레비전, 웹 사이트도 엠바고의 혜택을 본다. 엠바고는 언론사의 제작 여건에 맞춰 조정된 일정에 따라 뉴스를 제공한다.……엠바고는 기자들이 급하게 기사를 쓰거나 방송을 내보내야 하는 스트레스를 덜어주고 다른 기자들에게 특종을 빼앗길 가능성을 줄여준다."[19]

이어 키어넌은 "기자들과 과학계 모두가 엠바고로부터 이익을 본다고 해서 대중 또한 이익을 얻는다고 볼 수는 없다. 사실 엠바고는 여러 면에서 공공의 이익과 상충되는 방식으로 작동한다"며 다음과 같이 말한다.

"엠바고는 기자들로 하여금 기만행위, 인간을 대상으로 한 실험에서의 부적절한 처우, 실패한 연구, 우선순위의 잘못된 배치 등 과학 의학의 제도적인 문제를 다루기 힘들게 만든다. 기자들은 최신 엠바고 학술지 기사를 찾다 보니 이런 과학 의학 문제를 조사할 시간이 없는 것이다.……엠바고가 기자와 언론사에 정말 중요한 사실을 보도하지 못하도록 주의를 산만하게 만드는 것은 진정 엠바고의 핵심적인 문제인 동시에 엠바고 시스템이 폐지되어야 할 이유이다."[20]

이젠 엠바고인듯 엠바고 아닌 엠바고 같은 '암묵적 엠바고'라는 것도 생겨났다. 엠바고를 걸지 않아도 기자들이 지켜야 하는 자발적 엠바고다. 예컨대, 2015년 7월 27일 신청사 로드맵 발표를 앞두고 경기도 대변인은 출입 기자들과 나눈 티타임 자리에서 30일 남경필 도지사가 경기도 신청사 로드맵을 발표할 예정이라며 보도와 인터뷰를 요청했다. 이에 『중부일보』는 28일 관련 기사를 썼다가 기자단에게서 징계를 당했다. 경기도에서 공식적으로 엠바고를 요청하지 않았지만 '기사를 7월 30일에 쓰자는 암묵적 동의가 있었다'는 이유에서다.

이런 '암묵적 엠바고'는 경제부·산업부 기자들이 더 많이 경험한다. 한 산업부 기자는 "정치부나 사회부의 경우 기자들이 만장일치해야 엠바고가 걸리는데 산업부나 경제부에서는 그런 논의 과정이 없다. 그런데 정작 기사가 먼저 나가자 기자들끼리 '우리가 썼어야 하나'라고 후회하기도 했다"며 "이 사건 다음부터는 보도자료에 '엠바고'라고 표기돼서 나왔다"고 전했다.

이와 관련, 김재영 충남대학교 언론정보학과 교수는 "기자 스스로가 판단의 주체가 돼야 한다. 오히려 엠바고를 깬 보도를 통해 정보를 공개함으로써 잘못된 실수를 고치는 경우도 가능하다"며 "요즘 같이 소셜 미디어가 발달한 시대에는 엠바고가 안 지켜져서 문제가 되는 것보다 나중에 드러나면서 잃는 것이 더 많다. 엠바고는 가급적 최소화해야 하고 엠바고를 깼다고 해서 민감하게 반응할 필요는 없다고 본다"고 말했다.[21]

왜 인용 방식을 둘러싼 논란이 자주 벌어지는가?

오프더레코드

언론의 취재원 인용 방식에는 보통 다섯 가지가 쓰이고 있다.

첫째는 'on the record'로 뉴스의 출처는 물론 발표한 전문全文을 대조 인용할 수도 있는 방식으로 지극히 의례적이고 공식적인 경우에 사용된다.

둘째는 'for background only'로 인용은 할 수 있되 출처는 '고위 관리' 따위와 같은 불확실한 출처를 사용하기를 요구하는 방식이다. 여론 시험용 또는 경고의 목적으로 국제 관계에서 많이 사용된다. 미국 국무성은 출입 기자들에게 이러한 형태로 정보를 제공할 때가 많다. 연방이나 주의 예산 문제를 다룰 때 이러한 설명이 주어지는 것이 상례다. 기자들은 때로 이러한 행태의 설명회를 마련하고 대통령을 비롯한 고위 공직자나 유명 인사들을 초청하여 이야기를 듣고 '출처를 밝히지 않는without attribution' 조건으로 이야기를 나누기도 한다.[22]

셋째는 'on deep background'로 정보를 이용하되 정확한 인용과 출처 명시는 금지시키는 방식인데, 가령 '~으로 알려지고 있다' 따위의 수동적 표현으로 보도를 요구해, 심증은 가나 물증이 없는 성격 따위의 발표에 사용된다. 이는 워터게이트 사건 때 우드워드가 비밀 제보자인 '딥 스로트'로 하여금 자신을 도와주도록 설득하고 번스타인이 워터게이트 스캔들을 폭로할 때 사용함으로써 일반화되었다. 우드워드는 그 정보원에게 그의 신원이나 직위를 아무에게도 밝히지 않는 건 물론 그 제보자를 절대로 인용하지 않겠으며 심지어 익명의 취재원으로도 쓰지 않겠다고 약속했다. 그들 사이에 오간 이야기는 다른 곳에서 알아 낸 정보를 확인하는 데 그치겠으며 그렇지 않으면 다른 관점을 덧붙여 그 정보를 사용하겠다고 약속해

동의를 받았다는 것이다.[23]

넷째는 'off the record'인데 정보를 보도에 사용해서는 안 되는 것으로, 단지 어떤 사건 및 조치에 대한 기자들의 이해를 도와주기 위한 방식이다.

다섯째는 'for your guidance'로 넷째 방식과 똑같은 것이나 차이가 있다면 단지 우회적으로 주어진 정보를 보도에 다소 이용할 수 있는 것이다.[24]

이 다섯 가지 인용 방식을 예를 들어 설명해보자. 고위 관리가 "우리는 무기를 실은 비행기 한 대를 중국에 파견했다"고 말했을 경우, 각 인용 방식에 따른 보도는 어떻게 달라질까?

1. on the record-그걸 밝힌 관리가 누구인지 밝혀야 한다.

2. for background only-"한 미국 관리가 무기를 실은 비행기 한 대가 중국으로 갔다고 밝혔다"고 보도한다.

3. on deep background-"무기를 실은 비행기 한 대가 중국으로 갔다"라고만 보도할 수 있다.

4. off the record-보도 불가.

5. for your guidance-우회적으로 주어진 정보를 보도에 이용. 다른 이야기를 하면서 무기를 실은 비행기가 중국으로 갈 개연성은 얼마든지 있다는 식으로 보도한다.[25]

윤석홍은 미국의 경우도 익명 등 출처가 명확하지 않은 기사의 비중이 전체 기사의 약 30퍼센트 가까이 된다는 조사도 있다고 밝히면서 '오프더레코드'의 필요성을 (1) 충분한 정보를 얻기 위한 수단, (2) 고급 취재원 확보, (3) '발표 저널리즘' 문제의 극복, (4) 공익 차원의 '오프더레코드' 등으로 보고 있다. 또 그는 '오프더레코드'의 폐해로 (1) 취재원과의 담합, (2) 언론의 감시 기능 약화, (3) 취재원의 악용(언론플레이, 여론 조작), (4) 미디어와 일반인 간의 정보격차, (5) 보도의 질 저하(오보의 위험), (6) 시민에 의한 견제 불가능, (7) 취재원과의 분쟁 가능성, (8) 기자회견 등의 유명무실화 등을 들고 있다.

'취재원의 악용'과 관련, 미국 스탠퍼드대학의 부르스 매키타이어는 다음 세 가지를 제시했다.

"첫째, 관측기구Trial Balloon의 역할이다. 정보를 띄워 언론의 반응을 살피거나, 여론을 의도한 방향으로 유리하게 몰고 가기 위한 방법으로 이용하는 것이다. 정치인들이 즐겨 쓰는 방법이다. 둘째, 연막전술Smoke-screen 효과다. 민감한 문제에 대해 언론과 여론을 혼란시켜 화살을 피하자는 전법이다. 이때는 기자들에게 거짓 정보를 주거나 사태의 배경과 사건의 원인을 엉뚱한 쪽으로 몰고 가면서, 연막을 쳐서 진상에 접근하지 못하게 하는 방법이다. 셋째, 역정보 작전이다. 베트남전쟁과 워터게이트 사건 때 닉슨 대통령의 백악관 참모들이 쓰던 고육책으로 역정보를 '오프더레코드'를 통해 흘리는 방법이다. 이런 정보는 과장되거나 거짓인 것이 대부분이다."[26]

흘리기leak는 '배경 설명background'이나 '오프더레코드'에서 비롯된 한 변형인데, 이에 대해 유진 굿윈H. Eugene Goodwin은 다음과 같이 말한다.

"그런 종류의 정보 제공은 어떤 정보원이 이런저런 이유로 한 사람 또는 소수의 기자들에게 은밀히 정보를 주는 것을 의미한다. 그런 제보자는 흔히 자신이 일하는 기관에서 일어나는 일에 불만을 품은 공직자나 정부 고용인에 의해 일어난다. 우드워드 기자나 번스타인 기자의 몇몇 제보자는 바로 그런 사람들이었다. 때로 그런 정보 유출자는 자신의 정체를 감춘 채 어떤 정보를 흘림으로써 무엇인가 목적 달성을 하려는 사람일 경우도 있다. 『워싱턴포스트』의 브래들리 편집장은 1970년경 워싱턴 기자단이 소위 배경 설명이라는 형태의 정보 제공을 거부해야 한다고 주장한 적이 있다. 몇몇 대형 언론사들이 이에 동조했으나 많은 다른 언론사들이 따라주지 않음으로써 그의 시도는 실패했다."[27]

앞서 보았듯이, 2014년 5월 8일 청와대 출입 기자단은 민경욱 청와대 대변인이 '오프더레코드(비보도)'를 전제로 한 발언을 기사화 했다는 이유로 『한겨레』와 『경향신문』, 『한국일보』, 『오마이뉴스』에 대해 최대 63일간 청와대 출입 정지 징계를 내리는 사건이 벌어졌다. 민병욱 대변인의 '비보도 전제' 발언은 4월 21일 공식 브리핑이 끝난 뒤, 일부 기자들과 이야기를 나누며 "(서남수 교육부 장관이) 라면에 계란을 넣어서 먹은 것도 아니고, 끓여서 먹은 것도 아니다. 쭈그려 앉아서 먹은 건데 팔걸이의자 때문에, 또 그게 사진 찍히고 국민 정서상 문제가 돼서 그런 것"이라고 말한 부분이었다. 서남수 장관이 세월호 침몰 당일인 16일 실종자 가족들이 모여 있는 진도체육관에서 응급치료가 이뤄지던 탁자에서 의약품을 치우고 컵라면을 먹어 논란이 된 사건에 대한 물음에 답하는 과정에서 한 말이었다.

이와 관련, 남재일 경북대학교 교수(신문방송학)는 "오프더레코드는 국익이라든지 공적인 업무를 처리하는데 언론 보도로 문제가 발생할 수 있다고 판단할 때 요청하는 것이다. 민 대변인의 '계란 발언'은 충분히 공적 의미를 갖는 발언으로 오프를 걸 만한 상황이 아니다"라고 말했다.[28] 『한겨레』는 「청와대 기자단, 사명도 상식도 버렸다」는 제목의 사설을 통해 다음과 같이 비판했다.

"청와대 기자단이 징계 이유로 내건 '오프더레코드' 위반이라는 것도 참으로 우습기 짝이 없다. 민 대변인의 발언은 국가 안보상의 기밀도, 대통령 경호상 보안이 필요한 민감한 내용도 전혀 아니었다. 비보도 요청을 받아들여야 할 눈곱만큼의 이유도 찾아보기 어려운 발언이었다. 게다가 비보도 요청의 절차도 틀렸다. 민 대변인은 걸핏하면 '이것은 비보도인데'라는 말을 입에 달고 사는데, 이번에도 기자들한테 사전 동의도 구하지도 않고 '셀프 비보도' 제한을 가했다고 한다. 청와대 대변인이 그렇게 말하면 모든 언론들은 '네, 받들어 모시겠습니다' 해야 옳은가. 그런 얼빠진 비보도 요청을 아무 생각 없이 받아들이는 것이야말로 얼빠진 언론이다."[29]

몰래 취재 또는 속임수에 의한 취재는 어떤 경우에 정당한가?
위장 취재

기자의 위장 취재는 미국 언론의 오랜 전통이다. 이미 1890년대에 『뉴욕월드』가 기자를 정신병자로 가장해 잠입시켜 정신병자 수용소에서 환자들이 받는 대우를 보도한 이래로 수많은 위장 취재가 이루어졌는데, 이러한 취재 기사엔 종종 퓰리처상도 주어졌다.

1971년 『워싱턴포스트』의 벤 배그디키안Ben H. Bagdikian, 1920~은 신문사와 펜실베이니아주 법무장관의 양해를 얻은 다음 죄수로 가장해 수개월 동안 10여 개의 주 교도소를 취재해 보도했다. 교도소장조차 그가 기자라는 사실은 알지 못했다.

당시 배그디키안의 계획을 승인했던 그의 상관 벤저민 브래들리Benjamin C. Bradlee, 1921~2014는 7년 뒤인 1979년 퓰리처상 심사위원이 되었을 때에 그해의 수상 후보인 『시카고선타임스』의 위장 취재에 의한 기사를 취재 방법의 윤리성을 문제 삼아 제외시켰다. 『시카고선타임스』는 4개월 동안 '미라지 바'라는 술집을 차려놓고 기자를 종업원으로 위장시켜 시청 공무원들의 비리를 취재·보도해 큰 사회적 반향을 불러일으켰는데, 브래들리는 "우리 언론인들이 속임수를 밝혀내기 위해 수만 시간을 사용하는 지금 이 시대에, 신문이 속임수를 사용하는 일은 있을 수 없다"는 이유를 들어 이 기사를 수상작에서 제외시킨 것이다.[30] 브래들리의 이런 모순에 대해 유진 굿윈H. Eugene Goodwin은 다음과 같이 말한다.

"브래들리의 비밀 취재 방법에 대한 반감은 닉슨 대통령 시대에 있었던 워터게이트 사건에서 정부의 거짓을 폭로하는 데서부터 싹트기 시작한 것으로 보이는데, 그 사건 보도에서 그의 신문은 주도적인 역할을 했다. '그 당시 기자들이 수천 시간을 들여 관리들의 거짓을 폭로하다 보니 우리는 남을 속일 수 없다는 기분이 들었다'고 브래들리는 말한다. '신문이 정직하지 못한 방법으로 취재를 하면서 어떻게 정직과 성실을 위해 싸울 수 있겠는가? 만일 경찰이 기자를 가장하여 수사를 한다면 참을 수 없는 일이다. 그 반대도 마찬가지인 것이다. 따라서 어떻게 우리가 다른 사람을 가장하여 취재를 하겠는가?'"[31]

그러나 정도와 상황의 문제일 뿐 기자가 자신의 신분을 속이고 하는 취재는 지금도 많이 이루어지고 있으며 또 일부는 정당한 것으로 간주되고 있다. 예컨대, 좋은 식당을 소개하는 기자, 상인들의 서비스를 조사하는 소비자 담당 기자, 여행사나 여행사의 서비스를 조사하는 여행 담당 기자 등이 기자 신분을 감추는 것은 정당화된다.[32]

그 밖의 다른 경우에도 기자 신분을 속이는 것이 용인되고 있다. 피터 벤저민슨Peter Benjaminson과 데이비드 앤더슨David Anderson은 『탐사보도 Investigative Reporting』(1990)에서 "기자는 종종 고전적인 윤리 문제에 봉착한다. 그것을 했을 때도 욕을 먹고 하지 않았을 때도 욕을 먹는 경우다. 이중 거래를 하는 공직자에게 거짓말을 했을 때 독자들은 윤리 문제를 들먹여 기자들을 공격한다. 그러나 그렇게 해서라도 기사를 쓰지 않았을 때는 부정한 공직자가 배를 불리고 그에 따라 공중은 피해를 보게 되는데도 말이다"며 다음과 같이 말한다.

"많은 기자들이 속임수에 의한 방법으로 정보를 수집한다. 민주 사회에서의 공중의 알아야 할 권리는 공직자들이 속임을 당하지 않아야 할 권리보다 더 중요하다는 이론적 근거 위에서 말이다. 그러나 속임수에 의한 취재는 사실이 공표되었을 때 개인이 입는 피해보다 그것이 은폐되고 있을 때 공중이 받는 피해가 더 크다고 인정될 때에 한해서 사용되어야 한다. 기자는 다른 방법으로도 정보를 얻을 수 있을 때는 절대로 수상스러운 수법을 사용해서는 안 된다. 어느 쪽인지 판단하기 어려울 때에 기자들은 쉽게 부정직한 쪽을 택한다. 중요한 전제는 사회가 부패로 인해 생기는 불편으로 잃는 것보다 정확한 보도로 얻는 것이 더 많다는 것이다. 대부분 전문 언론인들은 개인적인 윤리 문제를 이유로 독자들에게 알려야 할 정보를 보류하려 하지 않는다. 궁극적인 목표는 공중에게 알려야 한다는 것이기 때문이다."[33]

영국은 어떤가? 1994년 7월 30일 영국의 PCC(언론불만처리위원회)는 『선데이타임스』가 의회의 특권 남용에 관한 기사를 만들기 위해 속임수 취재를 한 것은 공공의 이익에 적합한 정당한 행위로 볼 수 있다고 평결했다. 이 사건은 『선데이타임스』의 기자가 실업가로 위장, 두 사람의 의원에게 접근해 각각 1,000파운드(약 125만 원)씩을 건네주면서 특정 회사와 의약품에 관한 질문을 의회에서 행하도록 부탁했는데 두 의원이 이 부탁을 받아들였다는 것이다. 이런 일련의 상황에 관한 취재를 근거로 한 기사가 1994년 7월 10일자 『선데이타임스』에 게재된 후 의회는 자금 제공을 받은 그레이엄 리딕 의원과 데이비드 트레드닉 의원의 행위가 특권 남용에 해당되는가의 여부에 대한 조사를 개시했다.[34]

우리나라의 신문윤리실천요강 제2조(취재 준칙)의 첫 항이 '신분 사칭·위장 및 문서 반출 금지'라는 건 결코 우연이 아니다. 실제로 이게 가장 많이 일어나고 있기 때문이다. 제2조(취재 준칙)의 내용은 다음과 같다.

신문윤리실천요강 제2조(취재 준칙): 기자는 취재를 위해 개인 또는 단체를 접촉할 때 필요한 예의를 지켜야 할 뿐만 아니라 비윤리적인 또는 불법적인 방법을 사용해서는 안 된다. 또한 기자는 취재를 위해 개인을 위협하거나 괴롭혀서는 안 된다. ①(신분 사칭·위장 및 문서 반출 금지) 기자는 신분을 위장하거나 사칭하여 취재해서는 안 되며 문서, 자료, 컴퓨터 등에 입력된 전자정보, 사진 기타 영상물의 소유주나 관리자의 승인 없이 검색하거나 반출해서는 안 된다. 다만 공익을 위해 부득이 필요한 경우와 다른 수단을 통해 취재할 수 없는 때에는 예외로 정당화될 수 있다. ②(재난 등 취재) 기자는 재난이나 사고를 취재할 때 인간의 존엄성을 침해하거나 피해자의 치료를 방해해서는 안 되며 재난 및 사고의 피해자, 희생자 및 그 가족에게 적절한 예의를 갖추어야 한다. ③(병원 등 취재) 기자는 병원, 요양원, 보건소 등을 취재할 때 신분을 밝혀야 하며 입원실을 포함한 지역을 허가 없이 들어가서는 안 된다. 또한 기자는 허가 없이 환자를 상대로 취재하거나 촬영을 해서는 안 되며 환자의 치료에 지장을 주어서는 안 된다. ④(전화 취재) 기자는 전화로 취재할 때 먼저 신분을 밝혀야 함을 원칙으로 하며 취재원이 취재 요청을 거절한 경우 거듭된 통화의 연속적인 반복으로 취재원을 괴롭혀서는 안 된다. ⑤(도청 및 비밀 촬영 금지) 기자는 개인의 전화 도청이나 비밀 촬영 등 사생활을 침해해서는 안 된다.

가장 자주 문제가 되는 건 '몰래카메라'의 사용이다. 한 연구 결과에 따르면, 언론인의 30퍼센트 정도는 몰래카메라를 사용한 취재가 정당화될 수 있다고 본다. 이와 관련, 김경호(제주대학교 언론홍보학과 교수)는 "몰래카메라의 사용이 위법행위를 구성한다 하더라도 면책사유가 되기 위해서는 어떠한 기준을 충족시켜야 하는지, 그리고 윤리적 비판으로부터 합리적으로 보호받기 위해 어떠한 노력이 있어야 하는지 원칙과 기준을 도출할 필요가 있다"며 다음 5가지 기준을 제시했다.

첫째, 취재 대상이나 내용이 지대한 공적 관심사이어야 한다. 둘째, 동일한 정보를 얻기 위한 대체 취재 수단이 부재한 상황이어야 한다. 셋째, 몰래카메라의 사용이 정상적인 언론 활동의 일환으로 사용된 것인지에 대한 판단은 프로그램의 성격이나 목적, 마감시간의 압력, 사용된 정보원과 보도 내용의 신뢰성 등에 따라 따져볼 수 있다. 넷째, 사생활이 보호되는 사적 공간에서의 몰래카메라 사용은 경계해야 한다. 다섯째, 외주제작사의 위법행위에 대해서도 해당 방송사가 책임을 져야 한다.[35]

왜 신문 1면과 사회면 머리기사의 80퍼센트가 '관급기사'인가?
발표 저널리즘

'발표 저널리즘'이란 1970년대 말 일본에서 처음 사용되기 시작한 것으로 언론이 기자단을 중심으로 정부 발표에 따라 기사를 만드는 관행을 말한다. 이는 신문 획일화의 주범인 동시에 언론이 정부에 놀아나는 결과를 초래하고 있다. 또한 그로 인해 일본의 전체적인 '의제 설정' 과정이 취재원과 언론사 사이의 관계로 변질되어버렸다는 지적도 나오고 있다.[36]

한국의 '발표 저널리즘'은 어떤가? 우리나라 신문의 1면과 사회면 머리기사 가운데 80퍼센트가 이른바 '관급기사'로 나타나 '발표 저널리즘'에 편중된 정도가 극심하다는 비판의 목소리가 높다. 공보처는 '정부 기관의 효율적인 정책 수립과 국정 홍보에 활용키 위해'『경향신문』·『국민일보』·『동아일보』·『서울신문』·『세계일보』·『조선일보』·『중앙일보』·『한겨레』·『한국일보』 등 9개 신문이 1995년 1년간 게재한 43개 정부 기관 관련 기사 건수를 조사해 통계를 냈다. 집계 결과 1면과 사회면의 톱기사 6,026건 중 정부 관련 기사가 80퍼센트(4,803건)에 달했으며, 중톱기사는 5,951건 중 67퍼센트(3,971건)나 차지했다. 톱기사는 청와대(대통령) 기사가 25퍼센트(1204건)로 가장 많았고 다음이 국무총리(12퍼센트), 재경원(6퍼센트), 교육부(5퍼센트), 경찰청(4퍼센트) 순이었다.[37]

'발표 저널리즘'의 문제를 극복하기 위해 언론사 스스로 이슈를 포착하거나 개발해내는 '이슈 저널리즘'이 주창되었다. 이를 실천하기 위한 방안에 대해 『기자협회보』 1996년 8월 16일자는 "스트레이트와 해설로 나누는 패턴화가 아니라 뉴스와 비뉴스를 분리, 사건·속보를 신속하게 보도한 공간과 전문가 시각에서 심도 있게 분석하는 공간으로 이원화시켜야 한다는 것이다. 편제도 정치·경제·사회·국제 등 뉴스 파트와 이들 부문 및 문화·생활 흐름 중심의 기획 파트로 나눠야 한다는 제안이다. 면의 장벽, 부의 장벽이 파괴되어야 한다는 것이다. 과도기적인 1단계로 '정치 지상주의'를 깨기 위해 정치도 고정면을 만들어야 한다는 주장도 제기된다"며 다음과 같이 말했다.

"『중앙일보』는 최근 많은 변화를 시도하고 있다. 가시적인 '성과'의 하나가 바로 정치 기사를 1면 머리기사로 올리는 빈도가 굉장히 낮아졌다는 것이다. 1면 편집을 책임지고 있는 박두원 편집부장은 '정치 기사가 1면 머리기사로 등장하는 비율은 한 달에 한두 번 정도'라며 '기사화되지 않은 기획물을 각 부서별로 준비토록 해 총 100건 정도는 예비하고 있으며, 3개 부서 이상이 1면 머리기사 「꺼리」를 내놓고 「세일」을 한다'고 최근 달라진

편집회의 풍속도를 소개한다. 『중앙일보』는 또 월요일자 머리기사는 보도
자료에 의존하지 않는다는 내용 등을 담은 '취재 및 기사 작성 원칙'을 확
정, 기자들에게 배포했다."

『중앙일보』가 새로운 '취재 및 기사 작성 원칙'을 얼마나 실천에 옮겼는
가 하는 데엔 의문의 여지가 있지만, 오늘날에도 이 원칙을 모든 신문들이
주목할 가치는 있을 것이다. 다음과 같은 내용이다.

출입처 개념 타파: ①현재의 출입처는 취재 분야의 배정으로 이해한다.
②정부 기관이나 기타 출입처의 단순한 업무 계획 발표는 연합통신으로
대체하고 본사 기자는 발표의 배후를 취재해서 한 번 더 가공한 기사를 쓰
는 것을 원칙으로 한다. 중대 발표는 다루되 기사의 배경, 외국과의 비교,
관련 상황 비교 등 관련 자료를 최대한 활용하여 부가가치가 증폭된 기사
를 쓰도록 한다. ③모든 기자는 자신의 기획 취재 '꺼리'를 확보하여 계속
취재한다. 필요할 경우 특별취재팀을 구성하거나 사회부 중심으로 별도의
기동 취재를 하고, 출입처의 부담을 벗어나 당분간 따로 기획 취재를 할 경
우에는 국장단 소속으로 기획 취재를 하도록 한다.

현장추적·기획기사: ①매주 월요일 각 부 및 팀별로 소속 부원의 취재
계획을 받고 이를 리스트업list-up해서 담당 국장에게 제출한다. ②담당 국
장은 담당 섹션의 부별·팀별 취재 계획 중 중요한 것을 발췌해서 매주 화
요일 편집국장에게 제출하고 이 취재 계획을 보완해서 전체적인 취재 지시
를 내린다. ③매주 월요일자는 월요 기획·현장 추적 기사를 머리기사로
하는 것을 원칙으로 하고 월요 기획 기사는 금요일까지 완성해서 편집국장
이 점검·선택할 수 있도록 한다. ④기자에 대한 평가는 기획 및 현장 추적
기사의 양과 질을 우선적인 기준으로 한다. ⑤매달 1일엔 그 달의 취재 계
획을 편집국장에게 제출하고 국장단은 연말에 다음 해의 연간 취재 계획

일정을 수립한다.

기사 스타일의 혁신: ① 정부 기관이나 정당, 업체 등 발표 주체를 주어로 하는 지금까지의 기사 스타일을 전면적으로 바꾼다. ② 발로 현장을 확인한 구체성 있는 기사만 다루는 것을 원칙으로 하고 이것이 기사의 머리에서부터 나타나도록 구체성 있는 리드를 쓰는 방안을 강구한다. 특히 각데스크는 구체성 없는 기사는 모두 버린다는 생각으로 기사를 다루고 편집부 또한 현장감 없는 기사를 받거나 출고하지 않도록 한다. 각 부에 배부되는 『인터내셔널헤럴드트리뷴』의 기사체를 참고하고 모든 기사가 그와 같은 스타일을 활용할 수 있도록 한다. ③ 기자 개인마다 자신의 문장 스타일을 가진다는 생각으로 기사를 쓰도록 한다.[38]

정치 보도의 경우 기존 출입처 시스템은 기자의 당파성을 강화하는 문제점도 안고 있다. 1998년 『한겨레』 부국장 김효순은 '정치 개혁과 언론'이란 주제의 토론회에서 발표한 발제문에서 "여당 출입 기자는 여당 편을 들고 야당 출입 기자는 야당 주장을 앵무새처럼 대변하는 현상이 끊이지 않고 있다. 특히 선거 때가 되면 이 같은 현상이 정치부 내에서 큰 갈등 요인이 되는 사례도 적지 않다"고 비판했다. 그는 "정당 팀의 주력부대들이 여야 중앙당에 자리 잡고 상호 대립이나 갈등을 전하는 것에 주력하는 것이 정치 보도의 관행"이라며 "정치부 내의 정당 팀 편제를 여야 중심이 아니라 의정 활동 중심으로 바꿔야 한다"고 주장했다. 그는 출입처 중심의 취재 시스템이 갖고 있는 고질병, 특히 '큰 그림'을 보지 못하고 출입처의 일방적인 발표만을 수용하는 문제를 이 같이 지적했던 것이다.[39]

2015년 2월 『미디어오늘』은 발표 저널리즘의 온상으로 '출입처'를 지목했다. "기자들은 출입처의 보도자료에 의존해 쉽게 취재하고 기사를 쓴다. 출입처가 제공하는 정보와 논리에 순응하며 '출입처 편의주의'에 매몰

되면 '발표 저널리즘'이 등장하게 된다. 출입처에 안주하며 취재원과 결탁하는 관행으로 똑같은 기사가 수십 개씩 쏟아진다. 출입처가 만든 프레임을 베낀 결과다.…… '디지털 퍼스트'를 외치기 전에 낡은 취재 관행을 고민하고 돌아볼 시점이다."[40]

왜 한국 언론엔 '관계자'나 '고위 관계자'가 난무하는가?
익명 저널리즘

미국 전문직언론인협회 윤리강령은 "가능한 한 언제나 취재원을 밝혀야 한다. 익명 보도를 약속하기 전에는 반드시 정보 제공 동기를 물어야 하며 익명 약속은 지켜야 한다"고 규정하고 있다. 미국 『뉴욕타임스』의 '익명 취재원'에 관한 규정(2004년)의 전문前文은 "『뉴욕타임스』의 독자는 우리가 어디에서 정보를 얻었는가, 그리고 왜 그 정보를 신뢰할 가치가 있는가에 대해 가능한 많이 알기를 원한다"는 말로 시작하고 있다. 이처럼 미국은 출처 명시를 강조하고 있으나, 영국·독일·프랑스 등은 윤리강령에서 이를 다루지 않고 있다.[41]

미국이라고 해서 늘 출처 명시를 엄격하게 지키는 건 아니다. 익명의 취재원을 이용해 권력의 핵심부의 비리를 파헤친 이른바 '워터게이트 무용담'은 미국 언론계에 한동안 익명의 취재원을 유행시킨 결과를 초래했다. 그래도 이때엔 '두 명의 소식통 규칙two-source rule'은 지켜졌다. 한 익명의 소식통에게서 정보가 입수되었더라도 제2의 익명의 독립적인 소식통이 이를 확인하지 않으면 기사화하지 않는다는 원칙이다.

그러나 기자가 아예 기사 조작을 하겠다고 들면 어떻게 할 것인가? 속

수무책으로 당할 수밖에 없다는 것이 1981년 그 유명한 『워싱턴포스트』의 재닛 쿡Janet Cooke, 1954~ 사건으로 입증되었다. 여덟 살 난 아편 중독자에 관한 기사를 쓴 쿡은 그 기사로 퓰리처상까지 받았지만, 이 기사는 완전히 조작된 것으로 밝혀진 것이다. 이 사건은 무기명 뉴스 출처를 포함해 그간 관례화된 언론의 취재 방법에 대한 의문을 제기했는데, 이에 대해 언론학자 유진 굿윈H. Eugene Goodwin은 다음과 같이 말한다.

"『워싱턴포스트』의 벤 브래들리 편집 이사는 인용되는 어떤 취재원에 대해서도 적어도 편집자는 그 신원을 알고 있어야 한다고 선언했다 (1981.6.5. 면담). '그러나 그렇다고 해서 또 다른 재닛 쿡이 나오지 않는다고 생각한다면 오산'이라고 그는 경고했다. '내가 필요하다고 느낄 때면 나는 취재원이 누구냐고 물을 것이다. 믿음이 없고서는 조직을 운영하기 어렵지만, 나는 필요할 때면 물을 것이다. 나는 모든 기사에 대해 취재원이 누구냐고 묻지는 않겠지만, 그따위 엉터리가 또 나온다면 반드시 출처를 확인할 것이다!' 브래들리는 또한 포스트는 '인용자의 출처를 최대한으로 밝히기 위한 노력을 새롭게 시작하겠다'고 말했다."[42]

그러나 1998년 1~3월 미국 언론의 클린턴-르윈스키 스캔들 보도에선 익명 보도가 난무했다. 전 기사의 43퍼센트가 익명의 취재원을 지칭하는 '소식통'과 '소식통들'이라는 표현을 썼으며, 또 다른 16퍼센트의 보도에서는 취재원이 '수사 내용을 잘 아는 소식통들', '수사팀에 가까운 소식통' 등으로 표현되었다. 두 경우 모두를 합치면 당시 보도의 59퍼센트는 '미지의 취재원'의 정보에 의존한 것이다.[43]

2001년 이화여자대학교 언론홍보영상학과 이재경 교수는 「한국과 미국 신문의 취재원 사용 관행 비교」라는 논문에서 『뉴욕타임스』의 정치 담당 기자 프랭크 브루니와 『한겨레』 청와대 출입 박찬수 기자가 쓴 기사를 분석했다.

　박찬수는 2000년 7월 10일부터 7월 23일까지 15일 동안 10건의 1면 기사를 썼고, 브루니 기사의 1면 게재 기사는 10건으로서 2000년 1월 21일부터 7월 14일까지 6개월에 걸쳐 쓰인 것이다. 한국의 정치부 기자는 기사를 매일 같이 쓴 반면, 『뉴욕타임스』 기자는 한 달에 2개 정도의 기사를 쓴 것이다. 박찬수는 하나의 기사를 쓰는 데 2.3명의 취재원을 인용한 반면, 브루니는 기사당 6.1개의 취재원을 동원했다. 박찬수 기사의 평균 단어 수는 242개, 브루니가 사용한 단어는 997개였다. 브루니가 네 배 정도 긴 기사를 쓴 것이다. 이재경은 "조사 결과는 한국 기자들이 취급하는 사안을 복합적으로 인식하지 않고 있고, 이해 당사자의 입장을 균형 있게 취재하려는 인식도 일상화하지 못했다는 걸 말해 준다"며 "이런 사정은 한국의 신문과 방송 양쪽에 공통된 것"이라고 말했다.⁴⁴

　이에 대해 박찬수는 "우리나라의 경우 1면 기사를 대개 스트레이트 기사로 채웁니다. 또 1면 스트레이트는 가능하면 짧고 간결하게 쓰라고 주문합니다. 미국 신문처럼 1면에서 다른 지면으로 기사를 흘려 쓰는 경우는 별로 없습니다.……1면 기사를 취급하는 편집 관행에서 미국과 차이가 있는데, 1면 기사의 취재원 수와 실명, 익명 여부를 단순 비교하는 것은 좀 무리가 있다고 봅니다. 그리고 기사 스타일을 보면 우리는 압축적으로 쓸 것을 요구받습니다"라면서 다음과 같이 말했다.

　"기자 수와 시간적 제약이라는 측면도 큽니다. 미국의 경우는 취재를 할 때 주제를 선정하면 기사가 될 수도 있고 안 될 수도 있는 제로 베이스에서 시작하기 때문에 많은 사람들을 만나서 취재하고 그 과정에서 방향과 내용을 채워 기사를 내보내는 반면, 우리는 일단 기자 수가 적고 시간이 촉박하기 때문에 기획 취재를 할 때도 대개 기사의 방향을 정해 놓고 시작합니다. 이게 기사가 될지 안 될지 모르겠다, 일단 한번 취재해보자 하고 취재에 들어가는 경우는 거의 없습니다. 기사가 안 될 수도 있는 주제는 기피하게 되는 거죠. 취재를 시작할 때 이미 취재 방향과 취재 경로가 정해진 것만 하게 되니까 그 틀에 맞는 전문가들만 찾아서 원하는 말만 듣게 되고, 그러니 취재원을 적게 만나는 경향이 나타납니다."[45]

『월간조선』 기자 김연광은 "『뉴욕타임스』식으로 가야 한다', '한 사람이 긴 기사를 써야 한다' 이렇게 얘기는 하지만, 우리 독자들이 긴 기사를 읽을 것인가, 핵심 주제도 없이 '○○은 나쁜 놈이다' 이런 식으로 가지 않고 '사립학교법은 이런 면도 있고 저런 면도 있다' 식으로 가면서 20장씩 가는 것이 우리 한국 시장에서 선택받을 수 있겠는가 하는 의문이 있는 거죠. 한국의 독자들이 20장짜리를 읽기 원하는가? 저희도 회의적입니다. 호흡이 길어서 점프 기사까지 가는 것이 좋은지, 3장, 4장으로 핵심 주제어를 바짝 세워서 가는 것이 나은지 고민이 있죠"라고 말했다.[46]

익명 보도는 바로 이런 기사 분량, 노동 강도, 취재원 다양성 문제와 직결된다. 게다가 익명을 선호하는 문화적인 문제가 도사리고 있다. 김연광은 "한국 언론이 후진적인 이유에는 여러 가지가 있겠지만 우선 우리 사회가 권위주의적인 의사 결정 구조에 젖어 있다는 점이 무엇보다 큰 문제입니다"라면서 다음과 같이 말했다.

"한국의 경우는 특별히 취재원이 상급자의 눈치를 봐야 하는 경우가 많습니다.……취재원 익명 문제에 있어 좀 우스운 이야기지만 가끔 기자들이 자기 스스로가 당국자가 되는 경우가 있어요. 어떤 기자는 전화를 걸지도 않고 '당국자는……' 하고 기사를 써서 '당국자'라는 별명이 붙은 기자도 있습니다."[47]

박찬수도 "청와대의 경우, 공보수석(대변인) 외에는 어느 누구도 자기 이름이 나기를 원하는 사람이 없어요. 미국에선 백악관 보좌관들이 TV에 나와서 토론도 하는데, 청와대 수석 비서관들은 대부분 '고위 관계자'로 해달라고, 그래야 얘기를 하겠다고 합니다. 비서관이나 행정관들도 아무도 자기 이름이 나가는 것을 원하는 사람이 없어요"라고 말했다.[48]

2003년 「취재원 익명 보도 관련 민언련 기획모니터팀 보고서」에 따르면, 『조선일보』, 『중앙일보』, 『동아일보』와 『한겨레』의 익명 보도 중 46.5퍼센트가 습관적으로 익명을 인용한 것으로 나타났고, 26.6퍼센트는 추측 보도, 17.6퍼센트는 언론사의 주장을 뒷받침하기 위해 익명을 인용한 경우로 조사되었다. 취재원 보호의 목적으로 익명 처리한 경우는 6.17퍼센트에 지나지 않았다.[49]

2006년 한국언론재단이 10대 일간지의 지면 분석을 한 결과에 따르면, 신문에 나타난 취재원 가운데 익명의 취재원은 기사당 평균 0.48명으로, 전체 기사에 등장하는 취재원 가운데 24.3퍼센트에 이르는 것으로 나타났다. 그리고, 기관·단체 취재원을 제외할 경우 익명 취재원 인용 횟수는 42퍼센트로 기사 한 건당 0.76명에 달했다. 기자들의 80.5퍼센트가 우리 언론의 익명 보도가 많은 편이며, 64.4퍼센트가 익명 취재원의 사용을 지금보다 줄여야 한다고 생각하는 것으로 조사되었다.[50]

그러나 그게 영 쉽지 않은 일이다. 앞서 박찬수와 김연광이 토로한 문제들 때문이다. 한국언론재단은 익명 보도에 대한 기자들의 생각을 정리해 소개했는데, 그 일부를 보면 다음과 같다. 무엇보다도 실명에 대한 문화적 저항이 큰 장애라는 걸 보여준다.

"최근 개인의 명예훼손에 대한 법적 입장이 엄격해 사건 기사의 경우 실명 게재에 위험부담이 많다. 보도를 하고 싶은데 나중에 빚어질 명예훼손 문제가 불거질 것이 우려돼 곤란을 많이 느낀다."

"고발은 물론 미담기사도 익명을 요구하는 게 대부분이다. 누구를 도왔다고 하면 각종 관변 단체나 장애인 단체들이 서로 도와달라고 난리치기 때문이다. 언론이 호의적 기사를 써도 결과적으로 그 사람의 발목이 잡히는 것을 수도 없이 봤다."

"공무원들의 경우 취재원이 요구하지 않아도 관행적으로 '관계자'를 사용하는 경우가 많다. 조직 자체 내 위아래 사람은 물론 국회 다른 부처 사람들 등 여기저기 눈치 보는 데가 많은 데다 무사안일이 몸에 배어 있어 그런 듯하다. 혹여라도 관행에서 벗어나 실명을 박아버리면 바로 항의 전화가 온다. 별다른 중요도가 없어 보이는 멘트에 대해서도 말이다."

"모 사의 외교 안보 기자가 '한 전문가에 따르면'이라고 기사를 썼는데 나중에 시간이 흐른 뒤 그게 누구였냐고 묻자 '그거……, 나지 뭐'라고 얘기해 황당했던 일도 있다."

"외국 언론의 경우 실명 보도를 원칙으로 하고 그 대상으로 대리급 등도 인용하고 있으나 우리나라 신문의 경우 기사의 신뢰성 향상 차원에서 낮은 직급의 실명을 인용하지 않으려는 경향이 있다. 이 경우 낮은 직급 대신 익명으로 처리해 신뢰성을 높이려는 사례도 빈번하다."[51]

"때론 데스크에 의해 익명 보도가 '창조'될 때도 있다. 특히, 이른바 '조지는' 내용일 경우 코멘트가 가필되는 경우가 많다. 예컨대 '당 안팎에서는 ~는 비판이 나온다'는 식이다. 이 경우 기자 개인의 비판적 시각이 당 안팎의 여론으로 순식간에 둔갑하게 되는 것이다.……익명 보도에 관해 기자는 거의 무한대의 재량을 갖는다. 이런 자유 재량 속에서 기자에겐 권력처럼 달콤할 수도 있는 게 익명 보도다."[52]

2013년 4월 청와대가 '고위 관계자', '핵심 관계자' 등을 인용한 언론 보도를 거론하면서 기자들에게 "관계자라는 표현을 쓰지 말아 달라"고 주문해 논란이 일었다. 청와대 측은 기사의 정확성을 위해 실명으로 보도해야 한다는 점을 명분으로 내세웠지만 언론계와 학계에서는 "국민의 알 권리와 언론 자유를 위축시킬 수 있는 발상"이란 비판이 쏟아졌다.[53]

이에 대해 『뉴스1』 기자 허남영은 "청와대는 많은 국가 정보들이 집결하는 곳이다. 집권 초기 주요 인사와 국가 정책 등 민감한 사안에 대해 청와대 현직 인사들이 실명으로 언론에 입장을 밝히기는 쉽지 않다. 실제 청와대에서 취재를 하다보면 취재원 쪽에서 오히려 '관계자'로 처리해달라는 부탁을 받곤 한다"며 다음과 같이 말했다.

"무엇보다 '철통 보안'을 강조하는 박근혜 대통령의 극도의 보안주의도 문제려니와 이 같은 기세에 짓눌린 청와대 참모진들의 '침묵'이 지금의 결과를 가져왔다고 해도 과언이 아니다. 그렇다고 추측성 보도가 면죄부를 받는 건 아니다. 다만 불통의 원인을 안에서 찾아야 하는데 밖에서 찾으려 하니 답답해서 하는 소리다."[54]

『한국일보』 논설실장 이준희는 "한국 언론에서 '관계자' 표현이 일반화하기 시작한 건 뜻밖에도 상당히 늦은 편이다. 민주화의 숨통이 트이기 시작한 노태우 정부 때부터다. 이전까지 권위주의 시대에는 정치적으로 민감한 사안을 독자 취재해 쓰는 일이 거의 불가능했던 점을 생각하면 이해가 간다. 정치나 국정의 주요 뉴스를 거의 관급官給에 의존했으니, 굳이 발표자의 이름을 가릴 이유가 없었다. 자유로운 언론의 취재가 가능해지면서 취재원을 보호해야 할 필요도 생긴 것이다"며 다음과 같이 말했다.

"그리고 보면 '관계자' 표현은 도리어 언론 자유 수준과 관련이 깊다. 물론, 익명의 취재원을 빙자해 사실을 왜곡할 개연성은 있다. 청와대의 우려대로 민감한 외교 안보 상황에서는 잘못된 메시지가 국면을 그르칠 수도 있다. 그래도 공적公的 사안에 관한 한 실명 보도 요구는 국가와 국민에겐

득得보다 실失이 훨씬 크다. 익명의 취재원들 없이 관급기사만으로 권부를 감시하는 일이 가능하기나 할까. 그러니 청와대의 '관계자' 자제 요구는 그냥 투정으로나 듣겠다."[55]

취재원에게 금품을 주어도 괜찮은가?
수표 저널리즘

수표 저널리즘checkbook journalism은 언론사 측에서 취재원에게 특별한 인터뷰나 정보에 대해 대가를 지불하는 걸 말한다. 몇 가지 사례를 보자.

미국 잡지 『에스콰이어』는 1970년 11월 베트남 미라이 학살 사건My Lai Massacre을 저지른 미군 윌리엄 캘리William Calley, 1943~ 중위에게 군복 차림으로 활짝 웃으면서 베트남 소년들과 함께 사진을 찍도록 요청했다. 이 잡지는 캘리 중위에게 협조 대가로 2만 달러(요즘 시가 10만 달러)를 지불하는 등 여러 차례에 걸쳐 취재원에게 금품을 제공했다. 미국 CBS는 1975년 닉슨의 고위 보좌관이었던 H. R. 할데먼H. R. Haldeman, 1926~1993에게 두 번의 인터뷰를 방영한다는 조건으로 10만 달러를 제공했다.[56] 클린턴 행정부 시절, ABC-TV의 바버라 월터스Barbara Walters, 1929~는 클린턴 대통령과 성추문을 일으킨 모니카 르윈스키Monica S. Lewinsky, 1973~를 단독으로 인터뷰하면서 거액의 돈을 지불했다.[57]

이와 같은 '수표 저널리즘'은 영국에서 더욱 성행하고 있다. 영국엔 타블로이드 대중지들을 위한 전문적인 '스캔들 사냥꾼'들이 있어 기사를 파는 게 관행화되어 있다. 이들은 고객 관리 사업도 하는데, 매달 고객에게서 수천 달러를 고정적으로 받는다. 기자에게는 더 큰 기사거리를 약속하는 대신 자신이 관리하는 고객의 사생활 관련 기사를 빼내는 방식으로 '관리'를 해주는 것이다.

1992년 8월 20일 『데일리미러』에 앤드루 왕자Prince Andrew, 1960~와 별거 중인 왕자비 사라 퍼거슨Sarah M. Ferguson, 1959~이 토플리스 차림으로 그의 재정 고문인 미국인과 포옹하고 있는 장면이 「퍼기의 은밀한 키스」라는 제목으로 게재되었는데, 이는 '스캔들 사냥꾼'에게서 8,000만 원에 사들인 것이었다.

타블로이드판 주간지인 『뉴스오브더월드』는 1996년 9월 여덟 쌍둥이를 임신한 한 여인의 자궁 속 태아를 보여주는 초음파 사진을 '세계적 특종'이라는 선전과 함께 1면에 게재했는데, 이는 35만 파운드(약 4억 5,000만 원)라는 거액을 주고 이 여인의 임신, 출산 이야기를 단독 구입해 이루어진 것이었다. 2000년 5월 토니 블레어 총리가 뒤늦게 아들을 낳았으나 사진을 공개하지 않자 독점 촬영권 입찰가 총액이 16억 원에 육박하기도 했다.[58]

이른바 '루이스 우드워드 사건'은 영국식 '수표 저널리즘'의 타락상이 어느 정도인가를 잘 보여주었다. 『경향신문』 1998년 6월 24일자는 "자신이 돌보던 미국인 아기를 살해한 혐의로 기소돼 종신형을 받았던 영국인 보모 루이스 우드워드(20)의 구명 운동까지 벌였던 『더선』, 『미러』 등 영국의 타블로이드판 대중 신문들이 갑자기 그녀를 비난하고 나서 독자들을 어리둥절하게 하고 있다"며 다음과 같이 말했다.

"이들 신문이 하루아침에 '안면몰수'를 하게 된 것은 그녀가 귀국한 뒤 이들 신문에 수기를 연재하기 앞서 BBC 방송과 먼저 인터뷰를 했기 때문. 영국의 대중지들은 그녀의 수기를 독점 게재하기 위해 치열한 경쟁을 벌였으며 이에 따라 그녀의 몸값은 15만 파운드(약 3억 5,000만 원)까지 치솟았다. 하지만 BBC에서 먼저 그녀를 낚아채자 이들 신문은 '복수의 칼날'을 휘두르기 시작한 것이다. 공교롭게도 그녀를 인터뷰한 사람은 다이애나비의 사생활 등을 인터뷰했던 마틴 배셔 기자였고 인터뷰 당시 그녀의 의상, 화장, 머리스타일 등이 다이애나비와 거의 비슷했다. 이 인터뷰가 방송되자 신문들은 22일 다이애나비와 우드워드의 사진을 나란히 게재하고 이는 '다이애나에 대한 모독'이라며 그녀에게 집중 포화를 퍼부었다. 사실 그녀는 2급 살인에서 과실치사로 죄목이 변경돼 풀려난 후 미국에서 하루 1,300달러짜리 호텔 스위트룸에 묵으면서 쇼핑을 즐기는 등 호화 생활을 했다. 그녀가 근신보다는 호화 생활 및 인터뷰 등으로 떳떳한 체하는 것도 문제가 있지만 그보다는 자신의 이익에 배치될 때는 여지없이 얼굴을 바꾸는 언론의 '하이에나적 속성'이 더 큰 문제라는 게 대체적인 시각이다."[59]

그런데 미국 『컬럼비아저널리즘리뷰』 2008년 1·2월호엔 수표 저널리즘이 경우에 따라 정당화될 수 있다는 글이 실렸다. 이런 경우다. 『월스트리트저널』 기자였던 알렉스 코틀로비치는 어린이 문제에 관한 책을 쓰기 위해 한 흑인 가족을 2년 가까이 만나면서 아이들에게 옷을 사주거나 그 가족에게 식사비를 지불했다. 코틀로비치는 취재가 마무리되고 책이 출간된 뒤 아이들을 돕기 위해 인세의 일부를 기부해 신탁 기금을 세웠다. 또한 작가 존 크라카우어는 한 가난한 여성의 회고담을 주된 내용으로 책을 썼다. 작가는 이 여성이 핵심적 내용이 되는 귀중한 정보를 제공해 책을 썼으며, 그것이 자신에게 이익이 되었다고 판단해 이 여성에게 2만 달러를 지불했다.

요컨대, 취재 기자가 정보를 제공한 취재원에게 금품을 지불하는 행위는 원칙상 금지되어 있지만, 이런 경우처럼 기자가 취재를 이유로 오랜 기간 취재원의 사생활을 침해하거나 정보를 이용해 상당한 금전적 이익을 얻었을 경우에는 그런 원칙이 적용되지 않을 수도 있다는 것이다. 이 글의 필자 로버트 보인튼은 그럼에도 "취재원들에게 통상적으로 금품을 주어야 하는 것은 아니며, 대부분 그렇게 해서는 안 된다"고 강조했다.[60]

수표를 아예 현상금으로 내거는 건 어떻게 보아야 할까? 2012년 3월 4일 미국의 유명 포르노 잡지 『허슬러Hustler』의 창간인 래리 플린트Larry Flynt, 1942~는 유명 정치인이나 고위 정부 관계자의 성 추문 정보를 제공해주는 대가로 100만 달러의 현상금을 내걸었다. 플린트는 "현 국회의원이나 유명한 정부 관리의 불륜, 성 추문, 부패에 관한 정보가 있습니까? 서류로 된 증거를 제시할 수 있습니까?"라는 질문과 함께 "당신이 제공한 정보가 입증돼 『허슬러』지에 실리면 1백만 달러에 달하는 상금을 제공하겠다"는 내용의 전면 광고를 『워싱턴포스트』에 게재한 것이다.[61]

한국은 어떤가? 김옥조는 "이러한 관행 역시 한국에서는 아무런 검토나 반성 없이 성행하고 있다"며 다음과 같이 말한다. "우리 신문윤리실천요강은 '언론인은 반사회적 범죄자에게 금전을 제공하는 등 비윤리적 방법에 의해 취재하거나 기타 자료를 취득해서는 안 된다'(제15조3항)고 규정, 돈을 주더라도 반사회적 범죄자에 준 경우만 비윤리적이라 하고 있다. 아무리 자본주의 사회이지만 돈으로 공익과 관련이 있는 정보를 배타적으로 가질 수 있는 현상은 바람직하지 않다."[62]

2014년 8월 TV조선과의 인터뷰에서 채동욱 전 검찰총장과 그의 내연녀로 지목된 임 씨 사이의 관계를 폭로한 가정부 이 모 씨가 TV조선에게서 인터뷰 대가로 현금 430만 원을 받은 것으로 알려져 논란이 일었다. 이 씨는 8월 7일 서울중앙지법 형사21부 심리로 열린 임 씨 관련 재판에 증인으로 출석해 '인터뷰 대가로 430만 원을 받았느냐'는 임 씨 변호인 질문에 "그렇다"고 답했다. 이 씨는 또한 TV조선 기자에게서 새 휴대전화를 받았

지만 굳이 쓸 필요가 없어서 돌려주었다고 답변했다.[63]

일반적으로 '수표 저널리즘'의 경계선은 명확치 않다. '수표 저널리즘'에 대한 비판은 주로 '금품'을 문제 삼지만, 그게 아닌 다른 유형의 이익이 매개 역할을 하는 건 어떻게 볼 것인가? 취재원은 금품으로 환산될 수 있는 홍보 효과를 바라고, 언론은 거래 조건으로 호의적 보도를 제공한다면, 이는 무엇이라고 불러야 할 것인가?

제9장

언론사와 언론인 윤리

왜 언론중재법은 '고충처리인'을 제도화했는가?

옴부즈맨

옴부즈맨ombudsman은 스웨덴에서 행정기관 등에 대한 민원民怨을 조사하는 사람으로, '왕의 대리인representative of the king'이란 뜻이다. 영어에 편입된 스웨덴어는 매우 드문 편인데, 가장 대표적인 단어가 바로 이 ombudsman이다. 또 하나 들자면, 텅스텐tungsten이라는 금속이다. "heavy"라는 뜻의 tung과 "stone"이라는 뜻의 sten이 합해져 만들어진 스웨덴어다.[1]

옴부즈맨의 최초 창안은 스웨덴에서 1809년에 이루어졌지만, 오늘날 이 제도는 행정권의 남용이나 부당 행위로 국민의 권리나 이익이 침해되었을 때 그것을 신속하게 구제하자는 취지에서 각국에서 다양한 분야에 걸쳐 다양한 방식으로 실시되고 있다.[2]

처음으로 신문에 이 제도를 활용한 것은 미국이다. 켄터키주 루이빌의 일간지 『쿠리어저널』이 1967년 최초로 옴부즈맨을 두었고 『워싱턴포스트』가 그 뒤를 따랐다. 프랑스에서는 『르몽드』가 1994년에 도입했으며, 오늘날 13개 국에서 70여 개의 미디어가 실시하고 있다. 옴부즈맨을 '독자의 대표', '독자의 변호사', '퍼블릭 에디터public editor' 등으로 부른다.[3]

미국 『뉴욕타임스』는 옴부즈맨을 두면 편집의 독립을 해치게 될지 모른다는 우려에서 옴부즈맨을 두는 데 반대하다 2003년 최악의 내부 스캔들을 겪고 나서 2004년에 도입했다. 어떤 스캔들이었던가? 기자인 제이슨 블레어Jaseon Blair는 조작 · 표절 기사를 수십 건이나 저질렀는데, 이는 표절 당한 신문 기자가 문제를 제기해 밝혀졌다. 블레어에 대해선 평소 내부적으로 자질 문제가 거론되었지만 승진까지 했다. 그 이유가 흥미롭다. 흑인이었기 때문이라는 것이다. 즉, 차별 혐의를 배제하기 위해 우대를 한 셈이다.

『뉴욕타임스』는 2003년 5월 11일자에 장문의 1면 정정 사과 기사를 게재했으며, 2개 면 전체에 걸쳐 그간 블레어가 저지른 모든 사기 표절 기사 조사 결과를 발표하고 사과했다. 『뉴욕타임스』는 이 사건이 '152년사의 수치'라고 인정했다. 그런데 곧 뒤이어 릭 브랙 사건이 터졌다. 브랙은 퓰리처상까지 받은 기자였는데, 기사의 거의 대부분을 프리랜서의 정보 공급에 의존했으면서도 자기가 마치 실제로 본 것처럼 기사를 작성한 것으로 밝혀졌다. 브랙은 다른 기자들도 그렇게 한다고 주장해 『뉴욕타임스』 기자들의 분노 어린 반박이 이어졌다. 『뉴욕타임스』는 28인 위원회를 구성해 진상 조사에 들어갔는데, 94쪽에 걸친 리포트는 옴부즈맨 제도 채택이 필요하다는 결론을 내렸다.[4]

당시 A. H. 래스킨A. H. Raskin 논설부주간은 "이를 데 없이 자기만족에 빠져 있는 우리 사회의 모든 기관들 중에서도 언론과 같이 유아독존, 자기

만족, 그리고 자화자찬에 빠져 있는 데도 없을 것"이라며, 그런 함정에서 벗어나기 위해 옴부즈맨 제도의 도입이 필요하다고 역설했다.[5]

그런데 블레어는 해고 3개월 후에 최소한 40~50만 달러의 선불을 받고 회고록을 집필하기로 출판사와 계약함으로써 또 다른 윤리 문제를 불거지게 만들었다. 이에 대해 『뉴욕타임스』 칼럼니스트 클라이드 헤이버먼은 "우리는 용서하지 못할 행동을 오히려 보상하는 사회에 살고 있다. 우리는 부끄러움을 수용하는 능력을 잃은 것 같다"고 개탄했다.[6]

2007년에 일어난 옴부즈맨의 활약 사례 하나를 보기로 하자. 2007년 3월 11일 『뉴욕타임스』는 경쟁 신문의 특종 보도를 한동안 보도하지 않아 결과적으로 독자들의 '알 권리'를 침해했다고 '사과문'을 게재했다. 『뉴욕타임스』의 공공 에디터public editor인 바이런 칼레임Calame은 여론면에 「경쟁지가 특종 했을 경우에도 뉴스를 전해야」라는 제목의 칼럼에서 이라크에서 다친 미 육군 병사가 치료받는 월터 리드 군병원의 열악한 환경에 대한 기사가 『워싱턴포스트』에 특종 보도된 지 6일이 지나도록 『뉴욕타임스』가 한 줄의 관련 보도도 하지 않은 점을 사과했다. 『뉴욕타임스』의 공공 에디터는 독자들의 보도에 관한 의문을 조사해 처리하는 옴부즈맨 역할을 한다.

칼레임은 『뉴욕타임스』엔 이런 늑장 보도가 몇 건 있다고 주장했다. 2006년에 시사 주간지 『타임』이 미군의 이라크 하디사 마을 양민 학살 사건을 특종 보도했을 때에도 『뉴욕타임스』는 2개월 뒤에야 독자 취재에 나서 보도했다. 칼레임은 타지 특종을 무시하려는 경향은 『뉴욕타임스』만의 현상이 아니며, 이는 기자들이 갖는 자부심pride으로 쉽게 설명될 수 있다고 분석했다. 기자들은 (타지에) 당하는 것을 좋아하지 않는다는 것이다. 그는 "『뉴욕타임스』는 지난 수년간 타사 특종을 무시해 독자들에게 뉴스를 제대로 전달하지 못하는 사태가 계속됐다"며 "중요한 뉴스는 타사 특종이라도 반드시 다뤄야 독자의 신뢰를 얻을 수 있다"고 밝혔다.[7]

한국의 옴부즈맨 제도는 1993년 3월 19일 『조선일보』가 '옴부즈맨 전화'를 설치함으로써 처음 도입되었다는 설이 유력하며, 최초의 정기적 옴부즈맨 칼럼은 1996년 『중앙일보』에서 처음 게재하기 시작했다.[8] 오늘날 신문들은 '옴부즈맨', '고충처리인', '시민편집인' 등 다양한 이름으로 이 제도를 운영하고 있지만, 진정한 의미의 옴부즈맨 제도라고 보기는 어렵다. 2005년 언론중재법 개정에 따라 '고충처리인'의 제도화가 이루어졌는데, 제6조는 다음과 같이 규정하고 있다.

> 제6조(고충처리인) ① 종합편성 또는 보도에 관한 전문 편성을 행하는 방송 사업자, 일반 일간신문(신문 등의 자유와 기능 보장에 관한 법률 제2조 제2호 가목의 규정에 의한 일반일간신문을 말한다)을 발행하는 정기간행물사업자 및 뉴스통신사업자는 사내에 언론 피해의 자율적 예방 및 구제를 위한 고충처리인을 두어야 한다. ② 고충처리인의 권한과 직무는 다음과 같다. 1 언론의 침해 행위에 대한 조사. 2 사실이 아니거나 타인의 명예 그 밖의 법익을 침해하는 언론 보도에 대한 시정 권고. 3 구제를 요하는 피해자의 고충에 대한 정정 보도, 반론 보도 또는 손해배상의 권고. 4 그 밖의 독자나 시청자의 권익 보호와 침해 구제에 관한 자문. ③ 제1항에 규정된 언론사는 고충처리인의 자율적 활동을 보장하여야 하고 정당한 사유가 없는 한 고충처리인의 권고를 수용하도록 노력하여야 한다. ④ 제1항에 규정된 언론사는 취재 및 편집 또는 제작 종사자의 의견을 들어 고충처리인의 자격 · 지위 · 신분 · 인기 및 보수 등에 관한 사항을 정하고 이를 공표하여야 한다. 이를 변경할 때에도 또한 같다. ⑤ 제1항에 규

정된 언론사는 고충처리인의 의견을 들어 고충처리인의 활동 사항을 매년 공표하여야 한다.

이는 그간 일부 언론사들이 자율적으로 운영해온 옴부즈맨 제도를 법적으로 강제해 모든 언론사에 적용시키는 동시에 그 내실을 기하려는 것으로 볼 수 있다. 새 언론중재법 시행 이후 거의 대부분의 언론사가 고충처리인(옴부즈맨)을 두고 있는데, 대부분 '사내 겸직형'이다.[9]

2007년 3월 29일 김균 교수는 언론재단이 개최한 '신문 옴부즈맨 현황과 발전 방안' 세미나에서 한국 신문들이 자사 비판과 독자 의견을 반영하기 위한 옴부즈맨 제도를 등한시하고 있으며, 타사나 방송을 비판하는 수단으로 잘못 활용하고 있다고 지적하면서, "옴부즈맨 제도를 개선해 언론의 신뢰성 회복을 위한 수단으로 적극 활용할 필요가 있다"고 밝혔다.

김균 교수는 국내 신문의 옴부즈맨 제도 현황을 분석하고 옴부즈맨 제도의 본래 역할과 취지가 분명한데도 미디어비평 칼럼과 혼동해 게재하고 있다고 지적했다. 옴부즈맨 칼럼은 엄밀하게 말해 옴부즈맨으로 임명된 이가 독자들에게서 제기된 불만과 불평, 정기적인 뉴스 모니터링의 결과 등을 토대로 정기적으로 집필하는 칼럼인데도, 국내 신문들은 언론 보도나 현상을 비판하는 미디어비평 칼럼으로 잘못 운영하고 있다는 것이다.[10]

이 세미나에서 『한겨레』의 시민편집인인 김형태 변호사는 "오늘날 신문사는 외적 통제도 어렵지만 내적 통제도 매우 어렵다"면서 옴부즈맨 역할의 어려움을 토로했다. 언론의 생리를 잘 아는 고참 언론인이나 전직 언론인이 옴부즈맨 역할을 하면 좋겠는데, 자신이 소속된 신문을 비판하는 것이 쉽지 않다는 점도 거론되었다. 『부산일보』의 임성원 독자팀장은 "지면에 옴부즈맨 칼럼이 게재되는 날이면 편집국에 비상이 걸린다. 기자들이 강력히 반발한다"고 말했고, 『서울신문』의 김인철 부국장도 최근 6개월 동안 옴부즈맨 칼럼을 운영한 경험을 얘기하면서 유사한 발언을 했다.

이와 관련, 『경향신문』 설원태 선임기자는 "언론의 옴부즈맨 제도는 원래 보도 수준을 향상시키기 위해 내부 비판을 수용하자는 취지일 것입니다. 자아비판에 귀를 열지 않는 한 형식적인 옴부즈맨 칼럼을 게재하든, 이 칼럼을 없애든 차이가 없을 것입니다"라면서 다음과 같이 말했다.

"언론재단의 조영현 미디어진흥팀장은 '재단은 옴부즈맨 운영 신문사를 지원하려 방안을 강구하고 있다'고 밝혔습니다. 신문법에 근거한 정부의 지원이나 언론재단의 지원을 받는 것은 어찌 보면 언론사로서 부끄러워해야 할 일입니다(지역신문의 한 언론인은 '정부의 지원금을 받기 위해 옴부즈맨을 운영하고 있다'고 매우 솔직히 털어놓았습니다). 언론사들은 정부나 언론재단이 신문의 품질 향상을 위한 지원 방안을 마련하기에 앞서 스스로 옴부즈맨 등 온갖 품질 향상 방안을 강구해야 하지 않을까 싶습니다."[11]

이 세미나에서 쏟아져 나온 토론자들의 다른 발언들의 일부를 소개하면 다음과 같다.

"옴부즈맨 6개월이면 같이 밥 먹을 사람이 없어진다." "옴부즈맨은 누구한테도 칭찬을 못 받는, 사주나 편집인한테도 칭찬을 못 받는 자리임에 틀림이 없고 그 역할을 분명히 수행하는 것이 결국 모든 사람한테 욕먹는 자리다." "언론의 특성은 남을 헤집고 파헤치는 것인데, 언론 종사자들은 본인이 헤집어지는 것을 굉장히 싫어한다."[12]

방송은 어떨까? KBS의 〈뉴스 옴부즈맨〉 프로그램 녹화를 위해 KBS를 찾은 김세은 강원대학교 교수(신문방송학)가 『한국 언론의 품격』(2013)에서 밝힌 '공영방송 녹화 대기실 풍경'을 보자.

"대기실에서 만난 한 보도국 담당자는 프로그램에 '차출'되는 것을 노골적으로 귀찮아했다. 〈9시 뉴스〉를 준비해야 하는데 내가 왜 여기서 이러고 있어야 하나, 라는 얘기를 아무렇지도 않게 내게 하는 것을 보면서, 나야말로 여기서 뭐하는 건가 하는 자괴감을 가지지 않을 수 없었다. 이 프로그램은 시청자를 대상으로 한다기보다 사실상 기자와 보도국을 대상으로 하는 것인데, 정작 보도국 기자들이 이렇게 생각하는 마당에 어떻게 〈뉴스 옴부즈맨〉이 '효과'를 가질 수 있겠는가. 적어도 옴부즈맨 위원들이 생각하기에는 그랬다."[13]

언론 옴부즈맨 제도의 형식적 운영은 한국의 낙후된 내부 고발 문화와 무관치 않다. 지난 2004년 전국경제인연합회 등 경제 5단체는 과거 분식회계를 반성하고 투명 경영·윤리 경영의 자율적 실천을 다짐하면서 내부자 고발 장치 제도화를 통한 내부 통제 시스템 강화를 약속한 바 있으며, 금융기관에서는 준법 감시실 운영을 통해 내부 고발을 접수하겠다고 했다. 특히 외환은행은 외부 옴부즈맨에게 내부 비리를 고발하는 신문고 제도를 도입했으며, 우리은행은 아예 내부 고발을 시민단체에 아웃소싱 하기도 했다.

그러나 2007년 12월 7일자 『한겨레』 보도에 의하면, 기업체들은 이렇게 겉으로 내부 고발자 보호를 통한 윤리 경영을 떠들면서도 실제로는 내부 고발에 대해 두둔 발언을 하는 입사 지원자에게 불이익을 주었다고 한다.[14] 언론이나 기업이나 눈 가리고 아웅 하는 게 어찌 그리 똑같은가.

옴부즈맨 제도와 관련해서 언론에게 필요한 건 역발상이다. 바닥에 떨어진 신뢰를 명실상부한 옴부즈맨 제도로 살려보려는 적극적인 자세가 필요하다는 것이다. 사주와 경영진의 결정에 앞서 기자들의 자세 전환이 요구된다. 앞서 소개되었지만, 옴부즈맨 칼럼에 대해 기자들이 강력 반발하기 때문이다. 비판에만 익숙하고 비판은 받지 않으려는 기자 특유의 '아비투스(습속)' 탓이다. 그걸 극복해야 한다.

언론의 대표적인 자율 규제 방식은 무엇인가?
윤리강령

언론의 자율 규제는 100년의 역사를 갖고 있다. 1916년 세계 최초로 스웨덴에서 신문평의회가 발족한 이래 세계 20여개 국에 이와 같은 기구가 존재하고 있지만, 쇠락해 가는 추세를 보이고 있다. 언론사들의 불참과 협조 거부로 1984년 미국전국뉴스평의회National News Council가 창설 10년을 채우기 바쁘게 해체된 데 이어, 전 세계 신문윤리위 · 신문평의회의 효시이자 전형이라 할 영국신문평의회가 1991년 1월에 해체되었고, 자율 규제 기구로 신문불만처리위원회Press Complaints Commission가 만들어졌다.[15]

모든 이들이 자율 규제에 찬성하는 것도 아니다. 미국에서 언론의 자율 규제에 대해 강력히 반발하는 대표적인 이론가는 절대주의적인 개인주의와 이기주의를 찬양하는 존 메릴John C. Merrill 교수다. 그는 언론인 개개인의 책임과 윤리를 강조한다.[16]

우리나라에는 신문평의회가 없으며, 일종의 자율 규제 기구로 한국신문윤리위원회가 있지만 큰 활약은 하고 있지 못하다. 우리나라 언론의 가장 대표적인 자율 규제 방식은 외화내빈外華內貧일망정 '윤리강령'이라고 보아야 할 것이다.

1957년 4월 7일에 발족한 한국신문편집인협회는 다음 날 우리나라 최초의 신문윤리강령을 채택했다. 이 윤리강령은 단 한 번도 개정되지 않은 채 약 40년을 버티다가 『독립신문』 창간 100주년을 맞는 1996년 4월 8일 (4월 7일은 일요일인 관계로)에서야 개정된 모습으로 나타나게 되었다.[17]

개정 신문윤리실천요강은 제1조(언론의 자유 · 책임 · 독립), 제2조(취재 준칙), 제3조(보도 준칙), 제4조(사법 보도 준칙), 제5조(취재원의 명시와 보호),

제6조(보도 분류 시한), 제7조(범죄 보도와 인권 존중), 제8조(출판물의 전재와 인용), 제9조(평론의 원칙), 제10조(편집 지침), 제11조(명예와 신용 존중), 제12조(사생활 보호), 제13조(어린이 보호), 제14조(정보의 부당 이용 금지), 제15조(언론인의 품위), 제16조(공익의 정의) 등으로 구성되었다.

2009년 3월 4일 한국신문방송편집인협회는 신문윤리강령 및 실천요강을 개정해 확정 공포했다. 2008년 7월 개정 검토에 착수한 지 약 8개월 만에 공포된 개정안은 앞서 소개한 바와 같이 범죄 피의자의 사진 공개를 금지하던 규정을 바꾸었다. 개정안의 가장 큰 쟁점은 실천요강 제8조(출판물의 전재와 인용) 2항(타 언론사 보도 등의 표절 금지)이었다. 기존 요강은 "언론사와 언론인은 타 언론사의 보도와 평론을 표절해서는 안 되며 출처를 명시하지 않고 실체적 내용을 인용해서는 안 된다"고 되어 있었다. 이는 인터넷 시대엔 맞지 않다는 판단 하에 '복수의 매체나 웹사이트 등을 통해 공개된 정보'에 대해서는 출처를 명시하지 않아도 되게 예외를 인정하는 쪽으로 개정되었다.[18]

개별 언론사 차원에서도 각자 윤리강령을 갖고 있다. 개별 언론사로 가장 먼저 사내 윤리강령을 제정한 언론사는 『한겨레신문』이다. 『한겨레신문』은 1988년 5월 15일 10개 항으로 되어 있는 윤리강령 전문과 6개 항으로 되어 있는 윤리강령 실천요강을 채택했다.

윤리강령 전문: ①언론 자유의 수호, ②사실과 진실 보도의 책임, ③독자의 반론권 보장, ④오보의 정정, ⑤취재원의 보호, ⑥사생활의 보호, ⑦정당 및 종교 활동에 대한 자세, ⑧언론인의 품위, ⑨판매 및 광고 활동, ⑩사내 민주주의의 확립.

윤리강령 실천요강: ①언론 자유의 수호, ②금품, ③보도 및 논평 자료, ④취재 비용과 여행, ⑤다른 목적을 위한 정보 활동 금지, ⑥외부 활동의

제한.

　한겨레신문사에 이어 KBS 방송강령(1990년 1월 1일), MBC 방송강령 (1990년 6월), 동아일보사 기자윤리강령(1991년 3월 29일), 부산일보사 사원 윤리강령(1991년 9월 9일), 경향신문사 기자윤리강령(1991년 11월 5일), 조 선일보사 편집국취재준칙(1991년 12월 8일), SBS 방송강령(1991년 12월) 등 이 잇따라 채택되었다.

　KBS 방송강령은 총 43개 항으로 구성되어 있으며, 총강은 1 자유, 2 책 임, 3 독립, 4 방송의 공정성, 5 인권의 존중, 6 정정, 7 품위 등으로 나뉘어 져 있다. MBC 방송강령은 '프로그램 기준'과 '행동 준칙'으로 구성되어 있으며, 총강은 1 인권의 존중, 2 사회정의와 민주 질서, 3 평화통일과 민족 화합, 4 민족문화의 창출, 5 편성·보도·제작의 자유, 6 공정성과 반론권, 7 직업윤리와 품위 등으로 나뉘어져 있다.

　KBS 방송강령 전문: "우리는 이 땅의 방송을 대표하는 KBS인이다. 우 리는 공영방송의 기능을 다해 국가 발전과 국민 생활 향상에 이바지하고 인간의 존엄성을 존중하며 세계 평화와 인류의 행복을 추구하는 높은 이상 을 실현한다. 우리는 자유언론의 실천자로서 국민의 알 권리를 충족시키 고 진실과 정직, 그리고 균형을 바탕으로 한 공정 방송을 성실히 수행한다. 우리는 전문 방송인으로서의 직업윤리를 준수하며 지혜와 용기를 다하여 품위 있고 책임 있는 방송을 함으로써 우리에게 부여된 시대적 사명을 다 할 것을 엄숙히 선언한다."

　MBC 방송강령 전문: "국민의 방송인 문화방송에서 근무하는 우리는 방송의 사회적·역사적 사명을 깊이 인식하고, 진실과 정의를 바탕으로 언론과 문화의 창달을 통해 국가의 발전과 국민의 복리 증진에 이바지하 며, 나아가 세계 평화와 인류 공영을 위해 노력할 것을 엄숙히 선언한다.

우리는 방송에 국민이 참여하는 기회를 확대하여 사회 구성원의 열망이 반영되고 조화될 수 있도록 노력함으로써 바르고 의로운 공동체적 삶을 실현하는 데 최선을 다한다. 우리는 이러한 사명이 진실을 바탕으로 다양한 의견을 불편부당하게 다루는 공정 방송을 통해 수행되며, 공정 방송은 문화방송의 독립성, 자율성, 그리고 이에 상응하는 강한 책임감이 뒷받침되어야 이루어진다고 확신한다. 우리는 이에 전문 직업인으로서의 자질 향상을 위해 끊임없이 노력할 것을 다짐하며, 올바른 윤리 의식을 확립하기 위한 원칙과 실천 기준을 마련하여 행동 지침으로 삼기로 한다.”

'인터넷 한겨레'가 2000년 4월 1일에 창간한 인터넷 신문 '하니 리포터'를 만드는 사이버 기자단 617명은 4월 29일 '사이버 기자윤리강령'을 선포했는데, 이 강령은 출입처는 없으며, 취재 영역에 금기와 성역이란 없다, 사실에 입각한 보도를 하고 퍼온 글의 출처는 반드시 밝힌다, 사이버 촌지를 비롯한 일체의 촌지를 받지 않는다, 크래킹하지 않는다, 네티즌의 반론권을 보장한다, 이메일 취재원도 철저히 보호한다, 사이버상의 인권보호와 올바른 인터넷 문화를 만들기 위해 노력한다 등 7개의 문항으로 되어 있다.[19]

왜 지키지도 못할 윤리강령을 만드는가?
윤리강령 무용론

“입사 때 한 번 들쳐보는 것을 빼곤 누군가 비리 혐의로 세간에 오르내릴 때나 겨우 윤리 규정에 관심을 갖는다.”

1999년 한 언론인이 솔직하게 밝힌 윤리강령의 현주소다. 『한겨레』

1999년 6월 29일자는 "실제로 88년 『한겨레』의 윤리강령 제정을 시작으로 중앙 일간지들과 방송사들도 앞다퉈 개별 윤리강령을 제정했으나 지금은 대부분 사문화됐다"며 다음과 같이 말했다.

"강령 내용 또한 경제부 기자들의 주식 투자 제한 규정조차 없을 정도로 단순히 '청렴 선언' 수준인 경우가 많다. 경제지들은 그나마 이런 윤리강령조차 아예 없는 상태다. 한국외국어대 김정기 부총장(신문방송학)은 '윤리강령이 추상적이라 위반 때도 제재를 못하고 있다'며 '비리가 불거질 때마다 비난을 무마하는 홍보 수단으로 이용되는 조짐마저 있다'고 비판했다."[20]

"윤리강령이란 게 있다는 건 알지만 구체적인 내용은 잘 모른다. 아마도 촌지 같은 거 받지 말라는 규정이 있겠지." "입사해서 교육받을 때 한 번 '그런 게 있구나'라고 봤을 정도다." "내용이 잘 기억 안 난다. 그런데 그 거대로 지키는 기자가 얼마나 있겠나."

2000년 윤리강령에 대해 질문을 받은 기자들이 솔직하게 밝힌 윤리강령의 현주소는 여전히 그 수준이었다.[21] 결국 '윤리강령 무용론'까지 나오는 지경에 이르렀다.[22] 이대로 무너질 수는 없다고 생각한 걸까?

2000년 11월 창사 10주년 기념식에서 SBS 윤세영 회장은 정직과 근검절약을 모토로 삼는 '뉴 클린 운동'을 선언했다. 이에 따라 각 본부별로 구체적인 실천 방안을 모색했으며, 기자들 사이에서는 골프 접대, 광고 청탁, 취재원들과의 술자리, 협찬 강요 등부터 고쳐야 한다는 건의가 나왔다. 또 ▷ 기자의 정부 위원회 참여, ▷ 특혜와 향응, ▷ 취재 정보의 사적 이용, ▷ 외부 기고 및 강연 원칙 등도 토론 안건으로 올라왔다. 이 밖에도 ▷ 지나친 회식 및 음주 관행 자제, ▷ 공짜 골프 금지, ▷ 에너지 절약 실천, ▷ 호화 결혼식 자제, ▷ 근무 중 주식 거래 및 불건전 사이트 접속 자제, ▷ 선물 센터 설치 등에 대해서도 논의하기로 했다.

그러나 SBS 노조(위원장 오기현)는 "본부별로 실천 방안을 공모하고 있지만 담당자를 빼곤 대부분 시큰둥한 반응"이라며 "2000년대의 실패한 새마을운동이 되지 않을까 우려된다"고 밝혔다. 박수택 전국부 차장 겸 기자협회 자정 위원장은 "이번 기회에 제 몫은 제가 부담하는 자비량自備量의 원칙이 확립돼야 한다"며 "기자들은 취재원과의 만남, 선후배와의 식사 등 일상 업무에서 소요되는 비용을 각자 부담하고, 회사는 취재 여행, 연구·견학 등 외부에서 주선하는 취재 활동에 대해 비용을 부담해야 한다"고 주장했다. 보도국의 한 기자는 "이 운동이 진행되는 것을 지켜보면서 추후 단순한 경비 절감이나 사원들을 옥죄려는 의도라고 판단되면 적극 대응할 것"이라고 말했다.[23]

SBS 노조의 반발의 이면엔 한국 언론 기업의 오랜 관행에 대한 문제 제기가 숨어 있다. 윤리강령은 주로 미국에서 수입해오는 데 미국은 언론 기업의 경비 부담 원칙이 비교적 철저한 반면, 한국 언론 기업들은 기자들에게 '각자 알아서 해결하라'는 식이니 바로 여기에서 윤리강령이 실효성을 거두기 어려운 괴리가 발생하는 것이다.

이와 관련 지난 1998년 『연합뉴스』의 윤리강령 제정에 참여했던 권훈 기자는 "우리가 베낀 참고서(주로 미국 언론의 윤리강령)에는 취재원이 경비를 대는 취재 여행이 금물인 것은 물론 공연장 입장권이나 서평용 서적조차 제 돈으로 사야 한다는 것인데 하루아침에 이런 관행을 없애는 것은 불가능하다는 지적이 제기됐다"며 다음과 같이 토로했다.

"더 서글픈 사실은 '취재에 따른 모든 경비는 회사가 부담한다'는 원칙이 회사 형편상 도저히 준수할 수 없는 것이 될 것이라는 뻔한 전망이었다. 고민에 빠졌다. 현실과 타협하자면 뭐하러 이런 헌장을 만드느냐는 '강경파'와 적어도 준수할 수 있는 윤리헌장을 만들어야 실효를 거둘 수 있다고 맞서는 '온건파'와의 지루한 논쟁이 더위에서 오는 짜증을 더했다. 그러나 현실을 무시할 수 없다는 논리가 차츰 힘을 더해갔고 '강경파'들은 '사안에 따라 취재 편의 제공을 받아들이되 원칙에 충실하자'는 선에서 양보, 이 부분이 가까스로 정리됐다."[24]

그러나 모든 언론사의 윤리강령이 『연합뉴스』처럼 그런 논의 과정을 거쳐 만들어진 건 아니다. '윤리강령 무용론'의 이면엔 애초부터 윤리강령이 실천보다는 홍보의 차원에서 만들어지기 때문에 실효성이 떨어진다는 점이 있다는 걸 간과해선 안 될 것이다. 그런 점에서 한국기자협회 KBS 지회장이자 KBS 사회1부 기자인 박선규 기자가 『신문과 방송』 1999년 9월호에 기고한 「대접 받았으면 나도 한 번 사면 된다」는 글에서 한 말은 주목할 만하다.

박선규는 "10년 넘게 기자 생활을 하면서 나도 세상에 거절할 수 없는 촌지와 선물이 있다는 것을 몇 차례 경험했다. 그런 것은 죽어도 안 되겠다고 거절할 수도 없는 것이었다. 물론 절대 그렇게 할 수 없다고 아주, 아주 단호하게 거절할 수는 있겠지만 그것은 인간관계가 깨지는 것을 각오해야만 할 수 있는 선이었다. 이것은 인간관계를 가장 중요한 수단으로 삼아야 하는 기자들에게는 치명적인 일이 될 수밖에 없는 일이었다"며 다음과 같이 말했다.

"향응도 마찬가지다. 무엇을 향응이라고 규정해야 하고 또 어디까지를 지나친 것이고 어디까지는 지나치지 않은 것이라고 봐야 하는지……취재원과 함께 밥 먹고 술 마시지 않겠다는 선언은 무슨 의미인가. 결과적으로 기자의 길을 포기한다는 그런 얘기이거나 내근이나 하겠다는 의미 아닌가. 사람을 만나 사귀고 얘기를 통해 문제를 찾아내야 하는 그런 직업을 가진 사람들이 취재원과의 술자리, 밥 자리를 하지 않겠다니……이것은 애당초 기자라는 직업의 특성을 전혀 고려하지 않은 지극히 무책임한 발상이 아닐 수 없다. 선언으로만 끝날 수밖에 없는 한계를 스스로 설정해 놓은 꼴이었으니 그것이 어찌 제대로 지켜질 수 있었겠는가. 거듭 말하거니와 그렇다고 촌지를 받고 향응을 받아도 된다는 얘기는 결코 아니다. 원칙적으로 이 두 가지는 당연히 거부해야 하는 것이지만 거절하기 어려운 경우가 있다는 현실을 얘기하는 것이다. 다행히 우리는 이 문제를 해결할 능력을 가지고 있다."[25]

박선규는 직업인의 상식을 강조한다. "이 상식을 통해 해도 되는 일, 해서는 안 되는 일, 해도 되는 선, 절대 해서는 안 되는 선을 구분할 충분한 능력"이 기자들에게 있다는 것이다. 그러나 '능력'의 문제는 결코 아닌 것 같다. '능력'은 있지만 '의지'가 없는 게 아닐까? 그리고 보통 문제 삼는 기자들의 촌지는 박 기자처럼 양심적인 기자가 어쩔 수 없는 경우로 거론하는 그런 건 아닐 게다. 그러나 박 기자의 항변에서 분명히 귀담아 들을 건 있다. 기자들의 '촌지·향응'을 무조건 비난만 할 것이 아니라 한국 사회 전체가 거대한 '촌지와 향응의 소굴'이라는 점에 눈을 돌리고 그런 문제까지 감안한 보다 현실적인 윤리강령 제정이 어떨까 하는 생각이 든다.

기자들이 여전히 윤리강령을 거들떠보지도 않기에 더욱 그렇다. 한국언론재단의 2005년 조사에 따르면, 전국 단위 10개 종합 일간지 기자 10명 중 8명, 방송사 기자의 10명 중 9명 정도가 '신문윤리강령 및 실천요강'의 내용을 잘 모르고 있는 것으로 나타났다. 강령을 자세하게 정독한 경험이 있거나 포함하고 있는 내용을 알고 있다는 응답자는 신문이 19퍼센트, 방송은 11퍼센트에 지나지 않았다.[26]

2015년 8월 18일 사단법인 한국인터넷기자협회(인기협)는 언론의 자유와 독립 보도의 공정성 실현 등을 다짐하는 기자윤리강령을 선포했다. 인터넷기자협회 기자윤리강령은 ▷ 언론의 자유와 언론 독립 수호, ▷ 보도의 공정성 실현, ▷ 정당한 취재 활동, ▷ 국민의 명예와 취재원 보호, ▷ 오보의 정정과 반론권 보장, ▷ 사회적 약자 보호와 차별 금지, ▷ 민주주의 수호와 평화통일 실현, ▷ 언론인의 품위 유지 등을 강령에 골자로 넣었다. 선포식에서 김철관 회장은 "최근 메르스 사태나 세월호 보도에서 나타났듯이 과거 수십 년 전부터 언론 윤리에 대해 논의해왔고, 규모가 있는 언론사들 가운데 윤리강령이 없는 곳이 없지만, 지켜지고 있지 않다"며 "기자들이 나서서 윤리적인 문제를 제기하고 실천으로 보여줘야 한다"고 밝혔다.[27]

모든 언론 윤리강령이 피해야 한다고 역설하는 건 무엇인가?
이해 상충

언론인의 윤리에 있어서 가장 중요한 것 가운데 하나가 '이해의 상충 conflict of interest'과 관련된 것이다. 이에 관한 윤리강령상의 조항은 언론인이 언론 활동을 하면서 그의 직분과 이해가 상충하는 다른 활동에 종사하거나 관여할 수 있느냐 하는 것에 관한 기준을 정한 것이다.

미 언론계 일각에선 이러한 윤리강령에 대한 반발도 있다. 팽원순은 "미국의 신문들 중에서 신문의 윤리 기준은 기자들에게 새로운 부담을 과하거나 손해를 줄 수도 있는 것이기 때문에 신문사가 새로이 윤리기준을 정하고자 할 때는 먼저 기자 노조 측과 협의를 거쳐야 한다는 주장을 기자들이 제기한 예도 있다"며 다음과 같이 말한다.

"위스콘신주 매디슨에서 발행되는 『캐피틀타임스』와 펜실베니아주 포츠타운의 『머큐리』의 기자들은 기자들이 선물이나 공짜표를 받는 것은 그들의 정당한 수입에 속하는 것이므로 그런 것을 받지 못하도록 금하는 윤리 기준을 신문사가 새로이 제정한 것은 기자들에게 손해를 입히는 것이기 때문에 기자 노조와 새로이 협의를 거쳐야 한다고 주장했다. 그중 『캐피틀 타임스』 기자 노조는 1976년에 전국노조조정국NLRB에 그 문제에 관한 판정을 신청한 일이 있었다. NLRB는 판정에서 신문사가 기자의 보도 활동의 기준을 정하는 윤리강령은 자유로이 제정할 수 있으나 제재를 규정하는 기준을 정할 때에는 노조 측과 협의를 해야 한다는 판정을 내렸는데 그 판정을 미국신문노조 측에서는 지지했으나 많은 신문인은 선물이나 공짜표를 정당한 수입이라고 한 것은 '수치스러운 주장'이라고 반박하고 있다."[28]

미국언론의 '이해 상충' 조항은 다음과 같다.

AP 통신: ①뉴스원 또는 직장 외의 다른 곳에서 값있는 물건을 받아서는 아니 되며, ②선물이나 무료 또는 할인 여행, 오락, 상품 및 숙박비 등을 제공받아서는 안 되며, ③뉴스 보도에 관련된 비용은 통신사가 지불해야 하며(그리고 보도기관의 멤버에 대한 특별 혜택 및 특별대우는 피해야 하며), ④이해 상충되는 정치, 지역 문제, 시위, 사회운동 등에 관여하는 것은 피해야 하며, ⑤통신사의 간부진은 투자 또는 다른 외부의 사업적인 이권을 피해야 하며, ⑥보상금이나 상금을 얻기 위해 기사를 쓰거나 편집을 해서는 안되며, ⑦약삭빠른 상업 저널리즘의 경쟁 등으로 통신사 또는 그 직업에 불리한 인상을 주는 것도 피해야 한다.[29]

『뉴욕타임스』: ①사업 및 금융 분야를 담당한 직원은 공중에게 알려지지 않은 정보를 이용했다는 인상을 주지 않기 위해 어떤 주식도 단기로 사거나 팔아서는 아니 된다. ②사업 및 금융 기자는 그가 일상적으로 취재하는 회사들의 주식을 소유할 수 없다. ③사무원을 포함하여 뉴스부 직원은 누구도 본사에 고용되어 있는 기간 중 취득한 비공개 정보를 공개함으로써 또는 그 정보에 의거해서 행동함으로써 자신이나 타인을 위한 재정적 또는 기타의 이득을 취할 수 없다. ④사업·금융 담당 기자는 보상이 있든 없든 간에 타인을 위한 돈 관리를 할 수 없다. ⑤뉴스부 직원은 가족이나 또는 다른 사람의 명의로 주식을 거래하거나 소유할 수 없다.[30]

『워싱턴포스트』: ①우리는 우리의 비용을 우리 자신이 지불한다. ②뉴스원으로부터 선물을 받지 않는다. ③기업이나 금융 시장을 보도함에 있어 이해 상충을 피하기 위해 기업 및 금융을 담당하는 직원은 그 부서의 부장에게 자신들의 증권 소유를 공개해야 한다. ④직원들은 자체의 운영에 대한 민감한 정보도 공개해서는 아니 된다. ⑤부장의 승낙 없이는 다른 사람을 위해 자유기고나 연설을 할 수 없다. ⑥언론의 관심과 조사의 대상이 될 수 있는 지위에 있는 사람들과의 친밀한 교제나 사회적 결합을 경계해야 한다. ⑦가문이나 가족 성원의 기업적·직업적 연계는 부장에게 공개해야 한다.[31]

미국 언론만 엄격한 '이해상충' 조항을 갖고 있는 건 아니다. 우리나라 언론사들도 대부분 나름대로 아름다운 '이해 상충' 조항을 제시하고 있다. 우선 신문윤리실천요강의 제14조와 제15조를 소개한 다음, 언론사들 가운데 비교적 자세한 '이해 상충' 조항을 '행동 준칙'으로 제시한 문화방송의 경우를 살펴보기로 하자.

> 신문윤리실천요강 제14조(정보의 부당 이용 금지): 기자는 취재 과정에서 얻은 정보를 본인, 친인척 또는 기타 지인의 이익을 위해서 사용하거나 다른 개인이나 기관에 넘겨서는 안 된다. ①(기자 본인 및 친인척의 소유 주식에 관한 보도 제한) 기자는 본인, 친인척 또는 기타 지인이 이해관계를

갖는 주식 및 증권 정보에 관해 보도해서는 안 된다. ②(소유 주식 및 증권의 거래 금지) 기자는 주식 및 증권 정보에 관해 최근에 기사를 썼거나 가까운 장래에 쓰고자 할 때 그 주식이나 증권의 상업적 거래에 직접 또는 간접적으로 참여해서는 안 된다. ③(부동산 등 부당 거래 금지) 언론인은 취재 및 기타 언론 활동에서 얻은 정보를 부동산 거래 등 기타 사사로운 이익을 위해 이용해서는 안 된다.

신문윤리실천요강 제15조(언론인의 품위): 언론사와 언론인은 언론의 사회적 공기성에 합당하는 높은 직업적 기준을 준수함으로써 공인으로서의 품위를 지켜야 한다. ①(금품 수수 및 향응 금지) 언론사와 언론인은 취재, 보도, 평론, 편집에 관련하여 이해당사자로부터 금품, 향응, 무료 여행 초대, 취재 여행의 경비, 제품 및 상품권, 고가의 기념품 등 경제적 이익을 받아서는 안 된다. 다만 서평을 위해 받은 서적은 예외로 하며 제품 소개를 위해 받은 제품은 공공 목적을 위해 사용해야 한다. ②(부당한 집단 영향력 행사 금지) 기자는 공동취재나 친목 또는 직업적 공동 이익을 위한 목적 이외에 단체를 구성하거나 활동해서는 안 된다. 특히 이들 취재원으로부터 금품이나 부당한 향응을 받아서는 안 된다. ③(부당한 금전 지불 금지) 언론인은 반사회적 범죄자에게 금전을 제공하는 등 비윤리적 방법에 의해 취재하거나 기타 자료를 취득해서는 안 된다. ④(기자의 광고 · 판매 · 보급 행위 금지) 언론사는 언론직 종사자(편집자, 기자 등)에게 보급 행위 및 광고 판매를 요구해서는 안 되며 언론직 종사자도 그런 요구를 받아들여서는 안 된다.

'MBC 방송강령'의 '행동 준칙'은 모두 '이해 상충' 조항으로 볼 수 있는 것이다. '1 금품, 향응, 무료 서비스의 수수', '2 외부 활동: 이권 개입',

'3 외부 활동: 정치적 개입', '4 외부 취업', '5 외부 기관과의 관계' 등이 바로 그것이다. 그 내용은 다음과 같다.

1. 금품, 향응, 무료 서비스의 수수: (1) 우리는 직무와 관련하여 제공될지도 모를 특권을 바라거나 받아들이지 않는다. (2) 우리는 뉴스의 취재 · 보도, 또는 프로그램의 제작과 관련하여 금전 또는 선물을 받지 않는다. (3) 우리는 무료 여행 및 여행 경비 보조를 받아들이지 않는다. 무료 교통, 또는 무료 숙박은 군사작전 지역이나 과학 탐사 같은 불가피한 경우에 한한다. (4) 우리는 MBC의 권위와 신뢰를 해치고, 취재 · 보도 및 프로그램 제작과 관련된 판단에 영향을 끼칠지도 모를 금전, 선물, 무료 서비스, 또는 향응은 평상시만이 아니라 휴가 때라 할지라도 받아들이지 않는다. (5) 흥행 또는 스포츠 행사에의 무료입장은 정상적인 취재 활동에 한해서만 허용된다. (6) 우리는 취재 · 보도 또는 프로그램의 제작 등에 영향을 미칠 수 있는 외부의 어떠한 청탁도 받지 않는다. (7) 우리는 직책을 이용하여 외부 기관 또는 외부인에게 어떠한 청탁도 하지 않는다.

2. 외부 활동(이권 개입): (1) 우리는 회사의 권위와 신뢰에 손상을 주는 사업 또는 투자에 개입하지 않는다. (2) 기업 또는 금융 프로그램 담당자는 그들의 증권 소유 상황을 해당 국장에게 신고해야 한다. (3) 취재 또는 제작 프로그램에 관련되는 개인이나 이익단체의 친인척은 이를 해당 국장에게 보고해야 한다. (4) 증권시장 담당자는 어떠한 기업의 주식도 소유할 수 없다. 다만, 국 · 공채, 투자신탁 등 자신들의 통제에 의해 영향을 받지 않는 투자는 제외한다. (5) MBC에 고용되어 있기 때문에 획득한 정보(글, 영상 자료 등)를 회사의 허가 없이 사적인 이익을 위해 사용할 수 없다. 특히 이미 보도되었거나 프로그램으로 방송된 정보는 비록 고쳐 쓰거나 시의에 맞게 자료를 보완했다 하더라도 회사의 허가 없이 타인에게 제공할 수 없다.

3. 외부 활동(정치적 개입): (1) 우리는 정당에 가입하거나 정치 활동을 하지 않으며, 방송내용을 통하여 공직 선거의 특정 후보자나 정당을 지지 또는 반대하는 행위를 하지 않는다. (2) 자신이 직·간접으로 관련된 정치적·사회적 이익단체에 대한 취재, 보도 및 프로그램의 제작에 직접 참여할 때에는 특정 이익단체와의 관련 사항을 해당 국장에게 밝혀야 한다.

4. 외부 취업: (1) 우리는 외부 취업을 원칙적으로 하지 않는다. 다만 제한적이지만 경우에 따라 예외가 있을 수 있다. 각 직원에게 부과된 업무 활동에 지장을 초래하지 않는 범위 내에서 사전에 허락을 받고 정규 또는 비정규 업무, 특히 기구, 집필, 강의, 강연 등의 업무에 종사할 수 있다. 정규 외부 업무는 사장의 허가를, 비정규 외부 업무는 해당 국장의 허가를 받아야 한다. 회사는 합리적인 이유 없이 허가를 유보하지 않는다. 다만, 어떠한 경우든 회사 업무에 지장을 주는지의 여부에 대한 결정권은 회사가 갖는다. (2) 우리는 공공 문제 프로그램으로서 그 목적이 언론의 문제와 관행을 토론하는 프로그램이거나, 가맹사의 프로그램인 경우를 제외하고는 원칙적으로 다른 방송사의 프로그램에 출연, 참여할 수 없으며, 다른 방송사의 프로그램에 출연, 참여하고자 할 경우에는 해당 국장의 허가를 받아야한다. (3) 어떠한 경우라도 우리나라 정부나 외국 정부의 기관에 고용되거나, 정규적으로 용역을 제공할 수 없다.

5. 외부 기관과의 관계: (1) 우리는 원칙적으로 외부 기관, 예를 들면 정부 기관이나 이익단체와의 무분별한 협조를 하지 않는다. 다만, 취재 또는 프로그램의 제작 과정에서 개인의 생명이나 재산, 또는 국가 안전에 중대한 위험이 되는 상황을 알게 되었을 경우에는 예외적으로 유관 기관에 신고하는 등 시민으로서의 의무를 행할 수 있다. (2) 뉴스 또는 프로그램의 공정성과 독립성을 저해하거나 그럴 가능성이 있는 외부 기관, 또는 단체

의 압력이나 요청을 배제한다.

왜 보사부 기자단은 8,800만 원의 촌지를 받고도 무사했는가?
배임수증죄

기자들이 취재원에게서 받는 이른바 '촌지'는 한국 언론계의 오랜 관행으로서 아직 법적 처벌의 대상이 되지 않고 있다. 팽원순 교수는 형법 제129조 수뢰죄는 "공무원 또는 중재인이 그 직무에 관하여 뇌물을 수수, 요구 또는 약속한 때"에만 적용돼 기자들에게는 적용될 수 없으나, 형법 제357조 배임수증죄 "타인의 사무를 처리하는 자가 그 임무에 관하여 부정한 청탁을 받고 재물 또는 재산상의 이득을 취한 자는 5년 이하의 징역 또는 1천만 원 이하의 벌금에 처한다"(1항)에는 '촌지'가 해당된다는 게 다수 법조인들의 의견이라고 말한다.[32]

실제로 대법원은 1970년 9월 17일의 판결에서 취재 기자를 겸하고 있는 신문사의 지국장이 무허가 벌채 사건에 관한 기사를 본사로 송고하지 말아달라는 청탁과 함께 돈을 받은 행위에 대해 배임수재죄의 적용을 인정한 바 있고, 1991년 1월에는 검찰이 출연을 부탁하는 연예인에게서 돈을 받았다고 구속 입건된 방송 PD에 대해서도 배임수재죄를 적용한 바 있다.[33]

그러나 1991년에 일어났던 보사부 기자단 촌지 사건의 경우엔 확인된 촌지만 해도 8,800만 원에 이르렀지만 검찰은 "반대급부가 분명치 않아 배임수재죄를 적용하기에 곤란"하다는 이유를 들어 아예 수사에 착수조차 하지 않았다. 특별히 무엇인가 청탁했다는 증거가 없다는 것인데, 이에 대해 팽원순 교수는 반론을 제기했다.

팽원순 교수는 "청탁이란 두 가지 종류를 생각할 수 있다. 첫째는 당장에 어떠한 조치나 행위를 취해 주도록 요구하는 것이고, 둘째는 장기적으로 두고두고 '알아서 잘 봐달라'고 부탁하는 것과 같은 것이다. 업자들이 비록 추석과 같은 명절을 이용해서 떡값으로 준 것이라고는 하지만 1억에 가까운 거액의 돈을 기자들에게 주었을 때는 어떤 형태의 것이든 반대급부를 바랐기 때문인 것임은 길게 설명할 필요도 없다"며 다음과 같이 말했다.

"신문이나 방송의 보도 생활은 늘 계속되는 것이기에 여러 업체나 업종으로서는 수시로 예상치 않게 나타날 수 있는 불리한 보도에 미리부터 대비할 필요가 있다. 그래서 업체나 업체들의 단체인 각종 협회가 일상적으로 기자나 기자단과 접촉하면서 여러 가지 명목으로 금품을 촌지라고 하여 제공하고 있음을 우리가 익히 알고 있는 사실이다. 그런 경우에 주어지는 촌지는 장기적인 반대급부를 예상해서 하는 말하자면 '포괄적인 청탁'을 위한 것이라고 할 수 있는 것이다. 그런 장기적이고 포괄적인 청탁을 위해 제공되는 금품도 분명히 뇌물로 보아야 마땅할 것이다. 만약 공무원에게 업자나 업자들의 단체인 협회가 수시로 촌지라고 해서 몇 십만 원이나 몇 백만 원의 돈을 제공한다면 검찰이나 경찰이 반대급부가 분명치 않다고 해서 그대로 버려두리라고 볼 수 있을 것인가. 그것은 생각할 수도 없는 일이다."[34]

팽원순 교수는 국회의원들도 반대급부가 분명치 않았지만 업자들에게서 돈을 받았다는 이유로 구속돼 수사를 받은 바 있고 PD들의 경우도 마찬가지로 배임수재죄를 적용해 기소한 바 있는데도 불구하고 유독 기자들에게만 특권을 베풀고 있다며 그런 현실을 다음과 같이 비판했다.

"방송 PD가 돈을 받는 행위도 벌을 받아 마땅한 것이지만 기자들이 뇌물로서 촌지를 받는 것은 그들의 책임이나 영향력으로 보아 비교도 안 될 만큼 죄질이 나쁜 행위라고 하지 않을 수 없을 것이다. 기자들의 가장 중요한 책임은 더 말할 것도 없이 사회 환경을 감시하고 우리 사회를 좀먹는 부정이나 비리를 찾아내서 그것을 국민에게 알리고 고발하는 것인데 기자들이 촌지라는 뇌물을 받는 행위가 그들의 그러한 책임을 실질적으로 약화시킬 것이 틀림없는 것이다. 만약 기자들이 일상적으로 취재원이나 업체들로부터 돈을 받아 그 결과로 보도할 것을 보도하지 않고 부정이나 비리를 보고도 이를 고발하는 대신 오히려 그것을 은폐하는 데 도움을 준다면 그것은 국민의 알 권리를 돈으로 팔아먹는 것이고 곧바로 국민을 배신하는 행위라고 해야 할 것이다."[35]

왜 기자들만 그런 특권을 누릴 수 있었던 것일까? 검찰과 경찰 모두 기자에게 촌지를 주거나 향응을 베푸는 당사자로서 배임수증죄 제2항(제1항의 재물 또는 이익을 공여한 자는 2년 이하의 징역 또는 500만 원 이하의 벌금에 처한다)에 저촉되었기 때문이 아닐까?

불행 중 다행히도 촌지는 점점 사라져가고 있다. 한국언론재단이 1999년 8월에 전국 700여 명의 기자들을 상대로 실시한 제6회 언론인 의식 조사(2년마다 시행)에 따르면, 최근 1년간으로 한정해서 촌지를 '금전', '선물', '향응·접대', '무료 티켓', '취재 관련 무료 여행', '취재와 무관한 외유성 여행'으로 나누어 수수 내역을 알아본 결과 응답자의 65.6퍼센트가 한 가지 이상의 촌지를 받은 것으로 나타났다. 각 유형별로 보면, '향응·접대'가 39.5퍼센트로 가장 많았고 '선물'은 32.9퍼센트, '금전'은 18.9퍼센트, '무료 티켓'은 15.5퍼센트, '취재 관련 무료 여행'은 9.7퍼센트, '취재와 무관한 외유성 취재 여행'은 3.4퍼센트 등이었다.[36]

2003년 말 미디어 비평지인 『미디어오늘』과 『기자협회보』가 지난 5년 동안 보도한 '촌지' 관련 기사는 각각 195건과 152건이었다.[37] 한국언론재단의 「한국 언론인 2003」 보고서에 따르면, 취재원에게 촌지를 받은 경험이 있는 기자는 59.9퍼센트였다. 유형으로는 선물이 30퍼센트, 향응 24.7퍼센트, 금전 19.6퍼센트, 무료 티켓 16퍼센트, 취재 관련 무료 여행 1.3퍼센트, 취재 관련 없는 무료 외국 여행 1.3퍼센트 등이었다.[38]

오늘날 주로 문제가 되는 것은 공짜 향응, 골프 접대, 해외 출장 등이다. 예컨대, 2015년 3월 『미디어오늘』은 "국회에서 소위 김영란법으로 알려진 부정 청탁 및 금품 수수 등 금지에 관한 법률이 통과된 지난 3월 3일을 전후해 한국의 주요 언론사들의 기자들이 다수 대기업들의 지원을 받고 해외 취재에 다녀온 것으로 확인돼 논란이 예상된다. 방송 신문사들의 가전 및 통신업계 담당 기자들 50여 명이 지난 2월 27일부터 3월 6일까지 6박 8일간 스페인 바로셀로나에서 열린 모바일월드콩그레스MWC 행사를 삼성전자·LG전자·LG유플러스·KT 등의 후원으로 다녀왔다"며 다음과 같이 말했다.

"체류비만 기준으로 스페인 현지 물가를 고려했을 때, 기자 1인당 업체들로부터 지원받은 금액은 숙박비·식대 등 체류 비용으로 100만여 원에 이를 것으로 추정된다. 또한 항공료까지 지원받은 경우, 지원 금액은 최소 300만 원을 상회할 것으로 추정된다. 이번에 국회에서 통과된 김영란법에서는 대가성과 상관없는 100만 원 이상의 금액을 수수한 경우, 형사처벌 대상으로 삼고 있으며 100만 원 이하의 경우 대가성이 있을 경우 과태료 대상이 된다."

MWC에 참가했던 종합 일간지의 한 기자는 "관행적으로 해왔던 취재라 다녀왔지만, 오해받을 수 있는 사안이기 때문에 김영란법 통과를 계기로 이렇게 기업체의 금전 지원을 받아서 출장 가는 것은 없어지지 않을까 생각한다"고 밝혔다. 종합 일간지의 또 다른 기자도 "해외취재가 필요하다면, 앞으로 회사 차원에서 경비를 제공해야 하지 않을까 생각한다"고 말했다.[39]

언론계에도 '산업 스파이'가 있는가?
폴리널리스트

폴리널리스트polinalist: politics+journalist는 언론인으로서의 위상을 이용해 정관계 진출을 시도하는 언론인을 가리킨다. 『경향신문』 2007년 7월 6일자 사설은 "올해 12월 대통령 선거와 내년 4월 총선이라는 본격적인 정치의 계절을 맞아 하루 전까지만 해도 신문사 편집국장과 논설위원 등으로 일하면서 '정치 중립', '공정 보도'를 부르짖었던 중견 언론인들이 바로 다음 날 대선 주자 캠프로 출근하는 사례가 속출하고 있"다며 "이들에게는 '폴리페서'처럼 정치politics와 언론인journalist의 의미를 합친 '폴리널리스트'란 이름을 붙일 수도 있겠다"고 했다.

이 사설은 "직업 선택의 자유가 보장돼 있는 민주국가에서 언론인들의 정치 참여를 봉쇄할 수는 없는 일이다"며 "그러나 이른바 '이해 충돌'을 막기 위해 퇴직 공무원의 특정 분야 취업을 일정 기간 동안 제한하는 공직자 윤리법 등을 감안한다면 각 언론사도 이에 준하는 제도적 장치를 마련할 필요가 있다"고 했다.

『한겨레』는 폴리널리스트를 언론계의 '산업 스파이'라고 불렀다.[40] 2007년 10월 24일 서울 프레스센터에서 열린 '2007 대선, 언론인과 교수의 정치 참여 어떻게 볼 것인가' 토론회에서 『경향신문』 기자 이재국은 언론인의 정치 참여에 대해 과감한 실명 비판을 하면서, 언론인의 무분별한 정계 진출로 인해 언론에 대한 신뢰의 위기가 선을 넘었다고 경고했다.[41]

반면 방송 앵커 출신인 홍지만 새누리당 의원은 기자 출신 정치인은 취재력이 있고, 주제를 뽑는 전문가이며, 균형 잡힌 팩트 중심의 사고를 하고, 공익을 위해 일한다는 등의 이유를 제시하면서 "더 많은 언론인이 정계에 진출해야 한다"고 주장했다.[42]

문제의 핵심은 '정도'가 아닌가 한다. 폴리널리스트가 극소수라면 굳이 폴리널리스트라는 작명도 필요 없었을 것이다. 폴리널리스트는 집단적 현상이다. 언론인 출신 국회의원은 늘 전체 국회의원의 10퍼센트를 넘는다. 2000년 제16대 총선에선 44명(16.1퍼센트), 2004년 제17대 총선에선 42명 (14퍼센트), 2008년 제18대 총선에선 36명(12퍼센트)이었다.[43]

국회의원이 되려고 시도를 한 언론인들까지 합하면 그 수는 훨씬 더 많아진다. 제18대 총선의 경우 언론인 출신 공천자의 수는 64명이었는데, 공천 탈락자와 그 비슷한 수준에서 포기한 수까지 합하면 100여 명은 되지 않을까? 늘 꿈은 꾸고 있지만 여건상 시도하지 못한 잠재적 폴리널리스트의 수는 수백 명에 이른다고 보는 게 옳으리라.

국회 외에도 폴리널리스트가 갈 수 있는 곳은 많다. 2009년 2월 『미디어오늘』의 조사에 따르면, 지난 2008년 대선에서 이명박 대통령 선거 캠프에 있던 언론인 출신 인사 41명을 추적한 결과 29명이 공직에 있거나 언론계에 재직 중인 것으로 드러났다. 또 청와대 및 정부 기관에도 언론계 출신이 다수 입성했다.[44]

2014년 6월 10일 청와대 홍보수석에 윤두현 와이티엔YTN 플러스 사장이 임명되었다. 민경욱 청와대 대변인, 이남기 전 청와대 홍보수석에 이어 박근혜 정권 들어 3번째 현직 언론인의 '청와대 직행'이라 '폴리널리스트'

논란이 다시 불붙었다. 언론인이 정치권에 진출하는 사례는 선진국에도 없지 않지만, 현업 기자 생활을 하다가 곧바로 정계에 진출하는 것은 선진 국에선 매우 드문 '예외적인' 경우라는 지적이 나왔다.

최진봉 성공회대학교 교수(신문방송학)는 "언론의 본분은 권력 감시와 견제인데, 한국의 경우 기자직을 권력으로 가는 징검다리로 삼으려는 문화 가 팽배하다"며 "선진국에선 현직 기자가 곧바로 정계에 진출하는 것을 치 욕으로 여긴다"고 말했다. 김성해 대구대학교 교수(신문방송학)도 "워터게 이트 사건을 폭로한 칼 번스타인 등 선진국의 유명 언론인들은 퇴직 후 대 부분 저술 활동에 주력한다. 한국 폴리널리스트들의 권력 지향성은 언론 전체의 신뢰를 깎아먹는다"고 꼬집었다.

청와대는 왜 자꾸 언론인을 끌어들이는 걸까? 이준웅 서울대학교 교수 (신문방송학)는 "현재 청와대서 잘나가는 사람들은 검사 아니면 기자 출신" 이라며 "한국의 어떤 조직도 검찰과 언론사만큼 강한 상명하복 체계를 갖 고 있지 못하다. 충실한 심복이 필요한 정권으로선 당연히 이들을 선호하 게 되는 것"이라고 분석했다.[45]

2015년 10월 25일 박근혜 대통령이 청와대 새 대변인에 MBC 〈100분 토론〉 진행자인 정연국 전 시사제작국장을 임명했다. 『경향신문』은 「KBS·SBS 이어 MBC 앵커까지 청와대 직행이라니」라는 제목의 사설을 통해 "〈100분 토론〉은 정치인과 전문가들이 정치·사회 이슈를 놓고 토론 하는 MBC의 대표적인 시사 프로그램이다. 이 프로그램은 지난 13일 정 대변인의 사회로 '역사교과서 국정화, 남은 과제'를 토론했고, 지난 20일 엔 '박근혜 대통령 방미 이후 한반도 정세'를 주제로 다뤘다. 이런 프로그 램의 진행자가 하루아침에 청와대에서 대통령을 대변하겠다고 나섰으니 그 방송사의 공정성은 의심받아 마땅하다"며 다음과 같이 말했다.

"방송사를 청와대 홍보수석 및 대변인 공급처로 여기는 듯한 박 대통령의 언론관도 비정상이다. 권력 비판이라는 언론의 역할, 방송의 자율성과 독립성을 조금이라도 고민했다면 이런 인사를 되풀이하지는 못했을 것이다. 언론을 권력기관 진출의 통로로 여기는 언론인이나 언론을 권력의 보조 수단으로 여기는 박 대통령·청와대의 언론관에 개탄을 금치 못한다."[46]

이와 관련, 김창룡 인제대학교 교수는 "청와대에 KBS, MBC, SBS 등 공중파 방송의 주요 언론인들과 뉴스전문채널 YTN 사장 등이 자리를 바꿔가며 드나들어도 아무 문제 없는가. 이들의 청와대행에 대해 해당 언론사의 입장은 무엇인가. 후배 언론인들은 왜 아무 말도 없는가. 방송사 앵커, 시사제작국장, 사장 등의 주요 역할은 국민의 알 권리 충족을 위해 권력을 감시, 견제하는 일이다. 권력 감시를 제대로 했다면 청와대에서 이들을 불러갈 이유가 없다. 이들이 현직에서 바로 청와대로 간다는 것은 그동안 무늬만 언론인이었고 특정 당이나 권력자의 심부름꾼, 하수인 역할을 열심히 했다는 반증이다"라면서 다음과 같이 말했다.

"현직 언론인들의 권력행은 불공정 보도, 곡필의 대가로 챙겨주는 전리품으로 봐야 한다. 그 결과는 언론 신뢰도 하락이며 국민 불신으로 이어진다. 언론인들의 권력행을 무조건 막아야 한다는 것은 아니다. 최소한 유예 기간을 둬야 한다는 것이다. 적어도 현직에서 권력과 결탁할 수 있는 가능성을 원천봉쇄하기 위해서는 최소한 1년 정도의 유예 기간을 둬야 한다는 것이다. KBS의 경우, 시사프로그램 진행자나 앵커의 경우, 윤리강령을 통해 6개월이라는 유예 기간을 설정했다. 물론 이마저도 지키지 않는다. 윤리강령은 선언적 의미에 불과하기 때문이다."[47]

이 정도면 언론인 개개인의 윤리 의식을 문제 삼는 건 기본일 뿐, 그것이 논의의 중심이 되어서는 안 된다는 걸 시사한다. 왜 이렇게 폴리널리스트가 많은가? 그 첫 번째 이유는 두말할 필요 없이 '폴리페서polifessor: politics+professor'의 경우처럼 한국의 '정치 지상주의' 문화 때문이다. 얼른 생각하면 '정치 혐오주의'와 '정치 지상주의'는 상호 상극일 것 같지만, 실은 동반자 관계다. 그건 마치 삼성의 온갖 비리 의혹에 비판적 자세를 취하는 20대들이 취업 제1순위로 삼성을 원하는 것과 같은 이치다. 파란만장한 역사를 살아온 한국인은 '이상은 이상, 현실은 현실'이라는 분리주의에 익숙하다.

두 번째 이유는 언론 산업의 불안정성과 미래의 불확실성 때문이다. 아니 불확실한 정도가 아니라 불안하다. 언론이 치열한 경쟁을 하더라도 산업적 차원의 비전을 위해선 상호 협력해야 함에도 우리에겐 그런 문화가 없다. 그저 서로 못 잡아먹어 으르렁거리기에만 바쁜 나머지 산업적 차원의 자해自害도 서슴지 않는다. 자본 없는 단독자로 존재하는 폴리널리스트 개개인을 탓하기 이전에 자본 상층부의 그런 문제를 바로잡아야 할 것이다.

세 번째 이유는 산학 협동 체제의 부재 때문이다. 한국엔 미국이나 일부 유럽 국가들의 경우처럼 산학 협동 체제가 마련되어 있지 않다. 언론사 상층부 승진 경쟁에서 낙오되었거나 그런 경쟁 자체를 싫어하는 사람들은 대학 강단에 서서 예비 언론인들을 가르치는 직업으로 전환할 수 있어야 하는데, 우리 현실은 전혀 그렇지 못하다. 물론 극소수 언론인들이 대학 강단에 서기도 하지만, 그건 그야말로 상징적 수준에만 머무르고 있을 뿐이다. 대학이 지금처럼 변하지 않는다면, 언론계가 협력해 언론 전문대학을 세우거나 이 카드로 대학을 압박하는 방법도 있을 텐데, 이는 그간 전혀 시도되지 않았다.

네 번째 이유는 언론인이라는 직업의 전후후박前厚後薄 문화 때문이다. 언론인은 조직의 리더 역을 맡기도 하지만 기본적으론 전문가·단독자 모델이다. 그런 특성은 다른 분야에 진출한 자신의 학교 동기들과 비교해 20~30대엔 빛나지만, 40~50대엔 처량해진다. 이 점에선 교수도 똑같다. 시간강사나 정교수나 스스로 학생 출석 부르고 답안지 채점해야 하는 건 똑같다. 기사 달린 자가용, 아무리 써도 마르지 않는 판공비, 미모의 여(남) 비서 등은 영원한 그림의 떡이다. 그래서 자신의 삶에 욕심이 많은 이들은 자꾸 눈길을 정치권으로 돌리는 것이다.

다섯 번째 이유는 언론의 신뢰 저하로 인한 자긍심의 박약 때문이다. 사람이 물질만으로 사는 건 아니다. 자긍심이라는 게 있다. 그런데 언론 신뢰도가 바닥으로 추락했으니 무슨 재미로 버티랴. 많은 이들이 폴리널리스트가 언론 신뢰도를 떨어뜨린다고 우려하지만, 폴리널리스트들의 생각은 다르다. "더 떨어질 신뢰가 남아 있는가?" 이 점에서 또 안타까운 게 언론계의 리더들이다. 일부 언론의 과도한 당파성과 언론계 내부의 이전투구泥田鬪狗가 신뢰 저하를 불러온 주범이라는 걸 깨닫고 다른 길을 모색했어야 했는데 그렇게 하지 않았다.

이런 상황에서 폴리널리스트만 비판해선 달라질 게 있을 것 같지 않다. 언론계 전체의 문제로 알고 집단적 차원의 대응 방안을 차분하게 모색해보는 게 어떨까. 일부 언론이 국가와 민족을 생각하느라 거친 모습을 보이는 것도 좋겠지만, 제발 그런 애국심을 자제하고 언론의 살길부터 먼저 찾으면 좋겠다. 그게 곧 폴리널리스트를 줄이는 길이기도 하다.

제10장

미디어 법·정책 논쟁

한국 방송은 정당들의 대리 대결장인가?
방송통신위원회 · 방송통신심의위원회

방송통신위원회는 2008년 2월 26일 여야 합의로 통과된 '방통위 설치 및 운영 등에 관한 법률'에 따라 방송·통신 융합 시대 네트워크 규제·진흥을 선도할 상임위원 5인의 합의제 기관으로 2008년 3월 26일 출범했다. 방통위가 대통령직속기구로 되고, 그 수장에 이명박 대통령의 멘토라 불리는 최시중이 임명되면서 방통위는 출발부터 정치적 편향성으로 인해 뜨거운 논란의 한복판에 서게 되었다.

방통위는 위원장과 부위원장, 상임위원 등 5인이 1표씩 행사해 다수결로 안건을 의결하는 구조인데, 여당 추천 위원이 3명, 야당 추천이 2명이어서 표결을 하면 여당 위원들의 뜻대로 결정될 가능성이 크다. 실제로 늘 그렇게 해왔기 때문에 방송이 정당들의 대리 대결장이냐는 말이 나오게 된 것이다. 2014년 2월 방통위 제3기 상임위원이 정치인 일색으로 구성되자,

채수현 언론개혁시민연대 정책위원은 "여야가 방통위 상임위원을 '당내 인사'로 채운 것은 당의 의견을 관철시키려는 의지를 드러낸 것으로, 방통 위의 정치적 중립성을 훼손할 수 있는 문제"라고 비판했다.[1]

2015년 5월 13일 창간 20주년을 맞은 『미디어오늘』과 저널리즘학연구 소·전국언론노조가 공동 주최한 심포지엄 '한국 언론의 미래를 묻는다' 에서 김춘효 박사는 한국 공영방송의 지배 구조를 영국 및 일본과 같은 '정 부 모델'로 구분하면서도, 한국의 경우 "의사 결정 과정에서 임명권자인 집 권 세력과 진영 논리를 그대로 반영"하는 후견주의clientelism적 권언 유착 의 문제점을 안고 있다고 지적했다. 즉, 한국 언론 매체는 "한국 정치 체계 가 갖는 다수결주의적 승자 독식 정치 문화를 따르며 강력한 정치 병행성 에 따라 이념적 지형과 언론사 논조가 상호 조응하는 특징을 보이며 전문 직주의 규범의 형성이 더디고 매체 영역에 대한 국가의 강력한 개입 양상 이 보인다"는 것이다.

김춘효는 집권 세력의 공영방송 통제가 '대통령-방송통신위원회-이 사회-사장'이라는 제도적 장치를 통해 이뤄진다고 분석했다. 방송통신위 원은 정부 여당이 '3대 2'로 우위를 가지며, 이에 따라 방송통신위원회가 추천 혹은 선임하는 이사회 구성도 정부 여당의 입김이 작용하는 인사가 과반수를 넘게 된다. 예컨대, 방통위가 추천한 한국방송KBS 이사들은 여당 대 야당 추천 이사의 비율이 '7대 4'인 불균형한 구조여서 낙하산 사장을 근절시킬 수 없다. 그래서 민주화 이후에도 '코드 맞추기' 사장 임명이 계 속되었다는 것이다.[2]

2015년 6월 한국방송학회 소속 122명의 언론 학자는 설문조사에서 한 국의 공영방송에 대해 "공정하지 않다(77.9퍼센트)"고 답변했으며, 방송의 공정성을 저해하는 가장 큰 요소로 "정치권력(69.7퍼센트)"을 꼽았다. 현행 지배 구조가 개선되어야 한다는 의견에는 74.6퍼센트가 "매우 동의한다", 17.2퍼센트가 "약간 동의한다"고 답했다. 한국언론정보학회가 1,100명의 전국 성인 남녀를 대상으로 실시한 여론조사에 따르면 응답자의 74퍼센트는 공영방송 이사를 정부 산하 방송통신위원회에서 추천·임명하는 것에 대해 '모른다'고 답했다. 현재 KBS와 MBC의 프로그램에 대해선 "공정하다"는 답이 18.3퍼센트, "공정하지 않다"는 답이 39퍼센트로 두 배 가까이 차이가 났다. 공영방송 사장 또는 이사 추천 방식 개선에 대해선 "동의한다"는 응답이 53.6퍼센트, "동의하지 않는다"는 응답은 9.7퍼센트에 불과했다.[3]

2015년 8월 한국방송과 문화방송MBC의 이사진 구성이 박근혜 정권이 선정한 이사들로 충원된 것과 관련, 장행훈 언론광장 공동대표는 "이사진 구성 과정을 지켜보며 느낀 것은 지금 공영방송은 이익을 추구하는 상업방송과 구별되는, 공익을 우선하는 공영방송이라기보다는 정권의 정치적 목적을 달성하는 데 최우선 목표를 둔 정치 방송이라는 인상을 강하게 풍긴다"며 "공영방송이라기보다는 국영방송이라고 부르는 것이 더 어울릴 것 같다"고 비판했다.[4]

2015년 11월 2일 국회의원회관에서 한국정치평론학회 주최로 열린 '방송 공정성과 방송 규제' 주제의 학술 대회에서 한수경 언론학 박사는 발제문을 통해 "한국에서 방송의 공정성이 확보되지 않는 핵심적인 문제는 방송의 지배 구조와 밀접한 관련이 있다"며 "방통위를 대통령 소속에서 분리 독립시키고 대통령의 이사진 및 사장 임명권을 박탈해야 정권 교체에 관계없이 독립된 형태로 공정한 방송을 기대할 수 있다"고 주장했다.[5]

방송통신심의위원회 역시 비슷한 문제를 안고 있다. 방통심의위는 형식상 민간 기구지만 방송통신위원회의 하부 기관이고 심의위원 9명 가운데 6명을 정부와 여당이 추천해 결코 청와대의 입김에서 자유로울 수 없는 의결 구조를 갖고 있기 때문이다. 그래서 당파적 심의를 둘러싼 논란이 그치질 않는다.

2013년 12월 방통심의위가 통합진보당 해산 청구 조처를 보도한 JTBC 손석희 앵커의 〈뉴스 9〉 프로그램이 "정부 조처에 반대하거나 비판하는 인사들의 의견만 방송함으로써 공정성과 객관성을 위반했다"며 '관계자 징계 및 경고'를 의결한 것과 관련, 이원재 경제 평론가는 "이 위원회는 우리 사회 주요 의사 결정 구조를 거의 정확하게 보여준다. 완충장치 없는 승자독식 의사 결정 구조다. 정권을 잡으면 사회 곳곳의 의사 결정을 독점할 수 있고 반대 의견은 묵살하는 게 정상처럼 보인다"며 다음과 같이 말했다.

"위원회처럼 원래 다양한 의견을 수렴하려고 만든 조직조차도 독점되어 있는 것을 보면 사회의 다른 영역들은 말할 것도 없다. 반대편이 이런 구조를 놓아두었던 이유도 있다. 정권을 잡고 있는 중에는 그 모든 것을 뜻대로 끌고 갈 수 있으리라는 생각에서다. 다음번에 정권을 잡으면 모두를 한꺼번에 되찾겠다는 기대도 한 몫 한다. 이런 적대적 양자대립 구조에서는 과거 그나마 완충 구실을 하던 시민단체나 전문가들도 존재감이 사라진다. 방통심의위라면 어느 편에서 추천받았든 '언론인의 양심'을 중심으로 내부 합의를 이뤄 나갈 여지가 생길 수도 있다. 그러나 지금은 어떤 전문성도, 어떤 중립적 타협 의견도 '어느 편이냐'를 묻는 질문 앞에 힘을 잃고 만다."[6]

2015년 8월 11일 서울 여의도 국회의원회관에서 '방송통신 심의 이대로 좋은가?'라는 주제로 열린 토론회에서 김동찬 언론개혁시민연대 사무처장은 "방송 심의의 가장 큰 문제는 '이중 잣대'로, 방통심의위는 장르별 특성을 고려하는 대신 정파성에 따라 매체를 차별 심의하고 있다"며 "심의위는 대통령이 9인의 위원을 위촉하고 그중 6인을 정부 여당이 직접 추천토록 해 인사권을 통해 얼마든지 정치적 영향력을 행사할 수 있는 구조이므로 지난 7년간 입증된 이 제도의 실패를 인정하고 틀 자체를 바꿔야 한다"고 주장했다.

김동찬에 따르면 지금까지 방송사가 심의위 결정에 불복해 행정소송을 제기한 사례는 모두 13건으로, 이 중 지난 2012년 헌법재판소가 '시청자에 대한 사과'에 대해 위헌 결정을 내려 종료된 사건을 제외하면 심의위는 12건 중 6건의 소송에서 패했다. 그는 "인터넷상의 표현에 대한 규제는 자율 규제 형식으로 개편해야 하며 불법성에 대한 판단은 법원에 의해 이뤄져야 한다"며 "이와 함께 심의위를 해체하고 방송 심의 기구의 위상을 대폭 축소해 구성과 운영은 정치적 독립성을 회복하고 시민 참여와 자율 규제를 확대하는 방향으로 재구성해야 한다"고 제안했다.[7]

방송통신위원회와 방송통신심의위원회를 둘러싼 논쟁은 한국 사회의 '정치 과잉'을 여실히 웅변해주는 해묵은 사건이다. 한국은 '중립 영역'을 믿지 않는다. 뭐든지 권력의 품 안에 두려고 한다. 정도의 차이는 있을망정 이는 모든 역대 정권들에 똑같이 해당되는 고질병이다. 도무지 역지사지易地思之를 모르는 권력의 탐욕이라고나 할까. 이원재가 잘 지적했듯이, 다음번에 정권을 잡으면 모두를 한꺼번에 되찾겠다는 기대가 그런 악순환을 지속시키고 있다.

온라인 정보의 삭제를 요구할 수 있는 권리의 법제화가 필요한가?
잊힐 권리

"사람들이 말하기를 당신은 새로운 사람을 찾았다고 하더군요 / 그러나 그런 사실은 당신에 대한 나의 사랑을 멈추게 하지 못해요 / 나는 당신을 그렇게 나에게서 떠나보내게 할 수 없어요 / 당신을 위해 내가 가졌던 사랑을 잊어버리세요 / 생각해보세요……나도 새로운 사람을 찾을 수 있다고요 / 그러나 나는 당신 이외에 다른 사람을 원하지 않아요 / 당신은 어찌하여 후회 없이 떠날 수 있어요? / 그렇게 쉽게 나를 잊을 수 있나요?"

1958년 미국 컨트리 뮤직 가수 칼 벨레Carl Belew와 W. S. 스티븐슨W. S. Stevenson이 발표한 〈Am I That Easy to Forget(그렇게 쉽게 나를 잊을 수 있나요)?〉이란 노래의 가사로, 이후 수많은 가수들이 이 노래를 불러 사랑의 감정을 표현한 명곡이 되었다. 한국에선 1967년에 이 노래를 취입한 영국 가수 잉글버트 험퍼딩크Engelbert Humperdinck, 1936~의 노래로 가장 많이 알려져 있다.

사랑하는 연인들이야 잊히는 걸 두렵게 생각하겠지만, 인터넷은 잊히지 않는 걸 두렵게 생각하는 수많은 피해자들을 만들어냈다. 이들을 구제하기 위해 "잊힐 권리right to be forgotten"라는 개념이 떠오르고 있다. 개인이 온라인 사이트에 올라 있는 자신과 관련된 각종 정보의 삭제를 요구할 수 있는 권리다.

인터넷 검색을 통해 볼 수 있는 개인 신상 정보, 사망한 뒤 페이스북에 남아 있는 사적인 사진 등의 정보는 개인의 것이지만 정보의 삭제 권한은 기업에 있다. 최근 유럽에서는 이러한 온라인상의 정보를 삭제 요구할 수 있는 잊힐 권리에 대한 논란이 뜨겁다. 유럽연합EU은 2012년 1월 25일 유럽연합 집행위원회가 인터넷에서 정보 주체의 권리를 강화하기 위해 잊힐 권리를 명문화하는 내용을 골자로 한 정보 보호법data protection 개정안을 확정했다. 1995년 정보 보호 방침을 제정한 이후 16년 만으로, 세계적으로 잊힐 권리가 입법화된 것은 이게 처음이다.

EU 집행위는 이번 개정안을 개인 및 법인을 포함한 EU 전체 회원국에 직접 적용시키는 최고 수준의 규범인 '규정regulation' 수준으로 격상해 법적 구속력을 강화했다. 기존 법규는 권고 수준의 구속력을 갖는 '지침 directive'이었다. 이 개정안이 발효되기 위해서는 27개 회원국의 정부 대표로 구성된 이사회와 유럽 의회의 승인을 거쳐야 하며, EU 집행위는 2014년 발효를 목표로 하고 있다. 반면, 미국은 잊힐 권리가 인정될 경우 페이스북이나 구글 등 인터넷 업체들이 소송을 당할 가능성이 커 이를 반대하는 분위기다.[8]

미국은 아무래도 '시장 논리'를 좋아하는 것 같다. 미국에서는 죽은 사람이 인터넷에 남긴 흔적을 대신 지워주는 '사이버 장의사' 서비스와 더불어 살아생전 자신의 온라인 흔적을 지우는 걸 도와주는 사이트도 등장했다. 자살 기계www.suicidemachine.org · 세푸쿠www.seppukoo.com 등과 같이 SNS에 올라온 게시물을 모두 삭제해 주는 '디지털 세탁소' 서비스다.[9]

한국은 어떤가? 현행 정보통신망법에 따르면 삭제 요청을 할 수 있는 경우를 '사생활 침해나 명예훼손이 있는 경우'만으로 제한하고 있다. 이러다 보니 저작자가 명예훼손 등을 증명하지 않는 이상, 서비스 업체에 삭제를 요청할 수 있는 실질적인 법적 근거가 없다. 물론 저작자는 온라인 서비스에 자체 삭제 기능이 있다면 삭제를 하면 되지만, 삭제 기능이 없는 경우, 사전에 명예훼손 발생 가능성을 인지하더라도 저작물 삭제를 요청할 법적 근거가 없다는 뜻이다.

2013년 2월 12일 이노근 새누리당 의원은 저작자가 온라인 서비스 업체에 자신의 저작물에 대한 삭제를 요청할 수 있고, 서비스 업체는 확인 후 삭제하게 하는 내용의 '저작권법'과 '정보통신망 이용 촉진 및 정보 보호 등에 관한 법률(정보통신망법)' 개정안을 대표 발의했다. 이노근은 "정확하지 않은 정보나 밝혀지기 꺼려 하는 개인의 신상까지 무분별하게 전파되어 억울한 사례가 발생하고 있다"며 "자신의 저작물은 자신이 삭제할 수 있는 최소한의 권한은 보장해야 한다"고 말했다.[10]

이에 대해 문재완 한국외국어대학교 법학전문대학원 교수는 "잊힐 권리가 의미 있으려면 좀더 복잡한 사안에 적용될 수 있어야 한다. 첫째는 내가 올린 글이나 사진을 다른 사람이 복사해서 자기 사이트에 재게재한 경우이고, 둘째는 다른 사람이 나에 관한 정보를 온라인에 게재한 경우다"며 다음과 같이 말했다.

"첫째 유형에 적용되는 잊힐 권리가 만들어지면 포털 사이트는 정보 재게재자 모두에게 삭제 동의를 받아야 한다. 이것이 기술적으로, 경제적으로 가능한지 의문이다. 만약 정보 재게재자의 동의 없이 일괄 삭제할 경우 법리적인 문제가 발생한다. 해당 정보가 표현의 자유의 대상이라면 정보 재게재자의 권리를 침해하게 된다.……둘째 유형은 첫째보다 다른 사람의 권리를 더 중시해야 할 유형이다. 내 마음에 들지 않는다고 나에 대해서 떠들지 말라고 요구할 권리를 보편적으로 인정할 수는 없다. 또 이미 발생한 사실, 즉 역사의 공개를 당사자의 호불호好不好에 맡길 수도 없다."[11]

반면 임종인 고려대학교 정보보호대학원 원장은 "지금은 소모적인 권리 논쟁보다 잊힐 권리를 SNS 시대의 새로운 권리로 인정하고 권리 범위와 한계, 적용 방법과 절차를 구체적으로 함께 찾아야 할 때다"고 말했다. "프랑스처럼 법에 잊힐 권리를 명시하고 구체적인 적용 범위와 시행 절차는 관련 주체들의 협의 하에 규정하는 것도 대안이 될 수 있다. 다행히 우리 사회에서도 최근 포털의 잊힐 권리 보장을 위한 가이드라인 제정과 같은 자율 규제 차원의 노력들이 이뤄지고 있다.……완벽한 법부터 만들려는 노력은 자칫 '잊힐 권리 실현 불가능' 논리에 빠질 위험이 있다."[12]

2014년 5월 유럽연합의 최고재판소인 유럽사법재판소가 구글 검색 결과에서 자신의 개인 정보를 삭제해달라는 한 스페인 남성의 요청을 받아들여 구글에 해당 정보를 삭제하라고 명령함으로써 인터넷 등 웹상에서 '잊힐 권리'가 있다는 판결을 내린 이후, 유사한 소송이 잇따르면서 세계 인터넷 업계가 술렁였다.

서울대학교 융합기술원 교수 이만재는「'알 권리'가 '잊힐 권리'보다 먼저다」는 제목의 칼럼에서 "지금은 인터넷이나 소셜 네트워크 서비스SNS상에서 활동한 자취들이 한 사람의 '평판'을 결정하는 시대다. 이 때문에 자신이 누구인지 드러나는 페이스북이나 구글 플러스 계정에는 악플이 드물다. 지금의 인터넷 평판 시스템이 나쁜 행동을 억제하는 효과를 발휘한다는 뜻이다. 그런데 과거를 쉽게 지울 수 있다면 이런 선순환 효과는 기대하기 어렵다. 지저분한 과거는 지우면 그만이다"며 다음과 같이 말했다.

"잊힐 권리를 공직 선거 후보자들이 주장하기 시작하면 문제는 더욱 심각해진다. 선거에 출마한 후보가 전과 등 알리고 싶지 않은 기록을 인터넷 검색 결과에서 지울 수 있다면 인터넷 검색은 시민들의 올바른 선택을 오히려 방해할 수 있다. 이번 판결에서 '널리 알려진 공인의 경우에는 이러한 판결이 유효하지 않다'는 내용이 포함되어 있다고는 하지만, 현실적으로 공인의 경계는 명확하지 않다. 결국 인터넷 사업자들이 소송에 휘말릴 위험이 큰 개인의 링크 정보들을 자발적으로 삭제할 가능성이 높다. 인류의 집단지성 체계도 무너질 수 있다. 인터넷 백과사전인 위키피디아에는 다양한 사람들이 수집한 정보가 모여 있다. 특히 객관성을 높이기 위해 현존 인물 관련 정보는 신뢰할 만한 신문이나 출판물 게재 내용만 인용하도록 하고 있다. 그런데 여기에서도 특정 인물에 대한 불리한 내용을 없애라는 판결이 나온다면 위키피디아 설립자 지미 웨일스의 우려대로 '인터넷 검열'의 시대가 시작될 것이다. 전 세계인들이 다섯 번째로 자주 찾는 사이트인 위키피디아의 존립 자체가 흔들리게 된다."[13]

2009년 『잊혀질 권리Delete』를 출간해 인터넷에서 생성되는 개인 정보에 유통기한을 부여할 수 있도록 하자고 주장한 바 있는 영국 옥스퍼드대학교 인터넷연구소 교수 빅토르 마이어 쇤베르거Viktor Mayer-Schnberger는 일부 사람의 잊힐 권리보다 국민의 알 권리가 더 중요하다는 의견에 대해 "유럽사법재판소도 예외를 두려고 한다. 예를 들면 미디어가 온라인에서 생성해 낸 뉴스에 면제권을 부여하는 방안이다. 나도 동의하는 바다"고 말했다. 그는 잊힐 권리와 용서의 가치를 서로 연관지었다.

"심리학자들은 망각forgetting하지 않으면 용서forgiving도 어렵다고 이야기한다. 망각은 우리 사회에서 중요한 기능을 수행하고 있다. 모든 정보가 영구적으로 남아 있다면 우리는 과거에 결박될 수밖에 없다. 망각을 허용해야 사회 구성원을 용서하고 그에게 변화하거나 성장할 수 있는 기회를 줄 수 있다. 내가 용서와 망각이 서로 뒤얽혀 있다고 보는 까닭이다. 망각 없이는 닫힌 사회가 될 수밖에 없다."[14]

2014년 8월 방송통신위원회는 잊힐 권리의 법제화를 검토하겠다고 밝혔으며, 2015년 11월 새정치민주연합 전병헌 의원은 "임시조치는 일반인이 접근하기도 어려울 뿐더러 표현의 자유나 알 권리와의 충돌 가능성이 큰 불완전한 제도"라며 "잊힐 권리의 적절한 보장 범위와 방법을 정하는 입법이 요구되는 시점"이라고 말했다. 법무법인 태평양의 이상직 변호사는 "잊힐 권리는 다른 기본권과 충돌할 여지가 많은 만큼 단계적으로 도입해야 한다"며 "아동·청소년에 대한 보호를 그 출발점으로 삼아야 한다"고 말했다.[15]

'침해배제청구권'은 인터넷 공간에서 의사소통을 크게 위축시킬까?
언론중재위원회

'언론중재 및 피해구제 등에 관한 법률(언론중재법)'이 2005년 1월 27일 법률 제7370호로 제정·공포되어, 동년 7월 28일부터 시행됨으로써, 1980년의 언론기본법 제50조에서 비롯돼 사반세기의 역사를 갖고 있는 언론중재위원회는 큰 변화를 맞이하게 되었다. 2005년 1월 27일자 관보(제15907호)는 새로운 언론중재법의 제정 이유를 다음과 같이 밝히고 있다.

"정기간행물 등록 등에 관한 법률·방송법 등 각 개별법에 분산 규정되어 있던 언론 피해 구제 제도를 포괄하여 이 법에 단일화하고, 언론 보도로 침해된 국민의 권리 구제를 확대하기 위하여 청구 기간을 확대하며, 종전의 중재 제도를 조정과 중재로 구분하고 중재위원회의 조정이나 중재 절차에 의하여도 손해배상을 받을 수 있게 하는 한편, 언론의 자유와 독립에 상응한 언론의 사회적 책임을 분담하게 함으로써 공정한 여론 형성과 언론의 공적 책임의 실현에 기여하도록 하려는 것임."[16]

한위수는 이전의 언론중재 제도와 달라진 것 가운데 가장 중요한 5개로 ① 언론중재 대상이 되는 언론을 정기간행물과 뉴스 통신, 방송뿐만 아니라 인터넷신문에까지 확대한 것, ② 민법 제764조에 의한 정정 보도와는 별개의 새로운 정정보도청구권을 창설한 것, ③ 언론 보도로 인한 배상 청구를 언론중재위원회의 중재 대상에 포함시킨 것, ④고유 의미의 중재 제도를 도입한 것, ⑤종래 반론 보도 청구에 대하여 적용되던 언론중재의 필요적 전치주의를 폐기하고 임의적 전치주의로 변경한 것 등을 꼽았다.[17]

민법 제764조에 의한 정정 보도 청구는 일반 불법행위의 성립, 즉 언론사의 고의 또는 과실과 위법성이 있는 경우에만 인정되는 것인 반면, 언론중재법의 정정 보도 청구는 언론에 위법성이나 고의 과실이 없어 불법행위가 성립하지 아니하는 경우에도 가능하도록 했다. 정정 보도 청구의 대상은 '사실적 주장'에 한정되므로 언론사의 의견 표현이나 가치판단에 대해서는 정정 보도 청구가 인정되지 않는다. 그러나 논평이나 논설 등 가치 평가나 의견 표시를 하는 기사일지라도 그 내용에 전제 또는 예시 등을 위한 사실적 주장이 포함되어 있다면 그 사실적 주장은 정정보도청구권의 대상이 될 수 있다.

언론중재법엔 정정보도청구권 외에 반론보도청구권과 추후보도청구권을 두고 있다. 반론보도청구권은 사실적 주장에 관한 언론 보도로 인한 피해자가 그 보도 내용에 관해 자신의 입장을 반론 또는 반박문 형태로 보도해 달라고 요구할 수 있는 권리다. 반론보도청구권은 언론의 보도 내용이 진실하지 않을 것을 요건으로 하지 않으므로, 진실한 보도 내용에 대해서도 당사자가 반론을 제기하고 싶다면 반론보도청구권을 행사할 수 있다. 추후보도청구권이란 범죄 혐의가 있다거나 형사상 조치를 받았다고 보도된 자가 그에 대한 형사 절차가 무죄판결 또는 이와 동등한 형태로 종결된 때 언론사에 그 사실에 관한 추후 보도의 게재를 청구할 수 있는 권리다.[18]

고유 의미의 중재 제도라 함은 이전의 '중재'가 실질적으로는 '조정'에 머물렀다는 걸 의미한다. 이제 새 법에서의 '중재'는 당사자 간의 합의로 사법상의 분쟁을 법원의 재판에 의하지 아니하고 중재인의 판정에 의하여 해결하는 절차를 말하고, 중재 판정은 당사자 간에 있어서 법원의 확정판결과 동일한 효력을 갖게 되었다.

구 정기간행물법 제19조 1항은 "중재위원회의 중재를 거치지 아니하고는 법원에 반론 보도 청구의 소를 제기할 수 없다"고 규정한 '필요적 전치주의'를 채택했으나, 언론중재법은 제26조 1항에서 아무런 제한 규정 없이 "피해자는 법원에 정정 보도 청구 등의 소를 제기할 수 있다"고 규정함으로써 이러한 필요적 전치주의를 폐지했다.[19]

새 언론중재법은 언론중재 대상이 되는 언론을 인터넷신문에까지 확대했지만, 포털 뉴스는 '법적으로 공백인 상태'에 놓여 있다가 오랜 논란 끝에 2009년 8월부터 포털 및 언론사 닷컴 뉴스도 언론중재 대상에 포함시키는 법 개정이 이루어졌다. 새 언론중재법 시행 10년째를 맞은 2015년 6월 박용상 언론중재 위원장이 『미디어오늘』과 가진 인터뷰는 언론중재위의 미래에 대해 많은 것을 말해준다. 몇 가지 문답을 살펴보기로 하자.

(문) "언론중재법이 변화된 언론 환경에 맞게 개정되어야 한다는 목소리가 있다."

(답) "2005년 제정 이후 포털 뉴스를 조정 대상으로 편입한 것 외에는 법에 큰 변화가 없었다. 오프라인 기사는 한 번 나가면 잊혔지만 지금은 모든 기사가 인터넷에 그대로 살아 있다. 피해가 있다면 정리해줘야 한다. 인터넷은 쉽게 기사를 퍼가고 확산도 쉽다. 언론 보도 조정 신청은 반론이나 정정 보도 48시간 공지로 끝난다. 그리고 문제가 된 기사는 온라인에 그대로 남아 있다. 인터넷 시대에 부응하게끔 피해 구제 제도를 다뤄야겠다는 생각에 중재법 개정안을 준비했다."

(문) "개정안의 취지는 무엇인가."

(답) "위법하다고 판단된 기사는 온라인에서도 잊혀야 한다는 것이다. 위법성이 확인돼 삭제나 정정 보도가 이뤄졌지만 동일 내용의 기사가 블로그나 카페, SNS에 복제 · 전파된다면 완전한 구제가 이뤄졌다고 볼 수 없다. 제일 중요한 게 검색엔진이다. 아무리 뉴스를 고쳐도 과거 잘못된 보도가 검색엔진에 나오면 아무 의미가 없다. 우리의 목적은 검색엔진에서 위법한 보도가 나오지 않게 하는 것이다. 언론 활동에 영향을 주려는 것은 아니다. 블로그나 SNS를 언론 매체로 보는 게 아니고, 잘못 전파된 것을 우리가 정리하겠다는 의미다."

(문) "언론사 입장에선 당사자 요청대로 삭제만 하면 인터넷에 남아 날 정보가 없을 거라는 반론도 있다."

(답) "반드시 삭제를 해야 한다는 것이 아니라 피해자의 권리 보호를 위해 필요한 조치를 취하는데 그중 제일 안 좋은 피해의 경우 삭제를 할 수 있게끔 구제 제도를 마련하겠다는 것이다. 사후에 오보가 된 경우, 예컨대 1심은 유죄였는데 2심에서 무죄가 된 경우의 보도는 유럽인권재판소 등 여러 나라의 판례를 보면 1심 판결이 오보라도 삭제 청구 대상이 안 된다. 단지 갱신만 되도록 했다. 무죄가 됐다는 정보를 수정 · 보완하는 걸 청구하는 식이다. 우리도 그렇게 해야 할 것이다."

(문) "기사 댓글까지 언론중재위 조정 신청 대상이 되면 표현의 자유 위축 우려도 있지 않나."

(답) "악성 댓글로 인한 폐해는 해묵은 사회적 문제다. 하지만 법적 대책은 전혀 강구되지 않았다. 이번 기회에 위법한 악성 댓글로 피해를 받은 사람이 구제를 받을 수 있게 할 필요가 있다. 현재는 언론 보도 피해자가 보도에 대해서는 언론중재위로, 보도의 달린 댓글에 대해선 방통심의위에 구제를 청구해야 한다. 언론중재위원회로 일원화하는 게 편리하고 경제적

이다."[20]

2015년 10월 13일 언론중재위원회는 국회에서 토론회를 열고 언론중재에 당사자의 인격권이 심각하게 침해된 경우 요청에 따라 기사를 비롯한 관련 게시물을 삭제하거나 수정하겠다고 밝혔다. 언론중재위는 언론중재법 대상에 △ 기사 댓글, △ 블로그·카페 등이 퍼간 기사, △ 온라인 토론 게시판, △ 페이스북·피키캐스트 등의 유사 뉴스 서비스 사이트 등을 포함하겠다는 입장이다.

언론중재위가 밝힌 개정안의 핵심은 조항 신설이다. 침해배제청구권은 특정인의 명예를 훼손하는 등 중대한 권리침해가 이뤄진 인터넷 기사에 대해 기사 수정 및 보완, 삭제, 게시 중단 등을 요구할 수 있다는 이야기다. 기사 삭제 청구는 △ 허위로 입증된 기사가 중대한 권리를 침해할 경우, △ 사생활의 핵심 영역 침해가 명백할 때, △ 권리침해가 계속될 때에 이뤄진다. 이는 2013년 대법원이 타인의 명예를 훼손한 인터넷 기사에 대해 인격권에 근거해 기사삭제청구권을 인정한 판결에 근거했다는 게 언론중재위의 설명이다.[21]

이에 대해 법무법인 덕수 변호사이자 민언련 정책 위원인 정민영은 "언론을 둘러싼 환경이 그동안 많이 바뀐 만큼, 언론중재 제도를 그에 맞게 정비하는 것은 필요한 일이다. 그런데 이번 개정안은 언론 환경의 변화를 반영하는 것이 아니라, 언론중재위원회의 기능과 권한을 대폭 확대하는 데 초점을 두고 있다. 세부적인 내용을 들여다보면 언론중재위원회가 '중재'를 하는 것이 아니라 또 하나의 거대한 검열 기구가 될 가능성이 높아 보인다"며 다음과 같이 말했다.

"언론중재위원회의 설명에 일리가 없는 것은 아니다. 기사와 댓글을 삭제하는 것이 가능해진다면, 사이버 세계의 피해자들에 대한 권리 구제가 보다 효과적으로 이루어질 수 있을 것이다. 하지만 언론중재위원회는 그것이 가져올 역작용에 대해서는 지나치게 안이한 태도로 일관하고 있다. 자신이 쓰는 기사나 댓글이 '삭제'될 위험이 커지면, 언론인과 네티즌은 스스로를 더 검열할 수밖에 없다. 어떤 표현을 했다가 삭제되는 일을 겪기보다는 침묵하거나 '안전한' 표현으로 수위를 조절하는 쪽을 선택하게 되기 마련이다. 결과적으로 인터넷 공간에서의 의사소통은 크게 위축될 수밖에 없다."

이어 정민영은 "언론중재위가 말하는 '잊힐 권리the right to be forgotten'라는 개념 역시 우리 사회에서는 아직까지 충분한 논의가 이루어지지 않은 상황이다. 어느 범위까지 잊힐 권리를 인정할지에 대해 구체적 합의가 없는 상황에서 이 권리를 덜컥 법제화하면, 심각한 위험들이 초래될 수 있다"며 다음과 같이 말했다.

"보존되어야 할 기록이 당사자의 주장만으로 삭제되는 일이 벌어질 위험, 돈과 권력을 가진 자들이 자신에 대한 부정적 언급을 온라인에서 지우는 수단으로 '잊힐 권리'를 남용할 위험. 이 위험들을 어떻게 통제할 것인지에 대해 언론중재위원회는 '침해가 중대하거나 계속되는 등의 엄격한 기준이 충족되어야만' 삭제가 가능하도록 할 것이라고 설명하고 있다. 하지만 그 역시 불명확하고 모호하기는 마찬가지다. 가장 근본적인 문제는, 이번 법 개정이 보통 사람들의 명예와 인격권을 지키기보다는 정부와 고위 공직자에 대한 비판을 틀어막는 수단으로 이용될 가능성이 높아 보인다는 사실이다.…… '가장 참여적이고 표현 촉진적인 매체'인 인터넷의 순기능을 훼손하는 일이 없도록 이번 개정안은 보류되어야 한다."[22]

왜 '수지 열애설'에 기사가 1,840건이나 쏟아졌는가?
포털 뉴스 규제론

「'수지 열애설'에 기사 1,840건 쏟아졌다」, 「'안영미 열애' 기사가 100개, 조선·동아의 어뷰징 경쟁」 등과 같은 『미디어오늘』 기사 제목들이 말해주듯,[23] 뉴스 어뷰징news abusing이 목불인견目不忍見의 수준에 이르렀다. 『경남도민일보』 출판미디어 국장 김주완이 잘 지적했듯이, '어뷰징'이 아니라 '쓰레기 기사'라고 부르는 게 옳을지도 모르겠다.

"선정적인 광고를 덕지덕지 붙여놓고 포털에 낚시질 기사를 반복 전송해 클릭을 유도하는 짓거리를 '어뷰징abusing'이라 한다. 우리말로는 '오용', '남용' 뭐 이런 뜻이라는데, 뭔가 선명하게 와 닿는 말이 아니어서 늘 불만이었다.……이런 짓거리가 계속되면 언론의 신뢰 추락은 물론이고 한국의 포털은 거대한 쓰레기장으로 전락할 것이다. 쓰레기를 청소하는 방법은 간단하다. 쓰레기를 쓰레기라 정확하게 이름 붙이는 것이다. '어뷰징'이라는 생소하고 애매한 단어 말고, '쓰레기 기사'라고 확실히 불러주자."[24]

어뷰징은 인터넷언론이 독자들의 관심을 끌 만한 사안에 대해 비슷비슷한 내용을 담은 기사들을 표현만 조금 바꿔 속보식으로 다량 올려 클릭을 유도하는 행위를 말한다. '동일 뉴스 콘텐츠 중복 전송' 또는 '동일 기사 반복 전송'이라고도 한다. 뉴스 어뷰징은 국내 최대 포털사이트 네이버가 2006년 12월 키워드를 입력해 찾는 기사의 운용 방식을 바꾸면서 본격화된 것이다. 네이버는 이전까지 독자가 기사 제목을 클릭하면 네이버 안에 저장된 기사를 소개했지만 이후부터는 해당 언론사 홈페이지의 기사 화면으로 연결되도록 했는데, 언론사들이 광고 수익으로 이어지는 조회 수를 더 높이는 방식으로 뉴스 어뷰징에 본격적으로 돌입했기 때문이다.[25]

뉴스 어뷰징의 주요 대상은 주요 포털 사이트의 초기 화면에 노출되고 있는 '실시간 급상승 검색어(네이버)'와 '실시간 이슈(다음)'다. 독자가 해당 검색어로 기사를 찾을 때 자사의 기사가 뉴스 리스트 맨 위에 보이도록 하거나 기사 노출 빈도를 높이기 위한 수단으로 활용하고 있기 때문이다. 바로 그런 이유 때문에 포털 사이트의 '실시간 급상승 검색어'·'실시간 이슈' 시스템에 대한 고민과 점검이 필요하다는 지적도 나오고 있다.[26]

어뷰징에 대한 분노가 높아질수록 포털에 대한 비난도 거세지자, 국내 양대 포털 사업자로 꼽히는 네이버와 다음카카오는 2015년 5월 28일 한국언론회관에서 공동 기자회견을 열어, "외부에 언론계가 주도하는 독립적이고 전문적인 '공개형 뉴스제휴평가위원회'를 만들고, 두 업체와 제휴를 원하는 언론사의 자격 심사를 위원회에 전적으로 맡기겠다"고 밝혔다. 두 업체는 그 첫걸음으로 언론 유관 기관·단체들에 평가위원회를 만들기 위한 준비 위원회를 설립해 달라고 제안했으며, "이미 한국신문협회, 온라인신문협회, 한국언론학회, 한국언론재단 등에 이런 방안을 제시하고 공감대를 형성했다. 평가위에 우리는 참여하지 않겠다"고 말했다.[27]

이에 대해 언론기관이 스스로 제휴 언론사를 심사하게 되면 영향력이 강한 언론의 입김이 작용할 수밖에 없다는 비판이 제기되었다. 예컨대 평가위원회 참여 기관으로 언급된 신문협회의 주축인 『조선일보』와 『동아일보』는 어뷰징 기사를 많이 쏟아내는 언론이기도 한지라, '고양이에게 생선을 맡긴다', '순진한 발상'이라는 지적이 나온 것이다.[28] 그런 비판과 더불어 네이버와 다음카카오가 설립하기로 밝힌 '공개형 뉴스제휴평가위원회'가 청와대가 양대 포털을 압박해 만든 작품이라는 의혹이 제기되기도 했다.[29]

2015년 9월 3일 새누리당 산하 여의도연구원은 서강대학교 최형우 교수팀에 의뢰한 '포털 모바일 뉴스 메인 화면 빅데이터 분석' 결과를 공개했다. 여의도연구원은 2015년 1~6월 네이버와 다음이 '모바일 뉴스 메인 화면에 노출한 기사' 5만 236건을 조사·분석한 결과 정부·여당 관련 부정적 사건을 다룬 기사는 다음이 508건, 네이버가 449건인 반면 야당 관련 부정적 기사는 다음이 61건, 네이버가 55건으로, 여권與圈에 불리한 기사가 8배 정도 더 많이 게재되었다고 주장했다.[30] 곧 이 보고서가 「크림빵 아빠 부실 수사」를 정부·여당 비판 기사로 분류하는 등 분석과 해석이 엉터리인 '학부생 리포트 수준'이라는 반론들이 나왔지만, '포털 길들이기'가 의도였다면 소기의 성과는 거둔 셈이었다.[31]

같은 날, 한국광고주협회·한국광고총연합회·한국광고산업협회·한국광고학회 등 4개 광고 단체는 네이버·다음 등 포털 사이트의 뉴스 유통 구조를 개선하는 법률을 제정해달라는 청원을 국회와 문화체육관광부에 제출한다고 밝혔다. 이들 단체는 청원서에서 "네이버나 다음 같은 포털을 통해 뉴스를 보는 국민은 증가했지만 뉴스의 품질은 조악해졌다"며 "본질적 원인은 포털이나 인터넷신문이 저널리즘의 품질을 도외시하고 클릭 경쟁에 몰두했기 때문"이라고 비판했다. 이들은 '포털의 뉴스 유통 서비스 개선을 위한 법률'을 제정해달라고 요구했다. 서원대학교 김병희(전 한국 PR학회장) 교수는 "포털 사이트의 온라인 뉴스 유통으로 발생하는 부작용과 잡음이 극에 달해 (네이버 등) 포털에서도 공개형 뉴스제휴평가위원회를 운영하려는 것"이라며 "포털이 사회적 책임을 실천하도록 이끄는 법안을 마련하는 것이 시급하다"고 지적했다.[32]

9월 5일 『조선일보』는 「'조폭 언론' 키워주는 포털 언제까지 이대로 놔둘 건가」라는 제목의 사설에서 "포털들이 마구잡이로 뉴스 제휴를 확대하면서 포털은 사이비 언론을 키워내는 공장 역할을 맡고 있다"고 비난했다.

"잘못된 것을 스스로 고칠 의사도 없고 책임도 지지 않겠다는 포털을 이대로 둘 수는 없다. 포털이 신문·방송사 수준의 법적 책임을 지도록 해야 한다. 엉터리 인터넷언론이 지금처럼 범람하는 데는 포털을 옹호해온 야당의 탓이 크다. 야당 의원들이 기업들처럼 악의적인 인터넷 기사로 피해를 봐야만 행동에 나서겠다는 건지 묻지 않을 수 없다."[33]

9월 9일 새누리당 김무성 대표는 최고 중진 연석회의에서 "언론사보다 훨씬 영향력이 큰 포털이 우리 사회, 특히 젊은 층에 미치는 영향이 절대적인 만큼 왜곡되거나 편향되고 과장된 뉴스 등 중립성 문제는 매우 중요하다"며 "포털은 단순 전달자 역할을 넘어 가치판단 영역인 편집·배포 기능을 갖고 있는 만큼 여론에 큰 영향을 미치는 편향성 문제는 엄중히 다뤄져야 한다"고 말했다. 김무성은 그러면서 "포털의 사회적 책임을 본격 논의하고, 뉴스 공정성과 객관성을 담보할 방안의 논의가 지금 절실히 필요한 상태"라고 지적했다.[34]

'어뷰징'에서 시작해 '공정성' 문제로까지 이어지는 등 이런 일련의 공세가 계속되면서 '포털 뉴스 규제론'이 본격적인 사회적 의제로 부상했다. 2015년 10월 23일 『중앙일보』는 「포털 뉴스 규제해야 하나?」라는 제목의 '논쟁'을 게재하면서 다음과 같이 말했다.

"지난달부터 정치권을 중심으로 인터넷 포털 뉴스의 공정성에 대한 문제를 제기한 후 포털 뉴스를 규제해야 하는가를 놓고 다시 논쟁이 벌어지고 있다. 포털 사이트들이 뉴스를 제공하기 시작한 이래 포털 뉴스의 왜곡과 규제 문제는 지속적으로 지적돼왔다. 포털들은 뉴스 생산이 아닌 단순 유통 창구라는 점에서 규제의 부당성을 주장하나 포털 뉴스가 묶음 제공 혹은 편집을 통해 여론의 방향을 결정하는 절대 강자가 돼 가고 있다는 점에서 규제가 필요하다는 입장도 있다."

포털 뉴스 규제론은 정치적 이해관계가 없는 언론학자들 사이에서도 찬반양론이 있는 쟁점이기에 답을 내리긴 쉽지 않은 문제지만, 그 어느 쪽을 택하건 양쪽의 입장은 확실히 알아두는 게 좋겠다.

한국언론진흥재단의 2014년 조사에 따르면, 우리나라 성인 39퍼센트는 매일 포털을 통해 뉴스를 보거나 듣는다. 지상파 뉴스(54퍼센트)보다는 낮지만 종이신문(7.4퍼센트)과는 비교가 안 될 정도로 높다. 이런 수치를 제시한 국민대학교 언론정보학부 교수 손영준은 "그러나 포털 뉴스를 비롯해 신문·방송 등 모든 매체에 대한 사회적 신뢰도는 하락하고 있다. 왜 그럴까. 필자는 우리 언론의 신뢰도 하락에 포털의 책임이 크다고 생각한다. 포털의 문제는 우리 언론의 핵심 과제이다"며 "포털의 사회적 책임을 묻지 않을 수 없다"고 했다. 그는 세 가지 이유를 제시한다.

첫째, 포털은 언론의 질서를 만드는 권력이다. 네이버 같은 거대 공룡이 기존 언론사를 압도함으로써 개별 언론은 네이버의 수요독점 체제에 굴복하지 않을 수 없게 되었다. 수요독점 시장에서 뉴스 판매자(언론사)는 구매자(네이버)의 가격 정책에 휘둘린다. 국내 언론사들은 원가에 턱없이 모자란 금액을 받고 포털에 뉴스를 넘기고 있다. 포털은 약탈적 방식으로 영업이익을 남기고 있다. 그렇다고 이를 벗어나기는 어렵다. 포털을 통한 뉴스 소비가 강화되면서 매체가 언론사로 살아 있으려면 포털에서 검색이 가능해야 하기 때문이다.

둘째, 포털 뉴스는 우리 언론의 뉴스 콘텐트 질을 하향 평준화시켰다. 언론사들은 포털에서의 클릭을 겨냥한 감각적인 연성 뉴스를 양산하고 있다. 네이버에 나오는 인기 검색어 관련 기사를 작성하고 기사 베끼기에 몰두한다. 검색을 통한 클릭 수를 늘리기 위해 동일한 제목의 기사를 지속적으로 전송한다. 또 내용과 다른 자극적인 기사 제목을 싣는다. 어뷰징 기사가 남발되고 있다. 알바 인력들이 정규 저널리즘 훈련을 받지 않았음은 물론이다. 뉴스의 다양성이 커지기는커녕 비슷비슷한 뉴스가 난립하고 있다.

셋째, 포털 뉴스는 우리 사회 소통 구조의 질서를 변화시키고 있다. 포털 뉴스는 정보 획득과 유통, 소비의 확산으로 결과적으로 민주주의의 큰 진전을 이뤘다고 볼 수 있다. 그러나 앞에서 논의한 것처럼 포털 뉴스가 언론 권력이 됨으로써 나타난 사회적 폐해는 방치되고 있다. 많은 언론사가 마케팅 원리에 따라 감각적이고 찰나적인 콘텐트 생산에 몰두하고 있다. '악화가 양화를 구축하는' 악순환은 우리 사회 소통 구조를 병들게 하고 있다.

이런 이유들을 제시한 손영준은 네이버와 다음카카오가 언론 유관 단체와 함께 진행하고 있는 '뉴스제휴평가위원회'는 언론권력 포털이 야기한 사회적 병폐를 광범위하게 점검해야 하며, 포털의 사회적 위상을 정상화하는 규제가 필요하다고 역설한다.[35]

반면 건국대학교 미디어커뮤니케이션학과 교수 황용석은 "포털 뉴스가 일종의 게이트키핑 행위를 통해 '세상을 보는 창'을 제공한다는 데에는 국내외 대다수 연구자가 동의한다. 기계적 알고리즘이든 사람에 의해서든 간에 다소 차이가 있겠지만 두 가지 방식 모두 편집 기능을 수행한다고 볼 수 있다. 그러나 이것이 발행인으로서 언론사의 지위인지 디지털 정보 매개자digital intermediary로서 다른 사회적 책임인지는 우리가 고민할 사안이다"며 다음과 같이 말한다.

"영국의 방송통신위원회라 할 수 있는 오프콤은 검색 포털을 '미디어 다원주의 정책'에 포함시킬지를 고민하고 있다. 정보나 사상이 자유롭게 유통되는 데 있어 디지털 정보 매개자가 큰 영향력을 갖고 있기 때문이다. 또한 '검색 중립성' 개념을 두고 다수의 학자들이 검색 포털에 대한 규제 프레임을 연구 중이다. 그러나 국내에서 전개되는 포털 규제론에는 '미디어 다원주의'나 '검색 중립성'과 같은 핵심 정책 개념들을 찾기 힘들다. 뉴스 산업의 생태환경으로서 공정한 경쟁 환경은 무엇을 의미하는지를 논하지 않는다. 중요한 것은 이 영향력 있는 매체를 통해 다양한 의견과 정보가 특정한 이해관계에 의해 차단되지 않도록 하는 것이며, 뉴스 검색 서비스에 있어서는 개방성이 구현되고, 편집 배열에 있어서는 품질과 평판을 반영하는 방법을 마련하는 것이다. 또한 다양한 수익 모델을 실험해서 뉴스 공급자와 유통자의 자원이 공유되는 방안을 고민하는 등 생산적 논의가 필요하다."[36]

기자의 자격을 국가가 정할 수 있는가?
인터넷신문 요건 강화

2005년 286개였던 인터넷신문은 2010년 2,484개, 2013년 4,916개 등 매년 1,000개씩 늘어 2015년 8월 현재 6,000여 개에 달한다. 지역의 작은 인터넷신문들은 대개 기존 언론에서 퇴직한 기자가 기자직 유지용으로 만들어 운영한다. 상시 취재·편집 인력 3명 이상이 등록 요건이지만, 배우자나 자녀, 친구를 상시 인력으로 신고해놓고 실제론 혼자 일하는 1인 인터넷신문이 대부분이다. 사무실도 자기가 사는 집으로 등록하면 그만이고, 유지 비용도 월 10~20만 원이면 된다. 그러다 보니 지자체나 유관 기관, 몇몇 기업체 배너 광고만 개척해놓으면 언론사 퇴직 전에 받던 월급 정도는 벌 수 있다.[37]

이런 인터넷신문이 각 지역마다 수십여 개에 달한다. 인구 30만 명도 안 되는 한 중소도시의 시청 출입 기자는 120명인데, 그중 80여 명이 인터넷신문 기자다. 한 지방자치단체의 홍보실 관계자는 "하루 방문자 100~200명밖에 안 되는 인터넷신문들도 광고 달라고 찾아와서 아주 미치겠다"고 말했다. 일정 기준을 만들어 그 이하면 광고 집행을 하지 않는다고 하면 되겠지만, 그건 이론적으로만 가능할 뿐이다. 표를 얻어야 할 자치단체장 입장에선 아무리 작은 신문사라도 악의를 품고 해코지를 하려 달려들면 골치가 아프기 때문이다.[38]

사정이 그와 같으니 인터넷신문에 대한 평판이 좋을 리 없다. 이런 부정적인 평판을 근거로, 정부는 2015년 11월 19일부터 '신문 등의 진흥에 관한 법률(이하 신문법)' 시행령 개정안을 통해 인터넷신문의 등록 요건을 강화했다. 취재 및 편집 인력 5명을 상시 고용하고, 국민건강보험 가입서 등 상시 고용 증명 서류를 제출해야 등록할 수 있게 한 것이다. 이와 함께 성인 인증 도입 등 청소년 유해 정보 차단·관리 업무를 수행하는 청소년 보호 책임자를 지정·공개해야 한다(이전에는 일일 평균 이용자가 10만 명 이상인 사업자나 정보통신 서비스 부문 전년도 매출액 10억 원 이상인 사업자에만 청소년 보호 의무가 있었다). 이미 등록한 인터넷신문 사업자들은 새로운 등록제 요건에 적응할 수 있도록 시행일로부터 1년의 유예기간을 두기로 했다.

문화체육관광부 미디어정책 과장 노점환은 "너무 용이한 등록제로 인해 매년 인터넷신문이 1,000개씩 급증하는 문제가 발생했다. 이번 개정으로 이 문제가 해소되고 선정성과 유사 언론 문제 등이 해결되는 계기가 되길 바란다"며 "아울러 인터넷신문과 인터넷 뉴스 서비스 사업자에 대한 청소년 보호 업무가 의무화돼 청소년들이 건강한 환경에서 인터넷을 이용할 수 있기를 기대한다"고 말했다.[39]

광고주들은 인터넷신문 요건 강화를 환영했다. 한국광고주협회 상무 곽혁은 "인터넷신문의 증가로 광고 집행을 두고 갈등이 있다. '기업 조지기'를 수익 모델로 삼는 매체가 증가하고 있다'며 등록 기준 강화에 찬성했다. 한국광고주협회는 등록 기준을 10인 이상으로 상향 조정하자고 주장하기도 했다(한국언론진흥재단의 2014년 조사에 따르면 인터넷신문 사업자의 91.6퍼센트는 9인 이하 인력으로 운영되고 있다).[40]

그렇다면 취재 및 편집 인력 5명을 상시 고용할 수 없는 인터넷신문은 문을 닫아야 하는가? 문체부 관계자는 "5인 미만으로 운영되는 언론사를 없애겠다는 건 아니다"라고 강조한 뒤 "문체부에 등록이 되지 않을 뿐이다. 홈페이지를 통해 활동을 그대로 할 수 있다"고 말했다. 물론 언론과 언론이 아닌 매체의 경계가 모호해진 상황에서 문체부 등록 자체에 큰 의미가 없을 수 있지만, 문제는 등록을 하지 않으면 정부 기관이나 기업의 보도자료를 받을 수 없는 등 취재 여건이 보장되지 않는다는 점이다.

정치·시사 전문 블로거 아이엠피터는 "각 지역마다 협동조합 형식의 지역신문이 있다. 시민기자 교육을 받고 블로그 활동을 하다 함께 모여 운영하는 경우가 많다. 언론사 등록은 했지만 상시 고용 시스템은 아니다. 그들이 언론사 등록이 취소되면 건강한 지역 풀뿌리 뉴스의 침체로 이어질 것"이라고 말했다. 한국인터넷기자협회 사무국장 도형래 역시 "작은 매체들은 환경이나 장애인 등 분야의 전문지 성격이 짙은데, 주류 언론이 생산해내는 기사와는 차이가 있다"면서 "이 같은 언론이 사라지는 건 여론 다양성 측면에서도 부정적"이라고 강조했다.[41]

2014년 한국언론진흥재단이 발표한 신문 산업 실태 조사에 따르면 연 매출액 1억 원 미만 인터넷신문은 조사 집단의 85.1퍼센트에 이르렀으며, 인터넷신문의 평균 기자 수는 4.5명으로 나타났다. 도형래는 "연 매출 1억 미만 사업자가 5명의 상시 인력을 두는 것은 불가능하다. 결국 시행령은 전체 인터넷매체의 85퍼센트 이상을 정리하는 법안이다"라고 주장했다.

한국인터넷기자협회장 김철관은 "미국은 1인 미디어가 백악관 출입을 많이 하는데 우리는 오히려 시대에 역행하고 있다"고 지적한 뒤 "소수 언론에 대한 진입 장벽이 높아진다는 것은 그만큼 언론 자유가 척박해진다는 것이다"고 강조했다.[42]

민주사회를위한변호사모임(민변) 언론 위원회는 "유사 언론 행위는 매체 규모에 따라 발생 가능성이 달라진다고 단정할 수 없어, 수단의 적합성에 의문이 제기된다"고 지적했다. 실제로 한국광고주협회가 2015년 사이비 언론에 의한 피해 실태를 조사한 결과에 따르면 광고 협찬 강요 등 유사 언론 행위는 대부분 5인 이상 매체에서 벌어졌다. 민변 언론 위원장을 맡고 있는 이강혁은 "결국 자본력에 따라 언론으로 인정받을 수 있다는 의미로, 사회적 소수자의 언론사 운영 기회를 박탈하게 돼 위헌적 요소가 있다"고 지적했다.[43]

서강대학교 언론문화연구소 선임 연구원 홍성일은 "세상이 엄혹하면 늘 기자의 자격을 물었던 것 같다. 자격 시비 의도는 정치적 의도도 있고, 언론권력과 정치권력과의 공모 관계도 있는 것 같다"고 지적한 뒤 "정파성에 따라 갈등을 부추기고 오보를 주도해온 주류 언론이 질 낮은 저널리즘에 대한 책임 전가용으로 인터넷신문의 저질성 시비를 거는 것 아닌가"라고 주장했다.

『미디어오늘』 기자 정철운은 정부의 정치적 의도를 의심했다. "최근 새누리당에선 엉터리 포털 보고서를 내고 포털 메인 화면이 정부 여당에 불리하다고 주장하며 네이버·다음카카오 대표를 국정감사 증인으로 출석시키겠다고 예고했다. 포털사에 대한 압박용이라고밖에 볼 수 없는 대목이다. 결국 총선과 대선을 앞두고 포털과 인터넷 여론을 완전히 통제·장악하겠다는 의도로 보일 수밖에 없다. 시행령 개정안에 의해 인터넷매체가 급감할 경우 기존 주류 매체 기사의 프레임 노출 빈도는 증가하고, 광고도 주류 매체에 집중될 가능성이 높다. 정부 여당은 지금보다 인터넷 여론을 통제하기 쉬워질 것이다."[44]

2015년 12월 28일 정의당 풀뿌리인터넷언론지킴이센터와 언론개혁시민연대는 서울 종로구 헌법재판소 앞에서 기자회견을 열고 "'신문 등의 진흥에 관한 법률(신문법)과 신문 등의 진흥에 관한 법률 시행령(신문법 시행령) 일부가 헌법이 보장하는 언론·출판의 자유, 평등권, 직업 선택의 자유를 위반한다"는 취지의 헌법 소원과 헌재의 결정 때까지 해당 법률의 효력을 정지해달라는 가처분 신청을 냈다.[45] 앞으로 이 논란이 어떤 결말을 맺게 될지 지켜보기로 하자.

왜 한국신문협회와 한국방송협회가 난타전을 벌였는가?
방송 광고 총량제

그간 방송법은 지상파방송의 광고에 대해 각 프로그램 전후에 편성하는 프로그램 광고(시간당 6분)와, 프로그램 사이에 편성하는 토막 광고(3분), 자막 광고(40초), 시각을 알리는 시보時報 광고(20초) 등으로 광고 형태를 구분해 횟수와 시간을 규제했는데, 2015년 4월 24일 방송통신위원회는 방송법 시행령을 개정해 그런 규제를 크게 완화시킨 광고 총량제를 허용했다.[46]

방송 광고 총량제는 광고를 자막 광고, 토막 광고, 시보 광고, 프로그램 광고 등 종류별로 제한된 칸막이식 편성 구분을 없애고 총량만 정해 자율적으로 편성하도록 하는 것으로, 1일 총 광고 시간 240분 내에서 시간당 광고 시간을 방송사가 탄력적으로 운용할 수 있도록 한 제도다. 방송사 입장에선 황금 시간대에 광고를 집중 편성하고, 시청률이 낮은 새벽 시간대에 광고를 줄일 수 있다.

이에 따라 지상파방송은 방송 프로그램 편성 시간당 평균 100분의 15에서 최대 100분의 18(평균 9분, 최대 10분 48초) 범위 내에서 다양한 형식의 광고를 자유롭게 편성할 수 있게 되었다. 그러니까 기존엔 60분짜리 프로그램에 최대 6분(15초짜리 24개)까지 광고를 붙일 수 있었지만, 앞으로는 9분(15초 36개)까지 가능해진 것이다. 이런 이유 때문에 지상파방송사가 비인기 시간대 광고는 줄이고 인기 프로그램에 비싼 돈을 받고 광고를 더 많이 붙이는 방식으로 광고 수입을 늘리는 전략을 쓸 것으로 예측되고 있다.[47]

광고 총량제를 두고 지상파와 유료방송업계·신문업계의 이해관계가 크게 엇갈렸던 만큼 논란도 뜨거웠다. 방송통신위원회가 2014년 7월 말 '지상파 광고 총량제' 도입을 추진하겠다고 밝힌 이후 9개월 동안 종편 겸영 신문사들은 신문과 방송을 통해 '자사 이기주의' 보도를 쏟아내는 동시에 한국신문협회를 동원해 전방위적인 여론전을 펼치기도 했다.

2014년 7월 31일부터 2015년 4월 말까지 9개월 동안 종편 겸영 신문 4사는 광고 총량제를 비판하는 내용이 담긴 기사를 쏟아냈는데, 『동아일보』는 광고 총량제를 비판하는 내용이 담긴 기사를 55건, 『조선일보』는 38건, 『매일경제』는 34건, 『중앙일보』는 19건 썼다. 『동아일보』는 일주일에 한 번 이상 광고 총량제를 비판한 셈이다. 왜곡 보도의 양과 정도는 덜해도 지상파 보도 역시 문제가 있었다.[48]

특히 한국신문협회와 한국방송협회 사이에서 벌어진 난타전이 볼 만했다. 2015년 1월 25일 한국신문협회 회원사인 『조선일보』·『중앙일보』·『동아일보』 등 44곳의 신문사 발행인들은 방송통신위원회와 문화체육관광부에 지상파방송 광고 총량제를 비판하는 질의서를 냈다. 한국신문협회

회원사인 『한겨레』와 『경향신문』 등은 이번 질의 과정에 참여하지 않았다. 한국신문협회는 "광고 총량제가 시행되면 지상파방송으로의 광고 쏠림 현상이 가속화해 경영 여건이 취약한 신문과 유료방송 등은 생존 자체를 위협 받는다"고 주장했다. 또 한국신문협회는 신문 지면을 통해 "지상파방송의 경쟁력 하락은 방만한 경영, 트렌드에 민감하지 않고 새로운 변화에 유연하게 대처하지 못한 제작 구조, 콘텐츠 투자에 대한 인식 부족 등 내부 요인에 기인한 결과"라고 주장했다.

이에 대해 한국방송협회는 1월 27일 보도자료를 내고 한국신문협회를 겨냥했다. "광고 총량제 도입으로 지상파의 광고 규제가 일부 완화될 예정이긴 하지만 중간 광고의 경우 지상파에는 금지됐으나 종편 등 유료방송에는 보도 프로그램까지 무차별적으로 허용되고 있다"며 "여전히 종편과 유료방송에 유리하게 설계된 기울어진 운동장에서 경쟁하라는 제도를 가지고 지상파 특혜니 편향 정책이니 하는 것은 상식을 가진 사람이라면 할 수 없는 이야기"라고 주장했다.[49]

2015년 4월 23일 케이블채널사업자PP협의회는 성명에서 "지상파 광고 총량제가 실시되면 매체 균형 발전을 위해 각각 다르게 적용됐던 비대칭 규제가 완전히 무너진다"고 주장했다. 지상파에 광고 총량제를 허용할 경우 광고가 잘 팔리는 프라임 시간대의 광고가 늘어나는 게 불가피해지고, 결과적으로 케이블TV · 유료방송 등과의 균형 발전을 위협하게 된다는 논리였다.[50]

2015년 4월 24일 방송통신위원회가 광고 총량제를 허용하는 방송법 시행령 개정안을 만장일치로 의결하자, 한국신문협회는 성명을 내고 "광고 총량제 시행으로 경영 기반이 취약한 신문의 존립 기반이 더 좁아질 것으로 우려된다"며 "정부는 매체 균형 발전에 기초한 장기적 미디어 발전

전략을 짜야 한다"고 촉구했다.[51]

같은 날, 한국방송협회는 중간 광고가 허용되지 않은 것과 관련 "(방통위가) 중간 광고 허용을 보다 적극적인 자세로 추진해주길 강력히 촉구한다"고 밝혔다. 광고주들은 우리나라와 중국을 제외한 거의 모든 나라에서 중간 광고를 허용하고 있으며, 중간 광고 없는 방송 광고 총량제는 오히려 광고 혼잡도만 증가시키고 자연스럽게 광고 시청률이 더 떨어질 가능성이 높다고 주장한다. 한국광고협회의 2014년 조사에 따르면, 광고주들은 광고 시장 활성화를 위해 필요한 여러 방안 중에서 지상파방송에 중간 광고를 도입하는 문제가 가장 중요하다(35.7퍼센트)고 했다. 서원대학교 광고홍보학과 교수 김병희는 "중간 광고의 도입에 대한 반대 여론에도 불구하고 중간 광고 도입 문제를 조속히 다시 논의해야 하는 이유는 중간 광고의 도입이 침체된 방송 광고 시장을 활성화시킬 수 있는 거의 유일한 방법이기 때문이다"고 주장한다.[52]

이에 맞서 한국신문협회는 "최성준 방통위원장은 3월 말 신문협회장과의 면담에서 '중간 광고는 추진하지 않을 것'임을 분명히 했다"고 강조했다. 이런 갈등과 관련, 『미디어오늘』은 「박 터지게 싸웠다, 지상파·종편 누가 이겼나」라는 제목의 기사에서 "지상파 광고 총량제는 오는 8월부터 시행될 예정이다. 그러나 지상파의 승리라고 단정 짓기 힘든 상황이다. 지상파 입장에서 광고 총량제 도입은 그 자체로 '목적'이 아니다. 중간 광고 도입을 위한 '과정'에 불과하다. 지상파 광고 총량제를 도입해도 경제적 효과가 크지 않기 때문이다"며 다음과 같이 말했다.

"지상파에 광고 총량제가 도입되면서 중간 광고 도입 가능성이 이전보다 커졌다. 그러나 방통위가 지상파에 중간 광고 도입을 강행할 가능성은 낮다. 종편 겸영 신문들의 엄포가 통한 탓이기도 하지만 중간 광고가 도입되면 시청 환경에 큰 변화가 생기기 때문에 시청자들의 반발이 예상된다. 민주언론시민연합, 언론개혁시민연대 등 언론 단체들 역시 중간 광고 도입에 대해 시청권 훼손을 우려하며 강력히 반대하고 있다. 반대 상황도 마찬가지다. 방통위가 종편에 일방적으로 이익이 되는 정책을 추진하는 일 역시 쉽지 않다. 종편은 현재 받고 있는 특혜를 빼앗기지 않으면 다행인 상황이다."

이어 이 기사는 "방통위가 광고 시장의 파이를 한쪽에 몰아주기 부담스러운 상황에서 양측을 모두 만족시키는 방안을 중점적으로 추진하고 있다. 대표적인 게 KBS 수신료 인상이다. 지난해 수신료를 기존 2,500원에서 4,000원으로 1,500원 인상하는 법안이 발의됐다. 법안에 따르면 연간 수신료 수입이 3,900억 원 정도 늘어날 것으로 전망하고 있다"며 다음과 같이 말했다.

"KBS는 이 중 2,100억 원가량의 광고를 줄이겠다고 밝혔다. 줄어든 광고 수익은 종편으로 흐를 가능성이 크다. 민주언론시민연합 등 언론 단체는 지난달 10일 발표한 성명에서 '2,100억 원의 초천문학적 광고를 종편에 내어주게 될 것'이라고 지적했다. 방통위 입장에서 수신료 인상은 종편에게 지상파의 광고 파이를 가져다주면서, 지상파 재원 확충에도 보탬이 되는 일석이조 정책이라는 이야기다. 광고 총량제 도입 저지에 적극적이었던 종편 겸영 신문이 상대적으로 수신료 이슈에 집중하지 않은 까닭은 수신료 인상이 종편에 보탬이 되기 때문으로 보인다. 종편 겸영 신문은 KBS 수신료 인상에 따른 광고 절감 폭을 더 늘려야 한다고 주장하는 상황이다. 지상파의 광고 파이를 더 많이 떼 달라는 요구다."[53]

수신료 인상 외에도 방통위는 지상파와 종편의 파이를 뺏지 않으면서 양측을 만족시킬 방안으로 '광고 규제 품목 완화'를 생각하고 있다. 2015년

4월 24일 방통위 전체회의에서 최성준 방통위원장은 '병원 광고 규제 완화'를 추진하겠다고 밝혔다. 최성준 위원장은 "인터넷, 모바일, 옥외광고 등에서 병원 광고를 접할 수 있는데 방송에서만 접할 수 없다"면서 "방송만 규제받고 있다. 이를 풀어야 한다는 의견들이 많다. 조속히 개선될 수 있도록 해야 한다"고 말했다.

이런 움직임과 관련, 추혜선 언론개혁시민연대 정책 위원장은 "방통위가 사업자 간 갈등 구조 속에서 갈등 해소에 중점을 두고 일을 진행하고 있다"면서 "시장 파이 키우기에 급급해 가상 광고, 간접광고를 확대했다. 병원 광고 등 광고 제한 품목에 규제를 완화하려 한다"고 말했다. 방송을 산업적 관점에서만 접근하는 과정에서 방통위가 시청자 주권을 외면하고 있다는 이야기다. 추혜선은 "시청자 주권, 공영성에 대한 방통위의 철학이 부재하다"고 덧붙였다.[54]

방송통신위원회는 정말 '지상파방송 권익 보호 위원회'인가?
MMS

MMSMulti-Mode Service(지상파 다채널 서비스)라고 하면 보통 지상파 MMS를 가리키는데, 디지털 신호 압축 기술을 이용해 기존 채널을 여러 개로 쪼개 '다채널 서비스'를 하는 것을 말한다. 당초 디지털 지상파TV 1개 채널에 할당된 6MHz 범위의 주파수 대역을 이용해 HD(고화질)급 TV 채널 1개 외에도 1개 이상의 SD(표준화질)급 TV 채널과 오디오·데이터 채널을 제공하는 서비스다. 이를 도입할 경우 지상파 사업자에게 추가적인 TV·오디오·데이터 채널을 제공해주는 결과를 가져온다. MMS가 허용

되면 지상파 채널이 지금 5개에서 최대 20개까지 늘어나게 된다.[55]

MMS의 추진 논거는 ① 디지털 방송 활성화를 위한 촉매제 역할, ② 지상파를 매개로 한 무료 보편적 서비스 및 공공서비스 강화를 위한 유력한 수단, ③ 지상파방송의 경쟁력 강화 등이다. 반면 MMS의 추진을 우려하는 논거는 ① 기술적 불완전성, ② 기존 HD 중심의 디지털 전환 정책과 정면 배치, ③ 지상파방송의 광고 시장 독과점 심화, ④ 지상파방송의 상업주의 심화, ⑤ 충분한 재원조달 의문, ⑥ 수용자 혜택의 불균등 문제 등이다.[56]

지상파방송에 MMS가 허용되어서 케이블을 끊고 지상파 직접 수신을 선택하는 가구가 늘어나면 SO 가입자 가운데 60퍼센트 이상이 아날로그 가입자들인 상황에서 SO들은 심각한 위기를 맞게 되는 등 업계 이해관계가 첨예하게 엇갈리는 사안이라 학계에서도 찬반양론이 분분하다. 세명대학교 신문방송학과 교수 정연우는 "방송은 무료 보편적 서비스인 지상파가 중심이 돼야 한다" 면서 "유료방송에 가입하지 않아도 다양한 콘텐츠를 볼 수 있도록 해야 한다" 고 말했다. 반면 성공회대학교 신문방송학과 교수 최진봉은 "지금도 지상파가 전체 방송 광고의 70% 이상을 차지하고 있는데 MMS가 허용되면 중소 PP들이 고사할 우려가 있다" 고 지적했다.

최대 쟁점은 광고다. 최진봉은 "대형 할인마트가 들어서면 동네 상권이 죽는 것처럼 당장 지상파 채널이 늘어나면 소비자들 입장에서는 좋을 수도 있지만 전체 시장으로 보면 반대할 수밖에 없다" 고 지적했다. "방송 시장이 지상파 위주로 재편될 가능성도 있고 방송의 다양성 측면에선 좋지 않다" 는 설명이다. 반면 정연우는 "오락과 예능 비중을 줄이고, 다큐와 시사 등 공적 성격이 강한 콘텐츠에 집중하면 광고 시장에 미치는 영향이 크지 않을 거라고 본다" 고 말했다.[57]

『조선일보』는 지상파 MMS를 허용하면 신생新生 방송은 다 죽는다고 주장했다. "지상파는 채널 수를 늘려 영향력을 확대하겠다는 전략이다. 늘어난 채널에서 24시간 뉴스, 엔터테인먼트, 스포츠 채널을 운영할 수 있다. 하지만 이미 뉴스 및 스포츠 등 다양한 전문 채널이 존재하는 상황에서 거대 사업자인 지상파가 무료로 이 서비스를 공급할 경우 케이블·위성TV 사업자들은 고사枯死하고 방송 환경은 '지상파 공화국'으로 바뀔 가능성이 크다. 여기에 광고까지 허용되면 '광고 쏠림'으로 미디어 시장의 불균형이 심해질 것이란 우려가 나오고 있다."[58]

2015년 12월 방송통신위원회의 지상파 MMS 추진이 확인되자 『조선일보』는 "지상파 MMS는 노무현·이명박 정권 때도 지상파방송사들의 요구로 추진했으나, 그때마다 독과점 논란으로 중단했다. 심지어 이경재 2기 방통위원장은 2013년 '지상파 다채널을 전면 허용했다간 방송 산업이 다 망할 수도 있다'고 말했을 정도다. 그만큼 타 방송 매체에 끼치는 피해가 크다는 뜻이었다"며 다음과 같이 말했다.

"하지만 작년 최성준 3기 방통위원장이 취임하면서 분위기가 달라졌다. 최 위원장은 이른바 지상파의 '5대 숙원 사업' 가운데 2개를 이미 해결해 줬다. 지상파의 광고 시간을 늘려주는 광고 총량제를 도입했고, 통신용으로 배치했던 주파수를 지상파의 초고화질방송UHD용으로 무료로 전환 배치하는 과정을 주도했다. 남은 3가지는 지상파 MMS, KBS 수신료 인상, 지상파 중간 광고 허용이다. 그중 지상파 MMS 도입을 이번에 꺼내 든 것이다. 이 때문에 방송계 일각에서는 최 위원장에 대해 '지상파 이권 해결사'라는 말이 있을 정도다."[59]

『중앙일보』도 "방통위는 MMS에 상업 광고를 금지한다는 방침이다. 하지만 재방 프로그램의 경우 기술적으로 분리가 어려운 협찬·가상 광고나 간접광고는 허용키로 해 사실상 광고를 허용한 거나 마찬가지라는 분석이 나온다. 지난해 지상파 3사의 간접광고 매출액은 2010년 대비 1,293퍼센트나 급증했다. 지상파들이 간접·가상 광고를 추가로 내보내는 조건으로 광고를 수주하면 중소 방송은 더욱 힘들어질 수밖에 없다. 지금도 지상파는 국내 방송 광고 시장의 60% 가까이를 차지하고 있다"며 다음과 같이 말했다.

"정부는 올해 황금 주파수인 700㎒ 대역을 지상파에 배분하고 광고 총량제까지 허용한 상황이어서 '지상파 편들기'가 도를 넘었다는 비판도 나오고 있다.…여기에 전체 가구의 90% 이상이 유료방송 플랫폼을 통해 TV를 보는 상황에서 지상파 다채널이 필요한지에 대한 근본적인 의문도 나오고 있다. 방통위는 무료 보편적 서비스를 통해 시청자 복지를 높이겠다고 했지만 실제 혜택을 받을 수 있는 사람은 전체 가구 중 한 자리 수(3.5%)에 불과하기 때문이다."[60]

이와 관련, 『미디어오늘』은 "종합편성채널을 겸영하는 신문들이 종편의 민원창구로 전락했다. 방송통신위원회가 지상파 MMS 확대를 추진하고 있다는 이야기가 나돌자 『조선일보』, 『중앙일보』, 『동아일보』, 『매일경제』가 약속이라도 한 듯 28~29일 대동소이한 기사와 사설을 쏟아냈다. 이들 신문은 방통위가 지상파 편향 정책으로 일관하고 있다고 비판했지만 정작 내용을 살펴보면 왜곡되고 과장된 면이 많다"고 했다. 이 기사의 내용을 몇 가지로 요약하자면, 다음과 같이 정리할 수 있겠다.

첫째, 이들 신문은 지상파에 유리한 정책에는 핏대를 세우면서도 정작 종편 특혜는 눈 감고 있다. 시청자와 방송 산업의 독과점을 염려하지만 결국 종편이 손해를 보기 때문에 반발하는 것이라는 지적이 많다. 이 같은 자사 이기주의 보도는 방통위가 지상파 정책을 추진할 때마다 반복되어왔다. 문제는 방통위가 저자세로 대응하면서 이들 신문의 압박이 매번 먹힌다는 사실이다.

둘째, 이들 신문은 방통위를 '지상파방송 권익 보호 위원회', '지상파 영업소'로 부르면서 이구동성으로 MMS가 '지상파 특혜'라고 주장했지만, 엄밀히 말하면 MMS는 방통위가 지상파에 공짜 채널을 주는 게 아니라 지상파가 자기 몫의 채널을 쪼개서 쓰는 것이다.

셋째, 지상파가 종편 등 유료방송과 달리 무료 보편적 서비스라는 점도 간과되었다. 지상파는 주파수라는 공공재를 통해 별도의 요금을 납부하지 않고 무료로 이용하는 서비스다. 따라서 특정 사업자의 유불리를 떠나 국민의 복리 증진 차원에서 MMS는 필요한 정책이다. 애초에 '지상파 대 유료방송' 대결 구도가 무의미한 이유다.

넷째, 지상파가 무료 보편적 서비스로서 제 역할을 못한다는 반론도 있지만, 지상파가 무료 보편적 서비스로서 플랫폼이 붕괴되었다는 점은 MMS를 해선 안 될 이유가 아니라 오히려 MMS를 추진해야 하는 이유다. 지상파 직접 수신율이 4.2퍼센트에 불과했던 영국은 MMS를 도입해 지상파 채널을 40여 개로 늘리면서 직접 수신율을 40퍼센트대까지 끌어올렸다.

다섯째, 표면적으로 보면 종편 겸영 신문의 주장대로 지상파 광고 총량제 도입은 방통위가 지상파의 광고를 늘려준 것이라는 지적은 맞고, 공공재인 주파수를 쓰는 지상파가 상업성에 치중한다는 비판 역시 일리 있지만, 지상파 편향 정책이라고 보기는 힘들다. 종편 등 유료방송은 기존에도 광고 총량제를 실시하고 있다는 점을 이들 신문은 외면하고 있다. 이들 신문은 또 방통위가 지상파에 광고 총량제를 도입하면서 종편 등 유료방송에 총량제 시간을 늘리는 등 추가적인 특혜를 줬다는 점도 언급하지 않았다.

여섯째, 『동아일보』는 "700㎒ 주파수를 지상파 방송사에 사실상 공짜로 나눠 주기도 했다"고 보도했지만 해당 대역은 지상파가 독차지한 게 아니라 통신사와 지상파방송사가 나눠 가진 것이다. 통신용도 할당이 결정된 상태에서 계획을 엎고 지상파에도 할당하기로 한 점은 지상파 특혜로 볼 수 있지만 번지수가 틀렸다. 해당 대역의 지상파 배분을 요구한 이들은 방통위가 아닌 국회 여야 의원들이었다.

일곱째, 외려 방통위가 편애한 건 지상파가 아닌 종편이다. 올해 방통위는 종편의 방송통신발전기금 납부를 1년 더 유예했으며 징수율도 타 방송사업자보다 낮은 0.5퍼센트로 책정했다. 또 방통위는 MBN의 불법적 광고 행태가 담긴 MBN 영업 일지를 조사하면서 MBN에 고작 1,000만 원을 부과하고 MBN의 광고대행사인 MBN미디어렙에 대해서만 과징금 2억 4,000만 원을 부과해 재승인을 위한 배려라는 비판이 나왔다. 이 외에도 △4개 종편채널 승인, △10번대 황금 채널 배정, △의무재송신, △중간 광고 허용, △1사 1미디어렙을 통한 광고 영업 등 온갖 특혜로 다른 사업자들에게 광고 손실을 가져다 준 당사자는 다름 아닌 종편이다. "(MMS가 확대되면) 지상파 독과점을 가속화해 미디어 시장질서가 훼손될 수 있다(『중앙일보』)" "케이블TV와 종합편성채널, 100여 개 중소 방송 채널은 물론, 인쇄매체 광고까지 영향을 받을 수밖에 없다(『조선일보』)"는 우려에 진심이 느껴지지 않는 이유다.[61]

제11장

광고 규제

왜 광고는 대표적인 '민주주의의 수사학'인가?

광고와 수정헌법 제1조

미국은 광고에 의해 생겨났고 광고에 의해 성장한 나라다. 자신이 살던 곳을 버리고 새로운 미지의 세계로 훌쩍 떠날 수 있는 사람이 얼마나 될까? 무엇이 사람들을 유럽에서 신대륙으로 불러들였던가? 미국 역사가 대니얼 부어스틴Daniel Boorstin, 1914~2004은 이렇게 말한다.

"정착민들을 이곳으로 데려오기 위해 이민 사업 추진업자들이 썼던 광고만큼 터무니없고 왜곡된 것은 없었다. 17세기 또는 그 이전에 영국에서 출판되었던 소책자들을 보면 낙천적이고 과장된 문구와 노골적인 거짓말, 그리고 아직도 그 진실 여부를 더 조사해보아야 할 그러한 것들로 가득 차 있다. 신대륙은 금과 은, 젊음의 샘, 무진장한 고기 떼들과 사슴들이 약속된 땅이라는 그런 종류들이었다."[1]

그렇게 탄생된 미국이 오늘날 '광고의 천국'이 된 것은 결코 우연이 아니다. 부어스틴은 오늘날 미국적 경험을 지배하는 건 현실이 아니며, 특히 광고의 부상은 진실의 개념에 대한 사회적 재정의를 가져왔다고 말한다. 미국 문명에서 광고의 주된 역할은 교육시키고 알리는 것보다는 설득하고 어필하는 것이었다. 그것도 무수한 반복을 통해서 말이다.

미국의 건설 자체가 광고의 역사였다고 단언하는 부어스틴은 광고야말로 대표적인 '민주주의의 수사학rhetoric of democracy'이라고 말한다. 그는 고대 그리스 철학자 플라톤Plato, B.C.427~B.C.347과 그 밖의 철학자들이 경고한 민주주의의 한 가지 위험은 '수사학rhetoric'이 '인식론epistemology'을 대체하거나 압도하는 것이었음을 상기시킨다. 즉, 설득의 문제가 지식의 문제를 압도하게끔 허용하는 건 위험하다는 것이다. 그런데 민주사회는 무엇이 진실인가 하는 것보다는 사람들이 무엇을 믿느냐에 더욱 관심을 갖는 경향이 있다는 것이다.[2]

그런 건국의 역사 때문이었을까? 미국에서는 19세기 말까지 각종 허위·과장 광고가 판을 쳤지만 이를 규제할 수 있는 법적 조치가 전혀 마련되어 있지 않았다. 가장 큰 이유는 자유경제 체제에 대한 미국인의 굳은 신념과 이른바 구매자위험부담購買者危險負擔: caveat emptor이라는 원칙 때문이었다. 물론 오늘날에는 판매자위험부담caveat venditor의 원칙으로 바뀌었다. 즉, 사는 사람이 아니라 파는 사람이 주의를 기울일 것을 요구하는 것이다.[3]

광고 규제를 위한 최초의 연방법이 마련된 건 1914년이었다. 연방거래위원회법Federal Trade Commission Act 제5조가 바로 그것이다. 그러나 이 법은 광고 규제가 직접적인 목적은 아니었고 허위나 기만적 광고를 이용한 부정 상거래로부터 다른 경쟁업자들을 보호하는 것이 주된 목적이었다. 따라서 그 어떤 허위 광고도 그것이 부당 경쟁의 수단으로 사용된 것이 아

니면 처벌할 수 없었던 것이다.[4]

1938년에 제정된 휠러리Wheeler-Lea법은 제5조에서 소비자에게 해를 미칠 수 있는 '불공정·기만행위'를 규제할 수 있게 했고 제12조에서는 '허위 광고'의 금지를 규정함으로써 본격적인 광고 규제의 근거를 마련해 주었다.[5]

1942년 연방대법원은 '밸런타인 대 크리스텐슨Valentine v. Chrestensen' 사건과 관련, "순수하게 상업적인 광고에 대해서 헌법은 정부에 대해 어떤 제한도 가하지 않는다"는 판결을 내렸다. 이는 광고가 수정헌법 제1조에 의해 보호되지 않는다는 걸 의미하는 것이었다(이 사건은 잠수함을 돈 내고 구경하라는 전단을 길거리에서 나눠주는 사람에 대한 시 당국의 규제로 인해 일어난 것이었다).

1964년 연방대법원은 '뉴욕타임스 대 설리번New York Times co.v. Sullivan 사건과 관련, 정치 또는 의견광고political or editorial advertising는 수정헌법 제1조의 보호를 받는다는 판결을 내렸지만, 이 판결은 순수한 상업적 광고의 지위에 아무런 영향을 미치지 못했다.[6]

1974년 FTC(연방공정거래위원회)법 개정에 따라 FTC는 주간州間 상거래뿐 아니라 각 주에서 발생한 부정 광고에도 규제할 수 있게 되었다. FTC의 광고 규제가 본격화됨에 따라 표현의 자유와 관련된 논란이 점점 더 부각되게 되었다.

미국에서 상업적인 광고도 수정헌법 제1조의 보호를 받을 수 있게 된 건 1970년대 중반에 이르러서였다. 1975년 연방대법원은 '비글로 대 버지니아주Bigelow v. Virginia 사건'에서 어떤 표현이 단지 상업광고의 형식으로 제시되었다고 해서 그것이 수정헌법 제1조의 보호를 받지 못하는 건 아니라는 판결을 내렸다. 이 판결은 광고 규제에 대한 자세한 판단은 유보했

지만, 광고의 자유에 관한 한 과거에 비해 큰 진전을 이룬 것이었다(이 사건
은 1971년 버지니아주에서 한 신문이 '낙태를 하려면 뉴욕으로 오라'는 내용의 광
고를 실은 게 발단이었다. 그 광고는 뉴욕의 한 산부인과 병원이 실은 것이었는데,
당시 버지니아주에선 낙태가 불법이었기 때문에 그 신문 발행인은 주 법원에선 유
죄판결을 받았었다).

여기서 한 걸음 더 나아간 진전은 1976년 '버지니아주 약정국 대 시민
소비자위원회Virginia State Board of Pharmacy v. Virginia Citizens' Consumer
Council' 간의 소송에 대한 연방대법원 판결에서 비롯되었다. 연방대법원은
제약 회사가 처방 약의 가격을 광고하는 걸 금지시킨 버지니아주 법이 위
헌이라는 판결을 내리면서 "자유기업 경제free enterprise economy에서 상업
적 정보의 자유 유통free flow of commercial information은 필수 불가결하다"
는 논거를 내세웠다.[7]

흥미롭게도 당시 소비자운동과 광고 산업은 한 배에 탄 것이나 다름없
었다. 소비자운동은 광고 등을 통한 경쟁을 통한 가격 인하에 관심이 있었
고, 광고 산업은 소비자운동을 등에 업고 광고가 수정헌법 제1조의 보호
대상이 되길 원했다.[8]

연방대법원은 1977년 '린마크 대 윌링버러읍Linmark Associates, Inc. v.
Township of Willingboro' 사건에 대한 판결에서도 자신의 집에 '주택 매매'
표지를 써 붙이거나 내거는 걸 금지시킨 윌링버러Willingboro읍의 결정은
위헌이라고 판시함으로써 1976년의 위헌 논거를 재확인했다.[9]

언론은 광고의 자유가 점점 더 언론의 자유에 근접해 가는 걸 불안한 시
선으로 바라보고 있었다. 1978년의 '보스턴 제일은행 대 벨로티First National
Bank of Boston v. Belloti 사건'에 대한 연방대법원의 판결은 급기야 『뉴욕타
임스』로 하여금 이 주제로 사설을 쓰게 하고야 말았다.

워런 버거Warren E. Burger, 1907~1995 대법원장은 수정헌법 제1조가 꼭 신문기자와 같은 특정 범주에 속하는 사람들이나 출판계와 같이 어떤 특수한 분야를 위한 것이 아니라 모든 사람을 보호하기 위한 것이라고 강력하게 주장했다. 이에 『뉴욕타임스』는 1978년 5월 7일자 사설에서 자사自社가 수정헌법 제1조에 의해 받는 권리가 제너럴모터스사가 받는 권리보다 더 나을 것이 없다는 법적 판결이 어느 날엔가 내려질지도 모른다며 경악을 토로했다. 이 신문은 출판이 명백한 헌법상의 보호를 받는 유일한 사적私的 사업체라고 언명한 1974년 스튜어트 판사의 발언을 상기시켰다. 이와 관련, 이시얼 드 솔라 풀Ithiel de Sola Pool은 다음과 같이 말했다.

"그러나 버거와 법원 내의 다수파는 헌법을 이러한 방식으로 해석하지는 않는다. 버거가 지적한 바와 같이, 정부가 누가 언론이며 누가 아닌가를 결정할 수 있을 때 이는 수정헌법 제1조가 배격하는 영국의 튜더 및 스튜어트 왕조시대의 그 혐오스러운 면허 제도의 유산이 될 것이다. 수정헌법 제1조는 히피 반골주의자나 거리에서 때 묻은 전단을 나눠 주는 여호와의 증인이나 보스턴의 제일은행First National Bank을 『뉴욕타임스』나 『애틀랜틱먼슬리』를 보호하는 것과 똑같은 방식과 정도로 보호하는 것이다." [10]

정치적 표현의 비교 우위를 주장하면서 상업적 표현이 같은 대우를 받아선 안 된다고 역설했던 알렉산더 마이클존Alexander Meiklejohn, 1872~1964의 우려가 사실상 현실로 다가온 것이라고 볼 수 있겠다.

광고는 어떻게 표현의 자유를 누리게 되었는가?
상업적 표현 원칙

광고에 수정헌법 제1조의 보호를 허용한 일련의 판결들이 정부의 광고 규제권을 전면 부인한 건 아니었다. 연방대법원도 허위·기만 광고는 여전히 규제의 대상임을 인정했다. 언론도 그 정도의 규제는 받고 있는 게 아니냐는 항변도 가능하겠지만, 아무리 광고의 자유가 언론의 자유에 근접했을망정 여전히 언론이 광고에 비해 우위를 누리고 있다는 건 분명했다. 다만 '상업적 표현commercial speech'에서 '상업적'보다는 '표현'에 더 무게를 두는 쪽으로 변화했다고 말할 수 있을 것이다. 그간 누적된 판결로 이른바 '상업적 표현 원칙commercial speech doctrine'이라는 게 형성되었다. 이 원칙은 다음과 같은 세 가지 내용으로 구성되어 있다.

첫째, 수정헌법 제1조는 불법적인 활동을 위한 광고를 보호하지 않는다.

둘째, 수정헌법 제1조는 허위, 기만, 오도하는 광고를 보호하지 않는다.

셋째, 정부는 합법적인 활동을 위한 진실된 광고의 경우 다음 2가지의 조건들을 충족시킬 때에 한해 규제할 수 있다. ①광고의 규제가 직접적으로 정부의 상당한 이익을 증진시킬 때, ②규제가 국가에 의해 주장된 이익을 수행하는 데에 필요한 것보다 광범위하지 않을 때.

이런 원칙이 나오게끔 하는 데에 기여한 주요 판결은 '센트럴 허드슨 대 공공 서비스 위원회Central Hudson Gas & Electric Corp. v. Public Service Commission' 사건(1980)이다. 에너지 절약을 위해 전기회사의 전기 사용 광고를 금지시킨 건 정당한가? 정당치 않다. 그 광고는 불법적인 활동을 위한 것도 아니고, 허위·기만·오도도 없다. 에너지 절약이라고 하는 공익을 수행하는 데에 전기 광고 금지는 지나치게 광범위한 것이다. 다른 대안

들이 있다는 게 연방대법원의 판단이었다.[11]

이 사례에서 중요한 것은 규제가 최소한의 것인가 하는 것이다. 이를 가리켜 '최소 제한적 수단의 원칙the least restrictive means test'이라고 하는데, 이 원칙은 연방대법원의 1989년 판결에서 '적합성fitness의 원칙'으로 대체되었다.

1989년의 판결은 뉴욕주립대학 캠퍼스에서 학생들이 식기 및 용기 제조업체인 터퍼웨어Tupperware의 후원을 받는 상업적 파티를 개최하기로 한 데서 발단이 되었다. 학교 당국은 이러한 행사는 교육적 분위기를 유지하고 학생이 상업적으로 이용되는 것을 방지하려는 학교의 목적에 위배된다고 제소했다. 이에 학생들은 언론의 자유에 위배된다고 맞섰다. 법정은 학교 당국의 금지가 옳다는 판정을 내렸다. 학교 당국의 제재가 그 목적을 이루기 위해 과연 최소한의 규제 수단이었는가? 이에 대해서 법정은 규제 당국(학교)이 그걸 보여 줄 필요는 없으며 규제 당국의 원래 목적과 그러한 목적을 이루기 위한 광고 제재가 '조화'를 이루고 있는지가 보다 중요하다고 판단했다.[12]

1993년 3월 24일 연방대법원은 '신시내티 대 디스커버리 네트워크 Cincinnati v. Discovery Network, Inc.' 사건에서 6대 3의 다수결로 시 당국이 전단 배포기의 설치를 금지한 건 위헌이라는 판결을 내렸다. 디스커버리 네트워크는 시내의 공터나 보도에 배포기를 설치, 무료지와 광고용의 삐라 등을 배포해왔는데 신시내티시 당국은 "공공의 장소에서는 누구도 광고전단을 배포해서는 안 된다"는 이유로 이를 금지시켰다. 연방대법원은 "정보나 의견의 자유로운 흐름은 그것이 광고의 분야라 하더라도 보호받아야 할 가치가 있으며 신시내티시 당국은 상업광고의 가치를 너무 과소평가하고 있다"고 지적했다.[13]

1993년 4월 26일 연방대법원은 '에덴필드 대 페인Edenfield v. Fane' 사건에서 8대 1의 다수결로 공인회계사가 직접, 시민에게 본인의 이용을 호소하는 것을 막은 플로리다주 정부 당국의 금지령은 위헌이라는 판결을 내렸다. 주 당국은 "공인회계사의 과도한 행위를 예방하고 그 직업상의 독립을 지키기 위한" 금지령이었다고 설명했으나, 연방대법원은 "주 당국의 목적은 이론상으로는 인정될 수 있으나 금지령이 그 목적한 바 역할을 다할 수 있을 것이라는 증명이 없거나 미흡하다"고 밝혔다. 따라서 정부가 금지령을 내리기 위해서는 어떤 행위가 해악을 가져올 것이라는 것, 그리고 금지령이 이 해악을 상당한 정도로 경감시킬 것이라는 것을 증명해야 한다는 것이다.[14]

1995년 2월 1일 샌프란시스코 연방고등법원은 수신자의 양해 없는 일방적인 광고의 팩스 송신을 금지한 연방법은 합헌이라고 판결했다. 이 연방법은 1992년 12월부터 시행되었다. 원고 측은 "팩스 광고는 자금이 적은 중소기업들에게는 값싸고 유력한 시장 참여의 방법이며 용지대는 불과 1페이지당 약 2센트(약 17원)로 읽고 싶지 않으면 버리면 된다. 불필요한 규제이다"라고 주장했다. 이에 대해 피고 측의 연방통신위원회FCC는 "용지대는 경우에 따라서는 1매에 40센트(약 320원)까지도 된다"고 반론을 제기했다. 연방고등법원도 "어쨌든 영리만을 목적으로 한 송신자의 행위에 의해 소비자는 까닭도 없는 돈을 지불해야 한다"고 판단했다.[15]

1998년 11월 캘리포니아주 고등법원은 '인텔 대 하미디Intel Corporation v. Hamidi' 사건 판결에서 인텔에서 해고된 하미디가 인텔 종업원들에게 자신의 부당 해고를 알리는 대량 이메일을 발송하는 것을 금지하는 명령을 내렸다. 이는 대량 이메일이 스팸이냐 아니냐, 스팸은 광고로서의 '상업적 표현의 자유'를 누릴 수 있느냐 없느냐 하는 논쟁을 불러일으켰다. 스팸 옹호자들은 스팸이 전통적인 광고로서 수정헌법 제1조의 보호를 받을 권리가 있는 자유로운 상업적 표현의 또 다른 형태에 불과하다고 주장했다. 스팸에 대한 금지는 비현실적일 뿐만 아니라 헌법으로 보장된 커뮤니케이션권을 침해하기 때문에 위헌이라는 것이었다.[16]

미국 사람들은 좀 지독한 면이 있다. 우리 같으면 상식선에서 판단할 일도 악착같이 법정으로 끌고 가 끝장을 보려고 한다. 일방적으로 팩스 광고를 보내는 걸 금지한 법이 표현의 자유를 침해한다고 소송을 제기하다니 이게 말이 되나? 그러나 말이 되는 나라가 바로 미국이다. 이는 미국이 전형적인 '기업사회'라는 걸 말해준다 하겠다. 경제학자 칼 폴라니Karl Polanyi, 1886~1964에 따르면, 기업사회는 "시장이 사회로부터 분리돼 나와 자율적인 것이 되는 데 머물지 않고, 사회를 식민화한 상태"를 말한다.[17] 좋은 의미에서건 나쁜 의미에서건 광고가 이미 우리 사회를 식민화했다고 말하면 지나친 과장일까?

미국보다는 좀 온건한 수준이긴 하지만, 한국도 광고를 표현 자유의 영역에 있는 것으로 보고 있다. 헌법재판소는 1998년 2월 27일 결정 이후 여러 차례에 걸쳐 광고도 헌법 제21조의 언론 출판의 자유에 의한 보호의 대상이 된다고 선고했으며, 2008년 6월 26일엔 방송법 제32조에 근거를 두고 한국광고자율심의기구가 대행하던 방송 광고 사전 심의 제도는 '위헌'이라고 결정했다. 방송 광고 사전 심의 제도를 헌법 제21조 2항이 금지하고 있는 '검열'로 본 결정에 대한 반응은 어땠을까? 이승선에 따르면, "일반 대중에겐 순식간에 '어마어마한' 일이 벌어진 것으로 비춰졌지만 광고업계와 학계는 당연한 결정이 '너무 늦었다'는 반응을 보였다."[18]

왜 미국 광고인들은 '볼티모어 진실 선언'을 했는가?
광고 자율 규제

1913년 미국 광고인들은 이른바 '볼티모어 진실 선언'이라는 것을 했다. 광고를 진실 되게 하자는 일종의 광고 윤리강령이었다. 그러나 역사가 대니얼 부어스틴Daniel Boorstin, 1914~2004은 광고가 아무리 진실을 선언해 봐야 광고가 진실의 의미 자체를 바꾸어버렸기 때문에 그건 무의미하다고 주장했다.

부어스틴은 그 한 예로 슐리츠 맥주 광고를 들었다. 이 맥주는 병이 증기로 살균 처리되기 때문에 깨끗하다는 것을 강조하는 광고 공세를 벌임으로써 시장점유율 5위에서 1위에 근접하게 되었다. 맥주병을 증기로 살균 처리하는 건 다른 맥주들의 경우에도 마찬가지였다. 그렇지만 다른 맥주들은 흉내 낸다는 비판을 받을까 봐 그걸 뒤늦게 따라서 강조하기는 어려웠다. 슐리츠 맥주의 광고는 진실인가? 부어스틴은 그건 '의사사건'을 이용한 '의사진실quasi-truth'에 지나지 않는다고 말한다.[19]

그러나 광고주와 광고대행사들에게 중요한 건 그런 철학적인 고민이 아니다. 그들에게 중요한 건 법적 규제를 피해가는 것이다. 그래서 그들은 자율 규제를 통해 법의 손길을 뿌리치려고 애를 쓴다.

미국의 대표적인 광고 자율 규제 기구는 1971년에 출발한 전국광고심의위원회NARB: National Advertising Review Board다. 이 위원회의 명령권은 광고의 진실성과 정확성에만 적용되었지만 나중엔 몇 개의 자문 위원회를 두고 다양한 분야에서 공공의 관심사를 검토하고 소견서를 발표할 정도로 그 업무 영역을 넓혀 나갔다. 또 경영개선협회이사회Council of Better Business Bureau의 전국 광고부National Advertising Division도 자체적으로 신

문·방송의 광고를 조사하고 심사해 시정을 권고하는 자율 규제 활동을 하고 있다.[20]

광고인의 윤리성이 낮은 수준이라면 자율 규제가 효과적일 수 있을까? 2000년 광고업계 내부에서 윤리성 문제가 핵심 쟁점으로 대두되어 '윤리 인증' 제도 도입을 둘러싼 논란이 한창인 상황에서 광고 주간지인 『피알위크PRWeek』가 광고업계 관계자 1,700명을 직접 만나 벌인 조사 결과는 그런 의문을 제기하기에 충분했다.

네 명 가운데 한 명이 직업과 관련해 거짓말을 한다고 시인했으며, 과대 선전을 한다는 응답은 그보다 많은 39퍼센트로 나타났다. 응답자의 62퍼센트는 고객인 기업들에게서 받아 내놓는 정보가 신빙성이 있는지 확신할 수 없다고 말했고, 아예 거짓 정보를 듣거나 기업들의 거부로 충분한 정보 접근을 봉쇄당한다는 응답도 60퍼센트를 넘어섰다. 이 조사 결과 발표에 매우 당황한 광고업체위원회 위원장 잭 버진은 고객의 요구에 충실하지 않을 수 없는 광고업의 속성 등 광고업계의 현실을 감안해줄 것을 요청했지만, AT&T의 대변인 버크 스틴슨은 '결코 변명의 여지가 없으며, 부끄러워해야 할 일'이라고 비난하고 나서는 등 파장이 일었다.[21]

광고업계에만 윤리를 요구할 수는 없는 일이다. 모든 대중매체는 각기 나름대로의 광고 윤리 기준을 갖고 있으며 나름대로 자체 심의를 하고 있다. 『뉴욕타임스』의 경우 광고 조사부를 두고 모든 광고를 게재에 앞서 심사하며, 『워싱턴포스트』는 그러한 심사에 더해 광고 담당 옴부즈맨을 두어 독자들의 항의를 별도로 처리하기도 한다.[22] 방송의 경우 텔레비전 네트워크 3사만 하더라도 각기 광고 심의 위원commercial editor을 두고 있는데, 1980년대에 ABC는 15명, CBS는 8명, NBC는 6명이었다. ABC는 10개의 광고 중 4개를 퇴짜 놓은 적도 있다.[23]

2000년 다이아몬드 판매 회사Diamond.com 광고에는 전라의 여성 모델이 신체 부위별로 다이아몬드를 거미줄처럼 걸친 모습과 전라의 여성 모델이 황혼 녘에 다이아몬드 해변에서 바닥을 기어가는 모습이 등장했다. 이 광고는 큰 논란을 불러일으켰다. 『월스트리트저널』은 노출이 심하다는 이유로 이 광고의 게재를 거부했다. 다이아몬드 회사는 신체 노출 부위를 다이아몬드로 더 많이 감춘 광고를 재제작해 게재를 요청했으나 또다시 거부당했다.[24]

또 시민단체들의 압력에 의한 규제도 있다. 아마도 1960년대 말부터 이루어진 여성단체들이 벌인 운동이 가장 대표적인 예일 것이다. 전국여성단체NOW: National Organizatin for Woemen는 여성을 격하시키거나 왜곡하는 광고에 대해 스티커 배포, 편지 쓰기, 광고주·광고대행사·매체에 대한 항의, 상품 불매, 주주총회에서의 저항, TV방송국 면허 갱신에 대한 도전 등과 같은 다양한 방법을 통해 큰 성과를 거두었다.[25]

소비자단체도 광고 규제 세력으로 볼 수 있다. 2000년 샤워장 바닥에서 기어가는 전라의 여성 위에 서있는 남성의 모습이 등장한 페리 엘리스의 의상 광고는 소비자단체의 반발로 중도하차했다. 페리 엘리스의 파블로 드에키바리아 부사장은 "여성 소비자들로부터 약을 먹고 강간당한 듯한 느낌을 준다"는 고발을 받고 곧바로 광고 철회와 생산 중단에 들어갔다고 밝혔다.[26]

가장 과격한 소비자단체는 '애드버스터스Adbusters'다. 이 운동의 지도자인 칼레 라슨Kalle Lasn, 1942~은 캐나다 방송CBC에서 일하다 임산업을 비판하는 30초짜리 광고를 방영하려 했다는 이유로 해고당하자 1989년부터 애드버스트 미디어 협회란 단체를 만들어 활동하면서 반反소비주의 잡지 『애드버스터스Adbusters』를 창간했다.[27]

잘못된 광고가 얼마나 인간과 자연환경을 파괴하는지에 대해 관심을 갖고 그러한 광고를 찾아 방영 반대 운동을 하는 사람들을 가리켜 adbusters라고 한다. 이들은 사회의 진보적 변화를 위해 기업 광고와 기존 미디어 문화의 전복을 시도하는데, 이들의 주요 활동을 advertising을 전복한다고 해서 subvertising(subvert+advertising)이라고도 한다.[28]

adbusters는 'ad-busting(광고 부수기)'과 'ad-bashing(광고 때리기)' 등을 통해 광고 메시지에 숨겨진 다양한 모순점을 폭로하고 광고주가 전하는 메시지를 뒤집어 놓는다. 예컨대, 옥외광고판의 마른 모델 사진 위에 '스컬링skulling' 즉, 해골을 그리거나 '먹을 것 좀 주세요'라는 문구를 쓴다거나, 나이키의 옥외광고 슬로건 '저스트 두 잇Just Do It'을 '저스트 스크루 잇(Just Screw It: 쥐어짜라)'으로 바꾼다거나, 앱솔루트Absolut 보드카 광고 슬로건을 '앱솔루트 난센스Absolute Nonsense'로 바꿔놓는 식이다.[29]

미국은 어떤 방식으로 광고를 규제하는가?
FTC 규제

미국의 대표적인 광고 규제 기관은 FTC(Federal Trade Commission: 연방공정거래위원회)다. FTC의 활동 이외에도 광고 규제 관련 법은 32개나 된다. 심지어 성조기나 FBI의 이름을 광고에 사용하지 못하게 하는 법까지 있다.[30]

FTC의 규제권 발동은 크게 보아 ① '부당한 설득의 수단'을 사용해 소비자의 판단을 흐리는 경우, ② 중요한 정보의 미공개, ③ 과장 광고, ④ 부적절한 판매 후의 시정 조치 등과 같은 4가지 경우다.[31]

FTC 광고 규제의 가장 큰 어려움은 '시간'이다. 광고 캠페인은 금방 끝나는데, FTC가 무슨 조치를 취하기까지엔 시간이 그 캠페인 기간 이상 걸린다. 그래서 FTC의 각종 대응 방안의 중요한 고려 사항 가운데 하나는 바로 '시간'이다. FTC의 각종 대응 방안은 크게 보아 8개로 나누어 살펴볼 수 있다.

첫째, 광고주들에게 사전에 알려주는 주의guides or advisory opinions다. 그러나 이 '주의'엔 강제력이 없다. 이는 어디까지나 광고 관련 법에 대한 FTC의 의견일 뿐, 나중에 문제가 되었을 경우 광고의 허위·기만성은 처음부터 다시 입증해야 한다.

둘째, 허위·기만적인 광고를 하지 않겠다는 광고주들의 자발적 승낙voluntary compliance이다. 광고주의 과거 실적이 좋을 경우 다시는 그런 주장을 하지 않겠다고 약속함으로써 피차 노력과 경비를 절약할 수 있지만, 잘 사용되지 않는다.

셋째, 허위·기만적인 광고를 하지 않겠다는 광고주들의 서약consent orders or written agreements이다. 이는 FTC가 공식적인 문제 제기를 한 다음에 취해지는 것으로 '자발적 승낙'에 비해 더욱 복잡하고 더욱 구속력이 있다. 가장 많이 쓰이는 방식이다. 구체적으로 무엇 무엇을 앞으론 하지 않겠다든가 하는 식으로 공식 문서를 통해 밝히게끔 되어 있다. 그러나 이건 광고주가 '유죄'를 인정했다는 걸 의미하는 건 아니다.

넷째, 광고 중지 명령cease and desist orders=litigated order이다. 이는 FTC에 의한 공식 조사 결과 '유죄' 판정이 난 다음에 광고주들로 하여금 특정 주장을 하지 못하게끔 하는 것으로 이 명령을 어길 경우 광고주는 하루에 1만 달러 하는 식으로 막대한 벌금을 물게 된다. 광고주가 '서약'에도 따르지 않고 광고 내용이 정당하다고 버틸 경우에도 사용된다. 광고주는 60일

내에 FTC에 항소할 수 있다. FTC는 이 명령을 언론 매체를 통해 널리 알림으로써 그 효과를 극대화할 수도 있다.

다섯째, 입증substantiation이다. 광고주로 하여금 광고 속의 주장을 입증케 하는 것이다. 이는 1971년부터 도입된 것으로 FTC가 광고주에게 자료를 제출케 함으로써 FTC의 부담이 크게 줄어들었다.

여섯째, 교정 광고corrective advertising다. 광고주로 하여금 과거의 광고가 옳지 않았다는 것을 교정케 하는 조치다. 교정 광고에 FTC에게서 명령을 받았다는 것을 밝히게 하는 데, 광고주 입장에선 가혹한 것이어서 속칭 주홍글씨(Scarlet Letter: 옛날 간통자의 가슴에 달게 했던 adultery의 머리글자 A)라고도 불린다.

그러나 1977년 연방고등법원에서 나온 판결은 교정 광고를 지지했지만, '이전 광고와는 달리contrary to prior advertising'라는 삽입 구절이 광고주에게 지나치게 굴욕적이며, FTC에겐 문제를 교정할 권한은 있어도 응징을할 권한은 없다는 걸 밝힘으로써 이러한 조치의 전망을 어둡게 했다. 연구 결과에 따르면, 교정 광고를 하더라도 소비자들은 그것이 교정 광고임을 깨닫지 못하고 교묘한 수법의 또 다른 광고로 아는 경향이 있어 원래 의도했던 효과도 의문시되는 점이 있다.[32]

한 사례를 보자. "일반 구강 위생, 입 냄새, 감기 그리고 감기로 인한 아픈 목을 위하여", "리스테린에 닿기만 하면 수백만의 세균을 소멸시킵니다." 이는 두 개의 병렬된 문장이 인과관계의 주장으로 이해되게끔 하여 리스터린이 감기까지 치료한다고 믿게끔 오도했다는 이유로 FTC에 의해 다음과 같은 '교정 광고'를 내야 한다는 명령을 받았다. "리스테린의 지난 광고와는 상반되게 리스테린은 감기나 아픈 목을 예방하지도 않고 치료하지도 않습니다."[33]

일곱째, 광고 금지 명령injunction이다. 이는 분명히 법을 어겼고 소비자에게 해를 미칠 수 있다고 판단될 때 광고 캠페인을 즉각 중단시키게 하는 명령으로 '광고 중지 명령'과 비슷하나 그 강도는 더 높다. 이는 1973년 일부 여행사들의 필리핀 여행 광고 시 적용된 바 있다. 당시 광고되었던 심령수술psychic surgery은 피를 흘리지 않고 마음으로 수술을 한다는 것이었는데, 이는 부당이득을 취하려는 속임수라는 것이 FTC의 판단이었다.

여덟째, 동종업계 일괄 규제trade regulation rules다. 이는 동종업계 전체의 광고를 규제할 수 있는 조치다. 동종 산업 기업들의 광고에 공통된 문제가 있을 때 개별 광고에 대해 규제를 하는 것이 아니라 업계 전체에 대해 할 수 있다.[34]

광고의 허위와 기만을 어떻게 판별하는가?
허위·기만 광고

미국에서 허위 또는 기만 광고false or deceptive advertising의 3대 판정 기준은 다음과 같다.

첫째, 소비자를 오도할 수 있는 표현, 누락, 또는 관행이다. 예컨대, 진실의 전부를 말하지 않는 것도 기만에 속한다. "1952년 이래로 만들어진 우리 시계의 93%가 지금도 정확히 시간이 맞는다"는 주장의 경우, 그 시계가 시장에서 팔리기 시작한 건 불과 3년 전이므로 이는 기만 광고다.

둘째, 합리적으로 행동하는 보통 소비자의 관점에서 판단한다. 예컨대, 대니시 페이스트리Danish pastry라고 해서 덴마크에서 만들어진 것이라고 생각할 사람은 극소수에 불과하다. 그래서 그건 허위·기만 광고에 해당

되지 않는다.[35]

FTC는 처음에 이 '합리적 소비자 기준the reasonable standard man'에서 출발했다가 1938년 '무지한 소비자 기준the ignorant standard man'으로 돌아섰지만 1968년부터 다시 '합리적 소비자의 기준'으로 복귀했다. 일본의 경우엔 다음과 같은 세밀한 기준을 적용한다고 한다.

"고교 졸업(표준적인 지식수준)의 일반 가정주부(전문 지식이 없으나 구매 경험이 있는 자)가, 오후 5시경(약간은 부주의한 상태로) 시장에서 물건을 살 때(조금이라도 싸고 좋은 물건을 사려고 할 때)의 상황이다. 이러한 상황에서 소비자가 착각을 일으킬 만한 표시는 부당한 표시라고 정의한다."[36]

셋째, 표현, 누락, 또는 관행이 실질적인 것일 때에 한해 허위·기만 광고로 판정한다. 예컨대, 모의 실연 또는 실물 크기의 모형 사용fake demonstration or mock-ups은 그것이 판매 소구점일 경우에만 문제가 된다. 촬영 시 조명 관계로 아이스 큐브 모형을 쓰는 것이 불가피하나, 아이스 큐브를 보여주면서 광고하는데 그것이 모형일 경우엔 안 된다. 그러나 그것을 포장한 채로 모형을 쓰거나 음료수 광고에 쓰는 건 괜찮다.[37]

1970년 캠벨 수프 회사 사건을 보자. 문제의 수프는 수프 캔의 사용법에 따라 만들어졌고 먹기 바로 직전의 화면이었다. 소비자는 그 화면 중의 수프 그릇 속에 담긴 당근, 완두콩, 감자, 파 등 많은 양의 야채를 보았다. 캠벨 수프 회사는 TV 광고 시연 때 그릇 아래 대리석을 받쳐 수프 내용물이 표면에 떠 있도록 만들었다. 캠벨 수프 회사는 미디어 자체의 한계 때문에 이러한 모형이 필요하다는 항변을 제기했지만, 연방공정거래위원회는 이 논리에 동의하지 않고 광고 중지 명령을 내렸다.[38]

이 3대 판정 기준만으론 판단하기 어려운 경우들이 많다. 다양한 경우들을 살펴보기로 하자.

증언testimonials 기법 광고의 경우, 1932년 전까지는 증언에 돈을 지불했을 경우 그 사실을 광고에 밝혀야만 했는데, 오히려 지금은 규제가 느슨해졌다. 몇 가지 원칙이 있다.

첫째, 증언 중 전체 사실을 왜곡할 수 있는 부분 인용은 안 된다. 예컨대, "This is the worst movie of the year"라고 하는 영화평 중 "the movie of the year"만 인용하는 건 안 된다.

둘째, 1975년부터 FTC는 증언 광고와 관련, 전문가의 증언을 사용할 경우 그 사람은 그 증언에 대해 전문적인 지식을 가져야 한다고 밝혔다(특히 건강과 안전에 관한 광고). FTC는 항공 우주인의 자동차 윤활유 광고 증언은 부적합하다는 판정을 내렸다.

셋째, 유명인 또는 전문가 증언은 증언 당시 그 인물이 실제로 그 상품을 사용해야 한다. 넷째, 유명인 증언은 광고하는 제품과의 물질적 이해관계가 없어야 한다. 가수 팻 분Pat Boone, 1934~은 피부 얼룩을 빼는 약 광고에 출연했다. 그러나 자신의 연예 프로덕션 회사가 그 약의 마케팅을 담당한 회사들 중의 하나라는 게 밝혀졌다. 한 병에 9달러 하는 그 약의 판매가 중 25퍼센트가 팻 분의 몫이었다. 그는 자신의 네 딸이 그걸 쓰고 있다고 했는데, 이는 사실이 아닌 것으로 밝혀졌다. 팻 분은 큰 벌금을 물었고, 그 약을 산 사람들에게 부분적인 보상까지 하는 봉변을 당했다.

이중적 의미double meaning도 문제가 된다. "단 350불에 당신 차의 모터를 새로운 모터로 갈아드립니다"라는 광고가 있다고 하자. 알고 보니 소비자가 새로운 모터를 갖고 올 경우 갈아주는 값만 그렇다는 것이다. 이건 기만 광고에 해당된다.[39]

미끼상품 마케팅loss-leader marketing은 어떤가? 어느 백화점에서 비교적 가격이 낮은 상품 한두 가지를 원가 이하로 판매한다. 백화점이 2,200원에

들여와 3,000원을 받아야 할 것을 백화점이 200원을 손해 보면서 2,000원에 파는 것이다. 백화점은 이걸 광고해 손님을 끈다. 그걸 사러간 손님이 그거 하나만 달랑 사 들고 가지는 않을 것이다. 온 김에 백화점 구경이나 하자고 하다가 몇 만 원어치 쇼핑을 할 가능성이 매우 높다. 백화점은 바로 이걸 노리는 것이다. 이걸 가리켜 미끼상품 마케팅loss-leader marketing이라고 한다. 2005년 6월 홈플러스, 롯데마트, 그랜드마트, 킴스클럽 등 국내 대형 할인점들이 쌀 할인 판매 경쟁에 앞다퉈 나선 것도 바로 그런 경우다. 할인 폭도 5퍼센트에서 20퍼센트나 되었다. 쌀을 미끼상품으로 활용한 것이다.[40]

미끼상품 마케팅과 유사한 걸로 'bait-and-switch marketing'이라는 게 있다. 굳이 번역을 하자면 '미끼로 유인해 뒤통수 때리기 마케팅'이라고나 할까? 한때 미국에서 성행했던 수법이다. 예컨대, 어느 업소가 세탁기를 단돈 57달러에 팔겠다고 광고했다고 가정해보자. 손님이 찾아가면 업주는 그 세탁기는 아주 나쁘다고 혹평을 하면서 좋은 걸 사라고 꼬드기는데 그건 395달러였다. 처음부터 광고한 세탁기를 팔 의도가 없었던 것이다. 그래도 손님이 사겠다고 하면 업주는 그 세탁기가 마침 다 나가고 없다고 할 게 분명하다. 이건 불법으로 규제 대상이다.[41]

어디까지 부풀리거나 기만할 수 있는가?
부풀리기와 기만적 진실

모처럼 큰맘을 먹고 데이트를 위해 멋진 레스토랑을 찾았다. 메뉴판부터가 화려하다. 겉모습도 화려하지만, 도무지 알아먹을 수 없는 외국어가 난무한다. 촌놈 겁주려는 건가? 물론이다! 미국에서도 고급 레스토랑의 메뉴판 언어는 80퍼센트가 프랑스어라는 조사 결과도 있다. 별것도 아닌 음식에 온갖 화려한 수식어가 총동원된다. 오죽하면 '메뉴 언어menu language'란 말이 나왔을까? 메뉴 언어의 본질은 무엇인가? 바로 puffery 다. 우리말로 '부풀리기'라고 할 수 있겠다. 일부 패스트푸드 레스토랑이 각 메뉴에 아라비아 숫자로 번호를 붙이는 건 그런 부풀리기에 대한 도전이라고 할 수 있다.[42]

과장 또는 부풀리기는 광고의 본질이라고 해도 좋을 정도로 광고의 일용 양식이다. 광고의 법적 규제에 있어서 사실과 의견은 구분해 의견의 과장은 용납된다. 예컨대, "가장 멋있게 보이는 옷이다"는 정도의 표현은 무방하다. 장난 광고spoof ad도 오도할 가능성이 희박하다는 이유로 용인되고 있다.[43]

"코크Coke는 진실한 제품입니다"라든가 "실리Sealy 침대 위에서 잠자는 것은 구름 위에서 잠자는 것과 같습니다"라는 표현도 부풀리기의 대표적 사례들이다. 일정한 수준의 부풀리기는 합법적이나 때로는 그 표현 방법상 한계선이 명확치 않아 갈등을 빚기도 한다.

FTC와 법원은 부풀리기적 광고 표현을 일반적으로 허용하고 있다. 법원은 소비자들이 광고주의 그러한 의견 표현에 대해 신뢰를 두고 있지 않기 때문이라고 설명하고 있으며, FTC는 이에 더하여 부풀리기적 의견 표현으로는 '속일 수 있는 능력capacity to deceive'의 표준에 미달하기 때문이라고 설명하고 있다.

1962년 다논 우유 사건을 보자. 다논은 "다논 요구르트는 과학이 발전시킨 자연의 완벽한 음식으로 알려져 있습니다"라고 광고했다. 다논은 '완벽한 음식perfect food'이라는 표현은 단순한 부풀리기에 불과하다고 항변했지만, FTC는 다이어트, 건강, 영양에 대한 관심이 최근 극도로 고조되고 있으므로 음식이 '완벽하다'는 표현은 품질에 대한 부풀리기나 과장을 넘어 중요 사실에 관한 허위적 표현에 해당한다고 결론을 내렸다. '가장 좋은best', '완벽한perfect', '최고의prime', '예외적인exceptional', '오리지널한 original', '비교되는comparable', '훌륭한wonderful' 등의 표현은 FTC나 법원에서 부풀리기적 표현으로 인정되지 않으며, 허위적 표현으로 인정될 가능성이 높다.[44]

반면 '기만적 진실'은 자주 허위로 간주된다. 『리드 매거진』사는 1945년에 퍼즐 콘테스트를 광고했다. 소비자(구독자)들은 3달러를 지불하면 상을 탈 자격이 있는 것처럼 믿었다. 그러나 실제로는 42달러를 지불해야만 했다. 또 소비자들은 이 콘테스트가 퍼즐 콘테스트라고 믿었지만, 실제로는 그렇지 않았다. 이 퍼즐은 너무 쉬워서 누구나 풀 수 있는 내용이었으며, 동점자가 발생하면 이 상의 수상자는 수필 작문 테스트에 의해 결정하도록 되어 있었다. 리드 매거진 사는 이 사항이 모두 광고에 표시되었다고 주장했지만, 그 표시는 글씨가 작고 긴 문장으로 된 장황한 설명문에 불과했다. 광고문은 "퍼즐을 잘 풀면 큰돈을 벌 수 있는 기회가 있구나"라는 믿음을 줄 수 있게끔 만들어졌다. 이런 걸 가리켜 '기만적 진실'이라고 한다. 법원은 '도널드슨 대 리드 매거진 사 사건Donaldson V. Read Magazine, Inc.(1948)'에서 광고 표현 속의 각 문장이 모두 진실이라고 하더라도 전체적으론 허위 광고라는 판단을 내렸다. '기만적 진실'은 사실 중의 일부가 생략되었든가 광고 표현 내용이 허위가 되도록 조합했을 때에도 발생한다.[45]

기만적 진실은 자주 '반거짓말half-truths'의 형식으로 나타난다. 반거짓말은 정부나 정치인들이 자주 사용하는 수법인데, 뻔히 아는 비리 사실도 '무슨 말인지 잘 모르겠다I'm not sure I understand the answer'고 둘러대는 것처럼 도망갈 구멍은 만들어 놓고 하는 거짓말이다. 이런 경우도 있다. 기자들은 국무부 대변인에게 국무 차관이 중국에 초청되었느냐고 묻는다. 대변인은 단호히 부인한다. 그러나 며칠 후 국무 차관은 중국을 방문했다. 항의하는 기자들에게 대변인은 초청된 건 부통령이고 국무 차관은 부통령을 수행했을 뿐이라고 말한다. 또 이런 경우도 있다. 기자들은 국무부의 순회대사가 이집트를 방문하는 결정이 났느냐고 묻는다. 대변인은 단호히 부인한다. 그러나 기자들은 다른 통로를 통해 그런 결정이 이미 났다는 것을 알고 대변인에게 항의한다. 그러면 대변인은 국무부 관례상 '결정'은 국무 장관이 서명을 한 시점을 의미하는데 서명은 내일 하기로 되어 있다고 대꾸한다.[46]

어느 담배 광고는 자사의 담배가 니코틴과 타르가 가장 적다는 연구 조사 결과를 인용해서 광고했다. 이건 사실이다. 그러나 그 광고는 모든 담배의 니코틴과 타르가 안전할 정도로 낮지는 않다는 연구 결과는 언급하지 않았다. 이는 기만 광고에 해당된다. 또 원더브레드Wonder Bread는 자사가 만드는 빵이 젊은이들이 튼튼해지는 데에 도움이 되는 비타민과 미네랄을 함유하고 있다고 광고했다. 그러나 다른 모든 빵도 그렇다는 걸 밝히지 않음으로써, 기만이라는 판정을 받았다.[47]

'기만적 진실'을 판단함에 있어서 자주 문제가 되는 건 광고주가 책임을 면할 생각으로 내거는 '제한적 조건disclaimer'의 가시성可視性이다. 과대광고를 하면서 법적 책임을 면하기 위한, 즉 빠져나갈 구멍은 깨알 같은 글씨로 표시하는 게 전형적인 예다. 내셔널 비디오는 우디 앨런과 닮은 사람을 등장시켜 광고했다. "앨런이 아니다"라는 문구가 있었지만 너무 작았다. 따라서, 이 광고는 광고 모델이 앨런일 것이라는 믿음을 주었거나 앨런이 아니라고 판단한 소비자에게 적어도 앨런이 그 모델의 등장을 지지했을

것이라고 믿게끔 만들었다. 이는 기만 광고로 판정되었다.[48]

반면 한국에선 경품 행사에 응모한 고객의 정보를 보험회사에 판 혐의(개인정보보호법 위반)로 기소된 홈플러스 전·현직 임원들이 '제한적 조건' 덕분에 무죄를 선고받았다. 2016년 1월 8일 서울중앙지법 형사16 단독 부상준 판사는 "개인정보보호법은 개인 정보 취득 이후 판매 여부 등을 알리도록 돼 있지 않고, 경품 응모권에 '개인정보가 보험회사 영업에 활용될 수 있다'는 내용 등 고지 사항이 다 적혀 있어 법적 의무를 다한 것"이라고 밝혔다.

응모권에는 1밀리미터 크기의 깨알 같은 글씨로 고지 사항이 적혀 있었는데, 재판부는 "복권 등에도 그 정도 글자 크기를 사용한다"며 문제가 없다고 했다. 하지만 기소에 앞서 검찰이 홈플러스 경품에 응모한 200명에게 물었더니 "내 정보가 보험사로 넘어가는 걸 알았다면 동의하지 않았을 것"이라고 답했다. 경실련과 참여연대, 한국소비자단체협의회 등 13개 시민·소비자단체는 판결 직후 공동성명을 내고 "국민의 상식에서 벗어나 철저하게 기업 중심적으로 이뤄진 비상식적 판결"이라고 비판했다.[49]

왜 한국에서 비교 광고는 광고주에게 '대단한 모험'인가?
비교 광고

비교 광고comparative advertising는 경쟁 제품과의 비교를 광고 소구점으로 삼는 광고를 말한다. 비교 광고가 활발한 미국에선 1972년까지 3대 TV 네트워크 중 2개 네트워크와 주요 신문사들이 비교 광고를 금지했지만, 1972년 연방거래위원회가 상대 제품 실명 거론까지 허용하는 등 비교 광고

의 실시에 호의적인 반응을 보이기 시작하면서 비교 광고는 활발하게 이루어지게 되었다.[50]

1976년에는 약 300여 개의 광고회사 중 44퍼센트가 비교 광고를 활용했고, 1977년 3대 지상파방송사가 방영한 900개의 광고 중에서 약 20퍼센트가 비교 광고였다. 1979년 4대 인기 잡지에 실린 8,500개의 광고에 대해 비교 광고 여부를 조사한 결과, 1965년엔 7.9퍼센트, 1970년엔 8.9퍼센트였으며, 5년 후인 1975년에는 거의 10퍼센트로 증가했다. 1980년의 재조사에서는 전체 광고의 32퍼센트가 비교 광고의 형식을 띤 것으로 나타났다. 1985년 미국 전체 광고에서 약 35퍼센트 정도였던 비교 광고는 1987년에는 전체의 50퍼센트를 차지했다.[51]

한국에선 1999년 7월 1일부터 공정거래법에 속해 있던 표시·광고 규정이 '표시·광고의 공정화에 관한 법률(이하 표시광고법)'로 독립하면서 비로소 비교 광고의 시대가 열렸다. 표시광고법은 '객관적 근거가 없거나 비교 대상 및 기준을 명시하지 않고 비교하는 경우'를 제재대상으로 삼았다. 이전 공정거래법의 '객관적 근거가 없거나 자기 것의 유리한 부분만을 들어 경쟁 사업자의 것과 비교하는 경우'와 달리 정확하고 객관적인 기준이 있다면 비교대상을 밝혀도 된다는 뜻이었다.

이에 따라 표시광고법에서는 비교 광고와 관련, 두 가지 사항을 추가했다. 우선 광고 실증제의 도입이다. 광고 내용 중 사실과 관련된 사항에 대한 실증 자료를 공정위가 요청할 경우 업체는 30일 안에 자료를 내야 한다. 두 번째는 임시 중지 명령제다. 잘못된 광고에 대한 공정위의 처리 기간이 일반적으로 2~3개월이 걸리는 점을 고려해 부당성이 명백해 보이고 소비자와 경쟁사의 피해가 예상될 경우 소비자단체나 광고 심의기관이 요청하면 공정위 직권으로 광고를 일시중지할 수 있게 했다. 그러다가 경쟁사들의 과장 광고가 도를 넘어서자 지침을 개정해 2002년 7월 1일부터 객관적으로 측정 가능하거나 결과물을 인용한 비교 광고만 허용했다.[52]

2005년 9월 29일 국무조정실이 발표한 '표시·광고 규제 합리화 방안'에 따라 2006년 하반기부터 그동안 금지해온 식당, 약국, 변호사 등의 광고 제한이 풀렸다. 이에 따라 그동안 비교 광고가 허용되지 않았던 정수기와 화장품, 동물용 의약품 등 3개 업종도 비교 광고를 할 수 있게 되었다.

2007년 5월 24일 공정거래위원회는 소주 업체인 진로와 두산이 2006년 7~8월 '참이슬'과 '처음처럼'의 광고에서 상대방 제품을 비방하는 등 이미지를 훼손시킨 점을 적발, 시정 명령을 내렸다. 공정위에 따르면 진로는 신문과 전단지 광고에서 두산의 '처음처럼'이 전기분해 과정을 거쳤다는 점을 강조하면서 '전기 충격' 등의 표현으로 전기에 감전되는 위험한 상황이 연상되도록 광고했다. 두산은 신문광고에서 두 제품을 비교하면서 '처음처럼'이 알칼리성 소주 제조의 기준이고 진로의 '참이슬'은 이를 모방한 제품인 것처럼 표현했다. 공정위는 양사 광고가 모두 경쟁사 제품에 대한 이미지를 훼손하고 소비자를 오인시킬 우려가 있어 표시광고법상 비방 및 부당 비교 광고에 해당한다고 밝혔다.[53]

윤석기 미국 브라이언트대학 교수는 "문화적 배경에 따라 비교 광고를 받아들이는 소비자의 태도도 다르다. 개인주의 성향이 강한 미국이나 서유럽 국가에선 비교 광고에 대해 긍정적인 반면, 집단주의가 지배하는 동구권이나 남유럽 국가에선 그 효과가 상대적으로 미약하다"며 다음과 같이 말한다.

"과거 미국의 한 가정용 세탁 세제 브랜드가 일본 시장에 진출하면서, 늘 하던 대로 자사 브랜드와 일본 1위 브랜드 두 개를 놓고 제품 비교를 시연한 적이 있었다. 하지만 자사 브랜드가 일본 메이저 브랜드보다 낫다는 사실을 명확히 보여줬는데도 오히려 매출이 줄었다. 이유는 일본인들의 의식에 있었다. 일본 소비자들은 '자신의 브랜드가 우수하면 자신의 브랜드만 보여주면 될 텐데, 군이 경쟁사 브랜드를 보여주는 걸로 봐선 그 제품에 무언가 열등한 점이 있는 게 틀림없다'는 반응을 보인 것이다. 이처럼 비교 광고는 제대로 하면 효과가 크지만, 섣불리 덤볐다간 역효과가 더 크다. 미리 효과와 파장을 세밀히 분석할 필요가 있다."[54]

물론 한국도 문화적으로 미국보다는 일본에 가깝다. 웰컴의 이사 이두학은 "우리나라 국민 정서상 비교 광고를 직설적으로 하면 소비자들에게 오히려 반감을 살 수 있다"며 "정확한 효과 검증이나 자신이 없는 한 비교 광고는 광고주로서는 대단한 모험이 될 것"이라고 밝혔다.[55]

그러나 일부 광고주들은 '대단한 모험' 수준을 넘어 '무모한 모험'을 감행하기도 한다. 2015년 2월 『한겨레』는 "선의의 경쟁은커녕 상대를 헐뜯다 감동도 실리도 못 챙기기 일쑤다. 비교 광고가 법정 분쟁으로 번지는 사례도 부쩍 늘고 있다. 공정거래위원회는 지난 11일 근거 없이 경쟁사 제품이 위험하다고 광고한 용기 제조업체 락앤락에 시정 명령을 내렸다. 앞서 지난해 11월에는 배달전문 업체인 '요기요'가 경쟁사인 '배달앱'이 거짓 정보를 활용해 비교 광고를 했다며 공정위에 신고했고, 소셜커머스 업체인 쿠팡과 위메프는 비방 광고 문제로 1억 원의 손해배상 소송을 진행중이다"며 다음과 같이 말했다.

"이는 우리나라 광고 규제가 외국에 비해 상대적으로 엄격한 데서 비롯된 측면이 있다고 한다. 방통위는 현재 운영 중인 블로그 '두루누리'에서 비교 광고와 관련해 '해외에선 비교 광고에 대한 규제가 빡빡하지 않다. 경쟁사의 로고나 제품을 직접 노출해 비교하는 꽤 높은 수위의 장면이 가능한 것은 이 때문'이라고 밝혔다.……아이디어보다는 유명 모델로 승부하는 경직된 우리 광고 문화도 비교 광고의 발전적 경쟁을 가로막는 요인으로 꼽힌다. 광고업계의 한 관계자는 '비교 광고는 소비자 반응을 즉각 유도할 수 있지만, 비교우위가 뚜렷하지 않은 경우 제품의 차별화 요소를 기발한 아이디어로 잘 엮어내야 한다. 이를 잘못 하면 비방 광고로 흐를 소지가 크다'고 말했다."[56]

왜 〈무한도전〉은 농심 '짜왕'을 끓여 먹는 임무를 수행하도록 했나? PPL

PPL(Product Placement: 콘텐츠 내 상품 간접광고)은 돈을 받고 영화나 TV 드라마 속에서 특정 상품, 협찬 업체의 이미지, 명칭, 장소 등을 드라마의 일부로 자연스럽게 소화시켜 홍보해주는 간접 광고 기법을 말한다. PPL은 원래 영화제작 시 필요한 소품을 확보하기 위해 기업에게 협찬을 요청한 데서 유래했는데, 1945년 영화 〈밀드레드 피어스〉에 등장한 버번 위스키가 그 시초다. 1950년대 〈이유 없는 반항〉에서 제임스 딘이 사용한 빗이 젊은이들의 필수품이 되면서 PPL에 대한 관심이 생기기 시작했다.

미국에서는 PPL을 '프로덕트 인티그레이션Product Integration'이나 '브랜디드 엔터테인먼트Branded Entertainment'라는 식으로 바꿔 부르고 있다. '브랜디드 엔터테인먼트'는 PPL이 한 단계 더 발전한 것으로, 엔터테인먼트 콘텐츠 내에서 특정 브랜드나 제품, 상징, 이미지 등이 중요한 모티브나 소재로서 콘텐츠의 중심으로 자리매김하는 걸 말한다. PPL은 리얼리티 쇼와 서로 잘 맞아떨어져, 1회당 PPL 광고비가 수십억 원 단위인 사례까지 있다. 이제 PPL은 게임, 연극, 뮤지컬, 소설, 만화 등에까지 진출했다. 미국 시장 조사 기관 피큐미디어에 따르면, 2006년 전 세계 유료 PPL 시장은 33억 6,000만 달러(약 3조 1,000억 원)로, 2005년보다 37.2퍼센트 성장했다.[57]

영화 쪽에서 협찬 규모가 역대 최고였던 작품은 2002년 제작된 〈007 다이 어나더 데이Die Another Day〉다. 당시 이 영화에는 20개 협찬사가 총 4,400만 파운드(약 940억 원)의 물품을 협찬해 '바이Buy 어나더 데이'라는 비판을 받았다. 그런데 2008년 새로운 007시리즈 〈퀀텀 오브 솔러스In Quantum of Solace〉는 이를 능가한 것으로 보도되었다.[58]

영화보다 더 논란이 되는 분야는 방송이다. 미국 시민단체 커머셜 얼러트Commercial Alert는 2006년 4월 현재 미국 광고주의 3분의 2에 해당하는 기업들이 어떤 식으로건 간접광고를 하고 있고, 이 중 80퍼센트는 텔레비전 프로그램에 집중되어 있다며, PPL을 포함한 모든 간접광고는 일종의 사기 행각이라고 주장했다.[59]

미국 일리노이대학 커뮤니케이션학과 교수 로버트 맥체스니Robert W. McChesney, 1952~는 PPL을 '하이퍼상업주의hyper-commercialism'라 부르면서 이것이 소비자에 미치는 영향은 고전적 의미에서의 민주주의 실천에 큰 장애가 된다고 진단한다. 그는 민주주의, 자유, 개인성, 평등, 교육, 공동체, 사랑, 건강 등과 같은 소중한 가치들이 광고의 도구로 전환되고 모든 사람에게 폭포수처럼 퍼부어지면서 공적인 삶에 암적인 존재인 심각한 냉소주의와 유물론이 팽해질 것을 우려한다.[60]

한국은 어떤가? 한국에선 PPL을 '간접광고'로 부르는데, 2010년 5월 간접광고가 허용된 이후 지상파 3사의 간접광고 매출액은 첫해 29억 8,000만 원에서 2013년 336억 3,000만 원으로 10배 이상 급증했다. 케이블방송(종편 제외)도 같은 기간 22억 원에서 300억 원으로 늘었다. 한국방송과 문화방송 프로그램의 2013년 1~9월 간접광고 매출액을 보면, 1위

〈무한도전〉(15억 4,500만 원 · 53건)을 비롯해 예능이 전체 10위 중에 6개를 차지했다. 간접광고 관련 제재 건수도, 지상파 3사의 경우 2010년 14건에서 2013년 62건으로 치솟았다.[61] 한국의 간접광고는 좀 다른 의미에서 '사기 행각'의 경계선을 넘나들고 있다. 『한겨레』 2015년 4월 21일자 기사에 따르면, 가장 대표적인 게 '걸리면 광고, 안 걸리면 협찬'이라는 관행이다. 방송계에서 협찬을 '음성적인 광고'로 적극 활용하고 있지만, 관련 법 제도와 관리 감독은 허술한 상태다. 방송사들은 규제를 피하면서 광고주를 끌어들이기 위해 법 제도나 행정적인 관리 · 감독이 상대적으로 허술한 '협찬 유치'에 골몰하고 있는데, 협찬과 간접광고의 경계가 모호하기 때문에 갖가지 '꼼수'가 난무하는 실정이다.

　방송법에서는 공익성 캠페인, 공익 행사, 프로그램 제작(시사보도 · 논평 · 시사토론 프로그램은 제외) 등 세 가지 경우에 협찬을 유치할 수 있다고 규정하고 있다. 이 세 가지 중 문제가 되는 것은 주로 마지막 경우인 프로그램 제작에 직간접적으로 필요한 경비 · 물품 · 용역 · 인력 또는 장소 등을 타인에게서 제공받는 협찬(=제작 협찬)이다. 원래는 외주제작사들의 제작비 충당을 돕는다는 취지로 만들어진 제도지만, 2012년부터 방송 사업자들의 자체 제작 프로그램에까지 허용되었다. '협찬'은 광고효과를 줄 수 있도록 프로그램을 제작 · 구성해선 안 되고 프로그램이 끝날 때에만 자막으로 협찬주의 명칭과 상호를 노출해야 한다. 이에 반해 간접광고PPL는 방송프로그램 안에서 상품을 소품으로 활용해 그 상품을 노출시키는 형태의 광고를 말한다. 그런데 방송사들은 협찬을 받은 뒤 프로그램 안에서 협찬주의 상호나 제품을 홍보에 가까운 방식으로 노출하고 있다.

　이렇게 협찬이 사실상 광고를 위한 우회로로 활용될 경우 시청자로서는 방송인지 광고인지 구분할 수 없는 프로그램들을 보게 될 확률이 높아진다. 노동렬 성신여자대학교 교수(미디어커뮤니케이션학과)는 "프로그램의 질보다 협찬을 얼마나 받아오느냐가 제작사의 핵심 경쟁력으로 취급받고 있는 실정"이라고 지적했다. 신태섭 동의대학교 교수(광고홍보학과)는 "경비를 지원하는 협찬은 아예 간접광고에 포함을 시키는 등 협찬과 광고를 명확히 분리할 수 있는 방향으로 법 제도를 정비할 필요가 있다"고 말했다.[62]

『한겨레』 2015년 12월 4일자 기사는 "예능 프로그램에서 간접광고가 갈수록 노골적이 되면서 논란이 되고 있다"며 "예능의 간접광고는 리얼 버라이어티 등의 자연스러운 상황에 녹아들어 시청자들이 설정 여부를 알 수 없게 한다는 점에서 드라마보다 더 문제로 지적되고 있다"고 했다. 이 기사는 "〈무한도전〉은 지난 5월 2일 방송에서 출연자들이 무인도에서 생활하는 기획을 내보내면서, 농심 '짜왕'을 끓여 먹는 임무를 수행하도록 했다"며 다음과 같이 말했다.

"멤버들이 한 명씩 나와 짜왕과, 냄비, 성냥, 물 중에서 하나를 택해 라면을 끓여 먹는 것이다. 〈무한도전〉 '배달의 무도' 편도 제목이 배달 앱인 '배달의 민족' 간접광고였다. 제목과 로고 모두 비슷하게 만들었다. 광고주 입장에서도 드라마와 상품 노출 시간(프로그램 시간의 5% 이내)은 같지만 노출 빈도는 더 잦은 예능을 선호하는 경향이 짙다.……한 지상파방송사 피디는 '〈무한도전〉처럼 '짜왕' 제품은 잠깐 나오지만, 설정 자체가 라면을 끓여 먹는 미션이라 짜왕이 계속 머릿속에 남게 된다'고 말했다."[63]

음란

왜 '음란'의 정의를 내리기가 어려운가?
음란

음란淫亂이란 무엇인가? 삼성출판사에서 나온 『새 우리말 큰사전』을 찾아보다 웃고 말았다. '음란하고 난잡함'이라는 정의가 내려져 있었기 때문이다. 노골적인 동어반복同語反覆이 아닌가. 또 다른 사전엔 "주색에 빠짐, 성생활이 문란함"이라고 나와 있지만, 이것 역시 만족스럽지는 않다.

무어라 '음란'의 정의를 내리건 각자 막연히 생각하는 그 어떤 것이 더 정확한 답이 아닐까? 법률적으로 정확한 개념은 내로라하는 법 전문가들 사이에서도 각자 견해가 다르거니와 또 이제부터 우리가 살펴볼 내용이므로 한두 줄로 요약할 수 있는 정의를 내리는 건 일단 보류하기로 하자.

음란은 영어로는 obscenity고, 유사 개념으로는 외설猥褻이 있다. 앞서 언급한 『새 우리말 큰사전』엔 외설은 "남녀 간의 난잡하고 부정한 성행위, 또는 남의 색정色情을 자극하여 도발시키거나, 또는 자기의 색정을 외부에 나타내려고 하는 추악한 행위"라고 설명되어 있다.

용어상의 혼란은 미국에서도 심각한 것 같다. 미국의 언론법학자 돈 펨버Don R. Pember 교수는 obscene을 사전에서 찾으면 'indecent, lewd, or licentious'라고 나와 있는데, licentious를 그 똑같은 사전에서 찾으면 'lewd, or lascivious'라고 나와 있으며, lascivious는 'lewd or lustful'로 나와 있으며, lustful은 'obscene or indecent'로 나와 있어, 처음에 출발했던 지점으로 다시 돌아가게 된다고 푸념한다.[1]

아무래도 국어사전이나 영영사전으론 안 될 것 같다. 전문가들의 해설을 들어보기로 하자. 한병구는 "음란obscenity이란 용어는 라틴어의 ob-caenum에 어원을 두고 있으며 본래 '오물'이라는 뜻으로 사용되었다. 그러나 오늘날에 와서 상영 금지off-the-scene라는 의미로 사용되면서 점차 일반화되었다"며 다음과 같이 말한다.

"음란이라는 용어는 외설pornography의 의미로도 사용되고 있는데 그 원래 뜻은 동일하다고 볼 수 있다. 이에 대해 유기천은 '음란이란 용어는 독일 형법의 Unzucht의 번역에서 비롯된 것으로 구법시대에는 외설이라고 불렀다'고 언급하고 있다. 외설, 즉 pornography라는 용어는 그리스어의 창녀pornoi와 문서graphos의 합성어로서 원래는 '매춘부에 관해서 쓴 것'이라는 뜻으로 사용되었다. 따라서 두 용어는 사실상 동일한 개념으로 쓰이고 있으나 여기에서는 음란이란 용어로 통일해서 쓰기로 한다."[2]

김병국은 "우리 형법의 음란죄에 관한 규정은 대체로 일본법을 본보기로 한 것인데 다만 용어상으로는 일본은 외설이라고 표현하고 있으나 동의어라 할 수 있다"고 밝히면서 다음과 같이 말한다.

"우리나라 구형법상의 용어도 외설이었고 일반적으로는 '외설'이라는 표현을 많이 쓰고 있으며 신문윤리실천요강이나 광고윤리실천요강에도 외설이라는 용어를 사용하고 있다. 음란이나 음란물이라는 용어는 막연한 것으로 자의적인 해석을 할 수 있는데 형법의 규정만으로는 구체적으로 음란이 무엇을 뜻하는지 표현하고 있지 않아 판례에 의할 수밖에 없으나 대체로 일본과 비슷하다."[3]

김일수는 "음란은 외설보다는 개념의 폭이 좁고 그 정도가 심하다"고 본다. 그는 "'외설'은 단지 미적·도덕적 감정을 해하는 것으로서 원초적 본능의 영역으로부터 완전히 벗어나지는 않았지만 어느 정도 해방되어 있는 상태를 지칭하는 데 반해, '음란'은 오로지 또는 주로 보는 사람들에게 성적 흥분을 자극시킬 것을 목적으로 하고, 일반적인 사회적 가치 관념과 일치하는 성적 품위의 한계를 현저히 일탈한 경우를 말한다"며 다음과 같이 말한다.

"음란이라는 용어는 독일 형법의 Unzucht를 번역한 말인데, 구법시대에는 외설이란 용어를 대신 사용했다. 그러나 독일 학자들은 외설Das Obszöne과 음란을 구별하여 쓴다. 사전적 의미로도 외(obszön은 '수치를 모르는, 무례한, 음탕한' 등의 뜻으로, 음란unzüchtig은 '성 윤리에 반하는, 부도덕한' 등의 뜻으로 사용된다.……음란은 강간과 추행의 죄에 규정된 추행과도 구별되는 개념이다. '추행'은 피해자와의 관계에서 자기 또는 타인의 성욕을 자극·만족시킨다는 행위자의 주관적 의도를 개념 필연적 요소로 하고 있으나, '음란'은 이러한 주관적 의도가 아니라 대상물이 일반인의 성욕을 자극·흥분시키기에 적합한 객관적인 인상·표현을 중시한다."[4]

그런가 하면 김택환은 "어떤 물건(또는 표현)이 '음란하다거나 포르노그라피다'라고 말을 하면 그것은 이미 도덕적인 선악의 판단의 거친 결과"라고 지적하면서 '성 표현물'이라는 용어를 쓸 것을 제안한다.

"적어도 학문적으로 판단할 때에는 이러한 도덕적 가치 판단을 전제로

하는 것보다는 객관적이고 가치중립적인 것을 대상으로 하는 것이 바람직할 것이다. 따라서 음란물이나 포르노그라피라는 용어보다는 '성 표현물 sexual representation'이라는 용어가 적합하다고 생각한다. 여기서 성 표현물이란 어떤 도덕적 가치판단도 개입되지 않은 개념으로 이는 인간의 신체, 성기, 성행위 등을 외부적으로 표현한 일체의 것을 말한다. 따라서 성 표현물이라는 용어를 사용하면 성을 표현한 일체의 표현물이 포함되기 때문에 상당히 포괄적인 물건을 대상으로 고찰할 수 있다는 장점이 있다."[5]

전적으로 공감이 가는 말이다. 다만, 우리는 법적으로 '음란' 개념을 따지고자 하는 것이기 때문에 이 표현을 계속 사용할 수밖에 없다. 앞서 펨버의 푸념도 상식 차원의 개념 정의가 어려우니 법적으로 따져보는 수밖엔 없지 않겠느냐는 말로 들린다.

우리나라에서 법적으로 주로 사용되는 용어는 음란이다. 한국에서의 통설과 판례에 따른 음란 개념의 3대 기준은 ① 그 내용이 함부로 성욕을 자극 또는 흥분시키거나, ② 보통인의 정상적 수치심을 해하고, ③ 선량한 성적 도의 관념에 반하는 것이라 할 수 있다.(대법원 1982.2.9)

김일수는 음란성에 관해 우리 판례와 학설에 나타난 기준들을 ① 사회통념에 따라 객관적으로 판단해야 한다, ② 평균인(보통인) 표준주의에 입각해야 한다, ③ 작품 전체를 평가하는 전체적 고찰 방법에 따라야 한다, ④ 법적 판단이어야 한다, ⑤ 전문가적 의견을 존중해야 한다 등과 같이 다섯 가지로 요약해 제시하고 있다.[6]

또 김일수는 "예술의 자유도 헌법상 기본권적 가치 체계의 일부로서 최상위 가치인 '인간의 존엄성'에 의해 제약받는 기본권"이라고 전제한 뒤, 음란물을 '형법적 음란물'과 '예술적 음란물'로 구분하면서 다음과 같이 말한다.

"음란성 정도가 낮은 외설물은 형법적 음란물의 대상이 되지 않는다. 이를테면 만화나 주간지, 스포츠신문에 실린 글 중에서 외설적 표현이 있더라도 그것만으로 형법적 음란물이라고 단정하기는 어렵다. '예술적 음란물'은 아직 예술의 자유 보장 한계 안에 있으므로 형법적 음란물에서 제외해야 한다. 예술적 음란물에서 음란성은 보통 작품 전체를 위해 어떤 메시지를 담는 부분으로 쓰인다. 예술적 상상력에 의해 음란성은 여기서 예술적 미로 승화되어 있다. 이에 반해 감성적 쾌락이나 지적 쾌락이 아니라 말초신경을 자극하는 관능적 쾌락만을 주로 추구할 때, 그것은 참다운 예술·문학일 수 없다. 예술·문학에서 추구하는 쾌락은 정신적 대결이나 미적·지적 쾌락이기 때문이다."[7]

음란과 관련된 문제들은 도덕과 성 표현의 자유라고 하는 두 가지 관점 모두에서 보아야 할 것이다. 언론인들이나 지식인들은 정치적 표현의 자유는 고급한 것인 반면 성 표현의 자유는 저급한 것이라는 확신 비슷한 것을 갖고 있다. 그래서 이 문제와 관련, 언론인들도 성 표현을 추구하고자 하는 동료 언론인들에 대해 냉소적인 태도를 보이는 경향이 있으며, 한국 음란법의 억울한 희생양이 된 마광수 교수에 대해 진보와 보수를 막론한 다수 문인들이 냉소를 넘어서 혐오를 보낸 것도 그런 사정과 무관치 않을 것이다.

왜 '경향이 있다'와 '영향을 받기 쉬운'이란 표현은 위험한가?
히클린 원칙

미국에서 1870년대 반음란 활동의 선구자로 앤서니 콤스톡Anthony

Comstock, 1844~1915이라는 인물이 있었다. 그의 운동 덕분에 1873년 연방 음란 규제법 또는 속칭 '콤스톡법Comstock law'이 통과되었다. 그는 그 법의 통과 이후 체신부 하청 업체 사장으로 변신해 음란 우편물을 적발하는 일을 맡았다. 그 일을 하는 보상은 벌금에서 일정액을 받는 방식이었으므로, 적발을 많이 할수록 많은 돈을 벌게끔 되어 있었다. 물론 그는 종교적 열정을 갖고 열심히 달려들어 많은 적발을 했다. 콤스톡이야말로 포르노로 큰돈을 번 최초의 인물이었던 셈이다.

19세기 말 미국엔 광신적인 포르노 단속 바람이 불었다. '에로틱한 예술erotic art'조차 인정되지 않았다. 체신부는 성교육 · 의학 저널까지 섹스 문제를 다루었다는 이유만으로 발송을 금지시켰다. 예컨대, 『미국우생학 저널American Journal of Eugenics』은 『매춘의 역사The History of Prostitution』라는 책의 광고를 실었다는 이유로 발송을 금지당했다.

1940년대엔 심지어 스킨 다이버의 매뉴얼조차 상체가 노출된 여성의 사진이 실렸다는 이유로 발송 금지 처분을 받았다. 이처럼 체신부의 권한은 막강해 일부 잡지들은 원고를 체신부에 사전에 보여 주고, 체신부가 변경을 요구하면 그 지시에 따르기도 했다.

이런 사회적 배경으로 인해 20세기 전반까지 음란에 대한 법적 대응은 매우 보수적이었다. 미국에서 음란을 판별하는 법적 테스트legal test엔 크게 보아 세 가지 방식이 있다. ① 히클린 원칙Hicklin rule, ② 로스-멤와즈 테스트Roth-Memoirs test, ③ 밀러-햄링 테스트Miller-Hamling test 등이 바로 그것이다. 이제 이것들을 하나씩 살펴보기로 하자.

'히클린 원칙(1868)'은 원래 영국의 판례로 한동안 미국에서도 적용된 것이다. 벤저민 히클린Benjamin Hicklin, 1816~1909은 런던의 판사로 어떤 팸플릿이 음란이 아니라고 판결했다. 정부가 이의를 제기하자 대법원은 히클린의 판결을 번복했다. 대법원장 알렉산더 코크번Alexander Cockburn, 1802~1880은 다음과 같은 판결을 내렸는데, 엉뚱하게도 이 판결의 원칙에 히클린의 이름이 사용되고 있다. 코크번의 이름을 따 '코크번 테스트Cockburn's Test'라고도 한다.

"음란이라고 비난되는 것이 부도덕적 영향을 받기 쉬운 사람의 손에 들어갔을 때에 그 사람들을 타락 부패시킬 만한 경향을 갖고 있는지 여부가 음란성을 판가름하는 기준이 된다."

여기서 중요한 것은 "경향이 있다"는 표현이다. 이런 식으로 따지면 거의 모든 게 해당될 수 있는 문제가 있기 때문이다. '영향을 받기 쉬운'이라는 표현도 어린이를 기준으로 삼은 것이어서 너무 광범위하다. 또한 이 원칙에 의하면 책의 음란성을 증명하는 데에 그 책의 일부분만이라도 음란적 내용이 있으면 그 책은 음란하다고 판단하게끔 되어 있다. 즉, 일부로 전체를 판단하는 것이다.

이 원칙은 1933년 '율리시스 판결the Ulysses Decision'에 의해 타격을 받았고, 1957년 '버틀러 대 미시간주Butler v. Michigan' 사건에서 성인이 어린이가 안전하게 읽을 수 있는 것만을 읽어야 한다고 요구하는 건 위헌이라는 판결이 나옴으로써 완전히 뒤집어졌다.[8]

'율리시스 사건'은 제임스 조이스James Joyce, 1882~1941의 소설 『율리시스Ulysses』(1922)를 한 여배우가 미국으로 들어오려 하자 세관원이 관세법의 음란물 취급 단속 규정에 따라 이를 압수하면서 벌어졌다. 이 작품이 음란 도서에 해당되느냐 하는 문제를 놓고 1심 판결에서는 평균적인 성 본능을 가진 사람을 표준으로 하여 성적 자극을 줄 우려가 있는가를 기준으로 판단해야 한다는 '표준인설'이 주장되었으며, 2심 판결에서는 '전체 효과성'이 주장되었다. 결국 법원은 『율리시스』가 음란물이 아니라는 판결을 내렸는데, 당시 판사였던 존 울지John Woolsey, 1877~1945가 평소 법률 서적 보다는 문학 서적에 더 정통한 문인이었다는 것이 큰 영향을 미쳤던 것으로 보인다.[9] 당시 재판부는 음란성의 기준에 대해 다음과 같은 네 가지 원칙을 제시했다.

첫째, 책을 서술할 때의 집필자의 의도가 고려되어야 한다. 이는 책에 대하여 사법적인 이득을 제공하려는 방법이며 그 이유는 의도의 순수성이 발견된다면 법원이 음란성을 무시할 수 있을 것이기 때문이다. 둘째, 부분적인 음란성의 표현을 거부하고 책 전체의 효과를 고려해 음란성의 여부를 판단해야 한다. 셋째, 책은 어린이 또는 비정상인이 아니라 정상인에게 끼치는 효과에 따라서 판단해야 한다. 넷째, 문학적 또는 예술적 공헌도는 책의 어떤 부수적인 음란성보다 더욱 고려되어야 한다.[10]

1948년 연방대법원은 '윈터스 대 뉴욕주Winters v. People of State of New York' 사건과 관련, 음란을 다룬 서적 등의 출판 판매를 금지하는 뉴욕주 형법에 대해 "범죄는 적절한 용어로 정의되지 않으면 안 된다.……보통의 지성을 갖고 있는 사람이 법문의 의미를 살필 수 있게 되어야 한다"라고 지적하면서 뉴욕주 형법은 표현의 자유를 제약하는 입법으로서는 그 기준이 불명확하기 때문에 위헌이라고 판시하였다. 이 사건은 "이른바 '불명확한 법령 규정의 무효 이론doctrine of void-for-vagueness'의 선구적 판결로서 널리 알려진 것"이다.[11]

한국에서 '히클린 원칙'을 따른 대표적 판결로는 「동경의 밤 25시」 사건(1971년 6월 24일)을 들 수 있다. 「동경의 밤 25시」라는 수기는 월간지 『인기』가 일본 『주간 여성』의 글을 연재한 것인데 재벌 대기업의 간부들이 미혼 여사원과 놀아나는 내용을 담고 있었다. 이 수기를 실은 잡지는 서울 형사지방법원에서 유죄판결을 받아 항소를 했는데, 항소심 판결 요지는

'히클린 원칙'을 그대로 따랐다.

판결문은 "어떤 문서가 구체적으로 음란한가의 여부를 결정함에 있어서 그 판단의 기준은 일반 사회에서의 양식 즉 건전한 사회통념에 두어야 한다고 할 것인 바 그 사회통념이란 결코 단순한 국민 개개인의 인식의 집합 또는 그 산술적 평균 가치가 아닌 그들을 초월한 집단의식인 동시에 때와 장소에 따라 계속적으로 변천을 거듭하는 유동적인 관념이라고 하겠으므로 본건 음란성의 유무는 현재의 시점에서 본 우리나라 전체의 집단의식인 건전한 사회통념을 기준으로 하여 작품의 주관적인 의도를 떠나 객관적으로 판단해야 될 것이다"며 다음과 같이 말했다.

"이와 같은 관점에서……본건 수기는 재벌 상사의 40대 부장과 미혼 여사원(19세) 사이에 자동차 내에서의 성교 장면을 묘사함에 있어서 '내 것은 킹사이즈야, 킹사이즈란 흔치 않은 것'이란 부장의 말이라든가 '차 내에서 옆으로 누운 탓인지 좀처럼 잘되지 않는다'라는 여사원의 말……등 성적 행위를 노골적이고도 상세하게 표현하고 있는바 이러한 표현은 한국의 현재의 시점에서의 건전한 사회통념에 비추어 보아 이를 읽는 사람에게 성욕을 자극하여 흥분시키는 동시에 일반인의 정상적인 성적 정서와 선량한 사회 풍기를 해칠 가능성이 있다 할 것이므로 결국 본건 수기 중 위 표현 부분은 음란성이 있다고 봄이 상당하다." [12]

왜 '현사회적 기준', '전체적 주제', '평균인 기준'이 중요한가?
로스-멤와즈 테스트

'로스-멤와즈 테스트Roth-Memoirs Test'는 1957년과 1966년에 나온 두

가지 판결을 하나로 엮은 것이다. 뉴욕 서적상 새뮤얼 로스Samuel Roth, 1893~1974는 음란 문서를 우송한 혐의로 지방법원에서 유죄판결을 받았으며 LA 서적상도 우편 판매 형식으로 음란 도서를 팔았다고 유죄판결을 받은 두 사건에서 체계적인 이론이 하나 구성되었다는 이야기다. 우선 1957년에 나온 로스 판결의 의미는 다음과 같은 세 가지였다.

첫째, 음란의 표현은 그로 인한 문제를 보상할 만한 사회적 중요성을 전혀 결여하고 있고 또한 이런 표현은 사상 표현에 있어서 필요 불가결한 역할을 담당하는 것이 아니므로 수정헌법 제1조에 의한 헌법상 보호 대상은 아니다.

둘째, 음란 표현물의 규제에 있어서는 언론·출판 자유의 제한 원리로서 인정되어 온 명백하고도 현존하는 위험의 원칙의 적용을 받지 않는다.

셋째, 어느 특정한 부분의 음란한 표현의 영향력에 대하여 유달리 민감한 사람을 기준으로 음란성을 판단하려고 한 히클린 원칙을 부정하고 "현 사회적 기준에 비추어 볼 때에, 전체적 주제가 평균인의 호색적 흥미에 호소하는가"에 의해 음란성 여부를 결정하여야 한다.[13]

'로스 사건'에서 대법원의 수정헌법 제1조에 대한 절대주의 이론의 신봉자인 윌리엄 더글러스William O. Douglas, 1898~1980 대법관과 휴고 블랙Hugo L. Black, 1886~1971 대법관은 소수 의견을 내 "어떤 문서가 전혀 사회적 의의가 없다고 보는 법원의 판단으로 표현의 자유의 가치를 희생해서는 안 된다"고 주장했다. 더글러스는 "오늘날 쓸데없는 팸플릿을 발매금지하려고 하는 조치는 내일 주옥과 같은 문학작품조차 발매금지할 수 있는 것이다"는 명언을 남겼다.[14]

그런가 하면 대법원장인 얼 워런Earl Warren, 1891~1974은 로스 판결에 대한 찬성 의견에서 음란물 재판 시 책 자체의 성격보다는 피고의 평소 행동이 '중심적 이슈'가 되어야 한다고 주장했다. 그 책을 다른 맥락에서 판단할 경우엔 전혀 다른 결론에 도달할 수도 있으므로 더 중요한 건 피고의 평소 행동이라는 것이다.[15]

'로스 사건'에서 약 10년이 흐른 1966년의 '멤와즈 대 매사추세츠 주정부Memoires v. Massachusetts' 판결에서 연방대법원은 로스 판결에서 제시한 음란물 판정 기준을 약간 수정해 "조금이라도 사회적 가치가 있다면 음란물로 판정할 수 없다"고 선언함으로써 음란물의 범위를 대폭 축소시켰다 (이 사건은 매사추세츠주 검찰총장이 『Memoires of a Woman of Pleasure』라는 책을 외설물로 단속하면서 일어났다).

이 판결 이후 음란물에 대한 처벌이 더욱 어려워졌는데, "명백한 음란 도서에 성교육에 관한 일부 문구를 삽입하거나, 건전한 성생활을 하는 방법이라고 위장 포장해 경찰의 단속을 피하는 사례가 빈번해졌다."[16] 따라서 '로스-멤와즈 테스트'에 따르자면, 음란 판정의 3대 요건은 다음과 같이 정리할 수 있겠다.

첫째, 어린이나 매우 민감한 사람을 기준으로 판정하는 것이 아니라 평균인을 기준으로 판정해야 하며, 문서의 부분이 아니라 전체로 판정을 해야 한다. 둘째, '명백하게 불쾌한patently offensive'의 기준은 '당대 지역 기준contemporary community standards'인데, 그 기준이 지역local, 주state, 국가national 중 어느 것인지는 확실치 않다. 셋째, '결점을 보완하는' 사회적 가치가 있을 때엔 음란물이 아니다. 일부 법관들은 극소수의 사람이라도 가치가 있다고 생각하면 그걸 인정하기 때문에 피고 측 변호사들은 보통 정신병 의사, 영문학 교수, 예술 비평가 등 전문가들을 증인으로 채택한다.[17]

1967년 대통령의 명에 의해 구성된 '음란 및 포르노 조사 위원회the Commission on Obscenity and Pornography'는 보고서를 통해 위원 17명 중

12명이 포르노가 해롭다는 증거는 없으므로 금지법을 해제해야 한다는 결론을 내렸다. 이 결론에도 불구하고 상원과 리처드 닉슨Richard Nixon 대통령 등 보수파는 강력 반발했다. 여론의 반발도 커 1969년의 경우 전체 국민의 80퍼센트가 보다 강력한 포르노 단속을 요구했다.

그런 사회적 분위기에 힘입어 1973년에 밀러Miller 판결, 1974년에 햄링 Hamling 판결이 나왔다. '밀러 사건'은 마빈 밀러Marvin Miller라는 사람이 포르노 서적을 소개하는 광고지를 어느 레스토랑에 보냈다가 그 레스토랑 주인의 고발로 유죄판결을 받은 사건이며, '햄링 사건'은 햄링을 비롯한 여러 사람들이 아이러니컬하게도 음란 서적을 소개하기 위한 광고지에 '음란 및 포르노 조사 위원회'가 낸 보고서에 실린 사진들을 합성해 사용한 것이 문제가 되어 유죄판결을 받은 사건이다. '햄링 사건'에 대한 판결에서 소수 의견을 낸 더글러스 대법관은 '음란 및 포르노 조사 위원회'에서 낸 공식 보고서에 실린 사진을 이용한 게 왜 문제가 되는지 모르겠다는 의견을 피력했다.

밀러 판결은 다음의 3가지 요건이 충족될 때에 음란이라고 판시했다.

첫째, 작품이 전체적으로 보아 동시대의 사회(전국적인 아닌 지역적) 가치를 지닌 일반 사람들에게 호색적 관심을 유발시키는 경우다.

둘째, 작품이 주정부의 법에 의해 구체적으로 명시된 성적 행위를 명백하게 도발적인 방식으로 묘사한 경우다.

셋째, 작품이 진지한 문학적, 예술적, 정치적, 또는 과학적 가치를 갖지 못한 경우다.

이 판결은 기준을 지역local으로 정함으로써 음란의 의미가 지역에 따라서도 달라질 수 있는 상대적인 것이라는 점을 분명히 했다. 미국은 너무도 크고 다양한 나라여서 모든 50개 주를 하나의 공식에 넣어 판단할 수는 없다는 것이었다.[18] 이와 관련된 판결문의 일부 내용은 다음과 같다.

"미국헌법 개정 제1조가 메인주나 미시시피주의 사람들에게 라스베이거스나 뉴욕에 사는 사람들이 용인하고 있는 것과 같은 행동의 규범을 받아들이도록 요구하는 것이라고 해석하는 것은 현실적인 것도 아니며 헌법 해석의 견지에서 필요한 것도 아니다."[19]

이 판결에서 제시된 '문학적, 예술적, 정치적, 과학적 가치'는 '결점을 보완할 만한 사회적 가치'보다 훨씬 편협하다는 점에서 이전에 비해 보수적인 것이었다. 여기서 중요한 것은 '명백하게 불쾌한patently offensive'이라는 기준인데, 연방대법원은 '하드코어 섹스물hard-core sexual material'이 그 기준에 해당된다고 밝혔다.[20]

그러나 밀러 판결 이후에 음란 단속이 강화되었다는 증거는 찾을 수 없었는데 아마도 다음과 같은 세 가지 이유 때문이었던 것으로 추정된다.

첫째, 기준을 로컬로 함으로써 기소를 매우 번거롭게 만들었다. 한꺼번에 소송을 제기하지 못하고 각 로컬별로 문제 제기를 해야 하기 때문에 비용이 급증했다. 예컨대, LA의 경우 음란 1건당 기소 비용이 1만 달러에서 2만 5,000달러로 올랐다. 둘째, 더 시급한 다른 주요 범죄가 범람했다. 셋째, 주州가 연방대법원의 판결을 잘 따르지 않는 불이행noncompliance이 증가했다.[21]

한국에선 어떤 법으로 음란을 규제하는가?
한국 음란법

음란에 관한 대표적인 법조문으로는 형법 제243조, 제244조, 제245조가 있다.

> 제243조(음화반포 등) "음란한 문서, 도화, 필름 기타 물건을 반포, 판매
> 또는 임대하거나 공연히 전시 또는 상연한 자는 1년 이하의 징역 또는
> 500만 원 이하의 벌금에 처한다."
> 제244조(음화제조 등) "제243조의 행위에 공供할 목적으로 음란한 물건
> 을 제조, 소지, 수입 또는 수출한 자는 1년 이하의 징역 또는 500만 원
> 이하의 벌금에 처한다."
> 제245조(공연음란) "공연히 음란한 행위를 한 자는 1년 이하의 징역,
> 500만 원 이하의 벌금, 구류 또는 과료科料에 처한다."

특별법에 의한 성 표현물의 규제 입법엔 미성년자보호법, 공연법, 영화법, 음반 및 비디오에 관한 법률, 옥외광고물 등 관리법, 관세법, 외국 간행물 수입 배포에 관한 법률, 방송법, 출판사 및 인쇄소의 등록에 관한 법률, 청소년보호법 등이 있다.[22]

관세법 제146조는 "국헌을 문란케 하거나 공안, 풍속을 해할 서적, 간행물, 도화, 영화, 음반, 조각물 기타에 준하는 물품의 수출이나 수입을 금할수 있다"고 규정하고 있는데, 팽원순은 "세관에서 실시하는 서적, 간행물 등에 대한 심사가 성격상으로 검열에 해당될 수 있다"고 지적한 바 있다.[23]

또 전기통신 기본법 제48조의 2(벌칙)는 "전기통신 역무를 이용하여 음란한 부호·문언·음향 또는 영상을 반포·판매 또는 임대하거나 공연히 전시한 자는 1년 이하의 징역 또는 1,000만 원 이하의 벌금에 처한다"고 규정하고 있으며, 성폭력 범죄의 처벌 및 피해자 보호 등에 관한 법률 제14조(통신 매체 이용 음란)는 "자기 또는 다른 사람의 성적 욕망을 유발하거나 만

제12장

족시킬 목적으로 전화 · 우편 · 컴퓨터 기타 통신 매체를 통하여 성적 수치심이나 혐오감을 일으키는 말이나 음향, 글이나 도화, 영상 또는 물건을 상대방에게 도달하게 한 자는 1년 이하의 징역 또는 300만 원 이하의 벌금에 처한다"고 규정하고 있다.[24]

1997년 3월 7일에 제정되어 7월 1일 발효된 청소년보호법은 다음과 같은 음란 관련 규제 조항의 규정을 위반한 자는 3년 이하의 징역 또는 2,000만 원 이하의 벌금에 처하도록 규정했다.

제10조 (청소년 유해 매체물의 심의 기준) ① 청소년보호위원회와 각 심의 기관은 제8조의 규정에 의한 심의를 함에 있어서 당해 매체물이 다음 각 호의 1에 해당하는 경우에는 청소년 보호 매체물로 결정하여야 한다. 1. 청소년에게 성적인 욕구를 자극하는 선정적인 것이거나 음란한 것 2. 청소년에게 포악성이나 범죄의 충동을 일으킬 수 있는 것 3. 성폭력을 포함한 각종 형태의 폭력 행사와 약물의 남용을 자극하거나 미화하는 것 4. 청소년의 건전한 인격과 시민의식의 형성을 저해하는 반사회적 · 비윤리적인 것 5. 기타 청소년의 정신적 · 신체적 건강에 명백히 해를 끼칠 우려가 있는 것 ② 제1항의 규정에 의한 기준을 구체적으로 적용함에 있어서는 현재 국내 사회에서의 일반적인 통념에 따르며 그 매체물이 가지고 있는 문학적 · 예술적 · 교육적 · 의학적 · 과학적 측면과 그 매체물의 특성을 동시에 고려하여야 한다. ③ 청소년 유해 여부에 관한 구체적인 심의 기준과 그 적용에 관하여 필요한 사항은 대통령령으로 정한다.

제17조 (판매 금지 등) ① 청소년 유해 매체물은 이를 청소년을 대상으로 판매, 대여, 배포하거나 시청 · 관람 · 이용에 제공하여서는 아니 된다. ② 제14조의 규정에 의하여 청소년 유해 표시를 하여야 할 매체물은 청소

음란

년 유해 표시가 되지 아니한 상태에서는 당해 매체물의 판매 또는 대여를 위하여 전시 또는 진열하여서는 아니 된다. ③ 제15조의 규정에 의하여 포장을 하여야 할 매체물은 포장이 되지 아니한 상태에서는 당해 매체물의 판매 또는 대여를 위하여 전시 또는 진열하여서는 아니 된다. ④ 청소년 유해 매체물의 판매 금지 등에 관하여 기타 필요한 사항은 대통령령으로 정한다.

이와 같은 청소년보호법은 뜨거운 논란을 불러일으켰는데, 『씨네21』 1997년 7월 22일자는 다음과 같이 비판했다.

"청소년보호법의 세부 조항은 차치하고 명시한 용어만 살펴보더라도 입법의 경직성은 한눈에 알 수 있다. '성인 출입 업소'나 '청소년 출입 제한 업소'가 아니라 '청소년 유해 업소'다. 시행령 규정에 따르면 만화 대여점, 비디오 대여점, 소극장 등 18개 업종이 '청소년 유해 업소'다. 또 청소년 유해 매체물의 심의 기준으로 정한 13개 항목은 하나같이 '~지나치게 묘사한 것', '~조장하는 것', '~우려가 있는 것'으로 되어 있다. 자의적인 판단에 따른 법 적용의 여지를 최대로 열어놓은 것이다. 심지어 국가보안법의 불고지죄처럼 '누구든지 청소년에게 유해하다고 생각되는……신고하여야 한다(제44조 1항)'는 '무시무시한' 규정까지 못 박아 두고 있다. 참 '놀라운' 법이 아닐 수 없다."

청소년보호법 제45조 제1항은 '유해 간행물로부터 청소년을 보호하고 간행물의 윤리적·사회적 책임을 구현하기 위하여 한국간행물윤리위원회를 설치한다'고 규정하고 있다. 원래 한국간행물윤리위원회는 1970년 1월 19일 대한출판문화협회와 한국잡지협회가 공동으로 채택한 한국 도서 잡지 윤리강령에 바탕을 두고 처음에는 신문윤리위원회와 마찬가지로 자율적 기구로 존재해오다가 청소년보호법이 제정되면서 법적 기구로 변신하게 된 것이다.

한국간행물윤리위원회는 위원장 및 부위원장을 포함한 10인 이상 20명 이내의 위원으로 구성토록 하고 있다(동조 제2항). 심의는 사후 심의를 원칙으로 하고 있으며 심의 기준은 '청소년에게 성적인 욕구를 자극하는 선정적·음란적인 것', '청소년에게 포악성이나 범죄의 충동을 일으킬 수 있는 것' 등을 비롯한 5가지 기준(동법 제10조 제1항)을 그 내용으로 하고 있다. 한국간행물윤리위원회는 이 기준에 따라 심의·결정한 후 청소년 유해 매체물로 결정된 경우에는 이를 청소년보호위원회 또는 관계 행정기관의 장에게 위반 사실을 통보하고 필요한 조치를 건의할 수 있는 기능을 수행한다.[25]

2004년 11월 2일 청소년보호위원회는 청소년에게 유해한 내용을 담은 스포츠신문 『굿데이』에 과징금 600만 원을 부과했다. 이는 청소년보호법에 의해 정기간행물 발행자에게 과징금이 부과된 첫 사례다.[26]

2008년 청소년의 성보호에 관한 법률(현 아동·청소년 성보호법) 개정으로 '아동·청소년 이용 음란물 소지자'에 대한 처벌이 가능해졌지만 실제 단순 소지만으로 기소된 건 2012년 4월 수원지검 강력부가 아동·청소년 음란물을 컴퓨터 하드디스크에 보관한 혐의로 유 모(43) 씨 등 5명을 불구속 기소한 것이 최초다. 아동·청소년 음란물을 컴퓨터에 다운로드했다가 지웠더라도 처벌 대상이다. 저장하는 순간 '소지죄'가 성립되기 때문이다. 하지만 컴퓨터에 내려받지 않는 한 처벌 대상이 아니라 실제로 보는 것은 놔두고 '소지죄'만 처벌하는 것은 차별적이라는 지적이 나왔다.[27]

2009년 6월 '음란물'의 표현도 헌법이 보장하는 언론·출판 자유의 보호 영역에 속한다는 헌법재판소의 결정이 나왔다. 다만 헌재는 인터넷 등을 통한 음란물 유포 행위를 형사 처벌토록 한 법률 조항은 헌법에 위배되지 않는다고 판단했다. 6월 7일 헌재 전원 재판부는 음란물 유포 혐의로 기소된 최 모 씨 등이 "옛 정보통신망 이용 촉진 및 정보 보호 등에 관한 법률의 처벌 조항은 위헌"이라며 청구한 헌법 소원 사건에서 재판관 만장일치로 합헌 결정했다고 밝혔다. 해당 법률 제65조(개정법 제74조) 1항 2호는 '정보통신망을 통해 음란한 부호·문헌·음향·화상 또는 영상을 배포·판매·임대하거나 공연히 전시한 자'를 1년 이하의 징역 또는 1,000만 원의 벌금에 처하도록 하고 있다. 헌재는 우선 "'음란 표현'은 헌법 제21조가 규정한 언론·출판의 자유의 보호 영역에는 해당하되, 국가 안전 보장·질서유지 또는 공공복리를 위해 제한할 수 있는 것이라고 해석해야 한다"고 밝혔다. 음란 표현이 언론·출판 자유의 보호 영역 밖에 있다고 해석해버리면, 그에 대한 최소한의 헌법상 보호마저도 부인하게 될 위험성이 있다는 게 헌재의 판단이다.

헌재는 이에 따라 1998년 내린 선례도 재판관 6대 3의 의견으로 변경했다. 당시 헌재는 "헌법적 보호 영역 안에 있는 '저속'과 달리, 음란은 사회의 건전한 성도덕을 크게 해칠 뿐 아니라 사상의 경쟁에 의해서도 그 해악이 해소되기 어려워 언론·출판의 자유에 의한 보호를 받지 않는다"고 밝혔다. 그러나 헌재는 음란물 유포 행위에 대한 형사 처벌은 "공공복리를 위해 필요한 기본권 제한으로 과잉금지 원칙에 반하지 않는다"며 합헌 결정했다.

재판부는 "'음란' 개념을 보다 구체화하는 게 바람직하겠지만, 현 상태로도 적정한 판단 기준과 해석 기준을 제시하고 있어 자의적인 법 해석이나 법 집행을 배제할 수 있다"며 "명확성의 원칙에 위반되지도 않는다"고 설명했다. 김희옥·이동흡·목영준 재판관은 선례 변경에 대해 "엄격한 의미의 '음란' 개념은 인간 존엄 내지 인간성을 왜곡하는 노골적이고 적나라한 성 표현을 뜻하는 것으로 헌법적 한계를 벗어난 표현"이라며 "언론·출판의 자유에 의해 보호되지 않는다"고 반대 의견을 냈다.[28]

2012년 3월 시행된 '아동·청소년의 성보호법' 개정안은 '아동·청소년으로 인식될 수 있는' 경우는 모두 아동·청소년 음란물로 포함시켰다. 이에 따라 성인이 아동·청소년으로 분장해 등장하는 음란물도 아동·청소년 음란물로 간주된다.[29] 미국·독일·프랑스 등은 아동 음란물을 '미성년자가 등장하는 표현물'로 명확하게 규정하고 있는 반면, 한국은 그렇지 않아 단속 기준이 모호하다는 비판이 제기되었다. 이에 경찰청은 2012년 10월 단속 기준에 대한 구체적인 설명을 내놓았다.

"교복을 입은 성인 배우가 출연하는 음란물도 아동·청소년음란물에 해당하나? 아니다. 일반인이 보기에 아동이나 청소년으로 착각할 정도로 어린 경우에만 해당한다. 예를 들면 제목에 아동·청소년 음란물이라는 것을 암시하는 내용이 있고, 대부분의 사람이 청소년으로 착각할 수 있는 성인 배우가 나온다면 아동·청소년 음란물이 될 수 있다."[30]

그러나 기술 발전은 규제와 단속을 날이 갈수록 어렵게 만들고 있다. 예컨대, 음란물 유통의 최신 통로로 부상한 토렌트torrent는 단속의 사각지대로 알려져 있다. 기존 P2PPeer to Peer가 '일대일' 방식이라면 토렌트는 다수의 공급자에게서 파일 조각을 조금씩 내려받는 '일대다' 방식이다. 1개의 야동을 여러 명이 나눠 공급하다보니 적발은 더욱 어려워졌다. 정부 측에선 동영상이 음란물인지를 판단하는 '인공지능 프로그램', '유해 콘텐츠 필터링 기술' 개발을 서두르고 있지만, 아무리 획기적인 기술이 나와도 하루 1,600여 개씩 생겨나는 전 세계 포르노 사이트를 커버하기엔 역부족일 것이라는 지적이 많다.[31]

서버를 해외에 둔 음란물 공유 사이트의 단속도 쉽지 않다. 경찰청 사이버안전국이 2015년 12월 중순부터 서울경찰청 사이버수사대 전문 요원 15명으로 구성된 '전담수사 태스크포스'를 발족, 회원 100만 명을 둔 대한민국 최대 규모의 음란물 공유 사이트인 '소라넷'의 전면 수사에 들어갔다. 1999년에 개설된 '소라넷'은 2004년에 운영진 63명이 입건되면서 폐쇄되는 듯했지만, 서버를 해외로 옮기면서 그간 경찰 수사를 피해왔다.[32] 손희정은 "소라넷은 한국 사회에 만연해 있는 여성에 대한 일상적인 멸시와 혐오가 어떻게 현실적이고 물리적인 폭력으로 이어지는지 정확하게 보여준다"며 다음과 같이 말한다.

"단속 시작 2주 만에 소라넷 내부에서 활동하던 1,000여 개의 카페를 폐쇄시켰다고 자랑스러워하는 대한민국 경찰은 소라넷이 번창해온 그 16년 동안 어디에서 무엇을 하고 있었나? 강간 모의를 고발하고 소라넷 폐지 청원을 하는 등 여성들이 움직이고 진선미 의원이 그에 부응하지 않았다면, 소라넷 문제는 여전히 남성들의 침묵의 카르텔 속에서 공공연하게 유지되었을 것이다. 그리고 우리 모두가 알고 있는 것처럼 이는 소라넷만의 문제도 아니다. 괴물은 어디에나 존재하며, 기실 우리의 일상을 지배하는 남성중심적 구조 자체가 괴물이다. 괴물은 침묵을 먹고 자란다."[33]

왜 고야의 명화 〈나체의 마야〉가 음란 판정을 받았는가?
상대적 음란성 이론

1927년 영국의 작가 D. H. 로런스David Herbert Lawrence, 1885~1930는 이탈리아의 피렌체에서 『채털리 부인의 사랑Lady Chatterley's Lover』을 자비로 1,000부를 찍어 가까운 친구들에게만 2파운드씩 받고 팔았다. 그는

1929년 5월 파리 출간본에서 「채털리 부인의 사랑에 대하여」라는 글을 통해 작가적 입장을 밝혔으나, 1930년에 사망했다. 이 책이 부분 삭제된 상태로나마 영국에서 처음 출판된 것은 1932년이었지만, 곧 금서로 묶였고 미국과 영국에서 30년 동안 법정 공방에 휘말렸다. 영국에서 무삭제본이 출간된 것은 1960년이었다. 미국에서도 『채털리 부인의 사랑』은 1959년 7월 연방지방법원, 1960년 3월에서야 연방고등법원에서 비음란물로 판결받았다.[34]

그런 파란만장한 역사를 가진 『채털리 부인의 사랑』은 일본과 한국의 음란 논란에도 큰 영향을 미쳤다. 한국의 음란 관련 판결은 일본의 영향을 많이 받았는데, 특히 일본에서의 '『채털리 부인의 사랑』 사건(1957)'에 대한 일본 최고 재판소의 다음과 같은 판결 내용이 한동안 한국에서도 적용되었다.

"예술적 측면에서 아무리 훌륭한 작품일지라도 이것과 차원을 달리하는 도덕적, 법적 측면에서 외설성을 갖고 있다고 평가될 수도 있다.……예술이라고 할지라도 공중에게 외설한 것을 제공할 하등의 특권을 갖고 있지는 않다. 예술가도 그 사명을 완수함에 있어 수치 감정과 도덕적 법을 존중해야 할 일반 국민이 부담해야 하는 의무에 위반돼서는 안 되기 때문이다. 외설성의 존재 여부는 순 객관적으로, 즉 작품 자체로부터 판단하지 않으면 안 되고 작가의 주관적 의도에 따라 영향 받아서는 안 될 일이다."[35]

1967년 6월 10일 서울형사지방법원은 변태성욕자의 린치 행위를 다룬 영화감독 유현목의 영화 〈춘몽〉에 유죄 선고를 내렸는데, 이는 일본의 '『채털리 부인의 사랑』 사건' 판결을 원용한 것이었다. 문제가 된 장면은 주인공인 여인이 앞가슴 일부에 살색의 나일론 천을 두르고 나체로 음부를 노출시킨 채로 변태성욕자에게 쫓겨 계단 위층에서 아래 층계로 도망쳐 내려오면서 완전 나체가 된 모습을 약 6초가량 촬영해 보여준 것이었다.

판결문은 "위 영화는 상대방 여자에게 폭행, 린치, 전기고문 등 가혹한 행위를 하여 고통을 받고 신음하는 현상을 보고 또 이와 같은 행위를 당하고 남녀가 서로 성적인 자극과 만족을 얻는 것을 그린 후 이와 같은 상황에서 변태성욕자에게 쫓기어 완전 나체로 달아나는 장면을 촬영한 것이므로 이는 현재 우리 사회의 건전한 양식에 비추어 정상인에게 이상적 성적 자극을 주고 수치 혐오의 감정을 일으키게 함에 족하다고 인정된다" 며 다음과 같이 말했다.

"예술 작품은 궁극적으로 인간의 성적 충동을 다루면서 그 정서에 호소하는 것이기 때문에 예술 작품에 있어서의 그 성적 충동의 표현은 완곡하고 미화되어 나타나는 것이 정상적이나 예술인이 그 작품에서 성적 충동을 강조한 나머지 건전한 정상인에게 윤리적으로 혐오의 대상이 되는 내용을 싣고 이를 예술 작품이라고 하고 그 예술성을 강조하더라도 작품이 갖는 음란성은 동시에 스스로 별개의 차원에 속하는 도덕적, 법적 측면에 있어서의 평가 대상이므로 작품의 예술적 가치 여부는 별개의 개념인 그 음란성을 정하는 표준으로 될 수 없다. 따라서 (문제의) 영화가 인간의 선악 문제를 다룬 예술적 가치가 있는 작품이라 하더라도 별개의 측면인 법적 가치판단 기준에서 그 내용의 일부가 음란성을 띠고 있는 한 그 예술성의 유무는 그 음란성의 소장消長(쇠하여 사라짐과 성하여 자라 감)에 아무런 영향이 없다고 할 것이다."[36]

1969년 7월 검찰은 시중에 범람하는 음란 도서에 대한 일제 단속에 나섰다. 당시 서울지검 이종원 차장검사는 '외설 출판물 단속 3대 원칙'을 발표했다.

첫째, 성욕을 흥분 또는 자극하고 정상적인 수치심을 해하거나 성도덕

관념에 위해 되는지의 여부가 사회 통념, 즉 건전한 양식에 의해 판단되어야 한다.

둘째, 예술 작품이라도 차원을 달리하는 법적인 면에서 음란성이 있다면 외설로 인정되어야 한다.

셋째, 작품이 발표되는 때와 장소에 따라 음란성이 판별되어야 한다.

이종원 이 같은 원칙을 발표하면서 외설 여부를 판별하는 데 있어 "작품 전체의 효과를 고려해야 한다는 전체 평가 원칙과, 예술에 대한 소양이 적은 소인의 육감으로서 음란성을 독단하는 위험성을 배제하기 위하여 전문적인 비평가와 감정인의 의견을 음란성 인정의 주요 자료로 삼겠다"고 밝혔다.[37]

1970년 10월 30일 스페인 화가 프란시스코 고야Francisco Goya, 1746~1828의 명화 〈나체의 마야〉를 성냥갑에 부착 판매한 사람이 대법원에서 유죄판결을 받았다(1심에서 벌금 5만 원). 과학이나 예술작품은 본래 음란물은 아니지만 음란적인 부분만 따로 떼어서 상업적 목적으로 반포하게 되면 그것은 음란물로서 법적 규제를 받을 수 있다는 것이다. 대법원의 판결 요지는 다음과 같다.

"침대 위에 비스듬히 위를 보고 누워 있는 천연색 여자 나체화 카드 사진이 비록 명화집에 실려 있는 그림이라 하여도 이를 예술·문학·교육 등 공공의 이익을 위해서 이용하는 것이 아니고 다른 상품, 특히 성냥갑 속에 넣어서 판매할 목적으로 그 카드 사진을 복사 제조하거나 시중에 판매할 때에는 이를 보는 자에게 성욕을 자극하여 흥분시키는 동시에 일반인의 정상적인 성적 정서와 선량한 사회의 풍기를 해칠 가능성이 있다 할 것이므로 이를 음화라고 본다."[38]

성냥이 너무 잘 팔린 게 문제였다. 당시 이 성냥을 만든 회사는 'UN성냥이었는데, 이 성냥이 나오자마자 매출이 5배 껑충 뛰었다. 점잖 빼는 사람들과 더불어 경쟁 회사에서 음란 소송을 걸었고, 결국 이와 같은 판결이 나오게 된 것이다. 이는 국내 최초의 소비재 상품의 음란 소송으로 기록되었다.[39]

이 판결의 이론적 배경은 '상대적 음란성 이론'이다. 이 이론은 "문서나 작품의 내용뿐만 아니라 작가나 출판자의 의도, 광고·선전·판매의 방법, 독자나 관람자의 제한성 등의 부수적 사정에 따라 음란성에 대한 평가가 달라진다는 이론"이다.

이에 대해 임병국은 "예컨대 성교性交에 관한 논문이 학술지에 실리면 음란성이 부정되지만 일간신문에 게재되면 음란성이 인정될 수 있고, 미술 작품이라도 복제되어 일반에게 반포된 때에는 음란도화로 처벌할 수 있다는 것이다. 대법원 판례가 고야의 〈나신裸身의 마야〉 사건에서 명화집의 나체화를 성냥갑에 넣어서 시판할 목적으로 복사하여 제조한 것은 음란죄가 성립한다고 판시한 것도 상대적 음란 개념에 따른 것이다"며 다음과 같이 말한다.

"스위스, 일본 및 우리나라 판례도 종전 상대적 개념에 입각한 것이 주류를 이루었다. 상대적 음란 개념은 뚜렷한 내용이 없는 개념이므로 음란이라는 개념의 명확성이 결여되어서, 그 결과 처벌의 대상이 되는 행위의 사전의 명시·예고가 불충분하기 때문에 표현 자유에 위축적 효과를 주고, 그 인정이 판단자의 주관에 위임될 우려가 있어서, 그러한 의미에서 학문·예술 등의 자유가 부당하게 억압될 위험이 있다. 즉 동일한 작품이 그 전체적 내용은 도외시된 채 공개 대상의 범위에 따라 음란성 여부가 달리 결정된다면 불합리하다. 더욱이 접촉하는 사람의 부류에 따라 대상물의 음란성을 증감시킬 수 있다는 착상은 음란한 문서·도화의 범위를 불명확하게 할 위험이 있다. 음란성 여부는 대상물의 전체적 내용을 고려하여 그 대상물 자체에 부착된 객관적 성격·인상에 따라 평가해야 한다. 이 점에서 상대성 음란 이론을 따를 필요는 없다. 다만 음란성 여부의 판단은 부수 사정도 고려하는 종합적 고찰방식에 따라야 한다는 점에서 음란성 개념은 상대적이라 할 수 있다."[40]

현학적인 게 없으면 음란한 것인가?
『즐거운 사라』 사건

1975년 12월 9일 대법원은 염재만의 소설 「반노」에 나오는 남녀 간의 변태적인 성생활 묘사에 대해 정상적인 성적 정서를 해칠 정도로 노골적이고 구체적인 묘사로 볼 수 없다며 무죄판결을 내렸다. 이 소설은 1969년 7월 30일 서울지검에 기소된 지 1년여 만인 1970년 6월 11일 제1심에서 벌금 3만 원의 유죄 선고를 받고 2심에서 무죄판결을 받았었다. 항소심에서 무죄가 판결된 후에도 원고인 검찰 측은 2차에 걸쳐 불복 상고했으나 그때마다 기각되었고, 결국 1975년 12월 9일 대법원은 최종심에서 역시 무죄를 확정했다.

이 판결의 의의는 문학작품에 대한 음란성 여부는 작품 전체와 관련시켜 판단해야 하며 어느 한 부분만 떼어놓고 논할 수 없다는 것이다. 이 작품은 남녀 성교를 직접 묘사해 문제가 되었지만 당시 문제가 되었던 표현은 지금 기준으론 소박하기까지 한데, 그 일부 내용은 다음과 같다.

"그는 날쌔게 내 볼에 입 맞추고 내 얼굴을 온통 핥습니다.……자신의 옷도 벗고 내 옷도 익숙하게 벗깁니다. 서로의 나체만이 남습니다. 서로의 국부가 교면스러운 빛을 발산하면서 한껏 부조되고 그 위에 온갖 충동이 요동쳐 감깁니다.……나는 옷을 벗었습니다. 그가 하라는 대로 그의 등 뒤에 올라타기도 하고 거꾸로 매달려 바둥대기도 했습니다.……막 발버둥치는 그를 억지로 안아도 이불 위에 눕히고 힘을 다해 타고 누르면서 입술을 빨고 어깨며 허리를 사정없이 쥐어 비틀면서 힘차게 애무했습니다."[41]

유죄를 선고한 원심에 대해 항소심은 「반노」가 "그 주제나 표현에 있어서 선정적인 작품이라고 인정되지 아니함에도 불구하고 원심이 이를 음란문서라 하여 피고인에게 유죄를 선고한 것은 음란성에 관한 법리를 오해한 것"이라고 지적하면서 다음과 같이 판결했다.

"「반노」는 인간의 성에 대한 본능을 그 주제로 하고 군데군데 성교 장면이 나오기는 하나 남녀 간의 성교에서 향락적이고 유희적인 면을 탈피해버리고 본능에 의해 맹목적인 성교와 그 뒤에 오는 허망함을 반복 묘사함으로써 인간에 내재하는 성에 대한 권태와 허무를 깨닫게 하고 권태로부터 벗어나 새로운 자아를 발견하자는 것을 주제로 한 작품으로서 그 주제나 표현에 있어서 음란성 즉 선정적인 면이 없다고 인정된다."[42]

그로부터 20년 후인 1995년 6월 16일 대법원이 마광수의 소설 『즐거운 사라』에 대해 내린 판결은 20년 전에 비해 오히려 표현의 자유 보장에서 후퇴한 것이었다. 이 사건은 1992년 10월 29일 연세대 마광수 교수가 검찰에 의해 음란물 제작 및 배포 혐의로 전격 구속되면서 시작되었다.

이에 대해 『한겨레신문』 10월 31일자 사설은 "작가의 창작 표현의 자유와 사회적 책임이라는 상충하는 과제는 물론 어제 오늘의 일이 아니다. 어느 사회에서나 시대 상황과 인간의식의 변화에 따라 예술과 외설의 거리를 재는 작업의 필요성이 끊임없이 제기되기 때문일 것이다. 다만 외설 시비를 불러일으켰던 문학작품이 해금되는 데 수십 년이 걸린 외국의 적지 않은 사례들이 보여주듯, 예술과 외설, 그리고 인간의 미의식에 대한 사법적 재단이란 아무리 신중해도 지나치지 않다는 점 또한 분명하다"며 다음과 같이 말했다.

"그런 뜻에서 엊그제 검찰이 소설『즐거운 사라』를 쓴 연세대 교수 마광수 씨와 이 책을 펴낸 도서출판 청하 대표 장석주 씨를 구속한 처사는 이러한 '신중함'이 모자랐다는 걱정부터 앞세우게 된다.……검찰이 신중하지 못했다고 생각하는 또 하나의 이유는 도주나 증거 인멸의 우려가 도무지 없는 대학교수와 출판사 대표를 덜컥 구속부터 시켜버린 과잉 조처에 있다.……더 근본적으로 문학과 예술의 성 표현 문제에 공권력이 사법의 잣대를 들이대는 것은, 그것이 시위하는 창작 활동에 대한 잠재적 제약을 감안할 때 결코 바람직한 일이 아님은 말할 필요조차 없다."[43]

마광수는 1992년 12월 28일 1심에서 징역 8월 집행유예 2년을 선고받았다. 판결 요지는 "이 사건 소설은 다양한 종류와 형태의 성행위에 대한 묘사가 전반에 걸쳐 지속적으로 이어져 그 주조를 이루고 있고……성행위에 대한 묘사가 병적이고 동물적인 차원에서 통속적으로 형성화되어 있을 뿐 건강하고 인간적인 차원에서 이를 서술함으로써 인간의 성적 욕구의 본질을 제시하거나 삶에 대한 새로운 통찰이나 비전을 제시한 흔적을 찾아볼 수 없으며" 등이었다.[44]

마광수는 1995년 6월 16일 대법원에서도 유죄 확정판결을 받았다. 대법원은 "작가가 주장하는 '성 논의의 해방과 인간의 자아확립'이라는 전체적인 주제를 고려한다고 하더라도 음란한 문서에 해당되는 것으로 보지 않을 수 없다"고 판시했다. "문학작품이라고 하여 무한정의 표현의 자유를 누릴 수는 없다"고 강조했다.[45] 판결의 법리적 요지는 다음과 같다.

"형법 제243조의 음화 등의 반포 등 죄 및 형법 제244조의 음화 등의 제조 등 죄에 규정한 음란한 문서라 함은 일반 보통인의 성욕을 자극하여 성적 홍분을 유발하고 정상적인 성적 수치심을 해하여 성적 도의 관념에 반하는 것을 가리키고, 문서의 음란성의 판단에 있어서는 당해 문서의 성에 관한 노골적이고 상세한 묘사 서술의 정도와 그 수법, 묘사 서술이 문서 전체에서 차지하는 비중, 문서에 표현된 사상 등과 묘사 서술과의 관련성, 문서의 구성이나 전개 또는 예술성 사상성 등에 의한 성적 자극의 완화의 정도, 이들의 관점으로부터 당해 문서를 전체로서 보았을 때 주로 독자의 호색적 홍미를 돋우는 것으로 인정되느냐의 여부 등의 여러 점을 검토하는 것이 필요하고, 이들의 사정을 종합하여 그 시대의 건전한 사회통념에 비추어 그것이 공연히 성욕을 홍분 또는 자극시키고 또한 보통인의 정상적인 성적 수치심을 해하고, 선량한 성적 도의 관념에 반하는 것이라고 할 수 있는가의 여부에 따라 결정되어야 한다."[46]

마광수는 대법원의 유죄 확정판결이 나온 지 약 보름 후인 6월 말 연세대학교에서 면직 처분을 받았다. 당시 대법원의 유죄 확정판결과 관련해 대구효성가톨릭대학교 최상천 교수는 다음과 같이 말했다.

"『즐거운 사라』 사건은 권력을 잡은 사람들의 횡포라는 측면에서만 우리나라 자유민주주의의 실체를 보여주는 것이 아니라, 권력에 대항할 수 있는 세력의 민주주의 인식에 대한 수준도 마찬가지로 보여주었다. 우리나라 언론의 수준은 누구나 인정하는 것이니 만큼 여기서 굳이 언급할 필요를 느끼지 않는다. 그러나 우리 사회를 지탱하고 있는 상당수의 진보적인 지식인이 『즐거운 사라』 사건에 대해 침묵을 지킨 것은 이해할 수 없다."[47]

2008년 3월 13일 대법원은 음란물의 판단 기준을 획기적으로 변경하는 판결을 내렸다. 대법원은 그간 일관되게 성욕을 자극해 성적인 홍분을 유발하고 성적 수치심을 해치는 것을 음란물 판단으로 기준으로 채택해왔는데, 해당 판결에서 '전적으로 또는 지배적으로' 성적인 흥미에만 호소하고 '하등의 사회적 가치를 지니지 않은 것'을 음란물로 규정한 것이다. 『즐거운 사라』는 '하등의 사회적 가치를 지니지 않은 것'이었을까? 그 판단을 어떻게 하건 마광수가 '삶에 대한 새로운 통찰이나 비전을 제시한 흔적'이나 '사회적 가치'로 간주될 수도 있는 현학적인 요소를 『즐거운 사라』에 넣지 않은 게 문제였는지도 모르겠다. 2007년 마광수는 홈페이지에 『즐거운 사라』를 올린 혐의로 약식기소 되어 200만 원의 벌금형을 선고받았다. 1992년 마광수를 구속시켰던 검찰이 15년 후에는 약식기소한 점을 놓고 "사회 인식의 변화를 보여주는 것"이라는 분석이 나왔다.[48]

2015년 9월 마광수는 『조선일보』 인터뷰에서 "『즐거운 사라』 발표 후 24년이 지났다. 변화를 느끼나"라는 질문에 이렇게 답했다. "음란 문서 배포 혐의로 검찰에 잡혀갈 때 '이 사건은 10년만 지나도 코미디가 될 것'이라고 했다. 내가 틀렸다. 성의 이중성은 더 고착화됐다. 바뀐 것도 있다. 내가 30년 전부터 주장한 화려한 네일아트가 널리 퍼졌고, 아무도 못 알아듣던 페티시fetish(특정 물건을 통해 성적 쾌감을 얻는 것)도 흔한 단어가 됐다. 섹시하다는 말이 이젠 칭찬이 됐지 않나." 그는 "죽기 전에 대한민국이 솔직해지는 걸 보고 싶다"며 "한국 사회 위선의 가면을 벗기기 위해 성 문학을 통한 창조적 불복종을 계속할 것"이라고 말했다.[49]

왜 집 안에서의 음란 행위라도 처벌될 수 있는가?
공연음란죄

> 형법 제245조(음란公然) 공연히 음란한 행위를 한 자는 1년 이하의 징역, 500만 원 이하의 벌금, 구류 또는 과료科料에 처한다.

임병국은 "여기서 '공연히'는 행위 상황에 해당하고 기본적 구성요건 행위는 음란 행위이다. 이 점에서 음란물 공연 전시죄(제243조)의 '공연히'와 법적 성격이 같으며, 명예훼손의 '공연히'와는 다르다. 명예훼손죄의 '공연히'는 구성요건적 행위 상황이 아니라 명예훼손 행위의 수행 방법으로서 구성요건적 행위 방법이기 때문이다"며 다음과 같이 말한다.

"폐쇄 공간에서 절친한 수인 사이에서 벌어진 음란 행위는 여기에 해당하지 않는다. 몇 명 정도를 다수로 보느냐에 관해 두 사람이 보는 경우에 다수라고 할 수 없다. 현실적으로 다수가 인식했는지 여부는 묻지 않는다. 공연성公然性은 규범적 구성요건 표지이고, 공연음란죄를 잠재적 위험범으로 이해하는 한, 다수인이 현존하거나 왕래하는 장소(도로·공원·학교 운동장·백화점·음식점·열차 객실·해수욕장 근처의 해변 등)라면 극소수가 보거나 또는 현실적으로 통행인이 없더라도 공연성이 인정된다. 그러나 장소의 공연성만으로는 족하지 않다. 길거리에서 음란 행위를 했더라도 남몰래 숨어서 또는 사람의 왕래가 드문 한적한 오솔길에서 행한 경우에는 공연성이 없다. 그러나 집 안에서의 음란 행위라도 외부에서 쉽게 볼 수 있도록 개방되어 있으면 공연성이 인정된다."[50]

(사례 1) 연극 〈미란다〉 사건: 이 사건은 1995년 초 〈미란다〉라는 연극 내용

이 문제가 되어 제기된 사건으로서 연극에 대한 음란성을 문제 삼아 재판에 회부된 우리나라 최초의 사건이라는 점에서 의미를 갖는다.[51] 문제가 되었던 내용의 줄거리는 다음과 같은 것이었다.

"연극 제5장의 '피고인은 옷을 모두 벗은 채 팬티만 걸친 상태로 침대 위에 누워 있고, 여주인공은 뒤로 돌아선 자리에서 입고 있던 가운을 벗고 관객들에게 온몸이 노출되는 완전 나체 상태로 성교를 갈구하는 장면을 연기하고······' 연극 제6장의 '······여주인공이 완전 나체의 상태에서 음부가 관람객들에게 정면으로 노출되는 방식으로 연기가 행하여졌다······'."[52]

피고는 1심에서 징역 6월 집행유예 1년을 선고받았는데, 1996년 6월 11일 대법원도 만장일치로 원심을 확정했다. 대법원 판결에서 제시된 음란성 판단 기준은 다음과 같다.

"형법 제245조의 공연음란죄에 규정한 음란한 행위라 함은 일반 보통인의 성욕을 자극하여 성적 흥분을 유발하고 정상적인 성적 수치심을 해하여 성적 도의 관념에 반하는 것을 가리키는 바, 연극 공연 행위의 음란성의 판단에 있어서는 당해 공연 행위의 성에 관한 노골적이고 상세한 묘사·서술의 정도와 그 수법, 묘사·서술이 행위 전체에서 차지하는 비중, 공연 행위에 표현된 사상 등과 묘사·서술과의 관련성, 연극 작품의 구성이나 전개 또는 예술성·사상성 등에 의한 성적 자극의 완화의 정도, 이들의 관점으로부터 당해 공연 행위를 전체로서 보았을 때 주로 관람객들의 호색적 흥미를 돋우는 것으로 인정되느냐 여부 등의 여러 점을 검토하는 것이 필요하고, 이들의 사정을 종합하여 그 시대의 건전한 사회 통념에 비추어 그것이 공연히 성욕을 흥분 또는 자극시키고 또한 보통인의 정상적인 성적 수치심을 해하고, 선량한 성적 도의 관념에 반하는 것이라고 할 수 있는가 여부에 따라 결정되어야 한다."[53]

(사례 2) 노상 알몸 시위 사건: 노상에서 알몸 시위를 벌였다면 형법상 '공연음란죄'에 해당한다는 대법원 판결이 나왔다. 2000년 12월 31일 대법원 제2부(주심 이강국 대법관)는 고속도로에서 경찰 단속에 항의, 알몸 시위를 벌인 혐의로 기소된 황 모 씨(23·농업)에 대한 상고심에서 '음란 행위에 해당한다'며 무죄를 선고한 원심을 깨고 사건을 수원지법으로 돌려보냈다. 재판부는 판결문에서 "알몸 시위는 보통인의 정상적 수치심을 유발하는 행위"라며 "게다가 경찰관의 제지에 대항, 알몸 시위를 벌였다면 '타인의 성적 수치심을 해한다'는 인식도 있었던 것으로 보이는 만큼 이를 음란 행위로 간주해야 한다"고 밝혔다. 황 씨는 2000년 4월 하남시 중부고속도로상에서 차를 몰고 가다 진로를 방해한다며 앞서 가던 문 모 씨와 시비를 벌이던 중 출동한 경찰의 제지에 항의, 옷을 모두 벗고 바닥에 드러눕는 등 시위를 벌인 혐의로 구속 기소됐다.[54]

(사례 3) 생방송 중 의도적 성기 노출: 2005년 7월 30일 MBC 생방송 주말 프로 〈음악캠프〉에서 초대형 사고가 터졌다. 오후 4시 15분쯤 펑크그룹 '럭스'의 공연 도중 함께 무대에 오른 퍼포먼스팀 '카우치' 멤버 2명(각각 27세, 20세)이 갑자기 바지를 벗어 내리고 춤을 추는 등 의도적으로 성기를 5초 정도 노출시킨 화면이 방송되는 사고가 발생했다. MBC는 공식 사과하고 출연자 고발과 함께 프로 중단 결정을 내렸다.[55] 경찰은 알몸을 드러낸 두 명을 공연음란 및 업무방해 혐의로 불구속 입건했다.

경찰 수사 결과, 이들은 방송 며칠 전부터 '화끈한 신고식'을 준비했으며 "바지를 까고 난장을 치겠다"고 말한 것으로 알려졌다. 경찰은 8월 4일 두 사람에 대해 사전 구속영장을 신청했으며, 이들은 구속되었다. 이들은 각각 징역 2년, 1년 6월을 구형받았으나, 9월 27일 서울남부지법은 카우치 멤버 2명에게 각각 징역 10월과 8월에 집행유예 2년을 선고했다.

재판부는 판결문에서 "방송 출연 전에 복장과 분장 및 눈짓을 주고받고 그 전날 했던 발언 등을 감안하면 범행을 사전에 모의할 의사가 있었다고 판단돼 업무방해가 성립한다" 며 "시청자를 충격에 빠뜨리고 방송 관계자들에게 현실적 · 재산적 피해를 입힌 점을 고려하면 처벌이 불가피하다"고 밝혔다. 재판부는 그러나 "젊은 나이의 혈기에 범행을 저지른 점, 상당 기간 구금돼 반성할 기회가 있었고 업무방해를 해야겠다는 구체적 목적이 있지는 않아 보인다는 점, 범죄 전력이 없다는 점 등을 감안해 집행유예를 선고한다"고 밝혔다.[56]

(사례 4) 바바리맨 구속: 2006년 9월 25일 의정부지법은 길 가던 여학생과 주부들이 보는 앞에서 음란한 행위를 한 박 모(39 · 노동) 씨에 대해 성폭력 범죄의 처벌 및 피해자 보호 등에 관한 법률 위반 혐의로 청구된 구속영장을 발부했다. 영장 실질 심사에서 법원은 피의 사실이 상습적으로 이루어지고 피해자가 다수 발생해 사회불안을 가중시켜 격리 필요성이 인정된다며 구속 사유를 밝혔다. 그동안 바바리맨은 대개 경범죄로 처리되어왔는데, 법원이 바바리맨에게 구속영장을 발부한 것은 더 이상 이들을 단순한 풍속사범으로 방치하지 않겠다는 의지로 해석되었다.[57]

(사례 5) 바바리맨 아동 학대죄로 엄벌: 2013년 1월 17일 서울고법 춘천재판부(김인겸 부장판사)는 아동에게 음란물과 자신의 자위행위를 보도록 한 혐의로 기소되어 1심에서 징역 3년이 선고되자 항소한 박 모(47) 씨에게

징역 1년 6월에 집행유예 3년을 선고했다. 박 씨는 2012년 6월 22일 오후 양양군 양양읍의 한 초등학교 부근 도로에서 자신의 승용차에 설치된 DMB로 음란물을 보며 자위행위를 하던 중 혼자 길을 지나던 A양(7)에게 "나는 이 학교 성교육 선생"이라며 음란물을 보도록 하고, 1,000원을 준 뒤 자위행위를 계속한 혐의(미성년자 강제 추행)로 기소되었다. 1심 재판부는 '13세 미만 미성년자 강제추행죄'를 적용해 박 씨에게 징역 3년을 선고했다. 그러나 박 씨는 A양에게 자위행위를 지켜보도록 했을 뿐 '직접 폭력이나 협박을 하지 않았기에 강제추행죄를 적용한 것은 잘못'이라며 항소했다. 검사는 항소심 과정에서 아동복지법 위반죄를 선택적으로 추가하는 내용으로 공소장을 변경했다.

항소심 재판부는 '직접적인 폭력·협박이 없다면 강제 추행을 인정하기 어렵다'는 판례에 따라 원심을 파기하고 추가된 공소 사실인 아동복지법 위반에 대해서만 유죄를 인정했다. 재판부는 "다수가 통행하는 일반도로에서 아동에게 자위행위 모습 등을 보게 한 행위는 성희롱에 따른 학대 행위를 한 것으로 죄질이 결코 가볍지 않다"며 "박 씨의 행위는 공연음란죄로 처벌할 수도 있지만 그보다는 법정형이 더 무거운 아동복지법을 선택했다"고 밝혔다. 지금까지는 공공장소에서 청소년을 상대로 성기를 노출시키는 일명 '바바리맨'에게 공연음란죄를 적용하는 게 관례였다.[58]

왜 인터넷은 방송보다는 인쇄매체에 유사한가?
미국의 통신품위법

1996년 2월 미국 상원의원 제임스 엑손James Exon, 1921~2005은 인터넷에서 다운로드받은 외설적이고 폭력적인 자료들을 모아 의회 동료들을 설득해 이런 자료들을 불법화할 수 있는 통신품위법안Communications Decency Act을 제안하고 통과시켰다. 2월 8일 빌 클린턴Bill Clinton 대통령의 서명을 거쳐 시행에 들어간 '정보통신법안Telecommunications Act'에 포함된 '통신품위법안'은 인터넷 통제를 목표로 한 것이었다. 이 법은 컴퓨터 통신망을 통해 18세 이하의 청소년들에게 '상스러운indecent' 또는 '명백히 모욕적인patently offensive' 내용의 표현물을 전송하는 것을 금지시켰다. 이 법을 위반한 사람들은 최고 2년 이하의 징역과 25만 달러 미만의 벌금형을 받게 되었다.

단, 인터넷에 포르노물을 게시하긴 하지만 신용카드 번호나 성인 전용 비밀번호 등을 사용해 청소년들이 접근할 수 없도록 적절한 조치를 취했다고 인정될 경우는 처벌을 면할 수 있다는 단서 조항이 첨가되었다. 인터넷을 통해 포르노를 제공하는 업자들은 이미 청소년들이 접속하지 못하도록 신용카드 번호나 성인 확인 시스템 등을 개발해 사용하고 있었기 때문에 통신품위법을 무서워할 필요가 없었으며, 은근히 반가워했다.[59]

이 법은 '1995년의 대大인터넷 섹스 패닉Great Internet Sex Panic of 1995'이라는 별명이 붙을 정도로 엄청난 화제와 더불어 논란을 불러일으켰다.[60] 1주일 후 20개 시민단체가 개인 권리 침해의 우려가 있다며 제소한 데 대해 1996년 6월 12일 필라델피아 연방지방법원 3명의 판사 모두 통신품위법이 위헌이라고 판결했다. 이 법안의 '상스러운indecency'이라는 표현이 지나치게 모호해서 인터넷상의 자유로운 발언권을 침해할 우려가 있다는 시민단체의 주장을 받아들인 것이다.

판결 내용과 의미에 대해 장호순은 "법정에 제시된 증거에 비추어 인터넷은 방송보다는 인쇄매체에 유사하다는 결론을 얻었다고 판사들은 설명했다. 재판부는 텔레비전이나 라디오를 켜는 경우와 마찬가지로 인터넷 사용자들이 예기치 않게 음란물을 컴퓨터 화면에서 발견하는 경우는 거의 없을 것이라고 보았다. 간단히 마우스를 조작해 인터넷에서 정보를 쉽게 입수할 수는 있지만 단순히 라디오 다이얼을 돌리거나 텔레비전 채널을 바꾸는 것보다는 훨씬 복잡한 사용 지침을 따라야 하기 때문이었다. 따라서 인터넷 사용자가 성적인 표현물을 우연히 접하게 될 기회는 거의 없다고 보았다"며 다음과 같이 말한다.

"재판장이었던 슬로비터 판사는, 청소년들을 보호하는 것은 정부의 마땅한 의무이지만 헌법상 보장된 표현의 자유를 제약하는 정부의 규제가 허용되기 위해서는 그러한 조치가 절실히 필요하고 그 방법 외에 다른 대안이 없다는 것을 입증해야 한다는 것이 연방대법원의 판례라고 지적했다.……또한 슬로비터 판사는 아동을 보호한다는 이유로 성인들의 표현의 자유를 침해하는 것은 용납할 수 없다고 강조했다. 통신품위법이 적용되면 성행위를 묘사한 영화나 연극, 책 등에서부터 현대미술이나 사진까지도 금지될 것이기 때문이었다. 이렇게 될 경우 인터넷은 결국 어린이들을 위한 놀이터에 머물고 그 무한한 잠재력은 사장될 것이라고 경고했다. 그녀는 또 통신품위법이 규제하는 정보 중에는 성인뿐만 아니라 미성년자들에게도 중요한 문학적·예술적·교육적 정보가 포함될 수 있다고 보았다."[61]

이 판결에 대해 법무부는 즉시 연방대법원에 상고했고 연방대법원도 이를 허가했다. 1997년 6월 26일 연방대법원은 '연방통신품위법'에 대해

7대 2로 위헌 판결을 내렸다Reno v. ACLU. 그 판결 요지 역시 새로운 통신 매체로 등장한 인터넷에서의 언론 자유는 책이나 신문 같은 활자매체의 경우와 마찬가지로 보호되어야 한다는 것이었다. 이와 함께 대법원은 인터넷 규제를 담은 법안의 '품위 없는', '명백히 저속한' 같은 표현이 지나치게 불명료해 논란의 여지가 많다고 밝혔다. 존 폴 스티븐스John Paul Stevens 대법관은 "이 법안은 인터넷의 상당히 큰 부분을 손상시킬 우려가 있다"고 했는데, 미성년자가 음란물로부터 보호될 권리가 있는 만큼 성인들이 그 같은 표현물을 향유할 권리도 중요하다는 것이다.

이 판결은 즉각적으로 큰 반향을 불러일으켰다. '민주주의와 과학기술 센터'의 제리 버먼Jerry Berman은 이번 결정이 "21세기의 권리장전"이라며 큰 환영의 뜻을 보였으며 인터넷 규제에 반대해온 패트릭 리히Patrick J. Leahy 상원의원도 "언론 자유 정신의 승리"라고 기뻐했다. 컴퓨터 황제 빌 게이츠Bill Gates, 1955~도 이 결정에 즉각 환영의 뜻을 표했다. 반면 포르노 규제를 주장해온 시민·종교단체 회원들은 앞으로 미성년자와 어린이들이 음란물에 무방비로 노출될 것이라고 우려하면서 판결 직후 대법원 앞에서 항의 시위를 벌이는 등 반대 목소리를 높였다.[62]

연방대법원의 판결은 주파수의 희소성과 방송의 침투적 성격uniquely pervasive presence 등은 사이버공간에는 존재하지 않는다는 점을 분명히 했다. 방송 특히 텔레비전은 가족 구성원 모두가 접근 가능하고 매우 친숙하기 때문에 우리가 숨 쉬는 공기처럼 가족생활 깊숙이 그리고 빠짐없이 들어와 있다는 의미에서 거론되어 온 '방송의 침투적 성격'은 그간 정부에 의한 방송 규제가 필요하다는 주요 논거로 사용되어왔는데, 연방대법원을 이를 부정하고 인터넷을 방송보다는 인쇄매체에 유사하다고 본 것이다.[63]

그러나 연방대법원의 위헌 판결을 무조건 반길 일만은 아니라고 말하는 사람들도 적지 않았다. 유현오는 "인터넷에서 파란 색깔의 조그마한 리본이 붙은 사이트를 만나는 경우가 있다. 이 '블루 리본'은 1996년 미국 정부가 추진한 '통신품위법'에 대한 반대의 상징으로, '표현의 자유'를 지키려는 수많은 네티즌들의 호응을 얻었다.……그러나 이 운동은 '인터넷 상품화'의 주역인 '자본'에 대해서는 침묵함으로써 '반쪽 승리'에 머물 수밖에 없었다. 문제는 바로 '표현의 자유'라는 개념의 한계에 있었다"며 다음과 같이 말했다.

"세월의 흐름은 '제1차 수정조항'을 작성한 독립투사들이 전혀 짐작할 수 없었던 문제들을 만들었다.……18세기에 비해 가장 달라진 것은 통제가 불가능할 정도로 커져가는 다국적 거대 기업들의 출현일 것이다. 특히 몇몇 미디어 기업들은 신문·잡지에서 영화·TV·케이블TV·위성방송·인터넷까지 각종 매체들을 소유하고 전 세계적으로 시장을 넓혀가고 있다. '늑대(국가권력)'의 횡포로부터 '양(시민사회)'을 지키려는 목적에서 발전된 '표현의 자유'는 오히려 이들 '호랑이(다국적 자본)'에 날개를 달아주는 논리가 돼버렸다. '블루 리본 운동'의 성공 이면에 드리워진 그림자가 더욱 짙게 느껴지는 것은 바로 이런 이유 때문이다."[64]

제13장

저작권

저작권 보호 대상과 저작권 침해 여부의 기준은 무엇인가?
미국 저작권법

저작권copyright은 지적 재산권intellectual property의 일종이다. 지적 재산
권은 지적 소유권이라고도 하며, 무체無體재산권이라고도 한다. 지적 재산
권이란 무엇인가? 세계 지적 재산권 기구WIPO: World Intellectual Property
Organiation 설립 조약 제2조 8항은 "지적 재산권이란 문학 · 예술 및 과학
적 저작물, 실연자의 실연, 음반 및 방송, 인간 노력에 의한 모든 분야에서
의 발명, 과학적 발견, 의장, 상표, 서비스표, 상호 및 기타의 명칭, 부정경
쟁으로부터의 보호 등에 관련된 권리와 그 밖에 산업, 과학, 문학 또는 예
술 분야의 지적 활동에서 발생하는 모든 권리"로 규정하고 있다. 우리나라
에서 지적 재산권은 ① 산업 재산권(특허권, 실용신안권, 의장권, 상표권) ② 저
작권(저작 인격권, 저작 재산권, 저작 인접권)으로 대별된다.

세계 최초의 저작권법은 영국에서 1709년에 제정되었으며, 영국의 영

향을 받은 미국은 일부 주州들이 1783년에 저작권법을 입법화시켰지만 최초의 연방 저작권법은 1790년 제헌의회에서 제정되었다. 이 법은 1909년과 1976년에 대폭적인 개정과 1990년의 개정을 거쳐 1998년 10월 28일에 디지털 시대에 맞게 디지털 밀레니엄 저작권법Digital Millennium Copyright Act: DMCA으로 바꿔 오늘에 이르고 있다.[1]

미국은 뒤늦게 1989년에서야 베른Berne 협약에 가입했는데, 그 이유는 베른 협약이 "저작권 보호를 위한 무방식無方式주의를 채택하기 때문에 통지·등록 등의 절차적 요건을 갖추어야 저작권 보호를 받을 수 있는 미국의 저작권법과 배치되었고, 또한 미국의 영화 산업계가 반대해 온 저작권의 인격권적 측면 인정을 Berne은 규정하고 있기 때문"이었다.[2] 그러나 앞서 지적한 바와 같이, 자국의 이익만을 꾀하는 강대국의 이기주의 또는 횡포 때문이었다는 것도 부인할 수 없는 사실이다.

미국에서 저작권 보호의 대상이 되는 건 우리나라와 거의 비슷하다. 저작권 보호의 대상이 되지 않는 걸 아는 것이 보호의 기준을 이해하는 데에 도움이 될 것이다. 다음과 같은 것들이다.

첫째, 제목이나 슬로건처럼 사소한 것들이다. 그러나 이들도 '불공정 경쟁'에 관한 법으로는 보호받을 수 있다. 둘째, 아이디어다. 아이디어의 문학적 또는 드라마틱한 표현은 보호해도 아이디어 그 자체는 보호하지 않는다. 셋째, 실용품이다. 예컨대, 램프는 빛을 내기 위한 실용품이므로, 그 기본적 디자인은 보호받을 수 없다. 그러나 실용성과는 무관한 티파니 램프는 보호받을 수 있다. 넷째, 방식, 수학 공식, 방정식 등이다. 그러나 아이디어 또는 시스템의 묘사, 설명, 도해 등은 보호받을 수 있다.

오직 독창적인 작품만이 저작권 보호를 받을 수 있는데, 독창적이라는 건 그 작품의 기원이 그 저작자에게 있다는 걸 의미한다. 예컨대, 남의 말을 기록한 사람이 그 기록물의 저작권을 주장할 수는 없으며, 애를 써서 이 것저것 모아 교통지도를 만들었다 하더라도 오리지널 하지 못하면 저작권의 보호를 받을 수 없다.

뉴스 이벤트, 즉 사건에 관한 보도는 저작권을 주장할 수 없다. 어느 신문의 사건 보도를 요약하거나 일부를 뽑아 보도한다 해도 문제되지 않는다. 출처를 밝히지 않는 건 윤리적 문제다. 그러나 그 기사의 문장 스타일이나 질적 측면literary style and quality, 즉 보도의 창의적 측면은 저작권의 보호를 받을 수 있다. 그런 경우 출처를 밝혀도 허락을 받지 않았으면 저작권 침해에 해당된다. 오히려 출처를 밝히는 건 허락을 받았다는 암시를 주므로, 더욱 나쁠 수도 있다.

저작권 등록을 하지 않았다고 그냥 가져다 쓸 수 있는가? 그럴 경우 '불공정 경쟁unfair competition=misappropriation'에 해당된다. 예컨대, 어느 통신사가 다른 통신사의 직원을 매수해 뉴스를 빼내 보도한 경우나 방송국이 신문의 허락도 받지 않고 신문의 기사를 자체 취재한 것인 양 읽거나 보도하는 것도 '불공정 경쟁'에 해당된다.

저작권 보호 기간은 어떤가? 1976년도에 통과된 저작권법 하에서는 1978년 1월 1일 이후 저작권은 창작자가 죽을 때까지 그리고 그 이후 50년까지 보호한다(50년은 창작자의 가족에 대한 배려다). 그 이후론 공공의 것이 되어 누구나 사용할 수 있다. 공동 저작의 경우엔 가장 나중에 죽는 저자가 죽고 나서 50년간 보호한다. 누군가를 고용해서 만들고 저작권은 고용한 측에 있을 경우 발행 후 75년, 또는 창작 후 100년간 보호한다. 예컨대, 앙드레 지드·토마스 만·어니스트 헤밍웨이·헤르만 헤세 같은 작가들의 경우 그들이 모두 1950, 1960년대에 사망했기 때문에 저작권료를 지불해야 한다.[3]

그런데 1998년도의 소니 보노 저작권 기한 연장법CTEA: Sonny Bono Copyright Term Extension Act은 대부분의 저작권 기한을 기존 50년에서 70년으로 20년 확대했다. 이게 과연 잘한 일일까? 제임스 보일James Boyle은 저작권의 과도한 정당화는 지나치게 낭만화된 '원저자authorship' 개념에 토대를 두고 있다고 했다. 리처드 스피넬로Richard Spinello는 "이와 같은 '저자 위주의 관점'은 우리로 하여금 지적 재산을 보호하려는 노력에 지나치게 몰두하고 또한 공공영역에 남아 있어야 할 지적 상품들을 사유화하도록 부추기고 있다"며 다음과 같이 말한다.

"확실히 보일과 다른 사람들이 우려했던 바와 같이 저자에 대한 보다 근본적인 보호가 우선되는 상황에서 공공 영역은 위축되어 가고 있다. 그러나 만일 미국과 같은 국가들이 자신들의 정보 자원들을 너무 과도하게 보호한다면, 이는 공동으로 이용할 수 있는 지식의 샘물을 고갈시키고 이와 더불어 미래의 창의적인 연구를 위한 초석이 되는 아이디어들을 사장시키는 위험을 저지르는 것이다."[4]

저작권 침해infringement 여부를 결정하는 주요 기준은 3가지며, 입증의 의무는 원고에게 있다. 첫째, 독창성originality이다. 예컨대, 역사는 독창성을 주장하기 어렵다. 역사서 저작권 침해 논란을 빚은 알렉스 헤일리Alex Haley, 1921~1992의 '뿌리' 사건에서 헤일리에게 승소 판결이 내려진 것도 그런 이유 때문이다. 둘째, 접근access이다. 원고는 피고가 저작권의 보호를 받는 작품에 접근했다는 것을 입증해야 한다. 많은 영화사들이 자발적으로 보내 온 원고를 뜯지 않는 것도 나중에 저작권 분쟁에 휘말리지 않으려고 하기 때문이다. 셋째, 유사성 정도다. '바꿔 쓰기paraphrasing'는 저작권 침해다. 캐릭터의 성격을 바꾸거나(예컨대, 디즈니의 도널드를 전혀 다른 성격의 캐릭터로 바꾼다든가) 매체를 바꾸는 것(예컨대, 만화에 나오는 주인공을 장

난감으로 만든다든가) 등도 저작권 침해다.[5]

저작권 보호의 예외는 무엇인가?
공정 이용의 원칙

미국의 1976년 저작권법 제107조는 저작권 보호의 예외로 '공정 이용의 원칙the doctrine of fair use'을 두었다. 이는 저작권자의 권리와 공익 사이의 균형을 꾀하고 비판, 논평, 뉴스, 교육, 연구 등과 같은 활동을 자유롭게 할 수 있도록 보장하기 위한 것이다. 법원은 '공정 이용'의 여부를 결정하기 위해 ①이용의 목적과 성격, ②저작물의 성격, ③저작물 전체와 비교하여 이용된 것의 양과 질, ④이용된 것이 저작물의 잠재적 시장 또는 가치에 미치는 효과 등 4가지 사항을 고려한다.

①이용의 목적과 성격: 비평, 코멘트, 뉴스 보도, 교육, 학술, 연구 등은 '공정 이용'에 해당된다. 책 서평자는 길게 인용해도 문제가 안 되지만, 포스터의 경우처럼 상업적 목적이라면 아주 조금만 인용해도 문제가 된다. 이용의 목적과 성격을 판단함에 있어서 1966년의 '로즈몽 대 랜덤 하우스 Rosemont v. Random House' 사건 판결은 상식이 중요하다는 걸 강조했다. 이 사건의 내용은 이렇다. 하워드 휴스Howard Hughes, 1905~1976에 대한 책을 랜덤 하우스가 내려고 했다. 휴스는 그 책이 『룩 매거진』에 실린 기사들을 많이 인용했다는 걸 알고 『룩 매거진』을 사들여 그 책을 내지 못하게끔 막는 소송을 제기했다. 그러나 법원은 랜덤 하우스에게 승소 판결을 내렸다. 저작권법의 목적은 홍보를 극도로 싫어하는 공인에 대한 정보의 확산을 막기 위한 것은 아니라는 것이다.[6]

② 저작물의 성격: 시장에서 구할 수 있는가? 어느 책이 절판되어 나오지 않는다면, 그 일부를 복사해도 더욱 정당화될 수 있다. 어떤 종류의 작품인가? 워크북(연습장, 규칙서), 표준화된 테스트 등과 같은 것을 복사하는 것은 '공정 이용'이 되기 어렵다. 신문, 잡지 등의 경우엔 저작권 침해에 해당될 가능성이 더 낮다. 출판된 것인가? 출판되지 않은 것이 출판된 것보다 더욱 강력한 보호를 받는다.[7]

③ 저작물 전체와 비교하여 이용된 것의 양과 질: 이와 관련된 판단은 상대적이다. 450페이지 책에서 5백 단어를 가져다 쓰는 건 5줄 시에서 3줄을 가져다 쓰는 것보다 훨씬 안전하다. 패러디parody는 어떻게 볼 것인가? 패러디는 저작권 침해가 아니다.[8]

1994년 3월 미 연방대법원은 패러디는 저작권 침해가 아니라는 걸 재확인하는 판결을 내렸다. 가수 로이 오비슨Roy Orbison, 1936~1988의 1964년 곡 〈오 프리티 우먼〉을 패러디화해 랩송 〈프리티 우먼〉으로 바꿔 연주한 그룹 투 라이브 크루를 상대로 원곡의 저작권 소유자인 애커프 로스 뮤직사가 낸 저작권 소송에서 피고 승소 판결을 내린 것이다. 그러나 패러디가 '공정 이용'이 되기 위해선 단지 코믹한 효과 이상의 것, 즉 그 어떤 사회적 가치를 추구해야 한다.[9] 연방대법원의 판결은 공정 이용의 네 가지 요소를 다 고려한 것이었는데, 그 내용은 다음과 같다.

첫째, 랩 밴드가 완전히 새로운 별개의 저작물이라 인정될 수 있을 정도로 〈프리티 우먼〉을 변용transformative한 것이므로 패러디 곡은 원곡을 대체하는 것이 아니다(이용의 목적 및 성질). 둘째, 패러디 곡은 창작성이 인정되므로 저작권의 보호를 받을 수 있다(저작권이 있는 저작물의 성격). 셋째, 랩 밴드가 리메이크에 이용한 부분은 원곡의 실질적인 부분을 지나칠 정도로 이용한 것이 아니다(이용된 부분의 양 및 실질성). 넷째, 패러디 곡이 원곡이나 그 2차적 저작물에 관한 시장에 부정적 영향을 주지 않는다(이용이 저작물의 시장에 주는 효과)는 것이다. 특히 '이용의 목적이나 성질'과 관련하여 중요한 것은 패러디 작품이 상업적 목적으로 창작되었다 하더라도 공정 이용이 인정된다고 한 점이다.[10]

④ 이용된 것이 저작물의 잠재적 시장 또는 가치에 미치는 효과: 저작권자에게 경제적으로 해를 미치느냐 미치지 않느냐가 판단의 기준이다.

(사례) 소니사의 VCR 베타맥스 사건: 1979년 유니버설과 디즈니는 소니를 걸어 소송을 제기했다. 자기들의 프로그램을 복사하는 것은 저작권 위반이므로 제조할 수 없다는 것이 영화사들의 주장이었지만, 연방대법원은 1984년 소니에게 승소 판결을 내렸다.[11]

(사례) 할리우드 영화사들은 1979년의 패배를 만회하려는 것일까? 미국 영화협회MPAA는 최근 연방통신위원회FCC에 고화질텔레비전HDTV에 디지털 프로그램 복제를 방지하는 기술을 탑재할 것을 요구하고 나섰다. 이에 대해 이광석은 "앞으로 이 기술이 표준으로 자리 잡는다면, 복제 방지 정보를 지닌 프로그램들을 일반 가정에서 녹화하는 것이 불가능해진다. 소비자단체들은 협회 쪽이 기술적 수단을 동원해 각 가정에서 누렸던 소비자들의 정당한 이용에 대한 권리를 뺏으려 한다며 강력히 항의하고 있다"며 다음과 같이 말한다.

"특히 디지털 시대에 저작권은 법조문에 의지하기보다는, 이를 보장하는 기술적 수단 속으로 기어든다. 하버드 법대 교수인 로런스 레시그가 주장했던 것처럼 이제 기술적 코드가 법이 된다. 일단 어떤 기술이 표준이 돼버리면 바꾸기가 어렵고 그 파장 또한 일반인들이 의식하기가 힘들어진다. 미국영화협회의 복제 방지용 장치는 바로 저작권 관련법이 수행할 수 있는 것보다 더 완벽하게 기술적 코드의 형태로 그 기능을 갖춘 경우다. 소비자는 정당한 이용에 대한 권리가 침해받는 사실도 의식하지 못하는 사이에, 저작권의 새로운 기술적 코드가 정착할 가능성이 한결 높아지고 있다. 이런 상황에선 저작권과 정당한 이용에 대한 권리를 배치되는 개념으로 파악할 것이 아니라, 공적 권리로서 소비자의 정당한 이용을 저작권의 틀 안에서 함께 고려해야 한다. 곧 양자의 균형을 유지하는 것이 저작권의 목표여야 하며, 이를 기술적 코드의 설계에 적절히 반영하려는 노력이 필요하다.[12]

그런데 오늘날 미국에서 이 '공정 이용'의 원칙이 사실상 사라졌다고 개탄하는 목소리가 높다. 미국 법원은 식별할 수 없는 음원은 물론이고 0.5초짜리 사운드 클립조차도 저작권법의 보호를 받으므로, 샘플로 사용하기 전에 반드시 허가를 받아야 한다고 판결했다. 대학에서 수업을 위해 사용하는 비공개 웹사이트에 논문에서 발췌한 내용을 돌리는 것은 '교육적인 공정 이용'으로 간주되어야 마땅하겠건만, 소송을 피하고 싶어 하는 대학 측은 교수들에게 학생들이 돈을 주고 자료를 사게 하라고 말한다. 이런 문제를 지적한 마이클 헬러Michael Heller는 다음과 같이 말한다.

"공정 이용은 원래 창작자들과 합의가 이루어진 부분이다. 불행히도 저작권을 소유한 대기업은 의회와 법원을 압박하면서 이러한 전통을 무시하라고 강요한다. 공정 이용을 적용할 수 있는 영역은 점점 줄어들고 있다. 그래서 뭐가 어떻다는 거냐고? 저작권 보호를 확대하는 게 무슨 문제냐고? 사실 공정 이용이 확대되면 눈에 보이지 않는 가치가 발생한다. 이제 우리는 그 가치에 이름을 붙일 수 있다. 공정 이용은 문화의 그리드락을 방지한다."[13]

그리드락gridlock이란 교차점에서 발생하는 교통 정체, 즉 오도 가도 못하는 상황을 말하는 것으로, 지나치게 많은 소유권이 경제활동을 오히려 방해하고 새로운 부의 창출을 가로막는 현상을 의미한다. '자유시장의 역설'인 셈이다. 헬러는 그리드락을 해결하는 것이 우리 시대의 핵심 과제라고 주장한다.[14]

한국의 저작권법은 2011년 12월 2일 개정을 통해 공정 이용 조항을 명시적으로 신설했다.

> 제35조의 3(저작물의 공정한 이용) ① 제23조부터 제35조의 2까지, 제101조의 3부터 제101조의 5까지의 경우 외에 저작물의 통상적인 이용 방법과 충돌하지 아니하고 저작자의 정당한 이익을 부당하게 해치지 아니하는 경우에는 보도·비평·교육·연구 등을 위하여 저작물을 이용할 수 있다. ② 저작물 이용 행위가 제1항에 해당하는지를 판단할 때에는 다음 각 호의 사항 등을 고려하여야 한다.
> 1. 영리성 또는 비영리성 등 이용의 목적 및 성격.
> 2. 저작물의 종류 및 용도.
> 3. 이용된 부분이 저작물 전체에서 차지하는 비중과 그 중요성.
> 4. 저작물의 이용이 그 저작물의 현재 시장 또는 가치나 잠재적인 시장 또는 가치에 미치는 영향.

저작권법 제35조의 3이 신설되기 전, 공정 이용의 논의는 "공표된 저작물은 보도·비평·교육·연구 등을 위하여는 정당한 범위 안에서 공정한 관행에 합치되게 이를 인용할 수 있다"는 저작권법 제28조(공표된 저작물의 인용)와 연관 지어서 논의되었는데, 법원은 공정 이용의 범위를 비교적 좁게 해석했다.

예컨대, 2008년 6월 서울남부지방법원은 방송사의 오락 프로그램에서 저작권자의 허락 없이 무단으로 영화의 일부 장면을 약 3분간 인용하여 방송한 것은 그 목적이 시청자들에게 정보와 재미를 주기 위한 것이라고 하더라도 그 이용의 성격이 상업적·영리적이라는 점 등에 비추어 공정 이용에 해당하지 않는다고 선고했다. 이 판례에서 공정 이용에 해당하지 않는 근거로 제시한 것은 이 사건의 방송사가 인터넷 홈페이지를 통해 유료로 문제된 프로를 방송한 점, 저작권자에게서 인용에 대한 동의를 받는 것이 어렵지 않았던 점이다. 원고는 방송사에 1억 1,000만 원을 청구했으며, 법원은 300만 원을 배상하라고 판시했다. 반면 미국은 영리적 성격이 짙어 보이는 방송 오락 프로그램의 경우에도 공정이용을 인정한 예가 많다.[15]

유료 디지털 콘텐츠 불법 복제를 막기 위해 어떤 방법이 사용되는가?
DRM

DRMDigital Rights Management(디지털 저작권 관리)은 일종의 전자 지문으로, 유료 디지털 콘텐츠 불법 복제를 막는 데 주로 사용되는 기술이다. 예컨대 사용자가 MP3 파일을 인터넷에서 내려받아 처음 저장한 컴퓨터에서 다른 컴퓨터로 옮길 수 없게 하거나, 전용 소프트웨어를 사용해야만 즐길 수 있게 해주는 기술이다.

DRM 옹호자들은 DRM이 새로운 멀티미디어 시장에서 디지털 콘텐츠의 안전한 배포와 더불어 디지털과 인터넷의 기술적 파워를 최대한 이용할 수 있는 새로운 사업 모델을 형성할 것이라고 주장하는 반면, 비판자들은 디지털 콘텐츠의 보호라는 커다란 대의에는 기본적으로 찬성하지만 DRM 이 불법 디지털 콘텐츠 복제와 생산에 관하여 할 수 있는 일이 (해킹 등에 의해) 기술적으로 거의 없으며 결국 DRM이 가져올 파급효과는 디지털 콘텐츠 소비자들의 이용 범위를 불필요하게 제한하는 것이라고 주장한다.[16]

DRM 논쟁은 특히 디지털 음악 분야에서 뜨거웠다. 디지털 음악 시장이 형성되기 시작한 것은 2001년 애플의 MP3 플레이어 아이팟과 인터넷 음악 파일 판매 사이트 아이튠즈가 나오면서부터다. 아이팟은 미국 MP3 플레이어 시장의 90퍼센트를, 디지털 오디오기기 시장의 70퍼센트를 차지하고 있다. 또 애플의 인터넷 음악 판매 사이트 아이튠즈는 2007년 4월까지 대부분 음악 파일에 애플 고유의 DRM을 장착, 아이팟을 비롯한 애플의 디지털 오디오기기에서만 들을 수 있도록 했다. 음악 시장이 디지털로 바뀌면서 기존의 빅4 음반 업체(유니버설뮤직·소니BMG·EMI·워너뮤직)가 경쟁하는 시장구조가 애플 독점 체제로 바뀌는 것 아니냐는 우려가 제기되었다.

이를 의식한 스티브 잡스Steve Jobs, 1955~2011 애플 CEO는 2007년 2월 "디지털 음악에 DRM을 없애 온라인 음악 시장을 개방하자"고 주장했다. 그는 "DRM이 불법 복제로부터 음악 산업을 보호하는 데 실패했다"고 말했다. 스티브 잡스의 말에 가장 먼저 동의하고 나선 사람이 EMI의 CEO 에릭 니콜리Eric Nicoli였다. 애플과 EMI는 2007년 5월부터 애플의 아이튠즈를 통해 DRM을 삭제한 음악을 공급하기 시작했다. 이어 2007년 8월 글로벌 음반사인 유니버설뮤직이 디지털 음악의 복제를 방지하는 DRM이 없는 음악 파일 판매에 들어갔다. 유니버설뮤직과 EMI가 제공하는 DRM 없는 음악 파일은 이를 구입한 소비자가 한번 구입하면 MP3·PC 등 다양한 디지털 오디오기기에 다운로드해서 들을 수 있고, 무제한 복제도 가능하다. 반면 DRM이 있는 음악은 특정 오디오기기에서만 들을 수 있고, 복제 회수가 제한되어 있다. 사용 기간이 정해져 있어 1~2년이 지나면 음악 파일이 저절로 사라진다.[17]

2007년 9월 25일 미국의 전자상거래 업체 아마존은 MP3 음악 파일을 한번 다운로드받으면 어떤 기기에서도 마음대로 사용할 수 있게 한다고 발표했다. DRM을 제거하겠다는 것이다. 소비자 반응은 환영 일색이었지만, 한국 음반업계와 음원 권리자는 대부분 DRM 정책을 고수하고 있다. 예를 들어 SK텔레콤 '멜론' 서비스로 음악 파일을 내려받은 사용자는 SK텔레콤이 허용한 휴대전화 등에서만 음악 파일을 쓸 수 있다. 반대로 DRM을 제거해 음악 파일을 파는 서비스 업체는 고전을 면치 못하고 있다. '벅스'는 2007년 2월 DRM이 제거된 음악 파일을 팔기 시작했다가 5월부터 다시 DRM을 설치해 팔고 있다. 음원 권리자들의 반발이 거셌기 때문이다. 한국 소비자들의 반응이 미진한 이유는 DRM과 무관하게 약 70퍼센트(업계 추산)의 사용자가 불법으로 공짜 음악 파일을 사용하고 있기 때문이다. 벅스 관계자는 "DRM이 제거된 파일을 팔아도, 신규 사용자가 별로 유입되지 않았다"며 "충실한 유료 사용자만 오히려 새 요금제로 이동해 손해를 봤다"고 말했다.[18]

2007년 EMI에 이어 유니버설 · 워너뮤직이 잇달아 DRM 없이 음악 파일을 제공키로 하더니 2008년 1월 세계 음반업계 2위인 소니BMG도 미국 전자상거래 사이트 아마존에 DRM이 없는 음악 파일을 제공하기로 합의했다. 이로써 세계 4대 음반회사는 모두 저작권 보호 장치 없이 음악 파일을 제공하는 셈이 되었다. 결국 음반업계는 당장 시장 축소를 감수하는 대신, 편의성을 높여 장기적으로 음악 파일 소비를 촉진하는 방안을 선택하

기로 한 것이다.[19]

2008년 3월 음악 저작권 징수 규정이 개정되면서 DRM을 떼어낸 'DRM 프리' 음원이 합법적으로 유통될 수 있게 되었고, 전체 음원 중 80퍼센트가량(일부 해외 음반사 음원 등 제외)을 DRM 프리 방식으로 유통할 수 있게 되었다. 2008년 7월부터 SK텔레콤(멜론), KTF(도시락), 엠넷미디어, 소리바다 등 기존 음원 유통 사업자들은 잇달아 다양한 DRM 프리 상품들을 선보여 서비스 한 달 만에 수만 명의 이용자를 확보했다. 이 같은 시장 환경 변화에 자극받은 네이버도 2008년 8월 14일 각종 음악들을 MP3 파일 형태로 내려받을 수 있는 'DRM 프리' 방식의 음원 유통 서비스를 시작하기로 했다.[20]

『중앙일보』 2008년 9월 1일자는 "이동통신 3사가 최근 'DRM(디지털 저작권 관리) 프리' 상품을 잇따라 선보였다. 멜론(SK텔레콤)·도시락(KTF)·뮤직온(LG텔레콤) 등 음악 서비스 사이트를 통해서다. 이로써 국내 음악 시장에도 DRM 프리 시대가 활짝 열렸다"며 다음과 같이 말했다.

"이통사들이 이처럼 DRM 관련 정책을 바꾼 것은 디지털 음악 시장이 지난해 7월을 정점(유료 이용자 250만 명)으로 줄고 있기 때문이다. 지난 7월 말 현재 이용자는 200만 명으로 20%나 감소했다. 이동통신 이용자들이 돈을 내고 합법적으로 내려받은 음악을 DRM으로 인해 다른 단말기로 옮길 수 없는 등 이용이 불편했기 때문이다. 소비자가 부주의로 자신이 가진 단말기에서 재생 불가능한 음원을 내려받아도 환불받을 길이 없었다. 반면 불법으로 온라인에서 내려받은 음악은 어떤 MP3 플레이어에서도 재생이 가능하고, 사용 기한이 없으며, CD나 이동식 메모리에 저장하는 것도 가능해 오히려 편했다. 이로 인해 유료 음악 이용자들이 불법 음악 다운로드 서비스로 몰려가자 위기의식을 느낀 이통사와 음악 저작권자들이 DRM

프리 상품을 내놓게 된 것이다."[21]

그간 DRM은 CD나 DVD 등을 이용해 오프라인 상에서 유통되던 많은 음악, 영화 등이 온라인 상에서 유통되고 정당한 금액을 지불하지 않는 불법적인 사용을 차단하기 위해 인증된 사용자가 인증된 기간 동안만 사용 가능하도록 통제할 때 많이 사용되었지만, 최근에는 개인정보를 포함한 중요 데이터 유출 사고가 잇따르고 내부 데이터 보안에 관심이 집중되면서 주로 기업의 기밀 사항을 담고 있는 내부 문서를 외부로 유출되지 않도록 관리하는 데 사용되고 있다.

한국에서 DRM에 대한 인식 수준은 매우 낮았으나, 2005년에 터진 이른바 '연예인 X파일' 사건이 전환의 계기가 되었다. 한 광고기획사가 파워포인트로 만든 이 파일이 사회적으로 큰 파장을 일으키면서 DRM 솔루션의 필요성이 기업 전반에 널리 알려지게 되었다. 문화체육관광부와 한국출판문화산업진흥원은 전자책 제작을 활성화하기 위해 2016년 DRM 상용화를 본격 추진하겠다고 발표했다.[22]

왜 토르발스와 스톨먼은 게이츠에 반대하는가?
카피레프트

"마이크로소프트MS의 독재를 무너뜨릴 자비로운 혁명가." 1991년 스물 한 살의 나이에 컴퓨터 네트워크 운영 체계인 리눅스Linux를 개발한 핀란드 헬싱키대학 출신의 컴퓨터 프로그래머 리누스 토르발스Linus Torvalds, 1969~를 가리키는 말이다. 리눅스 체계와 관련된 업종이 미국 주식시장에서 상한가를 치고 한국에서도 큰 관심의 대상으로 떠오른 가운데 그는 미국의 경제 전문지 『포천』이 선정한 2000년 세계 경제계의 주목을 받을 경영인 12명, 또 다른 경제 전문지 『포브스』가 선정한 21세기 세계 경제 혁명을 이끌어 나갈 인터넷 시대의 '뉴 디지털 기업인' 12명에 모두 포함되었다.[23]

컴퓨터 역사에서 빼놓을 수 없는 하나의 기록으로 벨연구소에서 데니스 리치Dennis Ritchie와 케네스 톰프슨Kenneth Thompson이 유닉스Unix를 개발한 건 1969년이었다. 리누스 토르발스는 바로 그해에 핀란드의 한 저널리스트 가정에서 출생했다. 리누스 토르발스의 나이 열 살 때 통계학 교수였던 할아버지는 손자에게 코모도 컴퓨터Commodore Vic-20를 선물했다. 그때 이후 토르발스는 늘 컴퓨터를 끼고 살았으며 프로그래밍에 몰두했다. 그는 헬싱키대학에 들어가서도 컴퓨터 사이언스를 전공했다. 그는 대학에 들어간 그때에 이미 "나는 세계 최고의 프로그래머"라고 하는 강한 자부심을 갖고 있었다.

토르발스의 강한 자부심에 자극을 준 건 유닉스였다. 그는 컴퓨터 프로그래머로서 그간 마이크로소프트 운영 체계를 써왔지만 더욱 강력한 유닉스 시스템을 원했다. 당시 유닉스는 PC용이 아니었기 때문에 그 값이 수천 달러에 이르렀다. 대학생 신분에 그걸 살 돈이 있을 리 없었다. PC에서 유닉스를 쓸 수는 없을까? 토르발스는 "내가 직접 만들어버리지 뭐"라는 결심을 했고 그걸 실행에 옮겼다. 토르발스가 직접 만든 작품은 조잡했지만 자신이 사용하기엔 무리가 없었다.

그게 바로 오늘날 리눅스Linux로 알려진 공개 유닉스 운영 체계의 맹아였다. 토르발스가 자신만의 운영 체계를 인터넷에 띄우면서부터 리눅스의 역사는 이루어지기 시작했다. 이러쿵저러쿵 훈수를 두는 사람들이 생겨난 것이다. 그들은 토르발스에겐 필요가 없었던 기능까지 지적하며 다양한 제안을 했고 그런 사람들의 수는 점점 늘어났다.

이러한 참여가 시사하듯이, 마이크로소프트와는 달리 리눅스 운영 체계 코드는 비밀이 아니다. 무료로 배포하는 개방 체계다. 다른 전문가들도 자유롭게 참여할 수 있을 뿐만 아니라 10대 컴퓨터 마니아도 리눅스에 들어가 코드를 이모저모 살펴본 다음 토르발스에게 제안을 할 수 있다. 해커들도 리눅스를 개선하는 데에 크게 기여했다.

자발적인 참여자들의 쇄도 이후 토르발스는 리눅스를 유지하고 업그레이드하는 역할을 해왔다. 그는 참여자들의 각종 제안을 읽는 데만도 하루 평균 2시간, 그걸 나름대로 검증하는 데엔 하루 평균 2~3시간을 소비했다. 그의 석사 학위 논문도 리눅스에 관한 것이었다. 토르발스는 그런 식으로 리눅스 제국의 중추 신경절 역할을 해냈었다.

이제 리눅스는 마이크로소프트 운영 체계보다 기술적으로 더 우월한 것으로 평가받고 있다. 이는 리눅스 애호가들의 정열 덕분에 가능한 것이었는데, 그들의 정열은 거의 종교적이다. 그들은 마이크로소프트를 '악惡의 제국'으로 보고 리눅스를 '구세주'로 간주한다. 그들의 리눅스 제국 건설은 이윤 추구에 미친 자본주의 탐욕에 대한 도전이라는 정치적 의미를 내포하고 있었던 것이다. 언론은 이들의 도전을 '소스 코드 공개 운동open-source movement'이라고 불렀다.

그러나 토르발스의 생각은 그런 열성적인 '신도'들의 생각과는 좀 다르다. 그는 "나는 마이크로소프트가 돈을 버는 것엔 개의치 않는다. 내가 관심을 갖는 것은 마이크로소프트의 운영 체계가 불량하다는 것이다"라고 말한다.[24] 그는 마이크로소프트의 기술적 결함이 판매를 강조하는 이윤 추구욕에서 기인한다고 주장한다. 그러나 그는 자신의 작업과 관련해 정치적 명분은 내세우지 않는다. 왜 힘들여 만든 걸 공짜로 주느냐는 질문을 받을 때마다 그가 내놓는 모범답안은 '인정'과 '재미'다. 남들에게서 인정을 받는 게 좋고 그렇게 일하는 게 재미가 있다는 것이다.

토르발스는 처음엔 사람들이 리눅스를 다른 사람에게 파는 걸 원치 않았기 때문에 그걸 디스크에 옮기는 걸 불가능하게 만들었다. 그러나 그는 1992년에 생각을 바꿔 GPLGeneral Public License과 FSFFree Software Foundation의 이름으로 등록을 해 GPL이 저작권copyright을 갖게 만들었다. 그러나 이는 FSF가 부르는 바에 따르면 카피라이트copyright가 아니라 카피레프트copyleft이다. 토르발스는 한 푼의 커미션도 받지 않았다. 그는 그 조건으로 리눅스 시스템을 팔 수는 있으나 코드의 변화는 공개하게끔 규정했다. 나중에 토르발스의 마음이 바뀌더라도 그 자신은 이득을 취할 수 없게끔 한 것이다.

'소스 코드 공개 운동'은 이미 리눅스 이전에 나온 것이다. 1984년에 FSF를 창설한 MIT 인공지능연구소 컴퓨터학자 리처드 스톨먼Richard Stallman, 1953~은 1983년에 GNUGNU's Not Unix라고 하는 무료 운영 체계 개발 작업에 착수했으며 나중에 리눅스의 발전에 큰 기여를 했다. 리눅스는 GNU 프로젝트의 하나일 뿐이다. 스톨먼은 1985년에 발표한 GNU 선언문을 통해 이후 카피레프트로 지칭되는 일련의 라이선스 규약을 발표했다.

"이 규약은 누구든지 이 라이선스에 동의하는 사람은 소프트웨어를 무료로 다운로드하거나 복제할 수 있고, 소스 코드를 수정하거나 분배할 수도 있다는 내용을 담고 있다. 유일한 조건은 소스 코드의 변경 사항을 공개해야 한다는 것이며, 코드를 이용한 새 소프트웨어 역시 GPL 라이선스에 따라 공개되어야 한다는 것이다. 이러한 GPL 규약은 금세 인터넷의 수많은 개발자들에게 엄청난 호응을 받았다."[25]

스톨먼이 GNU 프로젝트를 시작한 동기는 자신의 개인적 경험에서 비롯되었다. 그는 자신의 연구실에서 개발한 고성능 운영 체계가 한 컴퓨터 업체의 라이선스에 의해 돈벌이 수단으로만 이용되는 것을 목격하고, 기존의 소프트웨어 저작권 개념에 대한 근본적인 회의를 갖게 되었다.[26]

스톨먼은 컴퓨터 개발 초기의 왕성했던 상호협력 정신을 재건하자고 역설한다. 그는 1970년대 MIT에서 컴퓨터를 연구할 당시만 해도 소프트웨어는 자유로웠고 연구 그룹은 모두 이를 공유했으며, 상업적 컴퓨터 회사조차도 자유 소프트웨어를 배포했고 프로그래머들은 아무런 제약 없이 정보를 나눠 가졌다고 말한다. 그러나 1980년대 들어 소프트웨어에 대한 소유와 독점을 규정하는 법률에 의해 이 같은 분위기는 사라졌고 독점 소프트웨어 소유자들은 돈벌이를 위해 높은 장벽을 쌓기 시작했다는 것이다. 스톨먼은 이 같은 독점의 장벽이야말로 자유의 구속이라고 주장하면서 자유 소프트웨어의 자유free는 공짜의 의미가 아니라 '언론의 자유'를 말할 때의 자유라는 점을 강조했다.[27] 그는 이렇게 말한다.

"작가나 출판업자에게 저작권이 중요한 것처럼 독자에게는 읽을 권리가 중요하다. 정보가 공유되지 않으면 미래의 사이버 사회는 열린 공동체는커녕 지금보다 더욱 폐쇄적인 불평등한 사회가 될 것이다."[28]

토르발스도 무료 시스템의 장점을 역설하는데, 가장 중요한 것이 수많은 사람의 협동을 가능케 한다는 것이다. 이는 기존의 상업 시스템이 가질 수 없는 장점이라는 것이다. 물론 이건 빌 게이츠Bill Gates, 1955~의 생각과는 다르다. 흔히 토르발스를 가리켜 빌 게이츠의 라이벌이라곤 하지만, 토르발스는 빌 게이츠와는 정반대의 길을 걷고 있음에 주목할 필요가 있다.

게이츠는 1976년에 쓴 「애호가들에게 보내는 공개편지Open Letter to Hobbyists」라는 글에서 소프트웨어를 공유하는 것은 오히려 발전을 저해한다고 주장한 바 있다. 누가 아무 보상도 없이 그런 힘든 일을 하려 들겠는가? 이게 바로 게이츠가 던진 질문이었다. 그러나 그 질문엔 "토르발스가 있지 않은가"라는 답이 제기된 셈이다.

토르발스와 게이츠의 생각의 차이는 단지 컴퓨터 분야에만 국한되지 않는다. '이기심 대 이타심' 또는 '이기심 대 재미'의 대결 구도라고나 할까? 어느 한쪽이 완전히 옳다고 말하기는 어려울 것이다. 한 가지 분명한 건 '소스 코드 공개 운동'의 성과도 만만치 않다는 것이다. 다음에 이야기할 'CCL 운동'도 바로 이런 흐름의 연장선상에 놓여 있는 것이다.

'저작권 보호'와 '정보 공유'라는 두 마리 토끼를 잡을 순 없는가? CCL

CC란 '크리에이티브 커먼즈Creative Commons'의 약자로 '창조적 재산 공유'로 번역된다. 정보 공유와 콘텐트의 창조적 재생산을 유도하는 열린 저작권 운동이다. CCLCreative Commons License은 저작권자가 자신의 저작물에 대한 이용 방법과 조건을 표기하는 일종의 표준 약관이자 저작물 이용 허락 표시를 말한다. CCL은 '저작권 보호'와 '정보 공유'라는 두 마리 토끼를 잡을 수 있는 대안으로 세계적 관심을 모으고 있다. IT 칼럼니스트 명승은은 "CCL은 저작권의 배타적 보호보다 '내 저작물을 이 정도 범위에선 충분히 활용해도 좋다'는 메시지를 담은 것"이라고 설명했다.[29]

구체적으로 CCL은 일반적으로 많이 쓰이는 저작물의 이용 방법 및 조건을 규격화해 몇 가지 표준 라이선스를 정한 것으로, 저작자가 이 중에서 자신이 원하는 라이선스 유형을 선택해 저작물에 표시하는 방식이다. 이같은 라이선스 유형은 크게 저작자 표시attribution, 비영리Noncommercial, 변경 금지No Derivative, 동일 조건 변경 허락Share Alike 등 네 가지가 있다. 통상 이 네 가지 요소를 조합해서 이용 조건을 설정한다.

CCL 개념은 리처드 스톨먼Richard Stallman, 1953~이 제기한 '자유소프트웨어 운동'에서 비롯된 것으로, 2001년 스탠퍼드 법대 교수인 로런스 레시그Lawrence Lessig, 1961~가 제창했다. 레시그가 설립한 비영리단체 크리에이티브 커먼즈가 2002년부터 실시한 CCL을 도입하면서 저작권자의 의사를 일일이 묻지 않더라도 저작물에 대한 이용 방법과 조건을 쉽게 알 수 있게 되었고, 이에 따라 저작권 침해 없이도 널리 유통시킬 수 있게 되었다.[30] 레시그는 "크리에이티브 커먼즈 프로젝트는 저작권과 경쟁하려고 하지 않는다"며 다음과 같이 말했다.

"이 프로젝트는 오히려 저작권을 보완한다. 그 목적은 저작자들의 권리를 패퇴시키는 것이 아니다. 오히려 저작자와 창작자들이 보다 신축적이고 저렴한 비용 부담으로 자신의 권리를 보다 쉽게 행사할 수 있도록 하자는 것이 이 프로젝트의 목적이다. 이런 변화로 생겨나는 차이는 창작물이 더욱 원활하게 전파되도록 할 것이라고 우리는 믿는다."[31]

크리에이티브 커먼즈는 2007년 말 기존의 CCL을 보완한 CC제로CC Zero와 CC플러스CC Plus 등을 새로 제안했다. CC제로는 저작권자가 권리를 아예 포기하거나 거부해 해당 저작물을 이용할 때 어떠한 의무도 부과하지 않는 표시다. CC플러스는 CCL이 정한 범위를 넘어서 상업적인 목적으로 해당 저작물을 활용하고 싶은 이용자들을 위한 표시로, 안내문이 들어가 있다. CC제로는 주로 공공재 성격을 지닌 법률, 과학, 의학 자료 등에 적용되는 반면, CC플러스는 비즈니스를 위한 라이선스 조건이다. 기존 CCL의 범위를 넘어 해당 콘텐츠를 상업적 용도로 사용하고자 할 때 이 표식을 누르면 상업적 조건을 의논할 수 있는 안내 표시가 뜬다. 저작자와 상

업적 이용자를 연결하는 안내자 역할이다.[32]

CC문화를 과학 영역에 접목하려는 시도도 일어났다. 2007년 12월 출범한 사이언스 커먼스Science Commons는 연구자나 기업별로 폐쇄적으로 이루어지는 신약 개발이나 과학 실험의 한계를 합법적인 실험 자료 공유와 협업을 통해 극복하자는 취지로 출범했다. 이들은 전 세계 학술 저널들을 CC 라이선스 조건으로 공유하는 오픈 저널 프로젝트 등을 진행하고 있다.[33]

국내 최대 포털사이트인 네이버는 2008년 2월 말 블로그나 카페에서 만든 콘텐츠에 CCL을 표시할 수 있도록 했다. 앞서 네이버는 이용자가 스스로 만든 블로그 스킨에 CCL을 적용했다. '손수 저작물UCC'을 강조하고 있는 다음은 2005년부터 2007년까지 단계적으로 블로그, 유스보이스, 티스토리, 카페 등에서 CCL을 표시할 수 있는 서비스를 제공해왔다. 파란은 2007년부터 블로그와 사진 공유 서비스 '푸딩'에서 CCL을 도입했다.[34]

2008년 3월 14일 서울 용산 국립중앙박물관에서는 '크리에이티브 커먼스 코리아' 창립 3돌을 기념해 국내 CC운동의 현황과 발전 방향을 토론하는 '2008 CC코리아 국제 콘퍼런스'가 열렸다. CC운동의 주창자이자 인터넷 관련 법규의 세계적 권위인 로런스 레시그가 참석한 이 행사는 비영리단체인 CC코리아가 주관했다. 2005년부터 CC코리아를 이끌고 있는 윤종수 대전지방법원 판사는 "CC의 핵심 가치는 저작물의 합법적 공유"라고 말했다. 그는 "CCL이 활성화되면 네티즌들은 다양한 저작물을 좀더 자유롭게 이용할 수 있고, 이를 통해 더 큰 가치를 창출할 수 있다"고 말했다. CC코리아의 모토가 '창조, 나눔으로 모두가 함께하는 열린 문화'인 것도 그 때문이라는 설명이다.[35]

이 콘퍼런스에서 레시그는 "디지털 기술은 창작물의 공유와 창작 기회를 넓혀주지만, 기존 저작권 시스템에서 창작물을 이용하려면 매번 허가가 필요했다"며 "자신의 창작물을 나누고 싶어 하는 이들에게 도구를 마련해 주고 싶었다"고 제안 배경을 설명했다. 그는 "일단은 저작권 시스템을 합리적sense으로 만드는 것, 그리고 창작자들을 존중respect하는 마음을 갖는 것, 이것이 CC의 최종 목표"라고 말했다.

레시그는 "최근 (누리꾼들이) 기존의 창작물을 리믹스해 창작물을 만들고, 공유하는 문화가 새로운 비즈니스로 등장하고 있다"며, 이를 '하이브리드 비즈니스'로 정의했다. 그는 얼마 전 야후가 사진 공유 사이트인 '플리커'를 인수한 예를 들면서 "기업들이 인터넷 공유 문화에서 상업적 가치를 찾고 있는 것이 눈에 띄는 변화"라고 설명했다.

레시그는 "스타워즈 매시업 사이트처럼 스타워즈에 대한 다양한 콘텐츠를 제공하고 사용자들은 이를 이용해 다양한 창작물을 만들지만 모든 저작권은 조지 루카스가 갖는 경우가 있다"며 "창작물의 소유권이 누구에게 있는지 관심을 갖지 않거나, 플리커처럼 CCL을 도입해 창작자에게 소유권을 주는 경우도 있다"고 말했다. 그러나 그는 "여기서 나타난 비즈니스 모델의 차이는 매우 중요하다"며 "창작자의 권한을 인정하고 무료 사용 및 배포 범위를 직접 정할 수 있도록 하는 게 필요하다"고 덧붙였다.

레시그는 미국 주도로 이루어지고 있는 저작권법 강화 흐름에 강한 우려를 표시했다. 그는 "저작권 보호 기간을 저작자 사망 뒤 70년까지로 연장한 것은 창작자에게 인센티브를 주자는 기본 취지에 어긋나는 것"이라며 "미국의 광범위한 저작권 시스템은 문화뿐 아니라 과학 영역까지 접근을 막고 있다"고 주장했다. 그는 또 최근 정치 문제에 관심을 두고 있다며 "저작권법 문제는 할리우드의 이익을 대변하는 정책 입안자들과 연관이 있다"고 설명했다.[36]

2015년 10월 14~16일 서울 국립중앙박물관에서 열린 '크리에이티브 커먼스 글로벌 서밋 2015'에 참가한 요차이 벵클러Yochai Benkler, 1964~하버드 법대 교수는 창조의 공유지가 인터넷에만 적용되는 게 아니라며 개념 확대를 시도했다. 창조의 공유지 개념을 적용한 공유 경제가 자본주의의 최대 문제인 부의 불평등을 해소할 수 있는 한 방법이라는 것이다. 그는 인터넷 브라우저 파이어폭스 사례처럼, 개방성과 공유를 추구하는 사람들은 이용하기 쉬운 대안적 플랫폼을 만들어야 하는 책임이 있다고 강조했다.[37]

온라인에서건 오프라인에서건 저작권 문제는 '국제 관계'가 개입됨으로써 그 정체성을 규명하는 데에 혼란을 겪고 있다. 물론 국내에서도 '대 자본 대 개인'이라고 하는 힘의 관계가 작동하지 않는 건 아니지만, 국제 관계에선 오직 그런 힘의 관계만이 있는데다 '민족주의'까지 가세하기 때문이다. 바로 이런 배경에서 길러진 습속이 국내에서 저작권자의 피와 땀에 대한 정당한 보상마저 유린하는 '파렴치 행위'를 창궐하게 하고 공유를 어렵게 만드는 악순환을 유발한다고 볼 수 있겠다.

코카콜라 병의 디자인은 무엇으로 보호를 받는가?
트레이드 드레스

트레이드 드레스trade dress는 상품 외장, 제품의 독특한 이미지를 형성하는 빛깔, 크기, 모양 등을 말하는데, 미국을 중심으로 보호 강화 추세에 있는 새로운 지적 재산권 분야다. 디자인design, 상표trade mark와는 구별된다. 특정 상품하면 떠오르는 전체적인 이미지나 느낌으로 이해하면 쉬운데, 코카콜라 병 모양이 대표적이다. 여성 몸매와 유사한 잘록한 허리 모양, 웨이브 문양 등 다른 병과 구분되는 코카콜라 병만의 특징이다.

의장意匠이 제품의 기능을 중시한다면 트레이드 드레스는 장식에 더욱 큰 비중을 둔다는 점에서 다르다. 우리나라에서는 부정경쟁방지법에 이와 유사한 조항을 두고 있으나 아직까지 이에 대한 명확한 개념 규정이나 보호 방안이 없는 상태다. 그러나 미국에서는 1989년에 개정한 연방 상표법, 즉 랜햄법Lanham Act을 통해 치어걸의 복장이나 독특한 외관의 트럭 디자인까지도 트레이드 드레스로 규정, 지적 재산권의 하나로 보호하고 있다.[38]

우리나라에서는 2012년 8월 26일 삼성전자-애플의 특허 소송 결과 널리 알려지게 된 용어다. 이 소송에서 애플은 자사의 아이폰이 가지고 있는 고유한 이미지와 관련해 모서리가 둥근 직사각형 형태, 직사각형 모양을 둘러싼 테두리bezel, 앞면에 직사각형 모양의 화면, 화면 윗부분에 좌우로 긴 스피커 구멍 등에 대해 권리를 주장했다. 애플은 아이폰의 이러한 특징을 삼성의 갤럭시폰이 모방했고, 그로 인해 소비자들이 아이폰과 갤럭시폰을 혼동할 수 있다고 주장했는데, 이러한 주장이 바로 트레이드 드레스의 주요 내용이다.[39]

캘리포니아 북부 연방지방법원 배심원단이 애플에 대한 삼성의 배상금으로 처음 산정한 액수는 약 10억 5,000만 달러였지만 이후 9억 3,000만 달러로 감소했고, 그중 트레이드 드레스 관련 부분은 약 3억 8,000만 달러로 추산되었다. 애플의 손을 들어준 미국 캘리포니아 북부지방법원 배심원단의 판결이 과도하다는 비난도 적지 않았는데, 이에 대해 이어령은 "미국의 특허법 자체가 특이하다. 미키 마우스법이니 잠수함법이니 하는 별명이 붙을 만큼 국제 상식과 위배되는 경우가 적지 않다"며 다음과 같이 말했다.

"특히 이번 삼성이 고배를 마신 트레이드 드레스의 특허는 한국은 물론이고 전 세계가 다 낯설어하는 개념이다. 직역하자면 상품의 옷으로 상품 자체만이 아니라 그것이 포장하고 있는 외형 일체를 보호하겠다는 의미다. 이를테면 아이폰을 아이폰답게 하는 네모 굴리기, 메탈릭한 촉감 등 해당 상품의 이미지에 속하는 감각·감성 등 객관적으로 측정하기 힘든 비非기능적인 요소까지도 법의 보호를 받아야 한다는 뜻이다. 그러므로 기술 특허와 달리 전문인보다 오히려 일반인의 감感에 맡기는 주관적 심사의 길을 터놓게 된 것이다."[40]

2015년 5월 18일 미국 연방순회항소법원은 "삼성 제품의 트레이드 드레스 희석과 관련해 (1심) 배심원단이 판단한 내용을 무효로 한다"고 결정했다. 애플 아이폰 외관은 '기능성functionality'이 있어 트레이드 드레스 권리는 무효라는 취지로, 애플이 주장한 아이폰 사각 형태와 평평한 디스플레이, 손에 잡기 편한 크기 등은 누구나 사용할 수 있는 요소로 트레이드 드레스에 포함할 수 없다는 뜻이다.

법원은 판결문에서 자유 시장경제에서 '경쟁사 제품을 모방해 경쟁할 기본권'은 오직 특허권과 저작권을 통해서만 제한되어야 한다고 밝혔다. 제품 외관은 사소한 기능성이 인정되더라도 트레이드 드레스로 영구적 독점권을 허용하는 것은 부당하다는 원칙을 재확인한 것이다. 트레이드 드레스가 과도하게 사용되면 산업 전반에 걸쳐 경쟁이 제한된다. 가령 파란색 다이아몬드 형태 알약에 트레이드 드레스를 인정하면 어떤 제약사도 영구히 이런 형태의 알약을 만들 수 없다. 스마트워치도 마찬가지다. 향후 둥글거나 네모란 형태 스마트워치에 트레이드 드레스 소송이 불거질 가능성도 있다. 이창훈 특허법무법인 아주양헌 변호사는 "최근 한국에서도 트레이드 드레스가 과도하게 보호되는 문제점이 있어 이번 판결은 시사하는 바가 크다"며 "상품 외관에 무분별한 트레이드 드레스 보호는 다시 고려해야

한다"고 말했다.[41]

그러나 연방순회항소법원은 스마트폰의 전면부 디자인과 테두리(베젤), 그래픽 사용자 인터페이스GUI, 그리고 화면을 두 번 터치해 표시 내용을 확대하는 기능 등에 대해서는 삼성이 애플의 특허를 베꼈다고 결정했다. 이에 따라 만약 트레이드 드레스에 대해 산정된 배상금이 모두 없어지면 삼성이 내야 할 배상액은 5억 4,800만 달러로 줄어들게 된다.[42]

김경환은 그간 확립된 미국 판례에 의하면, 어떠한 모양 등이 트레이드 드레스로서 보호받기 위해서는, 비기능성, 식별성, 혼동 가능성의 세 가지 요건을 갖추어야 한다고 말한다. 첫째, 기능적이지 않아야 한다. 어떠한 모양이 실용적인 기능을 한다면 트레이드 드레스로 보호받지 못한다. 둘째, 식별력을 제공해야 한다. 식별력은 2가지로 분류되는데, 상품의 트레이드 드레스가 독특해 본질적 식별력이 있는 경우에도 보호받지만, 독특하지 못한 트레이드 드레스라도 그 트레이드 드레스의 사용으로 인해 기업이나 브랜드에게 식별력이 생기는 경우, 즉 이차적 의미secondary meaning를 획득한 경우에도 그 트레이드 드레스는 보호받을 수 있다. 셋째, 혼동 가능성 likelihood of confusion을 제공해야 한다. 두 제품을 보고 소비자가 혼동할 수 있어야 한다는 의미다.[43]

2015년 7월 한국 특허청은 트레이드 드레스의 기능성 심사 강화를 골자로 '입체상표 등의 기능성 심사 가이드라인'을 마련해 8월 심사부터 적용한다고 밝혔다. 이에 따라 앞으로 상품의 원활한 기능 발휘를 위해 반드시 필요한 형상이나 색채 등을 가진 트레이드 드레스는 상표권으로 등록받기 어렵게 되었다.[44]

머리말

1   기획취재팀, 「'사법 저울'이 기울었다: 강한 자엔 '솜방망이' 약한 자엔 '쇠몽둥이'」, 『경향신
    문』, 2000년 12월 26일, 1면.
2   김윤철, 「신뢰 집단 만들기」, 『경향신문』, 2014년 10월 11일.
3   임지선 · 김보미, 「젊을수록 '사회 불신' 강하다」, 『경향신문』, 2009년 2월 6일; 임지선, 「고
    교 · 대학생, 가족 · 친구만 믿고 사회 집단 못 믿는다」, 『경향신문』, 2009년 2월 6일.
4   「[사설] "다른 사람 신뢰" 22%, 불신 늪에 빠진 한국」, 『중앙일보』, 2014년 1월 2일.
5   윤평중, 「광복 70년, 不信 사회를 넘어 共和 사회로」, 『조선일보』, 2015년 8월 14일; 김향미,
    「"경제 · 분배, 공정하지 않다" 72%…대한민국은 이미 불신 사회」, 『경향신문』, 2015년 12월
    23일.
6   오관철, 「소득 · 학력 높을수록 '연줄 중시'」, 『경향신문』, 2006년 12월 27일, 3면.
7   이재진, 「한국 언론법제 교육의 현실과 쟁점: 대학에서의 언론법제 교육을 중심으로」, 『언론중
    재』, 통권 105호(2007년 겨울), 4~20쪽.

제1장 표현의 자유: 이론

1   권영성, 『헌법학원론』 보정판(법문사, 2000), 464쪽.
2   권영성, 『헌법학원론』 보정판(법문사, 2000), 465쪽.
3   Thomas I. Emerson, 「The Function of Freedom of Expression in a Democratic
    Society」, 『Toward a General Theory of the First Amendment』(New York: Vintage
    Books, 1966), pp.3~15; 팽원순, 『매스코뮤니케이션 법제이론』(법문사, 1988), 58~65쪽; 염
    규호, 「미국에서의 명예훼손과 사생활침해: 헌법이론과 학설을 중심으로」, 『언론중재』, 통권

51호(1994년 여름), 38~41쪽.

4 팽원순, 『언론법제신론』(나남, 1989), 21쪽.

5 표성수, 『언론과 명예훼손』(육법사, 1997), 50쪽.

6 Joel Schwartz, 「Freud and Freedom of Speech」, 『American Political Science Review』, 80:4(December 1986), pp.1227~1248.

7 강재륜, 『논리학』(대왕사, 1996), 67~68쪽; 에드워드 데이머, 김회빈 옮김, 『엉터리 논리 길들이기』(새길, 1999), 188쪽.

8 존 밀턴(John Milton), 임상원 역주, 『아레오파지티카: 존 밀턴의 언론 출판 자유에 대한 선언』(나남, 1998); 박상익, 『언론자유의 경전 아레오파기티카』(소나무, 1999).

9 마이라 맥퍼어슨(Myra MacPherson), 이광일 옮김, 『모든 정부는 거짓말을 한다: 20세기 진보 언론의 영웅 이지 스톤 평전』(문학동네, 2006/2012), 100쪽.

10 팽원순, 『매스코뮤니케이션 법제이론』(법문사, 1988), 61쪽; 고명섭, 「"책은 생명과 진리의 담지자": 언론 자유의 경전 '아레오파기티카'」, 『한겨레』, 2008년 5월 31일; 「Areopagitica」, 『Wikipedia』.

11 허버트 알철(J. Herbert Altschull), 강상현·윤영철 공역, 『지배권력과 제도언론: 언론의 이데올로기적 역할과 쟁점』(나남, 1984/1991), 31쪽.

12 로버트 하그리브스(Robert Hargreaves), 오승훈 옮김, 『표현자유의 역사』(시아출판사, 2002/2006), 187~188쪽; 박창식, 「[유레카] 아레오파지티카」, 『한겨레』, 2015년 5월 11일; 「John Milton」, 『Wikipedia』.

13 김병걸, 『문예사조, 그리고 세계의 작가들: 단테에서 밀란 쿤데라까지 1』(두레, 1999), 62쪽; 홍사중, 『영국혁명사상사』(전예원, 1982), 146~153쪽.

14 로버트 하그리브스(Robert Hargreaves), 오승훈 옮김, 『표현자유의 역사』(시아출판사, 2002/2006), 194~195쪽.

15 존 네론(John Nerone) 엮음, 차재영 옮김, 『최후의 권리: '언론의 4이론'을 넘어서』(한울아카데미, 1995/1998), 66, 172~174쪽.

16 염규호, 「미국에서의 명예훼손과 사생활침해: 헌법이론과 학설을 중심으로」, 『언론중재』, 통권 51호(1994년 여름), 37쪽.

17 이구현, 『미국언론법』(커뮤니케이션북스, 1998), 508쪽.

18 로버트 하그리브스(Robert Hargreaves), 오승훈 옮김, 『표현자유의 역사』(시아출판사, 2002/2006), 327쪽.

19 정태철, 「언론 전문직업인주의(professionalism)의 필요성: 1987년 민주화 이후 한국 언론의 문제와 개혁에 대한 논의」, 『언론과학연구』, 제5권2호(2005년 8월), 438쪽.

20 설원태, 「저널리즘이여 안녕: 의심스러운 시대의 커뮤니케이션 정치」, 『신문과 방송』, 제415호(2005년 7월), 144~145쪽.

21 Richard Buel, Jr., 「Freedom of the Press in Revolutionary America: The Evolution of Libertarianism, 1760~1820」, Bernard Bailyn & John B. Hench eds., 『The Press and the American Revolution』(Boston, Mass.: Northeastern University Press, 1981), pp.87~88.

22 엄기열, 「자치적 민주주의 위해 언론책임 강조해야: 미 수정헌법 1조에 대한 해석의 문제」, 『신

문과 방송』, 제377호(2002년 5월), 137쪽.

23 Don R. Pember, 『Mass Media Law』 1996 ed.(Dubuque, Iowa: Brown & Benchmark, 1996), p.43.

24 한병구, 『언론과 윤리법제』 증정판(서울대학교출판부, 2000), 317쪽.

25 팽원순, 『매스코뮤니케이션 법제이론』 개정판(법문사, 1988), 117~118쪽.

26 Brian Morton, 「Chomsky Then and Now」, 『Nation』, May 7, 1988, pp.646~652.

27 리처드 커니(Richard Kearney), 김재인 외 옮김, 「노엄 촘스키: 언어의 정치학」, 『현대 사상가들과의 대화』(한나래, 1998), 87~89쪽.

28 Don R. Pember, 『Mass Media Law』 1996 ed.(Dubuque, Iowa: Brown & Benchmark, 1996), p.43.

29 팽원순, 『매스코뮤니케이션 법제이론』(법문사, 1988), 63쪽; Wayne Overbeck & Genelle Belmas, 『Major Principles of Media Law』 2010 ed.(Boston, MA: Wadsworth, 2008), p.43.

30 Don R. Pember, 『Mass Media Law』 1996 ed.(Dubuque, Iowa: Brown & Benchmark, 1996), pp.44~45; Don R. Pember & Clay Calvert, 『Mass Media Law(2009~2010 Edition)』(New York: McGraw-Hill, 2008), p.45; Kent R. Middleton & William E. Lee, 『The Law of Public Communication』 7th ed.(New York: Allyn & Bacon, 2010), p.30; Dwight L. Teeter, Jr. & Bill Loving, 『Law of Mass Communications: Freedom and Control of Print and Broadcast Media』(New York: Foundation Press, 2008), p.17; Robert W. McChesney, 「The New Theology of the First Amendment」, 『Monthly Review』, March 1988; 「Meiklejohnian absolutism」, 『Wikipedia』.

31 Alexander Meiklejohn, 「To Advocacy, the First Amendment Guarantees Freedom; To Incitement, It Guarantees Nothing」, Harold L. Nelson ed. 『Freedom of the Press from Hamilton to the Warren Court』(Indianapolis: Bobbs-Merrill, 1967), pp.66~78.

32 염규호, 「미국에서의 명예훼손과 사생활침해: 헌법이론과 학설을 중심으로」, 『언론중재』, 통권 51호(1994년 여름), 41쪽.

33 팽원순, 『매스코뮤니케이션 법제이론』(법문사, 1988), 110쪽.

34 「Shouting fire in a crowded theater」, 『Wikipedia』.

35 이시엘 디 솔라 풀(Ithiel de Sola Pool), 원우현 옮김, 『자유언론의 테크놀러지』(전예원, 1984/1985), 101쪽.

36 이시엘 디 솔라 풀(Ithiel de Sola Pool), 원우현 옮김, 『자유언론의 테크놀러지』(전예원, 1984/1985), 102쪽.

37 김동철, 『자유언론법제연구』(나남, 1987), 245쪽.

38 임지봉, 「[미국헌법판례열람] 명백·현존하는 위험 원칙의 현대화」, 『법률신문』, 2007년 12월 18일; 신윤동욱, 「청결한 사회, 파시스트가 원하는 사회」, 『한겨레 21』, 제978호(2013년 9월 10일); Kent R. Middleton & William E. Lee, 『The Law of Public Communication』 7th ed.(New York: Allyn & Bacon, 2010), pp.42~43.

39 김철수, 『헌법학개론』 제12전정신판(박영사, 2000), 599~600쪽.

40 양건, 「표현의 자유」, 김동민 편저, 『언론법제의 이론과 현실』(한나래, 1993), 57쪽; 한병구, 「언론법 사조」, 한병구 편, 『언론법제통론』(나남, 1990), 329쪽.

41 양건, 「표현의 자유」, 김동민 편저, 『언론법제의 이론과 현실』(한나래, 1993), 39쪽.

42 마이클 H. 헌트(Michael H. Hunt), 권용립·이현휘 옮김, 『이데올로기와 미국외교』(산지니, 2007), 239~241쪽.

43 F. L. 알렌(Frederick Lewis Allen), 박진빈 옮김, 『원더풀 아메리카』(엘피, 2006), 82쪽.

44 하워드 진(Howard Zinn)·레베카 스테포프(Rebecca Stefoff), 김영진 옮김, 『살아있는 미국역사』(추수밭, 2008), 186쪽; 마이클 H. 헌트(Michael H. Hunt), 권용립·이현휘 옮김, 『이데올로기와 미국외교』(산지니, 2007), 245~246쪽.

45 F. L. 알렌(Frederick Lewis Allen), 박진빈 옮김, 『원더풀 아메리카』(엘피, 2006), 56~65쪽.

46 F. L. 알렌(Frederick Lewis Allen), 박진빈 옮김, 『원더풀 아메리카』(엘피, 2006), 98쪽.

47 팽원순, 『매스코뮤니케이션 법제이론』(법문사, 1988), 112쪽.

48 팽원순, 『매스코뮤니케이션 법제이론』(법문사, 1988), 113쪽.

49 Don R. Pember, 『Mass Media Law』 1996 ed.(Dubuque, Iowa: Brown & Benchmark, 1996), p.44.

50 장호순, 『미국헌법과 인권의 역사: 민주주의와 인권을 신장시킨 명판결』(개마고원, 1998), 33쪽.

51 장호순, 『미국헌법과 인권의 역사: 민주주의와 인권을 신장시킨 명판결』(개마고원, 1998), 105쪽.

52 강준만, 「조셉 매카시와 매카시즘」, 『커뮤니케이션 사상가들』(한나래, 1994), 11~41쪽.

53 팽원순, 『매스코뮤니케이션 법제이론』(법문사, 1988), 115~116쪽.

54 Don R. Pember, 『Mass Media Law』 1996 ed.(Dubuque, Iowa: Brown & Benchmark, 1996), pp.43~44.

55 성낙인, 『언론정보법』(나남, 1998), 68쪽.

56 제롬 A. 배런(Jerome A. Barron), 김병국 역, 『누구를 위한 언론자유인가』(고시계, 1973/1987); Robert W. McChesney, 「The New Theology of the First Amendment」, 『Monthly Review』, March 1988.

57 Merle W. Loper, 「Media Access and the First Amendment's Romantic Tradition: A Commentary on Jerome A. Barron, Freedom of the Press for Whom?」, 『Maine Law Review』, 26(1974), p.427; John R. Snowden, 「Barron's 'Good Book' Examines Access Notion」, 『Nebraska Law Review』, 53:2(1974), p.323.

58 한병구, 『언론과 윤리법제』 증정판(서울대학교출판부, 2000), 76쪽.

59 Jack McDonald, 「Book Reviews: Freedom of the Press For Whom?」, 『North Dakota Law Review』, 50(Fall 1973), pp.153~160; Clifton Daniel, 「Right of Access to Mass Media: Government Obligation to Enforce First Amendment?」, 『Texas Law Review』, 48(1970), pp.783~790.

60 김동철, 『자유언론법제연구』(나남, 1987), 207~208쪽.

61 Don R. Pember, 『Mass Media Law』 3rd ed. (Dubuque, Iowa : Wm. C. Brown, 1984), pp.500~502; Robert B. Horowitz, 「The Regulation/Deregulation of American Broadcasting」, 『Quarterly Review of Film Studies』, 8:3(Summer 1983), p.36.

62 Don R. Pember, 『Mass Media Law』 1996 ed.(Dubuque, Iowa: Brown & Benchmark, 1996), p.554; Kenneth C. Creech, 『Electronic Media Law and Regulation』 5th ed.(New York: Focal Press, 2007), pp.88~91; 윤석민, 『미디어 공정성 연구』(나남, 2015), 761쪽.

63 윤석민, 『미디어 공정성 연구』(나남, 2015), 241쪽.

64 팽원순, 『매스코뮤니케이션 법제이론』 개정판(법문사, 1988), 209~210쪽; 김동민, 「편집권과 언론에 대한 국민의 권리」, 김동민 편저, 『언론법제의 이론과 현실』(한나래, 1993), 228쪽; Don R. Pember, 『Mass Media Law』 1996 ed.(Dubuque, Iowa: Brown & Benchmark, 1996), p.45.

65 김동민, 「서론: 언론법제연구의 새로운 관점」, 김동민 편저, 『언론법제의 이론과 현실』(한나래, 1993), 21쪽.

제2장 표현의 자유: 실제

1 신평, 『한국의 언론법(제3판)』(높이깊이, 2014), 30~31쪽; 팽원순, 『한국언론법제론』(법문사, 1994), 132쪽.

2 권영성, 『헌법학원론』 보정판(법문사, 2000), 483쪽.

3 김민석, 「이석우 카카오 前 대표 첫 재판 "가이드라인 없어 형법상 명확성의 원칙 어긋나"」, 『쿠키뉴스』, 2015년 12월 15일.

4 「과잉금지의 원칙」, 『위키백과』.

5 권영성, 『헌법학원론』 보정판(법문사, 2000), 484쪽.

6 김철수, 『헌법학개론』 제12전정신판(박영사, 2000), 600~601쪽.

7 양재규, 「언론중재법 관련 헌재 결정(2005헌마165 등)에 대한 소고: 언론의 위축 효과를 중심으로」, 『언론중재』, 통권 100호(2006년 가을), 16쪽.

8 하금철, 「5인 미만 인터넷 신문 '강제폐간법', 헌법재판소 심판대로」, 『참세상』, 2015년 12월 30일.

9 팽원순, 『현대신문방송보도론』(범우사, 1989), 25~26쪽.

10 팽원순, 『현대신문방송보도론』(범우사, 1989), 26쪽.

11 김동철, 『자유언론법제연구』(나남, 1987), 148~149쪽.

12 김동훈, 「국보법 구속자 실형 선고 2% 그쳐」, 『한겨레』, 2000년 10월 16일, 15면.

13 「다시 떠오르는 '국가보안법 위반', 지난 10년 '국보법 위반 구속자 수' 얼마나 될까」, 『데이터뉴스』, 2014년 12월 23일; 최상현·강승연, 「뜨거운 감자된 '이적성'…대법원 실형선고는 17% 불과」, 『헤럴드경제』, 2015년 3월 10일.

14 양건, 「표현의 자유」, 김동민 편저, 『언론법제의 이론과 현실』(한나래, 1993), 47쪽.

15 장호순, 『미국헌법과 인권의 역사: 민주주의와 인권을 신장시킨 명판결』(개마고원, 1998), 192쪽.

16 장호순, 『미국헌법과 인권의 역사: 민주주의와 인권을 신장시킨 명판결』(개마고원, 1998), 194쪽.

17 유일상, 『언론법제론』 개정판(박영사, 2000), 299~301쪽.

18 김동철, 『자유언론법제연구』(나남, 1987), 70쪽.

19 김동철, 『자유언론법제연구』(나남, 1987), 32쪽; 팽원순, 『매스코뮤니케이션 법제이론』 개정판

(법문사, 1988), 102쪽.

20 김동철, 『자유언론법제연구』(나남, 1987), 75쪽.

21 로버트 하그리브스(Robert Hargreaves), 오승훈 옮김, 『표현자유의 역사』(시아출판사, 2006), 443쪽.

22 김동철, 『자유언론법제연구』(나남, 1987), 78~82쪽.

23 양건, 「표현의 자유」, 김동민 편저, 『언론법제의 이론과 현실』(한나래, 1993), 49쪽.

24 김동철, 『자유언론법제연구』(나남, 1987), 86쪽.

25 한병구, 『언론과 윤리법제』 증정판(서울대학교출판부, 2000), 273쪽.

26 박용상, 『언론과 개인법익: 명예, 신용, 프라이버시 침해의 구제제도』(조선일보사, 1997), 176~177쪽.

27 박용상, 『언론과 개인법익: 명예, 신용, 프라이버시 침해의 구제제도』(조선일보사, 1997), 178~179쪽.

28 성낙인, 『언론정보법』(나남, 1998), 216쪽.

29 임병국, 『언론법제와 보도』(나남, 1999), 156쪽.

30 장호순, 『언론의 자유와 책임』(한울아카데미, 2004), 196쪽.

31 이진동, 「"방송 금지 가처분은 언론자유 침해"」, 『한국일보』, 2000년 5월 4일, 29면.

32 이규진, 「언론자유와 사전제한의 법리: 방영금지가처분 합헌 결정을 중심으로」, 『언론중재』, 통권81호(2001년 겨울), 20~35쪽; 박아란, 『미디어와 명예훼손』(커뮤니케이션북스, 2015), 36쪽.

33 장호순, 『언론의 자유와 책임』(한울아카데미, 2004), 200~201쪽.

34 「'신천지에 빠진 사람들' 방송금지 가처분 신청 기각으로 가까스로 방영돼, 어떤 내용이길래 '충격'」, 『매일신문』, 2015년 3월 17일.

35 한국언론재단, 『언론인의 직업윤리: 책임언론을 위한 현실 점검과 대안 모색』(한국언론재단, 2000), 57쪽.

36 라제기, 「영등위 등급판정 시대착오」, 『한국일보』, 2009년 1월 31일.

37 박찬호, 「한국 문예영화의 거장, 김수용 감독을 만나다」, 『일요서울』, 제1089호(2015년 3월 16일).

38 김택환, 『영상커뮤니케이션의 자유와 윤리: 영상(film) 통제 및 심의제도에 관한 연구』(커뮤니케이션북스, 1998), 3~4쪽.

39 강한섭, 「이제 게임은 끝났다」, 『어떤 영화를 옹호할 것인가』(필커뮤니케이션즈, 1997), 338쪽.

40 김택환, 『영상커뮤니케이션의 자유와 윤리: 영상(film) 통제 및 심의제도에 관한 연구』(커뮤니케이션북스, 1998), 4쪽.

41 김미현, 『한국영화 정책과 산업』(커뮤니케이션북스, 2013), 33쪽.

42 오동진, 「'색, 계'는 되고 '숏버스'는 안 되는 이유」, 『조선일보』, 2007년 11월 17일.

43 김남일·이재성, 「영화 '제한상영가 등급' 헌법불합치: 헌재 "어떤 영화인지 규정 없어 명확성 원칙 위배"」, 『한겨레』, 2008년 8월 1일.

44 이찬희, 「[발언대] '제한상영가' 결정은 표현의 자유 침해 아니다」, 『조선일보』, 2013년 6월 27일.

45 강성률, 「제한상영가 등급은 검열이다: 영화 '뫼비우스'로 본 제한상영가에 대한 단상」, 『미디어오늘』, 2013년 6월 17일.

46 김형석, 「'뫼비우스의 띠' 같은 영화 검열의 역사」, 『시사인』, 제310호(2013년 8월 27일).

47 허영, 『헌법이론과 헌법』 신정5판(박영사, 2000), 673쪽.

48 허영, 『헌법이론과 헌법』 신정5판(박영사, 2000), 678~679쪽.

49 임주영·이신영, 「헌재, '집회시위 자유' 확대…법원과 갈등 우려도: '한정 위헌' 법해석 권한 놓고 이견 노출」, 『연합뉴스』, 2014년 3월 27일.

50 「[사설] 憲裁, 시민 고통 정말 몰라 '야간 시위' 허용하나」, 『조선일보』, 2014년 3월 28일.

51 「[사설] 늦었지만 당연한 '집회·시위 자유의 보장·확대'」, 『한겨레』, 2014년 3월 28일.

52 한남진, 「'법원 100m 이내 집회 금지' 위헌심판 신청」, 『내일신문』, 2015년 12월 31일.

53 토마스 휴스(Thomas A. Hughes), 「미·캐나다간 명예훼손법 비교연구: 현실적 악의론의 적용을 중심으로」, 『언론중재』, 통권 68호(1998년 가을), 82쪽.

54 Don R. Pember, 『Mass Media Law』 3rd ed.(Dubuque, Iowa: Wm.C.Brown, 1984), pp.77~78.

55 Don R. Pember, 『Mass Media Law』 3rd ed.(Dubuque, Iowa: Wm.C.Brown, 1984), p.78; Robert Trager, Joseph Russomanno & Susan Dente Ross, 『The Law of Journalism & Mass Communication』(Washington, D. C.: CQ Press, 2010), p.102.

56 Don R. Pember, 『Mass Media Law』 3rd ed.(Dubuque, Iowa: Wm.C.Brown, 1984), p.78.

57 홍성수, 「'혐오할 자유' 보장하는 미국? 멋모르는 소리!」, 『한겨레21』, 제1075호(2015년 8월 19일).

58 박영석, 「인종차별 트위터 글 쓴 英대학생, 2개월 징역刑」, 『조선일보』, 2012년 3월 29일.

59 표창원, 「'혐오 발언'에 족쇄를 채워라」, 『경향신문』, 2015년 12월 17일.

60 홍성수, 「'혐오할 자유' 보장하는 미국? 멋모르는 소리!」, 『한겨레21』, 제1075호(2015년 8월 19일).

61 홍성수, 「'혐오할 자유' 보장하는 미국? 멋모르는 소리!」, 『한겨레21』, 제1075호(2015년 8월 19일).

62 홍성수, 「'혐오할 자유' 보장하는 미국? 멋모르는 소리!」, 『한겨레21』, 제1075호(2015년 8월 19일).

63 표창원, 「'혐오 발언'에 족쇄를 채워라」, 『경향신문』, 2015년 12월 17일.

64 이진석, 「일본의 헤이트 스피치 금지 입법 추진과 표현의 자유」, 『언론중재』, 제136호(2015년 가을), 102~109쪽.

65 모로오카 야스코, 조승미·이혜진 옮김, 『증오하는 입: 혐오발언이란 무엇인가』(오월의봄, 2013/2015), 97쪽.

66 신광호, 「넥타이 영업사원 랄프 로렌, 패션계 전설 되기까지」, 『조선일보』, 2007년 10월 27일.

67 장호순, 『미국헌법과 인권의 역사: 민주주의와 인권을 신장시킨 명판결』(개마고원, 1998), 133~134쪽.

68 장호순, 『미국헌법과 인권의 역사: 민주주의와 인권을 신장시킨 명판결』(개마고원, 1998), 131~135쪽.

69 『한국일보』, 1989년 6월 24일; 『조선일보』, 1989년 6월 27일.

70 장호순, 『미국헌법과 인권의 역사: 민주주의와 인권을 신장시킨 명판결』(개마고원, 1998), 142~145쪽.

71 장호순, 『미국헌법과 인권의 역사: 민주주의와 인권을 신장시킨 명판결』(개마고원, 1998), 145쪽.

72 최철호, 「미(美) '성조기 훼손금지' 다시 논쟁」, 『대한매일』, 1999년 6월 26일, 11면.

73 권순택, 「'성조기 훼손 처벌' 여론몰이: 미(美) 정치권에 부는 애국주의 바람」, 『동아일보』, 2005년 6월 25일, A13면.

74 김일수, 『새로 쓴 형법각론』 제3판(박영사, 2000), 828쪽.

75 고경태, 「촌스럽다, 국기 치워라」, 『한겨레 21』, 2006년 1월 24일, 8면.

76 김수완, 「'태극기 소각' 20대 男 "'국기모독죄' 조항 헌재 판단 받겠다"」, 『뉴스1』, 2015년 11월 23일.

제3장 명예훼손

1   권영성, 『헌법학원론』 보정판(법문사, 2000), 424쪽

2   한병구, 『언론과 윤리법제』 증정판(서울대학교출판부, 2000), 230~232쪽.

3   김철수, 『헌법학개론』 제12전정신판(박영사, 2000), 616~617쪽.

4   박용상, 『언론과 개인법익: 명예, 신용, 프라이버시 침해의 구제제도』(조선일보사, 1997), 106쪽.

5   박용상, 『언론과 개인법익: 명예, 신용, 프라이버시 침해의 구제제도』(조선일보사, 1997), 106쪽.

6   박용상, 『언론과 개인법익: 명예, 신용, 프라이버시 침해의 구제제도』(조선일보사, 1997), 224쪽.

7   한병구, 『언론과 윤리법제』 증정판(서울대학교출판부, 2000), 251~252쪽.

8   한상규, 「'일베충'과 '듣보잡'은 처벌되어야 하는가」, 『언론중재』, 제137호(2015년 겨울), 61~62쪽.

9   임병국, 『언론법제와 보도』(나남, 1999), 190쪽.

10 한병구, 『언론과 윤리법제』 증정판(서울대학교출판부, 2000), 299쪽.

11 한병구, 『언론과 윤리법제』 증정판(서울대학교출판부, 2000), 241~243쪽.

12 한위수, 「집단명예훼손소송에 관한 연구」, 『언론중재』, 통권 67호(1998년 여름), 59쪽.

13 임병국, 『언론법제와 보도』(나남, 1999), 145쪽; 김일수, 『새로 쓴 형법각론』 제3판(박영사, 2000), 166쪽.

14 박용상, 『언론과 개인법익: 명예, 신용, 프라이버시 침해의 구제제도』(조선일보사, 1997), 148~149쪽.

15 임병국, 『언론법제와 보도』(나남, 1999), 145쪽.

16 유일상, 『언론법제론』(박영사, 1998), 137쪽; 표성수, 『언론과 명예훼손』(육법사, 1997), 332~337쪽.

17 하태원, 「적색경보! 명예훼손, 걸면 걸린다」, 『신동아』, 2000년 3월, 396~397쪽.

18 민슬기, 「박기량, 인생은 실전…검찰 측 "전파성 높아 명예훼손 해당"」, 『매일경제』, 2015년 12월 24일.

19 금태섭, 「장성우 기소와 표현의 자유」, 『일간스포츠』, 2015년 12월 29일.

20 유일상, 『언론법제론』(박영사, 1998), 137~138쪽.

21 「언론이 자주 범하는 위법 취재보도 8가지」, 『언론개혁』, 1999년 8월, 18쪽.

22 하태원, 「적색경보! 명예훼손, 걸면 걸린다」, 『신동아』, 2000년 3월, 398쪽.

23 한병구, 『언론과 윤리법제』 증정판(서울대학교출판부, 2000), 293~294쪽.

24 김창룡, 『법을 알고 기사 쓰기: 취재보도 판례』(한국언론연구원, 1997), 117~118쪽.

25 하태원, 「검사 명예훼손 소송 KBS 기자 1억 배상 판결」, 『동아일보』, 1999년 6월 24일, A22면.

26 이광호, 「"조선일보 1억 8천 배상" 감청 의혹 보도 관련 판결」, 『국민일보』, 2000년 2월 3일, 27면.

27 성선제, 「2006년도 국내 언론 관계 판결의 동향」, 『언론중재』, 통권102호(2007년 봄), 45~46쪽.

28 Don R. Pember, 『Mass Media Law』 1996 ed.(Dubuque, Iowa: Brown & Benchmark, 1996), p.205.

29 Tom Crone, 『Law and the Media: An Everyday Guide for Professionals』 3rd ed. (Oxford: Focal Press, 1995), p.58.

30 John D. Stevens, 『Shaping the First Amendment: The Development of Free Expression』(Beverly Hills, Ca.: Sage, 1982), p.121.

31 팽원순, 『한국언론법제론』(법문사, 1994), 287쪽.

32 한병구, 『언론과 윤리법제』 증정판(서울대학교출판부, 2000), 264~265쪽.

33 박용상, 『언론과 개인법익: 명예, 신용, 프라이버시 침해의 구제제도』(조선일보사, 1997), 223~224쪽.

34 한병구, 『언론과 윤리법제』 증정판(서울대학교출판부, 2000), 250쪽.

35 최영진, 「명예훼손 소송 전성시대」, 『위클리경향』, 제823호(2009년 5월 5일).

36 조현미, 「진실 말했다고 기자 고소하는 나라, 또 있을까」, 『미디어오늘』, 2012년 9월 19일.

37 김유리, 「"국민 입막음 소송 대부분 무죄…위축 효과 노림수"」, 『미디어오늘』, 2015년 12월 2일.

38 팽원순, 『한국언론법제론』(법문사, 1994), 275쪽.

39 Don R. Pember, 『Mass Media Law』 3rd ed.(Dubuque, Iowa: Wm.C.Brown, 1984), pp.129~134.

40 황성기, 「전자미디어와 명예훼손법: 사이버공간에서의 적용 문제를 중심으로」, 『언론중재』, 통권 74호(2000년 봄), 30쪽.

41 Don R. Pember, 『Mass Media Law』 3rd ed.(Dubuque, Iowa: Wm.C.Brown, 1984), pp.137~138.

42 표성수, 『언론과 명예훼손』(육법사, 1997), 47~48쪽.

43 이재진, 「사이버 공간에서의 표현의 자유와 인격권 보호」, 『언론중재』, 통권 77호(2000년 겨울), 71쪽.

44 차현아, 「공인이냐 아니냐 보다 공적 사안 여부가 중요」, 『미디어오늘』, 2015년 12월 23일.

45 김홍진, 「정명훈의 형은 정명훈이 아니다」, 『조선일보』, 2015년 10월 31일.

46 박형상, 「언론으로부터의 자유와 법적 대응」, 김동민 편저, 『언론법제의 이론과 현실』(한나래, 1993), 209쪽.

47 장호순, 『미국헌법과 인권의 역사: 민주주의와 인권을 신장시킨 명판결』(개마고원, 1998), 198~200쪽.

48 「Libel Landmark」, 『Newsweek』, March 23, 1964, p.74.

49 제롬 A. 배런(Jerome A. Barron), 김병국 역, 『누구를 위한 언론자유인가』(고시계, 1987), 23쪽.

50 Don R. Pember, 『Mass Media Law』 3rd ed.(Dubuque, Iowa: Wm.C.Brown, 1984), pp. 125~126.

51 Don R. Pember, 『Mass Media Law』 3rd ed.(Dubuque, Iowa: Wm.C.Brown, 1984), pp. 147~148.

52 염규호, 「공직자와 명예훼손: 미국 언론법의 '현실적 악의'를 중심으로」, 『언론중재』, 통권 73호(1999년 겨울), 82쪽.

53 염규호, 「설리번 판결과 미국의 언론자유: "현실적 악의" 원칙의 40주년을 맞으면서」, 『언론중재』, 통권91호(2004년 여름), 62쪽; 「New York Times Co. v. Sullivan」, 『Wikipedia』.

54 방석호, 『미디어법학』(법문사, 1995), 150쪽.

55 제인 커틀리(Jane Kirtley), 노성환 편역, 「보호가 우선, 다른 경로로 범인 찾아라: 영·미 법원의 취재원 보호 시각 차이」, 『신문과 방송』, 2000년 9월, 173쪽.

56 박형상, 「언론으로부터의 자유와 법적 대응」, 김동민 편저, 『언론법제의 이론과 현실』(한나래, 1993), 209~210쪽.

57 방석호, 『미디어법학』(법문사, 1995), 150~151쪽.

58 염규호, 「공직자와 명예훼손: 미국 언론법의 '현실적 악의'를 중심으로」, 『언론중재』, 통권 73호(1999년 겨울), 84쪽.

59 배금자, 「보도와 명예훼손, 대안적 검토: 한·미 간 비교를 중심으로」, 『언론중재』, 통권 72호(1999년 가을), 33쪽.

60 염규호, 「공적 인물과 명예훼손: 미국 언론법의 '현실적 악의'를 중심으로」, 『언론중재』, 통권 74호(2000년 봄), 80쪽.

61 이재진·이창훈, 「법원과 언론의 공인 개념 및 입증책임에 대한 인식적 차이 연구」, 『미디어 경제와 문화』, 제8권3호(2010), 235~286쪽.

62 팽원순, 『매스코뮤니케이션 법제이론』 개정판(법문사, 1988), 166쪽; 팽원순, 『언론법제신론』(나남, 1989), 332~338쪽.

63 「명예훼손에 대해 재판부는 어떤 판결을 내렸나?」, 『기자통신』, 1999년 6월, 83~84쪽.

64 함석천, 「공적 사항·공인 등에 대한 언론의 비판 가능에 대한 소고(小考)」, 『언론중재』, 통권 108호(2008년 가을), 46쪽.

65 이수종, 「공적 사안에 관한 대법원 판단 기준의 법적 의미」, 『미디어와 인격권』, 제1권(2015), 215~221쪽.

66 함석천, 「공적 사항·공인 등에 대한 언론의 비판 가능에 대한 소고(小考)」, 『언론중재』, 통권 108호(2008년 가을), 48~49쪽.

67 김학웅, 「정치풍자/패러디에 대한 법적 패러다임의 변화에 대하여」, 『언론중재』, 제122호(2012년 봄), 62쪽.

68 안상운, 「실질적인 제재 수단, 더 상향 돼야: 명예훼손 거액 배상액 합당한가」, 『신문과 방송』, 제352호(2000년 4월), 47~51쪽.

69 Don R. Pember, 『Mass Media Law』 3rd ed.(Dubuque, Iowa: Wm.C.Brown, 1984), pp.176~178.

70 손태규, 「검사들의 언론 상대 명예훼손 소송에서 산정된 위자료의 타당성 연구」, 『한국언론학

보」, 제47권6호(2003년 12월), 66~67쪽.

71 Don R. Pember, 『Mass Media Law』 3rd ed.(Dubuque, Iowa: Wm.C.Brown, 1984), pp.178~179; 표성수, 『언론과 명예훼손』(육법사, 1997), 148~150쪽.

72 박용상, 『언론과 개인법익: 명예, 신용, 프라이버시 침해의 구제제도』(조선일보사, 1997), 190~191쪽.

73 「"인격권 보호 위축 추세, 징벌적 손해배상 도입해야"」, 『신문과 방송』, 제394호(2003년 10월), 15쪽.

74 함석천, 「손해배상청구권의 도입과 언론중재」, 『언론중재』, 통권94호(2005년 봄), 47쪽.

75 박현철, 「'신정아 누드' 배상금 1억 5천만 원의 무게는」, 『한겨레』, 2008년 12월 26일.

76 정철운, 「언론중재위 손해배상 청구 액수는 부르기 나름?」, 『미디어오늘』, 2015년 2월 11일.

77 이상도, 「피의자 보도와 인격권」, 『언론중재』, 통권103호(2007년 여름), 91쪽.

78 고동수, 「징벌적 손해배상제도의 확대 가능성」, 『서울신문』, 2014년 10월 27일.

79 표성수, 『언론과 명예훼손』(육법사, 1997), 183~184쪽.

80 표성수, 『언론과 명예훼손』(육법사, 1997), 181~182쪽.

81 염규호, 「공적 인물과 명예훼손: 미국 언론법의 '현실적 악의'를 중심으로」, 『언론중재』, 통권74호(2000년 봄), 80쪽; 염규호, 「방어 저널리즘과 변호사의 역할: 기사 사전열람을 통한 미국 언론의 명예훼손소송 대책」, 『언론중재』, 통권81호(2001년 겨울), 72-89쪽.

82 R. Michael Hoefges, 「언론자유와 신원보호」, 『언론중재』, 통권 65호(1997년 겨울), 54쪽.

83 유진 굿윈(H. Eugene Goodwin), 우병동 옮김, 『언론윤리의 모색』(한나래, 1995), 273~274쪽.

84 유진 굿윈(H. Eugene Goodwin), 우병동 옮김, 『언론윤리의 모색』(한나래, 1995), 274쪽.

85 배금자, 「보도와 명예훼손, 대안적 검토: 한·미 간 비교를 중심으로」, 『언론중재』, 통권 72호(1999년 가을), 36~37쪽.

86 이철용, 「명예훼손 손해배상 보험 국내 첫선」, 『동아일보』, 1999년 6월 11일, B6면; 천원주, 「예방교육 강화, 자문변호사 활용 극대화: 명예훼손 소송, 언론사 대비책은」, 『신문과 방송』, 제352호(2000년 4월), 64쪽.

87 이수형, 「언론보도의 자율규제」, 이광범 외, 『한국언론과 명예훼손소송』(나남출판, 2002), 325~326쪽.

88 천원주, 「예방교육 강화, 자문변호사 활용 극대화: 명예훼손 소송, 언론사 대비책은」, 『신문과 방송』, 제352호(2000년 4월), 63쪽; 『언론중재』, 통권83호(2002년 여름), 163쪽.

89 「1999년도 정기세미나/언론보도와 명예훼손소송: 종합토론」, 『언론중재』, 통권 72호(1999년 가을), 42쪽.

90 천원주, 「예방교육 강화, 자문변호사 활용 극대화: 명예훼손 소송, 언론사 대비책은」, 『신문과 방송』, 제352호(2000년 4월), 64쪽.

91 이수형, 「언론보도의 자율규제」, 이광범 외, 『한국언론과 명예훼손소송』(나남출판, 2002), 295쪽.

92 이화섭, 「언론중재법 시행에 부쳐 언론중재위원회에 바란다: '기자들의 무덤' 되지 않길…」, 『언론중재』, 통권95호(2005년 여름), 43쪽.

93 Don R. Pember, 『Mass Media Law』 1996 ed.(Dubuque, Iowa: Brown & Benchmark, 1996), p.114.

94 염규호, 「미국에서의 명예훼손과 사생활침해: 헌법이론과 학설을 중심으로」, 『언론중재』, 통권 51호(1994년 여름), 37쪽.

95 표성수, 『언론과 명예훼손』(육법사, 1997), 169쪽.

96 Floyd Abrams, 「Why We Should Change the Libel Law」, 『New York Times Magazine』, September 29, 1985, p.87.

97 표성수, 『언론과 명예훼손』(육법사, 1997), 170~171쪽.

98 Floyd Abrams, 「Why We Should Change the Libel Law」, 『New York Times Magazine』, September 29, 1985, pp.87~92.

99 표성수, 『언론과 명예훼손』(육법사, 1997), 176~177쪽.

100 표성수, 『언론과 명예훼손』(육법사, 1997), 169~170쪽.

101 표성수, 『언론과 명예훼손』(육법사, 1997), 180~181쪽.

102 황인경, 「인터넷상 '펌'이나 '링크'에 의한 명예훼손의 문제: 명예훼손에 있어 사실적시 방법인지 여부를 중심으로」, 『언론중재』, 통권99호(2006년 여름), 51쪽.

103 유의선, 「인터넷상의 명예훼손 위법성 구성 및 조각사유 준용에 관한 연구: 형법 307-310조를 중심으로」, 『한국언론학보』, 제43-2호(1998년 겨울), 189~190쪽.

104 유의선, 「인터넷상의 명예훼손 위법성 구성 및 조각사유 준용에 관한 연구: 형법 307-310조를 중심으로」, 『한국언론학보』, 제43-2호(1998년 겨울), 190쪽; 「Communications Decency Act」, 『Wikipedia』.

105 김영상, 「한국미디어문화학회 "국내 포털 논쟁, 일부 답은 외국 사마리아법에 있다"」, 『헤럴드경제』, 2015년 10월 19일.

106 이종식, 「대법 "비방 글 방치한 포털, 배상 책임"」, 『동아일보』, 2009년 4월 17일; 양재규, 「'뉴스 배포'에는 명예훼손 및 손해배상 책임 따라」, 『신문과 방송』, 제537호(2015년 9월), 23~24쪽.

107 양재규, 「'뉴스 배포'에는 명예훼손 및 손해배상 책임 따라」, 『신문과 방송』, 제537호(2015년 9월), 24쪽.

108 윤영철, 「디지털시대 언론피해구제 개선방향에 관한 연구」, 『미디어와 인격권』, 제1권(2015), 17쪽.

109 이재진, 『미디어법』(커뮤니케이션북스, 2013), 92~93쪽; 김영주·박창문, 「미디어 액세스권 확보방안으로서 언론중재제도의 활용실태와 개선방안: 경남중재부의 조정처리 현황분석을 중심으로」, 『미디어와 인격권』, 제1권(2015), 99~100쪽.

제4장 프라이버시

1 제프 자비스(Jeff Jarvis), 위선주 옮김, 『공개하고 공유하라』(창림출판, 2011/2013), 140~141쪽.

2 팽원순, 『매스코뮤니케이션 법제이론』 개정판(법문사, 1988), 237~238쪽.

3 팽원순, 『매스코뮤니케이션 법제이론』 개정판(법문사, 1988), 239쪽.

4 김동철, 『자유언론법제연구』(나남, 1987), 178~179쪽.

5 팽원순, 『매스코뮤니케이션 법제이론』 개정판(법문사, 1988), 240쪽.

6 팽원순, 『매스코뮤니케이션 법제이론』 개정판(법문사, 1988), 240쪽.

7 빅토어 마이어 쇤베르거(Viktor Mayer-Schönberger), 구본권 옮김, 『잊혀질 권리: 디지털 시대의 원형감옥, 당신은 자유로운가?』(지식의날개, 2009/2013), 29, 149쪽; 김옥조, 『미디어 윤리』 개정증보판(커뮤니케이션북스, 2004), 539쪽; 염규호, 「미국에서의 프라이버시 침해와 언론의 자유: 판례를 중심으로」, 『언론중재』, 통권 53호(1994년 겨울), 54쪽.

8 제프리 로스페더(Jeffrey Rothfeder), 김희숙 옮김, 『개인정보가 팔리고 있다: 첨단 컴퓨터사회의 함정』(한마음사, 1994), 182~183쪽.

9 염규호, 「미국에서의 프라이버시 침해와 언론의 자유: 판례를 중심으로」, 『언론중재』, 통권 53호(1994년 겨울), 54쪽.

10 염규호, 「미국에서의 프라이버시 침해와 언론의 자유: 판례를 중심으로」, 『언론중재』, 통권 53호(1994년 겨울), 54쪽.

11 로버트 베레어의 말, 제프리 로스페더(Jeffrey Rothfeder), 김희숙 옮김, 『개인정보가 팔리고 있다: 첨단 컴퓨터사회의 함정』(한마음사, 1994), 40쪽.

12 허영, 『헌법이론과 헌법』 신정5판(박영사, 2000), 502~503쪽.

13 권오성, 「"프라이버시, '홀로 있을 권리'에서 '사회적 협상 대상'으로 변화"」, 『한겨레』, 2015년 9월 22일.

14 「Scott McNealy」, 『Wikipedia』; 문상현, 「디지털 기술과 프라이버시」, 한국언론학회 엮음, 『디지털사회와 커뮤니케이션』(커뮤니케이션북스, 2014), 353쪽.

15 렉 휘태커(Reg Whitaker), 이명균 · 노명현 옮김, 『개인의 죽음: 이제 더 이상 개인의 프라이버시는 존재하지 않는다』(생각의나무, 2001), 244쪽.

16 스코트 클리랜드(Scott Cleland) · 아이라 브로드스키(Ira Brodsky), 박기성 옮김, 『두 얼굴의 구글: 구글 스토리에 숨겨진 또 다른 이면』(에이콘, 2011/2012), 50쪽.

17 존 바텔(John Battelle), 이진원 · 신윤조 옮김, 『검색으로 세상을 바꾼 구글 스토리』(랜덤하우스중앙, 2005), 301~305쪽.

18 셰리 터클(Sherry Turkle), 이은주 옮김, 『외로워지는 사람들: 테크놀로지가 인간관계를 조정한다』(청림출판, 2010/2012), 220쪽; 스코트 클리랜드(Scott Cleland) · 아이라 브로드스키(Ira Brodsky), 박기성 옮김, 『두 얼굴의 구글: 구글 스토리에 숨겨진 또 다른 이면』(에이콘, 2011/2012), 42쪽.

19 구본권, 『당신을 공유하시겠습니까?』(어크로스, 2014), 19쪽.

20 구본권, 『당신을 공유하시겠습니까?』(어크로스, 2014), 71~72쪽.

21 리차드 스피넬로(Richard Spinello), 이태건 · 노병철 옮김, 『사이버윤리: 사이버공간에 있어서 법과 도덕』(인간사랑, 2001), 217~218쪽.

22 제프리 로즌, 「동아일보 제휴 뉴욕타임스: 당신의 사생활이 무너지고 있다」, 『동아일보』, 2000년 5월 3일, A23면.

23 지그문트 바우만(Zygmunt Bauman), 조은평 · 강지은 옮김, 『고독을 잃어버린 시간』(동녘, 2010/2012), 74쪽.

24 유일상, 『언론법제론』 개정판(박영사, 2000), 128쪽.

25 팽원순, 『매스코뮤니케이션 법제이론』 개정판(법문사, 1988), 245쪽.

26 권영성, 『헌법학원론』 보정판(법문사, 2000), 423~424쪽.

27 유일상, 『언론법제론』 개정판(박영사, 2000), 131~132쪽.

28 고영삼, 『전자감시사회와 프라이버시』(한울아카데미, 1998), 96쪽.

29 진보네트워크센터, 『자유와 공유의 연대기: 진보네트워크센터 10년 백서』(진보네트워크센터, 2008), 159~160쪽.

30 진보네트워크센터, 「한국의 이동통신 도감청과 통신비밀보호법」, 『정보운동 액트온』, 2009년 제1호.

31 허문명, 「E메일 훔쳐 읽어도 처벌」, 『동아일보』, 2001년 1월 6일, A26면.

32 성선제, 「2006년도 국내언론 관계 판결의 동향」, 『언론중재』, 통권102호(2007년 봄), 42~45쪽.

33 구본권, 『당신을 공유하시겠습니까?』(어크로스, 2014), 328쪽.

34 이양환, 「소셜미디어를 통한 개인 신상정보 침해와 언론보도의 영향」, 『언론중재』, 통권124호(2012년 가을), 43쪽.

35 Wayne Overbeck & Genelle Belmas, 『Major Principles of Media Law』 2010 ed.(Boston, MA: Wadsworth, 2008), p.184.

36 권영성, 『헌법학원론』 보정판(법문사, 2000), 426쪽.

37 강경근, 「프라이버시의 침해와 면책사유」, 『언론중재』, 통권 71호(1999년 여름), 44쪽.

38 유일상, 『미디어 저작권과 퍼블리시티권』(사회평론, 2010), 462쪽.

39 언론중재위원회, 『2005~2007년도 언론소송 판결분석』(언론중재위원회, 2008), 171쪽.

40 장혜수, 「"죽은 사람 퍼블리시티권 50년만 보호": 이효석 후손 초상권 소송」, 『중앙일보』, 2007년 2월 2일, 5면.

41 Don R. Pember, 『Mass Media Law』 3rd ed.(Dubuque, Iowa: Wm.C.Brown, 1984), p.200; Don R. Pember, 『Mass Media Law』 1996 ed.(Dubuque, Iowa: Brown & Benchmark, 1996), p.216; 박기주, 「재산권 이론으로 본 퍼블리시티권의 특성에 관한 연구: 인격권의 재산권화 경향을 중심으로」, 『미디어와 인격권』, 제1권(2015), 129~131쪽.

42 김동하, 「인격권 보호의 효과적인 수단으로서의 손해배상제도: 언론에 의한 인격권 침해에 한하여」, 『언론중재』, 통권104호(2007년 가을), 24쪽.

43 김은정, 「"연예인 초상권 합의금 받아주마" 불황에 소송 부추기는 변호사들」, 『조선일보』, 2013년 8월 6일.

44 이영진, 「퍼플리시티권에 관한 소견」, 『언론중재』, 통권129호(2013년 겨울), 98~99쪽.

45 노진호, 「재판부 따라 엇갈리는 퍼블리시티권 침해 소송」, 『중앙일보』, 2014년 7월 26일; 임정윤, 「최경주 승소 vs 유이·수지 패소, 퍼블리시티권 기준 뭐길래」, 『뉴스엔』, 2015년 3월 16일.

46 Don R. Pember, 『Mass Media Law』 3rd ed.(Dubuque, Iowa: Wm.C.Brown, 1984), p.205.

47 유진 굿윈(H. Eugene Goodwin), 우병동 옮김, 『언론윤리의 모색』(한나래, 1995), 223쪽.

48 Don R. Pember, 『Mass Media Law』 3rd ed.(Dubuque, Iowa: Wm.C.Brown, 1984), p.206.

49 「미국 법원, 유명배우를 추적 촬영한 파파라치에게 불법감금죄 적용」, 『언론중재』, 통권 67호

(1998년 여름), 117쪽.

50 「PCC 의장 Wakeham 씨, 신문 편집인 · 방송인들에게 개정 보도실천요강 준수를 요청」, 『언론중재』, 통권 65호(1997년 겨울), 75~76쪽.

51 「PCC 의장 Wakeham 씨, 신문 편집인 · 방송인들에게 개정 보도실천요강 준수를 요청」, 『언론중재』, 통권 65호(1997년 겨울), 75~76쪽.

52 Don R. Pember, 『Mass Media Law』 3rd ed.(Dubuque, Iowa: Wm.C.Brown, 1984), pp. 210~211.

53 류정, 「스토킹 · 빚독촉…"접근 금지": '접근금지 가처분' 신청 이유 갈수록 다양」, 『조선일보』, 2008년 5월 21일.

54 윤창희, 「"층간소음 못 참아" 복수 상품 등장…복수가 방법?」, 『KBS 뉴스』, 2015년 12월 2일.

55 강내리, 「"접근금지 원해"…조인성 사생팬 새벽 난동의 전말」, 『YTN』, 2015년 9월 30일.

56 Donald L. Smith, 「Privacy: the right that failed」, 『Columbia Journalism Review』, Spring 1969, pp.18~22; 염규호, 「미국에서의 프라이버시 침해와 언론의 자유: 판례를 중심으로」, 『언론중재』, 통권 53호(1994년 겨울), 64쪽.

57 Don R. Pember, 『Mass Media Law』 1996 ed.(Dubuque, Iowa: Brown & Benchmark, 1996), p.260.

58 Don R. Pember, 『Mass Media Law』 1996 ed.(Dubuque, Iowa: Brown & Benchmark, 1996), p.261.

59 방석호, 『미디어법학』(법문사, 1995), 123~125쪽.

60 정성희, 「사생활보호 '법 울타리' 높아진다」, 『동아일보』, 99년 8월 20일, A8면.

61 한병구, 『언론과 윤리법제』 증정판(서울대학교출판부, 2000), 298쪽.

62 이영경, 「박철언 前 의원 MBC '제5공화국'에 승소」, 『경향신문』, 2007년 6월 21일.

63 John V. Pavlik, 『New Media Technology: Cultural and Commercial Prospectives』 (Boston, Mass.: Allyn and Bacon, 1996), p.290.

64 Don R. Pember, 『Mass Media Law』 3rd ed.(Dubuque, Iowa: Wm.C.Brown, 1984), p. 215.

65 염규호, 「미국에서의 프라이버시 침해와 언론의 자유: 판례를 중심으로」, 『언론중재』, 통권 53호 (1994년 겨울), 62쪽.

66 Don R. Pember, 『Mass Media Law』 3rd ed.(Dubuque, Iowa: Wm.C.Brown, 1984), pp. 218~219.

67 Don R. Pember, 『Mass Media Law』 3rd ed.(Dubuque, Iowa: Wm.C.Brown, 1984), p. 219.

68 하태원, 「적색경보! 명예훼손, 걸면 걸린다」, 『신동아』, 2000년 3월, 400쪽.

69 Don R. Pember, 『Mass Media Law』 3rd ed.(Dubuque, Iowa: Wm.C.Brown, 1984), pp.225~226.

70 한병구, 『언론과 윤리법제』 증정판(서울대학교출판부, 2000), 289쪽.

71 「'미자' 차화연 씨 여성 월간지 상대 승소」, 『오마이뉴스』, 2007년 1월 30일; 『언론중재』, 통권 102호(2007년 봄), 167쪽.

72 박유미, 「"신정아 씨 알몸 사진 게재 신문사, 1억 5,000만 원 배상": 법원 "사진은 실제 촬영"」, 『중앙일보』, 2008년 12월 18일.

73 권영성, 『헌법학원론』 보정판(법문사, 2000), 428~429쪽.

74 한승동, 「인터넷 개인정보 보호 미·EU 국제기준 합의」, 『한겨레』, 1999년 4월 22일, 12면.

75 성선제, 「빅데이터 시대 개인정보 보호와 활용」, 『언론중재』, 제135호(2015년 여름), 71-72쪽.

76 성선제, 「빅데이터 시대 개인정보 보호와 활용」, 『언론중재』, 제135호(2015년 여름), 73~74쪽.

77 권영성, 『헌법학원론』 보정판(법문사, 2000), 427~428쪽.

78 고영삼, 『전자감시사회와 프라이버시』(한울아카데미, 1998), 95쪽.

79 이태희, 「개인정보 "훔쳐보지 마"」, 『한겨레』, 2000년 3월 7일, 22면.

80 「사설」 고객 정보 팔아 수익 올린 홈플러스 '犯罪 집단'이다」, 『조선일보』, 2015년 2월 2일.

81 최희원, 「쿠폰과 맞바꾼 '개인정보 파산'의 위험성」, 『경향신문』, 2015년 3월 6일.

82 권오성, 「'정보가 곧 돈' 빅데이터 산업, 개인정보 거래 부추기나」, 『한겨레』, 2015년 8월 20일.

제5장 정보 접근과 공개

1 Everette E. Dennis, 「There is no right to know」, Everette E. Dennis & John C. Merrill, 『Basic Issues in Mass Communication』(New York: Macmillan, 1984), p.33; 김민남, 「시민의 알 권리」, 한병구 편, 『언론법제통론』(나남, 1990), 53~55쪽.

2 김민남, 「시민의 알 권리」, 한병구 편, 『언론법제통론』(나남, 1990), 53~55쪽.

3 김민남, 「시민의 알 권리」, 한병구 편, 『언론법제통론』(나남, 1990), 60~61쪽.

4 Everette E. Dennis, 「There is no right to know」, Everette E. Dennis & John C. Merrill, 『Basic Issues in Mass Communication』(New York: Macmillan, 1984), pp.32~33.

5 팽원순, 『매스코뮤니케이션 법제이론』 개정판(법문사, 1988), 291쪽.

6 Don R. Pember, 『Mass Media Law』 3rd ed.(Dubuque, Iowa: Wm.C.Brown, 1984), p.239.

7 C. Northcote Parkinson, 『Parkinson's Law』(New York: Ballantine Books, 1964); 노스코트 파킨슨(C. Northcote Parkinson), 김광웅 옮김, 『파킨슨의 법칙』(21세기북스, 2003); 강준만, 「왜 어느 소방대원은 상습적인 방화를 저질렀을까?: 파킨슨의 법칙」, 『감정독재: 세상을 꿰뚫는 50가지 이론』(인물과사상사, 2013), 296~300쪽 참고.

8 홍석민, 「미 인터넷 통해 언제든 열람 가능」, 『동아일보』, 1999년 5월 31일, A8면.

9 캐스 선스타인(Cass R. Sunstein), 장경덕 옮김, 『심플러: 간결한 넛지의 힘』(21세기북스, 2013), 169쪽.

10 팽원순, 『언론법제신론』(나남, 1989), 131쪽.

11 김민남, 「시민의 알 권리」, 한병구 편, 『언론법제통론』(나남, 1990), 64쪽.

12 Don R. Pember, 『Mass Media Law』 3rd ed.(Dubuque, Iowa: Wm.C.Brown, 1984), pp.264~265.

13 Michael Emery & Edwin Emery, 『The Press and America: An Interpretive History of the Mass Media』(Boston, Mass.: Allyn and Bacon, 1996), p.535; 이구현, 『미국 언론법』(커뮤

니케이션북스, 1998), 264~266쪽.

14 Don R. Pember, 『Mass Media Law』 3rd ed.(Dubuque, Iowa: Wm.C.Brown, 1984), p.249.

15 「미국 국가안전보장회의는 독립된 권한이 없는 대통령을 보좌하는 참모기구이므로 이들 문서는 공개하지 않아도 무방」, 『언론중재』, 통권 64호(1997년 가을), 89~90쪽.

16 Don R. Pember, 『Mass Media Law』 3rd ed.(Dubuque, Iowa: Wm.C.Brown, 1984), pp. 250~251.

17 Don R. Pember, 『Mass Media Law』 1996 ed.(Dubuque, Iowa: Brown & Benchmark, 1996), pp.284~299.

18 Don R. Pember, 『Mass Media Law』 3rd ed.(Dubuque, Iowa: Wm.C.Brown, 1984), pp. 252~254.

19 성낙인, 「공적 기록의 보도와 사생활 보호」, 『언론중재』, 통권 71호(1999년 여름), 25~26쪽; 「Glomar response」, 『Wikipedia』.

20 팽원순, 『매스코뮤니케이션 법제이론』 개정판(법문사, 1988), 295~296쪽.

21 안진혁, 「'두 얼굴'의 인터넷 미 정보공개 범위 논란」, 『동아일보』, 1998년 9월 14일, A14면.

22 강수진, 「입양자에 친부모 정보 공개: 알 권리-사생활 보호 어느 것이 우선일까」, 『동아일보』, 1999년 10월 1일, A10면.

23 김중양, 『정보공개법』(법문사, 2000), 92~93쪽.

24 박록삼, 「외국의 사례: 누구라도 정부기록 접근권」, 『대한매일』, 2000년 6월 20일, 29면.

25 장낙인, 「제7장 알 권리와 정보공개제도」, 장낙인 외, 『미디어문화와 사회』(일진사, 2009), 163쪽.

26 김중양, 『정보공개법』(법문사, 2000), 38~45쪽.

27 김중양, 『정보공개법』(법문사, 2000), 84~85쪽.

28 최영진, 「'정보공개 청구'가 세상을 바꾼다」, 『뉴스메이커』, 제726호(2007년 5월 29일).

29 심서현, 「한국 공공정보 개방성, 중국보다 못해: 리프코비츠 구글 검색 담당 부사장」, 『중앙일보』, 2013년 4월 3일.

30 김원배, 「정부 정보 매년 1억 건 공개 추진」, 『중앙일보』, 2013년 6월 20일.

31 이하늬, 「기자도 어려운 정보공개 청구, 잘하는 일곱 가지 방법」, 『미디어오늘』, 2015년 1월 21일.

32 이민석·최은경, 「정보공개 청구해놓고 '노쇼'…날린 세금 63억」, 『조선일보』, 2015년 12월 3일.

33 이민석, 「고소해놓고 안 나타나고…정보공개 자료 600만 장 안 찾아가고…」, 『조선일보』, 2015년 12월 3일.

34 이송하, 「"구청장 판공비 공개 거부 주민 알 권리 제한 행위"」, 『대한매일』, 2000년 9월 2일, 23면.

35 김지훈, 「중앙행정기관 27% 정보공개 낙제점」, 『내일신문』, 2000년 10월 31일, 21면.

36 이본영, 「"법무부 특별사면 정보 공개해야"」, 『한겨레』, 2000년 11월 4일, 19면.

37 최영진, 「'정보공개 청구'가 세상을 바꾼다」, 『뉴스메이커』, 제726호(2007년 5월 29일).

38 최영진, 「'정보공개 청구'가 세상을 바꾼다」, 『뉴스메이커』, 제726호(2007년 5월 29일).

39 최영진, 「'정보공개 청구'가 세상을 바꾼다」, 『뉴스메이커』, 제726호(2007년 5월 29일).

40 「뭐가 켕겨 그렇게 정보공개 꺼리나(사설)」, 『한겨레』, 2007년 6월 23일.

41 원성윤, 「"8만 페이지 자료, 열람만 해라?": [인터뷰] 정보공개 청구 소송 진행 중인 성재호 KBS

기자」, 『PD저널』, 2008년 12월 8일.

42 이동현, 「대법 "4대 강 사업 원가정보 공개하라"」, 『중앙일보』, 2013년 3월 16일.

43 조현아, 「법원 "독립유공자 신청 당사자에 심의내용 공개"」, 『뉴시스』, 2013년 4월 3일.

44 하워드 진(Howard Zinn), 이재원 옮김, 『불복종의 이유』(이후, 2003), 47쪽.

45 「Whistleblower」, 『Wikipedia』.

46 조계완, 「내부고발자들의 외롭고 긴 싸움」, 『한겨레 21』, 제683호(2007년 11월 1일).

47 특별취재팀, 「부패 고리 왜 안 끊기나: 조직비리 폭로 땐 배신자 낙인 고통」, 『동아일보』, 1999년 7월 14일, A8면.

48 김승범, 「기업 비리 내부 고발 임직원 82%가 해고 · 따돌림 당했다」, 『조선일보』, 2008년 1월 26일.

49 이진희, 「위키리크스, 아프간戰 기밀 유출 파문」, 『한국일보』, 2010년 7월 27일.

50 조찬제, 「펜타곤 페이퍼와 위키리크스」, 『경향신문』, 2011년 6월 17일.

51 한승동, 「보수주의자 스노든이 국가 기밀을 폭로한 까닭」, 『한겨레』, 2014년 3월 10일.

52 이규연, 「안보와 프라이버시 갈등의 정답: '안보보다 더 큰 안보' 선택한 탐사보도」, 『신문과방송』, 제537호(2015년 9월), 99쪽.

53 최영선, 「이문옥 씨 무죄 확정판결」, 『한겨레신문』, 1996년 5월 11일, 23면.

54 조계완, 「내부고발자들의 외롭고 긴 싸움」, 『한겨레 21』, 제683호(2007년 11월 1일).

55 이상희, 「[세월호 참사 두 달, 릴레이 기고-이것만은 바꾸자] (4) 공익제보자 제대로 보호해야 '공익사회' 된다」, 『경향신문』, 2014년 6월 20일.

56 김지은, 「'내부고발자 보호법 10년' 서울대 포럼 "고발자 실질 보호장치 미흡"」, 『뉴시스』, 2013년 3월 18일.

57 박근용, 「내부고발, 하시겠습니까?」, 『경향신문』, 2015년 7월 10일.

58 김남일, 「"당연한 판결, 12년 끝 줄이야"/감사원 내부고발 현준희 씨 명예훼손 무죄 확정/대법원 파기로 6년 허송… "책임지는 사람 없어"」, 『한겨레』, 2008년 11월 15일.

59 김종구, 「공무원들이 용기를 얻는 일」, 『한겨레 21』, 99년 7월 15일, 9면.

60 윤정은, 「녹조근정훈장 수상 거부한 이문옥 전 감사관: "도둑놈끼리 지키는 의리가 무슨 의리입니까"」, 『참여사회』, 2000년 2월, 82쪽.

61 김창준, 「추천의 글: 공익제보자의 눈으로 본 한국사회의 속살」, 신광식, 『불감사회: 9인의 공익제보자가 겪은 사회적 스트레스』(참여사회, 2006), 8쪽.

62 김창준, 「추천의 글: 공익제보자의 눈으로 본 한국사회의 속살」, 신광식, 『불감사회: 9인의 공익제보자가 겪은 사회적 스트레스』(참여사회, 2006), 9쪽.

63 신광식, 『불감사회: 9인의 공익제보자가 겪은 사회적 스트레스』(참여사회, 2006), 250쪽.

64 주진우, 「정보공개 방식, 위키리크스 vs 오픈리크스」, 『시사인』, 제200호(2011년 7월 19일).

65 박흥식 · 이지문 · 이재일, 『내부고발자 그 의로운 도전: 성취, 시련 그리고 보호의 길』(한울아카데미, 2014), 89~90쪽.

66 박흥식 · 이지문 · 이재일, 『내부고발자 그 의로운 도전: 성취, 시련 그리고 보호의 길』(한울아카데미, 2014), 92~93쪽.

67 금준경, 「"국정원 직원이 디가우징도 모른다고? 말이 되냐"」, 『미디어오늘』, 2015년 7월 29일.

제6장 취재원 보호

1 Don R. Pember, 『Mass Media Law』 3rd ed.(Dubuque, Iowa: Wm.C.Brown, 1984), p.244.

2 팽원순, 『매스코뮤니케이션 법제이론』 개정판(법문사, 1988), 336~337쪽.

3 「Branzburg v. Hayes」, 『Wikipedia』; 팽원순, 『매스코뮤니케이션 법제이론』 개정판(법문사, 1988), 327~8쪽.

4 팽원순, 『매스코뮤니케이션 법제이론』 개정판(법문사, 1988), 324~328쪽.

5 팽원순, 『매스코뮤니케이션 법제이론』 개정판(법문사, 1988), 348쪽.

6 고성호 외, 「'워터게이트' 베일 벗은 딥 스로트」, 『한국일보』, 2005년 6월 2일, 5면; 강인선, 「워터게이트 '딥 스로트'는 당시 FBI 부국장」, 『조선일보』, 2005년 6월 2일, A2면.

7 팽원순, 『매스코뮤니케이션 법제이론』 개정판(법문사, 1988), 304~305쪽.

8 Don R. Pember, 『Mass Media Law』 1996 ed.(Dubuque, Iowa: Brown & Benchmark, 1996), p.317.

9 한국언론재단, 『해외언론동향』, 99년 5월, 12쪽.

10 유일상, 『언론법제론』 개정판(박영사, 2000), 175쪽.

11 Don R. Pember, 『Mass Media Law』 3rd ed.(Dubuque, Iowa: Wm.C.Brown, 1984), pp. 306-309.

12 Don R. Pember, 『Mass Media Law』 3rd ed.(Dubuque, Iowa: Wm.C.Brown, 1984), p. 299.

13 나오미 울프(Naomi Wolf), 김민웅 옮김, 『미국의 종말: 혼돈의 시대, 민주주의의 복원은 가능한가』(프레시안북, 2008), 18쪽.

14 유일상, 『언론윤리법제론』(아침, 1991), 335쪽; 유일상, 『언론법제론』 개정판(박영사, 2000), 200~201쪽.

15 Don R. Pember, 『Mass Media Law』 3rd ed.(Dubuque, Iowa: Wm.C.Brown, 1984), pp.292~296.

16 Don R. Pember, 『Mass Media Law』 3rd ed.(Dubuque, Iowa: Wm.C.Brown, 1984), pp.310, 324~325.

17 Don R. Pember, 『Mass Media Law』 3rd ed.(Dubuque, Iowa: Wm.C.Brown, 1984), pp.312~314.

18 Don R. Pember, 『Mass Media Law』 3rd ed.(Dubuque, Iowa: Wm.C.Brown, 1984), pp.314~320.

19 Don R. Pember, 『Mass Media Law』 3rd ed.(Dubuque, Iowa: Wm.C.Brown, 1984), pp.321~323.

20 팽원순, 『매스코뮤니케이션 법제이론』 개정판(법문사, 1988), 311쪽.

21 유진 굿윈(H. Eugene Goodwin), 우병동 옮김, 『언론윤리의 모색』(한나래, 1995), 109쪽.

22 고승욱·우성규, 「취재원 공개거부 NYT 기자 법정구속」, 『국민일보』, 2005년 7월 8일, 10면; Don R. Pember, 『Mass Media Law』 3rd ed.(Dubuque, Iowa: Wm.C.Brown, 1984),

p.324; Don R. Pember, 『Mass Media Law』 1996 ed.(Dubuque, Iowa: Brown & Benchmark, 1996), p.317; 유일상, 『언론법제론』 개정판(박영사, 2000), 193~194쪽; 팽원순, 『매스코뮤니케이션 법제이론』 개정판(법문사, 1988), 312~313쪽.

23 장행훈, 「취재원의 여론조작에 이용당한 기자: 부시 정부와 뉴욕타임스 게이트」, 『신문과 방송』, 제420호(2005년 12월), 56~61쪽.

24 홍수원, 「취재원 공개 거부 기자에게 하루 5,000달러 벌금형」, 『신문과 방송』, 제450호(2008년 6월), 176쪽.

25 『뉴시스』, 2008년 7월 25일; 『언론중재』, 통권108호(2008년 가을), 155쪽.

26 권훈, 「美 법원, 기자에 취재원 공개 요구해 논란」, 『연합뉴스』, 2013년 2월 2일; 이부하, 「기자의 취재원 공개거부권(비닉권)을 인정할 수 있을까?: 미국 연방대법원 판례를 중심으로」, 『언론중재』, 제132호(2014년 가을), 63쪽.

27 Don R. Pember, 『Mass Media Law』 3rd ed.(Dubuque, Iowa: Wm.C.Brown, 1984), pp.300~304; 홍수원, 「취재원 공개 거부 기자에게 하루 5,000달러 벌금형」, 『신문과 방송』, 제450호(2008년 6월), 180~181쪽; 「Shield laws in the United States」, 『Wikipedia』.

28 도재기, 「美 '취재원 공개거부' 언론보호법 통과」, 『경향신문』, 2007년 10월 19일.

29 클레이 서키(Clay Shirky), 송연석 옮김, 『끌리고 쏠리고 들끓다: 새로운 사회와 대중의 탄생』 (갤리온, 2008), 80~84쪽.

30 클레이 서키(Clay Shirky), 송연석 옮김, 『끌리고 쏠리고 들끓다: 새로운 사회와 대중의 탄생』 (갤리온, 2008), 80~84쪽.

31 김재호, 「"취재원 보호 법제화해야"」, 『조선일보』, 2004년 10월 12일, A21면; 박찬수, 「"취재원 보호, 법정서도 예외 없다": 미 '리크게이트' 관련 뉴욕타임스 기자 구금 위기」, 『한겨레』, 2004년 10월 12일, 20면.

32 팽원순, 『매스코뮤니케이션 법제이론』(법문사, 1988), 342~343쪽.

33 「'취재원 보호' 승소」, 『한겨레신문』, 1996년 3월 29일, 8면.

34 이은호, 「유럽의회 '기자의 취재보호권 인정' 권고안 채택」, 『한국일보』, 2000년 3월 14일, 7면.

35 송평인, 「독일-프랑스의 언론 자유 관련 사건」, 『동아일보』, 2007년 7월 30일.

36 송평인, 「독일-프랑스의 언론 자유 관련 사건」, 『동아일보』, 2007년 7월 30일.

37 전진배, 「취재원 안 밝혀도 기자 처벌 못한다: 프랑스 하원, 새 법안 통과」, 『중앙일보』, 2008년 5월 24일.

38 팽원순, 『매스코뮤니케이션 법제이론』 개정판(법문사, 1988), 335쪽.

39 김민남, 「시민의 알 권리」, 한병구 편, 『언론법제통론』(나남, 1990), 66~67쪽.

40 임병국, 『언론법제와 보도』(나남, 1999), 471~472쪽.

41 양재규, 「취재원 공개를 거부한 기자의 법적 책임에 관한 검토」, 『언론중재』, 통권97호(2005년 겨울), 86쪽.

42 장현철, 「"보도경위 조사하겠다" 정부당국 강수 잇따라」, 『미디어오늘』, 1997년 7월 9일, 2면.

43 안상운, 「몰래카메라는 범죄행위, 압수는 법원권한: 검찰의 SBS 압수수색-찬성」, 『신문과 방송』, 제393호(2003년 9월), 56쪽.

44 오양호, 「취재원 강제수사는 최후 수단이어야: 검찰의 SBS 압수수색-반대」, 『신문과 방송』, 제

393호(2003년 9월), 61쪽.

45 이제훈, 「취재원 보호—법집행 딜레마」, 『국민일보』, 2007년 7월 30일.

46 안경숙, 「 '취재원 보호' 동아일보 이중잣대 논란: 경향엔 '취득 경위 밝혀야'…자사엔 '취재원 보호' 강조」, 『미디어오늘』, 2007년 8월 1일.

47 이정국, 「정윤회 문건 보도… '취재원 보호법 제정' 화두로」, 『한겨레』, 2014년 12월 23일.

48 김도연, 「이거 누구한테 받았어? 취재원 보호 법제화한다」, 『미디어오늘』, 2015년 3월 25일.

49 허영, 『헌법이론과 헌법』 신정5판(박영사, 2000), 662쪽.

50 박형상, 「언론으로부터의 자유와 법적 대응」, 김동민 편저, 『언론법제의 이론과 현실』(한나래, 1993), 204~205쪽.

51 이정국, 「정윤회 문건 보도… '취재원 보호법 제정' 화두로」, 『한겨레』, 2014년 12월 23일.

52 이부하, 「기자의 취재원 공개거부권(비닉권)을 인정할 수 있을까?: 미국 연방대법원 판례를 중심으로」, 『언론중재』, 제132호(2014년 가을), 71쪽.

53 팽원순, 『매스코뮤니케이션 법제이론』(법문사, 1988), 310쪽.

54 유일상, 『언론법제론』(박영사, 2000), 201~202쪽.

55 김민환, 「언론사 압수수색 대응 매뉴얼」, 『중앙일보』, 2009년 5월 6일.

56 장현철, 「취재원 공개 논란」, 『미디어오늘』, 1997년 7월 9일, 4면.

57 최진봉, 「 '취재원 보호' 명문화 규정 없어 입법화 시급: 디지털 환경에서의 취재원 보호법」, 『신문과 방송』, 제534호(2015년 6월), 96쪽.

58 「국가보안법 상식: 불고지죄」, 『활보』 창간호 99년 9월 20일, 5면.

59 팽원순, 『한국언론법제론』(법문사, 1994), 312~314쪽.

60 김정기, 「취재원 보호에 대한 원시적인 몰이해」, 『바른언론』, 1996년 1월 27일, 6면.

61 정관용, 「 "한겨레 사옥 때려 부수던 백골단 눈에 선해"」, 『CBS 라디오 '시사자키 정관용입니다'』, 2014년 3월 27일.

제7장 공정 재판과 언론 보도

1 Don R. Pember, 『Mass Media Law』 3rd ed.(Dubuque, Iowa: Wm.C.Brown, 1984), p.334.

2 김동진, 「언론보도와 공정재판」, 한병구 편, 『언론법제통론』(나남, 1990), 272쪽.

3 Don R. Pember, 『Mass Media Law』 3rd ed.(Dubuque, Iowa: Wm.C.Brown, 1984), p.335.

4 Don R. Pember, 『Mass Media Law』 3rd ed.(Dubuque, Iowa: Wm.C.Brown, 1984), pp. 331~332.

5 김동진, 「언론보도와 공정재판」, 한병구 편, 『언론법제통론』(나남, 1990), 277~279쪽.

6 유진 굿윈(H. Eugene Goodwin), 우병동 옮김, 『언론윤리의 모색』(한나래, 1995), 254쪽.

7 유진 굿윈(H. Eugene Goodwin), 우병동 옮김, 『언론윤리의 모색』(한나래, 1995), 252~253쪽.

8 박홍규, 『시민이 재판을!』(사람생각, 2000), 130, 194쪽; 켄들 코피(Kendall Coffey), 권오창 옮김, 『여론과 법, 정의의 다툼』(커뮤니케이션북스, 2010/2013), 101~102쪽.

9 박홍규, 『시민이 재판을!』(사람생각, 2000), 131쪽.

10 유일상, 「법정 공개와 피의자 인권, 알 권리」, 『언론중재』, 통권 58호(1996년 봄), 41~42쪽.

11 박홍규, 『시민이 재판을!』(사람생각, 2000), 130, 196쪽.

12 Don R. Pember, 『Mass Media Law』 1996 ed.(Dubuque, Iowa: Brown & Benchmark, 1996), pp.361~378.

13 「미 항소법원은 배심원들의 평결심의과정에 대한 언론사의 인터뷰를 제한한 원심결정을 지지」, 『언론중재』, 통권 67호(1998년 여름), 110쪽.

14 Don R. Pember, 『Mass Media Law』 3rd ed.(Dubuque, Iowa: Wm.C.Brown, 1984), pp.337~343.

15 팽원순, 『언론법제신론』(나남, 1989), 171쪽.

16 김동진, 「언론보도와 공정재판」, 한병구 편, 『언론법제통론』(나남, 1990), 274쪽; 켄들 코피 (Kendall Coffey), 권오창 옮김, 『여론과 법, 정의의 다툼』(커뮤니케이션북스, 2010/2013), 197~198쪽.

17 팽원순, 『언론법제신론』(나남, 1989), 168~169쪽.

18 Don R. Pember, 『Mass Media Law』 3rd ed.(Dubuque, Iowa: Wm.C.Brown, 1984), pp.343~352.

19 켄들 코피(Kendall Coffey), 권오창 옮김, 『여론과 법, 정의의 다툼』(커뮤니케이션북스, 2010/2013), 195쪽.

20 박형상, 「기자가 바라보고 지켜보아야 할 법정」, 『신문과 방송』, 제345호(1999년 9월), 59쪽.

21 김철수, 『헌법학개론』 제12전정신판(박영사, 2000), 1194~1195쪽.

22 임병국, 『언론법제와 보도』(나남, 1999), 445~446쪽.

23 최혜선, 「국민참여재판과 언론의 공정 보도」, 『교수신문』, 2012년 12월 3일.

24 김동철, 「법원의 영장 열람금지 조치와 알 권리」, 김동철 교수 정년퇴임 기념논문집 간행위원회 엮음, 『언론과 커뮤니케이션의 제문제』(나남, 1993), 50쪽.

25 한위수, 「법관이 본 사법 관련 보도의 문제점과 제언」, 『언론중재』, 통권 52호(1994년 가을), 22~24쪽.

26 「언론이 자주 범하는 위법 취재보도 8가지」, 『언론개혁』, 1999년 8월, 19쪽.

27 이지선, 「언론들 '망신주기' 보도 "盧 서거 책임" 비난여론」, 『경향신문』, 2009년 5월 27일.

28 이봉수, 「[시민편집인의 눈] 문제는 다시 언론… '노무현 보도' 반성해야」, 『한겨레』, 2009년 5월 28일.

29 강준만, 『대한민국 소통법』(개마고원, 2009), 261쪽.

30 박경신, 「언론책임론 방향 잘못됐다」, 『미디어오늘』, 2009년 6월 10일, 2면.

31 김성배, 「국민의 알 권리냐, 피의자 인권보호냐」, 『내일신문』, 2013년 2월 26일; 성소람, 「[취재수첩] 이름뿐인 피의사실 공표죄」, 『한국경제』, 2013년 3월 24일.

32 강동욱, 「범죄보도에 있어서 피의자 신원공개에 관한 법리적 검토」, 『언론중재』, 제124호(2012년 가을), 25쪽; 최재혁·김진명, 「흉악범 인권이 '재범(再犯)방지'보다 우선인가: 경찰·언론, 2004년경부터 이름·얼굴 안 밝혀…」, 『조선일보』, 2009년 4월 3일.

33 류정·곽창렬, 「"얼굴 공개 해야 한다" 압도적… '관행' 바꿔야: 본지의 '강호순 사진 공개'로 논란 커져」, 『조선일보』, 2009년 2월 2일.

34 「반(反)사회적 범죄자 얼굴 공개하는 게 옳다(사설)」, 『조선일보』, 2009년 2월 2일.

35 이에스더·이정봉, 「조인스 '강호순 얼굴' 106만 클릭…네티즌 95% "신상 공개 찬성"」, 『중앙일보』, 2009년 2월 2일.

36 이지은, 「'강호순 얼굴' 31일 새벽 첫 공개 네티즌 관심 폭발 기사 댓글도 폭주」, 『중앙일보』, 2009년 2월 2일.

37 박상, "국민의 큰 관심 끄는 극악한 범죄자는 증거 확실하면 수사 단계서 신상 공개": 언론법 전문가 박용상 변호사」, 『중앙일보』, 2009년 2월 2일.

38 김남일·권귀순, 「공공의 이익인가, 대중의 복수인가: 강 씨 얼굴공개 논란」, 『한겨레』, 2009년 2월 2일.

39 「피의자 얼굴 공개 포퓰리즘 경계를(사설)」, 『한국일보』, 2009년 2월 3일.

40 조동시·이아람, 「기자 64.7%, PD 52.2%, 언론학자 54.2% 얼굴공개 찬성: 범죄 피의자 얼굴 공개」, 『신문과 방송』, 제459호(2009년 3월), 40~45쪽.

41 신동흔, 「"흉악범 공개 언론사가 판단": 신문윤리강령 개정」, 『조선일보』, 2009년 3월 5일, A12면.

42 박장준, 「시민들은 정말 범죄피의자 얼굴을 궁금해할까?: [언론중재위 세미나] 나주 사건 피의자가 언론중재위에 초상권 침해를 주장한다면…」, 『미디어오늘』, 2012년 11월 4일; 강동욱, 「범죄보도에 있어서 피의자 신원공개에 관한 법리적 검토」, 『언론중재』, 제124호(2012년 가을), 25~37쪽.

제8장 취재·보도 윤리

1 오상석, 「취재현장과 언론윤리강령」, 『언론중재』, 통권 76호(2000년 가을), 16~17쪽.

2 장호순, 「기득권 언론과 권력이 빚어온 비민주적 관행: 출입처 기자실-폐지해야 한다」, 『신문과 방송』, 제345호(1999년 9월), 90~92쪽.

3 조호현, 「알 권리 보장을 위한 최소한의 정치: 출입처 기자실-존속해야 한다」, 『신문과 방송』, 제345호(1999년 9월), 93~95쪽.

4 팽원순, 『현대신문방송보도론』(범우사, 1989), 288~289쪽.

5 송정민, 「언론 취재 체계 및 기자단에 관한 제문제」, 『언론중재』, 통권 43호(1992년 여름), 6~12쪽.

6 박인규, 「'사이비권력자'의 환상만 심어: 출입처를 벗어나자」, 『신문과 방송』, 2001년 1월, 83쪽.

7 이영태, 「정보공개 확대, 브리핑 부실 개선 필요: 기자실 개방」, 『신문과 방송』, 제398호(2004년 2월), 119~120쪽.

8 김옥조, 『미디어 윤리』 개정증보판(커뮤니케이션북스, 2004), 321~356쪽.

9 권경성, 「"정보공개 강화, 브리핑제 내실화가 우선": '기자실 개선방안' 세미나」, 『미디어오늘』, 2008년 4월 8일; 이건호, 「기자실의 의미와 역할」, 『관훈저널』, 통권126호(2013년 봄), 246쪽.

10 정철운·정상근, 「"출입기자단 없으면 권력 감시 더 힘들 수도"」, 『미디어오늘』, 2014년 5월 14일.

11 김승현, 「기자실, 우리들의 일그러진 일터」, 『관훈저널』, 통권126호(2013년 봄), 239~240쪽.

12 김미경, 「엠바고 국가 이익의 보루인가? 국민 알 권리 침해인가?」, 『대한매일』, 1999년 9월 1일, 15면.

13 강명구, 『한국 저널리즘 이론』(나남, 1994), 207~208쪽; 이재진, 「지킬 건 지키되 포괄적 · 관행적 남용 탈피해야: 엠바고」, 『신문과 방송』, 제415호(2005년 7월), 122~125쪽.

14 안홍욱, 「언론학자들 "정부 언론통제 속셈 드러냈다"」, 『경향신문』, 2007년 8월 9일; 문현숙, 「국정홍보처 '엠바고 어긴 언론사 제재' 추진: 기자협회 "보도통제 조처" 반발」, 『한겨레』, 2007년 8월 8일; 조홍민, 「'취재기준안…'주먹구구 홍보처 '혼란'만 키운다」, 『경향신문』, 2007년 8월 26일.

15 류정민, 「'5공식 언론통제' 침묵의 카르텔」, 『미디어오늘』, 2008년 6월 4일.

16 이재진, 「지킬 건 지키되 포괄적 · 관행적 남용 탈피해야: 엠바고」, 『신문과 방송』, 제415호(2005년 7월), 122~125쪽; 조현호, 「기자 · 1취재원 편의 위한 엠바고 피해야: 운용 현황과 문제점」, 『신문과 방송』, 제415호(2005년 7월), 126~129쪽.

17 이영완, 「취재원이 주는 대로 받아쓰면…」, 『조선일보』, 2008년 7월 12일.

18 빈센트 키어넌(Vincent Kiernan), 이종민 옮김, 『엠바고에 걸린 과학: 엠바고와 과학 저널리즘의 짧은 역사』(알마, 2006/2008), 179쪽.

19 빈센트 키어넌(Vincent Kiernan), 이종민 옮김, 『엠바고에 걸린 과학: 엠바고와 과학 저널리즘의 짧은 역사』(알마, 2006/2008), 216쪽.

20 빈센트 키어넌(Vincent Kiernan), 이종민 옮김, 『엠바고에 걸린 과학: 엠바고와 과학 저널리즘의 짧은 역사』(알마, 2006/2008), 219쪽.

21 조윤호 · 손가영 · 정민경, 「"엠바고인 줄 알았으면 내려야지"」, 『미디어오늘』, 2015년 8월 19일.

22 유진 굿윈(H. Eugene Goodwin), 우병동 옮김, 『언론윤리의 모색』(한나래, 1995), 118쪽.

23 유진 굿윈(H. Eugene Goodwin), 우병동 옮김, 『언론윤리의 모색』(한나래, 1995), 118~119쪽.

24 George C. Edwards III & Stephen J. Wayne, 『Presidential Leadership: Politics and Policy Making』(New York: St. Martin's Press, 1985).

25 Jack Huber & Dean Diggis, 『인터뷰 전문가 19인이 밝히는 인터뷰 기법』(한국언론연구원, 1996), 104쪽.

26 윤석홍, 『Off the Record』(LG 상남언론재단, 1996), 74~75쪽.

27 유진 굿윈(H. Eugene Goodwin), 우병동 옮김, 『언론윤리의 모색』(한나래, 1995), 119쪽.

28 이정국 · 석진환, 「민경욱 대변인 '계란 라면' 발언 보도했다고…」, 『한겨레』, 2014년 5월 9일.

29 「[사설] 청와대 기자단, 사명도 상식도 버렸다」, 『한겨레』, 2014년 5월 10일.

30 이재경, 「위장 취재와 몰래카메라: 취재보도의 윤리적 문제」, 『언론중재』, 통권 63호(1997년 여름), 28쪽.

31 유진 굿윈(H. Eugene Goodwin), 우병동 옮김, 『언론윤리의 모색』(한나래, 1995), 127쪽.

32 유진 굿윈(H. Eugene Goodwin), 우병동 옮김, 『언론윤리의 모색』(한나래, 1995), 147~149쪽.

33 유진 굿윈(H. Eugene Goodwin), 우병동 옮김, 『언론윤리의 모색』(한나래, 1995), 149~150쪽.

34 「의회의 특권 남용에 관한 기사를 위해 행해진 속임수 취재는 공공의 이익과 관련된 정당한 행위」, 『언론중재』, 통권 52호(1994년 가을), 55쪽.

35 김경호, 「몰래카메라를 이용한 취재의 자유와 법적, 윤리적 한계」, 『언론중재』, 통권108호

(2008년 가을), 67~70쪽.

36 윤석홍, 『Off the Record』(LG 상남언론재단, 1996), 22~23쪽; 로리 앤 프리먼(Laurie Anne Freemann), 변정수 옮김, 『일본 미디어의 정보카르텔』(커뮤니케이션북스, 2006), 109, 229쪽.

37 『기자협회보』, 1996년 6월 22일.

38 『기자협회보』, 1996년 8월 16일.

39 윤성한, 「KBS·동아·연합 등 파괴 움직임」, 『미디어오늘』, 2000년 1월 6일, 7면.

40 정철운·조수경, 「권언유착과 발표저널리즘의 온상, '출입처'」, 『미디어오늘』, 2015년 2월 4일.

41 김영욱, 「신뢰성이 중요, 표현도 구체적이어야: 외국 언론의 윤리강령-출처 명시와 익명보도」, 『신문과 방송』, 제422호(2006년 2월), 29쪽.

42 유진 굿윈(H. Eugene Goodwin), 우병동 옮김, 『언론윤리의 모색』(한나래, 1995), 115~116쪽.

43 설원태, 「'보도'보다 논평·주장·추측을 확산시켜」, 『신문과 방송』, 제409호(2005년 1월), 111~112쪽.

44 이재경, 「한국과 미국 신문의 취재원 사용 관행 비교」, 한국언론재단, 『보도비평: 한·미신문의 취재원 이용 관행』(한국언론재단, 2001), 53~87쪽.

45 한국언론재단, 『보도비평: 한·미신문의 취재원 이용 관행』(한국언론재단, 2001), 99~100쪽.

46 한국언론재단, 『보도비평: 한·미신문의 취재원 이용 관행』(한국언론재단, 2001), 103~104쪽.

47 한국언론재단, 『보도비평: 한·미신문의 취재원 이용 관행』(한국언론재단, 2001), 114~115쪽.

48 한국언론재단, 『보도비평: 한·미신문의 취재원 이용 관행』(한국언론재단, 2001), 115쪽.

49 김경호, 「불가피한 경우 '두 정보원 원칙' 지켜야: 문제점과 개선방안」, 『신문과 방송』, 제422호(2006년 2월), 25쪽.

50 조동시·양승혜, 「"익명보도 많은 편" 80.5%, 취재원의 42%가 익명: 10대 일간지 지면분석과 기자 의견 조사」, 『신문과 방송』, 제422호(2006년 2월), 9쪽.

51 조동시·양승혜, 「"익명보도 많은 편" 80.5%, 취재원의 42%가 익명: 10대 일간지 지면분석과 기자 의견 조사」, 『신문과 방송』, 제422호(2006년 2월), 17~18쪽.

52 강민석(중앙일보 탐사기획팀 기자), 「기자와 데스크가 익명 관계자 만들어선 안 돼: 기자가 본 익명보도」, 『신문과 방송』, 제422호(2006년 2월), 23쪽.

53 장재용, 「청와대, "기사에 '관계자' 표현 쓰지 말아 달라": "취재원 보호 '익명보도' 못하면 언론 자유 위축" 비판 쏟아져」, 『한국일보』, 2013년 4월 4일.

54 허남영, 「기자의 눈」 '관계자' 표현 쓰지 말라고? 그럼 누가 입 열까」, 『뉴스1』, 2013년 4월 4일.

55 이준희, 「지평선」 관계자」, 『한국일보』, 2013년 4월 5일.

56 유진 굿윈(H. Eugene Goodwin), 우병동 옮김, 『언론윤리의 모색』(한나래, 1995), 171쪽.

57 이광엽, 「방송뉴스의 저널리즘, 인포테인먼트, 상업주의」, 『신문과 방송』, 제423호(2006년 3월), 101쪽.

58 『국민일보』, 2000년 5월 23일, 8면.

59 조흥민 기자, 『경향신문』, 1998년 6월 24일.

60 설원태, 「"취재원에 금품 제공할 수도 있다"」, 『경향신문』, 2008년 2월 18일.

61 「허슬러지, 성 추문 정보 대가로 1백만 弗 현상금」, 『연합뉴스』, 2012년 3월 5일.

62 김옥조, 『미디어 윤리』 개정증보판(커뮤니케이션북스, 2004), 137쪽.

63 조윤호, 「'채동욱 혼외자' 폭로한 가정부, TV조선에서 400만 원 받아」, 『미디어오늘』, 2014년 8월 13일.

제9장 언론사와 언론인 윤리

1 Martin H. Manser, 『Get to the Roots: A Dictionary of Word & Phrase Origins』(New York: Avon Books, 1990), p.163; William Morris & Mary Morris, 『Morris Dictionary of Word and Phrase Origins』 2nd ed.(New York: Harper & Row, 1971), p.424.

2 William Morris & Mary Morris, 『Morris Dictionary of Word and Phrase Origins』 2nd ed.(New York: Harper & Row, 1971), p.424; 백완기, 『민주주의 문화론: 생활양식으로서의 민주주의』(나남출판, 1994), 284~285쪽.

3 장행훈, 「독자 앞에 투명한 신문만이 살아남는다: 한국 신문에 제안하고 싶은 것」, 『신문과 방송』, 제447호(2008년 3월), 40~41쪽.

4 「Keller, Bill」, 『Current Biography』, 64:10(October 2003), pp.66~67.

5 김옥조, 『미디어 윤리』 개정증보판(커뮤니케이션북스, 2004), 55쪽.

6 클리퍼드 크리스천스(Clifford G. Christians) 외, 김춘옥 옮김, 『78개의 최신 사례로 보는 미디어 윤리』(커뮤니케이션북스, 2007), 58쪽.

7 김기훈, 「NYT, 경쟁지 특종 외면 사과」, 『조선일보』, 2007년 3월 13일, A23면.

8 설원태, 「자기비판 인색, 타 매체에만 엄격」, 『경향신문』, 2007년 4월 16일, 27면.

9 이승선, 「고충처리인 제도의 실효성 확보를 위한 제언」, 『언론중재』, 통권104호(2007년 가을), 48쪽.

10 김상만, 「"옴부즈맨이 자사 홍보·타사 비판 수단인가": 김균 서강대 교수」, 『미디어오늘』, 2007년 4월 4일, 10면.

11 설원태, 「자기비판 인색, 타 매체에만 엄격」, 『경향신문』, 2007년 4월 16일, 27면.

12 이승선, 「고충처리인 제도의 실효성 확보를 위한 제언」, 『언론중재』, 통권104호(2007년 가을), 39쪽.

13 김세은, 「한국 언론의 자기성찰: 미디어 보도와 미디어 비평」, 박재영 외, 『한국 언론의 품격』(나남, 2013), 213쪽.

14 이지문, 「기업들, 말로만 내부 고발자 보호: 뒤로는 두둔 발언 지원자 탈락」, 『한겨레』, 2007년 12월 14일.

15 김지운, 「신문윤리위원회의 현황과 전망」, 김동철 교수 정년 퇴임 기념 논문집 간행위원회 엮음, 『언론과 커뮤니케이션의 제문제』(나남, 1993), 57쪽; 원우현, 「언론자율규제기구의 전망: 영국의 경우를 중심으로」, 『언론중재』, 통권 47호(1993년 여름), 18~24쪽.

16 John C. Merrill, 「Press Councils and Ethical Codes Are Dangerous Control Mechanisms」, Everette E. Dennis & John C. Merrill, 『Basic Issues in Mass Communication』(New York: Macmillan, 1984), pp.162~166.

17 한병구, 『언론과 윤리법제』 증정판(서울대학교출판부, 2000), 118~119쪽.

18 김형기, 「인용 보도 시 정보 출처 명시 완화: 신문윤리강령 및 실천요강 개정 추진과정과 내용」, 『신문과 방송』, 제459호(2009년 3월), 126~129쪽.

19 박미영, 「사이버언론의 윤리」, 『기자협회보』, 2000년 5월 1일, 4면.

20 「긴급진단 언론부패: '윤리강령' 잠 깨워 자정운동 불 지펴야」, 『한겨레』, 1999년 6월 29일, 1면.

21 오상석, 「취재 현장과 언론윤리강령」, 『언론중재』, 통권 76호(2000년 가을), 16쪽.

22 윤성한 · 김성완, 「봇물 터진 기자들 공짜 돈 외유: 취재원 '미끼' 덥석…공정성 치명타」, 『미디어오늘』, 2000년 2월 3일, 5면.

23 사정은, 「"자기 몫은 자기가" SBS 뉴클린운동 전개」, 『기자협회보』, 2000년 12월 4일, 2면; 박수택(SBS 전국부 기자), 「자비량(自備量)의 원칙」, 『기자협회보』, 2000년 12월 18일, 5면.

24 권훈, 「"사안에 따라, 그러나 원칙에 충실하자"」, 『신문과 방송』, 제345호(1999년 9월), 35쪽.

25 박선규, 「대접 받았으면 나도 한 번 사면 된다」, 『신문과 방송』, 제345호(1999년 9월), 31~32쪽.

26 손석춘, 『어느 저널리스트의 죽음: 한국 공론장의 위기와 전망』(후마니타스, 2006), 190~191쪽.

27 최정면, 「(사)한국인터넷기자협회 기자윤리강령 선포식 가져」, 『아시아뉴스통신』, 2015년 8월 23일.

28 팽원순, 『언론법제신론』(나남, 1989), 155쪽.

29 한병구, 『언론과 윤리법제』 증정판(서울대학교출판부, 2000), 134쪽; R. W. 디즈몬드 · 존 L. 할렌, 권대우 역, 『알 권리 알릴 권리』(한겨레, 1986), 264쪽.

30 한병구, 『언론과 윤리법제』 증정판(서울대학교출판부, 2000), 134~135쪽.

31 한병구, 『언론과 윤리법제』 증정판(서울대학교출판부, 2000), 135쪽.

32 팽원순, 『한국언론법제론』(법문사, 1994), 330~332쪽.

33 팽원순, 『한국언론법제론』(법문사, 1994), 333쪽.

34 팽원순, 『한국언론법제론』(법문사, 1994), 333~334쪽.

35 팽원순, 『한국언론법제론』(법문사, 1994), 334~335쪽.

36 황치성, 「3명 가운데 2명 촌지 수수 경험」, 『신문과 방송』, 제345호(1999년 9월), 20~21쪽.

37 김옥조, 『미디어 윤리』 개정증보판(커뮤니케이션북스, 2004), 304쪽.

38 장행훈, 「자율 근절 안 되면 법으로 뿌리 뽑아야: 언론사 거액 촌지 의혹을 보고」, 『신문과 방송』, 제395호(2003년 11월), 41쪽.

39 윤성한, 「김영란법 통과 직전, 기업 후원 받아 무더기 해외출장」, 『미디어오늘』, 2015년 3월 11일.

40 「부끄러움 모르는 언론계의 '산업 스파이'들(사설)」, 『한겨레』, 2007년 7월 23일.

41 최성진, 「폴리널리스트, 실명으로 처단하마」, 『한겨레 21』, 2007년 11월 6일, 102면.

42 홍지만, 「언론인 정계 진출 단점보다 장점 많다」, 『관훈저널』, 통권132호(2014년 가을), 86~92쪽.

43 천원주, 「18대 국회 입성 언론인 36명 분석」, 『신문과 방송』, 제449호(2008년 5월), 60~61쪽.

44 최훈길, 「대선 캠프 언론인 70%, '낙하산': 언론 특보 출신 등 41명 중 29명」, 『미디어오늘』, 2009년 2월 25일.

45 이정국, 「권좌 직행 '폴리널리스트' 언론 신뢰 좀먹는다」, 『한겨레』, 2014년 6월 20일.

46 「[사설] KBS · SBS 이어 MBC 앵커까지 청와대 직행이라니」, 『경향신문』, 2015년 10월 26일.

47 김창룡, 「언론인 권력행, 최소 1년의 유예기간은 둬야 한다」, 『미디어오늘』, 2015년 10월 28일.

제10장 미디어 법·정책 논쟁

1 문현숙, 「3기 방통위 정치인 일색…정파 대립 장 될라」, 『한겨레』, 2014년 2월 28일.
2 문형구, 「공영방송 지배 구조, 영남 출신 50대 남성 SKY가 장악」, 『미디어오늘』, 2015년 5월 13일.
3 정철운, 「"후견인 입맛대로 정족수 채우는 공영방송 이사들"」, 『미디어오늘』, 2015년 7월 1일.
4 장행훈, 「이사진 구성 보면 '국영방송'」, 『한겨레』, 2015년 9월 1일.
5 문현숙, 「"대통령의 공영방송 사장 임명권 박탈해야"」, 『한겨레』, 2015년 11월 3일.
6 이원재, 「손석희를 지키는 세 가지 방법」, 『한겨레』, 2013년 12월 25일.
7 강성원, 「"방통심의위 해체하고 독립기구 만들어야"」, 『미디어오늘』, 2015년 8월 12일.
8 「잊혀질 권리(right to be forgotten)」, 『네이버 지식백과』.
9 고란, 「헤어진 여친 '비밀사진' 올린 사이트 가보니」, 『중앙일보』, 2013년 2월 15일; 김병철, 「지우고 싶은 과거, '디지털 세탁소'에 맡기세요: '부정 게시물 삭제 대행사' 등장…디지털의 영속성과 '잊혀질 권리'」, 『미디어오늘』, 2013년 11월 14일.
10 김병철, 「MC몽에게 '잊혀질 권리'가 있었다면…: 이노근 새누리당 의원, 온라인 노출된 내 글 삭제할 수 있는 개정안 발의」, 『미디어오늘』, 2013년 2월 13일.
11 문재완, 「잊혀질 권리, 어떻게 볼 것인가: 표현할 권리 제약할 우려도 감안해야」, 『중앙일보』, 2013년 3월 2일.
12 임종인, 「잊혀질 권리, 어떻게 볼 것인가: 신상 털기에 맞설 자기방어권 필요하다」, 『중앙일보』, 2013년 3월 2일.
13 이만재, 「'알 권리'가 '잊혀질 권리' 보다 먼저다」, 『중앙일보』, 2014년 6월 5일.
14 위문희, 「'잊혀질 권리' 없다면 그곳은 닫힌 사회」, 『중앙일보』, 2014년 6월 9일.
15 임장혁, 「온라인 떠도는 아픈 과거, 디지털 세탁소가 지운다」, 『중앙일보』, 2015년 11월 28일.
16 양재규, 「언론중재법 관련 헌재 결정(2005헌마165 등)에 대한 소고: 언론의 위축 효과를 중심으로」, 『언론중재』, 통권 100호(2006년 가을), 4쪽.
17 한위수, 「새 언론중재제도의 성과와 개선점」, 『언론중재』, 통권 101호(2006년 겨울), 6쪽.
18 박아란, 『미디어와 명예훼손』(커뮤니케이션북스, 2015), 73~75쪽.
19 한위수, 「새 언론중재제도의 성과와 개선점」, 『언론중재』, 통권 101호(2006년 겨울), 7~9쪽.
20 정철운, 「"표현의 자유가 명예를 침해할 자유는 아니다": [인터뷰] 박용상 언론중재위원장 "온라인 잊혀질 권리, 언론중재로 보호해야"」, 『미디어오늘』, 2015년 6월 24일.
21 손가영, 「'피키캐스트'도 언론중재 대상이라고?」, 『미디어오늘』, 2015년 10월 14일.
22 정민영, 「언론중재로 기사와 댓글까지 삭제, 바람직한가」, 『미디어오늘』, 2015년 12월 2일.
23 이정환, 「'안영미 열애' 기사가 100개, 조선·동아의 어뷰징 경쟁」, 『미디어오늘』, 2015년 3월 18일; 금준경, 「'수지 열애설'에 기사 1,840건 쏟아졌다」, 『미디어오늘』, 2015년 7월 8일.
24 김주완, 「'어뷰징'이 아니라 '쓰레기 기사'라 부르자」, 『미디어오늘』, 2014년 10월 15일.
25 김현섭, 「[뉴스 노출증 '어뷰징'] 더 빨리… 더 많이…인터넷 기사 무차별 살포」, 『국민일보』, 2014년 1월 25일.
26 김현섭, 「[뉴스 노출증 '어뷰징'] 야후재팬·MSN재팬엔 '실시간 검색어 서비스'가 없다」, 『국

민일보』, 2014년 1월 25일.

27 최원형, 「"언론계가 네이버·다음 뉴스 제휴매체 자격 심사를"」, 『한겨레』, 2015년 5월 29일.

28 금준경, 「포털 어뷰징 언론 퇴출 프로젝트 가동」, 『미디어오늘』, 2015년 6월 3일.

29 금준경, 「포털 뉴스 권력 포기, 알고 보니 청와대 작품?」, 『미디어오늘』, 2015년 6월 17일.

30 장상진, 「네이버·다음, 與黨에 부정적 기사 훨씬 많이 올려」, 『조선일보』, 2015년 9월 4일.

31 서보미·이승준, 「새누리 또 포털 길들이기?···선거 다가올 때마다 "편향" 주장」, 『한겨레』, 2015년 9월 4일; 서보미, 「'크림빵 아빠 부실 수사'가 정부·여당 비판 기사?···새누리 황당 보고서」, 『한겨레』, 2015년 9월 8일; 금준경, 「네이버와 카카오는 편향됐다, 무려 2%나」, 『미디어오늘』, 2015년 9월 9일.

32 이현택, 「"포털이 뉴스 품질 조악하게 해 ··· 네이버·다음, 법으로 규제해야"」, 『중앙일보』, 2015년 9월 4일.

33 「사설」 '조폭 언론' 키워주는 포털 언제까지 이대로 놔둘 건가」, 『조선일보』, 2015년 9월 5일.

34 김진우·송진식·정원식·유정인, 「김무성 대표 "포털 뉴스 편향성 엄중히 다뤄야": 총선 겨냥, 포털 길들여 여당의 '독무대' 만들기」, 『경향신문』, 2015년 9월 10일.

35 손영준, 「포털뉴스 역할 재점검해야」, 『중앙일보』, 2015년 10월 23일.

36 황용석, 「포털 언론 규제 실익 적어」, 『중앙일보』, 2015년 10월 23일.

37 김주완, 「인터넷신문은 사이비? 이 신문들을 보라」, 『미디어오늘』, 2015년 8월 19일.

38 김주완, 「인터넷신문은 사이비? 이 신문들을 보라」, 『미디어오늘』, 2015년 8월 19일.

39 백성호, 「직원 최소 5명···인터넷신문 요건 강화」, 『중앙일보』, 2015년 11월 17일.

40 정철운, 「기자의 자격도 국가가 정한다?」, 『한겨레 21』, 제1086호(2015년 11월 11일).

41 금준경, 「"우리가 잠재적 범죄자? 기사로 평가해달라"」, 『미디어오늘』, 2015년 8월 26일.

42 정철운, 「신문법 시행령 통과되면 인터넷신문 85% 사라진다」, 『미디어오늘』, 2015년 9월 9일.

43 정철운, 「기자의 자격도 국가가 정한다?」, 『한겨레 21』, 제1086호(2015년 11월 11일).

44 정철운, 「신문법 시행령 통과되면 인터넷신문 85% 사라진다」, 『미디어오늘』, 2015년 9월 9일.

45 최원형, 「"'5인 이상 돼야 인터넷신문'은 허가제 금지한 헌법에 위반"」, 『한겨레』, 2015년 12월 29일.

46 봉지욱, 「지상파 드라마 1편에 광고 56개···유료방송 시장 무너질 위기」, 『중앙일보』, 2014년 12월 19일; 신동흔, 「"지상파 年 2,000억 추가 수익, 영세 방송은 枯死(고사)"」, 『조선일보』, 2014년 12월 20일; 김세옥, 「지상파 광고총량제 도입···TV 최대 9분 가능」, 『피디저널』, 2015년 4월 27일.

47 금준경, 「잘 모른다는 국민들 팔아 광고총량제 아전인수 보도」, 『미디어오늘』, 2015년 3월 25일; 권순택, 「지상파에 떨어진 '선물', 이제 보도에서 '광고' 봐야 된다: 개정된 방송법 시행령은 TV를 어떻게 바꿀까」, 『미디어스』, 2015년 4월 27일.

48 금준경, 「동아일보, 일주일에 한 번 꼴로 광고총량제 때렸다」, 『미디어오늘』, 2015년 5월 6일.

49 정철운, 「광고총량제 놓고 신문협회·방송협회 '난타전'」, 『미디어오늘』, 2015년 1월 28일.

50 봉지욱, 「15초 광고, KBS 1,500만 원 케이블 70만 원인데···」, 『중앙일보』, 2015년 4월 24일.

51 봉지욱, 「100분짜리 '개콘'···광고시간 15분까지 가능해져」, 『중앙일보』, 2015년 4월 25일.

52 김병희, 「방송 광고총량제의 시행과 중간광고 도입 문제의 재논의」, 『방송문화』, 2015년 가을

호, 29~30쪽.

53 금준경, 「박 터지게 싸웠다, 지상파·종편 누가 이겼나」, 『미디어오늘』, 2015년 5월 6일.

54 금준경, 「박 터지게 싸웠다, 지상파·종편 누가 이겼나」, 『미디어오늘』, 2015년 5월 6일.

55 선호, 〈미디어 격변시대, 공공성과 공존공생의 길 찾기〉, 『미디어오늘』, 2007년 5월 25일; 이정환·김병철, 「SBS1, SBS2, SBS3, 시청자들은 과연 바랄까」, 『미디어오늘』, 2013년 11월 8일.

56 정두남, 『지상파 디지털방송 멀티모드서비스(MMS) 도입에 관한 연구』(한국방송광고공사, 2007), 56~67쪽.

57 이정환·김병철, 「SBS1, SBS2, SBS3, 시청자들은 과연 바랄까: [집중기획] 공룡 지상파에 MMS 날개를?…유료방송 시장 공멸 vs 수신료 인상이 우선 등 쟁점 충돌」, 『미디어오늘』, 2013년 11월 8일.

58 신동흔, 「"지상파 '한 번호 多채널(MMS·기존 채널을 여러 개로 쪼개 방송 보내는 것)' 허용 땐 新生방송 다 죽어"」, 『조선일보』, 2013년 11월 14일.

59 성호철, 「7-2번, 11-2번…지상파에 '공짜 채널' 또 주겠다는 방통위」, 『조선일보』, 2015년 12월 28일.

60 정아람, 「공짜 채널 최대 64개 더 준다니…지상파방송 독과점 심화 우려」, 『중앙일보』, 2015년 12월 29일.

61 금준경, 「방통위가 지상파 편향? 조중동이 할 소린가」, 『미디어오늘』, 2015년 12월 29일.

제11장 광고 규제

1   다니엘 J. 부어스틴(Daniel J. Boorstin), 이보형 외 역, 『미국사의 숨은 이야기』(범양사 출판부, 1989), 197쪽.

2   Daniel J. Boorstin, 『Democracy and Its Discontents: Reflections on Everyday America』 (New York: Vintage Books, 1975), pp.28~30.

3   팽원순, 『매스코뮤니케이션 법제이론』 개정판(법문사, 1988), 353쪽; 김광수, 『광고 비평: 광고 표현, 그 이론과 원칙』(한나래, 1994), 28쪽.

4   팽원순, 『매스코뮤니케이션 법제이론』 개정판(법문사, 1988), 354쪽.

5   팽원순, 『매스코뮤니케이션 법제이론』 개정판(법문사, 1988), 354~355쪽.

6   Don R. Pember, 『Mass Media Law』 3rd ed.(Dubuque, Iowa: Wm.C.Brown, 1984), p.453.

7   Don R. Pember, 『Mass Media Law』 3rd ed.(Dubuque, Iowa: Wm.C.Brown, 1984), p.453; 팽원순, 『매스코뮤니케이션 법제이론』 개정판(법문사, 1988), 356쪽.

8   이시엘 디 솔라 풀(Ithiel de Sola Pool), 원우현 옮김, 『자유언론의 테크놀러지』(전예원, 1984/1985), 111~112쪽.

9   Don R. Pember, 『Mass Media Law』 3rd ed.(Dubuque, Iowa: Wm.C.Brown, 1984), p.454.

10 Ithiel de Sola Pool, 『Technologies of Freedom: On Free Speech in an Electronic Age』 (Cambridge, Mass.: Harvard University Press, 1983), pp.71~72.

11 Don R. Pember, 『Mass Media Law』 3rd ed.(Dubuque, Iowa: Wm.C.Brown, 1984), pp.

452~455.

12 김광수, 『광고 비평: 광고표현, 그 이론과 원칙』(한나래, 1994), 34쪽.

13 「'상업광고'도 수정헌법 제1조의 강력한 보호를 받는다」, 『언론중재』, 통권 48호(1993년 가을), 70~71쪽.

14 「'상업광고'도 수정헌법 제1조의 강력한 보호를 받는다」, 『언론중재』, 통권 48호(1993년 가을), 70~71쪽.

15 「광고의 일방적 팩스송신을 금지한 것은 표현의 자유를 침해하는 것이 아니다」, 『언론중재』, 통권 54호(1995년 봄), 92쪽.

16 리차드 스피넬로(Richard Spinello), 이태건·노병철 옮김, 『사이버윤리: 사이버공간에 있어서 법과 도덕』(인간사랑, 2001), 146~155쪽.

17 김동춘, 『1997년 이후 한국 사회의 성찰: 기업사회로의 변환과 과제』(길, 2007), 5쪽.

18 이승선, 『표현자유 확장의 판결』(커뮤니케이션북스, 2013), 35쪽.

19 Daniel J. Boorstin, 『The Image: A Guide to Pseudo-Events in America』(New York: Atheneum, 1964), pp.105, 213~215.

20 A. E. 코트니(Alice E. Courtney)·T. W. 휘플(Thomas W. Whipple), 허갑중 역, 『성표현 광고와 규제』(나남, 1990), 230~231쪽; 팽원순, 『매스코뮤니케이션 법제이론』 개정판(법문사, 1988), 363쪽.

21 「광고업자는 거짓말쟁이?」, 『한겨레』, 2000년 5월 10일, 25면.

22 팽원순, 『한국언론법제론』(법문사, 1994), 227~228쪽.

23 Don R. Pember, 『Mass Media Law』 3rd ed.(Dubuque, Iowa: Wm.C.Brown, 1984), p.459.

24 「미 '섹스광고' 위험수위」, 『문화일보』, 2000년 12월 13일, 17면.

25 A. E. 코트니(Alice E. Courtney)·T. W. 휘플(Thomas W. Whipple), 허갑중 역, 『성표현 광고와 규제』(나남, 1990), 225~230쪽.

26 「미 '섹스광고' 위험수위」, 『문화일보』, 2000년 12월 13일, 17면.

27 존 더 그라프(John de Graaf)·데이비드 왠(David Wann)·토머스 네일러(Thomas Naylor), 박웅희 옮김, 『어플루엔자: 풍요의 시대, 소비중독 바이러스』(한숲, 2001/2002), 264쪽.

28 「Subvertising」, 『Wikipedia』.

29 이언 데브루(Eoin Devereux), 심두보 옮김, 『미디어의 이해』, 3판(명인문화사, 2014), 96~97쪽.

30 Don R. Pember, 『Mass Media Law』 3rd ed.(Dubuque, Iowa: Wm.C.Brown, 1984), p.465.

31 방석호, 『미디어법학』(법문사, 1995), 287쪽.

32 Don R. Pember, 『Mass Media Law』 3rd ed.(Dubuque, Iowa: Wm.C.Brown, 1984), pp.472~480; Don R. Pember, 『Mass Media Law』 1996 ed.(Dubuque, Iowa: Brown & Benchmark, 1996), pp.497~505; Harold L. Nelson & Dwight L. Teeter, Jr., 『Law of Mass Communications: Freedom and Control of Print and Broadcast Media』 3rd ed.(New York: Foundation Press, 1978), pp.504~505.

33 김광수, 『광고 비평: 광고표현, 그 이론과 원칙』(한나래, 1994), 61~64쪽.

34 Don R. Pember, 『Mass Media Law』 3rd ed.(Dubuque, Iowa: Wm.C.Brown, 1984), pp. 481~482.

35 Don R. Pember, 『Mass Media Law』 1996 ed.(Dubuque, Iowa: Brown & Benchmark, 1996), pp.493~495.

36 김광수, 『광고 비평: 광고표현, 그 이론과 원칙』(한나래, 1994), 68쪽.

37 Don R. Pember, 『Mass Media Law』 1996 ed.(Dubuque, Iowa: Brown & Benchmark, 1996), p.496.

38 딘 푸에로뉴(Dean K. Fueroghne), 김연호·한상필 옮김, 『미국 광고법의 이해』(한울아카데미, 1998), 63쪽.

39 Don R. Pember, 『Mass Media Law』 3rd ed.(Dubuque, Iowa: Wm.C.Brown, 1984), pp.486~489.

40 문성현, 「대형 할인점 앞다퉈 '쌀 세일'」, 『경향신문』, 2005년 6월 14일, 15면.

41 Don R. Pember, 『Mass Media Law』 3rd ed.(Dubuque, Iowa: Wm.C.Brown, 1984), p.490.

42 「Menu」, 『Wikipedia』.

43 Don R. Pember, 『Mass Media Law』 3rd ed.(Dubuque, Iowa: Wm.C.Brown, 1984), p.489; 김광수, 『광고 비평: 광고표현, 그 이론과 원칙』(한나래, 1994), 66쪽.

44 딘 푸에로뉴(Dean K. Fueroghne), 김연호·한상필 옮김, 『미국 광고법의 이해』(한울아카데미, 1998), 64~67쪽.

45 딘 푸에로뉴(Dean K. Fueroghne), 김연호·한상필 옮김, 『미국 광고법의 이해』(한울아카데미, 1998), 87~88쪽.

46 강준만, 『춤추는 언론 비틀대는 선거: 언론과 선거의 사회학』(아침, 1992).

47 Don R. Pember, 『Mass Media Law』 3rd ed.(Dubuque, Iowa: Wm.C.Brown, 1984), pp.486~487.

48 김광수, 『광고 비평: 광고표현, 그 이론과 원칙』(한나래, 1994), 59쪽; 「Disclaimer」, 『Wikipedia』.

49 김아사, 「고객정보 판 홈플러스 '1㎜ 깨알 고지' 덕분에…」, 『조선일보』, 2016년 1월 9일; 최원규, 「만물상」 '깨알' 글씨 경품 행사」, 『조선일보』, 2016년 1월 11일.

50 딘 푸에로뉴(Dean K. Fueroghne), 김연호·한상필 옮김, 『미국 광고법의 이해』(한울아카데미, 1998), 207쪽.

51 리대룡·이현선, 「세계 각국의 비교광고 규제에 관한 비교연구」, 『한국언론정보학보』, 통권26호(2004년 가을), 217쪽.

52 전경하, 「'비교광고' 소비자 관심에 촉각」, 『대한매일』, 1999년 7월 24일, 10면; 김정필, 「소비자 사로잡는 '맥도날드-버거킹' 광고 전쟁…우린 왜 '비교광고' 보기 힘들까」, 『한겨레』, 2015년 2월 13일.

53 진성훈, 「소주 비방광고 '옐로카드': 공정위, 진로·두산에 시정 명령」, 『한국일보』, 2007년 5월 25일.

54 윤석기, 「'비교'는 해도 '비방'은 하지 마라」, 『조선일보』, 2013년 6월 10일.

55 전경하, 「'비교광고' 소비자 관심에 촉각」, 『대한매일』, 1999년 7월 24일, 10면.

56 김정필, 「소비자 사로잡는 '맥도날드-버거킹' 광고 전쟁…우린 왜 '비교광고' 보기 힘들까」, 『한겨레』, 2015년 2월 13일.

57 김상훈, 「통합마케팅 커뮤니케이션 전략(IMC)에서 더욱 중요한 PPL」, 『MBC ADCOM』, 2005년 7~8월, 45쪽; 나카무라 히로시, 「마케팅을 변화시킨 디지털 환경」, 『CHEIL COMMUNICATIONS』, 2005년 12월, 31~32쪽; 김충현, 「진화하는 PPL, 어디까지 갈 것인가?」, 『DAEHONG COMMUNICATIONS』, 2007년 11 · 12월, 50~53쪽.

58 이혜운, 「오메가 시계 차고, 소니 휴대폰 들고…007은 '움직이는 광고판'」, 『조선일보』, 2008년 9월 30일.

59 조영신, 「PPL(Product Placement)에 대한 소고」, 『방송동향과 분석』, 통권 240호(2006년 9월 30일), 63쪽.

60 로버트 맥체스니(Robert W. McChesney), 오창호 · 최현철 역, 『미디어정책 개혁론』(나남, 2009), 241~283쪽.

61 남지은, 「노골적 간접광고 예능에까지 '넘실'」, 『한겨레』, 2015년 12월 4일.

62 최원형, 「'걸리면 광고, 안 걸리면 협찬' 음성광고 어찌할까」, 『한겨레』, 2015년 4월 21일.

63 남지은, 「노골적 간접광고 예능에까지 '넘실'」, 『한겨레』, 2015년 12월 4일.

제12장 음란

1 Don R. Pember, 『Mass Media Law』 1996 ed.(Dubuque, Iowa: Brown & Benchmark, 1996), pp.406~407.

2 한병구, 『언론과 윤리법제』 증정판(서울대학교출판부, 2000), 196쪽.

3 김병국, 「음란과 검열」, 한병구 편, 『언론법제통론』(나남, 1990), 293-294쪽.

4 김일수, 『새로 쓴 형법각론』 제3판(박영사, 2000), 645쪽.

5 김택환, 『영상커뮤니케이션의 자유와 윤리: 영상(film) 통제 및 심의제도에 관한 연구』(커뮤니케이션북스, 1998), 75쪽.

6 김일수, 『새로 쓴 형법각론』 제3판(박영사, 2000), 646쪽.

7 김일수, 『새로 쓴 형법각론』 제3판(박영사, 2000), 649쪽.

8 Don R. Pember, 『Mass Media Law』 3rd ed.(Dubuque, Iowa: Wm.C.Brown, 1984), pp.377~380.

9 Harold L. Nelson & Dwight L. Teeter, Jr., 『Law of Mass Communications: Freedom and Control of Print and Broadcast Media』 3rd ed.(New York: Foundation Press, 1978), p. 353.

10 한병구, 『언론과 윤리법제』 증정판(서울대학교출판부, 2000), 202쪽; 김동철, 『자유언론법제연구』(나남, 1987), 255쪽; Harold L. Nelson & Dwight L. Teeter, Jr., 『Law of Mass Communications: Freedom and Control of Print and Broadcast Media』 3rd ed.(New York: Foundation Press, 1978), p.354.

11 김동철, 『자유언론법제연구』(나남, 1987), 244~245쪽.

12 팽원순, 『언론법제신론』(나남, 1989), 187쪽.

13 김병국, 「음란과 검열」, 한병구 편, 『언론법제통론』(나남, 1990), 301~302쪽.

14 Harold L. Nelson & Dwight L. Teeter, Jr., 『Law of Mass Communications: Freedom and Control of Print and Broadcast Media』 3rd ed.(New York: Foundation Press, 1978), pp.360~361; 김동철, 『자유언론법제연구』(나남, 1987), 258쪽; 김병국, 「음란과 검열」, 한병구 편, 『언론법제통론』(나남, 1990), 302쪽.

15 Harold L. Nelson & Dwight L. Teeter, Jr., 『Law of Mass Communications: Freedom and Control of Print and Broadcast Media』 3rd ed.(New York: Foundation Press, 1978), p.359.

16 장호순, 『미국헌법과 인권의 역사: 민주주의와 인권을 신장시킨 명판결』(개마고원, 1998), 153~154쪽.

17 Don R. Pember, 『Mass Media Law』 3rd ed.(Dubuque, Iowa: Wm.C.Brown, 1984), pp.381~382.

18 Harold L. Nelson & Dwight L. Teeter, Jr., 『Law of Mass Communications: Freedom and Control of Print and Broadcast Media』 3rd ed.(New York: Foundation Press, 1978), pp.376~387.

19 팽원순, 『한국언론법제론』(법문사, 1994), 186쪽.

20 Don R. Pember, 『Mass Media Law』 1996 ed.(Dubuque, Iowa: Brown & Benchmark, 1996), p.412.

21 Don R. Pember, 『Mass Media Law』 3rd ed.(Dubuque, Iowa: Wm.C.Brown, 1984), pp. 384~394.

22 유일상, 『언론법제론』(박영사, 1998), 252~256쪽.

23 팽원순, 『한국언론법제론』(법문사, 1994), 143쪽.

24 황철증, 「통신망을 통한 음란물 규제」, 정상조 엮음, 『인터넷과 법률』(현암사, 2000), 212~213쪽.

25 한병구, 『언론과 윤리법제』 증정판(서울대학교출판부, 2000), 124~125쪽.

26 조대근, 「굿데이에 600만 원 부과: 청소년보호위, 정기간행물에 첫 과징금」, 『신문과 방송』, 제 408호(2004년 12월), 111쪽.

27 이동현, 「미성년 음란물 내려받기만 해도 처벌」, 『중앙일보』, 2012년 10월 4일.

28 김정우, 「"음란물도 표현의 자유 보호 영역에 해당된다": 헌재, 종전 의견 뒤집어…유포행위 처벌은 합헌 결정」, 『한국일보』, 2009년 6월 8일.

29 이동현, 「미성년 음란물 내려받기만 해도 처벌」, 『중앙일보』, 2012년 10월 4일.

30 권승준·윤동빈, 「교복 입은 성인 여배우 영상물 내려 받았다고 조사 받고…여고생 애니메이션 올렸더니 경찰도 "음란물" "아니다" 엇갈려」, 『조선일보』, 2012년 10월 15일.

31 곽래건, 「'야동과 전쟁' 10년, 다 틀어막고 있지만… '토렌트'는 사각지대」, 『조선일보』, 2012년 11월 17일.

32 장병문, 「'소라넷'과 전쟁 한 달, 6만여 개 음란 카페 모두 폐쇄」, 『더팩트』, 2016년 1월 2일.

33 손희정, 「괴물은 침묵을 먹고 자란다」, 『경향신문』, 2016년 1월 13일.

34 김동철, 『자유언론법제연구』(나남, 1987), 246쪽.

35 김병국, 「음란과 검열」, 한병구 편, 『언론법제통론』(나남, 1990), 302~303.

36 팽원순, 『언론법제신론』(나남, 1989), 182~183쪽.

37 한병구, 『언론법제이론』(나남, 1987), 45~46쪽.

38 임병국, 『언론법제와 보도』(나남, 1999), 275쪽.

39 홍남일, 「고야의 '나체의 마야' 인쇄한 UN성냥 불티나게 팔리자 음란소송도」, 『글로벌이코노믹』, 2015년 8월 31일.

40 임병국, 『언론법제와 보도』(나남, 1999), 276~277쪽.

41 한병구, 『언론과 윤리법제』 증정판(서울대학교출판부, 2000), 209쪽.

42 팽원순, 『언론법제신론』(나남, 1989), 190쪽.

43 「'외설' 구속은 지나치다」, 『한겨레』, 1992년 10월 31일, 2면.

44 한병구, 『언론과 윤리법제』 증정판(서울대학교출판부, 2000), 211~212쪽.

45 김승현, 「음란물 관련 대법 판례: "성풍속 보호" 아직은 보수잣대」, 『문화일보』, 2000년 4월 26일, 28면.

46 『2000 소법전』(법전출판사, 2000), 1630쪽.

47 최상천, 「'즐거운 사라'가 증언하는 누더기 '자유민주주의'」, 『사회평론 길』, 1995년 8월호, 175쪽.

48 이승선, 『표현자유 확장의 판결』(커뮤니케이션북스, 2013), 17쪽; 박영흠, 「50년대 '자유부인'부터 예술-외설 논쟁」, 『경향신문』, 2008년 3월 24일, 9면.

49 신정선, 「"죽기 전에 대한민국이 性에 대해 솔직해지는 걸 보고 싶다"」, 『조선일보』, 2015년 9월 22일.

50 임병국, 『언론법제와 보도』(나남, 1999), 281~282쪽; 김일수, 『새로 쓴 형법각론』(제3판)(박영사, 2000), 653~654쪽.

51 한병구, 『언론과 윤리법제』 증정판(서울대학교출판부, 2000), 212쪽.

52 한병구, 『언론과 윤리법제』 증정판(서울대학교출판부, 2000), 212쪽.

53 김철수, 『헌법학개론』 제12전정신판(박영사, 2000), 622쪽.

54 손승욱, 「"알몸시위는 공연음란죄" 대법 무죄원심 깨고 환송」, 『경향신문』, 2001년 1월 1일, 27면.

55 〈음악캠프〉는 가을 개편에서 〈쇼! 음악중심〉으로 재탄생했는데, 사고를 막기 위해 현장과 방송의 시차를 3분간 두는 '3분 딜레이' 형식으로 진행하기로 했다.

56 김정필, 「풀려난 '알몸노출'」, 『세계일보』, 2005년 9월 28일, 9면.

57 오명근, 「아! 바바리맨: "사회불안 야기" 이례적 구속영장」, 『AM 7』, 2006년 9월 28일, 1면.

58 이찬호, 「바바리맨 아동학대죄로 엄벌」, 『중앙일보』, 2013년 1월 18일.

59 장호순, 『미국헌법과 인권의 역사: 민주주의와 인권을 신장시킨 명판결』(개마고원, 1998), 161~163쪽.

60 「Communications Decency Act」, 『Wikipedia』.

61 장호순, 『미국헌법과 인권의 역사: 민주주의와 인권을 신장시킨 명판결』(개마고원, 1998), 170~171쪽.

62 윤석준, 「"인터넷 음란물 규제는 위헌"」, 『중앙일보』, 1997년 6월 28일, 22면.

63 장여경, 「인터넷 표현의 자유」, 『액트온(2012-2013)』, (2012년 4월 15일), 5~6쪽.

64 유현오, 「다시 생각하는 표현의 자유」, 『한겨레 21』, 1998년 7월 23일, 79면.

제13장 저작권

1 이광재, 「저작권」, 한병구 편, 『언론법제통론』(나남, 1990), 161~163쪽; 김기태, 「뉴미디어의 기술발전과 저작권 보호에 관한 연구」, 경희대 대학원 신문방송학과 박사학위논문, 2000년 2월, 61쪽.

2 방석호, 『미디어법학』(법문사, 1995), 321쪽.

3 Don R. Pember, 『Mass Media Law』 3rd ed.(Dubuque, Iowa: Wm.C.Brown, 1984), pp. 417~423.

4 리차드 스피넬로(Richard Spinello), 이태건 · 노병철 옮김, 『사이버윤리: 사이버공간에 있어서 법과 도덕』(인간사랑, 2001), 177~179쪽.

5 Don R. Pember, 『Mass Media Law』 3rd ed.(Dubuque, Iowa: Wm.C.Brown, 1984), pp. 437~442.

6 Don R. Pember, 『Mass Media Law』 3rd ed.(Dubuque, Iowa: Wm.C.Brown, 1984), pp. 424~426.

7 Don R. Pember, 『Mass Media Law』 3rd ed.(Dubuque, Iowa: Wm.C.Brown, 1984), p.429; Don R. Pember, 『Mass Media Law』 1996 ed.(Dubuque, Iowa: Brown & Benchmark, 1996), p.454.

8 Don R. Pember, 『Mass Media Law』 3rd ed.(Dubuque, Iowa: Wm.C.Brown, 1984), pp. 429~431.

9 Don R. Pember, 『Mass Media Law』 1996 ed.(Dubuque, Iowa: Brown & Benchmark, 1996), pp.459~460.

10 박성호, 「인터넷환경에서의 저작인격권」, 정상조 엮음, 『인터넷과 법률』(현암사, 2000), 40쪽.

11 Don R. Pember, 『Mass Media Law』 3rd ed.(Dubuque, Iowa: Wm.C.Brown, 1984), pp.431~433.

12 이광석, 「저작권 범위와 소비자 권리」, 『한겨레』, 2000년 9월 29일, 25면.

13 마이클 헬러(Michael Heller), 윤미나 옮김, 『소유의 역습, 그리드락』(웅진지식하우스, 2009), 39~40쪽.

14 마이클 헬러(Michael Heller), 윤미나 옮김, 『소유의 역습, 그리드락』(웅진지식하우스, 2009), 11~12쪽.

15 「공정 이용」, 『위키백과』; 최영묵 · 임성원, 「저작물과 공정이용」, 최영묵 엮음, 『미디어 콘텐츠와 저작권』(논형, 2009), 139~163쪽.

16 성민규, 「디지털 저작권 관리(Digital Rights Management) 현황 분석」, 『방송동향과 분석』, 통권 240호(2006년 9월 30일), 20쪽.

17 김주현, 「삼성 DRM컨소시엄 구성」, 『경향신문』, 2004년 10월 6일, 17면; 김종호, 「"노래는 멀리멀리…" 족쇄 풀린 디지털 음악 산업」, 『조선일보』, 2007년 8월 24일.

18 백승재, 「mp3 음악파일 복제, 막느냐 마느냐」, 『조선일보』, 2007년 10월 2일.

19 백승재, 「세계 음반 빅4, 음악파일 복제에 '백기'?」, 『조선일보』, 2008년 1월 16일.

20 임우선, 「음원 유통시장에 네이버가 왔다…디지털 음악시장 지각변동」, 『동아일보』, 2008년

8월 15일.

21 이나리, 「"디지털 음악 맘껏 즐겨라" … 'DRM 프리' 봇물: 이통사들, 음원시장 줄어들자 위기감」, 『중앙일보』, 2008년 9월 1일.

22 유진상, 「[SW가 힘이다] ⑬ 파수닷컴 SW 경쟁력의 비밀은 '높은 기술 장벽'이다」, 『미디어잇』, 2014년 11월 26일; 김보현, 「문체부·출판문화산업진흥원, 전자책 제작 지원」, 『전북일보』, 2016년 1월 11일.

23 윤승아, 「'리눅스' 개발한 21세기 청년 리누스 토발즈」, 『뉴스메이커』, 1999년 12월 30일, 18면; 김현기, 「인터넷 막후 실력자 12인」, 『중앙일보』, 1999년 7월 23일, 10면; 「"새해엔 이 12인을 주목하라"」, 『중앙일보』, 1999년 12월 24일, 35면.

24 『Current Biography』, July 1999 ed.

25 정의식, 「"카피레프트 운동을 아십니까?」, 『노동일보』, 1999년 7월 20일, 7면.

26 정의식, 「"카피레프트 운동을 아십니까?」, 『노동일보』, 1999년 7월 20일, 7면.

27 『경향신문』, 1999년 3월 23일.

28 오완진, 「정보 독점 거부하는 '카피레프트' 운동」, 『출판저널』, 1999년 4월 5일, 3면.

29 이나리, 「'CC운동' 아시나요: 온라인 저작권 새 규칙… '퍼갈 땐 출처 표시, 영리 활용은 금지'」, 『중앙일보』, 2008년 3월 14일.

30 선호, 「CCL(Creative Commons License: 저작물 이용 허락 표시)」, 『미디어오늘』, 2006년 9월 27일, 4면.

31 로렌스 레식(Lawrence Lessig), 이주명 옮김, 『자유문화: 인터넷시대의 창작과 저작권 문제』 (필맥, 2004/2005), 432~433쪽.

32 박현정, 「제 저작물 퍼가서 멋진 '제2창작' 하세요: "저작권을 유연하게" CCL 도입 확산」, 『한겨레』, 2008년 3월 18일; 최문주, 「자유로운 공유와 저작권, 양립 가능할까: 저작물 공유 운동 CCL 창안한 로렌스 레식 교수」, 『미디어오늘』, 2008년 3월 18일.

33 최문주, 「자유로운 공유와 저작권, 양립 가능할까: 저작물 공유 운동 CCL 창안한 로렌스 레식 교수」, 『미디어오늘』, 2008년 3월 18일.

34 박현정, 「제 저작물 퍼가서 멋진 '제2창작' 하세요: "저작권을 유연하게" CCL 도입 확산」, 『한겨레』, 2008년 3월 18일.

35 이나리, 「'CC운동' 아시나요: 온라인 저작권 새 규칙… '퍼갈 땐 출처 표시, 영리 활용은 금지'」, 『중앙일보』, 2008년 3월 14일.

36 박현정, 「"디지털 시대에 맞는 저작권 틀 필요": CCL운동 이끄는 로렌스 레식 교수」, 『한겨레』, 2008년 3월 18일; 최문주, 「자유로운 공유와 저작권, 양립 가능할까: 저작물 공유 운동 CCL 창안한 로렌스 레식 교수」, 『미디어오늘』, 2008년 3월 18일.

37 구본권, 「"인터넷에 국가권력과 거대기업 영향력 증대…울타리 정원 막아야"」, 『한겨레』, 2015년 10월 20일.

38 유창선, 「[ICT시사용어] 트레이드 드레스(Trade dress)」, 『전자신문』, 2015년 12월 24일; 「트레이드 드레스(trade dress)」, 『네이버 지식백과』; 「Trade dress」, 『Wikipedia』.

39 김경환, 「[ICT법 바로보기] 트레이드 드레스(trade-dress) 바로 알기」, 『디지털데일리』, 2013년 1월 29일~2월 1일.

40 이어령, 「특별인터뷰/ "초지적 재산권의 새 시대가 열렸다"」, 『중앙일보』, 2012년 8월 31일.

41 안호천, 「삼성·애플 판결 핵심은 '트레이드 드레스' 불인정…경쟁 저해요소 제동」, 『전자신문』, 2015년 5월 25일.

42 김세진, 「미 법원 "삼성, 애플 '트레이드 드레스' 침해 않아"」, 『연합뉴스』, 2015년 5월 19일.

43 김경환, 「[ICT법 바로보기] 트레이드 드레스(trade-dress) 바로 알기」, 『디지털데일리』, 2013년 1월 29일~2월 1일.

44 송충원, 「기능성 강한 '트레이드 드레스' 상표권 배제」, 『대전일보』, 2015년 7월 31일.

미디어
법과
윤리

ⓒ 강준만, 2016

초판 1쇄 2016년 3월 4일 펴냄
초판 3쇄 2022년 5월 3일 펴냄

지은이 ㅣ 강준만
펴낸이 ㅣ 강준우
기획·편집 ㅣ 박상문, 김슬기
디자인 ㅣ 최진영
마케팅 ㅣ 이태준
관리 ㅣ 최수향
인쇄·제본 ㅣ ㈜삼신문화

펴낸곳 ㅣ 인물과사상사
출판등록 ㅣ 제17-204호 1998년 3월 11일

주소 ㅣ (04037) 서울시 마포구 양화로7길 6-16 서교제일빌딩 3층
전화 ㅣ 02-325-6364
팩스 ㅣ 02-474-1413

www.inmul.co.kr ㅣ insa@inmul.co.kr

ISBN 978-89-5906-394-9 93070

값 20,000원

이 도서의 국립중앙도서관 출판예정도서목록(CIP)은 서지정보유통지원시스템 홈페이지
(http://seoji.nl.go.kr)와 국가자료공동목록시스템(http://www.nl.go.kr/kolisnet)에서
이용하실 수 있습니다. (CIP제어번호: CIP2016005065)